浦江年鉴

PU
JIANG
YEARBOOK

浦江县地方志编纂室 编

2020

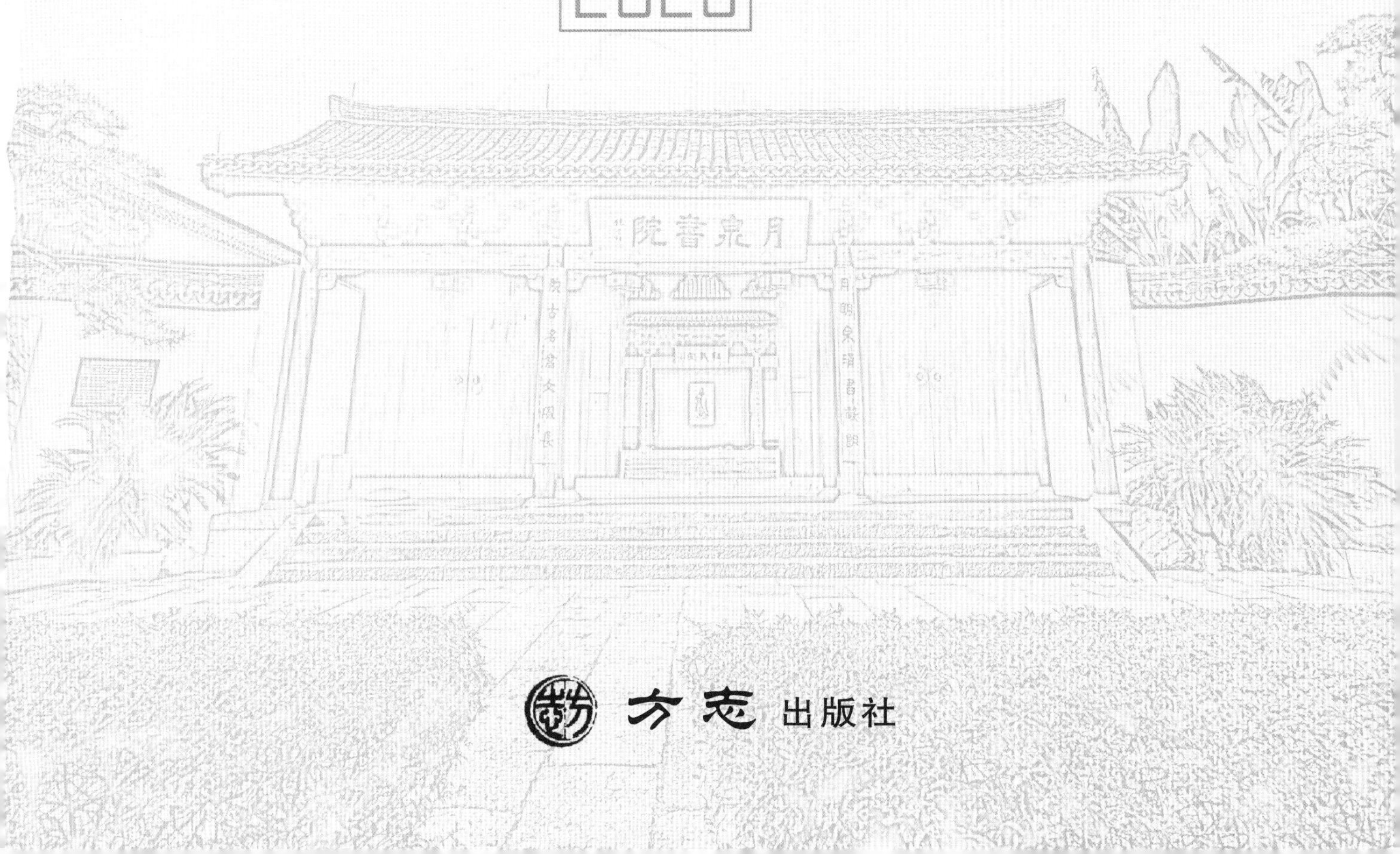

方志出版社

图书在版编目（CIP）数据

浦江年鉴. 2020 / 浦江县地方志编纂室编. -- 北京：方志出版社，2020.10
ISBN 978-7-5144-4472-8

Ⅰ. ①浦… Ⅱ. ①浦… Ⅲ. ①浦江县—2020—年鉴
Ⅳ. ①Z525.54

中国版本图书馆CIP数据核字（2020）第208298号

浦江年鉴（2020）

编　　者： 浦江县地方志编纂室
责任编辑： 李静
出 版 者： 方志出版社
地址　北京市朝阳区潘家园东里 9 号（国家方志馆 4 层）
邮编　100021
网址　http://www.zgfzcb.cn
发　　行： 方志出版社图书经销中心
电话（010）67110500
经　　销： 各地新华书店
印　　刷： 金华市曙光印务有限公司
开　　本： 889×1194　　1/16
印　　张： 30.75
字　　数： 698 千字
版　　次： 2020 年 10 月第 1 版　　2020 年 10 月第 1 次印刷
印　　数： 0001~1000 册
ISBN 978-7-5144-4472-8　　**定价：** 200.00 元

浦江县地方志编纂委员会

《浦江年鉴》编辑部

编 辑 说 明

一、《浦江年鉴》坚持以马克思列宁主义、毛泽东思想、邓小平理论、“三个代表”重要思想、科学发展观、习近平新时代中国特色社会主义思想为指导，坚持辩证唯物主义和历史唯物主义的立场、观点和方法，全面、客观、真实、系统地记述浦江县发展情况。

二、《浦江年鉴》是由中国共产党浦江县委员会、浦江县人民政府主办，浦江县地方志编纂室承编的地方综合年鉴。

三、《浦江年鉴(2020)》记述时限为2019年1月1日至2019年12月31日，记述全县人民在县委、县政府的领导下所取得的新成就、新经验以及遇到的新情况和新问题，着重反映各行各业年度大事、要事、特事，着力体现年度特点和浦江特色。

四、本卷年鉴采用分类编辑法，分类目、分目、条目三个层次，部分分目下设子分目。本卷设特载、专记、大事记、县情概览、中国共产党浦江县委员会、浦江县人民代表大会、浦江县人民政府、政协浦江县委员会、纪检监察、群众团体、法治、军事、经济管理、金融、城乡建设、生态建设、工业、商贸、农业·水务、文化·传媒、交通·通信、教育·科技·卫生、社会生活、乡镇·街道、附录、索引26个类目。

五、本卷年鉴正文中，“党”均指“中国共产党”，“县委”均指“中共浦江县委”，“党员”均指“中共党员”，“党建”均指“中国共产党建设”。年鉴中的“省”“市”“县”分别指“浙江省”“金华市”“浦江县”，其他省、市、县则冠以地名。大事记中的“△”表示同日。作者署名在各分目之后。

六、本卷年鉴刊用的稿件均由各部门、各镇乡街道提供，并经各单位主要领导审定和档案、保密部门审核。所刊载的综合性数据均由县统计局提供，条目中酌用各单位提供的数据。由于统计数据的来源、口径、方式、时间的不同可能有差异，请读者以统计局提供的统计资料为准。

浦江县行政区划图
图例
县行政中心
镇(乡)、街道
行政村、社区
设区市界
县(市)界
镇(乡)、街道界
高速公路及编号
国道及编号
省道及编号
铁路及车站
铁路客运专线及车站
规划铁路及车站
县道
乡道
隧道
河流、湖泊、水库
4A景点
3A景点
其他景点
山峰
比例尺 1 : 126 000
杭州市勘测设计研究院 编制
地图审核号:浙金S(2019) 9 号
注: 底图资料由浦江县民政局提供
行政界线不作划界依据,规划资料仅供参考
诸暨市
义乌市
绍兴市
金华市
杭州市
浦江经济开发区
岩头镇
郑宅镇
白马镇
郑家坞镇
黄宅镇
檀溪镇
中余乡
同山镇
安华镇
草塔镇
大陈镇

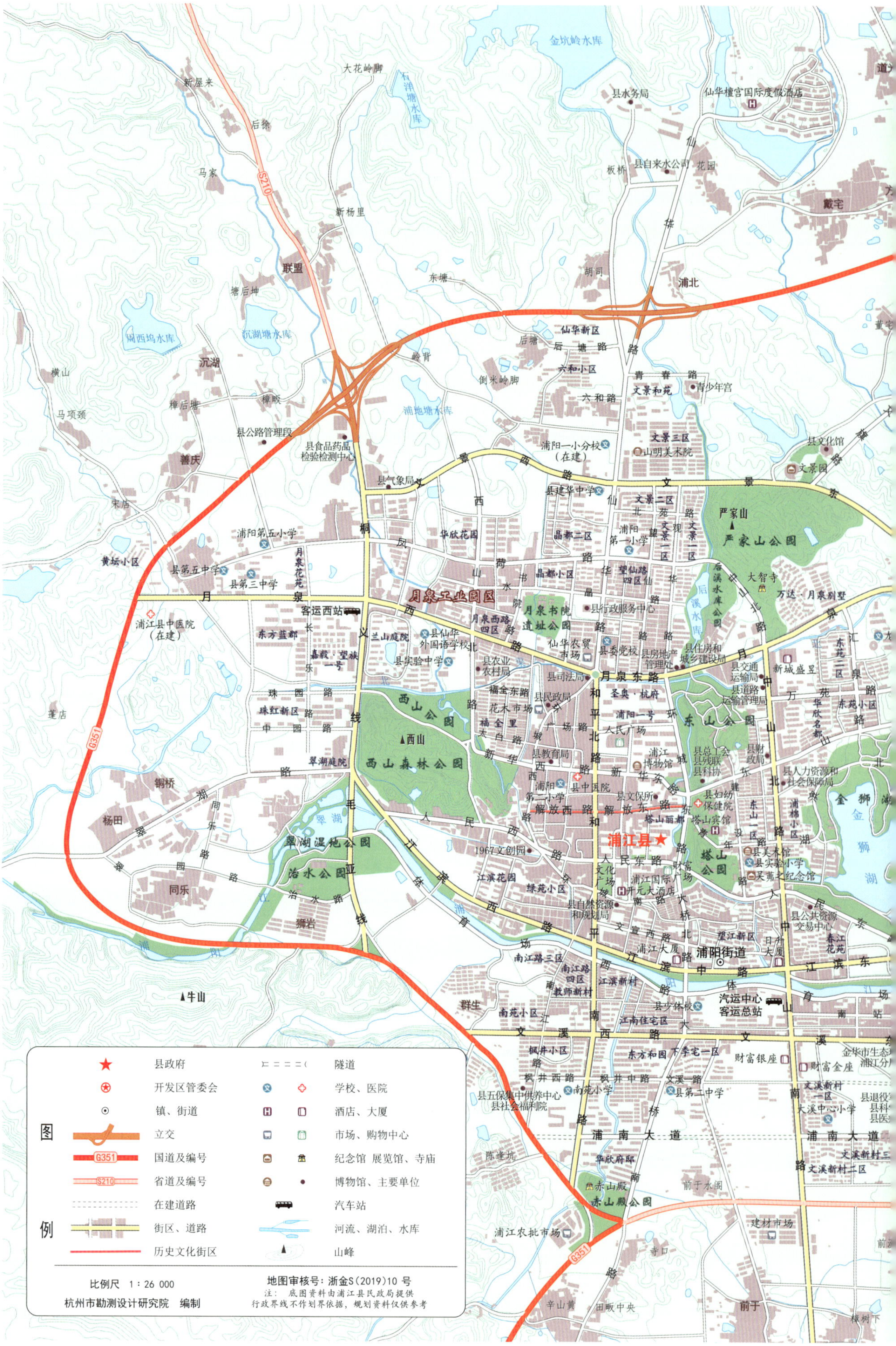
金坑岭水库
大花岭脚
石洋塘水库
新屋来
后徐
马家
S210
新杨里
县水务局
仙华檀宫国际度假酒店
县自来水公司
板桥
花园
戴宅
联盟
塘后坤
东塘
胡司
浦北
阔西坞水库
沉湖塘水库
仙华新区
后塘
后塘路
沉湖
岭背
横山
樟后塘
樟畈
倒米岭脚
六和小区
六和路
青春路
文景和苑
青少年宫
马项颈
浦地塘水库
县公路管理段
县食品药品检验检测中心
文景三区
山明美术院
县文化馆
善庆
浦阳一小分校（在建）
文景园
县气象局
县建华中学
文景路
宋店
文景二区
严家山
浦阳第五小学
华欣花园
晶都二区
浦阳第一小学
严家山公园
黄坛小区
县第五中学
月泉花苑
县第三中学
晶都小区
望仙路四区
大智寺
月泉工业园区
月泉书院遗址公园
县行政服务中心
方达·月泉别墅
浦江县中医院（在建）
客运西站
月泉西路四区
东方蓝郡
兰山庭院
县仙华外国语学校
仙华农贸市场
县委党校
县房地产管理处
县住房和城乡建设局
县交通运输局
新城盛昱
东苑二区
嘉馥·望族一号
县实验中学
县农业农村局
县司法局
月泉东路
县道路运输管理局
县民政局
圣奥·杭府
华欣名都
东苑小区
珠园路
珠红新区
福全东路
花木市场
浦阳一号
东山公园
西山公园
福全里
人民广场
西山
县总工会
县残联
县科协
县财政局
西山森林公园
县教育局
浦江博物馆
县人力资源和社会保障局
翠湖庭院
铜桥
浦阳第二小学
县中医院
县文保所
县妇幼保健院
金狮湖
杨田
解放西路
解放东路
塔山丽都
塔山宾馆
东山一区
浦桥小区
翠湖湿地公园
浦江县
1967文创园
县美术馆
县实验小学
冯雪峰纪念馆
塔山公园
治水公园
江滨花园
文化广场
开元大酒店
同乐
绿苑小区
县自然资源和规划局
县公共资源交易中心
狮岩
望江新区
日升大厦
春江花苑
南江路三区
浦江大厦
浦阳街道
江滨中路
江滨东路
南江路四区
江滨新村
教师新村
G351
牛山
群生
南苑小区
县少体校
汽运中心客运总站
文溪西路
江南住宅区
枫井小区
东方和园
下李宅一区
财富银座
财富金座
金华市生态环境局浦江分局
枫井西路
枫井中路
文溪新村一区
县五保集中供养中心
县社会福利院
南苑小学
县第二中学
大溪中心小学
陈逢坑
浦南大道
华欣府邸
文溪新村三区
文溪新村二区
赤山殿
赤山殿公园
前于水阁
浦江农批市场
建材市场
寺口
辛山黄
田畈中央
前于
县政府
开发区管委会
镇、街道
立交
国道及编号
省道及编号
在建道路
街区、道路
历史文化街区
隧道
学校、医院
酒店、大厦
市场、购物中心
纪念馆 展览馆、寺庙
博物馆、主要单位
汽车站
河流、湖泊、水库
山峰
图例
比例尺 1:26 000
杭州市勘测设计研究院 编制
地图审核号：浙金S(2019)10号
注：底图资料由浦江县民政局提供
行政界线不作划界依据，规划资料仅供参考

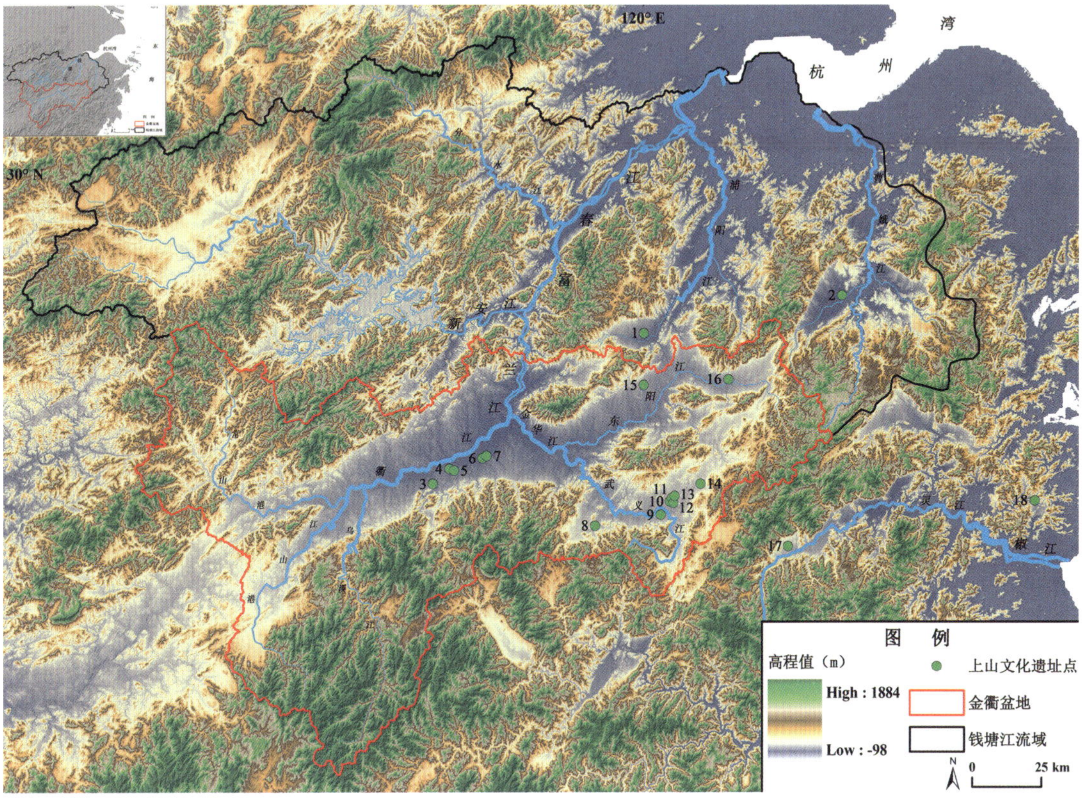

上山文化遗址点分布图（县博物馆 提供）

上山考古遗址公园远景（县博物馆 提供）

上山考古遗址公园近景（县博物馆 提供）

通济湖

民生风光

（魏礼鸿 摄）

（前吴乡 提供）

浦阳江

金狮湖畔

（何敏 摄）

（何敏 摄）

金坑岭水库大坝 （何敏 摄）

壶源江 （檀溪镇 提供）

三江口 （何敏 摄）

外胡飞瀑 （何敏 摄）

金狮湖一角 （吴拥军 摄）

上河彩虹溪 （何敏 摄）

人民广场五年巨变组图

人民广场夜景

（郁承德 摄）

（何敏 摄）

2019年10月4日，首届浦江乡贤大会

2019年5月6日，浦江—义乌供水工程通水仪式

浦江·第十二届中国书画节开幕式

书画节开幕活动

丰安墨韵·浦江籍书画名家作品展

新中国成立70周年歌咏比赛

第11届水晶玻璃产业博览会开幕式

中国日用玻璃协会第八届会员大会

水晶产业高峰论坛

企业品牌推介会

产品展览

产品展览

（县经济商务局 提供）

2019年3月21日，第四届浦江“花田跑”

2019年4月20日，浙江省青少年田径锦标赛

2019年9月27日，月泉书院开园仪式

浦江县人民医院建院80周年

浦江中学建校80周年庆典活动

浦江中山中学建校80周年庆典活动

浦江县南苑小学

浦江县黄宅镇中心幼儿园

浦江县翠湖幼儿园

浦江县虞宅乡中心小学

浦江县岩头镇中心小学

（县教育局 提供）

大畈乡泊隐·柳秀民宿

虞宅乡马岭民宿

郑宅镇青致吾庐民宿

郑宅镇乌台门民宿

（县农业局 提供）

前吴乡通济湖

前吴乡吴莱山

通济湖畔　（金君莉　摄）

前吴乡通济湖

前吴乡前吴村

（前吴乡 提供）

寺前村雪景

大洑堰风光

水竹湾风光

（檀溪镇 提供）

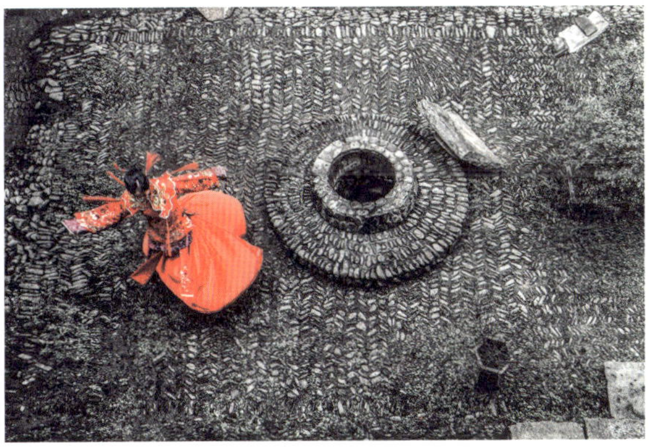

潘周家村古井

寺前村银杏古树

平湖村雪景

壶源江射水龙

寺前村滚地龙

2019年1月30日，中国人民解放军国防大学战略研究所教授金一南到浦江作专题报告

2019年3月6日，副市长董旭斌（左二）到浦江进行“无证明城市”督查

2019年4月23日，水利部副部长田学斌（右五）到浦江参加全国农村水利水电会议

2019年5月9日，中国红十字会副会长王海京（右一）出席浦江县生命教育体验中心开馆仪式

2019年7月5日，省人大常委会副主任赵光君（左二）到浦江调研

2019年8月14日，省委宣传部部长朱国贤（左二）到浦江调研

2019年10月15日，市委书记陈龙（左二）到浦江调研

2019年12月5日，国家信访局副局长徐思鸣（右一）到浦江参加浙江省深化领导干部下访接访工作理论研讨会并调研

内文总目

特载

专记

大事记

县情概览

中国共产党浦江县委员会

浦江县人民代表大会

浦江县人民政府

政协浦江县委员会

纪检监察

群众团体

法 治

军　事

经济管理

金　融

城乡建设

生态建设

工　业

商　贸

农业·水务

文化·传媒

交通·通信

教育·科技·卫生

社会生活

乡镇·街道

附 录

索 引

聚焦发展　担当实干
奋力谱写“水晶之都、诗画浦江”建设新篇章

——在浦江县委十四届五次全体(扩大)会议上的报告

中共浦江县委书记　程天云

2019年1月18日

一、负重前行、难中求进,努力开创稳中向好新局面

一年以来,全县上下在习近平新时代中国特色社会主义思想的指引下,坚定不移推进“八八战略”再深化、改革开放再出发,紧扣省委“大学习、大调研、大抓落实”活动要求,大力弘扬新时代金华精神,凝心聚力、奋勇拼搏,以“九场硬战”和“百日攻坚”六大行动为抓手,推动各项事业持续发展。预计全年地区生产总值增长2.0%,财政总收入增长5.8%,一般公共预算收入增长7.6%,其中税收增长9.5%,城镇、农村居民人均可支配收入分别增长7.5%和9.0%。

(一)抓实体经济,推动营商环境再优化

深入贯彻落实习近平总书记关于促进民营经济发展的重要讲话和指示精神,召开实体经济翻身战暨优化营商环境动员大会,提出“12365”翻身战奋斗目标,营造了“大抓实体经济、大抓营商环境”的浓厚氛围。以优质服务稳企业。坚持“随叫随到、不叫不到、服务周到、说到做到”的“四到”服务理念,出台《浦江县优化营商环境十条意见》,做实“两送两增”企业大走访活动,县领导每周半天深入企业排忧解难。以要素保障增信心。全力落实税费优惠政策,全年减免各项税费6.05亿元。全力开展“三个十”疑难攻坚,10项涉企重点难题、10项久拖未决难题已完成4项、基本完成10项,10项重点群体访总体稳定。全力保障金融支撑,组织政银企金融恳谈会,15家金融机构与县内42家重点企业达成融资合作意向,授信金额达16.9亿元。营商环境的不断优化,也激发了在外浦商和在外乡贤回乡创业的激情,推动了杭州机床等一批浦商项目成功回归。

(二)抓城乡统筹,推动生态环境再提升

完成中心城区总体城市设计、江南新区控制性详细规划和重要区块城市设计,完成环城南路、人

民路、和平路、大桥路街景改造，完成8宗坡地村镇地块出让，蓝城·诗画小镇华丽绽放，千年古县东街闪亮登场。351国道浦江郑家坞至联盟段工程顺利建成，在全省率先实现建制村500米半径公交站点全覆盖，被评为全国"四好农村路"示范县。成功举办全省小城镇环境综合整治创建现场会，被评为国家级资源循环利用基地。虞宅茜溪绿道入选第二批浙江最美绿道，马岭古道获评全国最美古道，浦阳江生态廊道入围2018年度世界建筑节大奖候选。"五水共治"工作群众满意度连续两年名列全省第一，城市空气环境质量首次达到国家Ⅱ级标准，生态环境质量公众满意度位居全省第三位，入围第十届中华环境奖。

（三）抓改革创新，推动民生福祉再增进

"最多跑一次"改革不断深化。扎实开展"县领导、百名局长进中心"活动，实现"最多跑一次"事项1360项，其中"零次跑"522项，平均办结时间提速57.3%。全面推行"标准地+承诺制+代办制"改革、"区域环评+环境标准"改革，实现企业投资项目审批"最多100天"。在全省率先开通"商事登记钉钉移动审批平台"，实现商事登记全天候移动审批。惠民举措不断推进。土地确权工作通过省级验收，成为全国农村集体产权制度改革试点县、省农业水价综合改革试点县。城乡义务教育优质均衡发展，成功创建省教育基本现代化县。"双下沉、两提升"改革卓有成效，连续三年被评为省级优秀。社会保障不断完善。养老金社会化发放率保持100%，医疗保险参保率达99.7%，位列全市第一位。养老服务更加优质，持续扩大助餐、配送餐覆盖面。

（四）抓村社调整，推动乡村振兴再出发

圆满完成村（社）规模调整工作，全县429个行政村（社区）调整为244个，为优化资源配置、提升基层治理、更好推动乡村振兴奠定了基础。深入推进葡萄产业"控产提质"工作，葡萄产值首次突破10亿元，被列为全省首批农业绿色发展先行示范县创建单位。上山考古遗址景区成功创建国家AAA级旅游景区，江南第一家景区、神丽峡景区获评省示范型放心景区，郑宅镇顺利创建省级旅游风情小镇，全县游客接待量和旅游收入同比分别增长22.5%和24.7%。成功举办第十一届中国书画节、"万年浦江"全国中国画工笔作品展、"记住乡愁、两美浦江"全国摄影大赛，全面提升群众公共文化服务获得感。

（五）抓信访维稳，推动领导干部下访再深化

以习近平总书记下访浦江推行领导下访制度15周年为契机，召开全县深化领导干部下访工作再动员大会，不断深化和发展领导下访"浦江经验"。成立县矛盾纠纷"大调解中心"，推行统一政务咨询投诉举报平台建设应用，608件初次信访件全部办结，连续四年保持进京"零非访"。平安形势持续向好，"两抢"警情始终保持"零发案"，入户盗窃警情数同比下降29.1%，241个行政村达到"三无村"创建标准，圆满完成首届进出口博览会、第五届互联网大会、枫桥经验纪念大会等各项重大活动维稳安保任务。

（六）抓党的建设，推动党员干部精神再提振

坚持把政治建设摆在首位，制定《浦江县党政干部"九坚持九做到"工作规范》，倡导全县党员干部争当"忠诚、为民、务实、担当、清廉"表率，做到对党忠诚、为民而善、求真务实、担当实干、清正廉洁。狠抓党建标准化建设，推行党建阵地"8个标配"、党员身份"8个必备"、主题党日"8项规定"，有效提升了基层党组织的组织力，圆满完成"消薄"双百任务。"基层党建+社会治理"好家风指数评价的做法被上级有关部门重点推介。压实全面从严治党"两个责任"，深入开展正风肃纪、"三清理一规范"专项行动和干部“不担当不作为”集中整治，坚决落实中央八项规定精神，着力解决形式主义、官僚主义的突出问题，扎实推进“清廉浦江”建设。

同志们，船到中流浪更急，人到半山路更陡。这几年，浦江所取得的成绩是巨大的，无论是生态环境还是城乡面貌，无论是信访工作还是平安建设，都发生了翻天覆地的变化，成绩值得肯定，也值得自豪。但同样，我们要清醒看到，前行的道路依然困难重重，发展面临着爬坡过坎的严峻考验。我们的治水拆违不可能一劳永逸，生态环境面临着诸多反弹风险；我们的实体经济发展已成为最大短板，要答好“高质量发展”的时代答卷任重道远；我们的乡村振兴仅有美丽环境还远远不够，亟需在发展美丽经济、推动百姓致富上找到方法和路径；我们的体制性机制性障碍未得到有效破除，产业层次不高，引进落地生根项目偏少，抓改革、抓发展任务艰巨；我们的城市功能和品质明显滞后、百姓呼声强烈，建设美丽县城迫在眉睫；我们的基层党组织战斗力有待进一步加强，党员干部不担当慢作为现象还不同程度存在，全面从严治党依然在路上等等。所有这些问题，我们一定要高度重视，在今后的工作中认真谋划、加压奋进、精准施策、克难攻坚。

二、牢记使命、对标作战，奋力夯实高质量发展基础

一个时代有一个时代的主题，一代人有一代人的使命，“全面振兴实体经济、全面夯实高质量发展基础”是我们当前最大的使命。今年是新中国成立70周年，是高水平全面建成小康社会关键之年，我们站在“八八战略”再深化、改革开放再出发的新起点上，必须进一步强化使命担当，共同拼搏实干，让浦江生态环境越来越好、让浦江发展越来越有活力、让浦江城乡越来越美丽、让浦江党风民风越来越清正、让浦江百姓越来越幸福。

2019年工作总体要求是：高举习近平新时代中国特色社会主义思想伟大旗帜，统筹推进“五位一体”总体布局，协调推进“四个全面”战略布局，时刻牢记和践行习近平总书记赋予浙江“干在实处永无止境、走在前列要谋新篇、勇立潮头方显担当”新期望，紧扣中央、省委、市委和县委的决策部署，坚持稳中求进工作总基调，咬定打赢“九场硬战”阶段性目标，大抓营商环境、大抓项目招引、大抓实体经济，突出实体经济“12365”翻身战奋斗目标，持续推动实体经济振兴，保持社会大局稳定，为浦江高质量发展夯实基础。

2019年的主要预期目标：地区生产总值增长6.5%左右；一般公共预算收入增长8.0%左右；固定资产投资增长12.0%左右；城镇、农村居民人均可支配收入分别增长8.0%和9.0%左右，城镇、农村居民收入比持续缩小。确定这个目标，综合考虑了宏观环境和浦江实际，主要是围绕高质量发展导向。

要实现上述目标，必须牢牢把握“五个不动摇”：

一是坚持“绝对忠诚、听党指挥”的政治立场不动摇。党政军民学，东西南北中，党是领导一切的。我们必须增强政治意识、大局意识、核心意识、看齐意识，坚定道路自信、理论自信、制度自信、文化自信，坚决维护习近平总书记在党中央、全党的核心地位，坚决维护党中央权威和集中统一领导，不折不扣贯彻好执行好中央和省委、市委、县委的决策部署，把党的领导贯穿到每一项工作、每一个支部、每一名党员。特别是对县委已经明确的战略定位、奋斗目标和任务要求，各级各部门要紧盯不放、细化举措，做到一件一件抓落实、一项一项抓攻坚，确保干一件成一件，积小胜为大胜，让党真正成为推动各项事业进步的最坚强领导核心。

二是坚持“发展为要、项目为王”的工作导向不动摇。习近平总书记强调，发展仍是解决我国所有问题的关键。省委书记车俊指出，我省新旧动能能否加快转换，供给质量能否迈上中高端，有效投资是关键，大项目支撑是重点。我们要牢固树立“发展第一要务，项目第一支撑”的理念，紧盯“12365”翻身战奋斗目标，以“一天都不耽搁、一点都不马虎”的治水精神抓发展，重点打造“一核两翼”发展体系，即以“工业强县”战略为核心，以“小县大城”战略和“全域旅游”战略为两翼，为浦江长远的高质量发展定框架、打基础、谋突破。要牢牢抓住项目这个牛鼻子，一切围着项目转，一切盯着项目干，为一切项目做好服务保障。围绕振兴实体经济、建设美丽县城、发展全域旅游、推动乡村振兴、加快浦义同城等中心工作，谋划一批、招引一批、落地一批好项目，同时建立领导干部项目责任制，形成“人人身上有担子”的氛围，呈现“大项目顶天立地、小项目铺天盖地”的局面，推动浦江从“大破”走向“大立”。

三是坚持“解放思想、改革创新”的开拓精神不动摇。习近平总书记指出，“没有思想大解放，就不会有改革大突破”“惟改革者进，惟创新者强，惟改革创新者胜”。解放思想、改革创新是经济社会活力的来源。思想僵化、观念落后，就会被条条框框所束缚；因循守旧、墨守成规，就会被时代潮流所淘汰。今天的浦江，站在“二次创业”的起跑线上，我们必须进一步解放思想，大胆闯、大胆试，敢于打破坛坛罐罐，敢于啃“硬骨头”，敢于涉险滩，为发展解除桎梏、扫清障碍。坚持以“最多跑一次”改革撬动各领域改革，在“打造全省营商环境最优县”“亩均论英雄”“企业投资项目标准地+承诺制改革”和“发展混合所有制经济”等方面下功夫、出实招、见成效，在困顿中突围，在创新中发展。

四是坚持“以民为本、为民而善”的宗旨使命不动摇。习近平总书记强调，把人民立场作为根本立场，把为人民谋幸福作为根本使命，坚持全心全意为人民服务的根本宗旨。39万浦江人民永远是我们内心最大的牵挂，也是我们不断前行最大的动力。我们要始终把群众的痛点、堵点和关注点作为一切工作的着力点，多谋民生之利、多解民生之忧，宁可党委政府的日子过得紧一点，也要全力以赴惠民生，努力干成一批推动经济社会长远发展的大事，办好一批惠及百姓民生的实事，解决一批长期制约发展的难事，让生活在浦江这片土地上的百姓拥有更多获得感、幸福感、安全感。

五是坚持“水晶之都、诗画浦江”的战略定位不动摇。习近平总书记强调，“看准了的事情，就要拿出政治勇气来，坚定不移干。”“水晶之都、诗画浦江”是我县“十三五”规划明确的目标，契合浦江特色、符合浦江定位、顺应群众期待，我们要发扬钉钉子精神，一张蓝图绘到底，一任接着一任干。以水晶产业集聚区、水晶小镇为依托，建设水晶之都，打造以水晶产业为代表的区域特色产业。以有诗有画、如诗如画、诗情画意的生态优势、文化优势为依托，打造一个“让人称赞、让人自豪、让人向往”的诗画浦江。这是全县人民的共同期待，也是我们的使命担当，我们要让“水晶之都、诗画浦江”成为浦江最闪亮的两张“金名片”。

具体到新一年工作，就是要实施“五大战略”、开展“五大行动”。

五大战略是县委站位发展全局，立足浦江实际，着眼未来潮流作出的重大战略决策，对于我们开创发展新局面、带动城乡新提升、深化区域新合作有着重要而深远的意义。

（一）实施工业强县战略，高质量推动“二次创业”

实体经济尤其工业经济，是浦江发展的根基，也是当前浦江最重要、最紧迫、最需突破的一项工作。要整合资源和力量，集中精力抓经济，主动对接市委“十百千万工程”，以“12365”奋斗目标为抓手，以服务企业、服务群众、服务基层“三服务”为载体，以“稳企业、增动能、保平安”为重点，统筹推进工业强县战略。

全力以赴打造营商环境最优县。只有营商环境上去了，发展才能跟上去。全面细化落实《浦江县优化营商环境十条意见》，在企业帮扶解困、融资环境改善、降负政策落实、司法服务保障等方面有新作为。坚持问题导向、需求导向、效果导向，部署开展“深入一线三服务、担当实干促发展”主题活动，推行“一线大走访、一线大攻坚、一线大服务、一线大发动、一线大督查”五个“一线工作法”，让企业和百姓真正享受到全方位的优质服务。全面构建营商环境常态监督机制，组建优化营商环境服务监督办公室，开通营商环境服务投诉热线，推行营商环境“巡察员”制度，让服务企业、保障发展的队伍更专业、力量更强大。全面开展“晒拼创”活动，县政府和每个经济部门要对主要经济指标盯住不放，每月分析相关指标起伏情况，每月查摆服务供给不足问题，提出针对性建议举措。全面强化宣传引导，营造全社会“重商、亲商、安商”的浓厚氛围，对企业家就是要高看一眼、厚爱三分，就是要让浦江企业家安心、舒心、有信心，确保营商环境抓出效果、抓出口碑，确保实体经济翻身战打出声势、打出成效。

集中精力抓好三大发展平台。强平台就是强基础，就是增后劲。优化工业发展平台分级分类管理，形成总体规划科学、功能定位明确、产业布局合理的发展格局。重点抓好开发区、水晶产业集聚区、小微企业园三大平台。加快推进经济开发区的体制机制改革，加大授权力度，加大政策、资源、人才倾斜，全面提升开发区管理服务水平，拓展发展空间。加快水晶产业集聚区的建设和提升工作，水晶小镇要重点推进水晶生产企业落地，做大做强工业板块，统筹开发商业和文旅板块，完善水晶小镇道路基础设施配套；水晶集聚园区要规范管理、科学管理，实施绩效综合评价机制，鼓励企业加大整合、重组力度，推动亩均税收增加、企业规模扩大、空间布局合理。加快小微企业园建设，确保新开工建设小微园7个，新增建筑面积100万平方米，为小微企业集约高效规范发展提供平台。

持之以恒推动产业转型升级。大力实施数字经济“一号工程”，鼓励和引导企业加大科研投入，积极推进数字产业化、产业数字化。水晶、绗缝、挂锁等传统产业是浦江工业经济的根基，不仅要保住，而且要加快转型，实现更好发展。水晶产业要在企业规模、产业链延伸、原材料研发、品牌提升、产销结合等方面重点突破，办好浦江第十一届中国水晶玻璃产业博览会，推动浦江向“全国乃至世界水晶产销中心”稳步迈进；绗缝产业要在提升产品质量、拓展国际国内市场上下功夫，发挥浦江家纺设计研发中心作用，建立绗缝产品质量标准体系；挂锁产业要以机器换人为抓手，加快产品升级换代，尽快完成东部挂锁园区二期、西部挂锁园区建设，规范挂锁行业集聚入园。支持电镀、印染（印花）等配套项目建设，突显产业链优势。坚持龙头引领，全力扶持亚星纤维、百川导体、三思光电等高新技术企业和高增长企业做大做强，确保新增年产值10亿元以上企业1家以上、年产值20亿元以上企业1家。大力实施“个转企”“小升规”，引导中小微企业向“专、精、特”方向发展，力争规上企业达280家以上，新增小微企业2000家，形成“龙头引领、骨干支撑、小微跟进”的梯次发展格局。

务实精准开展招商引资工作。经济要发展，项目是支撑，招商是关键。树立招商“一盘棋”理念，统筹全县资源、政策和信息，加强分工协作，凝聚招商合力，提高招商成效。尽快梳理各乡镇（街道）、开发区、功能分区的土地资源，制定招商引资资源要素保障作战图，强化项目落地。坚持抓大不放小，主动承接上海、杭州等地产业溢出，进一步拓展装备制造、健康养老、文化旅游等招商产业链，力争引进一批成长型企业、科技型企业、隐形冠军企业。坚持把在外浦商作为招商重点，成立浦商总会，召开浦江乡贤大会，加强异地商会建设和服务，吸引更多浦商回乡创业。

（二）实施小县大城战略，高质量建设美丽县城

县城是县域经济发展的“龙头”，如果这个龙头不强，发展的带动力、承载力和发展后劲就会不足。要把美丽县城建设作为打造“诗画浦江”的战略抓手，全力补齐城市竞争力短板，全面提升浦江县城的城市能级。

着力打造“三大精品”。加强规划顶层设计，强化“多规合一”，依托“一城、一江、两溪、两湖、两山”的独特自然禀赋，打造古城古街、金狮湖“城市客厅”、沿山沿江两条山水廊道“三大城市精品”，做到精致秀美、灵动文雅，实现“城在景中，景在城中”，让浦江县城古今交相辉映、更加显山露水。

着力破解“三大难题”。全面优化城区路网建设，打通宏业大道、中园路等断头路，实施环城西路、东山路等城区主干道的拓宽，推进异形交叉口改造，有效解决城区交通拥堵问题。全面开发利用城市地下空间，加大停车场新建改造，有效缓解停车难问题。加快351国道浦江郑家坞至联盟段工程收尾工作，确保2020年全面通车；推进351国道联盟至兰溪段和235国道浦江郑家坞段工程，争取开工建设；推进杭温高铁二期建设，做好215省道、216省道等前期工作，进一步改善对外交通瓶颈问题，让浦江县城外联内畅、更具承载力。

着力布局“三大产业”。做深做大文化产业，注重商业氛围营造，扩大书画、剪纸等传统文化的影响力，打造特色文化街区，推动浦江文化的市场化、产业化和规模化。全面提升现代服务业，推进电子商务和物流服务等信息服务业提档升级，探索发展零售新业态、新模式，培育一批新零售示范企业。积极发展总部经济，挖掘寻找“总部经济”与县域经济的最佳融合点，通过平台和资本市场建设，探索建筑行业等“总部”业态，撬动城市经济全面科学发展，让浦江县城更有活力。

着力开展“三城联创”。自我加压、提高站位，坚持为民创建、惠民创建、全民创建，打一场“三城联创”的人民战争，即创建“国家级园林城市”“国家级森林城市”“全国文明城市”。对标创建标准，实施交通设施达标工程、小区社区美化工程、公共设施提升工程，开展文明礼仪宣传教育活动、十大陋习整治行动，开展城市形象标识系统建设，不断提高城市管理的智能化精细化个性化水平。适时开展每周半天的“文明创建日”活动，在创建中改善环境、完善配套、规范礼仪、提升素养，让浦江县城更加文明。

（三）实施全域旅游战略，高质量发展美丽经济

实现“绿水青山就是金山银山”，全域旅游是一个行之有效的重要载体，是浦江高质量发展美丽经济的重要路径。要以争创国家级全域旅游示范县为抓手，全域谋划、重点布局、全力推进，主动对接长三角一体化发展，致力打造长三角知名的文化休闲旅游胜地。

做强龙头景区。结合“江南第一家——仙华山”国家AAAAA级景区联创，做精做细仙华山的“山水美”，做深做透江南第一家的“家文化”，以大项目推动旅游高质量发展。充分发挥核心景区在提升旅游知名度、丰富旅游内涵、规范服务标准等方面的辐射带动作用，从景点旅游向“县域大景区”旅游提升，实现全域旅游的综合发展。

做靓精品线路。借助上山稻作文化、嵩溪古建筑文化、礼张书画文化、上河诗歌文化、新光青创文化等丰富的村庄文化，大力发展特色鲜明的文化民宿旅游项目，结合马岭茜溪线、悠然南山神丽线、多彩平湖双姑线、水墨前吴山水线、郑宅嵩溪古村线、仙华宝掌登高线的提升改造，为游客提供有颜值、有底蕴、更有特色的乡村游。

做精坡地村镇。把坡地村镇作为支撑全域旅游的重要支点，大力发展健康养老、休闲度假等项目，真正实现“生态保护与旅游开发并举”。现有的9个坡地村镇项目，已签约项目要加快落地，已落地项目要加快建设，同时积极谋划一批新的坡地村镇项目。

做活市场营销。深入推进品牌营销，建立“诗画浦江”大品牌下的“轻度假慢生活”“24味浦江”“淘(研)学浦江”、浦江花田跑、旅游创客基地等特色品牌体系，筹办首届浦江旅游发展大会，提升浦江旅游的吸引力和影响力。

(四)实施乡村振兴战略，高质量推进全面小康

对照乡村振兴战略的“二十字”总要求，浦江在“产业兴旺”和“生活富裕”上还存在较大差距。要着力补齐短板，加快推进农业农村现代化，争创全省首批省部共建乡村振兴示范县。

要让特色农业强起来。扎实推进精品绿色葡萄示范县建设，力争浦江葡萄进入“全国十大地方水果品牌”行列；积极发展以香榧为主的高效经济林基地，推进林业与观光、生态与经济的有机结合；大力支持山地蔬菜产业发展，培育浦江又一个农业超亿产业；不断探索“三产”融合发展模式，以10个田园综合体为载体，建设三产融合示范区。全面筑牢农产品质量安全底线，争创国家级农产品质量安全县。

要让闲置资源活起来。深化农村土地制度改革，探索推行土地流转登记、抵押、转让等拓展权能试点，出台流转土地风险保障金制度试行办法。深入开展农村宅基地“三权分置”改革，通过探索宅基地有偿转让、有偿调剂、有偿收回等方式，吸引乡贤等人才回归、资金回归，也为更多的工商资本“下乡”创造条件。开展农村集体产权制度改革试点，完善农村集体资产股份权能，保护集体经济组织成员权利，不断发展壮大农村新型集体经济。

要让百姓口袋鼓起来。积极谋划和推进一村一产建设，着力打造一批产业振兴示范村。大力发展农产品加工、休闲观光农业，做大来料加工，加大农民专业技能培训，增强村民就业创业能力。深化“百企联百村”行动和“百名乡村振兴人才联百村”活动，充分发挥工青妇等群团组织作用，持续抓好村级集体经济发展壮大，助力乡村振兴。

(五)实施浦义同城战略，高质量深化区域合作

以《义乌国际贸易综合改革试验区框架方案》获批为契机，以《义乌浦江战略合作意见书》为纲领，加快推进浦义战略合作，为浦义发展深度融合，为浦江更好接轨杭州、融入长三角打好扎实基础。

推动交通设施互联互通。交通是融合发展的基础所在。围绕区域交通全覆盖目标，在浦义城际交通正式开通的基础上，加快推进浦义二线拓宽改造工程、桐浦义东高速(疏港高速)北延工程前期工作，争取将浦江纳入义乌市境内高速客车免费通行政策范围。

推动产业发展相辅相成。产业融合发展是提升区域竞争力的核心要义。立足两地产业特点，认真谋划浦义产业发展规划。借助义乌国际贸易综合改革试验区的政策优势，促进跨境贸易产业发展。借助义乌小商品信息优势，推动市场共享。借助义博会、森博会等平台优势，拓展水晶等产业销售推介渠道，并积极统筹整合各类电商平台，优化电商产业结构，合作壮大电商产业。

推动资源要素共建共享。统筹协调要素供给是推动发展的重要支撑。浦南街道、黄宅镇、郑家坞镇要创新模式、大胆探索，谋划推进浦义交界区域共同开发利用；全力保障义乌供水工程的顺利推进。加快统一旅游市场管理，引导旅游企业开展游客互送和线路合作，推介周末休闲游、亲子研学游、会展商务等主题产品。依托义乌百场院士沙龙等高端学术平台，加大在决策咨询、学术交流、院企对接等方面的合作。加大浦江干部赴义乌挂职交流力度，学习义乌深化改革、谋划项目、招商引资等方面的好经验、好做法。

要顺利推进"五大战略"，就必须有相适应的改革环境、人才环境、民生环境、生态环境和社会环境作为基础和保障，为此，县委决定统筹开展"五大行动"。

（一）开展改革创新深化攻坚行动，有效激发内生动力

坚决贯彻习近平总书记在庆祝改革开放40周年大会上的重要讲话精神，改革不停顿、开放不止步，紧扣重点领域和关键环节统筹抓好各项改革，为经济社会发展持续注入新动力、拓展新空间。

深化行政审批改革。坚持以"最多跑一次"改革引领各项改革，按照"跑一次是底线、一次不用跑是常态、跑多次是例外"的要求，实施"一窗受理"，推进"无差别全科受理"，变"政府端菜"为"群众点菜"，实现"一网通办"。加快中介机构改革，完善服务机构和服务体系，进一步提质增效。持续深化"放管服"改革，推动审批事项、审批时间再精简、再压缩，为打造营商环境最优县撕开最大的口子、作出最大的努力。加快公共服务体制创新，坚决落实财税体制改革，全力推进民生改革，不断提升改革的系统性、有效性。

深化科技体制改革。创新是第一生产力，要紧紧抓住科技创新牛鼻子。主动融入金义科创廊道建设，不断提升水晶产业科技创新平台、微电子与智能制造研究院等平台的承载能力。鼓励和引导企业加大科研投入，力争新培育国家高新技术企业15家、省科技型中小企业40家、省级企业研究院1家、省级企业研发中心1家。着力提高"产学研"合作的针对性和成效，争取技术交易额达1.5亿元，科技成果产业化项目达50项以上。

深化土地金融改革。重点做好土地和金融供给两篇文章。土地要素保障方面，要向规划要空间，借助《浦江县域总体规划（2015—2035）》修编，做好"三线一单"编制工作，谋划用地指标、用地空间；向盘活低效资源要空间，加大"腾笼换鸟"力度，加快低效用地企业、僵尸企业、围墙圈地企业的破解、清除，全面完成D类企业出清和亩均税收1万元以下企业处置工作，同步开展亩均3万元以下企业整治，确保新增工业用地1000亩以上。金融要素保障方面，要通过政策激励和财政性存款考核机制，引导各金融机构加大对实体经济的金融支持，在"无还本续贷""应急转贷"等方面有新突破；用足用好通济转贷基金，运营好政策性融资担保公司，降低企业融资成本和担保门槛，确保新增工业企业贷款28亿元以上。

深化国企体制改革。探索国有资产资本化运营改革，发行公司企业债、公司债，加大资本整合和运行能力，推动国企做大做强。深化以薪酬制度、内部激励机制为重点的现代企业管理制度创新，大力引进专业人才，提高国有企业市场竞争力。积极主动开展开放性合作，加大力度与央企、省企等国企合作；借势而为，加强与民营强企合作，积极探索推进混合所有制改革。

（二）开展人才资源筑巢引凤行动，着力打造服务人才最优环境

县域竞争、企业竞争，说到底是人才竞争。要用心用情做好引才聚才用才文章，最大限度激发人才活力，让更多优秀人才聚力浦江发展。

以优质的平台吸引人。加快把杭州科创中心建设成为浦江企业在杭集聚人才的桥头堡，成为与杭州高新区科技型企业的对接合作基地，确保6月底建成投入运行。发挥好浦江籍海内外高层次人才联谊会、在外人才联络站、乡镇人才工作站等平台作用，以浦江中学、中山中学80周年校庆为契机，实施浦江籍在外学子回流工程，力争新引进高层次人才50人以上、实用型人才2000人以上。

以优越的政策留住人。健全完善相关人才激励政策，加快制定本科生及企业骨干等实用型人才子女公办学校就学政策。加快推进人才公寓建设，鼓励引导开发区、乡镇工业功能分区建设各类外来人才集聚区，打造集住宿、社交、休闲于一体的理想生活区，为各类人才在浦江创业创新营造舒适环境。加大对人才的关心关爱，鼓励企业内部、企业之间开展各类人才交友联谊活动。

以健全的机制培育人。启动实施“三百工程”，即开展“百名‘三服务’能手”评选活动，提升干部服务能力，激发干部服务激情；评选“百名技艺工匠”，大力弘扬工匠精神，营造劳动光荣的社会风尚和精益求精的敬业风气；实施“百名企业主素质提升”计划，主动搭建高层次创业人才、规上企业主、创二代等重点对象培训平台，全面提升经营管理能力。

（三）开展生态文明巩固提升行动，坚决护好绿水青山

生态是浦江最大的优势，宁可发展速度慢一点，也要坚定不移保护环境，这是底线，决不能破。要继续打好生态环境保卫战，让浦江山更青、水更绿、天更蓝、土更净，确保生态文明建设继续走在前列。

牢牢守住生态治理不反弹底线。开展餐饮油烟、工地扬尘、重点臭气异味等专项整治，争创全省清新空气示范区。推进全国河道生态缓冲带建设试点工作、“美丽河湖”建设，加快污水处理厂技术改造，确保再夺五水共治“大禹鼎”，生态环境质量公众满意度继续全省领先。

坚决打赢“污水零直排区”创建攻坚战。加快推进“污水零直排区”建设，查实底数、抓实项目、落实运维，实现污水全收集、管网全覆盖、雨污全分流，确保8月底前基本建成全域“污水零直排区”。

持续改善城乡人居环境质量。加强防违控违工作，巩固“无违建县”成果。大力推进静脉产业发展，加快小黄坛垃圾焚烧发电项目建设，继续重视、用心做好垃圾分类工作，推进污泥处置项目建设和危险废物设点收集，提升固废处置能力，实现源头减量化、分类资源化和处置无害化。

着力健全长效机制。推进环境质量监测网络建设，健全网格化环境监管体系。推广环保第三方专业技术服务，提升治理效率和水平。继续深化落实“河（湖）长制”，争创全省首批河（湖）长制标准化示范县。建立健全污水处理厂湿地管理、浦阳江生态补水、农村生活污水处理等长效机制。继续推进全国第二次污染源普查。

（四）开展民生幸福提质扩面行动，致力打造幸福家园

老百姓关心什么、期盼什么，我们就要抓住什么、解决什么、推进什么。要聚焦聚力民生“关键小事”，加快推进城乡基本公共服务均等化、标准化、一体化、优质化，不断满足人民日益增长的美好生活需要。

办好民生实事。民生工程就是暖心工程,我们要始终按照习近平总书记提出的“幼有所育、学有所教、劳有所得、病有所医、老有所养、住有所居、弱有所扶”目标要求,持续发力、久久为功,重点围绕五方面工作:抓好教育优先发展,大力度实施教育基础设施建设,全面补齐学前和特教短板,尽最大努力、用最短时间彻底解决孩子上学难问题。抓好“双下沉、两提升”工程,科学推进县域医共体建设。积极引进社会力量办医办学,努力让百姓享受到更优质的医疗、教育服务。抓好养老服务事业,建设示范型居家养老服务照料中心,放宽养老机构设立许可条件,发展智慧养老,提升养老服务质量,推动养老服务由“从无到有”向“从有到好”转变。抓好农村饮用水达标提标,建设檀溪、虞宅、大畈、中余水源保障工程,实施浦阳、白马、郑家坞、岩头等地的城乡自来水延伸工程,确保浦江百姓饮水安全。抓好住房保障,全面贯彻“房子是用来住的、不是用来炒的”定位,推动房地产市场健康发展。鼓励支持跨区域安置,稳妥有序推进珠红、白林、文溪等集聚区建设,加快白马、岩头等安置区建设,确保百姓居者有其屋。

凝聚文化力量。强化党对意识形态的绝对领导权,培育和践行社会主义核心价值观,强化阵地建设,传播好声音,凝聚正能量。继续加强历史文化村落、历史建筑修缮保护和农村文化礼堂、文化家园建设,加大传统非遗文化挖掘传承力度,重点发展书画业、文化创意业、文化休闲娱乐业、动漫业、影视业等文化产业。精心举办浦江第十二届中国书画节,积极开展“我们的村晚”“文化走亲”“农民赛诗会”等各类文化活动,让百姓享受一场场文化盛宴。依托“万年上山、千年郑义门、百年书画兴盛地、十年国展举办方”独特优势,加大对外宣传,提升“诗画浦江”文化软实力。

提高保障水平。加强就业技能培训,提供精准的就业服务,鼓励创业带动就业。加强职工活动阵地建设,开展“浦江无欠薪”行动,构建和谐稳定的劳动关系。完善农民建房审批制度,稳步推进农房改造,着力破解空心村、建房难等问题。打好低收入百姓增收攻坚战,完善低收入百姓精准帮扶机制,做到精准识别、精准帮扶。按照“社会政策托底”要求,健全大病保险制度和医疗救助制度,提高各类救助标准,坚决防止百姓因病因伤致贫返贫,确保全面小康一个都不能少。

(五)开展社会治理深化创新行动,全面夯实基层基础

坚持系统治理、依法治理、综合治理、源头治理,创新发展“基层党建+社会治理”浦江模式,全面提升基层社会治理能力和治理水平。

全面深化法治建设。公平和正义是社会稳定的基石,我们必须以法治思维引领基层治理工作、以法治意识引导群众表达诉求、以法治眼光解决矛盾和问题,推动公正司法、规范执法,努力让人民群众在每一个司法案件中都感受到公平正义。要完善县委总揽全局、协调各方的体制机制,支持县人大及其常委会依法履行职权,监督推动全县重点工作落实,促进“一府两院”严格依法行政、公正司法;支持县政府提高行政效能,增强政府公信力和执行力,抓好县委决策部署落实;支持县政协围绕中心工作,开展政治协商、民主监督和参政议政。

做深做实领导下访。领导下访接访制度,是浦江基层有效治理的品牌。要不断完善“县级领导开门接访、乡级领导随时接访、村级干部上门走访”三级接访机制,强化领导包案督办式纠纷化解,落实县级领导包干联系乡镇(街道)制度,定期梳理疑难重大矛盾纠纷,形成问题清单和责任清单,做到“谁接访、谁包案”。充分发挥大调解中心作用，积极引入社会调解力量，推动信访积案持续减量、初信初访办理持续归零，争创“无信访积案县”。

纵深推进扫黑除恶。按照“有黑扫黑、无黑除恶、无恶治乱”的要求，把人民群众反映最强烈的涉及威胁政治安全、把持基层政权、欺行霸市、操纵经营黄赌毒等犯罪作为打击重点，全面排查宗族势力及其保护伞，全力防范基层干部、村霸势力和开发商的利益勾结，严厉处置聚众闹事、损害百姓利益、侵占集体资源、侵害企业利益等不法行为，坚决荡除一切黑恶势力滋生土壤，让浦江社会生态更加清朗。

压紧压实平安建设。建立完善社会治安防控体系，协调推进“雪亮工程”“智慧消防”“智慧安监”等智慧治理工程，实现打防管控一体化、网上网下一体化。坚持开展“周研判、月分析”和常态排查排摸，全面落实公共安全重点区域、重点领域、重点行业长效管控机制，做到隐患风险第一时间发现、第一时间整改、第一时间消除，确保创建“星级平安金鼎县”。

同志们，路漫漫其修远兮，吾将上下而求索。面对新时代、新要求、新使命，面对浦江人民对美好生活的满满期待，面对“五大战略”“五大行动”的繁重任务，我们要始终坚定信心、锐意进取，始终拼搏实干、共建图强，始终与时俱进、奋勇向前，用奔跑的姿态、奔跑的力度、奔跑的作风，跑出改革新气象，跑出发展加速度，跑出百姓幸福感，谱写好浦江高质量发展的新时代篇章。

三、党要管党、从严治党，全力打造风清气正政治生态

习近平总书记反复强调，“办好中国的事情，关键在党”。要全面落实新时代党的建设总要求和组织路线，认真学习贯彻十九届中央纪委三次全会和省纪委十四届四次全会精神，推动全面从严治党向纵深推进、向基层延伸、向每个支部和党员覆盖，打造一支“忠诚、为民、务实、担当、清廉”的党员干部队伍，让“五个表率”成为浦江干部的标签、浦江干部的品牌。

（一）坚持政治引领，筑牢思想根基

要始终把党的政治建设摆在首位，旗帜鲜明讲政治，严明党的政治纪律和政治规矩，坚定不移维护核心、忠贞不渝紧跟领袖，坚定自觉地在政治立场、政治方向、政治原则、政治道路上同以习近平总书记为核心的党中央保持高度一致。不断加强理论中心组学习，持续深入推进“大学习、大调研、大抓落实”活动，常态化、制度化开展“不忘初心、牢记使命，当好新时代答卷人”大调研，争当习近平新时代中国特色社会主义思想的坚定信仰者、忠实践行者。严肃党内政治生活，净化党内政治生态，倡导清清爽爽的同志关系、规规矩矩的上下级关系，用好批评和自我批评这一武器，坚决抵制拉拉扯扯、吹吹拍拍等歪风邪气。发挥统一战线的凝心聚力作用，各民主党派、工商联、无党派人士要始终坚持中国共产党领导的多党合作和政治协商制度，增进团结统一。

（二）坚持党建统领，做好“党建+”文章

坚持以党建统领推动县域整体发展，保障各项工作高效推进。抓紧抓实《中国共产党支部工作条例》的学习贯彻，把党支部建设放在更加突出的位置，全面提高党支部建设质量，推动形成“大抓基层、大抓支部”良好态势。全力推进基层党建“全领域建强、全区域提升”，打造一批“党建强、发展强”五星村，让农村党组织在助推乡村振兴上有更大作为。全面推行街道“大工委”和社区“大党委”，落实驻社区机关和在职党员到社区“双报到、双服务”制度，推进机关党建和社区党建互促互融。扩大非公

企业党建覆盖面，着力加强党组织规范化建设，努力把非公企业党组织打造成为宣传党的主张、贯彻党的决定、推动企业发展的坚强战斗堡垒。实施基层党组织书记“领雁计划”，加大培训力度，提升素质能力，开展“经济发展能手书记”和“勤勉为民黄牛书记”评选活动，选树一批群众拥护、党员信任、担当有为的基层党建带头人。牢固树立“围绕发展抓党建、抓好党建促发展”的鲜明导向，充分发挥“党建+”作用，紧扣县委中心工作和发展主线，组织动员全县每一个党组织、每一名党员都争当经济发展的参与者、助力者，营商环境的塑造者、维护者，诗画浦江的建设者、奋斗者。

（三）坚持实干标准，选好用好干部

习近平总书记强调，要严把德才标准，坚持公正用人，拓宽用人视野，激励干部积极性，努力造就一支忠诚干净担当的高素质干部队伍。只有好的用人导向，才能带出好的干部、好的队伍、好的作风。围绕县委“五个表率”要求和“九坚持九做到”工作规范，要用讲忠诚、讲党性、讲团结的干部。天下至德、莫大于忠，选人用人的第一标准就是讲忠诚，要把政治意识强、规矩意识强、坚决贯彻执行中央、省委、市委和县委决策的干部选上来、用起来。要用善调研、善谋划、善为民的干部。只有干部把群众当亲人，群众才会把干部当亲人。能够把“为百姓谋福祉”作为调研、谋划、决策根本出发点的干部，能够带着信仰、带着感情、带着责任做群众工作的干部，百姓一定会称赞，县委也一定会厚爱。要用懂经济、懂政策、懂服务的干部。选优配强涉企涉商关键岗位，给予政策精通、业务精湛、服务精细的专业型干部更多更大的干事创业舞台。要用有激情、有冲劲、有担当的干部。干事创业需要激情和担当，我们就是要大胆使用富有工作激情，敢于攻坚克难的干部，大胆使用敢于为企业排忧解难、敢于为发展担当实干的干部。要用重清廉、重品行、重自律的干部。干部作风事关党的形象，事关人心向背、事关事业成败。清正廉洁是共产党人底线，也是我们选人用人的底线。

（四）坚持从严执纪，守住清廉底线

全面从严治党永远在路上。紧紧围绕习近平总书记提出的全面从严治党“6项任务”新要求，持之以恒正风肃纪，坚持以上率下，紧盯“四风”老问题，瞄准形式主义、官僚主义新表现，严肃执纪问责，推动中央八项规定及其实施细则精神落地生根，严防“四风”反弹回潮。坚持挺纪在前，主动践行监督执纪“四种形态”，对苗头性、倾向性问题抓早抓小，让咬耳扯袖、红脸出汗成为常态。坚持无禁区、全覆盖、零容忍，始终保持反腐败高压态势，制定小微权力清单，加大整治群众身边不正之风和腐败问题力度，扎紧“不敢腐、不能腐、不想腐”的制度笼子。突出政治巡察，认真抓好县委巡察，确保中央和省委、市委、县委的各项决策部署落实到位。大力弘扬郑义门孝廉文化，统筹推进清廉机关、清廉村居、清廉学校、清廉医院、清廉企业、清廉站所等各领域清廉建设，全力打造“清廉浦江”。

中共浦江县委十四届五次全体(扩大)会议

以高质量党建统领浦江高质量发展 奋力谱写“水晶之都、诗画浦江”新篇章

——在浦江县委十四届六次全体(扩大)会议暨县政府第三次全体会议上的报告

中共浦江县委书记 程天云

2019年8月9日

一、凝心聚力,攻坚克难,持续巩固稳中向好的发展态势

今年以来,全县上下高举习近平新时代中国特色社会主义思想伟大旗帜,认真落实中央和省委市委各项决策部署,坚持“八八战略”再深化、改革开放再出发,坚持以党建的全面过硬推动各项事业的全面进步,“五大战略”扎实推进,经济社会发展稳中有进、稳中向好。上半年,实现地区生产总值120.9亿元,可比增长5.1%。财政总收入17.1亿元,增长1.1%,其中,一般公共预算收入11.2亿元,增长1.0%。规模以上工业增加值14.1亿元,增长6.1%。工业用电量7.68亿千瓦时,增长8.2%。城镇、农村常住居民人均可支配收入分别增长7.9%和8.7%。

(一)全县党员干部紧盯“发展”这一主题,精准施策、担当实干,浦江实体经济“二次创业”氛围更加浓厚。在致力打造“全省营商环境最优县”上多措并举,精准发力。组建成立县营商办,开通“88912365”营商环境服务专线,推行营商环境“巡察员”制度,企业诉求渠道更加畅通便捷。建立“不诉不查”工作机制,338家企业列入“不诉不查”备案企业清单,确定每月19日为安全生产检查日,部门执法检查更加规范有序。全面开展“深入一线三服务、担当实干促发展”活动,抓好抓实难题化解、政策支持、人才服务、减税降费等组合拳,政府服务举措更加科学完善。坚持招商引资“一号工程”不动摇,牢固树立“项目为王”意识,成功举行一季度、二季度重大项目集中开工仪式,以“浦商回归”为招商重点,推动了杭州机床等一批浦商项目成功回归。截至目前共落地签约项目15个,协议总投资29.96亿元,其中总投资3亿元以上项目4个,完成年度任务的50%。

(二)全县党员干部紧盯“生态”这一优势,持续发力、久久为功,浦江生态长效保护机制日益健全。实施碧水提升行动,“污水零直排区”建设项目和农村生活污水提标项目稳步推进。坚决打赢蓝天保卫战,扎实开展大气污染防治,建立“挥发性有机物”走航监测体系。连续五年捧获省五水共治优秀县市“大禹鼎”,荣获中国环保领域最高的社会性奖励——第十届中华环境优秀奖,大花园建设工作获得省政府督查激励。上半年省“五水共治”工作群众满意度调查总分名列全省第三位,成功举办全国农村水利水电工作会议,成为首批部省共建乡村振兴示范省先行创建单位。生态红利持续释放,全域旅游成效明显,上半年全县国内外游客数和旅游收入分别同比增长19.83%和22.77%。

（三）全县党员干部紧盯“民生”这一重点，主动作为、善作善成，浦江百姓幸福指数持续提升。始终把广大群众的痛点、难点和关注点作为工作的着力点。坚持教育优先发展战略，“名师飞课”结对帮扶学校13所，组建幼共体3家，全县高考再创佳绩。全面深化医共体改革，建成县人民医院和县中医院两大医共体，成立全市首个送药上山便民服务点，基层医疗服务水平有效提升。完善社会养老服务体系，进一步提升居家养老中心硬件水平、服务质量，切实增强老年人的获得感和幸福感。交通基础网络日趋完善，351国道郑家坞至联盟段提前3个月顺利通车，连接义乌、兰溪、诸暨、桐庐等周边县市的公交班车全线开通。着力破解“住房难”问题，落实农民建房审批145户，解决无房户、缺房户81户。

（四）全县党员干部紧盯“稳定”这一根本，做深做实、尽职尽责，浦江社会治理基础不断稳固。持续深化和发展领导下访接访“浦江经验”，成立社会治理综合服务中心，927件初次信访件十日办结率100%。每月15日县联系领导雷打不动到乡镇（街道）下访接访，变联系乡镇为包干乡镇，共接待群众172批244人次。以“民情民访代办制”推动信访“最多跑一次”改革，代办民情民访事项664件，解决661件，成功举办全市民情民访代办现场会。组建244支“4+2”联心服务团固定联系每个村（社区），共收集各类问题482个，现场解决215个。深入开展扫黑除恶专项斗争，有黑扫黑、无黑除恶、无恶治乱，“两抢”警情保持“零发案”。

（五）全县党员干部紧盯“作风”这一关键，从严从实、驰而不息，浦江干部队伍建设坚强有力。坚持把加强干部作风建设摆在突出位置，倡导全县党员干部自觉遵守《浦江县党政干部“九坚持九做到”工作规范》，争当“忠诚、为民、务实、担当、清廉”表率。浦义通水工程正式投入使用，工程仅用时84天，彰显了浦江干部践行信义和美、拼搏实干、共建图强的金华精神。大力推进“村干部整治立规创优年”行动，处置调整违纪违法村干部37名，集中整顿后进村15个。全面建立运行“小微权力”清单38条，扎实推进正风肃纪行动，压紧压实全面从严治党“两个责任”，党风政风民风社风持续向好，政治社会生态更加清正清明。

这些成绩的取得离不开省委、市委的坚强领导，离不开县委、县人大、县政府、县政协四套班子领导的精诚团结，离不开各级党组织的不懈奋斗，更离不开全县党员干部群众的共同努力。在此，我代表县委、县政府向全县党员干部群众表示衷心的感谢，并致以崇高的敬意！

二、深入剖析，正视不足，全面激发干事创业的不竭动力

事业发展，关键在党，关键在人。党建有力量，发展才有质量；干部有担当，发展才有保障。为此，我们每一个领导干部、每一名党员都要紧紧围绕“如何让党建更好提升”“如何让干部更有作为”“如何让浦江发展更高质量”三大问题，认真查找存在的党建短板和作风问题，精准补齐。

习近平总书记在党的十九大报告里鲜明指出，以党的政治建设为统领，全面推进党的政治建设、思想建设、组织建设、作风建设、纪律建设，把制度建设贯穿其中，深入推进反腐败斗争。在7月9日召开的中央和国家机关党的建设工作会议上，习近平总书记指出，要践行新时代好干部标准，不做政治麻木、办事糊涂的昏官，不做饱食终日、无所用心的懒官，不做推诿扯皮、不思进取的庸官，不做以权谋私、蜕化变质的贪官。按照习近平总书记的要求，我们全体党员干部都应该认真对照、深刻反思这四类人画像。结合浦江实际，我们要“扪心

自问”：

一要扪心自问，党建主体责任落实到位了没有？习近平总书记多次强调，“党要管党，首先是党委要管、党委书记要管”“党委书记作为第一责任人，要担负起全面从严治党的政治责任”。但从日常表现看，浦江基层党建“书记抓、抓书记”的氛围有所淡化，“业务党建两张皮”“上热下冷，责任传导层层递减”等现象不同程度存在。有的党组织书记认为抓党建工作是潜绩，抓业务工作是显绩，对党建工作的重要性认识不足；有的党组织书记在党建工作中，喜欢当“甩手掌柜”，平时对党建工作过问不多，只要涉及党建的，就交给组织线的分管领导或干部，没有尽心履职，年终述职前闭门造车，或是照着报告一读了之；有的党组织书记抓党建务虚不务实，比如民主生活会对照检查的问题年年一个样，提出的整改措施也迟迟落不了位、生不了效。无论哪个层级，只要是党组织书记，就肩负着为党分忧解难的使命担当，就必须把胸膛挺起来，把责任扛起来，把党建抓起来，真正使党建工作的“重视程度、保障力度、落实速度”配得上“一把手工程”的要求。

二要扪心自问，“关键少数”的定位找准了没有?“关键少数”担负关键责任，“关键少数”应有关键作用。但我们一些党员领导干部却还存在“灯下黑”的情况。有的党员领导干部镜子只照别人，不照自己，要求别人做到的，自己却没有做到。有的党员领导干部“动嘴不动手”，总喜欢强调客观困难，担当精神不足，没有上级批示、抄告单、会议纪要就不办事。有的党员领导干部喜欢当“老好人”，怕得罪人，遇事无论是非对错，总是一团和气。县委、县政府领导班子成员要问一问自己，“忠诚、为民、务实、担当、清廉”五个表率示范践行到位了没有？联系乡镇、联系部门包干到位了没有？县人大、县政协领导班子成员要问一问自己，激情有没有消退？工作有没有懈怠？乡镇(街道)、部门领导班子成员要问一问自己，属地责任压实了没有？分管责任抓实了没有？行政村(社区)两委班子成员要问一问自己，挨家挨户走访到位了没有？并村并心做到了没有？领导干部必须以更高标准、更严要求、更实作风要求自己，真正把自己“摆进去”，喊响“跟我上”，把奋斗的精神、奔跑的劲头拿出来，带领广大党员干部跟着学、照着做，激发起上行下效的整体效应。

三要扪心自问，党组织的战斗堡垒作用、党员的先锋模范作用发挥了没有？习近平总书记指出，只要每个基层党组织和每个共产党员都能发挥战斗堡垒作用、先锋模范作用，我们党就会很有力量，我们国家就会很有力量，我们人民就会很有力量。浦江15个乡镇(街道)、244个村(社区)发展水平不一、富裕程度不同，这既有区位条件、自然禀赋、先发优势的客观因素，更有我们党组织、党员干部想不想干、会不会干、能不能干的主观因素。有的党组织、党员干部缺乏主动作为、干事创业的劲头，要么安于现状，得过且过；要么无所作为，等待观望，部署执行总是迟一步、慢半拍。有的党组织、党员干部面对大是大非，面对杂音噪音，不敢发声，不主动介入，明哲保身，导致村(社区)内信访矛盾问题不断、重点项目屡屡受阻、各项工作没有起色。就这样的状态，上级党委政府怎么能放心把项目落下来？外来客商怎么能安心把资金投进来？每一个党组织、每一名党员都要在应对实体经济“二次创业”挑战时，抵御“信访维稳”风险时，克服“街区改造”阻力时，旗帜鲜明地站出来，真正做到“平常时节看得见、关键时候站得出、危难时刻豁得出”。

四要扪心自问，以人民为中心的发展思想入脑入心了没有？基层党建的工作方向就是要让广大基层百姓过上美好幸福的生活，心系百姓、服务百姓是每个党员干部的应尽之责。有的干部开展“三服务”活动，讲起来头头是道、干起来不见真招，上门服务了一趟又一趟，企业的难题就是不解决，群众的诉求就是不反馈，基层的症结就是不疏通。“4+2”联心服务团作为百姓身边不走的工作队，有没有和群众打成一片？有没有积极为村(社)里谋发展？有没有主动为村(社)里解难题？有没有尽心为村(社)里保平安？要反思和总结。有的干部面对群众信访问题，能拖则拖，一拖再拖。全县党员干部不能把“以人民为中心”停留在口头上、止步于思想上，而要落实在行动上，体现在实效上，真正把人民对美好生活的向往作为我们的奋斗目标。

五要扪心自问，党建领域形式主义、官僚主义的问题根治了没有？近年来，各级党组织对党建工作都很重视，党建工作越来越规范，但个别基层党组织也还存在重“形式”而轻“实绩”的现象。有的贯彻落实时，没有按照要求原原本本学，只摘取其中几段，念完就作数；上面开了会下了文，下面依葫芦画瓢也开个会下个文，就算落实了。有的谋划党建时，缺乏前期调研，挖空心思做文字游戏，不结合工作实际，不注重解决问题，与创新的目的背道而驰。有的推进党建时，只在“点”上下功夫，一心埋头造“盆景”，不在“面”上用力气，导致“点”上很光鲜、“面”上没法看，群众不买账、党员不认同。形式主义外在表现为“虚”，内在实质为“懒”，本质根源还在于官僚主义。个别部门考核督查疏远群众，不看群众困难解决了没有，不看党员作用发挥了没有，只看材料准备得怎么样，PPT汇报做得怎么样。党建工作必须真抓实干，向形式主义、官僚主义“亮剑”，才能真正取得实效。

六要扪心自问，拒腐防变的底线坚守了没有？当前，腐败与反腐败、腐蚀与防腐蚀的斗争形势依然严峻，不良诱惑和陷阱无处不在。从日常监督、县委巡察、审计检查等情况看，有的党员干部落实中央八项规定精神不到位，没有以党员身份从严要求自己。有的党员干部没有把心思和精力用在助力发展上，反而插手工程施工、征地拆迁等领域，以权谋私、中饱私囊。有的党员干部弄虚作假、优亲厚友，使不该享受的人员享受了相关政策，明显有失社会公平。去年行政村撤并后，很多村便形成了三四种不同姓氏的血缘宗族关系，有的党员干部事事优先考虑自己宗族，肥水不流外人田，这类问题也得严查。相对于“远在天边”的“老虎”，人民群众对这些“近在眼前”的“苍蝇”感受更为真切。反腐倡廉必须常抓不懈，拒腐防变必须警钟长鸣。全体党员干部务必自觉做到明规矩、守底线、知敬畏，凝心聚力共同营造风清气正的社会风气。

除了扪心自问，我们还要静心思考。只有静心思考，才能解放思想、改革创新，才能找到方法、找准出路。当下的浦江，正处于高质量发展的爬坡过坎、滚石上山期，正处于推动实体经济“二次创业”、决胜全面小康的关键期，我们要好好思考：

(一)作为习近平总书记当年在浙江推行“领导干部下访接访”的首站，我们有没有发展好、落实好“变群众上访为领导下访”的指示要求？我们能不能用心用情做好信访工作，不辜负习近平总书记的谆谆嘱托和浦江百姓的殷殷期待？

(二)作为“四个全面”战略布局试点县，我们有没有大胆地闯、大胆地试，敢于走前人没有走过的道路？我们能不能凝心聚力谋发展，以思想的大解放、改革的大突破实现发展的大跨越？

(三)作为全省“五水共治”发令枪响的地方，我们有没有满足于现有的治理成果而放慢脚步、停滞不前？我们能不能继承发扬“一天都不耽误、一点都不马虎”的治水精神，推动浦江从“大破”走向

“大立”？

（四）作为首批部省共建乡村振兴示范省先行创建单位，我们有没有找准“产业兴旺、生活富裕”的路径方法？我们能不能走出一条美丽生态向美丽经济转变的新路子，把绿水青山转化为金山银山？

（五）作为水晶之都、挂锁之城、家纺名城，我们有没有紧盯“12365”实体经济翻身战奋斗目标，持之以恒推动产业转型升级？我们能不能在实体经济“二次创业”征途上，答好高质量发展的时代答卷？

（六）作为“江南第一家”千年郑义门的所在地，我们有没有真正把“师俭有序”“孝义清廉”内化于心、外化于行？我们能不能纵深推进“清廉浦江”建设，营造清正清明的党风政风？

“六问”与“六思”都是需要我们直面回答的问题，都是需要我们痛定思痛、痛下决心去解决的问题。我们要通过“六问”“六思”，问出责任感，思出方法论。要真正回答好这些问题，浦江的党员干部需在学懂弄通做实习近平新时代中国特色社会主义思想上，下真功夫、下狠功夫，始终牢记共产党人的初心和使命，始终怀着对党的赤诚之心、对事业的进取之心、对法纪的敬畏之心。要始终紧盯“五大战略”不动摇，进一步理清高质量发展思路，严格执行《浦江县党政干部“九坚持、九做到”工作规范》，崇尚实干，力戒空谈，做到“一级做给一级看、一级带着一级干”，以历史担当直面问题，以责任使命回答问题，以奋勇作为解决问题，真正把“忠诚、为民、务实、担当、清廉”五个表率的要求体现在各个领域、各项工作中。

三、统一思想，提高站位，深刻认识党建统领的核心要义

在新的历史条件下，基层党建工作的要求更高了、任务更重了、难度更大了。做好新时代基层党建工作，必须提高站位、找准定位，坚持好以下原则：

一是坚持党对一切工作的领导。政治性是党建工作的第一属性，讲政治、讲忠诚也是我们做好党建工作的基础和前提。要始终从政治上认识、把握、检视、考量党建工作，增强“四个意识”，坚定“四个自信”，做到“两个维护”，不断提升党的政治领导力、思想引领力、群众组织力、社会号召力。要深刻学习领会习近平新时代中国特色社会主义思想，全力贯彻落实好习近平总书记对浙江和浦江系列重要指示精神，坚决服从执行好中央和省委、市委、县委的决策部署，与中央和上级党委保持高度一致，不谈条件、不打折扣。

二是坚持抓好党建是最大政绩。习近平总书记反复强调，各级各部门党委（党组）必须树立正确政绩观，坚持从巩固党的执政地位的大局看问题，把抓好党建作为最大的政绩。各级党组织要守好“主阵地”，牢固树立“抓好党建是本职、不抓党建是失职、抓不好党建是不称职”的正确认识，把抓好党建作为首要之责、根本之责、当然之责，要定期听取汇报，定期分析研判，定期督促推进，进一步抓实、抓细、抓具体，不断提高党建工作水平，成为党建工作的行家里手。

三是坚持聚焦发展、服务发展。浦江要实现全面小康、全域美丽、全民幸福，必须紧紧依靠发展，必须有强大党建保障，以党建统领发展、助力发展、服务发展，把党建优势转化为发展优势，把党建资源转化为发展资源，把党建力量转化为发展力量。发展是有规律的、有过程的，不可能一蹴而就，我们既要打攻坚战，有善于冲刺的斗志决心，也要打持久战，有跑马拉松的毅力韧劲。但不管前路如何艰难，我们推进实体经济“二次创业”的

决心不能变，以产业转型推动高质量发展的方向不能变，“埋头苦干、担当实干”“一任接着一任干”的劲头不能变，宁可各种荣誉少拿一点，也要集中精力抓发展。

四是坚持党建为民、党建惠民。为中国人民谋幸福，为中华民族谋复兴，是我们共产党人的初心和使命，也是我们党建工作的根本目的和最终追求。只有秉持为民惠民这个根本，党建才有生命力，才有向心力，才有凝聚力。要着眼群众需求，充分考虑辖区内全体党员、广大群众的特点，开展契合实际、贴近生活的活动，提供各具特色、有针对性的服务。要始终将“为民服务”作为党建工作的底色，在农村党建领域紧扣乡村振兴突出产业富民，在社区党建领域紧扣文明创建突出服务便民，在非公党建领域突出发展惠民，在机关党建领域突出务实亲民。唯有如此，广大党员的示范引领和辐射带动作用才能充分发挥，群众才会主动参与、真心拥护，进而营造融洽亲密的党群干群关系，真正增强党组织的凝聚力和战斗力。

五是坚持问题导向、目标导向。检验党建成效，落脚点就要放在解决突出矛盾和问题上。有什么问题就解决什么问题，什么问题突出就重点解决什么问题。要善于发现问题，根据既定目标，不断检视党建工作，对存在的问题不掩盖、不回避、不推脱。要善于分析问题，了解基层情况，找准问题原因。要善于解决问题，以“等不起”“慢不得”“坐不住”的紧迫感和责任感对症下药，狠抓整改。只有“抓住不落实的人，盯牢不落实的事”，只有多到困难堆积、情况复杂、矛盾尖锐的地方破题解题，才能彰显党建成效，赢得群众口碑。

四、持之以恒，统筹推进，奋力开创高质量发展的崭新局面

抓党建就是抓发展，要坚持把做实基层党建与践行“五大发展理念”相结合，把“五大发展理念”贯彻落实到基层党建的全过程，推动经济社会各项事业高质量发展。

一是进一步深化“党建+创新发展”，让浦江经济越来越有活力。创新是引领发展的第一动力，抓住了创新，也就抓住了经济发展的“牛鼻子”。要深入实施工业强县战略，敢闯敢试、敢想敢干，用改革的方法破解发展的难题，用创新的举措推动项目的落实。全力完成年初确定的各项经济指标增长目标，确保实现“全年红”。在全面深化改革上要有更大突破。持续推进“最多跑一次”改革向“一件事”延伸，围绕企业全生命周期，打通部门“信息孤岛”，全力消除“中梗阻”，大幅提升行政效能。突破体制机制障碍，优化存量资源配置，积极盘活低效闲置和批而未供的土地，为工商资本下乡打下坚实基础，为优质项目发展提供土地保障。推进金融供给侧结构性改革，引导金融机构增加对制造业、民营企业的中长期融资，不良贷款率控制在1.5%以下，深化政银企对接会等好做法，着力破解企业融资难、融资贵问题。在项目攻坚上要有更大成效。发展没有项目的落地，就是一句空话。坚持发展为要、项目为王，掀起新一轮项目攻坚热潮。突出以水晶、绗缝、挂锁为代表的传统产业和以智能制造、光电产业为代表的新兴产业两条主线，依托浦江开发区、水晶产业集聚区、小微企业园，高标准推进“710”工程。狠抓重点项目党建，实现项目延伸到哪里，党组织就建在哪里，引导广大党员在重点工程、项目建设一线攻坚克难，确保无障碍施工、高速度推进。在优化营商环境上要有更大作为。将“三服务”贯穿全年始终，创新“深入一线三服务，担当实干促发展”活动载体，践行“四到”服务理念，更加精准高效地服务企业。完善科技创新体系建设，健全产学研协同机制，充分发挥科技创新在支撑县域

经济发展、促进产业转型升级中的关键作用。持续打好企业降成本组合拳，不折不扣地完成减税降费任务，增强企业盈利能力和发展后劲。围绕“1+N”政策体系构架，修订完善涉企政策，最大限度地发挥政策激励和导向作用，尤其要加大支持企业创新，全年2.8亿元以上工业、科技政策资金必须兑现到位。

二是进一步深化“党建+绿色发展”，让浦江生态环境越来越好。生态环境是浦江最大的优势，要坚决巩固治理成果，绝不允许反弹回潮。全县党员干部必须牢牢守住生态底线，为生态环保提供更强“红色网格保障”，以更好的生态环境为浦江高质量发展注入更多“绿色发展动能”。要全面防范生态环境风险。扎实做好第二轮中央生态环保督查迎检准备工作，确保历次督察反馈问题落实整改见效。基层党组织应主动承担生态环保之责，围绕黑臭水体排查、河湖库塘清淤、扬尘污染整治、秸秆焚烧治理等群众关切的重点工作，巩固治理成果，防止污染反弹。要加快提升生态环保能力。党员干部要继续当好垃圾分类的宣传者、示范者和监督者，不断巩固和扩大垃圾分类成果，城区要尽快实行“两定四分”的试点和扩面工作。加快污水处理厂扩容和清洁排放改造项目开工建设，提升城镇污水处理能力，确保“污水零直排区”建设按时完成，为六夺大禹鼎打下坚实基础。全力推进垃圾焚烧发电项目建设，力争年底前完成厂房结构建设。升级污泥处置设施，加强污泥“资源化、减量化、无害化”利用，早日实现“污泥处置不出县”。要着力健全长效监管体系。全面推进治水、治土、治气、治废四大领域监测网络建设，提高环境监测自动化、科学化水平。完善“党建+河（湖）长制”、浦阳江生态补水、农村生活污水处理等长效机制，争创全省首批河（湖）长制标准化示范县，确保生态环境质量继续走在全省前列。

三是进一步深化“党建+协调发展”，让浦江城乡越来越美丽。紧扣小县大城、乡村振兴、全域旅游等发展战略，把美丽县城龙头强起来，把乡村振兴标杆树起来，把全域旅游品牌立起来。要加快建设美丽县城。加快白林、文溪安置区、环城西路拓宽改造、城区五化提升等重点项目建设进度，实施城镇老旧小区改造、城市停车场、金狮湖塔山区块等工程，进一步完善城市功能格局。深化产城融合，积极发展楼宇经济、总部经济，增强对高端要素的吸引力和承载力。扎实推进“六城联创”，组织实施好文明创建“八大行动”，着力建设崇德向善、文化厚重、和谐宜居、群众满意的幸福家园。要深入推进乡村振兴。在乡镇、村全面开展“两强两美”行动，扎实做好行政村规模调整“后半篇文章”，打造一批“党建强、集体经济强，生态优美、乡风和美”的示范村。大力支持农村改革创新的探索实践，推进全域土地综合整治，畅通城乡资源要素流通渠道，让农村闲置的土地资源活起来、用起来。发展壮大葡萄、黄桃、香榧等特色农业，谋划更多“田园综合体”与“坡地村镇”项目，让农民在家门口实现就业。持续发展村级集体经济，探索以资金、土地等形式参股农民合作社、企业及项目，为村集体带来稳固的可再生财源。要统筹发展全域旅游。坚持旅游产业“一盘棋”发展思路，一核多点、以点带面，进一步加快“江南第一家——仙华山”AAAAA景区和全省首批AAAA级景区城创建步伐，提升茜溪悠谷、嵩溪古村、上河诗人小镇等特色景点的旅游吸引力，把潜在的生态优势、资源优势转化为现实的经济优势、发展优势，致力打造长三角知名的文化休闲旅游胜地。

四是进一步深化“党建+开放发展”，让浦江发展空间越来越广阔。越开放，越发展。唯有坚定不移推动对外开放，浦江的“朋友圈”才能越来越大，发展前景才能越来越光明。要坚定不移走出去，对接义乌、融入长三角。深入实施“浦义同城”战略，强化沟通对接，在前期实现供水、交通、干部交流等领域良好开局的基础上，持续深化规划共谋、产业共融、交通共建、资源共享、环境共护等全方位、多层次的合作。借助“义新欧”班列和“义甬舟”开放大通道，把更多的浦江商品销往“一带一路”沿线国家。抓住长三角一体化上升为国家战略的历史机遇，加大“走出去”的力度，主动学习先进地区“大市场、大企业、大品牌”的理念做法，积极承接上海、杭州等地产业溢出。要坚定不移引进来，大招项目、广招人才。坚持把招商引资作为推动产业转型升级、提升区域经济竞争力的重要路径。不折不扣落实《浦江县招商引资、项目攻坚“百日大会战”活动总体方案》，围绕重点产业、企业，实施产业招商、以商招商、驻点招商等多种招商形式，全力引进一批科技含量高、成长空间大、发展后劲足的优质企业和项目。用好杭州恒生科技园，打造浦江(杭州)创新中心，使之成为高端人才、社会资本的集聚之地。借助首届浦江乡贤大会的有利契机，发挥在外乡贤的资源优势，深入推进浦商回归、智力回归工程。

五是进一步深化“党建+共享发展”，让浦江百姓越来越幸福。发展成果让人民共享，是发展的根本目标，也是顺应人民群众对美好生活向往的必然要求。扎实推进民生事业。高质量落实年初制定的“十件民生实事”“十大社会事业工程项目”，不断增进民生福祉。提升基础教育水平，开好全县教育大会，办好浦江中学、中山中学80周年校庆，着力引进一批优质民办学校。深化“双下沉、两提升”长效机制，有效发挥医共体作用，努力实现更高水平的“健康浦江”。提升养老服务水平，探索医养结合新模式，打造一批乡镇级示范居家养老中心。统筹推进“杭温高铁二期”前期工作，科学规划建设“高铁小镇”。持续完善服务体系。加快高标准社区、农村党群服务中心的打造，优化服务中心组织体制和运作机制，提升服务效率和使用效益。纵深推进“无证明城市”改革，打通信息孤岛，为广大群众提供更便捷高效的服务。不断规范“4+2”联心服务团活动，让服务更深入、更务实，让群众更满意。完善农民建房审批制度改革，稳步推进农房改造，让每家每户“居者有其屋”“居者安其屋”。全面深化社会治理。发展领导下访接访“浦江经验”，以“民情民访代办制”推动信访“最多跑一次”，努力实现接访在县内、下访到乡镇、化解在村里，让信访群众最多跑一次、甚至不用跑。全域推广“好家风”评价体系，推进郑义门等传统家规家训文化进家庭系列活动，激发党员+联系农户的网格新潜能。加大扫黑除恶专项斗争力度，不折不扣落实中央督导整改要求，力争在消灭保护伞、打财断血等方面取得更大突破。以高水平完成庆祝新中国成立70周年等重大活动维稳安保任务为重点，坚决打赢基层治理巩固战，防范化解各类重大风险，力争“平安浦江”建设14连冠。

五、固本强基，提质增效，全力营造风清气正的政治生态

全县各级党组织要全面落实新时代党的建设总要求和新时代党的组织路线，以更加强烈的责任担当、更加务实的改革举措、更加过硬的工作作风，持续推进党的自身建设，为浦江经济社会事业发展提供坚强保障。

讲政治，高标准组织“不忘初心、牢记使命”主题教育。“不忘初心、牢记使命”主题教育是加强党的自身建设的重要举措，也是我们下半年的首要政治任务。根据安排，县级作为第二批单位，将于9月正式启动。这次主题教育不划阶段、不分环节，中

央明确的规定动作必须不折不扣做到位，要把学习教育、调查研究、检视问题、整改落实贯穿全过程。要强化统筹谋划，准确把握“守初心、担使命、找差距、抓落实”总要求，谋划制定实施方案，为主题教育开展营造氛围。同时，主题教育要与县委中心工作紧密结合起来，与各自岗位职责紧密结合起来，实现主题教育和各项工作两不误、两促进。要强化创新载体，确保主题教育彰显浦江特色，把主题教育与“六问”“六思”结合起来，注重从“红船精神”、浙江精神、金华精神中汲取营养、激发斗志，努力实现理论学习有新进步、思想政治有新加强、干事担当有新作为、为民服务有新提升、清正廉洁有新形象、推动发展有新成效的“六新”目标。要强化教育成效，聚焦解决突出问题，既要按中央、省委要求开展好当前已部署的“九大问题”专项整治，又要结合浦江实际破解好当前发展面临的难题和瓶颈，确保党员干部受到触及灵魂的教育、人民群众看到实实在在的变化。

强基础，高标准落实“全领域建强、全区域提升”工作要求。落实基层党建“两全”要求，关键在于提升基层党组织的组织力和基层党员的战斗力。每个支部要成为坚强的战斗堡垒，推进党支部规范化标准化建设，配套服务供给要清清楚楚，党员活动规范要明明白白，为建强支部指明方向、提供遵循。抓实党建阵地“8个标配”、主题党日“8个规定”、党员身份“8个必备”，不断激发基层党组织内生活力，宣传党的主张，贯彻党的决定，团结动员群众，领导基层治理，推动改革发展；每名支书要成为发展的领头雁，着力建设一支绝对忠诚、为民服务、务实干事、敢于担当、公道正派、严守规矩的党组织书记队伍，切实当好政治坚定的明白人、百姓致富的引路人、抓好党建的责任人，通过示范引领，凝聚起广大党员干部群众开拓进取的心劲和力量；每名党员要成为鲜红的旗帜，在推进乡村振兴、全域旅游、六城联创、“两新”发展等工作中当好先锋、尽心履职、乐于奉献，推动党的好方针好政策落到实处、见到实效。

转作风，高标准纵深推进“三服务”活动。省委书记车俊指出，省委部署开展“三服务”活动，是给全省党员干部提出的一道新考题，考的是作风、能力和水平。全县党员干部要把“三服务”活动作为转作风、强担当、促落实的重要抓手，紧紧围绕省委“聚焦四个重点、打开四个通道”的工作要求，经常性深入乡镇（街道）、村（社）和企业查需问效，全面摸清企业生产经营中的痛点、难点、堵点，摸清群众所盼、所急、所怨。推进“三服务”活动，除了看问题解决的数量，更得看问题解决的质量。要聚焦企业融资难、老旧小区改造难、住房审批建设难、乡村产业薄弱等突出问题，实打实予以解决，把群众和企业的满意作为开展“三服务”的最高标准和推动工作的最大动力。

善担当，高标准开展“四不”专项整治行动。有多大担当才能干多大事业，“干部能不能担当”直接关系各项决策部署能否落地生根、直接关系高质量发展能否顺利推进。要不折不扣推进“不担当、不作为、不规矩、不适应”“四不”问题专项整治，让广大党员干部为官有为、为政善为。要紧盯重大工程项目、重点行业领域、重要部门岗位，重点关注群众反映集中的人和事，通过对典型人、典型事的处理，达到整治一个问题、解决一类问题，处理一名干部、教育一批干部的目的。要一手抓从严管理，加大发现问题、整治问题的力度；一手抓关心关爱，完善容错纠错、澄清保护机制，大力营造“干部为事业担当、组织为干部担当”的浓厚氛围。

严纪律，高标准建设“清廉浦江”。把抓好省委巡视反馈问题整改作为政治建设重要内容，做到边巡边改、立行立改、即知即改，确保见人见物见成效。强化“四个监督”全融合全覆盖，加大责任追究力度，夯实管党治党政治责任特别是第一责任人责任。大力开展清廉机关、清廉村居、清廉学校、清廉医院、清廉国企示范单位创建，打响一批清廉文化活动品牌，建设一批清廉文化传播阵地。坚持惩治腐败力度决不减弱、零容忍态度决不改变，深化警示教育月活动，持续打好“四种形态”组合拳，严格落实“小微权力清单”，建立健全反腐倡廉长效机制，推动“清廉浦江”建设再上新台阶。

中共浦江县委十四届六次全体（扩大）会议

政府工作报告

——在浦江县第十四届人民代表大会第三次会议上的报告

浦江县人民政府代理县长 俞佩芬

2019年2月28日

一、2018年主要工作和成效

2018年是改革开放40周年、“八八战略”实施15周年。面对错综复杂的宏观经济形势和艰巨繁重的改革发展任务，在上级党委、政府和县委领导下，在县人大的法律监督、县政协的民主监督以及社会各界的监督支持下，县政府坚持以习近平新时代中国特色社会主义思想为指导，全面贯彻党的十九大和十九届二中、三中全会精神，围绕“八八战略”再深化、改革开放再出发，认真落实县委各项决策部署和县十四届人大二次会议确定的目标任务，坚持稳中求进工作总基调，大力弘扬新时代金华精神，团结一致、克难奋进，全力完成各项目标任务，为全面建成小康社会奠定了坚实基础。全年实现地区生产总值221.9亿元，同比增长2.1%；一般公共预算收入19.1亿元，同比增长7.6%；社会消费品零售总额114.6亿元，同比增长4.3%；城镇、农村常住居民人均可支配收入分别为44743元和21471元，同比增长7.4%和9.5%。

（一）坚持稳中求进，综合实力稳步提升

工业经济提质增效。全面打响实体经济翻身战，明确“12365”奋斗目标，出台《浦江县优化营商环境十条意见》，大力开展“两送两增”活动，解决涉企难题179项，减免税费6.3亿元，组织政银企金融恳谈会，15家金融机构与县内42家重点企业达成融资合作意向，授信金额达16.9亿元，形成了“大抓实体经济、大抓营商环境”浓厚氛围。绗缝产业全面禁止再加工纤维使用，质量、档次显著提升，被中国纺织品商业协会授予“中国领航创新产业集群”奖；“中国水晶玻璃之都”荣誉称号通过复评，东洲水晶入选省“四个百项”重点技术改造项目计划；圣力工贸研发的全自动锁具装配机入选省装备制造业重点领域首台（套）产品名单；梅花锁业起草的金属挂锁标准成为全省首个挂锁产品“浙江制造”品牌认证标准。积极做好股改上市工作，新增股份制企业4家、浙江股权交易中心挂牌企业10家。

新动能加速成长。实现规模以上工业数字经济核心产业增加值1.2亿元，同比增长36.5%。百川导体数字化车间项目通过市级专家评审，东洲水晶、德工机械入选市第五批机器换人示范企业，上云企业1300家。半导体装备产业园入驻企业4家，智能芯片封装项目和双金属复合材料项目开工建设，双金属复合材料项目入选省重大产业龙头项目。新增“专精特新”入库培育企业110家，百川导体入选省工业强基工程支撑企业和省“百项万亿”重大制造业项目，亚星纤维入选省工业强基工程支撑企业。建筑业稳步发展，新核准建筑企业4家，资质增项企业12家。

现代服务业彰显活力。深入实施全域旅游发展战略，完成55个A级景区村庄创建提升，上山考古遗址景区创建国家AAA级旅游景区，江南第一家

景区、神丽峡景区获评省示范型放心景区，郑宅镇创建省级旅游风情小镇，嵩溪村获评省休闲旅游示范村，成功创建省级全域旅游示范县，全县游客接待量和旅游收入分别同比增长22.5%和24.7%。电商经济蓬勃发展，实现国内网络零售额132.5亿元，同比增长25.8%；跨境小包业务量3710万件，同比增长14.2%。探索构建“公交+物流”新模式，实现农村物流全覆盖，荣获“浙江省快递发展先进县”称号。全年新增各类贷款21.3亿元，其中小微企业贷款新增11.7亿元，不良率降至1.48%。

现代农业亮点纷呈。推行“三分六统”蔬菜产业化经营模式，山地蔬菜产业实现转型升级。深入推进葡萄产业“控产提质”，创新建立浦江葡萄价格指数综合险，成功打造浦江葡萄区域公用品牌，葡萄产值首次突破10亿元。大力推进田园综合体建设，仙华宝掌山居田园综合体基础建设基本完工，浦南悠然南山田园综合体的景观道路、产业基地、葡萄产业科技研发中心开工建设，黄宅江南吐鲁番、大畈玫瑰庄园等项目均有子项目建成营运，虞宅茜溪花谷被评为省级最美田园，培育微型农场100家。新增节水灌溉面积3935亩，杭坪、浦南分别被确定为省级、市级特色农业强镇，入选全省首批农业绿色发展先行示范县创建单位。

（二）坚持改革创新，发展动能稳步增强

各项改革持续深化。开展“县领导、百名局长进中心”活动，实现“最多跑一次”事项1360项，其中“零次跑”事项522项，平均办结时间提速57.3%；在全省率先开通“商事登记钉钉移动审批平台”，实现商事登记全天候移动审批；推行“标准地+承诺制+代办制”“区域环评+环境标准”改革，实现一般企业投资项目审批“最多100天”；“一窗受理、集成服务”改革向基层延伸工作考核排名全市第一位。五大县属国有集团公司组建运营，体制机制不断完善，经营效益、融资效益初步显现。“亩均论英雄”改革成效显著，完成71家D类企业处置和103家亩均税收1万元以下工业企业出清，启动服务业亩均效益改革。农村土地确权工作通过省综合验收，行政村（社区）清产核资全面完成，入选全国农村集体产权制度改革试点县和省农业水价综合改革试点县。

招商引资成效显著。举办浦江发展大会暨第二届浦商大会，签约项目15个，计划总投资172.6亿元。县领导带队外出招商63次，成功招引投资4亿元的磨床智能制造、投资3亿元的年产100条LED封装及高效照明生产线等一批优质高端项目。强化招商信息共享，绘制全县要素资源“一张图”，建立招商项目首报制。全年落地开工项目48个，完成投资18.1亿元，其中实体经济制造业项目31个，完成投资3.4亿元。

创新动力不断增强。创新平台建设稳步推进，县科技创业园入驻企业32家、产业化落地企业8家，其中省千人计划项目2个、博士项目5个，创建省级科技孵化器；水晶产业园区被认定为省高技能人才公共实训基地，杭州电子科技大学浦江微电子与智能制造技术研究院组建成立。创新服务保障更加有力，发放创新券146.5万元，首批42位人才入住人才公寓，陈剑平院士工作站落户浦江，成功举办第三届博士论坛和浦江籍海内外高层次人才“服务家乡发展、助推实体经济”主题活动。科技创新活力明显增强，专利授权量和发明专利授权量增幅均居全市首位，博开机电低温真空泵项目填补了国内生产半导体领域和光电领域的空白，国家高新技术企业总数达31家。

对外开放纵深推进。组织187家企业参加广交会、华交会、中国浙江名品（巴拿马）展览会和中国浙江时尚创意精品（泰国）展览会等境内外重大展会；组织企业参加中非企业需求对接洽谈会、首届

中国国际进口博览会，达成采购意向240余万美元。积极参与“一带一路”建设，沿线国家贸易增加至62国，出口额达2.6亿美元；鼓励企业建立国际营销网络和境外投资，百川导体在美国成立双金属线研究所；新增自营出口企业90家，全年外贸出口7.7亿美元。成功举办第十届水晶玻璃产业博览会。

（三）坚持城乡统筹，功能设施稳步提升

城市能级持续提升。规划体系更加完善，完成中心城区总体城市设计、江南新区控制性详细规划和重要区块城市设计、中心城区城市色彩专项规划、民主路历史文化街区保护规划、县域乡村建设规划等编制。交通治堵工程加快推进，广场东路、少年路、宏业大道向南延伸工程完成建设，新增停车位1299个。美丽街景逐步展现，环城南路、人民路、和平路、大桥路街景和月泉西路北渠景观完成提升改造。城市有机更新加快推进，金狮湖一期安置房交付使用，二期817户房屋完成征收；城中村改造一期4个集聚区主体完工，毛阳岗自然村完成签约，白林村、毛店村完成拆迁，白林集聚区启动建设；老浦棉区块完成改造。

美丽乡村愈加靓丽。万村景区化工程深入推进，提升美丽乡村精品线7条，修复古道5条，新建绿道10公里，茜溪绿道获评浙江最美绿道，马岭古道获评全国最美森林古道，浦阳江生态廊道入围世界建筑节景观类奖项。创建省级美丽乡村示范乡镇2个、省级美丽乡村特色精品村4个、省级森林城镇1个、省级生态文化村2个，新光村入选全国美丽乡村“百佳范例”，省级美丽宜居示范村创建数量位居全市第一位。小城镇环境综合整治三年任务两年完成，创建省级样板乡镇4个，获评全省小城镇环境综合整治优秀县。编印《浦江县农村住宅通用图集》，推行农村“建筑工匠”持证上岗制度，启动农房改造项目11个，完成农村危旧房治理1262户，解决农村“无房户”365户。8宗坡地村镇地块完成出让，诗画小镇一期项目完成建设。

生态治理保持前列。水环境质量不断提升，与诸暨市签订浦阳江流域水环境补偿协议，浦阳江上仙屋出境断面水质均值达到Ⅲ类，全县51条支流水质全部达到Ⅲ类以上，“五水共治”工作公众满意度居全省第一位。空气环境质量改善明显，全县$PM_{2.5}$年均浓度同比下降13.2%，城区环境空气质量首次达到国家二级标准。圆满完成省级环保督察迎检工作，生态环境质量公众满意度位居全省第三位，入围中国环保领域最高的社会性奖励——中华环境优秀奖，荣登联合国“地球卫士奖”颁奖舞台，被原联合国副秘书长索尔海姆盛赞“是未来中国甚至世界的模样”。

基础设施不断完善。杭温高铁确定浦江设站，351国道浦江郑家坞至联盟段公路和浦横线塘岭金至塝山口段改建工程建成通车，“山上浦江·美丽交通环”总里程达94.5公里，在全省率先实现建制村500米半径公交站点全覆盖，被评为“四好农村路”全国示范县和省万里美丽经济交通走廊示范县。小黄坛垃圾焚烧发电项目开工建设，新建污水管网13.8公里，修复老旧管网9.9公里，完成农村公厕改造722座，获评农村生活污水治理设施运维省级优秀县。创建省级高标准农村生活垃圾分类示范村3个，成功承办全国生活垃圾分类制度实施现场经验交流会，获评全省农村生活垃圾分类处理工作优胜县，入选国家资源循环利用基地和省级静脉产业创建类试点城市。完成城乡一体化管网延伸45公里、联片集中式管网延伸18公里、分散式供水村水质提升148个、“一户一表”改造4700户。

（四）坚持以民为本，民生保障稳步改善

公共服务持续改善。白马镇、檀溪镇中心幼儿园建成投用，翠湖幼儿园、黄宅镇中心幼儿园、南苑小学、岩头镇中心小学完成主体建设。义务教育阶段集团化办学实现全覆盖，创建省教育基本现代化县。高考再创佳绩，重点上线人数首破600人。体育中心投入运营，圆满举办2018“健康中国·魅力河山”诗画浦江站国际越野跑挑战赛。“双下沉、两提升”改革卓有成效，连续三年被评为省级优秀，在全省率先推出特殊人群看病“零排队”服务。养老服务更加优质，310家居家养老照料中心实现“一日三餐”。达成浦义同城化战略合作协议，浦江至义乌城际公交开通运行。县档案馆通过国家级数字档案馆测试。

文化自信更加彰显。33幢历史建筑、民主路、凌宅巷完成修缮，东街开街，县非遗馆建成开放，嵩溪村获评省历史文化(传统)村落保护利用示范村。新建农村文化礼堂56家，开展文化活动1300余场，首家城市书房自助悦读吧建成投用。成功举办第十一届中国书画节、“万年浦江”全国中国画工笔作品展、“海外名校学子走进金华古村落·嵩溪”活动、“品味乡愁·两美浦江”全国摄影大赛、“我们与你在一起”第二届全国大型诗歌公益活动、第二届全球华语诗歌大赛、首届夏青杯文本大赛、首届全国“诸子学”博士论坛、浙江省第二届残疾人书画摄影大赛作品展。下薛宅村荣获“全国文明村”称号，浦江孝子吴健被评为“中国好人”，“好家风信用贷”被评为全省宣传思想文化工作创新奖，并入选全省公共管理创新案例。

社会保障扩面提质。全县168个集体经济薄弱村年收入全部超过10万元。养老金社会化发放率保持100%，医疗保障参保率99.7%，均列全市第一位。医疗救助“一站式”结报1002人次，发放救助金208.6万元；救助流浪乞讨人员370人次，发放低保金3164.2万元；红十字博爱基因库共计成功寻亲31对。建立退役军人三级服务网络，帮扶44名自谋职业转业士官和26名进藏兵实现就业。殡葬改革持续深化，檀溪安息堂、仙华生态公益性公墓投入使用。东西部协作扶贫积极推进，落实帮扶资金3590万元，开展帮扶活动30余次，成立“浦江—金口河”劳务协作基地。

基层治理扎实有效。全面深化领导下访工作，608件初次信访件全部办结，化解信访积案54件，241个行政村达到“三无村”创建标准。圆满完成村(社区)规模调整，全县429个行政村(社区)调整为244个。基层治理“四平台”不断完善，与“8890”便民服务、智慧城管、智慧环保、协同办公等系统实现数据共享。创建市级以上民主法治村(社区)36个，获评全省“七五”普法中期成绩突出集体和全国法治县创建活动先进单位；办理人大建议123件、政协提案204件，满意、基本满意率达99.7%。社会治安持续改善，设立全省首个标准化速裁法庭，盗窃警情同比下降21.6%，“两抢”警情保持“零发案”。1891座电动自行车消防安全公共充电桩建成投用，火灾事故减少19.4%。完成15个隐患点避让搬迁和23个隐患点工程治理，中国红十字会生命健康安全教育项目完成建设，培训救护员1500余人。

与此同时，政府自身建设不断加强，为民服务意识、科学理政能力、依法行政水平显著提高。年初向全县人民承诺的十项民生实事全部完成年度目标任务。“8890”便民服务、民族宗教、台办、侨务、港澳、老干部、老龄、物价、粮食、审计、人防、统计、编制、保密、气象、移动通信、地方志、住房公积金等各项工作取得新进展，工青妇、工商联、科协等群团组织在经济社会发展中发挥重要作用。

各位代表，过去一年的成绩来之不易。这是县委统揽全局、坚强领导的结果，是县人大、县政协大力支持、有效监督的结果，是全县广大干部群众团结一心、负重拼搏的结果。在此，我代表县人民政府，向全县人民，向人大代表、政协委员，向离退休老干部，向各民主党派、工商联、人民团体和社会各界人士，向驻浦部队、武警官兵，向所有关心、支持和参与浦江发展的各界人士，表示衷心的感谢和崇高的敬意！

在肯定成绩的同时，我们也清醒地看到，当前我县经济社会发展和政府工作还存在不少问题与不足，主要是：经济发展的结构性矛盾仍较突出，经济增长内生动力不够足，创新能力不够强，发展质量和效益不够高，民间投资增势疲弱，经济下行压力较大，金融等领域风险隐患不容忽视；城市功能布局有待完善，管理水平有待提升，更新改造任务依然艰巨；农业农村基础仍然薄弱，村级集体经济持续造血功能不够强，山区农民的饮用水保障有待提升；旅游龙头景区辐射带动作用不强，旅游资源缺乏有效整合，基础设施、配套服务、营销机制还不够完善；社会事业发展与群众需求还存在一定差距，在教育、医疗、养老等方面，群众还有一些不满意的地方，生态环境仍有反弹的风险；政府行政效能、服务水平还有提升空间，“四风”问题仍有发生，行政不依法、程序不到位的问题依然存在。我们一定高度重视这些问题，采取更加有力的措施，认真加以解决。

二、2019年目标任务和重点工作

2019年是新中国成立70周年，是高水平全面建成小康社会的关键之年。虽然外部环境依然复杂，但机遇大于挑战，希望多于困难。只要我们保持定力、抢抓机遇、拼搏进取，就一定能够加快走出转型升级高质量发展的新路子。

今年政府工作的总体要求是：高举习近平新时代中国特色社会主义思想伟大旗帜，统筹推进“五位一体”总体布局，协调推进“四个全面”战略布局，紧扣中央、省委、市委和县委的决策部署，坚持稳中求进工作总基调，咬定打赢“九场硬战”阶段性目标，坚定“五个不动摇”，实施“五大战略”，推进“五大行动”，坚持问题导向、发展导向、群众满意导向，聚焦八项任务，抓实“七个十”项目，精准发力补短板，全力以赴谋发展，奋力谱写“水晶之都、诗画浦江”建设新篇章，以优异成绩庆祝新中国成立70周年。

建议2019年全县经济社会发展主要预期目标为：地区生产总值同比增长6.5%左右；一般公共预算收入同比增长8.0%左右，固定资产投资同比增长12.0%左右，社会消费品零售总额同比增长8.0%左右，城镇、农村居民人均可支配收入分别增长8.0%和9.0%左右，全员劳动生产率稳步提高，节能减排降碳指标完成上级下达的目标任务。

做好今年工作，必须全面落实中央经济工作会议提出的“巩固、增强、提升、畅通”八字方针，深入一线“三服务”，担当实干促发展，坚定不移打好高质量发展组合拳，全力做好“六稳”工作，稳步推进“两个高水平”建设。重点抓好以下八个方面工作：

（一）聚焦实体经济，筑牢高质量发展新根基

坚持“发展第一要务、项目第一支撑”理念，整合资源力量，集中精力抓经济，全力打好浦江县“12365”实体经济翻身战，高质量推动浦江经济实现“二次创业”。

全力打造营商环境最优县。全面贯彻落实习近平总书记在民营企业座谈会上的重要讲话精神，认真执行国家和省市县减税降费政策，细化完善《浦江县优化营商环境十条意见》，全面实施市场准入负面清单制度。构建营商环境常态监督机制，组建优化营商环境服务监督办公室，开通“88912365”营商环境服务投诉热线，建立营商环境“巡察员”制度，切实保护企业合法经营。着力解决融资难融资贵问题，建立企业帮扶“白名单”制度，用足用好通济转贷基金，运营好政策性融资担保公司，降低企业融资成本和担保门槛，力争在“无还本续贷”“应急转贷”等方面有新突破，确保新增工业企业贷款28亿元以上。启动实施青年企业家成长计划，提升企业家素养与能力。加强企业人才招引培育，大力实施“人才大招聘行动”“技能人才倍增计划”“名师名家培育计划”，打造人才发展最优生态。

大力推进产业平台建设。重点抓好浦江开发区、水晶产业园区、小微企业园三大平台。加快推进浦江开发区体制机制改革，加大授权力度，加大政策、资源、人才倾斜，提升服务水平、拓展发展空间。加快水晶产业园区建设和提升，鼓励企业加大整合重组力度；做大水晶小镇工业板块，统筹开发商业和文旅板块。加快小微企业园建设，确保新开工建设小微企业园8个，建筑面积100万平方米。做好盘活土地存量文章，推进合法工业用地违法建筑分类处置，力争消化批而未供土地1500亩、存量建设用地800亩、低效用地再开发200亩。全力推进郑家坞、檀溪全域土地综合整治项目，新启动全域土地综合整治项目3个，完成土地整治2000亩。

加快传统产业转型升级。水晶产业要在企业规模、产业链延伸、原材料研发、品牌提升、产销结合等方面重点突破，办好第十一届水晶玻璃产业博览会；绗缝产业要稳牢国际市场、拓展国内市场，建设开发区绗缝产业小微企业园，完善绗缝产品质量标准体系；挂锁产业要加快产品升级换代，完成东部挂锁园区二期、西部挂锁园区建设，加快挂锁企业集聚入园。注重传统产业的智能制造，推进“机器换人”和智能制造单元、自动化生产线改造。积极应对中美贸易摩擦，建立“订单+清单”预判和管理制度，加强重点企业动态监测和跟踪指导。支持企业拓展市场，积极开拓“一带一路”沿线市场，大力发展外贸综合服务平台、跨境电商等新业态。

精准开展招商引资。坚持招商引资“一号工程”不动摇，提高精准度、成功率，增强县域经济发展后劲。明确招商方向，重点突出与浦江现有产业密切相关的项目和产业发展有前景的项目，尤其是杭州、上海、江苏等地的溢出产业，推动产业链的延伸和产业层次的升级。优化招商机制，加强全县资源、政策和信息统筹，建立项目遴选和储备联审制度，切实形成招商引资全县“一盘棋”。创新招商方式，完善驻点招商、平台招商、委托招商等机制，并综合采取增资扩股、腾笼换鸟、收购兼并、合作经营等二次招商模式，以存量引增量，以市场换项目。凝聚招商合力，成立浦商总会，召开浦江乡贤大会，强化异地商会招商功能，加强招商一线队伍建设，确保“三个一批”落到实处。

壮大实体经济规模。实施工业倍增计划，支持规上企业、高新技术企业、上市后备企业开展科技创新、兼并重组和产业链整合，力争通过3年努力，实现规模、效益双倍增。加快推进企业股改上市，全力扶持亚特新材料、三思光电、百川导体等优质企业做大做强，打造一批拥有自主知识产权、具有较强核心竞争力的行业领军企业，确保新增股份制公司6家、上市挂牌企业10家、产值10亿元以上企业1家、产值20亿元以上企业1家、隐形冠军企业2家。大力实施“个转企”“小升规”，引导和扶持中小微企业向专业化、精品化方向发展，新增小微企业2000家，净增规模以上企业60家以上。

（二）聚焦改革创新，积蓄可持续发展新动能

坚持将改革作为最大红利，将创新作为第一动力，在改革创新中打破瓶颈制约，不断积蓄高质量发展的持久动能。

全面深化“最多跑一次”改革。实施“一窗受理、集成服务”，推进“无差别全科受理”，继续做好“减材料、减环节、减时间、减次数”工作，打通“信息孤岛”，优化办事流程，实现“一证通办”，全面实施“无证明城市”。全面推进“标准地+承诺制+代办制”审批模式，全面实施“区域能评+区块能耗标准”和“区域环评+环境标准”改革，力争实现企业投资项目竣工验收前审批“最多90天”、政府工程建设项目全流程审批时间压减至78个工作日、一般企业投资工业类项目全流程审批时间压减至33个工作日、企业开办审批压减至3个工作日。

继续推进“亩均论英雄”改革。完善工业企业亩产效益综合评价办法，建立综合评价大数据平台，全面启动亩均税收3万元以下工业企业整治提升工作。加快推进服务业亩均效益改革，建立服务业规上企业亩产效益综合评价体系。坚决打破拖累转型升级的“坛坛罐罐”，整治“低散乱”企业50家以上，处置僵尸企业8家以上。推动资源加快向优质企业、优势区域集中，确保规模以上工业企业亩均税收增长7%以上。

做强做优做大国有经济。积极探索国有企业混合所有制改革，鼓励集团公司择优选取竞争类企业开展混合所有制改革试点。加快建立现代企业制度，试行经营团队和核心骨干持股机制，规范国有资本运营管理，建立以管资本为主的监管体系，理清出资人监管职责和企业自主经营的职责边界，下放、授权一批监管事项。充分发挥龙峰国有资产经营有限公司作用，加快推进债券发行，提高国有企业融资能力。积极参与市场竞争，下大力提高企业资质，加强与央企、省企以及民营强企合作，提高国有企业经营效益。

提升科创平台承载能力。主动融入金义科创廊道建设，完成浦江（杭州）科创中心建设，提高水晶产业科技创新平台、家纺设计研发中心、半导体装备产业园、微电子与智能制造技术研究院等平台承载能力。建立科技风险投资基金，支持企业加大科研投入，加强与高校、科研院所产学研合作，培育国家高新技术企业8家、省科技型中小企业30家、省级企业研发中心1家，创建省级星创天地1家，研发经费支出增长20%以上。大力发展数字经济，推进数字产业化、产业数字化，新增数字化改造标杆企业2家以上，企业上云350家以上。

加快浦义同城融合步伐。加强浦义同城规划衔接，推进两地生态保护、交通体系和基础设施等一体化。加快产业互融，充分发挥义乌国际贸易综合改革试验区辐射作用，利用义乌国际贸易综合改革试点政策“借船出海”；借助义乌小商品信息优势，支持浦江企业在义乌设立销售窗口、研发中心；探索打造跨区域物流园区，推进浦江与义乌保税物流中心合作。推进资源共享，在保障自身供水安全前提下，加快推进向义乌供水；推进浦义公共交通便利化，力争纳入义乌市境内高速客车免费通行政策范围；探索推进金融、就业、培训、医疗等各领域资源共享；构建无障碍旅游区，引导旅游企业开展游客互送和线路合作。同时，要积极对接杭州，主动融入杭州都市圈，扎实谋划好迎接高铁时代的各项工作，加快高铁小镇规划和杭温高铁站前区及周边区域概念性规划编制，力争杭温高铁二期工程开工建设。

（三）聚焦美丽县城，建设宜居宜业新城市

深入实施小县大城战略，补齐城市竞争力短板，全面提升县城对发展的带动力、承载力，以更富魅力的品质之城助推“诗画浦江”建设。

完善城市规划体系。完善顶层规划，完成县域总体规划编制，努力打造古城古街、金狮湖城市客厅、沿山沿江两条山水廊道“三大城市精品”，形成古今交相辉映、显山露水的城市发展格局。完善“控规”体系，启动仙华小镇控制性详规和城市设计编制，完成浦江经济开发区控制性详规、解放西路历史与文化街区保护规划修编。编制重要“专规”，完成中心城区“城市双修”专项规划、中心城区路网专项规划编制。做好重点区块设计，完成浦阳江两岸（城区段）城市设计等规划编制。

提升城市建设品位。拆除金狮湖保护与开发二期已征房屋，启动景观工程，项宅、文溪AB区块、珠红、仙华等集聚区完工交房，加快推进白林区块、文溪CD区块安置房建设，分步实施文化广场以西区块和环城西路区块棚户区改造。完成宏业大道北延、中园路（珠红安置区段）建设、环城东路提升改造，实施环城西路、东山路拓宽改造，推进道路异型交叉口改造，力争351国道浦江联盟至兰溪界段、235国道浦江郑家坞段工程开工建设，启动桐浦义高速北段工程前期工作。加大城市地下空间开发利用和停车场新建改造力度，新增停车位1300个以上。实施新建城区道路和浦阳江景观桥亮化工程，建设一批城市景观小品，完成环金狮湖、月泉工业园等区块改造。

优化城市产业布局。深度开发城市文化产业，加大历史文化街区的保护利用，启动解放西路历史文化街区综合管廊工程和房屋修缮，加快新后街区块工程建设及理和堂周边区块出让，做好老鼓风机厂及月泉遗址公园周边的文化产业布局，打造特色文化街区。积极构建多元化服务业，多渠道推进现有商业综合体提升改造，加快推进跨境电商孵化中心建设，科学布局一批餐饮、夜市街区，招引建设一批中高档酒店、宾馆，集聚提升一批专业、便民市场。探索发展总部（楼宇）经济，制定发展规划，强化政策支撑，因地制宜规划建设商务楼宇，吸引县域外企业将总部设在浦江。

推进城市精细管理。围绕“国家园林城市”“国家森林城市”“全国文明城市”创建和“国家卫生县城”复评，突出抓好文明交通、道路设施、美好社区、集贸市场、环境卫生、市民素质“六大提升行动”。整治交通“三乱一不”现象，规范道路标识标牌标线，增设智能化管理设施，提高智慧浦江建设水平；开展老旧小区和背街小巷整治，配套完善社区办公场所和活动阵地，着力打造文明创建“样板社区”；加强市场规范化管理，合理设立流动商贩疏导点；持续推进城乡垃圾分类，消灭环境卫生死角，争取国卫乡镇创建全覆盖；开展“树文明礼仪新风”“最美浦江人”评选表彰活动，推进文明单位、文明家庭创建。

（四）聚焦全域旅游，打造美丽经济新样板

把发展旅游产业作为培育壮大美丽经济的重要抓手，以争创国家级全域旅游示范县、全省文旅产业融合示范县为载体，着力打造长三角知名文化休闲旅游胜地。

坚持全域思维。将“任何资源都可以成为旅游资源”的理念融入全域旅游格局打造，做实“全”的内容、提升“域”的特色。强化顶层设计，组建县旅游智库，加快全域旅游发展规划编制，加强规划衔接，从源头上防止建设的低水平、重复性。强化资源整合，注重将旅游与美丽城乡、道路交通、公共服务等建设有机融合，全要素参与和服务全域旅游发展。强化特色打造，系统梳理提炼特色旅游资源，因地制宜、精准定位，实现旅游的差异化、特色化、精品化发展。

注重融合创新。以江南第一家——仙华山峰林景区国家AAAAA级旅游景区联创为引领，做实做细“旅游+”文章。推动“旅游+城市”，完善城市商业区旅游服务功能，筹建旅游购物场所。推动“旅游+工业”，着力打造水晶小镇工业旅游项目。推动“旅游+农业”，基本完成省级悠然南山田园综合体项目及6个县级田园综合体项目建设。推动“旅游+文化”，打造“神笔马良”“上山文化”、诗歌、书画、孝义以及非遗文化等特色文化旅游项目。推动“旅游+康养”,推进檀溪罗家源国家AAAA级旅游景区创建和仙华小镇项目。

加强基础配套。加强田园风光、传统村落、历史文化等资源保护利用,构筑具有地域特征的城乡建筑风貌。持续开展“厕所革命”,推进干线公路与重要景区连接,强化城市公交对旅游景区、景点的服务保障,推进城市绿道、骑行专线、登山步道、慢行系统、交通驿站、房车营地等旅游休闲设施建设。加快全域旅游集散中心建设,在各人流集中场所设立旅游咨询服务中心。完善旅游引导标识体系,规范公共信息图形符号使用。推动乡村旅游规模化、景区化、品牌化、特色化发展,提升改造新光马岭茜溪线、悠然南山神丽线、多彩平湖双姑线等7条乡村精品旅游长廊。

提升旅游服务。完善服务标准,加强涉旅从业人员培训,开展以游客评价为主的旅游目的地评价活动,打造一批优质旅游服务品牌。推进服务智能化,涉旅场所免费Wi-Fi、通信信号、视频监控逐步实现全覆盖,开发建设智能化旅游服务系统。推行旅游志愿服务,提供文明引导、游览讲解、信息咨询和应急救援等服务。发挥旅游行业协会自律作用,完善旅游监管服务平台,健全旅游诚信体系。大力推进旅游领域“大众创业、万众创新”,培育和引进有竞争力的旅游骨干企业和大型旅游集团,促进规模化、品牌化、网络化经营。

优化营销体系。坚持以需求为导向,树立系统营销和全面营销理念,进一步完善客源市场开发规划。整合利用各类宣传营销资源和渠道,建立推广联盟等合作平台,充分运用现代新媒体、新技术和新手段,做好商贸活动、文化节庆、体育赛事、特色企业、乡风民俗和优良生态等旅游宣传推介。建立“诗画浦江”大品牌下的轻度假慢生活、24味浦江、淘(研)学浦江、浦江花田跑、万人工疗进浦江、江南第一家、历史文化古街等特色品牌体系,举办首届浦江旅游发展大会。

(五)聚焦生态环保,厚植生态文明新优势

牢牢守住生态治理不反弹底线,全力推进全省首批大花园典型示范单位建设,加快形成地域特色鲜明的大美浦江。

提升生态环保质量。实施难题攻坚行动,全面做好第二轮中央生态环保督察迎检工作,突出抓好中央环保督察和省环保督察反馈问题、长江经济带生态环保审计问题整改。实施碧水提升行动,加快推进全域“污水零直排区”建设,力争8月底前基本建成;开展全国河道生态缓冲带建设试点工作;推进铁皮酸洗、农副食品加工等涉水行业整治提升。实施蓝天保卫行动,促进产业、能源和运输结构优化调整,确保$PM_{2.5}$浓度35微克/立方米以下、城区环境空气优良率85%以上。实施净土清废行动,建立土壤污染防治工作联席会议制度,加快污泥处置项目建设,重点抓好水晶废渣处置能力和资源化利用水平提升,全面实施危险废物设点收集。持续巩固提升“无违建县”创建成果,注重源头防控,全力做好查违控违拆违工作。

增强生态环保能力。完善生态环境监测网络体系,推进重点流域8座水质自动监测站建设,新增16座空气质量自动监测站。提升城镇污水处理能力,实施第一、第四污水处理厂扩容改造,完成第一、第二污水处理厂清洁排放改造。加快小黄坛垃圾焚烧发电项目,力争完成主厂房建设。推进全国第二次污染源普查工作。加大政府购买环境服务,推行环境污染第三方治理,提升环保服务及治理专业化水平。

完善生态环保机制。优化产业布局,加快淘汰落后产能,腾出环境容量,拓展工业企业发展空间,促进绿色发展。强化部门合作，深化环保与公检法联动协调。认真做好"三线一单"编制工作，开展生态保护红线勘界定标。全面开展饮用水水源地保护专项排查工作，做好饮用水水源保护区范围调整，加快重要饮用水水源地安全保障达标建设，健全完善水源地安全评估制度。深化落实河（湖）长制，开展全域河（湖）排水（污）口规范化整治，积极创建省级河湖标准化管理县。建立健全污水处理厂湿地属地管理、浦阳江生态补水、农村生活污水处理等机制，实现污水治理长效化。完成声环境功能区划分。

（六）聚焦农业农村，谱写乡村振兴新篇章

对照乡村振兴战略"二十字"总要求，以"乡村振兴示范村"创建为抓手，加快推进农业农村现代化，打造和美乡村浦江样板，争创全省首批省部共建乡村振兴示范县。

做强乡村产业。在做精做优特色农产品的同时，更加注重农业多元化发展，构建"一乡一业、一村一品"产业格局，争创国家级农产品质量安全县和省级农业绿色发展先行县。进一步提高浦江葡萄区域品牌知名度，启动省级精品绿色葡萄示范基地试点建设，新增控产提质面积1000亩，开拓葡萄出口基地2个，争创"全国十大地方水果品牌"。统筹发展香榧、黄桃等林果产业，完成香榧提升抚育项目800亩。实施山地蔬菜示范点辐射工程，新增示范基地3个、专业村2个、千亩基地1个。发展乡愁产业，打造一批乡愁美味产业馆、农事节气活动和农家小吃知名品牌，积极申报"中国小吃之乡"。大力发展民宿产业，加大马岭、上河等优质民宿集聚村培育力度，争创省级民宿集聚村1个。

激发乡村活力。持续深化农村土地制度改革，探索推行土地流转、抵押、转让等拓展权能试点，出台土地流转风险保障金制度和村集体经济组织成员资格确认办法。深入开展农村宅基地"三权分置"改革，探索宅基地有偿转让、有偿调剂、有偿回收。建立"两进两回"机制，深入开展"百企联百村"和"百名乡村振兴人才联百村"活动，推动各类资源要素向农村汇聚。巩固提升脱贫质量，实施低收入农户高水平全面小康计划，建立低收入农户产业发展指导员制度。积极探索消薄新路径，大力整合盘活农村闲置资源，提高村级集体自我造血能力。

完善乡村设施。加快农村基础设施建设和公共服务能力提升，推进城乡设施一体化和服务一体化。做好撤村并居后的规划修编，推动多规融合在村一级落地。推行农民建房带方案审批和按图施工制度，倡导异地搬迁集聚、公寓式安置模式，引导农村人口向中心村、中心镇集聚，启动农房改造项目3个以上。持续深化"千万工程"，创建星级村20个，提升村口景观20个，完成上河村、里黄宅村历史文化村落建设并启动吴大路村建设。大力推进生态廊道建设，启动浦阳江两岸绿化景观提升工程、东山塔山廊道连通工程，新建彩色林带5公里。巩固"四好农村路"创建成果，继续推进"山上浦江·美丽交通环"工程和坡地村镇连接线工程。开展农村饮用水达标提标行动，建立农村饮用水县级统管长效管护机制，完成城乡一体化供水管网延伸15公里，完成单村饮用水达标提标和村内管网"一户一表"改造20个村，启动建设乡镇联片集中式水厂3座和供水山塘2座。

倡导乡村新风。以廉俭孝义文化为引领，以文化礼堂为主阵地，培育文明乡风、良好家风、淳朴民风。以"江南第一家"168条家规为核心，传承好家风好家训，积极推行"好家风 信用贷""好家风指数"。大力开展文明细胞创建，评选表彰一批乡风文明示范村、示范文明家庭户，县级文明村达到75%以上。不断强化村规民约，组织开展乡风民风评议活动，加快形成文明健康的生活方式和行为习惯。加快农村文化礼堂建设，探索农村文化礼堂“建、管、用、育”一体化机制，让农村文化礼堂活动常有、内容常新。

（七）聚焦民生改善，共享幸福美好新生活

聚力聚焦民生实事，加快推进城乡基本公共服务均等化、标准化、一体化、优质化，不断满足人民群众日益增长的美好生活需要。

提升公共服务。优先发展教育事业，加快教育基础设施建设，补齐学前教育和特殊教育短板，开展小学普惠性校内托管服务；办好浦江中学、中山中学80周年校庆活动；大力发展民办教育、社区教育和老年教育，启动省级“学习型城市”创建。全面实施“大健康”战略，推进县域医共体建设，深化“双下沉，两提升”长效机制，支持民办医疗机构提供多层次多样化医疗服务，促进城乡基本医疗服务均等化。完善基层体育设施，加快体育中心市场化运营，争创省体育现代化县。健全养老服务体系，取消养老机构设立许可审批，加快推进县养老中心建设，改造提升乡镇级示范型居家养老服务中心6家。

打造文化高地。持续做好上山考古遗址公园、郑义门古建筑群和青萝山房故址保护开发，加快推进第二轮百幢历史建筑保护利用工程建设。举办第十二届中国书画节、“万年浦江”全国中国画写意作品展、“多彩非遗·新浦江”全国摄影大展。积极开展各类文化活动，不断丰富群众文化生活。依托“万年上山、千年郑义门、百年书画兴盛地、十年国展举办方”的独特优势，加大对外宣传，提升“诗画浦江”文化软实力。

强化社会保障。落实就业创业政策，深化“浦江无欠薪”行动，加快残疾人就业创业基地建设，确保城镇登记失业率控制在3.5%以内。深化医保支付方式改革，全面落实全市统一的基本医疗保险制度。健全完善医疗救助制度，提高医疗救助比例，降低救助起付标准，及时解决病残灾致贫问题。切实抓好住房保障，推动房地产市场健康发展，鼓励跨区安置，加快白马、岩头等安置区建设。积极推广节地生态安葬，启动4个乡镇安息堂建设，完善生态安葬奖补“生前享有”激励机制。扎实开展双拥共建，关心关爱退役军人，全力做好再就业帮扶。大力发展慈善事业，完善县慈善基地配套设施，新建康复站2家。

夯实基层基础。深化领导干部下访接访机制，做强县大调解中心，推进基层治理“四个平台”建设，做实做细“全科网格”建设，积极预防和化解社会矛盾，确保平安建设“金鼎加星”。完善立体化社会治安防控和公共安全体系，大力实施雪亮工程、智慧安监、智慧消防等工程，扎实开展“扫黑除恶攻坚年”活动，严打严防通信网络诈骗等违法犯罪行为，提高应急管理能力和防灾减灾救灾能力，完成省级食品安全县创建。大力推进交通安全综合治理，加大隐患排查整治和基础设施建设力度。做好金融风险防控，强化政银企联动，严厉打击逃废债行为，坚决守住不发生区域性金融风险底线。提高财政资金使用效益，努力化解、合理控制政府性债务。

同时，加强工青妇等人民团体建设，重视做好民族宗教、对台、外事、侨务、港澳、气象、通信、邮政、国防、地方志、关心下一代、东西部扶贫协作和对口支援合作等工作。做好第四次全国经济普查工作。

（八）聚焦自身建设，树立为民务实新形象

民之所望，政之所向。我们将按照“五个表率”标准，全面落实“九坚持九做到”工作规范，勤勉履职，开拓奋进，努力建设人民满意的服务型政府。

提高站位讲政治。增强“四个意识”,坚定“四个自信”,做到“两个维护”。持续推进“两学一做”学习教育常态化制度化,自觉用习近平新时代中国特色社会主义思想武装头脑、指导实践、推动工作。坚决维护党委权威,真正做到党委工作部署到哪里,政府工作就推进到哪里,确保党委各项决策部署落到实处。持续深化政府“两强三提高”建设行动,着力提高治理体系和治理能力现代化。

不忘初心践宗旨。坚持以人民为中心的执政理念,把群众是否满意作为工作的唯一标准,问政于民、问需于民、问效于民,不断提高决策的科学化水平。持之以恒抓好“大学习、大调研、大抓落实”活动,推动“不忘初心、牢记使命,当好新时代答卷人”大调研常态化、制度化。切实解决好群众最关心、最直接、最现实的热点难点问题。充分激发和保护创业创新精神,着力构建“亲”“清”新型政商关系。

依法行政提公信。坚持法无授权不可为、法定职责必须为。标准化推进政务公开,落实县政府重大事项决策前向县人大及其常委会报告制度,坚持定期向县政协通报制度,认真办好建议提案。严格执行“三重一大”集体决策制度,健全重大行政决策事项公众参与、专家论证、风险评估等制度。落实合法性审查和法律顾问制度,做好行政复议案件办理、行政诉讼案件出庭应诉等工作。加强政府诚信体系建设,做到言出必行、行必见效。

担当有为抓落实。始终把狠抓落实作为政府工作的主旋律,敢于担当、立说立行、一抓到底。持续开展“晒进度、拼实绩、创一流”活动,把清单式管理贯穿工作全过程,建立“清单+台账+考评”制度体系,实现任务清单化、清单项目化、项目要素化。加快推进政府数字化转型,打造统一的共享平台,提升政府行政效率和服务能力。不断强化目标考核、督查督办,坚决遏制懒政怠政、失职渎职等行为。旗帜鲜明为担当者容错、为实干者撑腰、为创新者鼓劲,大力营造想干事、敢干事、会干事的浓厚氛围。

从严治政守清廉。时刻坚守清正廉洁底线。严格落实从严治政主体责任,坚决履行党风廉政“一岗双责”,深入贯彻中央八项规定精神和省、市、县各项规定,驰而不息纠正“四风”。深化廉政风险防控,加大重点领域的监察监督和审计监督,强化权力运行的制约,坚决纠正损害群众利益的不正之风。强化廉政警示教育,让广大公务人员知敬畏、存戒惧、守底线。强化节俭政府建设,厉行勤俭节约,树立干部清正、政府清廉、政风清明的良好形象。

各位代表,按照“群众提、代表定、政府办”的理念,今年我们将认真办好十项民生实事,让群众满意:

1.推进农村饮用水达标提标工程。建立农村饮用水县级统管长效管护机制,完成城乡一体化供水管网延伸15公里,完成单村饮用水达标提标和村内管网“一户一表”改造20个村,启动建设乡镇联片集中式水厂3座和供水山塘2座,覆盖人口4万人。

2.持续推进雨污分流改造工程。完成15个农村生活污水提标项目和17个社区雨污分流工作,完成城区和浦江开发区公共区域管网修复工作。

3.持续深化“四好农村路”建设。打造旅游美丽公路环4条、绿色生态公路2条;建设港湾式停靠站35个、新建改造公交候车棚50个,改造提升浦义城际快速公交黄宅站点;依托城乡公交发展山区农村物流,新建、改建乡镇交通运输服务站9个,建立村级物流点50个;实现全域绿色公交。

4.深入推进城区畅通工程。完成宏业大道北延、中园路(珠红安置区段)建设、环城东路提升优化改造，实施环城西路、东山路拓宽改造，推进道路异型交叉口优化改造；新增城区停车泊位1300个以上，修复破损人行道15000平方米。

5.推行产业振兴农民增收致富工程。葡萄产业年产值达11亿元，线上销售额超3000万元，山地蔬菜产业产值达1.51亿元；基本完成悠然南山田园综合体建设，创建省级绿色发展先行区2个和先行主体30个；加大新型职业农民培育力度。大力扶持民宿产业，创等级民宿30家，星级农家乐15家，加大民宿集聚村培育力度，争创省级民宿集聚村1个。

6.继续推进公办幼儿园全覆盖。投入使用幼儿园2所，完成2所幼儿园工程建设，完成5所幼儿园工程主体建设，启动7所幼儿园工程建设。持续提升学前教育教学和管理水平。

7.实施全民健康行动。组建县人民医院和县中医院2个医疗卫生服务共同体；完成县中医院迁建工程总工程量的40%；完成15000名城乡参保妇女宫颈癌和乳腺癌免费检查；完成体育中心一期体育馆工程建设；完成15个小康体育村升级工程；新建1个社区多功能运动场；完成10个村农村体育设施维护；推行应急救护站AED项目，在公共区域放置不少于20台；培训应急救护人员1500名，普及培训15000名。

8.破解农民建房难问题。进一步优化农民建房审批流程，启动农房改造项目3个以上，解决农村“无房户、缺房户”400户以上，创新“无房户”安置模式。

9.提高养老服务水平。推进居家养老社会化、标准化、专业化服务，逐步实现智慧养老，推动养老服务产业的发展，满足社会对养老的需求。完成6家乡镇级示范型居家养老服务中心改造提升，为辖区老人提供生活、康复、托养、家庭支持、社会工作和社会辅导、康复辅助器具租赁等六大功能服务。整合社区资源，探索社区智慧养老。提升养老护理员职业水平，分批对全县养老院护理员进行集中培训，护理员持证上岗率达到95%以上。

10.实施全域旅游建设项目。继续推进江南第一家——仙华山峰林景区联创国家AAAAA级旅游景区工作，完成茜溪悠谷国家AAAA级旅游景区、红色塘波国家AAA级旅游景区创建，启动罗家源国家AAAA级旅游景区、水晶小镇国家AAA级旅游景区创建工作；创建30个国家A级旅游景区村；完成20座旅游厕所新改建工作。

浦江县人民代表大会常务委员会工作报告

——在浦江县第十四届人民代表大会第三次会议上的报告

浦江县人大常委会主任 虞振贤

2019年3月1日

一、过去一年工作回顾

2018年是改革开放40周年，也是我县人大工作取得明显成效的一年。一年来，在中共浦江县委的领导和上级人大常委会的指导下，我们高举习近平新时代中国特色社会主义思想伟大旗帜，依靠全体人大代表，圆满完成了全年的工作任务。一年中，共召开人大常委会会议10次、主任会议14次，听取和审议专项工作报告34个，作出决定决议11项，依法任免国家机关工作人员69人次，依法任免人民陪审员174人次，交办督办审议意见、视察意见、评议意见9件，为我县经济社会发展和民主法治建设作出了积极贡献。

（一）坚持思想引领，始终牢牢把握正确政治方向

思想建设是总开关。我们坚持以习近平新时代中国特色社会主义思想为指导，进一步把习近平总书记关于坚持和完善人民代表大会制度的重要思想学习好、研究好、宣传好、贯彻好、实施好，推动人民代表大会制度在浦江创新实践。

坚定党的领导不动摇。中国特色社会主义制度的最大优势是中国共产党领导。坚持党的领导是做好人大工作的政治原则和根本保证。我们始终坚持党的领导，增强“四个意识”，坚定“四个自信”，做到“两个维护”，把人大工作自觉置于县委的领导之下。我们始终做到与县委同心同力、同向同行、同频共振，紧紧围绕县委中心工作，依法履行法定职权，不断开创人大工作的新局面。

落实县委决策不含糊。县委有决策人大就有行动。我们及时把县委的主张转化为全县人民的共同意志和自觉行动。认真执行请示报告制度，人大常委会每月向县委书面报告，每季向县委口头汇报，确保人大工作的正确方向。认真参与县委的中心工作，积极参加大调研、大走访活动，主动参加重点工作和“三个十”难题的化解工作。县委提出的人事安排意图，做到依法任免，坚定坚决落实到位。

紧抓理论学习不松劲。我们深入学习习近平总书记的重要思想。采取专题辅导、个人自学、交流分享等方式，精心组织，周密安排。要求大家把学习习近平总书记的重要思想与学习栗战书委员长的讲话精神和省市领导的讲话精神结合起来，在学懂弄通上下功夫。我们十分重视学以致用，自觉运用习近平总书记的重要思想指导人大工作创新，2018年推出了一批创新举措，推动了人大工作高质量发展。

（二）坚持担当有为，始终紧紧围绕全县中心工作

围绕中心，服务大局，是做好人大工作关键所在。人大常委会坚持监督和支持相结合，在工作中，既发挥人大监督作用，又全力维护大局，使服务中心工作更加到位。

推动实体经济高质量发展。实体经济是我县的短板。人大常委会充分发挥自身优势，全力助推打赢实体经济翻身战。2018年主动开展实体经济专题调研，分7个小组，走访企业296家，解决问题62个，形成调研报告16个，得到县委的充分肯定。一年来，提出优化营商环境建议意见10条；多次听取和审议实体经济、招商引资等工作情况的报告；听取和审议国有资本经营情况、集团组建运营工作情况的报告，提出建议意见69条，交政府及相关部门办理。

完善财政预算全口径监督。一是加强财政预决算审查监督。对财政预算、执行、调整和决算情况，听取和审议15次，作出决议决定6个。二是充分发挥审计监督。听取和审议财政审计情况的报告，作出了审议意见，并监督29个问题的整改。三是加强对部门预算的审查监督，对5个重点部门进行了重点监督。四是推动国有资产清查工作。我们提出国有资产清查的建议和要求，政府积极组织清查工作。经核查，全县行政事业单位共有房地产2483处、土地94宗，企业资产40亿元，摸清了家底。五是加强政府债务监督。审查批准了政府债务限额，开展政府隐性债务情况的调研，提出建议意见12条。

监督投资项目高效率实施。人大常委会加大政府投资项目的监督力度。一是主动提前介入。跟踪投资计划编制过程，对项目的必要性、可行性进行审查，确保项目计划可执行。二是做好重大项目审议批准。对总投资5000万元以上的单个政府投资项目进行严格审查，并提交人大常委会表决。三是开展重大项目实施过程监督。人大常委会对近几年表决通过的99项政府重大投资项目进行全程跟踪，听取实施情况报告，视察部分项目，提出专项工作意见，交政府研究处理，推动政府重大投资项目高质量实施。

推进城乡建设更协调发展。人大常委会把城乡和谐发展作为工作重点。一是规划引领。听取县域总体规划工作情况、交通规划实施情况、城市能级提升三年行动计划等报告，听取和审议“十三五”规划纲要中期评估报告，提出建议意见17条。二是产城融合。主动对接义乌，积极推进浦义同城。多次听取城市建设工作情况报告，为提升城市能级建言献策。三是乡村振兴。听取和审议田园综合体建设情况的报告，听取林业工作情况的报告，视察森林防火及古道修复工作，开展民宿产业发展、抛荒处置等专题监督活动，提出合理性建议意见21条，推进了产业协调发展。

（三）坚持民生优先，始终处处保障人民美好生活

人大是密切联系人民群众的代表机关。一年来，人大常委会始终把满足人民群众对美好生活的需要，作为人大工作的重点，解决民生领域的热点问题，做到便民、惠民、利民。

督促民生实事完成。我们十分重视民生实事工作，紧紧抓住监督、评估两个关键环节，重点关注项目的要素保障、进展情况和困难解决情况，通过代表视察、听取汇报、考核评估等方式，狠抓落实。一年中，十大民生实事完成较好，全面完成的六项，基本完成的四项。我县民生实事工作的做法，得到省市人大充分肯定。

推进生态环境改善。人大常委会秉持生态环境就是民生的理念，咬定青山不放松，持续助推美丽乡村建设。多次组织固体废物污染防治“一法一条例”执法检查、《大气污染防治法》执法检查，听取执法检查工作情况的报告，提出审议意见17条。全面推进环保工作报告制度，县乡两级人代会依法审查本级政府环境状况和环境目标任务完成情况的报告，实现全覆盖，推动政府自觉履行生态环境的保护责任，促进我县生态环境的持续改善。

聚焦公共服务保障。我们持续推进学前教育的发展。每个季度听取和审议专项工作情况报告，多次开展专题视察，推动政府出台学前教育行动计划，加快了13所公办幼儿园的建设，新增幼师编制24名。关注养老体系建设。走访调研152家居家养老中心，听取和审议专项工作情况的报告，要求重视规划，要求社会力量参与养老项目建设。同时，还听取残疾人保障工作情况的报告，对家庭医生签约服务工作开展专题调研，提出建议意见9条。

大力助推改革创新。我们十分重视“最多跑一次”深化改革工作，多次听取“最多跑一次”改革工作情况的报告，提出5个方面的建议意见。全力推行“一窗受理、一证通办、一网通办、一次办成”，全力推行企业投资项目限时审批，让老百姓办事越来越方便。听取宗教工作情况报告，听取和审议农村乡镇档案管理工作情况报告，提出建议意见11条。

（四）坚持依法治县，始终事事维护社会公平正义

我们倡导行政工作依法，解决问题用法，化解矛盾靠法。我们倡导重大行政决策要走法定程序，确保决策科学。努力让人民群众在每一个司法案件中感受到公平正义。

维护宪法和法律权威。一年来，我们积极推进宪法系列宣传活动，全面推动普法工作，营造全民法治观念。出台了《浦江县组织宪法宣誓实施细则》，组织宪法宣誓9批次，36人，维护了宪法权威。我们继续加强人大选举和任命人员的监督，坚持任前法律考试制度，坚持任后工作监督。我们继续做好合法性审查工作，全年备案审查规范性文件32件。主动配合市人大立法工作，有7条建议被市人大采纳，得到市人大的充分肯定。

推动政府部门依法行政。人大常委会把监督依法行政工作作为重点，开展调查研究，深入了解依法行政工作情况，听取和审议县政府及3个部门依法行政工作情况的报告，推动县政府及部门树立法治思维，规范决策程序，提高依法行政的能力水平。听取“扫黑除恶”工作情况报告，视察科技强警工作情况，提出4个方面的建议意见，促进“平安浦江”建设，为经济社会发展保驾护航。

促进“两院”公正司法。开展“两官”评议，对6名员额法官、检察官进行履职评议，通过“六大类17项内容”的考评，发现问题，解决问题，促进“两官”队伍整体素质的提升。增加人民陪审员160人，加强了司法审判的力量，并督促法院组织培训，提高人民陪审员的专业水平。听取和审议半年工作情况的报告，推动司法体制改革，提高公正司法水平。听取检察院关于民事行政检察监督工作情况的报告，建议聚焦法律监督，让人民群众真实感受到公平正义。

破解执行难的问题。人大常委会把法院执行工作作为监督重点。一是找问题找难点。通过座谈、走访、案件评查、听取和审议工作情况报告等方式，梳理问题。二是强化工作指导。提出建立联动机制、加强执行工作保障、大力营造社会舆论氛围等9个方面的建议意见，交政府和法院落实。三是加强制度建设。督促法院出台工作制度33个，执行难的问题得到有效改善。

（五）坚持效果导向，始终时时发挥代表主体作用

代表工作是人大工作的重要组成部分。我们要求人大代表以实际行动践行“人民选我当代表，我当代表为人民”的庄严承诺。把发挥代表作用作为抓手，加强和改进代表工作。

人大代表履职更有底气。人大代表的能力直接关系人大工作成效。我们十分重视提高代表的素养和能力，按照《关于加强人大代表学习培训工作的意见》，制定了学习培训的年度计划，两次组织全体代表进行有针对性的、系统的集中培训。各代表小组以会代训，经常组织学习人大知识和法律法规。一年来，人大代表的工作能力大幅度提升，工作成效越来越好。

联系人民群众更加紧密。一年来，人大常委会组成人员主动走访联系代表，与代表座谈，了解代表的工作、生活等情况，听取代表对人大常委会工作的意见。人大代表进联络站工作415人次，接待选民1120人次，与选民面对面交流，听取建议、批评和意见。认真组织代表述职活动，全县有32位人大代表向选民报告工作，加强了代表与选民的联系。

人大代表活动更添活力。新组建6个代表专业小组，开展专项调研活动13次，提出建议意见18条。开展代表小组活动96次，提出建议意见235条，大部分建议意见得到落实，提高了群众满意度。邀请176位人大代表参加人大常委会会议、代表视察、执法检查等活动，还有许多人大代表主动参与中心工作和公共事务。代表活动日益丰富，代表影响力不断增强。

代表建议办理更具实效。人大常委会把建议办理质量作为工作的重点。一是要求建议内容科学合理。切实把好代表团的预审关和人大的审核关。二是交办前认真梳理，进行分类交办，并提出办理落实的工作方案。三是加强督办工作。采取重点督办、现场督办、联合督办等方式，狠抓建议办理。2018年，123件建议，完全解决42件，部分解决67件，暂缓解决14件，办理质量比往年好。

（六）坚持党建统领，始终步步提升自身建设水平

全面加强自身建设。人大常委会坚持党建统领，自觉把“九坚持、九做到”工作规范化为具体行动，争做“五个表率”，努力提高人大工作水平。

加强组织建设。人大常委会成立了机关党组，积极推进全面从严治党。加强党员教育管理，创新组织生活方式，发挥党员先锋模范作用，开展主题党日活动12次。大力推进“两个机关”建设和“清廉机关”建设，编写专题学习资料12期，经常组织学习，增强人大干部的政治素养。

深化作风建设。作风建设永远在路上。人大常委会领导带头纠“四风”，持之以恒加强作风建设，深入开展“不担当不作为”专项整治。不断解决人民群众的具体问题，接待受理来信来访群众39批次，267人次，解决了一批合理诉求，其中，反映强烈的问题6件。

完善工作机制。出台人大常委会讨论决定重大事项的规定，进一步明确重大事项的范围和重点，进一步完善议题的提出、讨论、审议等程序。健全人大讨论决定重大事项和政府重大决策出台前向人大报告的制度。出台机关党组议事规则、代表培训、代表管理等制度，促进人大工作更规范。

各位代表，人大常委会一年来所取得的成绩，是县委坚强领导的成果，是全体人大代表共同努力的成果，是“一府一委两院”、政府组成部门、全县人民支持的成果。在此，我谨代表人大常委会表示衷心感谢！

在肯定成绩的同时，我们也清醒地认识到，对照新时代新要求和新任务，还有不少工作需要改进，特别是代表作用发挥、建议办理、自身建设等方面要进一步提高。对这些问题，人大常委会将下功夫改进和解决。

二、2019年的主要任务

2019年是新中国成立70周年，是决胜全面建成小康社会的关键之年。人大常委会2019年工作的总体要求是:高举习近平新时代中国特色社会主义思想伟大旗帜,深入学习贯彻习近平总书记关于坚持和完善人民代表大会制度的重要思想,紧紧围绕县委的决策部署,充分发挥人大职能作用,为打造“水晶之都、诗画浦江”贡献力量。

根据总体要求,今年人大常委会的主要工作是:坚持一条主线,聚焦三个重点,深化五项工作。

坚持一条主线。把学习习近平总书记的重要思想作为贯穿人大工作的主线。通过有计划的组织学习培训,进一步提高人大干部和人大代表的理论水平。

聚焦中心工作。紧紧围绕县委决策部署,紧扣“五大战略”“五大行动”,开展深入一线“三服务”活动。特别重视工业强县、城市建设、乡村振兴、深化改革等工作,在完成“12365”工作目标上贡献人大力量。

聚焦民生工作。继续抓好民生实事票决工作。重点做好“微民生实事”工作,着力解决一批群众反映强烈的微民生事情,提高老百姓的获得感、幸福感和安全感。

聚焦依法治县工作。推进普法工作,进一步提高领导干部的法治观念。加大依法行政的监督,切实解决行政诉讼案多和败诉率高的问题。开展部门评议和专题询问工作。

深化代表工作。加强人大代表的教育培训,重点提高审议和撰写建议的水平。丰富人大代表活动,继续开展“双联系”活动,继续开展人大代表进联络站活动。

深化监督工作。抓好民生实事的监督,抓好审议意见的监督,抓好政府重大投资项目的监督,抓好财政支出预算的监督,抓好“两院”重点工作的监督。

深化宣传工作。加强对人大制度的宣传,加强对人大重要会议、重要活动、重要工作的宣传,加强对人大代表的宣传,讲好人大故事。

深化常规工作。做好办文、办会、办事工作,确保人大工作规范、高效、有序。做好规范性文件备案审查工作。做好信访案件的督办,推进社会治理。

深化自身建设。充分发挥党组织的作用,构建“党建+”的人大工作机制。积极改进工作作风,严格执行“九坚持、九做到”工作规范。进一步加强队伍建设,塑造“忠诚、为民、务实、担当、清廉”的人大干部形象。

浦江县第十四届人民代表大会第三次会议

中国人民政治协商会议
浦江县第九届委员会常务委员会工作报告

——在浦江县第九届委员会第三次会议上的报告

浦江县政协主席 朱受明

2019年2月27日

一、2018年工作回顾

2018年是九届县政协真情履职、积极作为、取得丰硕成果的一年。一年来,县政协在中共浦江县委的领导下,坚持以习近平新时代中国特色社会主义思想为指导,认真学习贯彻习近平总书记关于加强和改进人民政协工作的重要思想,认真学习贯彻全省、全市政协系统党的建设会议精神,全面推进政协党的建设,提质增效,认真履行职能,为推动我县经济社会发展作出了新的贡献。

(一)始终坚持思想政治引领,共同思想政治基础更加牢固

常委会始终坚持党对政协工作的全面领导,强化思想政治引领,全面推进政协党的建设,筑牢思想基础,确保政协事业始终沿着正确方向前进。

加强思想政治建设。坚持把习近平新时代中国特色社会主义思想作为加强思想政治引领的主线和灵魂,旗帜鲜明讲政治,牢固树立“四个意识”,坚定“四个自信”,坚决维护习近平总书记在党中央、全党的核心地位,坚决维护党中央权威和集中统一领导。深入学习贯彻习近平总书记关于加强和改进人民政协工作的重要思想,以理论大学习、思想大武装、工作大研讨推动政协工作质量大提升。

把握政协工作方向。自觉坚持和维护党的领导,坚定不移贯彻落实中央、省委、市委、县委的决策部署,重要工作主动向县委请示,重大活动积极邀请党政领导参加,协商成果及时向县委、县政府报送,认真落实县委、县政府领导批示,努力将县委的决策部署转化为政协各参加单位的一致共识,将发展蓝图转化为全体委员的行动目标。

推进政协党建工作。认真学习贯彻中共中央办公厅《关于加强新时代人民政协党的建设工作的若干意见》,贯彻落实全国政协系统党的建设工作要求,充分发挥政协党组领导核心作用,全面推进政协党建工作。完善了政协党建工作制度,成立了县政协机关党组,加强了党员委员的管理和政协机关党支部建设,政协履职的组织保证更加坚强有力。全面落实党组从严治党主体责任和班子成员“一岗双责”,深入开展“不担当不作为”集中专项治理、形式主义官僚主义集中整治,扎实推进“两学一做”学习教育常态化制度化,切实把全面从严治党要求落实到政协工作全过程,营造了风清气正的政治生态,汇聚了同心协力推进我县各项事业发展的正能量。

(二)紧紧围绕中心,协商议政更加广泛

始终紧紧围绕中心,重视发挥人民政协协商民主重要渠道和专门协商机构的作用,组织开展多层次的协商议政,广聚智慧力量,促进我县经济社会发展。

有序开展全体会议的综合协商议政。全会期间组织委员聚焦县域经济社会发展的重大问题,深入开展协商讨论,11个界别小组共提出了100余条意见建议,为县委、县政府科学决策提供参考。23位委员代表各自界别就探索“零土地”招商、僵尸企业处置、科技人才培育、企业家队伍建设、推进乡村振兴、发展美丽经济、建设健康城市等问题,积极发表真知灼见,得到与会领导和社会各界的充分肯定。

扎实搞好常委会议和主席会议专题协商议政。为推进社区治理,提升城市品位,5月份,常委会组织调研组深入调研,召开九届六次常委会议协商讨论,向县委、县政府报送了《关于加强我县城市社区治理工作的建议案》,从社区划分、服务提升、要素保障等方面提出了建议。县政府主要领导作出重要批示:“政协的建议案很好,内容翔实,问题针对性强,建议有操作性。请分管副县长牵头,提出落实意见,切实改进城市社区治理工作。”九届七次常委会议,就学前教育、田园综合体建设进行协商讨论,在综合前期调研的基础上,形成了《关于加快我县学前教育发展的建议案》《关于加强“田园综合体”建设,推进乡村振兴的建议案》。县政府专门进行了讨论研究,逐一进行了办理落实,并将办理情况及时致函政协。做深主题发言和会前调研,不断提升主席会议议政质量。一年来,主席会议就“最多跑一次”改革、新《行政诉讼法》实施、招商引资签约项目落地、仙华小镇(宝掌山居项目)建设、全域旅游等开展协商议政,形成会议纪要5份,许多建设性的意见和建议被县政府及相关职能部门采纳。

注重发挥对口协商的独特作用。积极组织政协委组通过情况交流通报会、调研座谈会等形式与党政相关部门开展对口协商40余次,内容包括小微企业园建设、营商环境优化、传统产业改造提升、科技创新、非物质文化遗产保护等方面,提出对口协商建议120多条,有力地推进了相关工作。

(三)着力深化“双结对”机制,民主监督更加有效

常委会立足基层政协实际,拓宽监督面,提升监督力,不断深化“双结对”机制,持续深入开展“城乡生活垃圾分类处理”专项民主监督,全力助推“最多跑一次”改革,发挥了钉钉子抓落实的重要一锤作用。

完善机制。深推“一委组一乡镇”“一委员一村庄”的“双结对”机制,建立了委组、委员结对社区机制,由8个委组结对1至2个社区进行区域化监督。委员按就近就便原则,以3至5人结对一个社区,实施“点对点”的监督,实现了民主监督的全覆盖。完善了常态化考核评比机制,建立了委组和委员“一村一委员”工作履职述职制度和履职档案,使“一村一委员”工作更加有序有效。

深化监督。实施“双结对+”的民主监督模式,扎实开展民主监督活动。一是开展了深化“城乡生活垃圾分类处理”民主监督。重点围绕“城市社区垃圾分类处理实施情况”和“农村垃圾分类处理巩固提升”实施常态化监督。一年来,委员和委组开展暗访形式监督604次,查看现场917处,发现问题109个。组织省市县政协委员开展了农村生活垃圾分类处理专项民主监督“五看、五问”问卷调查活动,根据汇总分析,提出了覆盖要全面、基础要完善、质量要提升、管理要创新4个方面的建议。同省市政协联动,开展了“城乡生活垃圾分类处理”专项集体民主监督“回头看”。二是在全省率先开展了深化“最多跑一次”改革专项民主监督。3月中旬,召开了县政协深化“最多跑一次”改革专项民主监督动员部署暨专题培训会。组织委员通过暗访、蹲点监督、对口监督以及代跑、陪跑、问卷调查等多种方式，对“最多跑一次”改革进行全方位、全领域、全覆盖、全过程的民主监督。截至目前，委员到行政服务中心、乡镇等开展监督549批次，报送了《深化“最多跑一次”改革专项民主监督专刊》5期。县考评督查办以督办单的形式交各相关部门和单位，已发出督办单15份，各部门（单位）高度重视，立行立改。同时，将落实情况逐一向政协作了反馈。如简化供电、教育等部门办事流程；尽快修改“退休人员的生存认证”制度；加快智能卫生信息平台建设；进一步改善医疗环境等建议，供电公司、教育局、人力社保局、卫生健康局等相关单位立即予以整改落实。召开了主席专题议政会，从理念设计、模式构建等宏观层面提出深推建议。12月份，开展了“最多跑一次”改革工作成效满意度调查。

我县政协“双结对”监督工作得到省、市政协的充分肯定。在浙江省“城乡生活垃圾分类处理”三级政协联动专项集体民主监督启动会上，我县政协作了典型发言。《五双工作法——推进垃圾分类》《瞄着问题去　盯着堵点破——浦江县政协强力助推“最多跑一次”改革》在省政协主办的“同心苑”微信公众号和《联谊报》刊登，向全省推广。

（四）倾力服务大局，参政议政成果更加丰硕

始终倾力服务大局，高度自觉紧扣县委、县政府决策部署，聚焦打赢实体经济翻身战和优化营商环境，精心选择课题，深入开展调查研究，充分发挥提案和信息的作用，积极建言献策，力推发展。

认真组织专题调研。政协班子成员，担当作为，深入基层，深入一线，梳理问题，剖析症结，献计出力，先后开展了“不忘初心、牢记使命，当好新时代浦江答卷人”大调研和县级重点课题调研活动，共形成了《以大文化格局打造“诗画浦江”的建议案》《关于发挥“古美”优势，促进浦江全域旅游发展的建议案》《关于建立县城古街区管理机构，促进保护和利用工作顺利进行的建议案》《关于深化我县“最多跑一次”改革的几点建议》《关于加强我县医养结合养老服务的调研报告》《关于改善国有资产管理，推进政府投资改革的建议》《关于浦江名人故居的保护和利用的调研报告》等9份专题材料。与此同时，坚持调研与深化改革相结合，与解决问题推进落实相结合，即知即改，针对调研中发现的问题，会同相关部门，攻坚破难，推动一系列问题在一线解决。充分发挥各委组在调研中的基础作用，指导各委组结合自己的工作特点，找准角度，深入开展调研视察活动，形成了《加大信贷投入，助推实体经济》《关于加快推进科创园建设的建议》《实施乡村振兴战略，促进现代农业发展》等13份调研视察报告和专题材料，这些报告和材料，反映了社会真实情况，集中了政协委员对我县经济社会发展的真知灼见，做到了建有用之言，献务实之策。

充分发挥提案和信息的作用。提案是政协委员履职建言的重要载体。常委会以提质增效为宗旨，通过组织委员深入调研、引导科学选题、严格立案审查等措施，不断提高提案建言质量。通过精准交办、多层次协商、多形式督办，切实提高提案办理实效。《接轨义乌，发展浦江实体经济》《引入智能技术，提高“浦江制造”市场竞争力》《加强高层次人才引进与培育》《依托美丽交通环建设，助推浦江全域旅游发展》《加强“田园综合体”建设，加快推进乡村振兴战略的建议》等一批事关实体经济和各项事业发展的提案得到有效落实，提案工作取得较好成效。2018年共立案209件，全部办复，且委员对提案答复的满意、基本满意率为100%。提案中所提意见建议被采纳和部分采纳率为96.7%，其中，已经被采纳的有116件，占提案总数的55.5%，再创新高。坚持把反映社情民意作为政协建言的一项经常性工作来抓。深推主席约谈委员制度，围绕优化营商环境打赢实体经济翻身战主题连续召开2次专题主席约谈会，先后召集工业组、科技组、提案委、社法委、祖统委委员献计献策，提出了进一步加大对企业的金融支持力度、进一步加强对本土企业的扶持力度、尽快出台外来引进人才随迁子女就读公办学校的准入标准、积极营造全民关心维护营商环境的良好氛围等系列对策建议。全年共整理编发《政协信息》8期。积极向上级政协报送社情民意信息，获金华市政协反映社情民意工作三等奖。

（五）充分发挥政协优势，真情履职更加有为

常委会坚持把促进发展作为履职的第一要务，充分发挥自身优势，凝心聚力，真情服务，积极作为。

加强团结联谊工作。常委会充分发挥政协界别多、代表性强、联系面广的优势，发动广大委员，深入宣传，示范带头，积极作为，团结一切可以团结的力量，调动一切可以调动的积极因素，为打赢实体经济翻身战推进县域经济发展，凝聚强大合力。加强同各民主党派、工商联、人民团体和各界人士的联系与沟通，向他们宣传新时代人民政协事业的新思想、新理论、新任务，介绍浦江经济社会发展情况，鼓励他们积极参政议政，知情出力。增进与上级政协和外地政协的交流联谊，共接待各级、各地政协来浦学习考察80批1000余人次。在交流联谊中，积极宣传，提高浦江的知名度和美誉度。2018年9月12日，“亚宗和发展与环境委员会”访华代表团一行来浦考察环境整治工作。常委会高度重视，把其作为一个宣传浦江、展示浦江的平台，认真细致做好各项工作。考察活动顺利圆满，得到考察团和省市领导广泛赞誉。成功承办了浙江省“城乡生活垃圾分类处理”三级政协联动专项集体民主监督工作推进会，并作经验介绍。成功承办了全市政协大会发言工作交流座谈会、全市政协委员工委会议。重视文史资料存史资政、团结育人的作用，扎实做好文史征编工作。开展了“浦江人在外好吗?”专题寻访活动，到临安、宁国等地寻访、调研浦江籍人士生活近况，形成专题文史资料。编辑出版了《浦江文史资料》2辑。向省、市政协提供史料14篇。组织委员精心创作，选送14件作品参加了市政协主办的“纪念改革开放40周年”主题书画展。用好政协宣传信息平台，认真做好省政协“同心苑”微信公众号推广、应用和信息报送工作，增进团结，加强交流，提高政协影响力。

担当作为，全力推进各项工作。政协班子率先垂范，深入各自联系企业、项目，了解情况，破解难题，助推企业发展。深入开展“两送两增”企业大走访和“三服务”活动，梳理问题，谋划发展思路，解决实际问题，力推发展。政协领导和相关同志认真做好古村落和县城历史街区保护开发、仙华特色小镇建设等县重点建设项目、重要工作的联系与组织协调工作，千年古县老街重新焕发勃勃生机，嵩溪、礼张古村落魅力享誉海内外。认真履行河长职责，坚持“勤”“实”“细”，深入一线巡查，督巩固促提升，努力推动我县治水取得更大成效。扎实做好信访积案化解、信访值周和下访、约访工作，较好地完成了工作目标任务。各委组发挥自身优势，关注民生，积极开展送教下乡、送医下乡、爱心助学、拥军、慈善救助、法律宣传咨询等富有特色的活动，彰显政协作为。政协机关干部强服务，重实干，积极参加联系街道、村（社区）平安浦江大行动、行政村(社区)规模调整、乡村振兴等工作，积极参与工业经济服务活动，认真做好“两富”“两美”指导员工作，深入企业，深入农村，解决实际问题，力推发展。

(六)切实加强自身建设,干事创业的基础更加坚实

常委会坚持以提质增效为宗旨,采取学习培训、典型带动、考核激励、专题教育等举措,切实加强委员和政协机关两支队伍建设。

委员队伍建设有新举措。加强对政协委组工作的领导,定期召开委组负责人会议,交流经验,部署工作,较好地发挥了委组在履行政协职能中的基础作用。开展政协领导走访委组和委员活动,对委组和委员履职以及打造“一委一品”等工作进行点对点的指导。注重委员素养的提升,建立了委组长工作群和13个委组工作分群,及时推送学习资料和各个阶段的工作任务,及时反馈履职信息,极大地提升了工作效率,取得较好成效。在每项政协工作实施之前,进行专题培训,为高质量履职奠定基础。在《金华日报》刊登“政协委员履职在一线”专题系列报道3篇,在《今日浦江》刊登13篇,以典型带动委员履职,增强动力,提高影响力。注重考核激励,组织委员开展评选政协工作先进委组和先进个人、评选优秀提案和提案积极分子活动,进一步激发了委员们求真务实、奋发向上的工作热情。

机关服务水平有新提高。大力倡导“爱岗敬业、忠诚服务”理念,通过“如何当一名奋斗者”大讨论、“大学习大调研大抓落实”专题辅导党课、“弘扬金华精神,争当五个表率”大讨论、“守规矩”专题教育、“两个责任”专题学习等系列活动,机关党员干部认真践行浦江县党政干部“九坚持九做到”工作规范,求真务实,扎实工作,为政协履行职能和专委会、工作组开展活动提供了高效、优质的服务,机关党支部被评为全县先进基层党组织。

各位委员,同志们,过去一年的工作成绩,是中共浦江县委正确领导,县人大、县政府及社会各方面大力支持的结果,是全体政协委员、政协各参加单位和政协工作者共同努力的结果。在此,我代表县政协常委会,表示衷心的感谢!

在肯定成绩的同时,我们也清醒地看到政协工作还存在一些不足和薄弱环节,主要是:协商议政的水平和质量有待持续提升;个别委组调研缺乏深度;履职方式载体仍要不断创新等等。在今后的工作实践中,我们要高度重视,认真研究,切实加以解决。

二、2019年工作任务

今年工作的指导思想是:高举习近平新时代中国特色社会主义思想伟大旗帜,深入贯彻落实习近平总书记关于加强和改进人民政协工作的重要思想,牢牢把握团结和民主两大主题,紧紧围绕县委提出的“五大战略”“五大行动”战略部署,聚焦实体经济“二次创业”,强化党建引领,提质增效,切实履行政协职能,为推进县域经济社会发展贡献智慧和力量。按照这一指导思想,重点做好以下工作:

(一)深入学习,推进政协事业新发展

做好新时代政协工作,首位任务就是要持续学懂弄通习近平新时代中国特色社会主义思想,增强“四个意识”、坚定“四个自信”、坚决做到“两个维护”,不断巩固团结奋斗的共同思想政治基础。要健全完善以党组理论学习为引领、季度学习交流座谈等相配套的学习制度体系,提高学习的针对性和实效性。要持续推动习近平总书记关于加强和改进人民政协工作的重要思想学习研讨活动走深走实,切实做到学思用贯通、知信行统一。要深入学习中共中央办公厅《关于加强新时代人民政协党的建设工作的若干意见》及省、市委实施意见,充分发挥县政协党组、机关党组作用,建立健全政协系统坚持党的全面领导的组织体系、制度体系、工作机制,加快实现党的组织对党员委员的全覆盖、党的工作对政协委员的全覆盖,以政协党建工作新成效推动政协事业新发展。

(二)献计出力,高质量履行政协职能

新的一年我们将围绕"一、二、三"的总体履职思路开展工作。

1、围绕一个中心,为推进我县经济社会发展献计出力。围绕经济建设中心,服务改革发展稳定大局,是人民政协履行职能的原则。新的一年,常委会要围绕"五大战略""五大行动",聚焦实体经济"二次创业",充分发挥政协优势,献计出力,积极作为。广大政协委员要以高度的政治责任感和历史使命感,主动献策实体经济振兴,深入一线,积极投身"三服务"活动,担当实干,力促发展。

2、把握两个重点,民主监督务求实效。在继续发挥"双结对"监督、例会监督、视察监督作用的同时,着重把握两个重点,扎实开展民主监督。一是对"优化营商环境"开展专题民主监督,全力推进我县营商环境不断优化。二是持续做好省市县三级政协联动民主监督工作,力促相关工作不断深化。

3、力抓三个层面,协商议政凸抓质量。一是抓好常委会议和主席会议专题协商议政。常委会议重点围绕"推进全域旅游发展美丽经济"和"浦义同城区域协同发展"议题,深入调研,在广泛协商的基础上,向县委、县政府报送建议案,提出具有针对性、前瞻性和可操作性的意见建议。构建主席会议议政日机制,不断提升议政质量,紧扣县委县政府阶段工作更加有效地开展专题协商议政。二是抓好对口协商。对口协商,口子小,内涵深,形式灵活。新的一年,我们把其作为一个推进协商民主的着力点,按照"小型化、专题化、经常化"的工作要求,指导各专委会做实做深。组织政协各委组同涉企部门开展对口联系,听取部门服务企业推进实体经济发展工作情况、存在问题,对涉企部门更好地服务企业提出意见建议,使委员参与助推实体经济发展的全过程。三是抓好提案办理协商。增强协商意识,强化提案办理协商机制,实行重点提案重点协商,综合提案多方协商,普通提案面对面协商,使提案办理成为集思广益、增进共识的过程。加强督查协商,进一步完善提案办理评议机制,将对优化营商环境发展实体经济类提案办理情况开展民主评议,使相关问题落到实处。

(三)主动作为,深入推进协商民主

一是按照"党政所需,群众所盼,政协所能"选准协商议题,丰富协商形式,着力增进共识,促进团结,要按照"有事好商量,众人的事情由众人商量"的要求,充分发挥好人民政协一头连着党委政府,一头连着界别群众的桥梁作用,搭建更多的平台,有序扩大政治参与,找到新时代全社会意愿和要求的最大公约数,把各界力量凝聚在党的旗帜下,不断扩大新时代的团结同心圆。二是积极探索协商方式,规范协商内容,明确协商程序,增加协商密度,提高协商能力,推动协商成果转化,推进政治协商、民主监督、参政议政制度建设,不断提高政协协商民主制度化、规范化、程序化水平。三是积极探索,不断推动政协协商与其他渠道协商相互配合、相互促进、相得益彰,引导广大委员积极参与其他渠道的协商活动,发挥政协协商民主对社会主义协商民主的牵引作用。

(四)探索实践,不断深化"双结对"工作

持续推进"双结对"机制建设,认真总结经验,完善相关制度,改进工作方法,着重在扩大宣传、精准配对、畅通信息、深化内涵、提升实效上下功夫。一是拓展一个活动平台。设立"委员会客厅",打造"请你来协商"平台,建立常态化的工作阵地,进一步提高工作实效。二是搭建一个信息平台。用好浦江政协微信公众号,更加畅通信息渠道,用美篇的形式定期推出委员履职风采,推广先进经验和做法。三是实施“双结对+”机制，丰富内涵。将优化营商环境、推进乡村振兴作为重点，使“双结对”工作更加深化，更富成效。

（五）紧扣履职能力要求，切实加强自身建设

2019年是新中国成立和人民政协成立70周年。要认真组织，深入开展系列庆祝活动，进一步激励广大委员把准坐标、担当作为、奋发进取，展现新时代政协委员的绚丽风采。要认真落实“一线”工作要求，进一步加强政协委员队伍建设，优化委员管理与服务，不断提升委员自身素质，提高委员撰写提案、调研建言等履职能力，引导广大委员甘于尽责、敢于担当、善于作为，努力在服务全县经济社会发展中创造一流的工作业绩、展现一流的履职形象。要切实加强专委会建设，推动政协专委会工作机构从专门性向职能性、工作内容从单一性向综合性、履行职能从阶段性向经常性转变。要立足政治机关的高度，坚持把严实要求贯穿机关建设全过程，全面落实党风廉政建设主体责任，完善工作制度，严格工作纪律，营造政协机关风清气正、积极健康的工作氛围，大力弘扬金华精神，深入践行浦江县党政干部“九坚持九做到”工作规范，争当“五个表率”，着力加强思想、组织、作风、制度和信息化建设，着力增强政务性和事务性服务能力，确保政协工作务实、有序、高效进行。

千年月泉

月泉书院位于浦江县城西北。北宋政和三年(1113),知县孙潮按图牒、搜遗迹,得月泉旧址,疏月泉为曲池,筑月泉亭。据薛应旗《浙江通志》云:"其泉视月盈虚为消长",故称之月泉。因泉守信如恒,成为文人聚会之所。南宋淳熙二年(1175),吕祖谦于月泉招徒讲学,著名理学家朱熹与陆九渊因学术争鸣,请吕祖谦参与研讨,遂至月泉造访吕祖谦,同时讲学于月泉之上。随后,吕祖谦与朱熹和陆九龄、陆九渊兄弟共赴鹅湖,进行著名的"鹅湖之会"。月泉因朱熹、吕祖谦等名儒的讲学而名声大噪。南宋咸淳三年(1267),知县王霖龙旷地十余亩,捐资运材,首创"月泉书室"于月泉亭之西北,计45楹,22匾,置学田36亩,林地山塘15亩。并立朱、吕二先生祠于月泉精舍之中,聘朱子槐为主讲座。元初升为月泉书院,置山长一员,主教学徒。时月泉书院仿白鹿洞、岳麓、睢阳、嵩阳书院,与石鼓、宗濂、延平、安定、紫阳、考亭等书院齐名。明天启年间,月泉书院被毁。明崇祯九年(1636),知县吴应台重建月泉书院,立朱、吕二先生祠,复建瑞雨亭于书院之南。清咸丰十一年(1861)毁于太平军战火,清光绪二十二年(1896)重建流思阁三间,厢屋三间。民国16年(1927)倾圮。

2013年7月,浦江县人民政府邀请浙江省考古所发掘月泉书院遗址。2015年4月,重建月泉书院。新建先贤祠,列朱熹、吕祖谦、陈亮3位先生及浦江历代先贤于祠中;新建月泉吟社,列吴渭、方凤、谢翱、吴思齐于其中。月泉书院整体建筑物仿照宋代时期建筑风格,计划投资1.09亿元,总面积占地112余亩,建筑面积7.5万平方米,分二期建设。

1971年,西溪改造,月泉填平。月泉和月泉书院遗址处垦为农田。1984年4月,月泉和月泉书院遗址立为浦江县重点文物保护单位,并划定保护范围。2008年,浦江县人民政府编制《浦江县域总体规划》,将月泉与月泉书院列入县重点保护的历史文化遗址,该地块规划为月泉公园。2012年6月,浦江县委办公室、浦江县人民政府办公室联合下文《关于建立浦江县月泉书院遗址公园建设工程领导小组的通知》,领导小组下设工程建设指挥部,月泉书院第四次重建拉开序幕。2013年7—9月,浙江省考古所对月泉和月泉书院遗址进行三个月的考古性挖掘;12月26日,浦江县纪念月泉疏浚900周年座谈会暨月泉书院重建奠基仪式。2015年4月1日,月泉书院遗址公园一期动工建设,包括月泉书院、月泉吟社、先贤词、瑞雨阁、月泉亭、诗廊及沿街商铺等。2017年10月12日,月泉书院遗址公园建设工程一期主体建筑通过竣工验收。月泉书院整体建筑物仿照宋代时期建筑风格。

2019年9月27日,月泉书院开院仪式举行。开园仪式结束后,与会领导、嘉宾参观月泉书院,并观看少年汉服经典诵读《弟子规》、配乐齐颂《千年月泉》、乐队演奏《浦江乱弹》等节目。

月泉书院开园仪式

月泉书院开园仪式

主要建筑

月泉书院。书院大门悬挂“月泉书院”匾额,两侧廊柱悬挂楹联一对。经义堂中间悬挂先师孔子像(木雕),孔子像上方悬挂清代康熙御笔题写的“万世师表”匾额(仿制),左右两侧堂壁前嵌放朱熹手书、清代欧阳厚均镌刻的体现理学精神的“忠孝廉节”石碑。堂前广场摆放厚重的长条凳,供游客休憩。东、西厢房是展厅,放置展柜。后院二楼是月泉讲坛。

先贤祠。先贤祠敬奉的是历朝建祠供奉的先贤以及为月泉书院、为浦江做出重要贡献的先贤。先觉堂中间祀朱熹、吕祖谦、陈亮3位大儒。两侧祀孙潮、王霖龙、吴应台、毛凤韶、何子祥5位知县,孙潮是历史上第一次疏浚月泉的知县,王霖龙是建设月泉书室(元代升为月泉书院)的知县,吴应台是第一次重建月泉书院的知县,毛凤韶是复建月泉书院的知县,何子祥是修建浦江所有书院的知县。明理堂祭祀的是浦江历代著名先贤,设有十六贤木刻群像,陈列先贤生平事迹等资料。修永斋陈列浦江历代尚书榜、进士榜。

先贤祠

月泉吟社。澄怀堂中间安装多媒体屏幕,滚动播放月泉吟社宋末元初征诗活动的情景。澄怀堂

月泉吟社

月泉池和瑞雨阁

月泉书院部分遗址

月泉井与月泉池

东西墙壁安排悬挂6件书画作品，每件书画作品分别为国画和楷书介绍，展现月泉吟社征诗活动中建社、征诗、应征、评比、奖赏、刊集的过程，体现诗画浦江的特点。《月泉吟社》诗集，是中国现存最早的诗社总集，堂内展柜中陈列着《月泉吟社诗》历朝历代刊行的版本。芳润斋主要展示创建"中华诗词之乡"材料、农民赛诗会及大型诗歌朗诵会材料，四周展柜展示有关创建诗词之乡的铜牌、诗稿等资料。正心堂主要展示《中国诗歌史》《浦江诗歌史》等内容。

月泉书院遗址。2013年7—9月，浙江省文物考古研究所对遗址进行考古勘探工作。月泉与月泉书院遗址于20世纪70年代农业学大寨时改造为农田，在遗址上铺垫超过1米的土层，在勘探面积约10000平方米的范围内，发现了月泉井、月泉池、月泉书院建筑基址、西溪等遗迹。重建月泉书院时，在月泉书院遗址上方架设遗址保护棚，四周铺设木栈道，放置了展柜，展出考古发掘出的陶、瓷、砖、瓦，以及古钱币等，诉说着月泉与月泉书院的历史沧桑。

瑞雨阁。明崇祯九年（1636），知县吴应台重建月泉书院时，于月泉书院之南的小山上建瑞雨亭。重建月泉书院时，在瑞雨亭旧址上建设了瑞雨阁。瑞雨阁分为地面二层，地下一层，飞檐斗拱，蔚为壮观。登瑞雨阁，可以一览月泉书院全貌。

主要景点

月泉。由井和池组成。八根石柱围栏里面是"古月泉井"，半月形石堪砌成的为"古月泉池"。月泉得天地之精华，每逢农历自朔至望池水则盈，自望至晦池水则退。在历史上曾多次疏浚。重建根据浦江县志记载"施以栏楯，泓然一镜，当天空人静，宛然有脱去尘垢之想"进行复原。

学字照壁。学习，使人成为万物之灵。月泉书院西门入口的大照壁上用榜书大书"学"字，就是要在书院大力弘扬学习意识、学习精神。照壁这个"学"字是明代文臣之首宋濂的手迹。

诗廊。诗廊依地势设计，回廊旋转曲折而上，依次叠落。廊壁将镶嵌以大理石，以篆、隶、楷、行、草等多种书法形式表现，镌刻60首《月泉吟社诗》。

（费昆琪）

八十正青春 一九看风华

——记浦江中学建校80周年庆典

2019年10月6日，浦江中学举行建校80周年庆典活动。参加活动的有中国工程院院士、博士生导师、中国载人飞船工程软件专家组组长何新贵，中国人民解放军总医院主任医师、博士生导师郑秋甫，运载火箭系列总设计师、国家月球探测工程副总设计师、院士龙乐豪，中国科学院院士俞大鹏，贵州省政协原副主席王录生，浙江省国资委党委书记、主任冯波声，中国美术家协会秘书长马锋辉，上海交通大学教授黄良余，北京地理学会旅游专业委员会主任朱祖希，北京航空航天大学教授、博士生导师张其善，东海舰队副军职美术创作员石照东，中核集团巡视组组长、党委书记钱金标，浙江省人民检察院副检察长黄生林，中国银行山西省分行行长刘旭伟，三思科技有限公司董事长陈必寿，河北兆翔兆和房地产集团公司董事长郑可集，恒生电子董事长彭政纲，浙江万固实业集团董事长钟红灿，东方新华投资管理有限公司董事长赵暖，杭州机床集团有限公司执行董事兼总经理于立鹏，北京大学滨海医院院长张骞，以及来自海内外的嘉宾校友和在校师生。县委副书记、县长俞佩芬，县人大常委会主任虞振贤，县政协主席郑文红，县委副书记俞建辉等县领导参加庆典活动。副市长陶叶萍、县委书记程天云分别作贺词，浦江县教育局副局长、浦江中学校长陈建浦致辞。庆典议程有校友代表发言，宣读高校、兄弟中学贺信，播放身在国外的校友祝福视频，给老教师献花，浦中精神传旗仪式，合唱《我和我的祖国》等活动。

回顾浦江中学"七迁校址、八易其名"的发展历史，收集、整理、编写了百余万字的史料。出版校庆纪念册《八十正青春》、校友录《八十芳华》、校友回忆文集《流向远方的未名溪》、书画艺术纪念画册《艺韵流馨》4本书。

发动校友捐资1000余万元建设校园主题雕塑、校训石、石桥啸月、长廊听雨、桂院秋香、柳岸吟风、

新、老校友"薪火相传"接旗仪式

浦江中学建校80周年纪念活动

浦江中学建校80周年校庆

杏坛鸿儒7处校园文化景点；挖掘新中国成立前后“为邑树人、作育英才、文武通达”的12字浦江中学办学宗旨；弘扬了“重德尚学、求实创新”的8字浦中校训；传承了“奋斗不息、追求卓越”的8字浦中精神。

通过腾讯、新浪、浙江之声、《钱江晚报》等20余家省内外媒体，刊发百余篇宣传浦江教育、宣传浦江中学的文章，媒介传播触及500万人次。在校庆启动仪式及庆典当天的现场，全球直播收看量200余万人次。5000余位校友、2000余名在校师生参加当天的庆典活动，增强浦江中学特色教育发展的理论自信、文化自信、道路自信和制度自信。

为牵线搭桥、共享资源，创设校友反哺家乡助力招商引资的一个良好平台。通过走访，引导、鼓励于立鹏、戴灵祥等校友回乡办企业；组织举行北京、上海、广州、华中、西北、杭州、宁波、嘉兴8场浦江中学校友座谈会；举办11场专家、学者、校友的专题报告会；举行1963届、1965届、1966届、1967届、1973届、1979届、1989届、1998届、2009届等11场校友回访母校欢聚会。

建立浦江中学校友信息库，收集18000余条校友信息及海内外十几个校友联络机构；成立浦江中学教育发展基金会，募集1130万元的发起基金。其中，1958届校友项美根20万元，1961届校友陈必寿80万元，1980届校友谢昌雷、1986届校友方雪兰夫妇120万元，1981届校友郑可集80万元，1981届校友盛夏30万元，1985届校友卢春生100万元，1986届校友彭政纲100万元，1991届校友钟红灿600万元。

（于家鹏）

中山精神八十载 弦歌奋进新时代

——记浦江县中山中学建校80周年庆典

浦江县中山中学建校80周年庆典筹备工作得到县委县政府和上级主管部门的重视和支持，县委书记程天云到校调研指导校庆筹备工作并在校庆典礼上致辞。

县委书记程天云（左三）到校调研指导校庆筹备工作 （陈伟伟 摄）

2019年10月5日，举行浦江县中山中学建校80周年庆典活动。解放军总医院主任医师、教授、博士生导师郑秋甫，原海军广州舰艇学院科研参谋张顺彩，浙江省政协文史资料委主任郑新浦，新中国成立70周年国庆阅兵驾机接受检阅的空军大校王国松，中国美术家协会秘书长马锋辉，民革省委会专职副主委刘净非，金华市政协副主席、民革市委会主委荣安华，最高人民法院司法改革领导小组办公室原主任俞灵雨，浙江省纪委监委第九审查调查室主任赵旭升，金华市人大常委会原副主任黄大先，以及来自海内外的嘉宾校友，县领导程天云、俞佩芬、虞振贤、郑文红、俞建辉，历届校友代表、历任校长书记、全体退休教师、在校师生等参加庆典。县委书记程天云作庆典贺词，中山中学校长洪庆华致辞，校友代表郑可集在庆典上讲话。庆典期间，举行校庆书画展开幕式、校友捐赠、向退休教师献花、合唱《红旗飘飘》歌曲等活动。

浦江县中山中学建校80周年庆典会场 （郑建东 摄）

为营造80周年校庆优雅的校园环境，经过2年建设，中山中学先后完成教职工宿舍拆建、建筑物外立面民国风改造、肇英园改造、教学楼新建、男生公寓拆建、大礼堂改造、崇德廊新建、历史文化长廊新建、孙中山铜像和孔子像落成、智慧食堂建设、校史馆新建、校门改造、古井修缮、放歌台改造、校园绿化、校园柏油路铺设等一系列工程。

浦江县中山中学航拍图　　　　（顾烜宇 摄）

浦江县中山中学校门　　　　（顾烜宇 摄）

2019年4月22日，中山中学通过“都市快报”“杭州新闻”“浦江微讯”、学校官方微信公众号等新媒体平台发布建校80周年庆典《一号公告》，向全体中山人发出邀请。庆典活动现场，2000余名校友参加了当天的庆典活动。浦江旅台同乡会寄来浦江县中山中学建校80周年庆典祝贺信。

为献礼建校80周年，4—7月，中山中学面向海内外校友及社会各界朋友集中征集校友风采（个人图文简介）资料，一家三代、三人及以上中山人校友图文信息，学校历史实物，纪念性文学作品，影视、摄影作品，书画作品，历史实物，庆徽设计作品，校庆赠言、感言、建言9类资料用于《校庆纪念册》《校友录》《中山故事》编印、宣传片制作、校史馆收藏或校庆日展示。

8—9月，在学校80华诞即将到来之际，浦江县中山中学杭州校友联谊会、南京校友联谊会、上海校友联谊会、宁波校友联谊会、北京校友联谊会、台北校友联谊会陆续成立并举行联谊活动。各届校友自发捐款捐资，1962届校友吴秉芬，捐赠100万元；1991届校友邵常青设立“邵常青文学奖”，先后捐赠5.5万元；1988届校友陈小平捐赠13.8万元，用以建设学校“历史文化长廊”；1995届校友杨辽捐赠12.68万元，用以建造学校“崇德廊”；1988届校友钟红灿捐赠100万元；1979届校友郑可集捐赠风雨操场建设资金500万元。浦江农商行向学校捐赠价值7万元的教师校庆服装；杭州校友会捐资15万元，用于改建校内司令台，并命名为“放歌台”；宁波校友会捐赠5万元；校友楼宝娟捐赠5万元。

8月9日，经杭州校友会牵线联系，孙中山先生的孙女孙穗芳为中山中学80周年校庆题词：“博爱”与“天下为公”。9月，在民革浦江县支部和上级主管部门的努力下，全国人大常委会原副委员长、民革中央主席周铁农为中山中学80周年校庆题词：“谨身 节用 知耻 力行”。9月23日，通过县台办、县台联会、旅台同乡会洪兴国的努力，学校收到台湾新党主席郁慕明题词：“普义中山 汭水津

校庆庆典捐赠仪式　　　　（郑建东 摄）

梁”。9月25日，通过县台办、台联会、旅台同乡会张国华的努力，中山中学收到一份从中国台湾地区转送来的珍贵礼物——国民党前主席洪秀柱题词：八十放歌(横写、竖写各一张)。

10月5日，“风雨同舟”民革全国书画展浦江巡展暨浦江县中山中学建校80周年书画展在中山中学开幕。浙江省政协副主席、民革省委会主委吴晶，民革中央组织部部长叶赞平，民革中央画院院长孔维克，民革省委会专职副主委刘净非，金华市政协副主席、民革金华市委会主委荣安华，浙江省逸仙书画院常务副院长杨光宇，县领导程天云、俞佩芬、郑文红、张建顺、戴忠泉、陈子华、胡晓红等参加开幕式。画展共展出书画作品100余幅，其中50余幅是“风雨同舟”民革全国书画展巡展精品，40余幅是来自浙江省民革各级组织党员书画家的作品，涵盖书法、中国画、水彩等书画种类。

“风雨同舟”民革全国书画展浦江巡展暨浦江县中山中学建校80周年书画展开幕式　（陈伟伟 摄）

（曹兰江）

大事记

1月

2日，浦江县张荣良（浙江百川导体技术股份有限公司董事长）、陈必寿（浦江三思光电技术有限公司董事长）、郑隆喜（浙江浦江梅花锁业集团有限公司董事长）获“金华市非公有制经济人士新时代优秀中国特色社会主义事业建设者”称号。

3日，“2018世界浙商上海论坛暨上海市浙江商会第十次会员代表大会”在上海国际会议中心举行，浦江三思光电技术有限公司LED研究员陈必寿获“最具匠心奖”。

8日，在金华市改革开放攻坚大会上，浦江县领导干部下访接访制度获评改革十大典型案例。

△浦江县通济桥水电站、金坑岭一级水电站被认证为2018年度全国绿色小水电站。

△浦江中学被认定为2018年浙江省园林式居住区（单位）。

10日，浦江县消防救援大队举行授衔换装仪式。

△省妇联副主席童丽君一行到浦江县开展“服务企业、服务妇女、服务基层”活动，并调研浦江县“好家风 信用贷”工作开展情况。

11日，推进工农融合共同体建设授牌仪式在浦江县白马镇嵩溪村召开，嵩溪村被授予为省总工会干部学校浙江工会干部“廉政·修养”培训教学点、疗休养定点单位。

△县委召开全县领导干部会议，宣布省委、市委关于浦江县人民政府主要领导人事任免决定。丁政任中共金华市人民政府办公室党组副书记，担任市政府副秘书长、办公室主任，免去其中共浦江县委副书记、常委、委员职务；提名俞佩芬为浦江县县长候选人。

12日，浦江县治水公园、月泉路分别获评省级“优质综合公园”“绿化美化示范路”。

13日，浦江县妇保院检验科参加全国孕前优生健康检查质量考核项目获全优。

15日，召开县第十四届人大常委会第十六次会议，会议决定任命俞佩芬为浦江县人民政府副县长，代理浦江县人民政府县长职务；任命陈子华、楼新有、周建丰为浦江县人民政府副县长。

16日，浦江县被列入创建类省级静脉产业示范城市试点，建议纳入试点支撑项目7个，其中重点实施项目4个，总投资8.17亿元。

17日，浦江县前吴乡前吴村被命名为省级“森林人家”。

18日，县委十四届五次全体（扩大）会议暨全县机构改革动员大会召开。县委书记程天云代表县委常委会向全会报告工作。

19日，浦江县16个小城镇全部完成省级考核验收工作，并获评“2018年度小城镇综合整治优秀县”，其中杭坪镇、黄宅镇、虞宅乡、中余乡获评省级样板乡镇。

20日，省民宿等级评定管理委员会公布2018年度白金宿、金宿和银宿名单，浦江县青致吾庐上榜金宿，乌台门民宿被评为银宿。

△浦江县获评2018年度浙江省市县水利工作综合考核优秀单位。

21日，浦江县白马镇兰塘村、郑家坞镇小杨家村、岩头镇礼张村、虞宅乡马岭脚村、大畈乡清溪村被命名为2018年浙江省省级民主法治村。

△浦江——兰溪城际公交开通。

22日，市委常委、秘书长、统战部部长郑余良到浦江县开展“三服务”活动，走访慰问困难党员、困难群众，并与新联系的社会阶层党外代表人士进行座谈。

△浦江县百川导体有限公司的年产18000吨双金属复合材料产业化项目被列入省重大战略性新兴产业及高技术产业龙头项目。

23日，市人大常委会副主任董巧娟带领市人大常委会、市人民法院、市人民检察院有关人员到浦江县征求市人代会工作报告意见。

24日，浦江县郑宅镇获“浙江省园林镇”称号。

25日，351国道浦江郑家坞至联盟段公路工程通过交工质量评定。

26日，浦江县大畈乡、花桥乡被评为“2018年度浙江省示范乡村”。

△浦江县中山路社区、石埠头村、后江村被评为浙江省首批高质量就业社区（村）。

29日，“迎新春·浦江县中青年书画名家第四回作品展”在县博物馆开展。展览共展出浦江县方钢军、朱明辉、孙国晏等12位中青年书画艺术名家的70余幅作品。

30日，县领导俞佩芬、戴忠泉、虞红梅、张放远到县五保集中供养中心，与300余名孤寡老人共进慈善年夜饭。

△浦江县2019年环卫工人新春团拜会在塔山宾馆举行。

△中国人民解放军国防大学战略研究所教授金一南在浦江县政府作《国际变局与中国发展》的专题报告讲座。

△副市长陶叶萍带领市安全生产工作督查组到浦江县督查，一行先后到浦南街道石埠头电商园、南苑小学新建工程、五保集中供养中心、老地方电影城等地察看安全措施落实情况。

31日，以“争当五个表率，唱响实体经济的春之歌”为主线、以“向着春天再出发”为主题的第三届“浦阳江之春”春节联欢晚会在文景园举行。

△2018年度浙江省“五水共治”公众满意度调查报告出炉，浦江县以92.33分的总分位列县（市、区）第一名。

△浦江县茶艺轩农产品开发有限公司和天雷峰茶场2家企业通过“丽水山耕”国际认证联盟认证。

△浦江县白马镇夏张村被评为“2018年度浙江省高标准农村生活垃圾分类示范村”，嵩溪村被评为“2018年度浙江省历史文化（传统）村落保护利用示范村”。

2月

1日，浦横线塘岭金至塛山口段建成试通车。

2日，浦江县“江南第一家”入选浙江省首批中小学生研学实践教育基地。

△浦江县浦阳街道同乐村、檀溪镇长山村和前吴乡前吴村被评为2018年度全省首批“一村万树”示范村。

13日，经市委研究决定，县委书记程天云被评为2018年度抓基层党建优秀县（市、区）委书记。

15日，全县工业大会暨招商引资项目攻坚动员会召开。大会邀请全县520余名企业界代表和57名乡贤代表参加。

18日，县委书记程天云到浦江经济开发区调研，先后走访调研百川导体、诚谊精密机械、中宝钢球、杭机股份等招商引资、工业技改项目。

21日，浦江县卫生健康局与义乌市卫生健康局签订战略合作协议。

△省智能制造专家委员会派出专家指导组入驻浦江县。

△浦江县侯蒲公路虞宅乡至诸暨路段获评省级精品示范道路。

22日，浦江县351国道工程建设指挥部被评为

2018年度“优秀建设单位”，351国道浦江郑家坞至联盟段公路工程第3施工标段项目部分获评“施工标准化优秀项目部”和“信用管理优秀项目部”。

△浦江县郑宅镇党政代表团到义乌考察座谈，并与佛堂镇签订缔结友好乡镇合作协议书，达成战略合作关系。

23日，浦江县入选首批浙江省全域旅游示范县，郑宅镇入选第二批浙江省旅游风情小镇。

△市委书记陈龙出席金华市第七届人大四次会议浦江县代表团，并与代表们审议政府工作报告。

24日，浦江县浙江百川导体技术股份有限公司被评为2018年度“浙江出口名牌”。

25日，浦江县大畈乡、花桥乡被认定为2018年度浙江省美丽乡村示范乡镇。仙华街道登高村、黄宅镇古塘村、岩头镇礼张村、虞宅乡新光村被认定为2018年度浙江省美丽乡村特色精品村。

26日，浦江县楼仙才家庭林场被省林业局评为第四批“浙江省示范性家庭林场”。

△全县县域医共体建设动员会召开。

27日，中国人民政治协商会议浦江县第九届委员会第三次会议在县府大会堂开幕。

2月28日—3月3日，浦江县第十四届人民代表大会第三次会议在县府大会堂开幕；浦江县第十四届人民代表大会第三次会议举行第二次全体会议；浦江县第十四届人民代表大会第三次会议第三次全体会议，选举俞佩芬为县人民政府县长，于文统为县第十四届人民代表大会常务委员会副主任，丁胜为县人民法院院长，张渊成、王宏大、张再创、黄鹏甫为县第十四届人民代表大会常务委员会委员。

3月

2日，中国人民政治协商会议浦江县第九届委员会第三次会议第二次全体会议补选郑文红为县政协九届委员会主席，楼真安为县政协九届委员会副主席，朱有许、严龙顺、陈超、徐江进、黄凰、薛儒家为县政协九届委员会常务委员。

△县委县政府举行两会经济界人士座谈会，政企面对面谈服务、话发展。

4日，2019年县重点工作任务领办会以视频（视联网）形式召开。

5日，浦江县召开实施“无证明城市”改革工作推进会。

△浦江籍艺术名家方大开的作品入选美国集邮集团举办的“世界邮票上的中国艺术名家”文化活动。

6日，副市长、市公安局局长董旭斌一行到浦江督查全面实施“无证明城市”改革工作，县委副书记、县长俞佩芬陪同。

△杭州市农业生产资料有限公司与浦江县浙蕾葡萄专业合作社联合社举行葡萄产销合作协议签约仪式。

7日，副市长陶叶萍一行到浦江县调研“县管校聘”“四点半学校”建设等工作。

10日，浦阳街道同乐村、檀溪镇长山村、前吴乡前吴村入选2018年度“浙江省‘一村万树’示范村”名单。

11日，浦江县融媒体中心正式揭牌成立。

12日，浦江县启动2019年春季义务植树暨争创国家森林城市活动。

13日，浦江县实验中学教师张向英获评省教育系统第十五届“事业家庭兼顾型”先进个人。

14日，县交通运输局和义乌市交通运输局签订《深化义乌浦江交通战略合作意见书》。

△浦江县工商联八届二次执委会议暨政企亲清联心桥座谈会召开。县委常委、统战部部长张建顺主持会议。通过投票选举，朱有许当选为浦江县工商业联合会(总商会)第八届执行委员会主席(会长)，张霞燕当选为浦江县工商业联合会(总商会)第八届执行委员会副主席(副会长)，会议增补黄惟善为常委。

16日，县委农村工作会议暨乡村振兴示范县创建动员会以视频(视联网)会议形式召开。

△全县组织宣传统战工作会议召开。

18日，县职业技术学校和日本片柳学园举行友好合作学校签约仪式。

19日，金华市小学放学后校内托管服务现场推进会在浦江县实验小学召开，各县(市、区)教育局分管领导及相关负责人、小学校长代表等100余人参会。

△市政协党组成员、市总工会主席吴国成率市总工会党组书记、常务副主席范冬岩和副主席蒋樱等到浦江县开展“三服务”工作。

20日，浦江县召开智能制造(数字经济)启动大会。会上，浦江县与省智能制造专家委员会签订合作协议，县经济商务局与浙商银行签订合作协议。

△市委常委、组织部部长余杰带队到浦江开展“三服务”活动，并召开基层减负工作座谈会。

21日，第六届“诗画浦江”乡村旅游节开幕式暨花田跑第四季启动仪式在前吴乡民生村举行。

△白马镇嵩溪村被命名为省部属企事业职工乡村疗休养基地。

△黄宅镇与浦江那山那水农业开发有限公司签署投资协议，总投资8亿元。

22日，浦江县联合浙江省治水办(河长办)举行“世界水日”主题宣传活动。浦江县节水宣传教育基地开馆。

23日，县文化馆张以进创作的《神笔》《微笑》《天使之脸》3篇作品，入选美国亚特兰大孔子学院《阅读》教材（中英对译）。

24日，浙江省品牌建设联合会公示2019年第一批"浙江制造"标准制定计划，浙江浦江环通机械科技有限公司主导制定的水晶自动研磨机标准获批立项。

△磨床智能制造产业化项目、绗缝产业小微企业园项目在开发区举行签约仪式。开发区党工委书记、管委会主任分别与浙江杭机股份有限公司、金华万洋众创城开发有限公司签订投资协议。

25日，县第三十一届"全民迎春健步走"活动在县体育中心拉开帷幕。

28日，"金口河区——浦江县农民工转移就业工作站"在县人力资源市场举行揭牌仪式。

△县少工委获"2018年度浙江省少先队工作先进"称号。

30日，浦江县2019年一季度重大项目集中开工仪式在经济开发区举行。集中开工项目共18个，项目总投资69.46亿元，年度计划投资21.97亿元。

△全县政法工作会议暨建设平安浦江工作会议召开。

△全县扫黑除恶专项斗争推进会召开。

4月

3日，省纪委、省监委在其网站刊登新闻《浦江："少开会开短会"落实基层减负》，介绍浦江县整治形式主义、推动基层减负的经验与成效。

△中国科学院院士秦大河、郑兰荪、梅宏、程时杰、高鸿钧、于起峰，中国科学院专家李婷、苏荣辉、李鹏飞、马新勇等到浦江考察，先后考察江南第一家、诗画小镇等地。

△清明节"不忘初心、牢记使命"主题教育祭扫活动在塔山公园举行。

4日，浦江农商银行推出"拥军信用贷"贷款产品，向9名退役军人各发放30万元的贷款授信。该行与县退役军人事务局签署协议，给予整体贷款授信2亿元支持全县退役军人创业创新。

△"生命如花，感恩捐献"——2019年清明节人体器官捐献缅怀纪念活动在县生命教育体验中心举行。

7日，由县委书记程天云和金口河区委书记张建红带队参加的浦江—金口河高层联席会议在仙华国际会议中心举行。

9日，湖北省人大常委会副主任刘晓鸣率调研组到浦江调研浦阳江环境综合整治、乡村产业发展等情况。

△省总工会党组书记、常务副主席张才方一行

到浦江开展“三服务”调研活动，先后走访浦江梅花锁业集团有限公司、郑宅镇党群服务中心和亚特新材料股份有限公司，并召开座谈会。

10日，全市基层统战工作研讨班一行到浦江考察乡贤工作。

△浦江县举办组织委员“争创一流大比武”活动。

12日，县人民医院医共体8家成员单位和县中医院医共体8家成员单位进行集中挂牌揭牌。

△白马镇嵩溪村被认定为浙江省省部属企事业工会疗休养基地。

△义浦战略合作第一次联席会议召开，全县各部门和乡镇（街道）全面开启义浦对接模式，义浦公交快线、义浦同城旅游班车均开通，义浦二线供水工程接近尾声。

15日，浦江县浦南农村集体经济投资发展有限公司与浙江本位旅游文化发展有限公司签约“浙里·村舍”共享精品民宿项目。

15—16日，宁夏回族自治区区委党校（宁夏行政学院）第76期县处级“生态立区战略”进修班一行45人，到浦江县开展以“五水共治和廉政教育”为主题的现场教学。

17日，团中央少年部副部长张燕、团省委少年部副部长张欢、杭州市拱墅区总辅导员褚瑜玮一行到浦江县调研少先队工作。

18—19日，全省农村文化礼堂建设工作现场会在宁波市召开，公布2018年验收合格的293家五星级农村文化礼堂，浦江县浦阳街道同乐村文化礼堂、仙华街道金宅村文化礼堂、檀溪镇洪山村文化礼堂、虞宅乡新光村文化礼堂上榜。

19日，浦江县上河村获评“2018浙江旅游总评榜之年度人气旅游景区村”，浦江廿玖间里旅游开发有限公司创始人陈青松获评“2018浙江旅游总评榜之年度新锐旅游人物”。

22日，2019年浙江省青少年田径锦标赛在浦江县体育中心举行。

△江西省婺源县委副书记、县长吴云飞带领党政考察团到浦江调研，考察学习浦江县在全域旅游发展、生态文明建设、美丽乡村建设等方面的经验做法。

23日，全国农村水利水电工作会议在浦江县召开。

△县档案馆通过省级档案馆业务建设评价。

24日，浦江县7个项目列入2019年省重点建设项目，总投资26.5亿元。其中新增项目2个，为磨床智能制造产业化建设项目和檀溪镇罗家源旅游风景区开发项目。

25日，金华市政法系统“比学赶超”现场会暨民情民访代办工作推进会在浦江县召开。

△浦江县召开《浦江年鉴（2019）》编纂工作部署会。

△浦江县入选首批部省共建乡村振兴示范省先行创建单位名单。

27日，浦江县获“2018年度省生活垃圾分类工作优秀县”称号。

29日，“当好主人翁，建功新时代”庆祝五一劳动节暨首届“浦江工匠”颁奖晚会在仙华文景园举行，表彰20名“浦江工匠”和10家“浦江县工人先锋号”。

30日，浦江县陈元生、周黎明、张利东获2019年浙江省劳动模范荣誉称号。

5月

2日，上海浦江商会会长黄尚渭率30余位浦江籍企业家到浦江县考察投资项目，先后走访参观虞宅乡浙江唯高茶叶有限公司、檀溪镇平湖村、大畈乡白岩山村。

4日，浦江县纪念五四运动100周年座谈会在县政府会议中心举行。

6日，浦江——义乌供水工程通水仪式在浦义二线南隧道口举行。

△四川省汶川县委书记张通荣率队到浦江县考察，先后到翠湖治水主题馆、浦阳街道同乐村、虞宅乡新光村、仙华街道诗画小镇等地进行参观学习。

7日，金华市金融办调研组一行到浦江开展“三服务”调研，分别走访梅花锁业集团、华德水晶股份公司、亚特新材股份公司等企业。

9日，浙江省红十字会系统首个综合性生命教育体验馆——浦江县生命教育体验中心正式开馆。

△浦江县黄宅镇沈奇杭家庭入选2018年度浙江省“最美家庭”。

10日，浙江省第二届生态运动会在浦江县杭坪镇薛家村亲子乐园开幕。

△国家税务总局浦江县税务局与中国邮政速递物流股份有限公司浦江县分公司举行“税邮共建”战略合作签约仪式。

13日，全省和全市相继召开高质量建设美丽浙江暨高水平推进“五水共治”大会，浦江县获“五水共治”（河长制）工作优秀市县“大禹鼎”银鼎。

14日，浦江县获选第十届中华环境优秀奖（城镇环境类）。

16日，浦江·2019中国纺织供应链大会暨中国家纺家居创新人物颁奖盛典在仙华国际会议中心召开，授予浦江县“中国家纺绗缝流通示范基地”称号。

△省粮食和物资储备局副巡视员潘园根带领省“全国政策性粮食库存大清查自查工作”第五普查巡查组到浦江县督导工作。

△浦江县首个5G试点基站建设完成。

△浦江县浦阳街道文景社区张世钟家庭获第二批“全国幸福家庭”称号，成为全国百强幸福之家。

18日，第十二届金华市中小学生艺术节在浦江县浦江中学报告厅开幕。

20日，浦江县被评为浙江省推进大花园建设成效明显的县(市、区)之一。

21日，浦江农商银行营业部被浙江省妇联授予“三八红旗手先进集体”荣誉称号。

23日，文溪城中村改造工作推进会在县府大会堂举行。

24日，2019年全县一季度重点工作“晒拼创”会议召开。

△浦江县被省文旅厅列为全省首批AAAA级景区城试点培育单位。

△“2018金华旅游总评榜”结果揭晓。县文化和广电旅游体育局被授予“年度全域旅游贡献奖”。

25日，金华市第四届戏剧曲艺大赛中，县文化馆选送的节目浦江什锦《板凳龙》获一等奖。

27日，北京电视台《风华少年》栏目组一行9人到浦江县诗人小镇取景拍摄。

29日，浦江县浦南街道石埠头村、虞宅乡新光村成为浙江省首批农村引领型社区。

△浦江县召开杭温高铁杭州至义乌段(浦江段)前期工作推进会议。

30日，县委全面深化改革委员会举行第一次会议。

31日，文溪城中村改造安置区D区块举行开工仪式。

6月

1日，浦江县浦阳江生态廊道获评2019年度国际绿色设计先锋奖。

3日，浦江县获市“义新欧”班列专项扶持资金92万元。

△浦江县人民医院通过中国心衰中心认证，成为全省县级医院首家通过国家认证的基层版心衰中心。

4日，浙江省浦江县恩尔康胶囊有限公司、浦江馨妍水晶工艺品有限公司、浙江博开机电科技有限公司等11家企业在浙江省股权交易中心创新板挂牌。

△浦江县智联电子商务产业园、浦江申通青年电子商务创业园、江南网商园、水晶跨境电子商务

园4家电子商务产业基地入选《2018年浙江省电子商务产业基地名录》。

5日，浦江县创建全国县级文明城市动员大会在县府大会堂召开。

6日，乌克兰网络安全专家弗拉基米尔（Mokhor Volodymyr）、信息检索与数据存储专家克鲁金（Andriy Kryuchyn）、大数据与信息检索专家兰德（Dmytro Lande）等7位院士专家，到浦江县江南第一家、水晶园区、新光村考察调研，实地了解浦江经济发展、环境整治、新农村建设等情况。

10日，“守护驿站，温暖回家”公益项目启动仪式在县汽运中心举行。

12日，浦江县关爱退役军人协会举行成立大会。省退役军人事务厅副厅长金登尚出席会议并授牌。

△2019年浦江葡萄销售形势研判会议暨县供销联社设立葡萄收购网点对接会召开。浦江农商银行与县农产品经纪人协会签署战略合作协议，为县农产品经纪人协会整体授信10亿元。

15日，全县共建单位进社区启动仪式暨全国文明城市创建誓师大会在32个社区（村）举行。

16日，在2019年度中央财政向浙江下达水利资金8亿元中，分配给浦江249.5万元，用于在办法规定范围内统筹支持河长制湖长制等工作。

△省委、省政府通报表扬县检察院邵晓东为省突出贡献农村工作指导员。

17日，浦江县檀溪镇坡地村镇建设项目暨九母岛旅游度假区开工。

18日，浦江县召开乡村振兴示范县创建工作推进会。

19日，浦江县2019年新型职业农民葡萄培训班在靓松农民田间学校开班，100余名葡萄种植大户参加培训。

△浦江县入选2018年度健康浙江建设试考核优秀等次名单。

19—21日，县委书记程天云带队到海宁、嘉善、金山、平湖、新昌等地开展考察学习。

21日，浦阳第一小学分校区正式开工建设。工程预计2019年主体完工，计划于2020年投入使用。

22日，浦江县在全县范围开展“烟头不落地、文明更美丽”专项行动。

23日，浦江县2019高考普通类一段线上线人数达736人。

△浦江县岩头镇入选第四批浙江省旅游风情小镇培育单位名单。

24日，浦江县举行宪法宣誓仪式。自2017年以来县政府任命的95名国家工作人员依法向宪法宣誓，作出庄严承诺。

△浦江县举办首场以“凝聚共识 让营商环境更优”为主题的“请你来协商”活动。

28日，浦江县2019年二季度重大项目集中开工仪式在水晶小镇小微企业创业园建设现场举行。

29日，全县各乡镇（街道）、浦江开发区、水晶产业园区分别开展“不忘初心、牢记使命”主题教育暨万名党员“永远跟党走”主题活动。

7月

1—4日，浦江县供销联社第二轮“客商回访”启动，集中走访长沙、武汉等地农产品批发交易市场，并与长沙绿叶农产品贸易有限公司、湖北本来鲜生商贸有限公司等当地知名生鲜连锁企业负责人就葡萄销售合作开展洽谈。

5日，省委老干部局副局长施建荣，省委老干部局组织处处长顾艳，市委组织部副部长、老干部局局长洪雅群一行到县融媒体中心“帮忙老哥”工作室考察调研。

△省人大常委会副主任赵光君到浦江考察实体经济“二次创业”。

△全县招商引资和项目攻坚“百日大会战”动员会议召开。

7日，水利部副部长陆桂华一行到浦江调研水利工作，先后实地调研了浦江县治水主题馆、浦阳江同乐段生态廊道和通济桥水库。

9日，省委第三巡视组巡视浦江县工作动员会议召开。

11日，浙江省森林公安局对保护森林和野生动植物资源、巩固生态建设成果、维护生态安全和林区治安稳定作出突出贡献的集体记功嘉奖，授予浦江县森林公安局集体三等功一次。

12日，浙江省关工委授予浦江“江南第一家”为首批省关心下一代教育基地。

14日，新中国成立70周年金华市社会化爱国拥军经验交流会在浦江县举行。

18日，浙江丰瑜生态科技有限公司荣获“国家管理创新型示范基地”“中国生态农业管理创新示范单位”，公司董事长陈丰山获评“2019中国土壤改良改革创新领军人物”。

△金东区委书记李雄伟率党政代表团到浦江考察，先后到东部挂锁产业园、郑宅镇党群服务中心、“江南第一家”廉政教育基地、中部水晶园区、翠湖治水公园等地，了解浦江县在基层治理、产业集聚、“五水共治”和垃圾分类等方面的经验做法。

19日，浦江县与金华海关联合实施浦江全域农产品出口战略合作签约仪式在县政府举行。

22日，浦江县人力社保局、金华市市民卡服务有限公司、浦江农商银行共同举行浦江县市民卡项目合作协议签约仪式。

25日，浦江中学、实验小学、浦阳第二小学入选2019年全国青少年校园篮球特色学校名单。

26日，浦江靓松家庭农场葡萄园、浦江横山精品葡萄园被授予“中国最美葡萄园”称号。

△浦江县举行2019年“市县联动”促进高校毕业生就业公益性招聘会。

27日，浦江县大畈乡建光村入选2018年度全省“美丽浙江十大特色体验地”村名单。

29日，浙江省会计领军人才“三服务”走进浦江系列活动暨合作协议签约仪式在浦江县举行，省财政厅和县相关领导出席仪式。

△浙江省纪念中国人民解放军建立92周年暨双拥模范城（县）命名表彰大会在省人民大会堂召开。浦江县获评省级“双拥模范城”，实现“二连冠”；浦江三友公司总经理郑修荣获“浙江最美退役军人”称号。

8月

1日，浦江县举行庆“八一”国防杯绿道万米跑活动，全县212名跑步健儿共同庆祝中国人民解放军建立92周年。

2日，耕地地力培育和土壤改良科技成果路演暨培训会在浦江县举行，各市区农业农村局代表参与会议。浙江丰瑜生态科技股份有限公司作为省农创园的首批入园企业，挂牌为省农科院耕地地力培育和土壤改良技术转移分中心。

5日，《浙江省浦江县国家森林城市建设总体规划（2019—2030）》评审会在杭州召开。

7日，浦江县举行“5G+农业农村信息化应用”发布会。县农业农村局分别和中国移动通信集团浙江有限公司、浙江托普云农科技股份有限公司进行战略合作签约。

△玉环市委书记、市长吴才平率考察团到浦江考察。考察团先后到郑宅镇、浦阳街道、前吴乡等地，考察浦江的城市建设、环境治理以及美丽乡村建设。

8日，浦江水晶产业园区入选2019年度国家小型微型企业创业创新示范基地名单。

△2019浙江·浦江第十二届葡萄节开幕式在黄宅镇横山村举行。

12日，浙江省青少年足球（女子甲组）锦标赛在县体育中心和浦江中学两个场地同时举行，赛程7天。全省各地的10支队伍、240余名运动员参加比赛。

13日，国家卫生县城督查推进会在浦江县召开。

14—15日，省委常委、宣传部部长朱国贤到浦江县调研指导。

15日，浦江县出台《关于促进实体经济稳步发展的若干意见》，涉及工业、商贸、科技、金融、人才等各个领域，新修订的工业政策奖励扶持资金在2017年基础上翻两番，资金达3亿元。

16日，2019“万年浦江”全国中国画(写意)作品展复评工作会在文景园书画会展中心举行。

21日，省人大常委会副主任史济锡带队到浦江调研，一行先后到虞宅乡新光村、大畈乡上河村、檀溪镇寺前村和通济水厂，实地调研乡村振兴、全域旅游、村级集体经济消薄和水资源管理等方面工作。

△以“探秘未来，尽享科技”为主题的中国流动科技馆浦江站在老齿轮·1967文创园零柒艺术中心开馆。

25—26日，2019年浙江省职工数控铣工加工中心职业技能竞赛在金华职业技术学院举行，浦江县选手王献东在比赛中获第三名。

26日，2019年院士专家疗休养活动在浦江县举行，77名在浙院士、专家到浦江，进行为期5天的疗休养活动。

△以“科技助力产业兴，葡人葡语丝路情”为主题的2019年中国葡萄产业科技年会在陕西省西安市召开。浦江县浦南街道白石湾葡萄专业合作社选送的“阳光玫瑰”葡萄获铂金奖、靓松家庭农场选送的“巨峰”葡萄获金奖。

28日，省农业厅农产品质量安全监管处处长田丹带领现场考评组专家一行8人，对浦江县创建省级食品安全县工作开展现场考评。

29日，浦江县巩固国家卫生县城省级复查反馈会召开，浦江县国家卫生县城巩固工作通过省级复审。

△金华市工会助力乡村振兴推进会在浦江县召开。

30日，2019年杭州四海浦商助学基金会助学仪式在浦江第五中学举行。

△浦江县召开浙江省基本公共文化服务标准化建设工作推进会暨《浦江县文化志》编纂及征求意见工作会。

9月

5日，省生态环境厅党组书记、厅长方敏到浦江调研生态环境保护工作。

6日，浦江县获评“2018年度全省小城镇环境综合整治工作优秀县”。

10日，全县教育大会在浦江中学文昌楼报告厅举行。

11日，省司法厅厅长马柏伟一行到浦江县调研司法行政和综合行政执法工作。

12日，民盟浦江支部“盟员之家”在仙华文景园揭牌成立。

17日，县技工学校举行挂牌仪式。

19日，市政府副秘书长叶顺清率队到浦江调研指导“残疾人之家”建设工作。

22日，浦江北乡农民革命纪念馆开馆仪式在檀溪镇赤岩村举行。

25日，“携手共进——浦义馆藏书画精品展”在浦江博物馆开幕。

△“志同道合”白社五人艺术展暨诸闻韵年谱首发式举行。

△“笔墨乡愁”方大开中国画作品展暨作品捐赠仪式在县美术馆举行。

26日，2019浦江·第十二届中国书画节开幕式暨2019“万年浦江”全国中国画写意作品展开展仪式在仙华文景园举行。

△“匠致造物”方增先中国画作品展在方增先书画碑刻院举行。

△2019“万年浦江”全国中国画写意作品展在仙华文景园书画会展中心一楼展厅开展。

△“又日新”书画与雕塑的对话展暨山明美术院新馆奠基仪式举行。

△“梨园清梦”周子清戏画雅集在县非物质文化遗产馆开展。

27日，月泉书院举行开园仪式。

28日，浦江县农民丰收节在檀溪镇洪山村举行。

10月

4日，浦江乡贤总会第一次理事代表大会在文景园召开。

5日，首届浦江乡贤大会开幕式在浦江中学报告厅举行。在大会重大项目签约仪式上，签约项目23个，计划总投资154.35亿元。

10日，第二届美丽乡村旅游节在中国诗人小镇举行。

13日，来自日本、巴基斯坦、肯尼亚、阿富汗、马来西亚等50余个国家的国际友城新闻官员、主流媒体高层、资深媒体人和海外媒体协会负责人，以及部分在华的非洲、亚太中心记者代表等共计70余人到浦江采风。

15日，全县“残疾人之家”运行启动仪式在仙华街道后郎行政村举行。

△省农业农村厅、省文化和旅游厅联合发布2019浙江省100个“最美田园”名单，大畈乡上河村的诗人小镇名列其中。

18日，浦江县文化市场综合行政执法队挂

牌成立。

△由浦江、义乌两地联合承办的商城文艺大观园“并肩前行——义浦同城书画联展”在义乌图书馆开展。

19日，在首届长三角大运河文化带城市旅游论坛暨第五届长三角慢生活旅游峰会、第三届长三角慢生活旅游目的地联盟峰会上，浦江县获评“长三角最具网红特质旅游城市”。

20日，浙江省第一届“绿道健走大赛”暨浙江省首个绿道健身月活动浦江站启动仪式在翠湖湿地公园举行。

21日，浦江县新时代文明实践中心揭牌启用。

25日，金华市第三届“科技婺商”评选复评出10位“科技婺商”，浦江三思光电技术有限公司总经理陈鸣当选，成为浦江县第三位“科技婺商”企业家。浙江浦江圣力工贸有限公司董事长宣黎建获“科技婺商”优胜奖。

△中国日用玻璃协会第八届会员大会、八届一次理事会在仙华国际会议中心举行。郑舞虹当选理事长，王淑东当选副理事长。

26日，2019中国浦江·第11届水晶玻璃产业博览会开幕式在水晶小镇举行。

△“设计+设计”2019中国浦江·第11届水晶玻璃产业博览会水晶产业发展高峰论坛在浦江水晶小镇举行。

28日，浦江县选送的创业项目“异性空心胶囊替代塑料包装”获2019年金华市青年创业大赛暨“奇思妙想浙江行”创业大赛金华选拔赛一等奖及最佳创意奖。

31日，浙江省检察官办公室工作座谈会在浦江召开。

11月

3日，倪仁吉艺术研讨会在浦江县月泉书院举行。

4日，金华市文化广电旅游局在浦江县举办全市文物保护管理专题培训班。

△浙江省农广校浦江分校校长、浦江县农业信息中心主任、高级农艺师潘青仙，在2019年全国农民教育培训发展“十大宣介”活动中，被中央农业广播电视学校和中国农民体育协会评选为浙江省唯一的优秀农民教育培训教师。

7日，浦江县作为全省水利监管工作优秀县市代表，在太湖流域片水利监督管理工作座谈会上作典型经验交流发言。

9日，浙江省海外高层次人才联谊会2019年度大会在杭州举行，浦江籍会员张冲获创业成果奖。

14日，浦江县创新实践城镇环境治理工作，获第十届中华环境奖优秀奖。

△省法治政府建设督察组一行到浦江县进行实地督察并召开座谈会。

△副省长王文序带队到浦江调研，走访了中部水晶园区、伯虎链条有限公司、浦江职业技术学校等地，指出要以职业技能培训为抓手，弘扬工匠精神，推动产业发展。

14—15日，省水利厅在浦江县召开钱塘江治理工程浦江县浦阳江治理工程竣工验收会议。省自然资源厅、生态环境厅，市发改委、水利局、自然资源和规划局、生态环境局等单位组成专家验收委员会开展相关验收工作。

18日，仙华街道金宅村村民金伯声、县公安局巡特警大队辅警洪磊升获“第六届金华市道德模范”称号。

20日，市残联在浦江县举办“残疾人之家”规范化建设暨星级评定培训班。

△金华市政协副主席许章才带队到浦江开展贯彻落实中央和省委、市委有关政协工作文件精神情况专项督查并召开座谈会。

25日，金华市首个“浦义同城”消薄项目签约，黄宅镇农村集体经济投资发展有限公司与义乌市市场发展集团有限公司牵手发展。

26日，四川省乐山市金口河区党政代表团一行在区委副书记、区长段俊辉，副区长陈怀全、张卫东的带领下，到浦江县考察对接扶贫协作工作。

28日，金融支持浦江发展恳谈会在仙华国际会议中心举行。

30日，浦江县跨境贸易商会召开成立大会并举行揭牌仪式。

12月

1日，浦江县纳入义乌市境内高速客车免费通行政策范围。

3日，金华市委宣讲团在浦江县宣讲党的十九届四中全会精神。

5日，省十二届人大常委会副主任袁荣祥带领省人大环资专业组到浦江县就松材线虫病防治工作和《浙江省松材线虫病防治条例》贯彻落实情况开展调研，并召开座谈会。

△全省深化领导干部下访接访工作理论研讨会在浦江县召开。

△全国纺织产业集群复查工作总结大会在北京召开，浦江纺织产业集群试点地区通过复评，并再获“中国绗缝家纺名城”称号。

6日，全省人大环资工作座谈会在浦江县召开。

8日，县委常委召开“不忘初心、牢记使命”主题教育暨巡视整改专题民主生活会。

10日，浦江县被确定为数字乡村试点示范县之一，浦江县靓松家庭农场和浙江圣炫农业科技有限公司被确定为数字农业工厂试点示范主体。

11日，浦江县长春村等35个村庄被拟评定为浙江省AA和A级景区村庄。

△全省百家旅行社走进浦江考察线路，并举行浙江旅行社行业品质提升2019系列活动闭幕式暨浙江省旅行社行业年度盛典。县文广旅体局在会上发布浦江县旅游推介，并与省旅游旅行社协会签订浦江旅游市场开发经营合作协议。

12日，浦江县选送的“异形胶囊替代塑料包装”在浙江省创业大赛上获三等奖。

13日，以“不忘初心，传承经典，致敬宗师，追梦未来”为主题的“约绘神笔——国际马良绘本全展”全国巡展首展于上海浦东图书馆举行。

14日，县人民医院举行建院80周年纪念大会。浙大一院专家团队工作站、浦江籍名医工作室成立。

△“上山文化”亮相世界考古论坛。浙江省文物考古研究所研究员蒋乐平向大会介绍以浦江县黄宅镇上山命名的上山文化研究情况。

17日，县委书记程天云主持召开县2019年度重点项目和重要工作督促落实会。

20日，浦江县浙江博开机电科技有限公司科技研发项目获省重点计划项目立项支持，获省级竞争性项目资金支持290万元。

△县工商联荣获2018—2019年度的全国“五好”县级工商联称号。

21日，浦江县浙江万赛汽车零部件股份有限公司生产的大巴用盘式制动块产品获“品字标”浙江制造认证证书。

22日，杭州市浦江商会二届五次会员大会暨浦江乡贤总会杭州分会成立大会在杭州市萧山区举行。

23日，浦江经济开发区被省商务厅确定为全省美丽园区试点园区。

△省财政厅下达2019年度省诗路文化带建设资金5亿元，其中浦江获1200万元。

28日，花桥乡农村集体经济投资发展有限公司与国家“万人计划”专家吴黎明签署中蜂养殖合作协议。

30日，浦江县黄宅派出所入选全省首批30家“枫桥式公安派出所”名单。

31日，浦江县消防救援大队挂牌。

△省美丽浙江建设领导小组生态文明示范创建办公室公布2019年度全省生态环境公众满意度调查结果，浦江县满意度得分为91.68分，排名全省第二位、金华市第一位。

县情概览

地域位置

【概况】 浦江县位于浙江省中部，隶属金华市。县城旧称浦阳镇。北至省城杭州市94千米（径距，下同），南距金华婺城46千米，东南达义乌市稠城27千米，东北去诸暨市城关镇46千米，西南至兰溪市兰江镇48千米，西达建德市新安江镇42千米。自东汉建县迄今，已有1820年历史。

人　口

【概况】 2019年，全县户籍人口40.18万人，比2018年增加581人；流动人口17.41万人，比2018年减少1.10万人。全年出生人口3618人，年出生率为9.01‰，比2018年10.27‰下降1.26个‰；死亡人口2257人，年死亡率为5.62‰，比2018年的6.45‰下降0.83个‰；全县人口自然增长1361人，年自然增长率为3.39‰，比2018年的3.82‰下降0.43个‰。

本地人口中，男性208721人，占52%；女性193060人，占48%。登记外来人口174144人，男性97682人，占56.09%；女性76462人，占43.91%；年龄在16—34周岁外来人员占比最大，占45.73%，大专以上学历831人，占0.47%。来自省外的16.20万人，占93.17%，其中1万人以上的有贵州、云南、江西、安徽、河南5个省（占74.31%），分布在城区的外来人口4.83万人，占27.79%。

气　象

【概况】 2019年，浦江县气象局发布各类气象决策服务材料24期；发布各类气象灾害预警信号36期，蓝色等级9次、黄色等级20次、橙色等级7次、红色等级0次，其中暴雨14次、雷电7次、高温4次、台风3次、大风3次、大雾1次、道路结冰1次、霜冻1次、寒潮1次，发布短信219条，共计受众23万余人次。

做好“水晶博览会”“书画节”、春运、五水共治、蓝天保卫战、平安浦江、美丽浦江等重大活动和任务的气象保障服务。发布人工增雨公告4期，申请空域计划11次，实施增雨作业3次。对全县49家易燃易爆场所的雷电防御情况进行走访调研。

创建33个省级气象防灾减灾标准化村（社区），累计创建69个村（社区）。通过5家气象灾害防御重点单位创建，累计通过38家单位。

浦江水晶小镇、浦江经济开发区区域雷电灾害风险评估报告通过专家评审。落实“百名局长联百企”制度，与浙江汉旗建设有限公司完成对接、跟进服务；2019年，在局领导带领“专业服务团队”的服务模式下，“最多跑一次”改革事项网上办事率、掌上办事率、跑零次率均100%，即办率80%，承诺期限压缩比为97.2%，民生事项100%实现一证通办。

开展“3·23”气象日、“5·12”防灾减灾日和“6·23”防雷宣传日活动，制作和发放切合浦江当地实际的气象宣传材料近1000册，结合活动组织相应气象宣讲进学校、进社区，到气象灾害防御重点单位开展防雷安全讲座，放映气象科普电影15场。

7月20日，浙江省气象局公布省内100个避暑气候胜地，浦江县“茜溪悠谷”轻度假区入选。

【年度气候统计】 2019年，浦江年平均气温17.6℃，比常年偏高0.8℃，为历史第八高；年最高温度38.8℃，出现在7月30日，日最高气温35℃以上高温总日数36天，比常年偏多9.6天，最低温度-2.4℃，出现在1月27日，日最低气温0℃以下低温总日数8天，比常年偏少20.9天。年降水量1696.6毫米，比常年偏多15.4%，其中4月、9月显著偏少，10月、11月异常偏少，3月、6月明显偏多，8月显著偏多，1月、2月、7月、12月异常偏多（2月降水量为历史同期的2.3倍），其他各月接近常年。年雨日168天，比常年偏多12.5天，其中5月、9—11月偏少，1月、2月、4月、6月、7月、12月偏多，其他月份接近常年。年日照时数1643.7小时，比常年略偏少，其中3月、8月、11月明显偏多，9月显著偏多，1月、6月、7月显著偏少，2月异常偏少，其他月份接近常年。

2019年浦江县逐月及年气候统计表

表1

月份	平均气温（℃）		降水量（毫米）		雨日（天）		日照时数（小时）	
	2019年	距平均	2019年	距平均	2019年	距平均	2019年	距平均
1月	5.7	1.1	122.2	52.4%	18.0	4.9	69.6	-31.6%
2月	6.4	-0.1	211.8	126.8%	23.0	9.1	24.0	-73.7%
3月	12.3	1.9	172.2	11.2%	18.0	0.8	118.9	10.3%
4月	18.2	1.7	94.4	-38.5%	19.0	2.8	130.8	-3.0%
5月	21.4	-0.1	156.3	-3.9%	11.0	-4.4	147.6	-6.9%
6月	24.2	-0.5	288.9	14.2%	19.0	3.1	105.4	-27.1%
7月	27.3	-1.3	248.5	73.7%	14.0	2.1	148.7	-35.2%
8月	28.4	0.4	195.5	43.8%	14.0	1.0	236.8	11.6%
9月	24.5	0.8	59.6	-45.4%	5.0	-6.2	219.0	39.9%

续表1

月份	平均气温(℃)		降水量(毫米)		雨日(天)		日照时数(小时)	
	2019年	距平均	2019年	距平均	2019年	距平均	2019年	距平均
10月	19.8	1.4	23.1	-64.5%	7.0	-2.3	152.5	-1.1%
11月	13.9	1.3	20.4	-70.9%	8.0	-1.3	145.9	9.5%
12月	8.7	2.1	103.7	110.3%	12.0	3.0	144.5	4.9%
全年	17.6	0.6	1696.6	15.4%	168.0	12.5	1643.7	-6.7%

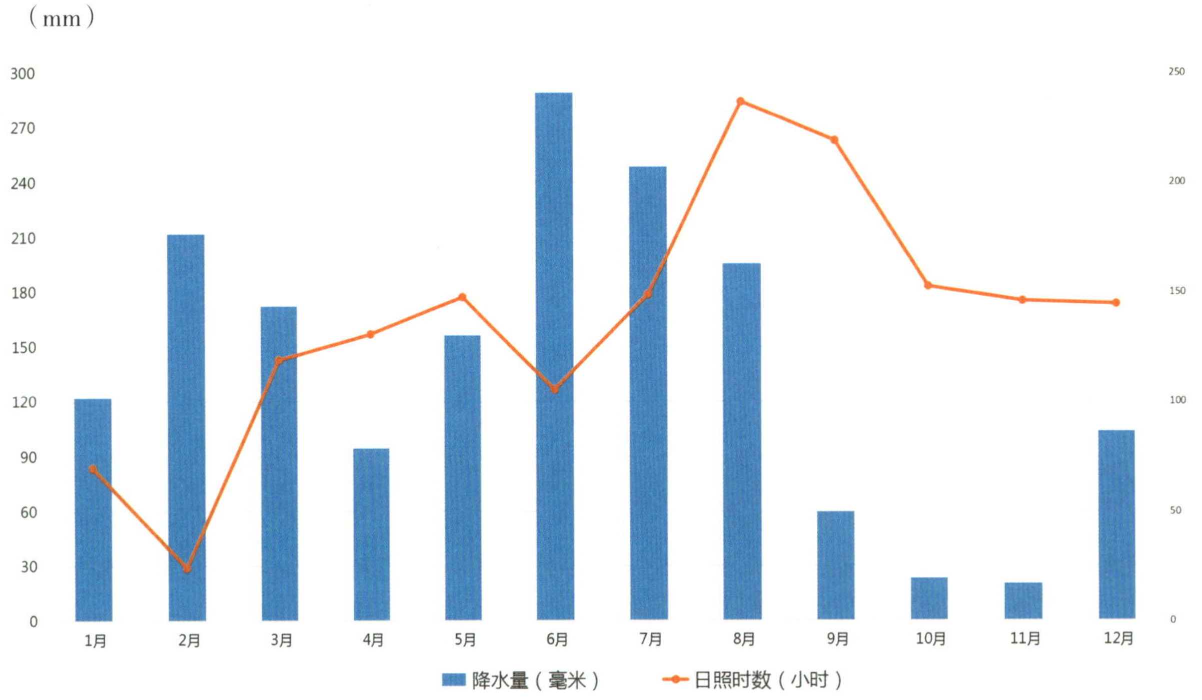

图1　2019年各月降水量、日照图

【春季强对流天气】 2月20日凌晨、26日傍晚、3月20—21日、4月9日、21日、23日、24日、5月15日出现强对流天气，引发雷雨、大风、短时暴雨等强天气过程，部分农业设施受损。

【梅雨期】 6月17日入梅，7月17日出梅，均较常年偏晚10天。梅雨期间出现6轮大到暴雨天气过程，梅雨量400～600毫米，其中浦江国家气象观测站458.6毫米，比常年偏多77%。7月16日傍晚到上半夜，县西北山区受短时强降雨影响，大畈乡湃桥村气象站监测到16—18时2小时雨量102.3毫米，出现涝灾，其中檀溪镇罗家源爆发小流域山洪。

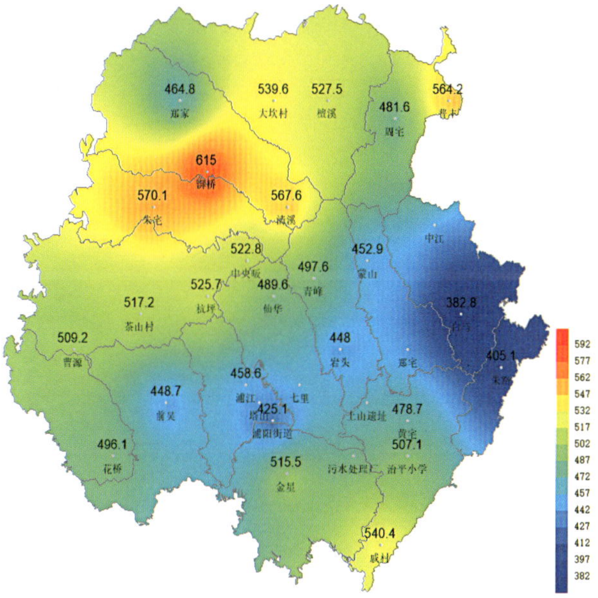

图2 2019年梅雨期累计降水量（单位：毫米）

图3 9号超强台风“利奇马”路径图

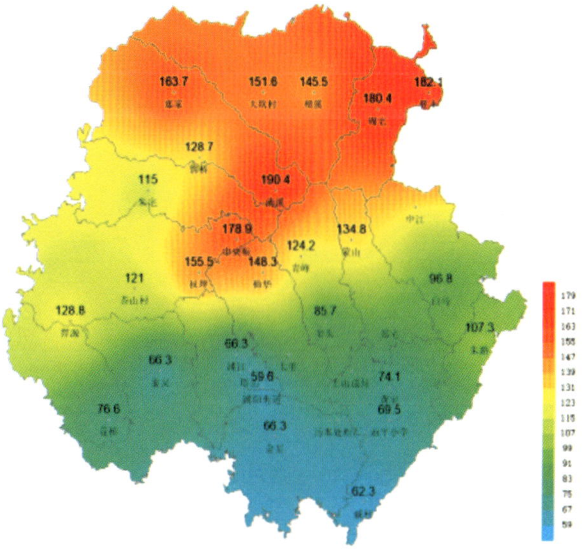

图4 2019年8月9—10日累计降水量（单位：毫米）

【超强台风“利奇马”】 2019年，共有4个台风影响浦江，多于常年平均（2.4个/年），其中9号台风“利奇马”于8月10日凌晨在台州市温岭市城南镇登陆，登陆时强度为超强台风。10日9—12时，台风穿过金华市东部（磐安县、东阳市），受其影响，浦江9日白天到夜里阴有暴雨到大暴雨，个别气象站出现8级阵风。

【高温日】 年最高温度38.8℃，出现在7月30日，全年35℃以上的高温天气有36天，37℃以上的有9天，未出现40℃以上高温天气，7—9月平均温度26.7℃，比常年偏低0.1℃，整体夏季高温强度不强。

2019年35℃以上高温天数分布情况表

表2

月份	6月	7月	8月	9月	10月
天数	2	13	19	0	2

【人工影响天气作业保障】 9月7日至12月17日，浦江累计降水量52.5毫米，比常年偏少78%，降水量之少居历史第一位。受干旱天气影响，部分农作物受损，蔬菜播种育苗进度受阻推迟，森林火险气象等级持续居高不下。为缓解旱情、降低森林火险，气象部门开展3次人工增雨作业。组织10人参加金华市人影办举办的人影火箭作业队伍培训、联合演练，全体人员通过统一考核，与县林业局共建人工影响天气联合作业队，开展有序的人影作业。10—12月，组织开展人工增雨作业，发布公告4期，申请空域计划11次，成功作业3次，共发射16枚增雨火箭弹，分别为10月28日檀溪镇潘周家村4枚、11月27日檀溪镇潘周家村6枚、12月19日前吴乡马桥村6枚。

【部门合作】 县气象局与县应急管理部门建立雨情信息共享机制；与县文旅广体局和文旅集团建立沟通和合作机制，气象综合业务平台本地化开发项目（乡村休闲旅游气象服务平台）投入使用；与环保部门建立监测数据共享机制，县气象台和县环境监测站联合制定浦江县环境空气质量预报预警工作方案，建设清新空气城市气象站的建设；与县科协联合开展气象科普进校园、进农村（社区）活动，向省级财政争取30万元项目经费，实施气象防灾减灾科普宣传场所建设；与县人保财险公司合作，在农业气象保险工作中给予支持。

（吴松涛）

2019年浦江县行政区划一览表

表3

乡镇、街道	社区、行政村	自　然　村
浦阳街道	文景社区	
	月泉社区	倒米岭脚、炉来、清水沿
	龙峰社区	
	西街社区	溪下
	太白社区	
	塔山社区	
	南苑社区	
	宣和社区	
	西站社区	下吴周、绍里、梅山、杨宅、石马头、下珠畈、田畈中央、新屋村、黄坛
	金狮社区	
	群　生	上季宅、横大路、许里、陈逢坑、长地

续表3

乡镇、街道	社区、行政村	自　然　村
浦阳街道	兆　丰	石塔湾、杨坞、樟坞岭脚、白泥岭脚、上新铺、下新铺
	狮　岩	石陵、丁岩坞、竹窠头、楼宅
	善　庆	桃岭脚、珠山后、宋店、横山、桥头、马项颈、陈司塘
	联　盟	傅店、少桃岭、杭口岭脚、新屋来、新徐、马家、大花岭脚、大坞塘、新杨里、塘后坤、东庄坞、东塘、岭背、炭灶坪、下篷
	沉　湖	乌珠山下、前王宅、樟后塘、樟畈
	铜　桥	溪塍头、下旺、蓬店、新屋里、乌泥畈、毛桥
	杨　田	杨田周、下店
	同　乐	石宅
仙华街道	大　许	大许、前店
	中埂社区	蒋村、章店、金店、莲塘、茶壶源、亚太广场
	后　谢	后谢、胡门、林村
	冯　村	冯村、上叶、岳塘下张、方门
	马　墅	马墅
	金宅社区	陈塘、前金宅、后金宅、姓谢、姓张、姓吴、后潘、廿亩山、富鼎名座
	项宅社区	堂头店、银店、山岐头、前宅、后宅、徐村、山背周、田后里、毛竹园、曹村
	七里社区	七里、下张湾、周宅、富丽豪苑、商贸中心
	五善塘	五善塘、十里头、小赵宅、新傅村、旧傅村
	河　山	河上山头(和尚山头)
	十里亭	仙里、蔡横塘、大店、曹村、金冠样
	后　郎	后郎、塘后坤、田垅来、杨梅院、金村
	天　仙	天仙塘、姚塘(叶塘)、东庄、派溪
	五里社区	上五里、下五里、黄宅
	红　旗	黄裳弄、周美角、董宅、一大塘、田畈中央、下新店
	浦　北	赤土岭脚、板桥、上花院、下花院、胡司、后塘、西官畈
	曙　光	张店、下店、山湾来、卢宅、灵岩朱、李宅、坦塘、堂头
	方　宅	方宅
	戴　宅	戴宅

续表3

乡镇、街道	社区、行政村	自 然 村
浦南街道	仙 华	仙华山(仙姑山)、西安、毛田、仙华新村、云宫(银宫)、黄山(王山)、石塔下、金坑岭脚、上山
	登 高	登高山、岩下
	道 光	山背来、道观口、南湖塘、塘外、石宕、毛店、登高口、寺口、燕窠来、下新屋、毛竹沿(毛竹园)
	文溪社区	下季宅、大溪楼、毛都、牛车头、蒋塘、四方头、前溪、店来、道院前楼
	江滨社区	江南住宅区、江南新村、江南工业城
	浦 南	魏店、寺口、下落、下落店、角山院、田畈中央、辛山黄、下新屋、上新屋、油塘顶、后家里、溪塍、叶坞、后徐
	前 于	前于、前于水阁、中央宅、樟树下、小四村、毛阳岗
	平 一	平安张、后陈、新店
	平 二	平安张
	石埠头	石埠头
	金 星	吴骆山岗、吴店、琴头、徐村、芮宅、赵宅、赵田畈、司村、楼宅、丽水景宁移民村
	横 塘	郑横塘
	西 张	西张、白石源口、桃源口、水阁、上朱宅、下朱宅、大塘沿、上余
	巧 溪	巧溪、下于、下方、沙丘、新屋下、陈村、大房
	宋 溪	火烧张、上孙、严村、后孙、范马车
	七 村	东许、下蔡、大店、郭村、大坞口、陈台、上陈、傅村
	八 村	中央宅、石鼓、湖塘、樟山头
	湖 山	吴郎中、上湖山、下湖山、武书堂、东龙山、花墙头
	丽 水	源口
	长 春	下杨
	潘 宅	潘宅、童店、黄泥山头、万田
	四 村	桥头、胡里、新楼下
	五 村	麻车、东陈、程村、郭店、上东陈、前门、傅店
	三 村	杨先生、上黄、西杨、许堆、山头荷
	黄 都	黄都、下邵、余大宅、前黄
	朱 云	杨里、后王、寺口、余间、洪田畈

续表3

乡镇、街道	社区、行政村	自　然　村
黄宅镇	新　华	新店、黄宅市、后潘都(下潘都)、塘下、三角塘、新华新村
	下　店	下店
	永　锋	后店、石宅、后桑园
	信　华	下于市(夜渔市)、上潮溪、下新屋
	上　市	上市
	群　联	桂花明堂、葛宅、新大份、潘都(上潘都)、始美堂、周塘、新小份、日乾堂、惇裕堂
	六　联	小份、大份、大房、小房、二房、上店
	一　心	上宅、鲍村、姚店
	朱　宅	后宅、中央宅、前宅(总称桐木殿朱宅)、后屋、前金、山头来
	智　勇	童村、黄司(黄师)、楼宅、瑞狮塘(石狮塘)、何村、桐树岗
	上　山	新骆村(后骆村)、旧骆村、上方村、下方村、塘塍来、新屋下、姓周、旧山背、新山背、歪塘、费宅、下畈
	合　心	店来(旧屋来)、店来姓周(姓周)、邵店、界山(价山)、新屋里、楼来、邵司、西溪、下屋、何田畈(杨田畈)
	渠　北	后陈、八石塘、下何、戴山头
	鹤　塘	岳塘桥头(鹤塘桥头)、岳塘山背(鹤塘山背)、岳塘下吴(鹤塘下吴)
	日　升	中央店、莲塘沿、卤饼店(卤冰店)、前店、前方以上总称李源(李染)、魏村
	前　一	前陈、康王殿(康侯殿)
	前　二	前陈、戚家塘、溪后
	胜　丰	王先生、达塘、徐司
	后　江	后江村
	星　塘	前王郑、姓陈(后陈)、前黄、葛村
	西　溪	甄村、西庄(桥头西庄)、下宕(下塘)、杨林
	横　山	曹街(曹家)、梅石坞(煤石坞)、蒋才文(蒋裁缝)
	官　岩	沙塍头、下于桥头(夏禹桥头)、荷坟来、蒋宅、田来
	海　塘	海塘、新屋来、下宅
	新　宅	新宅
	集　贤	钟村、下潮溪
	红　星	下阳畈(夏杨畈)、下宅市、郭村、银坞、治平寺[非]

续表3

乡镇、街道	社区、行政村	自 然 村
黄宅镇	东 一	东塘、下吴
	沿 江	彭村、蒋村
	振 兴	宅口、陈三湖(陈山坞)、蒋店、塘岭头、应店、杨店、陈官
	何 村	何村、杨塘
	八 联	丁塘(丁坛)、余店、大园来、白露塘(白卢塘)、下潘宅、塘沿、王家、店来
	刘 铁	刘铁、花园、烟塘
	张 官	张官(张学官)
	胜 利	樟树下、下傅、龙田、前方、盛家
	古 塘	古塘、山里翁(三里翁)、东林村
	项 店	项店、任店、潘家、对店(戴店)
	四 联	下灰山、上灰山、后盛、长塘
	六 一	石斛桥、石堂头(石塘头)、翁店(洪店)
	八 一	上余(上于)、下湖(下胡)、楼街、华塘、坑塘、姓张里、下坑塘、松门、宣井
	浦 口	戚村桥(尺寸桥)、坑城(坑塍)、王村、下坑、毛竹塘、安基、山塘弄、林塘、塘头、上新屋、下新屋
	赤 心	铁店、陈店、坞里山、沈坞、麻车坞、和尚楼、中戚(戚宅)、上戚、塘坞
岩头镇	岩头陈	岩头陈
	蜈 溪	洪家、三步石、三圣岩(三星岩、三仙岩)
	胜 建	芳地、岩头里、何大园(何大沿)、山下畈、木勺岗脚
	车 门	车门头、麻车山、后严
	宏 亮	倪山背、晓山(小山)、三雅店(山下店)
	荷 塘	后叶、上祝、桐店、白虎头、元丘
	飞 轮	牛轭歪、官山头、泥大塘(倪大塘)、新岭脚、郑宅金泥
	拥 建	下宅口、仙水塘、高三石、新张宅、后田畈、桑园来、上屋
	和 丰	许村、新许村、泉塘沿口、后金、毛尤
	王 店	大王店(上王店)、小王店(下王店)、三龙王店(山垄王店)
	三 红	东山、赵宅、凌宅、下东山
	宏 伟	姓应(圣应)、后大塘、李村、五大塘(吴大塘)、新屋来

续表3

乡镇、街道	社区、行政村	自然村
岩头镇	西黄	西黄、吴店、花山
	朝阳	方店、丁步头、下方店、于门、前何、湖桥、缸沿(缸窑来)
	礼张	礼张、东山、西山、荷店(何店)、陈塘坞、礼沿(里窑)
	龙溪	刘笙、八石、黄源、少岭脚、大岭脚、大岭头、殿口
	群丰	沈宅、赵宅、和祥山(和尚山)、闾间(炉间)、马后山
	青锋	盛村(静村)、马路来(长地角)、田来、石六、官山坞、西坞口、西坞(下西坞)、上西坞(中长盛)、长盛、新长盛、东盛
	夏泉	夏泉
	幸福新村	(由原黄岭头、彭岭头、石砚、徐地坞、四石、白岩岭头、老长盛7个自然村合并)
郑宅镇	麟溪	上郑、五房、冷水塘沿、东庄
	东明	郑宅后曹村、黄墙弄、后溪
	玄鹿	花厅、外岭脚、上山头、高畈、枣树园
	孝门	孝门桥、桃坞、田来、下新屋、石姆岭
	安山	马鞍山(安山)、上林塘、下林塘、上桑园、山下甲(山下贾)、何家、鱼家塘、杨木泉、小下金
	芦溪	后卢金(厚庐金、后路金)
	广方	前于、后黄(以上合称金山头)、下方(雅方)、下金、屠村、蒲塘、三份头
	深一	樟桥头(张桥头)、郎下头(廊下头)、三埂口、前份、周村
	深二	水阁、相连宅、西店
	前店	前店、四份头、边爿来、秧田王、山头店
	三郑	旧三郑(三郑)、新三郑、莲台塘
	青山	横溪、堂头(塘头)、东畈、湖顶
	龙源	蒙山、塘慈坑(塘时坑)、九婆、郑都、毛岭、牛磊井(牛赖井)、石八畈、铁炉下、虬门、陈山、岭脚畈、阳山、大山(大山来)
	寺后	火龙塔(普洞塔)、赵郎(邵郎)、新赵郎、寺口、花坟头、蔡村、六转、岭脚
	红光	地畈(地畈来)、横塘、横大路、三雅村(三下村)、上新屋
白马镇	五丰	傅宅
	利丰	傅宅
	永丰	傅宅、天中寺(天宫寺)、方横店、蓬来、洋润岭脚、杜溪坞、金竹园
	高坪	和尚庄(和尚脚)、祥湾口(长湾口)、仙岭脚、虬树坪

续表3

乡镇、街道	社区、行政村	自然村
白马镇	旌坞	旌坞(正坞)、江西坞、庄门里(中门里)
	嵩溪	嵩溪、瓦坞、岩湾、樟坞(张坞)、严宅、大样山、前山[农]
	联丰	官田、贾保坞、白角湾、楮树下、东山、内坞(打坞)
	双溪	里傅(殿外)、里里傅(殿里)、沈家坞、鲍家、船塘来、龙门顶、梧桐(龙桐树下)、塘角
	柴坞	外柴坞、里柴坞、焦坞
	同新	许家、肥地坞(费地坞)、横头山、山树坞、塘里、上宣、寿家
	清塘	清塘、宝应、珠岭
	长地	长地、横溪、上纸坊、下纸坊
	柳宅	柳宅
	群心	刘店、祝宅、郑街铺
	夏张	夏张(下张)
	东平	新何、何石塔、严斗(彦斗)、霞岩(下岩)
	豪墅	豪墅(王市)、前严、上新屋
	兰塘	严兰塘(兰塘)、邵宅、上贾、塘头下贾
	联江	石渠口、严店
郑家坞镇	吴店	吴店、上吴店、新店(庆丰庙后)
	双丰	下店、前葛、后葛、西山下葛
	杨家	杨家、山湾、程家、小杨家(上新屋)、江桥
	江东	溪东、大店、石宅、新屋里、叶坞、浦江火车站[非]、郑家坞
	钟宅	钟宅、方塘角、龙潭(龙潭口)、方坞
	朱路	朱路、下新屋(下朱路)、吴朱舍(和朱舍)、大何街(何家)、小何街、冠桥(观桥)
	沈里	沈街、里仁(里城)
	云溪	金宅、前山头(前山)、余店(于店)、郭坞塘(角坞塘)
	吴大路	吴大路(五大路)、檀树丘、皂结坑(皂结)
杭坪镇	杭坪	杭口坪、石象头(石墙头)、石塔头、上薛宅、薛宅畈、下陈、笑流坞口(小楼坞口)、缸沿、杭口岭头[农]、大楼、横山
	寺坪	殿前(殿后)、殿口、观音堂、旧屋、八十、沙丘(以上总称寺坪)、寺坞、塘雪、果树坞(枸树坞)、毛竹坞口(猫竹坞)

续表3

乡镇、街道	社区、行政村	自　然　村
杭坪镇	乌　浆	乌浆口旧屋、乌浆口新屋（以上合称乌浆口，亦称胡张口）、盆塘、中央畈（胡张山）、乌浆山（乌浆山顶）
	薛　家	薛下庄、大王潭（大黄潭）、后山（大王潭后山）、下薛宅
	中　村	中村、前河、溪头
	石　宅	石宅、桥头山、石响（石向）、外外胡（外坞）、泥堆山
	大　塘	大塘、桐子湾、大岩岭脚、桐坞（邓坞）、大坪、立岗山脚（栗岗山脚）、螺蛳殿、泥舍坞（泥沙坞）
	裕　民	东坞口、东坞、高畈、宝金山、樟山脚（张山脚）、上旺、珠山（朱山）、何家
	东　岭	东岭（登临）、里朱、上珠（上朱）、前陈、西山坪、里前胡（里前坞）、前胡（前坞）
	程　家	程家、五家村（午家村）、厅上（花厅）、下新屋、中何（中和）、大坞
	登　丰	周坞口、雪坞（薛坞）、何徐岭头、截柘岭头（蛇折岭）、九龙庵
	曹　源	曹源
	壶　源	曹源口、张山（张山顶）、张山脚
	芦　峰	派顶（破顶）、山沿、殿口、朱坞、徐坞、王塘（黄塘）、马坞
	后　阳	后阳（后杨）、石明堂、黄塘（王塘）、上坞
	茶　山	茶山、石狮头、上马
檀溪镇	寺　前	寺前、惠云寺
	毛　店	下毛店、林家
	城　头	城头、齐陈（苎陈）、齐陈新村
	洪　山	湖山、山环（山湾）、洪家、下方、下大湫、上毛宅、下毛宅
	平　湖	平湖、石母岭下、油车、陈村、塘家会（塘家外）
	下　宅	下宅
	会　龙	会龙桥、山干宅、塔头、白岩殿下、车方岭脚
	潘周家	潘家、立前畈（立社畈）、周家、大梓树脚（大槠树脚）、杨家畈、黄大坞（王度坞）
	大　元	大元（大园）
	廿七都	荒坞口、升舞岭脚、姚家、葛岭头、新屋、草舍、大地、柘树、姚坞、毛家、小湫、下余（下于）、项家、岭葛（岭下）、小湫岭脚
	罗　家	里罗家、抛坑顶（滂坑顶）、无名坞口（扶名坞口）、前溪滩
	九母岛	大坎头、盘山岭下
	赤　岩	外罗家（朱坑桥头）、何坞口、何岭头（荷岭头）、金家、何坞（荷坞）、陈家、官田后塴、前方、前方溪滩、黄塘下、赵氏岗、经堂来（经堂）、古塘口

续表3

乡镇、街道	社区、行政村	自　然　村
前吴乡	塘岭金	塘岭金、大箬溪、木勺山、塘岭下、塘岭头
	枭　溪	下大地、横坞口、和尚坪、三十田、罗桐山、英坞坪(鹦鹉坪)、上新屋(里新屋)、泥宕、后坪、下新屋、宅树坞、上大地(大地)、山头脚、上屋、前店
	毛　家	毛家(毛家后宅)、塘坞口、西山、大地、和尚坞、麻车、童麻车
	寿　溪	寿溪、上范
	马　桥	马桥头(东坞山头)
	塛　山	塛山口
	前　吴	前吴(寺后山)、上赵、塘里、古塘
	灵　溪	罗塘(罗家)、童宅、新屋、三丫桥头(三椏桥头)、西丫(西椏)、小东丫坞口(小东椏坞口)
	通　济	安头(庵头)、下葛、岩下、真溪、徐店、龚坞(中坞)
	朱　桥	朱桥头、茅田庵顶(毛田庵顶)、茅田庵脚(毛田庵脚)、仁忠坞(仁中坞)、朱思坞、下方、古塘源[农]
	罗　源	殿下、前山、八十(八十田来)以上合称里罗]、外罗、朱源
	民　生	山隍殿[非]、西源、费宅、宋宅、坞坑、觉寺(高寺)、张山源(樟山园)、桐山(山脚)、毛竹坞、徐家
	桃　源	里黄、章山(张山)、独塘
花桥乡	外黄宅	外黄宅、盛田畈、前坞口
	花　桥	花桥、双溪口、黄村、后埂、乐山庵[农]
	源　头	高塘、深坑、大坞、上陈、岭脚、三十六
	林坞口	林坞口
	长　畈	长畈、王社、富世坪(富西坪)
	光　明	王纸坊、外童、金坞、上童山、童坞
	塘　波	塘波(塘卜)
	下宅溪	下宅溪、大头湾(台头湾)、西畈、横山(外横山)
	里黄宅	里黄宅、马坞、马坞口、范山、杨坞、王夜(黄燕)、东塘、岭头、竹窠(上东塘)
	马　宅	马宅、长源坑、长凹(长凹来)、东官殿、乌岩坪、食饭坪(石板坪)、尖峰坞
	前　坞	前坞(黄前坞)、下黄、前河(前何)

续表3

乡镇、街道	社区、行政村	自 然 村
虞宅乡	虞 宅	虞宅、虞宅上塘、灰磊坪、王宅弄(黄宅弄)、西塘、寺岭脚
	马 岭	马岭脚、瓦屋、卢家、石大门、桥头、朱村畈、坞坑(王坞坑)、乌儿山(乌龙山)、程宅畈、枫树下、新店
	智 丰	朱宅旧屋
	新 光	朱宅新屋(朱宅旧屋、朱宅新屋合称朱宅,亦称廿五都朱宅)、下湾、岭脚、汤台岭脚、方坞寺、牛头殿、田湾
	前 明	荷花塘、堂楼、前山畈、西山、后瞿岭脚、高坞口、王前庄、马坞口、海豹岭脚(海宝岭脚)、高山新村、高山
	高 坑	外高坑(外柯坑)、里高坑(里柯坑)、深渡(新渡)、荷叶弄(荷叶垄)、新屋来、柘林(柘岭)
	张 村	下张村、上张村、王村、石台盘、茶坪
大畈乡	夏 明	大畈、夏黄(下黄)、白岩山前
	大姑源	郑家、大姑寺、大坪来、新田畈、华桃坑口、桑园湾(三元湾)、黄坞口、大官殿、门口、黄家、枫树坑
	小姑源	海母口、红火烧、田后蓬(田后份)、廿三蓬(廿三份)、玉书、里毛山(李母山)、石栏杆
	湃 桥	低畈、南山、湃桥、葛山头、上黄、鱼家坑口、叶家、平地、前黄、上前黄、柳秀坑口、小明堂
	上 河	上河、时造(徐造)、廊家畈(郎家畈)、茅坪头(毛坪头)
	建 明	石井于、仓来(苍来)、新屋来、王山头下、燥丘、水口、新廊下
	清 溪	大岭口、上马坞、长店、经耕沿(金埂堰)、方家、竹园、丁家、马村、后障、廊下、粉壁前[非]
中余乡	中 余	中余(钟余)、前山脚、桥头、黄古岭脚(黄牯岭脚)、塘下坞、盘里坞(盆里坞)、周宅
	蒲 阳	蒲阳、尖蓬(筧蓬)、角弄、塘沿、江山岭脚、王家山(王佳山、黄家山)、西坞坑
	普 丰	芝都坞(猪肚坞)、养元坑(阳元坑)、大地、后坞、许坞、蔡家、黄坞
	方 家	方家、富白坪(富万坪)、上湖山、石塔顶(泄塔顶)、小洑畈、里舍
	五 星	新店(新宅)、大竹畈(淡竹畈)、下毛洞口(栖云洞口)、前周(前周坞)、后山坞、黄毛
	高 桥	佛堂店、高桥头、杨宅坞、义村
	冷 坞	冷坞、坪上
	雅湖畈	雅湖(下吴)、王家、泥塘、石榴坞、石墙里、塔龙(塔垄)、顾家、落塘、大元(河大园)、思母岭脚、栗树下、叶岭、东坞底、车岭顶

浦江县主要机构及负责人名单

（截至2019年12月31日）

中国共产党浦江县委员会

书　记　程天云

副书记　俞佩芬

　　　　俞建辉（2019.01）

常　委　宁维茂

　　　　陈伟通（—2019.01）

　　　　何东卿（—2019.05）

　　　　徐利民（2019.05—）

　　　　李　唯（—2019.05）

　　　　蒋　涛（2019.05—）

　　　　张建顺

　　　　黄兴旺

　　　　韦钟铺

　　　　卢　楠（挂职，—2019.11）

　　　　朱俊华（2019.01—）

　　　　傅晓辉（2019.12—）

县委办公室（信访局、农办、“四个全面”办）

主　任　徐利民（—2019.01）

　　　　方　渊（2019.01—）

副主任　倪伟虹

　　　　张伟文（2019.12—）

　　　　徐军峰（—2019.01）

　　　　张丹阳（—2019.01）

　　　　楼江红（2019.12—）

　　　　方守红（—2019.12）

　　　　吴双渊（2019.01—2019.12）

　　　　应　俊（2019.12—）

　　　　杨远航（2019.12—）

浦江县人民代表大会常务委员会

主　任　虞振贤

副主任　徐红阳

　　　　韦钟铺

　　　　黄瑞光

　　　　戴忠泉

　　　　于文统（2019.03—）

　　　　朱晓飞

　　　　楼向阳

办公室

主　任　赵　峰

法制工作委员会（—2019.01）

主　任　盛能剑（—2019.01）

财政经济工作委员会

主　任　洪建伟

城乡建设与环境保护工作委员会

主　任　金见映

科教文卫工作委员会

主　任　方自守

代表与选任工作委员会

主　任　张晓宝

农业农村工作委员会

主　任　胡小健（—2019.01）

　　　　张渊成（2019.01—）

社会建设委员会

主　任　洪建锋（—2019.01）

　　　　王宏大（2019.01—）

监察和司法委员会

主　任　朱明光（—2019.01）

　　　　盛能剑（2019.01—）

中国人民政治协商会议浦江县委员会

主　席　朱受明（—2019.01）

郑文红（2019.01—）
副主席　郑文红（—2019.03）
楼真安（2019.03—）
张放远
傅兴琰
盛丹平
赵仕党（2019.12—）
胡晓红
秘书长　黄庭芳（—2019.12）
何明明（2019.12—）
副秘书长　张　明（2019.01—）

办公室

主　任　郑修忠（—2019.12）
严龙顺（2019.12—）

委员工作委员会

主　任　楼基坪

提案委员会

主　任　蒋有金（—2019.01）
陈　超（2019.01—）

文史和学习委员会

主　任　傅天一（—2019.12）
张　明（2019.12—）

经济科技委员会

主　任　薛儒家

资源环境与农业农村委员会（2019.12—）

主　任　董海平（2019.12—）

中国共产党浦江县纪律检查委员会

书　记　宁维茂（—2019.12）
傅晓辉（2019.12—）
副书记　于新宣（—2019.12）
魏　然

组织部（“两新”工委、招才局、机关工委）

部　长　李　唯（—2019.05）
蒋　涛（2019.05—）
常务副部长　陈明建（—2019.12）
黄先柏（2019.12—）

宣传部（互联网信息办、社科联）

部　长　何东卿（—2019.05）
徐利民（2019.05—）
常务副部长　黄伟胜（—2019.01）
方向阳（2019.01—）

统一战线工作部（侨务办）

部　长　张建顺
常务副部长　徐江进（2019.01—）
副部长（兼）　朱有许（2019.01—）
副部长　柳胜雁（—2019.01）

政法委员会（综治办、维稳办）

书　记　俞佩芬（—2019.01）
俞建辉（2019.01—）
常务副书记　吴伟义（—2019.12）
沈福平（2019.12—）
副书记　贾壮红（—2019.01）
傅晓辉（兼）（2019.01—2019.12）
张曙栋（2019.12—）

县委全面深化改革委员会

主　任　方　渊（2019.01—2019.12）
吴双渊（2019.12—）

机构编制委员会办公室

主　任　张建新

信访局

局　长　倪伟虹

党　校

校　长　李　唯（—2019.05）

蒋　涛(2019.05—)
常务副校长　张曙光(—2019.12)
李文戈(2019.12—)

行政学校

校　长　韦钟铺(2019.01—)
常务副校长　张曙光(—2019.12)
李文戈(2019.12—)

档案局

党组书记　戚永嘉(—2019.12)
局　长　陈茜映(—2019.12)
张伟文(2019.12—)

档案馆

党组书记　戚永嘉(2019.01—2019.12)
张伟文(2019.12—)
馆　长　陈茜映(—2019.12)
张伟文(2019.12—)

融媒体中心

党委书记、主任　陈兴光(2019.01—)
总编辑　卢　楠(挂职,—2019.12)
潘文明(2019.12—)

社会治理综合服务中心(2019.12—)

党组书记　俞建辉(2019.12—)
主　任　于萌芽(2019.12—)

农　办(—2019.01)

主　任　方守红(—2019.01)

“四个全面”办公室(—2019.01)

专职副主任　王宏大(—2019.01)

新经济与新社会组织工作委员会

书　记　骆　安(2019.12—)
专职副书记　骆　安(—2019.12)
沈浒潜(2019.12—)

招才局

局　长　黄金泉

老干部局(—2019.01)

副局长　金耀军(—2019.01)

互联网信息办公室(—2019.01)

主　任　李文戈(—2019.01)

社会科学界联合会

主　席　方　汶(—2019.12)
钟旭妙(2019.12—)

县政府侨务办公室(—2019.01)

主　任　柳胜雁(—2019.01)

浦江县人民政府

县　长　丁　政(—2019.01)
俞佩芬(2019.01—)
副县长　韦钟铺
卢　楠(挂职,—2019.11)
张卫东
虞红梅
陈子华(2019.01—)
楼新有(2019.01—)
周建丰(2019.01—)
严卫星(2019.01—)
楼真安(—2019.01)
于文统(—2019.01)
赵仕党(—2019.12)
刘　勇(挂职)
傅晓辉(2019.01—2019.12)
严卫星(2019.12—)

办公室(法制办、金融办、外事办、应急办、接待办、人防办、新闻办)

主　任　张明凯

法制办公室(—2019.01)

主　任　傅国方(—2019.01)

金融办公室(—2019.01)

主　任　张伟文(—2019.01)

外事办公室(—2019.01)

主　任　王建华(—2019.01)

应急办公室(—2019.01)

主　任　贾亦农(—2019.01)

接待办公室(—2019.01)

主　任　陈志彪(—2019.01)

人防办公室

主　任　花　蕾(—2019.01)

新闻办公室

副主任　傅志远(—2019.01)

物价局(粮食局)(—2019.01)

局　长　周建丰(—2019.01)

发展和改革局(粮食局)

党委书记、局长　周建丰(—2019.01)

黄伟胜(2019.01—)

经济商务局

党委书记、局长　徐江进(—2019.01)

孙明光(2019.01—)

教育局

党委书记　傅剑敏

局　长　傅剑敏(—2019.12)

陈建浦(2019.12—)

科学技术局

党委书记、局长　钟金伟

公安局

党委书记、局长、督察长

陈伟通(—2019.01)

傅晓辉(2019.01—2019.12)

严卫星(2019.12—)

政　委　徐红伟(—2019.01)

陈士范(2019.01—)

民政局

党组成员、书记 局长

周占伟(—2019.01)

张晓鸣(2019.01—)

司法局

局　长　沈福平(—2019.12)

傅国方(2019.12—)

财政局

局　长　张健纯(—2019.01)

陈志平(2019.01—)

人力资源和社会保障局

局　长　陈志平(—2019.01)

楼志静(2019.01—)

副局长　郭邦李(2019.01—)

自然资源管理局

局　长　张再创(—2019.01)

徐方镇(2019.01—)

风景旅游管理局(—2019.01)

党组书记　陈　璠(—2019.01)

规划局(—2019.01)

局　长　徐方镇(—2019.01)

住房和城乡规划建设局(2019.01—)

党委书记　陈　璠(2019.01—)

局　长　徐方镇(—2019.01)

局　长　石明胜(2019.01—)

交通运输局

局　长　张智鸣(—2019.12)

张　杰(2019.12—)

水务局

局　长　彭思灿

农业局(—2019.01)

党委书记、局长　楼建超(—2019.01)

农业农村局(2019.01—)

党委书记、局长　楼建超(2019.01—)

文化广电新闻出版局(—2019.01)

党组书记、局长　严龙顺(—2019.01)

文化和广电旅游体育局(2019.01—)

局　长　张国樟(2019.01—)

卫生和计划生育局(—2019.01)

局　长　章　雄(—2019.01)

卫生健康局(2019.01—)

党组书记、局长　方守红(2019.01—)

退役军人事务局

局　长　陈决星(2019.01—)

安全生产监督管理局(—2019.01)

党组书记　张建庆(—2019.01)

局　长　石明胜(—2019.01)

应急管理局

党组书记　张建庆(2019.01—)

局　长　石明胜(—2019.01)

张建庆(2019.01—)

审计局

局　长　楼志静(—2019.01)

周占伟(2019.01—)

国有资产监督管理办公室

党委委员、书记　傅兴琰(2019.01—)

主　任　王卫平(—2019.01)

张建新(2019.01—)

市场监督管理局

局　长　何明明(—2019.12)

贾国锋(2019.12—)

统计局

局　长　黄英俊

医疗保障局

局　长　张朝阳(2019.01—)

综合行政执法局

局长、大队长　马深源(—2019.01)

徐红伟(2019.01—)

环境保护局(—2019.01)

局　长　方　渊(—2019.01)

金华市生态环境局浦江分局

党组书记　黄　海(2019.01—)

局　长　许淑芬(2019.01—)

浦江经济开发区管委会

党工委书记　陈荣生(—2019.01)

郑燎原(2019.01—)

管委会主任　朱有许(—2019.01)

郑燎原(2019.01—)

水晶产业园区管委会

党工委书记、管委会主任

孙明光(—2019.01)

花　蕾(2019.01—)

供销合作社联合社

党委书记　周卫东(—2019.12)

张　华(2019.12—)

行政服务中心

党组书记　韦钟铺

主　任　杨淡风

县经济合作交流办公室(县招商局)(—2019.12)

主任(局长)　张　平(—2019.12)

县投资促进中心(2019.12—)

主　任　张　平(2019.12—)

机关事务保障中心

党组书记、主任　陈志彪(2019.01—2019.12)

吴剑青(2019.12—)

大数据发展中心(2019.12—)

党组书记、主任　潘文戎(2019.12—)

民族宗教事务局(—2019.01)

局　长　傅昌俊(—2019.01)

林业局(—2019.01)

局　长　方向阳(—2019.01)

浦江县人民武装部

部　长　黄兴旺

政　委　张　杰

浦江县人民法院

代院长　丁　胜(—2019.03)

院　长　丁　胜(2019.03—)

浦江县人民检察院

检察长　李良才

群众团体

总工会

主　席　毛必喜(—2019.01)

张再创(2019.01—)

共青团浦江县委员会

书记、党组书记　黄鹏甫(2019.01—)

妇女联合会

主　席　黄碧娟

科学技术协会

主　席　孙婉贞

党组书记　陈决星(—2019.01)

党组书记　柳胜雁(2019.01—)

工商业联合会

主　席　许淑芬(—2019.01)

朱有许(2019.01—)

党组书记　张晓鸣(—2019.01)

朱有许(2019.01—)

副主席　吴振荣(—2019.01)

文学艺术界联合会

主　席　何金海(—2019.12)

方　汶(2019.12—)

残疾人联合会

理事长　曹新建(—2019.12)

贾亦农(2019.12—)

红十字会

专职副会长、党组书记　黄晓红

事业单位

8890便民服务中心(—2019.12)

主　任　于萌芽(—2019.12)

广播电视台(—2019.01)

台　长　张渊成(—2019.01)

新闻传媒中心(—2019.01)

主　任　张　明(—2019.01)

公共资源办(—2019.01)

主　任　王明非(—2019.01)

县属企业

国资集团

董事长、总经理　朱顺贤

水务集团

董事长、总经理　陈兴光

建设集团

董事长、总经理　张银洋

交通集团

董事长、总经理　潘兴虎

文旅集团

董事长、总经理　黄向东

垂直管理部门

国家税务局

局　长　程晓明

国网浙江浦江县供电有限责任公司

执行董事　徐爱良

气象局

局　长　吴成表

电信局（公司）

副总经理　许锦林

浙江移动浦江分公司

总经理　王　渊

中国联通浦江分公司

总经理　应伟荣（—2019.12）

副总经理（主持工作）　王翀鹏（2019.12—）

邮政局（公司）

局　长　田旭峰

烟草专卖局（分公司）

局长（经理）　于银峰

中国人民银行浦江县支行

行　长　金　涛

中国工商银行浦江支行

行　长　王国阳

中国农业银行浦江县支行

行　长　楼　丹

中国农业发展银行浦江县支行

行　长　陈国强

中国银行浦江县支行

行　长　吴淑妹

中国建设银行浦江支行

行　长　李　英

浙江浦江农村商业银行

董事长　李九良

公积金管理中心

主　任　江元昱

乡镇（街道）

浦阳街道

党工委书记　陈　炜（—2019.12）

柳钢明（2019.12—）

办事处主任　黄志余（—2019.12）

洪　伟（2019.12—）

人大工委主任　陈文德

仙华街道

党工委书记　黄　峰

办事处主任　严国荣

人大工委主任　张旭军

浦南街道

党工委书记　贾国峰（—2019.01）

张若来（2019.01—）

办事处主任　王军勇

人大工委主任　金龙标（—2019.12）

金剑星（2019.12—）

黄宅镇

党委书记　郭旭生

镇　长　吴大勇

人大主席　邵建定

白马镇

党委书记　郑燎原（—2019.01）

金家华（2019.01—）

镇　长　陈剑利

人大主席　洪建锋（—2019.12）

黄旭曙（2019.12—）

郑家坞镇

党委书记　张　杰（—2019.12）

石元城（2019.12—）
镇　长　洪　敏
人大主席　曹红岩

郑宅镇
党委书记　张若来（—2019.01）
朱俊华（2019.01—）
镇　长　薛海平
人大主席　郭邦李（—2019.01）
楼超武（2019.01—2019.12）
陈勇威（2019.12—）

岩头镇
党委书记　吴红青
镇　长　陈鹏进（—2019.12）
黄群生（2019.12—）
人大主席　黄群生（—2019.12）
沈光明（2019.12—）

杭坪镇
党委书记　张朝阳（—2019.01）
郑家坤（2019.01—）
镇　长　郑家坤（—2019.01）
陈青松（2019.01—）
人大主席　潘向军

檀溪镇
党委书记　柳钢明（—2019.12）
黄志余（2019.12—）
镇　长　蒋建正（—2019.01）
郑宏章（2019.01—）
人大主席　郑宏章（—2019.01）
傅志远（2019.01—）

前吴乡
党委书记　张国樟（—2019.01）
徐军峰（2019.01—2019.12）
朱承凯（2019.12—）
乡　长　朱承凯（—2019.12）
王东亮（2019.12—）
人大主席　李国兴（—2019.01）
许海英（2019.01—）

花桥乡
党委书记　傅朝云（—2019.01）
金灵占（2019.01—）
乡　长　金灵占（—2019.01）
吴伟钢（2019.01—）
人大主席　方　镖

虞宅乡
党委书记　黄先柏（—2019.12）
陈鹏进（2019.12—）
乡　长　朱国英（—2019.01）
毛　悦（2019.01—）
人大主席　王东亮（—2019.12）
王国忠（2019.12—）

大畈乡
党委书记　张　华（—2019.12）
潘期枫（2019.12—）
乡　长　潘期枫（—2019.12）
楼超武（2019.12—）
人大主席　楼贤挺

中余乡
党委书记　于春城
乡　长　项柏青
人大主席　黄心湖

（县组织部提供）

中国共产党浦江县委员会

综　述

2019年，浦江县GDP全年预计增长6.3%。1—11月，规模以上工业企业增加值增长8.2%，民间项目投资增长100.1%，均位列全市第一位；工业用电量增长7.7%，排名全市第二位；高新技术产业投资增长21.8%，排名全市第三位。

实施“五大战略”，推动“二次创业”，打响“12365”实体经济翻身战。营商环境服务、便民服务、政务投诉平台热线“三号联动”，营商环境常态化巡察等举措相继出台，营商环境第三方测评位列全市第三位。水晶小镇小微园、黄宅小微企业园等5家小微园开工建设，水晶产业集聚区被列为国家级小微企业创业创新示范基地，浦江县获评省小微企业园提升重点县，新增八大万亿重点产业小微企业1012家。重点项目稳步推进，每季度举行重大项目集中开工仪式，累计集中开工项目64个，完成投资32.51亿元；杭机磨床智能制造项目和郑家坞镇健康养生项目成功申报2019年第二批省重大产业项目。成立浦江乡贤总会及北京、上海、杭州、粤港澳等异地乡贤分会，召开首届浦江乡贤大会。全年成功签约项目41个，落地23个。

推进“无证明城市”改革，取消证明事项425项，为群众减少证明3万余个。实行集成通办，全县乡镇(街道)实现综合性政务一体机全覆盖。全省率先上线运行“商事登记移动审批平台”，建成全市首个企业服务专区，实现企业开办全流程一日办结；全面实施工业用地“标准地”出让制度，企业投资项目审批实现“最多60天”，民间投资项目推行“拿地即开工”，不动产权登记、项目备案、环保备案等项目开工前的所有审批手续一天完成。开展部门间“最多跑一次”“最多一星期”改革，再造办事流程，承诺时间压缩45%，办事材料精减52%。

做好中央、省级环保督察发现问题的整改工作，浦江县被评为浙江省河长制河湖管护示范县，生态环境质量公众满意度位居全省第二位，获评第十届中华环境奖优秀奖(城镇环境类)。全域深化垃圾分类工作，稳步实施“两定四分”模式。全面开展示范道路创建专项行动，提前完成原化肥厂、锁厂、浦棉厂宿舍等老旧小区改造，城区环境面貌明显改观。加大国土绿化美化力度，造林更新、平原绿化、彩色森林建设均超额完成年度任务。创建省食品安全县，食品安全群众满意度位列全省第五位。乡村产业稳步发展，浦江县获评2019年全国县域数字农业农村发展先进县，浦江葡萄农产品区域公用品牌荣获全国百强，“秀美浦江”休闲农业与乡村旅游2日游被评为浙江省休闲农业与乡村旅游精品线路，黄宅镇获评第二批省级特色农业强镇，横山精品葡萄园、靓松家庭农场葡萄园获评“中国最美葡萄园”。浦江—义乌供水工程全线通水，浦江与义乌境内高速实现客车免费通行，首批240项政务服务事项实现“浦义通办”，干部交流学习的常态化机制初步形成，首个“浦义同城”村集体经济发展项目签订。

开展县领导每月15日的下访接访、驻村干部每周二的民情接待、“4+2”村（社区）联心服务团的结对联系，全年县领导共接待群众288批419人次，91%的包案积案得到化解。2019年，捣毁涉恶团伙5个，破获涉黑涉恶案件27起。全县命案、“两抢”案件保持零发案，其中“两抢”案件连续25个月保持零发案，群众安全感满意度位列全市第一位。完善“好家风评价体系”，优化好家风指数“5+1”模式。郑宅镇被评为全国乡村治理示范乡镇，浦江“好家风”经验在省委全会上获省委书记车俊点赞表扬、鼓励肯定。

开展“不忘初心、牢记使命”主题教育，全县党员干部践行《浦江县党政干部“九坚持、九做到”工作规范》，争当“忠诚、为民、务实、担当、清廉”的表率。推行“一线党委会”工作法，把乡镇（街道）党（工）委会议开到后进村一线，开展“四不”问题大整治、隐形“四风”大纠治，持之以恒反“四风”、转作风、树新风，全年开展正风肃纪检查413次，处理人员56人。严厉惩治腐败，全年立案226件，移送司法机关6人。启动“村干部整治立规创优年”行动，推行“小微权力”清单制度，清理受过刑事处罚、存在涉恶等问题的村“两委”班子成员67人，营造风清气正的政治生态。

县委常委会会议

【第1次县委常委会会议】 1月3日，召开2019年第一次县委常委会会议。传达学习市委七届四次全会精神和市委经济工作会议暨全市促进民营经济发展大会精神、全省巡视巡察工作现场推进会精神、全市政法工作改革创新座谈会精神。研究关于开展“服务企业服务群众服务基层”活动方案。听取2018年度重点工作完成情况、春节前重点工作计划以及“三个十项”难题化解情况汇报。

【第2次县委常委会会议】 1月13日，召开2019年第二次县委常委会会议。传达学习习近平总书记在中共中央政治局民主生活会上的重要讲话精神。研究《关于深化乡镇〈街道〉管理体制改革的实施意见》《浦江县优化营商环境专项巡察办法（试行）》《浦江县党委（党组）理论学习中心组学习实施办法》《浦江县第九批拔尖人才建议人选名单》。研究审议《县委十四届五次全体（扩大）会议报告（审议稿）》。研究有关人事。

【第3次县委常委会会议】 1月24日，召开2019年第三次县委常委会会议。传达学习习近平总书记关于做好“三农”工作和“大棚房”问题专项清理整治工作重要指示批示精神、十九届中央纪委三次全会精神和省纪委十四届四次全会精神、《中国共产党纪律检查机关监督执纪工作规则》。研究有关人事。

【第4次县委常委会会议】 1月31日，召开2019年第四次县委常委会会议。研究浦江县领导联系基层工作有关方案、《浦江县医疗卫生服务共同体建设实施方案》、2018年度县级文明单位、村（社区）复评和申报工作、政协浦江县第九届委员会常委、委员调整和增补事项、2018年度乡镇（街道）、机关部门年终考核等有关事项。研究有关人事。

【第5次县委常委会会议】 2月19日，召开2019年第五次县委常委会会议。研究县"两会"筹备情况及人大、政府、政协工作报告等有关事项、《浦江县贯彻落实浙江省环境保护督察反馈意见整改方案》、2019年浦江县政府十大民生实事和浦江县"七个十"项目、2019年浦江县政府投资项目计划、浦江县重点建设项目、2018年国民经济和社会发展计划执行情况和2019年计划、2019年浦江县财政预算、浦江县"深入一线'三服务'担当实干促发展"主题活动实施方案。传达学习市纪委七届四次全会精神并审议《县纪委十四届四次全会报告》。研究县"两会"有关人事。

【第6次县委常委会会议】 3月18日，召开2019年第六次县委常委会（扩大）会议。传达学习全国"两会"精神、习近平总书记在中共中央政治局第十三次集体学习上的重要讲话精神和全省金融工作座谈会精神。传达学习习近平总书记在中央政治局第十二次集体学习时的重要讲话精神及近期全国、全省宣传思想文化系统等有关会议精神、《中共浙江省纪委关于2018年度全省查处违反中央八项规定精神问题情况的通报》、全市巡察工作动员部署会精神、中共中央办公厅《关于解决形式主义突出问题为基层减负的通知》。传达学习全省、全市组织部长会议精神、《中共中央关于加强党的政治建设的意见》和《中国共产党重大事项请示报告条例》《中国共产党政法工作条例》。传达学习和省市政法工作会议精神及扫黑除恶专项斗争工作会议精神并研究部署扫黑除恶专项斗争集中攻坚年活动有关事项。研究《关于深化领导干部下访制度开展民情民访代办推动信访"最多跑一次"的实施方案》《浦江县纪委县监委派驻（出）机构改革方案》。传达学习习近平总书记关于信访工作的重要批示精神和全国、全省信访工作会议精神以及全省、全市统战部部长会议精神。

【第7次县委常委会会议】 4月8日，召开2019年第七次县委常委会会议。传达学习《党政领导干部选拔任用工作条例》和《关于加强和改进中央和国家机关党的建设的意见》。交流四月份重点工作安排。传达学习全市宗教工作督查整改工作专题会议精神。

【第8次县委常委会会议】 5月5日，召开2019年第八次县委常委会（扩大）会议。传达学习省委十四届五次全体（扩大）会议精神和全省防范化解重大风险专题培训班精神，听取"七个十"项目进展情况汇报、听取2—4月重点工作完成情况及5—6月重点工作计划汇报。

【第9次县委常委会会议】 5月7日，召开2019年第九次县委常委会会议。传达学习习近平总书记在中共中央政治局第十四次集体学习时的讲话精神和在纪念五四运动100周年大会上的重要讲话精神、全省产业创新服务综合体建设现场推进会和全市工业大会精神，听取一季度经济形势分析汇报。研究《关于开展定向比选乡镇领导班子成员预备人选工作的方案》。研究有关人事（垂直单位人事任免征求意见和领导干部社团兼职）。传达学习金华市政法系统“比学赶超”现场会暨民情民访代办工作推进会精神并研究部署贯彻落实意见。

【第10次县委常委会会议】 5月21日，召开2019年第十次县委常委会会议。研究文溪城中村改造工作有关事项，研究《2019年党风廉政建设和反腐败工作组织领导与责任分工》。传达学习全省警示教育月活动推进会精神并研究贯彻落实方案，研究《关于加强新时代人民政协党的建设工作的实施意见（试行）》《关于要求成立县政协委员临时党委的请示》《浦江县减轻基层负担提升机关效能二十条举措》《关于规范政务新媒体工作的十条举措》。传达学习《中国共产党党组工作条例》《党政领导干部考核工作条例》。研究浦江县2019年度综合考核办法、2018年度领导干部考核评优方案。

【第11次县委常委会会议】 5月30日，召开2019年第十一次县委常委会会议。传达学习习近平总书记在全国公安工作会议上的讲话精神、全省科学技术奖励大会精神。传达学习《关于深化改革加强食品安全工作的意见》《地方党政领导干部食品安全责任制规定》及全省食品安全工作会议暨“双安双创”工作现场会精神，并研究浦江县省级食品安全县创建工作。研究《关于推进村级小微权力规范运行的意见》。研究有关人事。

【第12次县委常委会会议】 6月4日，召开2019年第十二次县委常委会会议。听取5月重点工作完成情况和6月重点工作计划汇报，研究浦江县创建全国县级文明城市有关事项，研究《关于成立浦江县招商引资工作委员会的通知》、二季度重大招商引资签约项目投资框架协议。

【第13次县委常委会会议】 6月27日，召开2019年第十三次县委常委会会议。研究浦江县促进实体经济稳步发展若干意见、工业企业亩均效益综合评价深化“亩均论英雄”改革实施意见、《浦江县新时代文明实践中心建设工作实施方案》，听取减税降费工作有关情况汇报。传达学习习近平总书记关于垃圾分类的重要指示精神和全市全域推进垃圾分类工作会议精神并研究贯彻落实意见、习近平总书记在“不忘初心、牢记使命”主题教育工作会议上的重要讲话精神和省委相关会议精神、《中国共产党党员教育管理工作条例》《中华人民共和国公务员法》《公务员职务与职级并行规定》《干部选拔任用工作监督检查和责任追究办法》和《中共浙江省委关于印发〈重大事项请示报告清单〉的通知》。传达学习巡视工作有关会议和讲话精神并研究部署浦江县配合巡视工作安排。研究《关于深化县纪委县监委派驻（出）机构改革的意见》。研究县纪委县监委派驻机构改革有关人事。

【第14次县委常委会会议】 7月1日，召开2019年第十四次县委常委会会议。传达学习习近平总书记在“不忘初心、牢记使命”主题教育工作会议上的讲话精神。研究县委常委分工。传达学习省委常委、宣传部部长朱国贤在金华市宣传思想文化工作座谈会上的讲话精神并研究浦江县关于对市委意识形态工作责任制落实情况检查组反馈问题的整改方案。

【第15次县委常委会会议】 7月2日，召开2019年第十五次县委常委会（扩大）会议。听取各乡镇（街道）党（工）委书记汇报2019年上半年重点工作完成情况和第三季度重点工作计划汇报，听取“三个十”难题化解进展情况和“七个十”项目进展情况汇报，听取全县上半年重点工作完成情况和7月份、第三季度重点工作计划汇报。

【第16次县委常委会会议】 7月5日，召开2019年第十六次县委常委会会议。研究向省委巡视组汇报的中共浦江县委工作情况汇报材料。

【第17次县委常委会会议】 7月8日，召开2019年第十七次县委常委会会议。再次研究并审议通过了中共浦江县委工作情况汇报、浦江县纪检监察工作情况汇报、浦江县委巡察工作情况汇报、浦江县委干部选拔任用工作情况专题汇报和浦江县意识形态责任制落实工作专项汇报等材料。传达学习有关党委巡察工作专项检查情况通报。

【第18次县委常委会会议】 7月18日，召开2019年第十八次县委常委会会议。研究《首届·浦江乡贤大会方案》《2019浦江·第十二届中国书画节方案》和《2019中国浦江·第11届水晶玻璃产业博览会方案》《浦江县违建别墅问题清查整治专项行动实施方案》。传达学习习近平总书记在中央政治局第十五次集体学习时的重要讲话精神、习近平总书记在深化党和国家机构改革总结会议上的重要讲话精神、习近平总书记在中央和国家机关党的建设工作会议上的重要讲话精神。传达学习《中国共产党宣传工作条例》和市委常委、宣传部部长吕伟强来浦调研讲话精神，《中共浙江省委关于加强新时代浙江公安工作的实施意见》及中共浙江省委印发《贯彻落实〈中共中央关于加强党的政治建设的意见〉若干措施》的通知等。

【第19次县委常委会会议】 7月30日，召开2019年第十九次县委常委会(扩大)会议。传达学习市委常委会第115次(扩大)会议和市委七届五次全体(扩大)会议精神，并听取浦江县上半年经济社会形势和"九场硬战"工作开展情况汇报。部署8月份具体工作。

【第20次县委常委会会议】 8月6日，召开2019年第二十次县委常委会会议。研究县委十四届六次全体(扩大)会议暨县政府第三次全体会议报告(送审稿)和《中共浦江县委关于以高质量党建统领浦江高质量发展的决定(送审稿)》。传达学习习近平总书记对地方人大及其常委会工作的重要指示精神。研究关于增设浦江县人民法院仙华人民法庭有关事项，研究关于县委委员递补有关事项。

【第21次县委常委会会议】 8月20日，召开2019年第二十一次县委常委会会议。传达学习省委常委、宣传部部长朱国贤到浦江调研时的讲话精神并研究部署全县任务分解方案，传达学习省委人大工作会议精神，传达学习省委常委会有关会议精神和全省第9号台风"利奇马"抢险救灾和灾后重建工作会议精神，传达贯彻《中央生态环境保护督察工作规定》《浙江省生态环境保护工作责任规定》。研究《浦江县进一步深化国有企业改革行动方案》《浦江县资产收购处置管理办法》《2019年度浦江县对口工作重点任务》《浦江县社会治理综合服务中心机构设置方案》。传达学习《监察机关监督执法工作规定》、全市乡贤和侨务工作交流会精神，并研究部署了全县反邪教工作。

【第22次县委常委会会议】 9月2日，召开2019年第二十二次县委常委会会议。传达学习《中国共产党机构编制工作条例》，听取8月重点工作完成情况和9月重点工作计划汇报并研究部署下一步工作，研究政协浦江县第九届委员会部分委员调整和增补有关事项。

【第23次县委常委会会议】 9月11日，召开2019年第二十三次县委常委会会议暨县委“不忘初心、牢记使命”主题教育领导小组第一次会议。传达学习中央“不忘初心、牢记使命”主题教育第一批总结暨第二批部署会、全省“不忘初心、牢记使命”主题教育第一批总结暨第二批部署会和全市“不忘初心、牢记使命”主题教育工作会议精神，研究通过《中共浦江县委关于开展“不忘初心、牢记使命”主题教育的实施意见》《县委常委会带头深入开展“不忘初心、牢记使命”主题教育的实施方案》《县委常委会深入开展“不忘初心、牢记使命”主题教育工作计划安排》《县委“不忘初心、牢记使命”主题教育领导小组工作规则》《县委“不忘初心、牢记使命”主题教育领导小组办公室工作规则》和《县委“不忘初心、牢记使命”主题教育巡回指导组工作规则》。传达贯彻全省美丽城镇建设工作会议精神。

【第24次县委常委会会议】 9月27日，召开2019年第二十四次县委常委会会议。研究《关于推进乡村振兴示范县创建工作的实施意见》《2019年浦江县乡村振兴领导小组成员单位乡村振兴战略实绩考核评分细则》，研究《关于建立巡视整改工作组织架构的通知》。传达学习《中国共产党问责条例》和《市、县(市、区)党委巡察工作规程》。研究有关人事(领导干部兼职、挂职等)。听取县农业农村局关于全县乡贤乡居政策和县委统战部关于浦江县乡贤总会第一届常务理事会组成人员建议名单的汇报。

【第25次县委常委会会议】 10月11日，召开2019年第二十五次县委常委会(扩大)会议。传达学习《中国共产党农村工作条例》、全市统一战线读书会精神，传达学习金华市政府“坚定担使命、比拼四季度、确保全年红”工作部署会议精神并听取全县三季度重点工作完成情况和10月份、第四季度重点工作计划汇报。研究2019年10个重点招商引资项目、《关于深入开展包乡走村入企联心服务行动的实施意见》。

【第26次县委常委会会议】 10月18日，召开2019年第二十六次县委常委会(扩大)会议。传达贯彻市委书记陈龙到浦江开展“调研解难题，深化三服务”活动时的重要讲话和省委第七巡回指导组组长尹永杰在市委主题教育巡回指导组工作交流会上的讲话精神。

【第27次县委常委会会议】 10月21日，召开2019年第二十七次县委常委会会议。研究五大领域综合执法改革方案、三个重点招商引资项目、《浦江县西北部乡镇农村供水方案》。传达学习中央政协工作会议、省委政协工作会议精神，研究评优评先有关事项[县担当作为好干部人选，县“两优一先”(优秀党务工作者、优秀共产党员和先进基层党组织)名单]。

【第28次县委常委会会议】 10月30日，召开2019年第二十八次县委常委会会议。听取10月重点工作完成情况和11月重点工作计划汇报，研究省委第三巡视组巡视反馈意见整改方案责任分解有关事项、《2019年度落实浦江县委主体责任考核工作任务分解汇编》。传达学习武义县后陈村村务监督委员会成立15周年暨全市深化“后陈经验”、推进基层善治工作会议和全市“不忘初心、牢记使命”主题教育暨深化专项整治工作推进会精神并专题开展“不忘初心、牢记使命”主题教育调研成果交流。

【第29次县委常委会会议】 11月4日，召开2019年第二十九次县委常委会会议。研究《中共浦江县委关于落实省委巡视组反馈意见的整改方案》。

【第30次县委常委会会议】 11月12日，召开2019年第三十次县委常委会会议。传达学习《关于做好党的十九届四中全会精神学习的通知》《中国共产党党内法规制定条例》《中国共产党党内法规和规范性文件备案审查规定》《中国共产党党内法规执行责任制规定(试行)》。传达学习《浙江省宗教事务条例》，并听取全县贯彻落实中央宗教工作督查反馈问题情况汇报。研究《仙华檀宫国际会议中心资产盘活处置方案》《中国·浦江万年上山文化村项目合作开发方案》《中共浦江县委关于落实省委巡视组反馈意见的整改方案》。传达学习习近平总书记在第二届中国国际进口博览会开幕式上和在中央政治局第十八次集体学习时的重要讲话精神，十四届省委第八轮巡视动员会暨第七轮巡视发现问题线索集中交办会，全国、全省巡察办主任培训班、全市巩固深化“三清理一规范”工作会议及相关文件精神。

【第31次县委常委会会议】 11月26日，召开2019年第三十一次县委常委会(扩大)会议。传达贯彻省委十四届六次全体(扩大)会议精神，传达学习全省传统制造业改造提升现场推进会、全省深化“千万工程”建设新时代美丽乡村现场会精神、中共浙江省委办公厅《整治形式主义为基层减负工作负面清单》。研究《关于深化媒体融合发展的实施意见》《浦江县社会治理综合服务中心建设方案》《优化营商环境涉企府院联动的若干常态化工作机制》《浦江县迎接第二轮中央生态环境保护督察协调保障工作方案》。

【第32次县委常委会会议】 12月4日，召开2019年第三十二次县委常委会会议。听取11月重点工作完成情况和12月重点工作计划汇报。研究《浦江仙华小镇宝掌山居项目(产业)政策扶持奖励方案》《浦江县新型智慧城市建设方案》《中共浦江县委关于高水平推进新时代人大工作和建设的意见》。研究《东山路、环城西路拓宽改造工程设计方案》，并听取环城东路拓宽改造工程情况汇报。研究有关人员处分事项。

【第33次县委常委会会议】 12月25日，召开2019年第三十三次县委常委会会议。传达贯彻中央农村工作会议和全省乡村产业高质量发展推进会精神、全省县级社会矛盾纠纷调处化解中心建设现场推进会精神，传达贯彻习近平总书记在中央政治局第十九次集体学习时的重要讲话精神、省委副书记、省长袁家军到金华调研指示精神。研究英石(浦江)水晶小镇投资开发有限公司股权转让有关事项。研究《塔山宾馆资产收购处置方案》。研究有关人事。

【第34次县委常委会会议】 12月27日，召开2019年第三十四次县委常委会会议。研究《县委十四届七次全体(扩大)会议报告(讨论稿)》和《中共浦江县委关于高水平推进县域治理现代化的决定(讨论稿)》。传达贯彻省委经济工作会议精神、全省深入落实中央八项规定精神持续发力纠治“四风”工作视频会议精神。研究《浦江经济开发区创新体制机制工作实施方案》、县“两会”有关人事有关事项、2020年春节前后重要活动安排。

重要会议

【2018年度基层党建和人才工作述职评议会】 1月9日，中共浦江县委召开2018年度基层党建和人才工作述职评议会，听取各乡镇（街道）党（工）委书记和县直部分单位党委（党组）书记抓基层党建和人才工作述职。

【全县机构改革动员大会】 1月18日，全县机构改革动员大会召开。县委书记程天云在会议上强调要从讲政治的高度，认识深化机构改革的重要性迫切性，切实把思想和行动统一到党中央和省委、市委的决策部署上来，贯彻落实机构改革方案，完成机构改革各项任务。

【全县领导干部会议】 1月25日，中共浦江县委召开全县领导干部会议。金华市考核组组长施海明出席会议。县委书记程天云代表县委领导班子作年度工作总结报告、干部选拔任用情况报告，并作个人述责述廉述德述法报告。县委副书记、代县长俞佩芬代表县政府领导班子作年度工作总结报告，并作个人述责述廉述德述法报告。

【全县安全生产工作会议】 1月25日，全县安全生产工作会议召开。县委副书记、代县长俞佩芬在会议上指出，安全生产只有起点没有终点，保持如履薄冰、如临深渊的警醒，把安全生产工作抓细、抓实、抓牢，打赢安全生产攻坚战。

【县各套班子领导会议】 1月28日，县委书记程天云主持召开县各套班子领导会议，部署春节前后重点工作和开局工作。

【全县工业大会暨招商引资项目攻坚动员会】 2月15日，全县工业大会暨招商引资项目攻坚动员会以视频(视联网)会议形式召开。县委书记程天云在会上号召全县上下，投身到新一年工作中，用奔跑的姿态推动实体经济“二次创业”。县委副书记、代县长俞佩芬主持会议。

【2018年度党风廉政建设专题会议】 2月19日，县委书记程天云主持召开2018年度党风廉政建设专题会议，听取2018年度党风廉政建设主体责任落实情况汇报。程天云强调，要纵深推进全面从严治党，落实好党风廉政建设主体责任，打造全面从严治党标杆区。

【全县“大棚房”问题专项清理整治行动推进会暨农村饮用水达标提标行动动员会】 2月20日，全县“大棚房”问题专项清理整治行动推进会暨农村饮用水达标提标行动动员会召开。县委副书记、代县长俞佩芬在会议上强调，要提高政治站位，以习近平新时代中国特色社会主义思想为指导，坚持以人民为中心的发展思想，按照省委、省政府的决策部署，确保两项行动按期高标准完成，为高质量推进乡村振兴、实现“两个高水平”奋斗目标作出新的更大贡献。

【全县县域医共体建设动员会】 2月26日，全县县域医共体建设动员会召开。县委书记程天云在会上强调，要学习领会习近平总书记关于民生工作的系列重要论述精神，践行以人民为中心的发展思想，推进医共体建设，让老百姓在家门口就能享受到优质、快速、便捷的医疗服务。

【全县公安工作会议】 3月3日，全县公安工作会议召开。县委书记程天云在会上勉励全体公安民警，以稳定大局为重，以服务发展为重，以人民利益为重，深化平安浦江、法治浦江建设，为维护社会和经济安全，为谱写“水晶之都、诗画浦江”新篇章作出新的贡献。

【2019年度县重点工作任务领办会】 3月4日，2019年度县重点工作任务领办会以视频（视联网）形式召开。县委副书记、县长俞佩芬在会上强调，全县上下要以奋斗者的激情、奔跑者的姿态，落实，落实，再落实，全力确保各项工作任务第一时间落到实处、最快速度抓出成效，为实现浦江更美好的明天全速奔跑。

【民情民访代办推动信访“最多跑一次”工作动员会】 3月8日，召开民情民访代办推动信访“最多跑一次”工作动员会，县委副书记、政法委书记俞建辉就民情民访代办推动信访“最多跑一次”工作作动员和部署。县委常委、组织部部长李唯就选派村（社区）联心服务团推进“三服务”常态化工作作相关部署。

【全县组织宣传统战工作会议】 3月16日，全县组织宣传统战工作会议召开。县委书记程天云强调，组织宣传统战战线强化“五个意识”，对照“五个表率”，践行“九坚持九做到”，加强学习锻炼，提升履职能力，为实现“全面小康、全域美丽、全民幸福”，建设“水晶之都、诗画浦江”凝聚更大的奋斗合力。会议回顾总结2018年的组织宣传统战工作，部署2019年全县组织、宣传、统战工作任务。

【县委农村工作会议暨乡村振兴示范县创建动员会】 3月16日，县委农村工作会议暨乡村振兴示范县创建动员会以视频（视联网）会议形式召开。县委书记程天云在会上强调，创建乡村振兴示范县，做好“三农”工作，事关全局，事关未来。全县上下要迅速行动起来，开创全县“三农”工作新局面，为决胜全面建成小康社会、打造“水晶之都、诗画浦江”奠定基础。

【全县政法工作会议暨建设平安浦江工作会议】 3月30日，全县政法工作会议暨建设平安浦江工作会议召开。县委书记程天云勉励全县政法干警，不忘初心、牢记使命，忠诚履职、担当实干，把“对老百姓一定要好”“对企业家一定要亲”作为为民的不懈追求，让人民群众在每一个司法案件中感受到公平正义，为推进平安浦江、法治浦江作出新的贡献，为早日实现“全面小康、全域美丽、全民幸福”提供坚强的政法保障。

【全县扫黑除恶专项斗争推进会】 3月30日，全县扫黑除恶专项斗争推进会召开。县委书记程天云在会上强调，扫黑除恶，打击的是黑恶势力，净化的是政治生态，赢得的是民心。全县上下要以更高的政治站位、更饱满的工作热情、更严格的工作标准，以对党和人民更负责的态度，坚决打赢扫黑除恶这场硬仗，为浦江发展稳定做出应有的贡献。会议以视频形式召开，各乡镇（街道）设分会场。

【浦江县纪念五四运动100周年座谈会】 5月4日，浦江县纪念五四运动100周年座谈会在县政府会议中心举行。县委书记程天云号召全县广大青年深入学习贯彻习近平总书记在纪念五四运动100周年大会上的重要讲话精神，扛起使命、聚焦发展、担当实干，让青春在实体经济“二次创业”中绽放光彩。

【文溪城中村改造工作推进会】 5月23日，文溪城中村改造工作推进会在县府大会堂举行。县委书记程天云在会上强调，文溪城中村改造遗留问题的处置工作，广大党员干部要以对事业敢于担当、对群众高度负责的决心和意志，动员全县各方力量，调动一切积极因素，明辨是非，攻坚克难，善作善成，把城中村改造这件好事办好。

【浦江县创建全国县级文明城市动员大会】 6月5日，浦江县创建全国县级文明城市动员大会在县府大会堂召开。县委书记程天云强调，全县上下要凝聚共识、齐心协力，统筹推进“全国县级文明城市”“国家级园林城市”“国家级森林城市”“省级食品安全县”“全省首批AAAA级景区城”创建和迎接“国家卫生县城复审”六城联创，打赢文明创建深化战和城市能级提升战两场硬战。

【共建单位进社区启动仪式暨全国文明城市创建誓师大会】 6月15日，全县分社区召开共建单位进社区启动仪式暨全国文明城市创建誓师大会。

【乡村振兴示范县创建工作推进会】 6月18日，乡村振兴示范县创建工作推进会召开。县委书记程天云强调，全县上下要凝心聚力、加压奋进，聚焦产业发展和项目招引，高质量推进乡村振兴，高水平推动富民增收，真正让农业强起来、农村美起来、农民富起来。

【县委审计委员会会议】 6月25日，县委审计委员会召开第一次会议。会议认真贯彻落实党的十九届三中全会精神以及中央、省市会议精神，加强党对审计工作的领导，研究部署审计工作，完善审计工作体系，提高审计监督能力，努力开创审计工作新局面。

【全县招商引资和项目攻坚“百日大会战”动员会议】 7月5日，全县招商引资和项目攻坚“百日大会战”动员会议召开。会议强调，开展招商引资和项目攻坚“百日大会战”行动是三季度经济工作的主线，全县上下要坚持招商为重、项目为王、发展为要、实干为先，打一场招商引资和项目攻坚“大会战”，为浦江高质量发展夯实基础。

【省委第三巡视组巡视浦江县工作动员会议】 7月9日，省委第三巡视组巡视浦江县工作动员会议召开。会前，省纪委副书记、省监委副主任胡志权向县委书记程天云传达省委书记车俊关于巡视工作的讲话和指示精神。会上，省委第三巡视组组长徐定安就即将开展的巡视工作作动员讲话，胡志权就配合做好巡视工作提出要求。

【县委全面依法治县委员会会议】 7月17日，县委全面依法治县委员会召开第一次会议，学习领会习近平总书记关于法治建设的重要论述和讲话精神，研究明确县委全面依法治县委员会工作职责和工作机制，谋划部署下一阶段法治浦江建设的主要任务。

【全县“不忘初心、牢记使命”主题教育工作会议】 9月12日，全县“不忘初心、牢记使命”主题教育工作会议召开。县委书记程天云强调，要深入贯彻习近平总书记关于主题教育一系列重要论述精神，全面落实中央和省委、市委“不忘初心、牢记使命”主题教育部署会议精神，以高度的政治自觉开展主题教育，引导广大党员干部更加自觉地守初心、担使命、找差距、抓落实，打造一支争当“忠诚、为民、务实、担当、清廉”表率的浦江干部队伍，为高水平建设“水晶之都、诗画浦江”提供坚强保障。

【全县领导干部会议】 11月4日，县委召开全县领导干部会议，传达学习十九届四中全会和省委常委（扩大）会议、全市领导干部会议精神，研究部署贯彻落实工作。会议强调，学习宣传贯彻落实四中全会精神是当前和今后一个时期的一项重大政治任务，全县上下要迅速把思想和行动统一到全会精神上来，推动全会精神在浦江落地落实，全力提升县域社会治理现代化水平。县委副书记、县长俞佩芬传达十九届四中全会精神及省委、市委会议精神。

【全县“不忘初心、牢记使命”主题教育专项整治工作推进会】 11月8日，全县“不忘初心、牢记使命”主题教育专项整治工作推进会召开，深入学习贯彻中央、省委和市委关于纵深推进主题教育的指示精神和部署安排，对专项整治工作进行再动员、再部署、再推动，破解推进工作中存在的痛点、难点、堵点，确保专项整治工作取得可检验、可评判、可感知的成效。

【全国文明城市创建工作汇报会】 11月18日，召开全国文明城市创建工作汇报会。会上，县委书记程天云强调，文明城市创建是一项覆盖面广、涉及范围大、关联程度高的综合性系统工程，要坚持问题导向效果导向需求导向，紧扣为民创建惠民创建全民创建，推进全国文明城市创建工作，提升城市文明形象和百姓获得感。

【全县垃圾分类工作推进会】 11月19日，召开全县垃圾分类工作推进会。县委副书记、县长俞佩芬在会上强调，全县上下要贯彻落实习近平总书记关于垃圾分类工作重要指示精神、省市对垃圾分类的重要工作部署，提高政治站位、强化责任担当，以更大的决心和力度，全面掀起垃圾分类工作新热潮。

【金融支持浦江发展恳谈会】 11月28日，举行金融支持浦江发展恳谈会。会议的主题是深化政银企合作，优化金融环境，推动银行业支持浦江打赢实体经济翻身战，促进浦江经济社会高质量发展。金华市金融办党组书记、主任方永华，金华市银保监分局党委书记、局长冯明，人民银行金华市中心支行副行长蒋国忠，以及18家市级金融机构相关负责人出席会议。

调研考察

1月11日，中央社会主义学院《基层民主协商中的新乡贤组织参与研究》中标课题组一行，到浦江专题调研乡贤工作。

1月22日，市委常委、秘书长、统战部部长郑余良到浦江开展“三服务”活动，走访慰问困难党员、困难群众，并与联系的新社会阶层党外代表人士进行座谈。

3月7日，金华市副市长陶叶萍一行到浦江调研“县管校聘”“四点半学校”建设等工作。

3月15日，金华市委常委、宣传部部长吕伟强带队到浦江，深入文创企业、文创园、水晶展览馆等地，就文化产业发展和融媒体建设等情况展开调研并召开座谈会。

3月16日，四川雅安市名山区委书记金武一行到浦江，先后走访了前吴乡前吴村，虞宅乡新光村、下湾村，浦阳街道同乐村和翠湖生态湿地公园，就乡村振兴、美丽乡村建设等工作进行调研。

3月20日，市委常委、组织部部长余杰带队到浦江开展“三服务”活动，为企业发展、项目建设、新村融合，指导帮助解决实际问题，并召开基层减负工作座谈会。

4月3日，中国科学院院士秦大河、郑兰荪、梅宏、程时杰，中国科学院专家李婷、苏荣辉、李鹏飞、马新勇等到浦江考察。

4月9日，湖北省人大常委会副主任刘晓鸣率调研组到浦江调研浦阳江环境综合整治、乡村产业发展等情况。

同日，省总工会党组书记、常务副主席张才方一行到浦江开展“三服务”调研走访活动。

4月17日，团中央少年部副部长张燕、团省委少年部副部长张欢、杭州市拱墅区总辅导员褚瑜玮一行到浦江调研。

4月16、17日，市政协副主席张跃进一行到浦江开展“三服务”大走访调研活动。

5月6日，市委组织部副部长、老干部局局长洪雅群带队到浦江调研老干部工作。

同日，汶川县委书记张通荣率领党政考察团到浦江考察。

5月7日，陕西省政协副主席王二虎一行到浦江考察乡村振兴工作。

5月16日，省粮食和物资储备局副巡视员潘园根带领省“全国政策性粮食库存大清查自查工作”第五普查巡查组到浦江督导工作。

5月17日，中国农业银行浙江省分行行长冯建龙到浦江调研，研究进一步加强政银企合作，支持地方经济社会发展。农行金华市分行党委书记贾正生和行长付小红参加调研。

5月26日，市委副书记、市长尹学群到浦江调研垃圾分类工作。副市长祝伦根、市政府秘书长楼东江参加调研。

6月13日，吉林省四平市政协主席杨枫一行到浦江考察廉政教育工作。

6月19日，市人大常委会副主任陈志身率市委督查组到浦江，就浦江贯彻落实中央和省市有关人大工作和建设文件精神情况进行专项督查。

7月5日，省委老干部局副局长施建荣，省委老干部局组织处处长顾艳，市委组织部副部长、老干部局局长洪雅群一行到县融媒体中心“帮忙老哥”工作室考察调研。

同日，省人大常委会副主任赵光君到浦江考察。赵光君强调，经历了治水拆违的“阵痛”，浦江的发展机遇开始显现，浦江县要立足优势抢抓机遇，以奔跑的姿态推进实体经济“二次创业”，努力推动经济社会高质量发展。

7月7日，水利部副部长陆桂华一行到浦江调研水利工作。

8月7日，玉环市委书记、市长吴才平率考察团到浦江考察。考察团先后到郑宅镇、浦阳街道、前吴乡等地，考察浦江的城市建设、环境治理以及美丽乡村建设。

8月8日，省供销合作社联合社主任邵峰在浦江农批市场调研时指出，浦江县要强化规划引领，合理确定功能定位，力争把浦江农批市场建成全省县域农副产品市场的示范点。

8月21日，省人大常委会副主任史济锡带队到浦江调研。

9月5日，省生态环境厅党组书记、厅长方敏到浦江调研生态环境保护工作。

9月11日，省司法厅厅长马柏伟一行到浦江调研司法行政和综合行政执法工作。

10月11日，金华市人大常委会副主任张荣贵一行到浦江调研深化“千万工程”建设情况。

10月11日，国家发展改革委经济研究所调研组一行到浦江开展“十四五”规划基本思路调研。

10月15日，市委书记陈龙到浦江开展“调研解难题，深化三服务”活动。他强调，第二批“不忘初心、牢记使命”主题教育进程过半，各地各部门要继续抓好这项重大政治任务，按照中央、省委和市委的部署要求，以主题教育统领推动高质量发展，用工作实效和百姓感受检验主题教育成果。

12月5日，省十二届人大常委会副主任袁荣祥带领省人大环资专业组到浦江，就松材线虫病防治工作和《浙江省松材线虫病防治条例》贯彻落实情况开展调研，并召开座谈会。

县委办工作

【概况】 2019年，县委办公室开展“包乡走村进企”联心服务行动和“4+2”联心服务团，深入一线为群众排忧解难，办公室10个联心服务团累计走访党员531人次，农户2610户，发现问题121个，解决问题96个。出台《中共浦江县委国家安全委员会工作规则》《中共浦江县委国家安全委员会办公室工作细则》及《2019年浦江县国家安全工作要点及责任分工》。全年共起草、审核、印发文件288个，登记、拟办、流转和归档各级收文1321份，登记转发信访件438件，交办领导批示件24件。推进党内规范性文件备案审查，完成向市委办备案26件，指导各乡镇（街道）备案44件，退回各类不符规定文件30余件。

【督查考评工作】 全年共下发督查通报30期，督查专报23期，督办单21个。围绕“三个十”“710工程”等重要建设项目和十大民生实事，对部分重大项目开展专题督查，包括对杭州杭机股份有限公司落地情况、小微企业园建设的专报。联合相关部门对96个百日攻坚任务、全县单位招商引资情况、文明创建工作、“最多跑一次”改革、“4+2”联心服务团等开展专项督查，并下发专门通报。持续关注“12365”翻身战相关经济指标，每季度进行跟踪。完成《今日聚焦》反馈2次、《正风问效》反馈4次，2019年的曝光问题全部整改到位。

【改革工作】 开展营商环境“10+N”行动，全省率先上线运行“商事登记移动审批平台”，办理营业执照最快仅需10分钟，5月建成全市首个企业服务专区，实现企业开办全流程一日办结；建立县营商环境“88912365”服务热线，交办各类企业诉求共计302件，推动解决销号274件。推进“一件事”全流程“最多跑一次”，提升部门办事效率，网上办实现99.7%，掌上办96.5%，“跑零次”比例98.7%，即办比例75.9%。

【信息工作】 全年共编发《浦江工作》各类信息73期，其中《领导参阅》6期、《动态信息》63期、《业务通讯》4期；组织向上级报送信息400余条，被采用200余条，其中向市委报送整治干部队伍酒驾、义浦同城、一线党委会、乡贤大会、“4+2”联心服务团等主题的专报5篇，均获得市委书记陈龙及其他市委领导的批示。

【党史工作】 2019年，继续做好中共浦江历史两卷编写工作，完成全书20章的讨论修改和统稿工作，形成第二稿；完成《2019年中共浦江县委大事记》；向省委党史研究室和市委党史研究室报送浦江籍革命烈士传略各3篇，为市委党史研究室开办的浙江新闻客户端“夜读党史”栏目提供4篇史料；参与县委组织部纪念新中国成立70周年系列活动，审定70个红色故事。

【对台工作】 2019年，完成台湾同胞联谊会第七届理事会换届工作。接待7个重点团组150余人次，并组织人大、台联会到台湾地区经贸考察。开展“一次走访、一次邀请、一封家书、一个电话”的“四个一”活动，做好迎春茶话会和春节走访、清明节接待等联谊活动，发动浦江籍第二、三代台胞回乡开展两岸中青年交流。开展惠台措施落实年行动，向5家台企宣传惠台政策。开展台胞居住证办理和台资企业的摸底走访工作，为台胞台属和台资企业排忧解难、增进感情。

【外事工作】 2019年，成立中共浦江县委外事工作委员会，出台《中共浦江县委外事工作委员会工作规则》和《中共浦江县委外事工作委员会办公室工作细则》。共受理干部因公出国(境)14批18人次。全年接待外宾5批计130余人次，审核办理外国客商短期来华邀请函14批计17人次，并协助接待外商，提供翻译服务。7月，与市外办沟通，协助处理阿塞拜疆公民反映与浦江居民相关经济纠纷问题。

(黄青青)

组织工作

【概况】 2019年，全县发展党员401人，其中女党员133人，占33.2%；35岁以下171人，占42.6%；大专以上165人，占41.1%。全县共有党员26263人，其中35岁以下5535人，36—45岁4762人，46—55岁5544人，56—60岁2441人，60岁以上7981人；大专以上10457人，高中(含中专)6027人，初中及以下9779人。全县各级党组织1300个，其中党(工)委58个，党总支42个，党支部1200个。全县15个乡镇(街道)和65个机关单位的班子及成员和其他县管干部共635名。领导班子成员平均年龄45.31岁，在科级领导干部中，35周岁左右及以下年轻干部66名，女干部74名，党外干部20名。县委坚持好干部标准，90名工作实绩突出、群众口碑良好的干部得到提拔或进一步使用，3名“90后”走上科级领导干部岗位。全县人才总量89168人，每万人口人才数突破2300人，建立浦江籍在外人才库2026名。拥有3名浦江籍院士、1名国家“千人计划”专家、1名国家“万人计划”教学名师、3名浙江省“千人计划”专家、14名金华市“双龙计划”专家、院士专家工作站2家、博士后科研工作站3家、省级企业研究院2家、省级高技能人才公共实训基地1家、省级技能大师工作室3家。

【“不忘初心、牢记使命”主题教育】 9月，全县开展“不忘初心、牢记使命”主题教育。创设主题教育自学课堂、领学课堂等“八个课堂”，修建北乡农民革命纪念馆，编制5条初心线路，推行“晨读一刻钟”“午间半小时”等学习形式，组织培训2班次，对690名县管领导干部和全县933名基层党支部书记进行集中轮训。开展包乡走村进企联心服务行动，实施办事便利化改革提速等八大行动，聚焦25个方面100项任务重点发力，全县开展调研34133人次，收集问题2982个，解决问题2881个。开展主题教育专项整治，县领导领衔破难项目89个、县管干部领衔负责项目1025个。开展“兴办民生实事”行动，梳理为民办实事事项1517项，完成1399项。

县委“不忘初心、牢记使命”主题教育专题党课暨选树担当作为好干部会议

【农村党建基础】 8月，县委十四届六次全会表决通过《中共浦江县委关于以高质量党建统领浦江高质量发展的决定》，以党建统领保障发展。在农村推行以“全科干部、全责书记、全心党员”为重点的“三全三覆盖”党建体系。围绕“党建强、集体经济强，环境优美、乡风和美”，开展“两强两美”行动。全域推行浦江标配建设，连续六年组织全县2万余名农村和“两新”党员开展“永远跟党走”集中大党课。推广农户“好家风”评价体系，创造“基层党建+社会治理”的浦江样板，该做法在《浙江日报》整版刊发，郑宅镇入选百个全国乡村治理示范镇。开展“党建赶集日”活动，组工干部每周三下村服务，上门走访200余次，提供业务指导150余次，攻克重难点问题30余个，该做法在《中国组织人事报》刊发。

“永远跟党走”集中大党课现场

【“村干部整治立规创优年”行动】 执行《村干部从严管理八条铁律》《浦江“村官不为”处置十条标准》等文件，推进小微权力清单运行，制定38条村级小微权力清单，规范各项权力运行流程。开展村社换届“回头看”活动，清理10名曾受过刑事处罚的村干部。开展村干部赌博、酒驾等突出问题整治，从严从重处置17名顶风违纪的村干部。建立村党组织书记县级党委备案管理制度，对全县244名村(社)书记建立“一人一档”。开办“领雁书记”培育班，启动“千名农村干部上大学计划”行动，动员227名农村党员干部参加学历培训。

浦江县村(社)主职干部“乡村振兴”能力提升培训班

【后进村党组织整转】 县四套班子党员领导带队走访联系乡镇(街道)所有行政村，逐村过筛评估，经组织、纪委、政法、信访等部门综合研判，确定15个后进村党组织。落实后进村党组织“四个一”整顿措施，选派“4+2”联心服务团，结对帮扶开展整转。全年派驻县领导、结对部门、第一书记累计走访农户3200余次，召开座谈会130余次，收集意见建议1300余条，解决群众问题810余个。推行“一

线党委会”工作法，把乡镇(街道)党(工)委会议开到后进村一线，“一村一策”制定整顿方案，15个后进村全面完成整转。

后进村党组织整转

【“两新”党建提质增效】 制定“两新”党建“浦江二十条”标准，推行联企干部联党建全覆盖、“两新”工委书记大比武、“两新”党组织书记县级党委备案管理等制度，围绕“五个基本”提高“两个覆盖”水平。开展“两新”党组织换届工作，为185个“两新”党组织选配优秀党组织书记。提升“两新”党建区域综合体建设，新建(完善)区域性党群服务中心6家，创建党员创客工作室8个、红色车间10个，建立“红色公积金”“红色调解员”“党员攻坚队”等党建品牌，服务产业企业转型升级。打造江南网商园“农村·两新”党建融合体和金宅社区“城市·两新”，推行

全县“两新”党建工作述职分析会

“组织共建、资源共享、党员共管、活动共办、事务共商”“五共”机制，实现村(社)企结对、融合发展。

(郭国栋)

干部工作

【机构改革】 拟定改革方案，现场指导划入部门和划出部门做好沟通对接，按人事管理权限办理人事关系调动手续，统一人员转隶口径。在全面摸底的基础上，做细做实干部的思想政治工作、干部考察工作、个人事项查核工作，确保机构改革人事调整安静、平静。

【浦义同城 干部先行】 针对县域培训内容窄、方式单一、效果不佳等瓶颈问题，创新干部交流学习锻炼新模式，结合“浦义同城”战略，按照专业对口，分类选派浦江干部到义乌对应单位“一对一”跟班学习，全程跟现场、跟会议、跟服务，推动干部走出去开拓思路，到现场学习经验、全脱产跟踪实践。2月，组织70名机关部门、开发区、水晶园区、集团公司及乡镇街道的“一把手”和21名重要领域分管领导到义乌对口单位开展为期一周和一个月的脱

浦江首批干部到义乌实践学习动员会

产学习，200余名中层干部到义乌市学习先进经验。

【“练兵比武”】 制定下发《关于常态化开展“岗位大练兵、业务大比武”的通知》，指导各单位以业务讲坛、技能比武、专题研讨等多种形式开展各项活动100余次，培养本单位或本系统业务骨干300余名，提升干部的业务素质和履职能力。

【年轻干部专业化训练】 从全县精选100名年轻干部，针对全县经济金融、城建规划、文创旅游、乡村振兴4个领域专业型干部短缺问题，专门开设“青苗小课”专业班，每月利用2个休息天邀请知名高校教授、省市专家及县领导为年轻干部授课，通过小班化培训、针对性训练帮助提升年轻干部综合能力和素质。全年开课10期，组织到海宁市、桐庐县进行实地考察196人次。

年轻干部到桐庐县现场考察

【干部正向激励】 制定《关心关爱干部十条意见》，开展干部“大谈心”活动，公开表彰20名“担当作为好干部”，公开澄清证明4名遭受不实举报者，重新启用3名被问责干部。

【巡视整改】 根据省委选人用人工作专项检查组反馈的2个方面共计14项22个问题，对症下药制定67条整改措施，明确整改责任领导、牵头单位、承办单位及完成时限。召集相关单位对整改任务进行再部署、再明确，下发立项督办单，“一对一”交办任务。

省委第三巡视组巡视浦江县情况反馈会

（谢翔宇）

人才工作

【党管人才工作】 4月，组织52名全县人才工作者到苏州市高新区党校进行为期一周的业务培训，学习苏州市敢为人先的担当和改革创新的精神，将每年举办一次全县人才工作者培训班列为人才制度化工作内容之一。6月，召开县委人才工作领导小组第一次会议，审议《全县党政领导人才工作目标责任制考核评价办法》《关于加快高层次人才和实用型人才集聚的实施意见》，发挥以县委书记为组长的领导小组会议在决定全年全县人才工作方向、任务的重要作用。建立领导小组成员单位半年重点任务推进会、乡镇（街道）人才工作站季度例会等制度，全年研究推进人才公寓建设、人才子女就学等71项人才工作。

【人才引进储备】 3月，开展“企业家高校行”活动，先后组织39家规模以上企业开展4次“企业家高校行”活动，走访北京大学、清华大学等8所高校，合作建立院士专家工作站、省级博士后工作站2家，柔性引进国家万人计划专家吴黎明、台湾博士郭俊荣等22位高层次人才。借助浦江中学、中山中学建校80周年庆典契机，在广大在外校友中开展“我为家乡做件事”倡议活动，收集反馈信息1200余条。组织开展全县医疗人才到北京大学第一医院进修、教育人才到华东师范大学进修等在外校友“反哺家乡”活动。8月，承办2019年全省院士专家疗休养活动，有19位院士和57位省级特级专家及其家属到浦江疗休养。与中国工程院院士陈宗懋等14位院士专家达成合作。10月，参与组织“首届浦江乡贤大会”，邀请288名浦江籍优秀人才参会，达成浦江籍中国工程院院士何新贵、国家“万人计划”专家吴黎明等32个人才项目落地或合作意向。

“企业家高校行”活动

【本土人才培养】 1月，实施“企业家素质提升”工程，安排500万元专项经费用于企业家学习培训。先后邀请中国人民解放军国防大学教授金一南、华为集团副总裁苏伟等专家为全县规模以上企业家授课，并组织70余名规模以上企业家到海宁市、嘉善县、上海市金山区等5个“长三角”发达地区的优秀企业学习取经。7月，制定下发《关于在全县知识分子中深入开展“弘扬爱国奋斗精神 建功立业新时代”活动工作方案》。举办全县高层次人才“爱国奋斗 建功立业”井冈山精神专题培训班，组织400余名全县知识分子接受爱国奋斗学习教育。

企业家素质培训班

【爱才重才氛围】 宣传、报道浦江人才工作先进经验做法，其中《浙江浦江：组织在外人才 开展“我为家乡做件事”》《浙江浦江建立健全“三专”助企体系》《浙江浦江 搭建实用型人才成长平台》《浙江浦江 畅通技能人才成长通道》等经验做法被《中国组织人事报》宣传报道，《浦江古村引来洋创客》《浦江锁企拥抱智能制造研制指纹挂锁给锁换个“芯”身价增百倍》《浦江签约23个重大项目 计划总投资逾154亿元》《乡聚千年丰安 贤绘诗画浦江》等经验做法被《浙江日报》宣传报道。

【关注人才家庭】 8月，举办全县大型青年人才户外素质拓展暨交友联谊活动，吸引来自全县各领域、各行业的82名单身青年人才参加，为广大青年才俊搭建交流、交友平台。出台《关于实用型人才子女就学的若干意见》，规定“凡是企业技术骨干或具有大专以上学历等实用型人才，其子女义务教育阶段一律就近安排公办学校就读”，为130余名实用型人才解决了子女就学问题。

全县大型青年人才户外素质拓展暨交友联谊活动

（谢德敏）

机关党建

【党建工作述职评议会】 1月25日，召开2018年度机关党组织书记抓党建工作述职评议会。县直机关工委全体委员、部分“两代表一委员”和县直各机关党组织书记参加。县经济商务局、公安局、交通局、市场监督管理局、综合行政执法局、自然资源和规划局、供销联社、县委党校、总工会、妇联10家单位的机关党组织书记以PPT形式作口头述职，现场接受参会人员的民主评议，有20家机关党组织参加书面述职。

【机构改革同步调整党组织】 2月12日，下发《关于认真抓好机构改革中机关党建工作的通知》文件，在机构改革期间同步调整组建机关党组织。下发《关于调整浦江县部分机关单位党组织设置的通知》文件，对机构改革后部分机关党组织进行调整，新建中共浦江县自然资源和规划局直属机关委员会、中共浦江县农业农村局直属机关委员会、中共浦江县文化和广电旅游体育局直属机关委员会、中共浦江县融媒体中心机关委员会、中共浦江县委组织部总支部委员会、中共浦江县委办公室支部委员会、中共浦江县退役军人事务局支部委员会、中共浦江县医疗保障局支部委员会、中共浦江县委浦江县人民政府信访局支部委员会9个党组织；撤销中共浦江县国土资源局直属机关委员会、中共浦江县农业局直属机关委员会、中共浦江县文化广电新闻出版局直属机关委员会、中共浦江县广播电视台机关委员会、中共浦江县委办公室直属机关总支部委员会、中共浦江县林业局总支部委员会、中共浦江县委组织部支部委员会、中共浦江县旅游局支部委员会、中共浦江县新闻传媒中心支部委员会、中共浦江县信访局信访联合接待中心支部委员会、中共浦江县信访局机关支部委员会、中共浦江县农业和农村工作办公室机关支部委员会、中共浦江县新农村建设服务站支部委员会、中共浦江县公共资源交易管理委员会办公室支部委员会、中共浦江县委老干部局支部委员会15个党组织。

【外出学习考察】 3月7—8日，县直机关工委带领3个街道、17个社区的党组织书记（负责人）等20余人先后到义乌、杭州等地学习考察社区党建工作。7月10日，县直机关工委到磐安学习考察在系统党委设置等相关工作中的经验做法。7月25日，县直机关工委到浙江省标准化研究院（杭州）学习考察机关党建标准化规范化建设工作。11月12日，县直机关工委带领17个社区党组织书记到绍兴市柯桥区学习考察社区党建工作。

到省标准化研究院学习考察机关党建标准化规范化建设工作

【省直机关工委到浦江调研】 5月8日，省直机关工委研究室副主任、调研员朱建军等人到浦江调研，重点了解浦江县对中央《关于加强和改进中央和国家机关党的建设的意见》精神学习贯彻情况，以及机构改革调整后机关党建工作机制运行情况。市直机关工委副调研员卢文星以及宣教处副处长王道伟，浦江县委常委、组织部部长李唯等陪同。

省直机关工委到浦江调研

【“最强党支部”创建】 5月21日，下发《关于在全县机关开展“最强党支部”建设的实施意见》文件，对标“支部班子强、党员队伍强、工作机制强、工作作风强、作用发挥强”五个方面要求，在全县机关开展“最强党支部”创建活动。同步试运行“机关党建在线评价系统”，以支部为单位，围绕“三会一课”、主题党日活动、党费收缴、党建宣传4个方面进行实时量化积分评定，开展机关党支部“标准化+信息化”建设。

【“两个机关”建设】 5月21日，下发《关于建设清廉机关、创建模范机关的实施意见》文件，贯彻落实习近平总书记“三个表率、一个模范机关”重要指示，聚焦政治建设、基层基础、责任担当、执纪监督、严管厚爱5个方面，指导推进“清廉机关、模范机关”建设。

【“双服务”机关党建品牌】 5月21日，下发《关于表彰2018年度十佳“双服务”机关党建工作品牌的通知》文件，对评选出的“家校服务”“领‘跑’惠民”“蒲公英公共法律服务志愿团”等10个2018年度十佳“双服务”机关党建工作品牌予以表彰。

【纪念中国共产党成立98周年系列活动】 6月，以“不忘初心、牢记使命”为主题，组织全县机关党组织开展重温一次入党誓词、组织一次集中学习、上一堂党课、开展一次志愿服务、走访慰问老党员等

纪念中国共产党成立98周年系列活动

为主要内容的主题党日活动。7月,开展寻找最美机关党员“随手拍”活动,县各机关党组织以“随手拍”的形式积极收集机关党员干部在业务一线、助推中心、志愿服务等工作中的感人瞬间、精彩故事。经过基层党组织的筛选,上报23个党组织的425张优秀“随手拍”照片。开展“两优一先”评选活动,评选出20名优秀党务工作者,77名优秀共产党员和47个先进基层机关党组织。

【“双报到”“双报告”】 8月,制定下发《关于建立“双报到”“双报告”工作制度的意见》,要求各机关单位党组织和在职党员分别到共建社区和居住地社区报到,推动70个机关单位党组织到共建社区参与区域化党建工作,4100余名机关在职党员在居住地社区带头做好示范表率。

【机关党支部书记专题培训班】 8月27日、10月23—24日,就机关党建理论知识和党务基础知识先后举办三期“不忘初心、牢记使命”主题教育机关党支部书记专题培训班,全县323名机关基层党组织书记、党务干部参加培训。

【全国文明城市创建】 6月,固定每周六上午,机关党员干部到共建社区集中开展志愿服务活动。6月15日,全县“共建单位进社区”启动仪式暨全国文明城市创建誓师大会在32个社区(村)举行,全县2600余名社区党员干部和4800余名机关在职党员干部带头参与认领责任区块、巡查环境卫生、发放倡议书等活动,并签订文明养犬、文明出行、烟头不落地承诺。累计发放倡议书13.4份;发放犬牌5207块、免疫证12691本;签订文明养犬承诺9800余人。按照《全县常态化开展道路交通安全大宣教大劝导活动实施方案》要求,在全县机关、事业单位、学校、企业、行政村(社区)等各领域划分职责,常态化开展道路交通安全大宣教大劝导活动。党员干部每周一、周三、周五早晚高峰期开展“礼让斑马线”文明劝导活动,全县107个机关企事业单位,在城区133个红绿灯路口及斑马线上的303个点位,全面构建“安全、有序、文明、畅通”的道路交通环境。

【“红心向党 歌唱祖国”歌咏比赛】 结合“不忘初心、牢记使命”主题教育,联合县委宣传部、县文广旅体局举办“红心向党 歌唱祖国”歌咏比赛。7月至8月中旬以乡镇(街道)、浦江开发区、县水晶园区为单位进行初赛;9月2—4日,复赛分三场进行,有来自机关、农村、社区、企业各个领域的69支队伍参加,20支队伍进入决赛。9月23日,邀请县各套班子领导到场观看决赛,县委书记程天云、县长俞佩芬等县主要领导参与集体歌咏表演,各机关单位通过视频网络直播同步收看。决赛评出一等奖4名,二等奖6名,三等奖10名。

“红心向党 歌唱祖国”歌咏比赛

【社区党群服务中心建设】 5月,制定下发《关于规范和加强浦江县城市社区党群服务中心建设的实施意见》,明确目标任务和建设要求。建立健全月度工作例会制度,协调推进社区党群服务中心建设。截至12月，9个社区完成项目立项，其中5个社区启动建设。

【社区“六强一创”建设】 5月，制定出台《关于开展城市社区“六强一创”建设的实施意见》，对标“党组织班子强、社工队伍强、教育管理强、党建阵地强、运行机制强、特色党建强、创服务型社区党组织”7个方面要求，夯实基础、加强管理、提升服务，逐步提升基层治理水平。

【街道“大工委”和社区“大党委”工作机制】 5月，按照《关于全面推行街道“大工委”和社区“大党委”运行机制的实施意见》精神，理顺街道、社区与驻区单位关系，由街道和辖区单位党组织共同组建街道“大工委”，由社区和辖区单位党组织共同组建“大党委”，构筑区域融合、上下联动的城市党建工作格局。

（黄萍萍）

宣传工作

【概况】 2019年，组织各级宣讲团到基层开展“乡音宣讲”，全年各类基层宣讲400余场；策划推出“初心领读”“初心微事”“聚焦100秒”“初心地图”“初心领悟”等融媒产品。金华市第六届道德模范评比中，仙华街道金宅村农民金伯声被评为“助人为乐模范”，县公安局巡特警大队辅警洪磊升被评为“见义勇为模范”。3月11日，金华市首家县级融媒体中心——浦江县融媒体中心正式挂牌；9月20日，县融媒体中心指挥平台正式启用，整合现有媒体，在指挥中心的统一调度和中央厨房的加工下，完成全媒体策、采、编、发一体化功能，一次采集，多端分发，形成资源集约、结构合理、差异发展、协同高效的全媒体传播体系。

3月11日，浦江县融媒体中心正式挂牌

（高　攀 摄）

9月20日，浦江县融媒体指挥中心正式启用

（高　攀 摄）

10月21日，县级新时代文明实践中心、志愿服务总站揭牌启用；10月5日，举办乡贤大会“情满浦江”大型文艺晚会；“指尖上的负担一减到底”举措获得金华市第七届宣传文化创新奖。

全县新建礼堂91家，实现规模以上行政村全覆盖。开展“百堂百戏”“四季诗会”“走进文化礼堂唱响繁荣浦江”等文艺巡演，各类文艺活动300余场。双非遗节目浦江什锦《板凳龙》登上省“我们的村晚”舞台。加大对“上山文化”的研究宣传和建设，成立由县委书记任组长、县长任第一副组长、县委宣传部部长任常务副组长的“上山文化”研究宣传和建设领导小组。申报成立“上山文化考古研究中心”，实施“上山考古遗址”景区提升工程建设，策划“上山遗址”发现20周年系列活动，组织开展主题研讨和宣传活动。

浦江什锦《板凳龙》登上省“我们的村晚”舞台

【主题教育】 县委宣传部学习实践习近平新时代中国特色社会主义思想，通过中心组学习、举办读书班、集中交流研讨等形式，深学细悟，强化理想信念和使命担当。制定县委宣传部主题教育专题学习计划、个人学习计划，其中领导班子成员开展集中学习累计时间达到7天，开展学习交流研讨3次，党支部集中学习20余次。完成调研课题6个，梳理突出问题，提出对策建议6条；召开调研成果交流会1次，班子成员讲党课6次。包乡走村进企联心服务行动中深入基层70余人次，解决群众困难和问题15个，推进整改措施19项。按照“六个对照、六个查找”要求，检视对照出问题10条，班子成员检视对照出问题30条。

【理论建设】 2019年，县委理论学习中心组就习近平总书记在庆祝新中国成立70周年大会上的重要讲话、学习贯彻《中国共产党宣传工作条例》等举行专题学习会，全年共集中学习30次。承办全省深化领导干部下访接访工作理论研讨会。发放《习近平新时代中国特色社会主义思想学习纲要》26000余本。推广“学习强国”学习平台，全县注册总人数16815人。开展2019年度党委（党组）意识形态工作责任制落实情况巡察，制定巡察方案，加强意识形态工作的督促检查和考核评价，完成对县公安局党委、审计局党组、卫生健康局党委、司法局党委、人力社保局党委、水晶园区管委会党工委、浦南街道党工委、大畈乡党委等单位的意识形态工作专项巡察。

【新闻宣传】 2019年，开展实体经济“二次创业”、“最多跑一次”改革、三服务、乡村振兴、文明创建、浦义同城、新中国成立70周年等20个主题宣传；精心策划乡贤大会、全省深化领导干部下访接访工作理论研讨会等重要节点的宣传。全年刊出外宣报道3000余篇，获省级“先进报道组”称号。其中，《人民日报》《新华每日电讯》分别对浦江清理关停政务新媒体进行点赞报道；中央电视台《走遍中国》和《守望家风》栏目向全国推介了浦江前吴花田跑和江南第一家孝义文化。《人民日报》客户端刊载浦江以群众满意为目标开展专项整治相关文章。《浙江日报》和《金华日报》头版头条报道浦江干部走村进企解难题、浦义同城发展战略等系列文章，助推金义一体化建设。对接中央、省、市媒体宣传报道王嫣笑事迹，其中新华社、“人民日报”公众号、央视新闻等主流媒体刊发相关报道40余篇，网络观看次数达1072万次，点赞数达2.30万；《浙江日报》“浙江好人”专栏和浙江卫视专访推介王嫣笑见义勇为事迹，推动浦江好家风建设。

【新时代文明实践中心建设】 2019年，县级新时代文明实践中心、志愿服务总站揭牌启用。全县15个乡镇（街道）新时代文明实践所、227个村和17个社区新时代文明实践站完成挂牌。组建新时代文明实践分队15支、小队244支,依托农村文化礼堂和社区文化家园开展活动。推出“志愿汇信用贷”“爱周末”“礼让斑马线”“生命救护”“便民服务惠万家”“丰安姊妹服务小分队”等多项新时代文明实践项目。邀请省委宣传部志愿服务处处长王显治和志愿汇专家进行服务培训,提升服务技能,推进服务常态化。推出“志愿汇信用贷”,在“志愿中国”(手机端“志愿汇”APP)信息系统中诚信玫瑰分在335分以上且年满22周岁的优秀志愿者会员,可享受“志愿汇信用贷”专项贷款产品,激发全县志愿者创业创新。

10月21日,浦江县新时代文明实践中心揭牌启用　　（许乾虎 摄）

【“百日攻坚”专项行动】 2019年,开展争创全国文明城市“百日攻坚”专项行动,推进国家卫生县城复审工作,整治乱停车、停车难、行人乱过马路、车不让人、农贸市场周边秩序、城区僵尸车、不文明养犬等20项专项行动,查处乱变道2594起、乱掉头571起、乱停车7650起、驾车时使用手机84起;寄发公职人员不文明行为温馨提示单464人次,发放文明倡议书18万份,清理清运各类垃圾420余车计460余吨,牛皮癣5000余处;修复破损人行道23000平方米,新增城区车位1768个。“百日攻坚”行动完成率100%,城区环境面貌较大改观,文明交通出行逐步有序;举办浦江县创建全国文明城市科普知识竞赛。

6月5日,召开创建全国文明城市动员大会并举行授旗仪式　　（高 攀 摄）

【新闻出版和电影管理】 2019年,完成新闻出版局网上办、掌上办等权力事项维护工作。开展“净网、护苗、清源、固边、秋风”五大专项行动,联合县文广旅体局、教育局、市场监管和行政执法局,出动检查516人次,检查书店、电影院、印刷企业等各类场所247家次。全年完成132家印刷企业、40家出版物发行单位年度核验工作。会同浦江农商银行推出“印刷业文明贷”,对县印刷行业协会整体授信1亿元,支持印刷业守法文明经营。开展“绿书签行动”“知识产权周”等宣传活动,营造全县健康文化市场。

【网络宣传与舆情监管】 2019年,开展政务新媒体清理整顿工作,印发《浦江县规范政务新媒体工作十条举措》和《浦江县规范政务新媒体工作方案》,精减所有乡村两级、各部门及下属单位的政务微博和微信公众号,撤销现有政务微信群改用“浙政钉”。全县撤销微信群800余个,清理各类政务新媒体334个，占全县政务新媒体数量的98%以上。“指尖上的负担一减到底”举措获金华市第七届宣传文化创新奖。打造县级政务APP平台“诗画浦江”，引导15个乡镇（街道）及100余个部门单位入驻并开通后台账号，重点发布法律法规、政策解读、便民服务信息、重点工作成效、创新亮点工作等内容。全年处置较大舆情、敏感事件40起。开展2019“四好浦江”短视频大赛，征集短视频作品280余部，网络总播放量超过100万次，参加“学习强国”微视频大奖赛和全省第三届公益视频短片大赛，《把爱国写在奋斗的路上》和《追梦人》分别获全国三等奖和全省二等奖。

【文化文艺】 2019年，组织第十二届中国书画节、政协成立70周年书画摄影作品展、浦江籍书画名家作品展、白社五人艺术展、浦义同城书画联展等活动；举办乡贤大会“情满浦江”大型文艺晚会、“魅力东街”中秋晚会。围绕婺剧文化挖掘研究、名人文化展示推广、文化遗产传承保护、文化精品高峰攀登、文旅深度融合等十项重点工作，制定《浦江县文化繁荣提升工程具体实施方案》。

【省市宣传部领导到浦江调研】 8月14—15日，省委常委、宣传部部长朱国贤到浦江调研指导。市委书记陈龙，市委常委、宣传部部长吕伟强陪同调研并参加座谈会。县委书记程天云汇报浦江工作，俞佩芬、虞振贤、郑文红、俞建辉等县领导参加座谈会。调研组先后实地走访上山考古遗址公园、江南第一家、水晶主题馆、水晶小镇、翠湖、县治水馆、诗画小镇等地，了解中国农耕文化史、清廉家风、家训文化传承、美丽河湖建设、坡地村镇项目建设助推乡村振兴等情况。朱国贤对浦江工作予以肯定，强调浦江作为全省协调推进“四个全面”战略布局试点县，要持续推进“八八战略”再深化、改革开放再出发，努力争当高质量发展的探路者。

【首届浦江乡贤大会“情满浦江”文艺晚会】 10月5日，首届浦江乡贤大会“情满浦江”文艺晚会在金狮湖畔盛大出演，来自五湖四海的乡贤游子，相约金狮湖畔，共叙旧地乡愁，共话浦江愿景。程天云、俞佩芬等县领导及300余位来自海内外的浦江籍乡贤代表出席晚会。整场晚会10个节目，历时1.5小时，演职人员600余人。晚会还通过电视台、APP、户外大屏等进行直播，累计收看量破20万人，现场观众万人。

”情满浦江“文艺晚会 （高　攀 摄）

（何泽民）

统战工作

【概况】 2019年，浦江统一战线以习近平新时代中国特色社会主义思想为指导，贯彻落实中央和省、市、县委关于统一战线工作的决策部署，以大团结大联合为主题，以乡贤工作为主抓手，围绕“五大战略”，助推实体经济二次创业。1月，县委组织部、统战部召开党外干部工作联席会议；召开党外人士情况通报会、民主党派工作座谈会，出台并实施《中共浦江县委2019年度政党协商计划》《浦江县各民主党派“最多跑一次”和“无证明城市”改革专项民主监督工作方案》；开展宗教活动场所安全大检查，巡查率100%。3月，出台《浦江县民族宗教工作协调小组成员单位职责》；召开2018年度党外科级干部述职评议会，21名党外干部以口头或书面形式进行述职。4月，中国藏学研究中心到浦江调研乡村振兴与农民增收相关情况。5月，开展系列民族团结宣传月活动。6月，中国东盟农资商会组织学员来浦江体验江南第一家“孝义”文化。7—12月，县委统战部开展“不忘初心、牢记使命”主题教育。7—12月，各民主党派开展“不忘合作初心，继续携手前进”主题教育。9月，民盟浦江支部“盟员之家”在仙华文景园正式揭牌成立。10月，组织召开首届浦江乡贤大会，成立县乡贤总会，组建县乡村三级乡贤组织；建立15个乡贤调解室，做到乡镇（街道）全覆盖；在上海、北京、粤港澳大湾区、杭州4地组建由异地乡贤会、商会、招商站、人才联络站组成的浦江异地“两会两站”；开展纪念新中国成立70周年系列活动，组织各民主党派、各统战团体举办“同心同向·同梦同圆”浦江统一战线庆祝新中国成立70周年主题晚会；完成知联会、台联会、新联会三个统战团体的换届工作。12月，组织39名无党派人士到省社会主义学院参加培训；成立浦江县新的社会阶层人士联谊会老齿轮分会，并成立5个新的社会阶层人士创新实践基地；在县体育中心体育场举办第一届统一战线趣味运动会，共13支统战团体230余人参赛；民革浦江县支部获民革中央表彰为“民革全国示范支部”和民革金华市委会2019年度先进基层组织、民进浦江总支获“民进全国组织建设先进基层组织”称号、九三学社市直属浦江支社获市“星级组织”。县委统战部被评为2019年度综合考核工作优秀单位。

新中国成立70周年主题晚会

（朱舒蔚 摄）

【新乡贤工作】 落实“两个半天”制度，县乡村乡贤组织三级联动，全年共召开乡贤恳谈会241场，全县乡贤人数5744人。国庆期间，召开为期3天的首届浦江县乡贤大会，邀请全球300余位知名乡贤参会，大会共签约项目23个，计划总投资154.35亿元，其中制造业项目18个，计划总投资39.35亿元。在乡贤大会期间，成立县乡贤总会总揽乡贤工作全局，完成县乡村三级乡贤网络系统的组建。8月31日，在上海成立首个浦江异地“两会两站”，于9月21日、9月28日、12月22日分别在粤港澳大湾区、北京、杭州成立浦江异地“两会两站”。浦江已成立乡贤联谊组织260个，建立各级乡贤微信群249个。2019年，全县召开乡贤恳谈会266场，县主要领导主持召开乡贤恳谈会7场，15个乡镇（街道），224个村（社区）召开乡贤恳谈会，3341位乡贤参加。截至10月，15个乡镇均成立乡贤调解室，实现挂牌上墙、工作制度化、专人负责化；建立乡贤代表人士列名联系制度，县级班子领导共联系134名重点乡贤，乡镇（街道）和县机关各部门班子走访760余位乡贤本人或直系亲属，帮助解决困难。

浦江县乡贤总会成立，县委书记程天云（左一）为会长黄先海（右一）授牌　　（高　攀 摄）

浦江县乡贤总会杭州分会成立，县长俞佩芬（左一）为会长倪良正（右一）授牌　　（高　攀 摄）

【民族宗教工作】　推进“十百千万”普法宣传工作，编印并发放《宗教工作知识读本》200余册，大智寺被评为省级宗教普法示范点。对35家宗教活动场所进行检查。按照分类处置的原则，将浦南街道蒋塘聚会点通过“协会带点”的形式纳入管理，对中余乡小河畈等6个私设聚会点依法予以取缔，100%完成专项整治工作任务。以统一财务票据管理、统一财务代理记账、统一财务审计监督、统一财务收支公开“四统一”的方式规范宗教场所财务行为，全县所有宗教活动场所均纳入浙江省宗教财务管理平台，可实现网上做账和财务监管。1月，开展宗教活动场所安全大检查，规范宗教活动场所消防、用火、用电、燃香等事宜。5月，举办第二届民族团结宣传教育月启动仪式并开展一系列活动。7月，举办第五届“六月六”民族团结文艺活动，水族、苗族等13个少数民族参加。9月，县民宗局开展“孝义”文化进教堂活动，将“江南第一家”的“孝义”文化融入基督教教规教义阐释并召开“江南第一家”孝义文化座谈会，各堂点负责人结合对“孝义”文化的认识为信徒讲课，引领浦江基督教中国化发展方向。

第五届“六月六”民族团结文艺活动
（仙华街道办事处 提供）

第二届民族团结宣传教育月活动
（亚联小学 提供）

【港澳台侨工作】　开展一次走访、一次邀请、一封家书、一个电话“四个一”活动。春节前夕向台北市浦江同乡会理监事寄慰问信、贺年卡30余封（张），县台办通过“浦台一家亲”微信群慰问在台乡亲。国庆期间召开浦台乡亲座谈会，组织陈肇英亲属参加中山中学建校庆典活动，国民党前主席洪秀柱和新党主席郁慕明分别为中山中学80周年校庆题词。乡贤大会期间，组织台胞青年31人参加浦江寻根探亲夏令营活动，动员香港浦江乡亲参加香港金华同乡会春茗活动和香港浙江同乡会理事会就职典礼活动，完成香港专项工作。10月4日，邀请省侨联主席连小敏与浦江籍港澳台侨界代表人士座谈，指导涉侨工作。做好重要海外侨团、侨领信息摸底登记工作，确定澳大利亚人才联络站站长人选，拓展海外联络联谊。

海外学子寻根探亲夏令营合影　（楼　云 摄）

【“非公经济”工作】 2月，召开浦江异地商会会长新春座谈会。3月，组织召开“政企亲清联心桥座谈会”。4月，组织引导10家民营龙头企业与产业链上下游的10家中小企业开展结对帮扶；组织县新生代企业家商会20余人到上海三思光电总部和Google中国总部及出海体验中心开展游学活动。5月，组织上海浦江商会30余位浦江籍企业家考察浦南街道“悠然南山”田园综合体等4个项目，对接上海三思光电制定完善企业发展规划；10月，召开“乡聚千年丰安，贤绘诗画浦江”座谈会。开展“三服务”主题活动。全年走访企业185家，基层商会38家，异地浦江商会20家，帮助企业解决问题115个。2月17日，上海浦江商会完成换届；7月13日，宁波浦江商会完成换届；8—11月，14家县内基层商会完成换届；12月3日，义乌浦江商会完成换届。8月28日新成立县水晶商会；11月30日，新成立县跨境贸易商会；12月7日，新成立开发区商会。全年持续开展“千企结千村、消灭薄弱村”活动，137家会员企业与集体经济薄弱村结对，其中县工商联执委以上企业102家。做好东西部对口帮扶工作，全年组织企业家3批共计25人次到对口帮扶地区开展帮扶对接工作，与当地25个贫困村签订“万企帮万村”扶贫结对协议，捐赠款物100余万元。12月，县工商联被评为2019年度全国“五好”工商联、全省专项工作先进单位。

【民主党派与统战团体工作】 民盟浦江支部举办“同心筑梦·共庆辉煌——庆祝新中国成立70周年和新型政党制度确立70周年”书画作品展；民进浦江总支举办“生态文明·两山理论”庆祝新中国成立70周年精品剪纸主题展；民革浦江县支部举办“风雨同舟”民革全国书画展浦江巡展暨浦江县中山中学建校80周年书画展活动。国庆期间，开展全县统

新联会新一届领导班子　（方晓东 摄）

一战线纪念新中国成立70周年暨多党合作制度确立70周年系列活动，各民主党派、党外知识分子、新的社会阶层人士参与。10月，完成浦江县党外中青年知识分子联谊会、浦江县台湾同胞联谊会、浦江县新的社会阶层人士联谊会3个统战团体的换届工作，产生新一届领导班子，吸收新会员，会员涉及的行业不断扩大，有教育、科技、文化、卫生、经济、法律、社会管理等多个领域。12月，成立新联会老齿轮分会，开设老齿轮·1967文创园、壶源江书画院、靓松农场、普信税务事务所、山舍民宿5个新的社会阶层人士实践创新基地。

（张洵洵）

机构编制工作

【概况】 2019年1月，《浦江县机构改革方案》明确，调整优化县委机构编制委员会领导体制，县委组织部统一管理县委机构编制委员会办公室（以下简称“县委编办”）。县委编办作为县委机构编制委员会的办事机构，承担县委机构编制委员会日常工作，作为县委工作机关，归口县委组织部管理。全年县委编办组织实施全县机构改革，完成党政机关和乡镇（街道）“三定”工作。组织开展事业单位改革，承担行政职能类和生产经营类事业单位改革全面完成，公益类事业单位改革统筹实施，五大领域综合执法改革有序推进。做好结合文章，推进全县机构编制管理各项工作。

【机构改革】 1月11日，召开通报会，县委常委、组织部部长李唯代表县委向人大、政协传达、通报机构改革方案有关情况。1月17日，以县府办名义，向县人大常委会报送关于县政府工作机构调整情况备案的函。1月18日，召开县委全会通报会暨县机构改革动员大会，县委书记程天云、县长俞佩芬动员部署全县深化机构改革工作。同日，经上级批准的《浦江县机构改革方案》由县委县政府公开印发，根据机构整合、职能调整情况，县机构改革领导小组办公室向35个党政部门印发“三定”框架函。县委组织部、县财政局、县人力社保局、县档案馆等相关部门相继出台机构改革配套文件，就组织纪律、干部人事纪律、统一社会信用代码相关事项、国有资产管理、经费保障和财务管理、档案管理等工作进行部署。1月20日，全县35个党政部门领导班子组建到位，新组建、更名单位全部完成挂牌，并以新部门名义运转和开展工作。1月22日，举办人员转隶和部门“三定”工作业务培训班，县委常委、组织部部长李唯作讲话，全县机构改革培训政策汇编、各部门“三定”模版和《关于深化乡镇（街道）管理体制改革实施意见》等印发。1月30日，按照先转隶、后“三定”的工作要求和“编随事走、人随编走”的转隶原则，完成全县改革所涉的25个部门的人员转隶工作，共转隶人员193名，其中公务员62名、事业人员131名。3月，全县36个党政部门和15个乡镇（街道）“三定”规定按规定流程印发，县机构改革工作完成。6月，为加强乡镇（街道）工作人员履职能力建设，提升基层管理服务水平，县委组织部、编办联合印发《浦江县机构改革后乡镇（街道）工作人员专题培训实施方案》。7月，在组织各乡镇（街道）、机关部门开展自评的基础上，县委编办进行实地走访调研，完成机构改革检查评估工作。9月，全县20个部门组织开展乡镇（街道）人员培训班92个，共2538人次；15个乡镇（街道）组织培训班104个，共6060人次，覆盖1254人，培训覆盖率100%。

【"最多跑一次"改革】 2019年，配合县委改革办，从部门间办事最频繁、流程最多、效率最低的领域和事项入手，实施部门间办事"最多跑一次"改革，提升部门间办事行政效能。根据《浦江县部门间"最多跑一次"改革实施方案》，牵头组织开展部门间办事"最多跑一次"事项清单梳理工作，审核确定全县29个部门的改革事项286项，按照成熟一批公布一批原则，在金华市机关内部"最多跑一次"协同办事平台公布274项，通过优流程、减材料，承诺办理时间压缩45%，办事材料精减52%，梳理多部门联办"一件事"42项。深化企业和群众办事事项"最多跑一次"改革，根据"减事项、减次数、减材料、减时间"要求，指导部门在省"八统一"要求基础上进一步削减办事材料、压缩办理时间，推进"最多跑一次"事项标准化全覆盖。做好乡镇(街道)有关权力事项办事材料中证明类材料和证明类公共服务事项的清理工作，调整公布乡镇(街道)"最多跑一次"事项清单共26项，统一规范"最多跑一次"事项办事指南，配合做好"无证明城市"建设。开展"最多跑一次"改革向基层延伸工作，审核公布向基层延伸事项305项。

【政府权力清单和责任清单制度】 2019年，按照县政府部门权力清单管理办法和职责管理办法要求，做好权力清单和责任清单动态调整，推进权力清单标准化建设和部门职责精细化管理。结合县机构改革中，机构、职责调整、法律法规修改和上级简政放权等情况，审核调整全县23个部门权力清单，划转、新增权力事项653项，督促做好事项规范表述和上网运行；重新修订公布25个部门责任清单，做好部门职责争议协调，理顺新出现的部门职责交叉和职责真空等问题，明确部门职责边界划分。

【事业单位改革】 2019年，推进承担行政职能类、从事生产经营类和公益类事业单位分类改革。在对承担行政职能类事业单位改革中，结合全县党政机构改革，事业单位行政职能全面回归行政机关。职能回归后，如承担的公益职能比重较大的事业单位，则继续保留，名称进行规范；对剩余公益职能比重较小的，则予以撤销，职能归并至其他事业单位。改革后，35家行政职能类事业单位剥离了行政职能，厘清了职责边界。落实中央和省委关于"五大领域"综合行政执法改革部署要求，按照"减少层次、整合队伍、提高效率"的原则，研究制定初步方案。10月，按时间节点完成综合行政执法队挂牌、"五大领域"综合执法改革方案印发，行政执法队采用"局挂队"的"局队合一"模式设置等各项改革任务。在事业单位规范整合中，研究制定《浦江县事业单位清理规范整合工作方案(草案)》，结合"五大领域"综合执法改革、生产经营类事业单位改革及撤并整合职责相近或弱化、设置重复分散、规模过小的事业单位，推动全县事业单位进一步"瘦身"。10月21日，第一轮事业单位整合规范暂告一段落，26家单位名称由"委、办、局"调整为"所、站、院、馆、中心"，整合撤并事业单位18家。按照"撤一建一"原则，重点加强重点工作和民生领域保障，先后增设应急救援指挥、"120"急救指挥、医疗保障服务等方面事业单位8家。在生产经营类事业单位改革中，全县从事生产经营类事业单位共4家，为人员少、资产规模较小或无固定资产，转制后难以正常运转的单位。改革主要采取撤销或剥离经营职能后与其他公益机构整合，或强化公益职能，按照事业单位分类文件规定重新确定机构类别。县建筑设计院采取撤销形式，人员在系统内分流安置；县市场开发服务中心、县鱼种场剥离经营职能后，分别整合至县国资办和县水务局相关下属事业单位；

县良种场在剥离资产管理经营、农产品品牌经营等职能的基础上，更名为县良种繁育中心，转为公益类事业单位，重新核定编制及明确机构类别。

【机构编制管理】 6月24日，下发《关于明确浦江县医共体统筹使用事业编制总量的通知》，明确在核定的编制总量内，县人民医院医共体、县中医院医共体可统筹使用各自医共体内县级医院和基层医疗卫生机构的人员编制，人员实施统一招聘、培训、调配和管理。10月21日，县人大常委会增设社会建设工作委员会，与县人大社会建设委员会合署办公，将县人大常委会法制内务司法工作委员会更名为法制和监察司法工作委员会；县政府直属正科级事业单位县大数据发展中心和县机关事务保障中心设立，归口县府办管理；县广播电视台、县新闻传媒中心整合，设立县委直属正科级事业单位县融媒体中心，归口宣传部管理；县委直属正科级事业单位县社会综合治理服务中心设立，县"8890"便民服务分中心予以整合并挂牌子，归口政法委管理。调整县公共资源交易管理体制，县公共资源交易管理委员会办公室整合至县行政服务中心并挂牌子，金华市公共资源交易中心浦江分中心划归行政服务中心管理。

【事业单位登记管理】 2019年，共办理设立登记8家，变更登记124家，注销登记1家，收回并冻结法人证书13家，规范事业单位法人活动。完成全县211家法人事业单位2018年度报告审核公示。做好统一社会信用代码赋码工作，梳理全县新组建、归并、名称变更和不再保留的部门名单，以及不再保留承担行政职能的事业单位名单，按"只跑一次"要求做好统一社会信用代码证书初领、换领、撤销和赋码变更等工作，全年完成变更16家，其中部门14家、群众团体2家。继续做好中文域名注册工作，全县285家机关事业单位相关经费由县财政全额保障。

（应巧园）

信访工作

【概况】 2019年，浦江县受理群众信访件3056件(人)次。县领导接待群众231批391人次，化解积案66件。对照《2019年度金华市各县(市、区)信访工作责任书》要求，实现进京访数量和走访数量下降，属地走访和网上信访占比上升，符合"两降两升"考核指标，实现信访形势好转目标。9月27日，在义乌市委党校举行的全省信访系统"赞美新中国 追梦新时代"朗读者比赛中，县信访局集体排演的节目《为民所系为民所谋》获特等奖。

【领导下访】 3月5日，下发《关于深入开展2019年领导干部下访接访的通知》，要求每名县级领导干部树立"以人民为中心"的发展理念，按照规范有序、方便群众、解决问题、依法依规的原则，要与下

全省深化领导干部下访接访工作理论研讨会

基层调查研究、深入联系点、扶贫帮困等结合起来，采取固定接访、值周接访、重点约访、带案下访、分类接访、值日接访、上门垂访等工作形式完善“浦江经验”，解决群众实际困难，将信访问题化解在萌芽阶段。9月，与浙江省标准化研究院协调沟通，向国家标准化管理委员会筹备申请浦江“领导下访”信访工作标准化试点项目。12月5日，承办全省深化领导干部下访接访工作理论研讨会，总结推广领导干部下访接访工作的“浦江经验”，得到国家信访局、省信访局推荐，被全国兄弟县市参观学习借鉴。

【“信访超市”】 5月15日，下发《关于以“最多跑一次”改革理念打造信访超市——大调解中心的实施意见》，在信访局一楼设立“信访超市”，设置进驻11个工作室，具体为通联中心、民情民访代办服务中心、浦江县人民调解委员会、医调委等专业调解委员会，孝义老娘舅志愿者等调解工作室，律师心理咨询师婚姻指导师等专家工作室，法官工作室、亲商营商服务中心、司法确认室、立案室、速裁法庭。实行“一站式”服务，全年共受理化解来访1967件。

大调解中心(信访超市)调解案件

【民情民访】 3月19日，县委、县政府印发《关于深化领导干部下访制度开展民情民访代办推动信访“最多跑一次”的实施方案》的通知。4月，承办金华市政法系统“比学赶超”现场会暨民情民访代办工作推进会，建立三级代办服务场所260个，吸纳各类代办员1963人，为群众代办民情民访事项1870件，办结率98.7%。

市政法系统“比学赶超”现场会暨民情民访代办工作推进会

县信访局获全省信访系统“赞美新中国 追梦新时代”朗读者比赛特等奖

【无信访积案县】 通过大排查、大化解，全县共梳理出库存信访积案78件，按照全省“无信访积案县”争创5项指标，凭借领导包案、社会第三方参与化解、信访超市等多种渠道和载体，形成合力，全年共化解66件，化解率为84.6%，继续保持“无信访积案县”称号。

（张顺学）

“8890”便民服务

【概况】 2019年，浦江“8890”服务平台共接打电话20.30万余个，同比上升23.04%；受理市民诉求9.10万件，同比上升20.26%，其中咨询服务类1.40万件，占比15.93%，生活服务类6.50万件，占比75.35%，效能服务类0.70万件，占比8.72%，办结率和回访满意率分别达到99.6%和99.9%以上。同时，受理交办营商环境诉求374件；受理“12345”统一政务平台诉求3864件；受理微信诉求327条；官方网站点击9500余次。基本实现“响应灵、服务灵、办事灵”的目标，在市“8890”考核中名列前茅。

【县社会治理综合服务中心】 8月，贯彻落实《关于政法领域全面深化改革的实施意见》《关于印发〈2019年浙江省全面深化改革重点任务清单〉的通知》和《关于探索建设县级社会治理综合服务中心（信访超市）的指导意见》文件精神，理顺县“8890”便民服务分中心管理体制，经县委第21次常委会研究，决定在县“8890”便民服务分中心基础上，成立县社会治理综合服务中心，为县委直属正科级公益一类事业单位，归口县委政法委管理。党组书记由县委副书记兼任，中心主任兼任县政法委副书记。在原县“8890”便民服务分中心承担的县综合信息指挥中心职责和便民服务职能的基础上，整合县智慧城管指挥中心、县社会治安综合治理中心、县应急救援指挥中心等职责，挂县“8890”便民服务分中心牌子。

【营商环境专线和“8890”求职通】 2月，县“8890”平台开通营商环境“88912365”服务监督诉求专线，设置专门座席，专人24小时一窗受理企业咨询、诉求和意见建议，对营商环境诉求件实行特事特办，接收时间与办结时间缩短50%，并会同营商办建立营商环境通报制度，进行跟踪督办。专线开通以来，累计交办营商环境诉求374件，推动解决销号286件。4月，县“8890”会同县人力社保局联合推出全天候、全免费、大数据智能匹配的“‘8890’求职通”在线求职服务，求职群众只要拨打“88900000”求职热线，告知个人基本信息及求职意向，“8890”平台便会帮助求职者在全县成千上万条企业招聘需求信息中快速匹配合适的工作岗位，让广大求职群众足不出户就能享受优质的求职服务。

“88912365”营商环境专席　（朱国松 摄）

【“接诉即办”工作机制】 2019年，县“8890”服务中心多措并举，提升诉求办理水平，打造“接诉即办”工作模式。打造智能接诉平台，投入专项经费基本完成智能客服建设工作，实现智能化接诉；打造疑

矛盾纠纷调解现场　（潘露露 摄）

难问题协调破解机制，组织召开专题协调会13次，解决10余个因职能交叉或空白的群众诉求，通过老娘舅化解26起矛盾纠纷，获市民赠送锦旗2面；打造数据分析研判督办闭环，针对群众不满意件、无理件坚持回头查、回头办，印发督查通报3份，自查整改平台诉求件37个，对核实库中247件诉求件进行抽查、核实。

【便民服务活动】 2019年，“8890”便民服务活动向社区、农村延伸，全年共开展便民服务活动15次，特色活动6次，惠及群众上万人。1月24日，县“8890”在人民广场举办“迎新春送福”主题公益服务活动，为市民免费写春联等；7月27日，携手圣奥·杭府和新天地公益红娘联合举办单身青年交友联谊活动，为80余名单身青年提供联谊空间和平台；10月15日，联合县残联在老地方影城举办“8890光明电影院”主题活动，通过志愿者一对一帮扶的形式，帮助30余位盲人朋友实现看电影的梦想；12月19日起陆续开展“情暖失独家庭”活动，“8890”志愿者们的足迹遍布全县全部15个乡镇街道，共走访看望82户失独家庭，为他们带去暖心的爱心包。

“迎新春送福”活动现场

（王蓉康）

【走村进企帮扶】 2019年，县“8890”服务中心坚持问题和需求导向，多次实地走访浦江求精五金工具有限公司、浦江卓尔雅化妆用具有限公司、浦江县开元纺织有限公司等17家联系企业，解决企业提出的资金紧张、用地紧缺、招工困难等各类困难10余项；走访帮扶仙华街道红旗村、后郎村，解决龙虾养殖、经济作物种植、危房改造等“烦心事、操心事、揪心事”10余件。

【文明城市创建】 8月，县“8890”服务中心会同县文明办共同开发上线“随手拍”小程序，全天候受理“随手拍”反映的问题，累计受理交办61件，办结61件，满意率95%以上。同时，配合县文明城市创建攻坚行动，在项宅社区集中开展垃圾分类、文明停车等文明劝导活动；配合县文明办开展“礼让斑马线”劝导活动。

（朱国松）

老干部工作

【概况】 2019年1月，根据《中共浦江县委 浦江县人民政府关于印发〈浦江县机构改革方案〉的通知》，原浦江县委老干部职责划入县委组织部，加挂县委老干部局牌子。截至2019年，全县共有离休干部33人，其中浦江离休干部31人（包括安置在外6人），外地安置在浦江县2人。年龄最小的86岁，年龄最大的96岁，平均年龄90.90岁。

【政治待遇】 1月29日，县委县政府召开全县离退休干部新春座谈会，县委副书记、代县长俞佩芬宣读给全县离退休干部的慰问信，县委书记程天云通报县2018年度经济社会发展情况和2019年工作计划。会后，县领导带队走访部分离退休干部。

6月，县委老干部局组织开展“夏日送清凉”活动，工作人员分组上门慰问全县离休干部并送上解暑清凉慰问品。9月，为庆祝新中国成立70周年，县委老干部局分组走访全县离休干部，送上庆祝新中国成立70周年慰问金并协助发放“庆祝新中国成立70周年”纪念章，县委书记程天云上门为离休干部傅明夫、张正桄送上纪念章。9月20日，县委老干部局组织部分离休干部开展重阳节“走、看、促”活动，参观了县非物质文化遗产馆并乘车参观351国道。

县委书记程天云（左一）为离休干部傅明夫送上纪念章

9月27日，县委、县政府组织部分离休干部、担任过县处级实职的老领导开展重阳节“走、看、促”活动，先后参观了县非物质文化遗产馆、老齿轮·1967文创园、治水主题馆。

11月8日，举行浦江老年大学建校30周年纪念大会。老年大学300余名学员以文艺演出形式为祖国和老年大学庆生，大会设网络直播，累计观看3万余人次。部分离退休干部受邀出席并观看演出。在县文化馆举办师生书画展，展出作品90余幅，展示老年大学丰硕教学成果。

老年大学建校30周年纪念大会

12月6日，县委、县政府组织部分离休干部、担任过县处级实职的老领导到金华开展“走、看、促”活动，先后参观了金华市城市展览馆、科技馆、婺剧博物馆、金华市老年大学、老党员驿站和老干部陈列馆。金华市委组织部副部长、老干部局局长洪雅群携市委老干部局全体班子成员全程陪同。

【生活待遇】 坚持局领导和工作人员分组联系老干部制度，定期上门走访慰问离休干部。每月至少两次电话问候、每季至少一次上门慰问老干部。上门走访慰问老干部及上医院看望住院老干部202人次，协助处理3名离休干部后事。利用好全省离退休干部管理系统，完善全县离休干部和县处级老领导个人信息档案，离退休干部“两个生日”、家庭信息、工作信息、健康档案一键可查。协调县各大医院，实现离退休干部住院优先，对接县医保局、人力社保局、市民卡服务中心，统一为离休干部更换“市民卡”。利用好老干部困难帮扶资金，12月29日，召开离休干部遗属座谈会，为64名特殊困难离休干部及遗属发放帮扶资金3.70万元。

【中心工作】 组织开展“我看新中国新变化”畅谈、征文活动，召开专题座谈会2次，采访老干部80余人，收到征文50余篇。推动“银耀浦江”老干部志愿服务品牌建设，引导老同志当好“四大员”，参与“三服务三助力”“六城联创”活动、基层治理，累计组织8548人次老同志开展各类志愿活动481次。联合县融媒体中心成立“帮忙老哥”工作室，以“离退休老干部+正能量”的工作模式，招募一批政策水平高、威望影响大、协调能力强、工作作风实的离退休干部为带头人，组建以退休人员为主体、志愿者为补充的老年人服务志愿团，下设夕阳红记者团、政策宣讲团、维权调解团、文体艺术团、关爱工作团、科普健康团6支团队。发挥老年大学优势，在老年大学成立党员“常青”志愿队，下设文明劝导、爱心帮扶、文体展示、医疗服务4个特色志愿服务分队，打造“一支部、一特色”到社区、农村、学校开展送春联、送书画、送文化活动、用镜头记录乡村70年巨变；参加全县文明县城创建活动，到共建社区为居民测血糖、量血压、做理疗，参加各项公益活动100余次，参加人数1000余人。

“帮忙老哥”工作室退休干部政策宣讲团

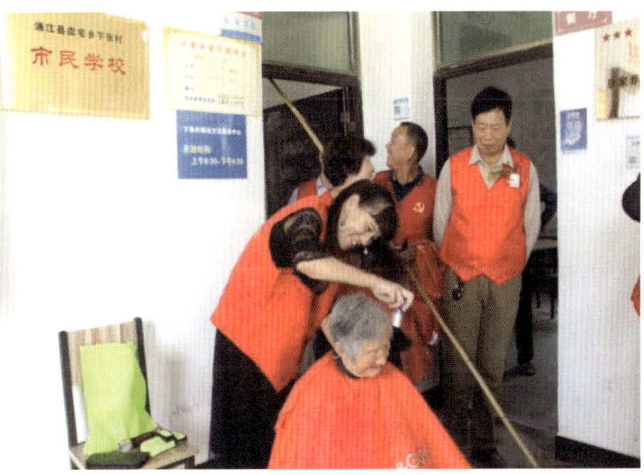

老年大学职工到共建社区为老年人理发

【离退休干部党建】 围绕全省离退休干部党建“五百工程”，打造一批离退休干部党建活动阵地。依托老干部活动中心建成“老党员驿站”，集思想政治教育学习、活动开展、休闲娱乐为一体，成为全县离退休干部思想集训地和正能量活动策源地。整合资源，打造离退休干部党建活动教育基地，打造了“江南第一家”离退休干部党建共享基地、廉政教育基地以及全省首批关心下一代教育基地。创建塔山社区、文景社区两个省级“银尚之家”，老同志们可就近学习、就近活动、就近医疗、就近养老。鼓励离退休干部就近到社区参加学习、活动，推动离退休干部党员从“12天”党员向“365天”党员转变，1000余名老干部就近到社区参加了学习、活动。5月29日，组织全县23名离退休干部党支部书记代表、老年大学临时党委代表到金华参加全市离退休干部党支部党建引领提升班，市委组织部副部长、老干部局局长洪雅群作开课动员讲话并上党课。7月12日，组织全县各乡镇（街道）组织委员、村支部书记代表共计17人到金华市“老党员驿站”和老年大学参观学习。

老党员驿站

（陈孙浪）

党校工作

【概况】 2019年，县委党校围绕“不忘初心、牢记使命”主题教育，打造“初心讲堂”，开展主题教育专题党课26期，1600余名党员干部进课堂接受教育。举办主体班次17期，培训党员领导干部2966人次。举办外来培训班次21期，培训人数1000余人次。立项省、市课题15项。撰写理论文章30余篇，在《浙江日报》《金华日报》《今日浦江》等报纸上发表24篇，在《金华干部论坛》《社会科学论坛》等期刊发表10篇。在省、市、县征文比赛中获11项奖项。围绕县情开展资政研究，编发的第四期《领导参阅》获常务副县长韦钟铺批示肯定。完成编写书籍《江南第一家郑氏规范的当代意义》，由中共中央党校出版社出版发行。

【干部实践学习】 县委党校于2月18—24日、3月13至4月12日分别选派两批干部义乌实践学习，各机关部门、集团公司和浦江开发区、水晶产业园区、乡镇街道主要领导、班子成员和业务骨干共91名干部参加培训，学习义乌市的改革和发展经验，落实“浦义同城战略”。县委常委、组织部部长李唯，县委组织部常务副部长陈明建出席开班动员会。

浦江首批干部到义乌实践学习动员会

【初心讲堂】 围绕新中国史、浦江创新创业史、浦江革命斗争史专题，邀请劳动模范、企业先锋、英雄后代进党校开展“不忘初心、牢记使命”主题教育专题讲座；选派党校优秀教师进机关、进社区、进企业开展“初心宣讲”。活动累计开展30期，听课人数逾1800人。

【“爱国奋斗 建功立业”专题培训班】 7月13—19日，由县委人才办和县委党校在江西省井冈山联合举办为期5天的全县高层次人才党性修养提升专题培训班。培训班首次采取专题教学、现场教学、场景教学、互动研讨多教学方式结合的方法，学员与红军后代访谈，参观“黄洋界保卫战”旧址，进行分组讨论。

浦江县高层次人才专题培训班

【《江南第一家郑氏规范的当代意义》出版发行】 12月，由县委党校主编，中共中央党校出版社出版的《江南第一家郑氏规范的当代意义》发行。全书围绕清廉、善治、担当、尚德、教育、孝道6个主题展开资料撰写。该书是浦江立足党员干部教育、以基层治理现代化为题材的全新研究成果，被列为浙江省党员干部教育培训教材。

（钱程武）

档案管理

【概况】 2019年，县档案馆机构改革中，局馆分家，理顺局馆关系，配合档案局加强执法检查工作。及早介入机构改革建档工作，就机构改革档案处置进行实地走访，做好机构改革中档案服务指导，及时解答疑惑，完成对涉改单位全宗号调整。“奋斗的浦江”和“不忘初心、牢记使命”主题教育展相继开展，武义县档案馆、东阳市档案馆、磐安县档案馆、龙游县档案馆等兄弟县市到浦江学习考察展厅建设和数字档案馆创建工作。全年开展预约查档、异地查档、电话、传真查档，方便快捷提供服务，共接待查档人数3967人，利用档案2134卷件，打印4320余张。强化档案开放鉴定工作，已鉴定39个全宗，共开放39634件。

深化“五档共建”，强化档案服务功能建设，县档案馆被市档案局推荐为全省档案工作先进单位。

【测评工作】 2019年，通过国家级数字档案馆创建测评。以国家级数字档案馆创建为契机，加强档案信息化建设，提升馆藏基础设施建设。省档案局组织专家对浦江档案馆国家级数字档案馆创建进行测评，县档案馆通过国家级规范化数字档案馆的现场测评，是金华市首家通过国家级数字档案馆和省级数字档案馆的档案馆。针对测评现场提出的问题，开展数字档案馆整改工作，整改情况报省档案局审核，经国家馆认定，浦江县档案馆获评“国家级数字档案馆”。省级档案馆综合业务建设评价获得通过。在国家级数字档案馆创建的基础上，对照评价任务目标，开展馆内馆藏资源建设、设施设备安装与采购等，查差距，补短板，通过省档案局业务建设评价工作组专家的测评。县档案馆是全省首批通过省级档案馆综合业务建设评价的档案馆。

【组织活动】 1月，县档案馆“奋斗的浦江”展厅开展。在开展仪式上，市档案馆副馆长许龙画，县委常委、副县长卢楠分别讲话，并观看展览。补齐展厅设施，增补大投影仪配套的音箱、话筒、凳子等设备。展厅建设成为档案宣传的窗口，东阳市档案馆、武义县档案馆到县档案馆学习考察展厅建设。组织开展“6·9”国际档案日活动，于6月6日在城区文化广场举行新中国成立70周年档案宣传活动，举办以“新中国的记忆”为主题的专题图片展，开展现场档案咨询活动，发放《浦江县民生档案查阅指南》，副县长陈子华到现场观展并指导。9月16日，配合全县“不忘初心、牢记使命”主题教育，与县委组织部联合开展“不忘初心、牢记使命”主题教育展，接待机关部门、乡镇街道等86个单位90批次3450余人参观。

【档案服务】 2019年，开展集中培训、上门指导、电话、钉钉、QQ、微信点对点等多种形式提供档案技术服务。举办各类培训7次，培训人员310人次。6月，为中余乡、花桥乡及仙华街道的4个村提供现场教学。7月，邀请金华市档案馆调研员蒋伟良到浦江授课。8月，为县委宣传部讲解归档范围业务知识。10月，专门举办数字档案室创建培训。11月，在教育研培中心开展档案收集业务交流培训。走访五大国有资产集团公司、县税务局、县信访局、县人民医院、县第七中学等70余家单位，为各单位提供档案业务帮助。针对中介机构档案规范整理的要求，多次召集中介机构开展业务培训，加强专业指导，下发有关文件通知，规范中介机构档案建设。

【档案法制】 加强档案执法检查，将日常监管和“互联网+”双随机掌上执法检查相结合，指导、检查、监督各单位档案室实体库房和数字档案室数据，对检查中发现的问题，督促限期整改。2019年，完成14家单位双随机执法检查，查出档案管理中存在较重安全隐患的单位1家，督促限期整改。1月，配合市档案局对七里中小的省二级档案工作目标管理认定进行抽查。8月，开展“互联网+执法监管”清零行动，分别走访县医疗保障局和县退役军人事务局、县自然资源和规划局、县信访局、县财政局等单位，现场执法检查和业务指导。与市档案局走访调研虞宅乡新光村，对其档案室和数字档案室使用情况进行检查和了解，为驻村干部和村干部举办现场指导和培训。

【服务农村档案】 对接县土地确权办及中标的土地确权档案整理公司，指导土地确权档案整理数字化工作，上传郑宅镇、花桥乡等6个乡镇的确权档案数据目录，为确权档案进馆谋划准备，接收进馆。组织开展送档案服务进红色中余乡、花桥乡、“4+2”联心结对村活动，举办档案业务培训，向中余乡8个村和“4+2”结对村赠送档案柜、除湿机、号码机等档案物资。到结对村社开展送指导、送服务活动，帮助解决实际困难。

【档案创建】 开展数字档案室创建培训、指导和跟踪服务，规范数字档案室创建工作。配合市档案局对9家单位(含各下属单位)开展省示范数字档案室现场测评；组织开展22家单位(含下属单位)省规范化数字档案室测评，其中21家通过测评。截至12月，浦江县属单位通过浙江省示范数字档案室验收13家，通过规范化数字档案室验收43家，按照省“两办”提出的全部建成数字档案室的要求，剩余10余家单位列入2020年数字档案室测评计划。

【档案接收征集】 接收县司法局2003—2007年档案共55卷575件、县审计局1984—2014年档案169卷1340件、县市场监督管理局文书档案198卷2791件、业务档案535卷、会计档案101卷等22家单位的档案4000余卷5万余件。接收土地确权档案9万余卷，接收并整理在机构改革中撤销单位的档案。征集浦江籍抗战老兵照片66张、相关抗日战争题材118张照片及部分文字资料。收集“凝固历史的浦江老照片”系列报道中的老照片(电子照)197张，共计18MB左右。

【县重大活动建档】 服务县中心工作，指导和接收“全国农村水利水电会议”档案资料，收集整理月泉书院开园仪式重要档案资料归档，配合市档案局举办《S210(20省道)浦江联盟至古塘段改建工程》档案验收会活动。为浦江县外胡水电站增收扩容改造工程等建设项目提供档案技术服务，为通过竣工验收提供档案技术支持。推进自媒体建档工作，对自媒体、网页上涉及民生、重要事项的有关档案进行收集整理，共收集数据2.68GB，其中报道28篇、视频16个82分钟、照片477张，内容涵盖“不忘初心、牢记使命”主题教育、351国道通车、文明城市创建等。

【档案信息数据共享】 推进“最多跑一次”改革、“无证明城市”改革工作。按要求梳理并报送“无证明城市”改革相关材料，配合查档人员对“无证明城市”核验系统进行测试。按时向县编委办、县行政服务中心、县司法局报送“最多跑一次”改革和“无证明城市”改革统计数据。向市档案局报送馆藏婚姻和出生医学证明档案数据。开展权力清单梳理工作，将许可、处罚等7个行政权力事项划转到县委办。及时维护权力事项库事项，全面开通档案公共服务网上办和掌上办。

【档案数字化】 2019年，验收通过2017年度档案数字化加工项目预定扫描任务。推进85万元的档案数字化加工项目，档案数字化扫描加工完成第三期、四期档案数字化验收和第五期的扫尾、第六期招投标工作。完成第四期档案数字化共69个全宗条目数37.06万条、页数221.61万页；第五期档案数字化共41.02万条目168.65万页；第六期36个全宗鉴定、整理、编目，绿宝册原始数据资料进行整理造册。

【档案安全监管机制】 保障馆藏档案系统的数据安全，购置赛门铁克备份软件并邀请技术员对馆藏系统数据库及原文进行备份安装调试，确保定期自动备份。将馆藏档案数字化成果上传资源总库服务器约3TB并备份，完成2018年度登记备份工作相关数据光盘和表格的整理入库。受理28家单位档案登记，县人大办、县红十字会等35家单位档案数据备份，备份数据约463.17GB。完成对上海泰宇信息技术股份有限公司移交的馆藏档案数字化加工成果第五批次检测，共涉及47.30万条目188.70万页原文。

【档案文化编研】 《浦阳风物旧咏》经过资料收集、整理和补充，于8月31日刊印出版，向金华市档案馆、兄弟县市、相关单位进行赠阅。《浦江古村落》一书完成收集整理工作。完成《抗日战争档案汇编·浦江卷》电子稿的整理、编纂工作，拍摄相关抗战老兵照片及视频补充。

（李　雄）

浦江县人民代表大会

综　述

【概况】　2019年，浦江县人大常委会全年召开人大常委会会议10次、主任会议15次，听取和审议专题工作报告65个，依法作出决议决定8个，依法任免国家机关工作人员73人次，推进浦江县经济社会发展和民主法治建设。

发挥人大常委会党组对人大工作的领导作用，学习贯彻党中央、省委、市委、县委的重要会议和文件精神，定期向县委报告人大工作中的重要问题和重要工作。开展主题教育工作，运用“领读+晨读+课堂”等方式，组织学习必读内容，领会习近平总书记重要讲话精神、指示精神、批示精神，系统学习近代史、党史、《可爱的中国》等内容；围绕民生方面的热点、难点、痛点和堵点开展调研，先后解决百姓诉求29个，形成专题调研报告11个；全面梳理问题，全面征求意见，高质量召开专题民主生活会，完成问题整改147个。

助推民营经济发展，组织召开促进民营经济高质量发展专题询问会，开展司法机关保障和服务民营企业健康发展专题监督，开展涉企部门工作评议，开展建筑产业专题监督，作出关于促进民营经济高质量发展的审议意见。促进乡村振兴建设，听取和审议乡村振兴工作情况报告，开展消除集体经济薄弱村工作和农业产业布局和农产品品种优化工作专题监督，组织开展农业产业发展工作和农村饮用水水质提升工作专题考察，推动农产品营销队伍建设、休闲农业观光旅游工作。推进重点项目落实，听取和审议政府“七个十”项目、民生实事、政府重点投资项目进展情况报告，组织省、市、县人大代表考察、座谈36场次，组织开展民生实事工作完成情况的评估和满意度测评。依法开展财经监督工作，加强预算审查监督、政府投资项目审查监督、预算执行监督，听取和审议5个部门预算执行情况报告，专题听取政府债务和行政事业单位国有资产分类处置工作情况报告。

解决人民群众难点问题，加强城区道路畅通工程监督，推动增设停车位1549个，修复人行道2.70万平方米；加强“最多跑一次”改革工作监督，提出建议意见23条；加强食品药品安全工作监督，保障食品药品安全；开展农民住房难工作专题监督，推动解决“无房户、缺房户”493户。2次组织人大代表视察人民医院和中医院两个医共体建设，开展民营医院运行情况专题调研;听取和审议发展教育促进民生改善专题工作报告,持续助推学前教育工作,推动建成并投入使用公办幼儿园4所;加强养老服务行业监督,推动6家乡镇(街道)示范居家养老服务中心建设,实现养老信息化管理;听取和审议“扫黑除恶”专题工作报告,保障社会安定有序。听取和审议“污水零直排区”专题工作报告,开展雨污分流改造工程专题监督,督促政府完成农村生活污水提标项目15个,推动完成社区雨污分流项目17个;听取和审议环境状况和环境目标任务完成情况工作报告,开展垃圾分类专题监督,开展环保工作专题监督,审查通过《浦江县域总体规划(2018—2035)》,加强金狮湖塔山区块等规划编制工作的专题监督。

促进政府依法行政,听取和审议县政府、市场监管局和自然资源局依法行政专题工作报告,开展全县依法行政工作专题调研,组织任前法律知识考试、任前表态、宪法宣誓38人次,提升全县依法决策、依法行政、依法管理的能力水平。促进“两院”(检察院、法院)公正司法,深化“两官”(检察官、法官)评议工作,走访座谈69场次,发放征求意见表325份,抽查案件80件,旁听庭审5场次,观看被评议“两官”庭审录像,形成评议报告8份,推进“两官”队伍的素质提升;听取和审议“两院”半年度工作报告,组织人大代表视察“两院”工作,旁听案件审理,开展法院执行工作专题监督,提出建议意见25条。促进法律有效实施,开展“七五”普法工作监督,开展固废污染防治“一法一条例”执法检查,开展《浙江省学前教育条例》执法检查,开展《金华市电梯安全条例》执法检查,依法审查政府规范性文件31个,配合省人大开展《浙江省家庭教育促进条例》《浙江省宗教事务条例》等立法调研,配合市人大开展《金华市大气污染防治规定》《金华市传统村落保护条例》等立法调研。

拓展代表联系渠道,组织人大常委会组成人员走访联系人大代表160人次,邀请人大代表参加人大常委会会议和活动115人次,开展人大代表向选民述职活动30次,提升人大代表联络站15个,建立人大代表联络点8个,组织人大代表活动563人次,接待人民群众1335人次,解决人民群众诉求57个。加大代表建议督办力度,健全“办前沟通、办中协调、办后跟踪”的工作机制,对14件“基本满意”建议开展办理工作“回头看”,选取6件事关人民群众切身利益、社会普遍关注的重点建议开展满意度测评,进一步提升建议办理质量。提升代表履职能力,组织人大代表集中培训,组织人大代表开展活动113次,完善人大代表履职的工作机制、考核机制、留痕管理机制,制定出台《关于浦江县人大代表活动经费管理使用的意见》。

加强自身建设,定期组织人大常委会组成人员、机关干部集中学习、集中培训,主动参与“三服务”、“4+2”村(社区)联心服务团等活动,接待受理来信来访人民群众50批次207人次。优化体制机制,设立人大社会建设委员会和人大常委会社会建设工作委员会,建立健全机关党组议事规则、中心组学习制度、专门委员会和工作委员会工作制度等9项规章,指导基层人大工作规范化建设,全面增强整体实效。开拓创新,推行大会期间人大代表审议意见立交立办的做法,快速办理审议意见28件;推行“微民生实事”的做法,组织人大代表在大会闭会期间收集人民群众身边的小事、急事、难事60件,提交政府研究处理;制定出台《关于规范乡镇人民代表大会会议的意见》,对会议时间、工作报告内容等十方面提出明确规定,为乡镇依法、规范召开人民代表大会提供依据。

【规范乡镇人代会】 针对以往乡镇人民代表大会会议存在的组织不到位、程序不规范、审议不充分、作用发挥不明显等问题，县人大常委会制定出台《关于规范乡镇人民代表大会会议的意见》，从会议时间、会议组织、会议议程、报告内容、议案建议、视察工作、选举工作、审议要求、民生实事票决、后勤保障10个方面作出明确规定，为规范有效召开乡镇人代会提供依据。

【推行"微民生实事"】 为解决群众身边的"小急难"事，县人大常委会制定出台《关于加强"微民生实事"监督工作的若干意见》，就"微民生实事"的提出、初步审查、交办、办理、跟踪监督5个方面作出具体规定，专门解决群众身边因"项目资金少、审批程序过长、相关政策支持欠缺"等原因，而无法及时落实的惠民小项目。2019年，通过组织代表进联络站、走访群众等渠道，收集并解决诸如道路窨井盖修补、停车位划分、社区环境美化、路灯修补、饮用水源提升改造等百姓关注急事、难事、小事60件。

【创新代表联络站】 根据新形势对代表工作所提新要求，以及省、市人大常委会对代表联络站建设的新要求，深化和完善人大代表联络站建设，创建"升级版"代表联络站，推动人大代表联络站建设提档升级。指导郑宅镇、前吴乡2个代表联络站围绕代表进站全员化、联系活动长效化、联系工作网络化、活动机制规范化、舆论宣传多样化的目标，打造"四好"代表联络站，把代表联络站建设成为人大代表联系群众的好桥梁、履行职责的好平台、学习交流的好阵地、国家机关听取人大代表意见的好场所。同时，将代表联络平台继续向村(社区)、企业延伸，在村、社区联系群众方便的场所建立8个代表联络点。

【健全人大组织机构】 3月1日，浦江县第十四届人民代表大会第三次会议通过关于设立、变更浦江县第十四届人民代表大会有关专门委员会的决定，设立了浦江县第十四届人民代表大会社会建设委员会，同时把浦江县第十四届人民代表大会法制委员会更名为浦江县第十四届人民代表大会监察和司法委员会。3月3日，县编委会下发文件，同意设立浦江县人大常委会社会建设工作委员会，与县人大常委会社会建设委员会合署办公，设主任1名，副主任1名，并同意增加编制1名。

【推行人代会代表审议意见立交立办】 在浦江县第十四届人民代表大会第三次会议期间，县人大创新推行代表审议意见立交立办工作机制。大会期间，代表们审议各项报告和发言时提出的意见建议，通过大会秘书处交办到"一府、一委、两院"。大会期间，大会秘书处共向"一府、一委、两院"交办代表审议意见28件。截至大会闭幕前，28件交办意见全部与代表完成对接和反馈，代表反馈满意率100%。

重要会议

【县十四届人大第三次会议】 2月27日至3月18日，浦江县第十四届人民代表大会第三次会议在县城召开。来自各条战线的218名县人大代表出席会议。会议听取和审议县人大常委会和"一府两院"工作报告，审查国民经济和社会发展计划及本级财政预算报告。会议以电子表决的方式，通过《关于政府工作报告的决议》《关于浦江县2018年国民经济和社会发展计划执行情况与2019年国民经济和社会发展计划的决议》《关于浦江县2018年财政预算执行情况和2019年财政预算的决议》《关于浦江县人民代表大会常务委员会工作报告的决议》《关于浦江县人民法院工作报告的决议》《关于浦江县人民检察院工作报告的决议》。通过县十四届人大监察和司法委员会、社会建设委员会组成人员及财政经济委员会副主任委员人选名单，确定2019年政府民生实事项目。大会以无记名投票方式，依法选举产生县人民政府县长，县人大常委会副主任1名、委员4名，县人民法院院长。

【县人大常委会会议】 1月15日，县十四届人大常委会召开第十六次会议。会议听取和审议县财政局关于2018年全县财政预算执行情况和2019年全县财政预算草案初步方案，表决通过县人大常委会关于2018年全县财政预算执行情况和2019年全县财政预算草案初步方案的初步审查意见。听取和审议县政府关于2018年民生实事项目完成情况的工作报告，书面审议2018年民生实事项目评估报告，并对2018年民生实事项目完成情况开展满意度测评。听取和审议被评议法官和被评议检察官的履职评议自查报告及履职评议工作小组的调查报告，并对评议对象开展满意度测评。以无记名投票方式通过县政府有关人事提请。以电子表决的方式通过有关县人大常委会组成人员及县人大代表辞职建议案、县人大常委会关于召开县第十四届人民代表大会第三次会议的决定以及2018年度人大先进代表、优秀建议表彰名单。

1月21日，县十四届人大常委会召开第十七次会议。会议以无记名投票方式通过县人大常委会主任会议和县政府有关人事提请。

2月1日，县十四届人大常委会召开第十八次会议。会议以电子表决的方式通过有关市七届人大代表辞职建议案和关于补选的县人大代表资格的审查报告。以无记名投票方式通过县人大常委会主任会议和县政府有关人事提请，补选市七届人大代表2名。

2月20日，县十四届人大常委会召开第十九次会议。会议以无记名投票方式通过县监察委员会有关人事提请，听取和审议筹备组关于县十四届人大三次会议筹备情况的汇报，书面审议2019年政府民生实事项目表决办法(草案)、县2018年国民经济和社会发展计划执行情况的报告及2019年国民经济和社会发展计划(草案)、县2018年财政预算执行情况的报告和2019年财政预算(草案)、县十四届人大三次会议选举办法(草案)、县十四届人大有关专门委员会组成人员人选通过办法(草案)。以电子表决的方式通过2019年政府民生实事候选项目、县人大常委会2019年工作要点、2019年政府投资重大项目、关于批准浦江县2019年政府投资重大项目的决定、关于补选县人大代表资格的审查报告、县人大常委会工作报告稿、县十四届人大三次会议列席人员名单、各代表团召集人名单以及县十四届人大三次会议日程(草案)。

4月29日，县十四届人大常委会第二十次会议召开。会议听取和审议县政府关于全面实施乡村振兴战略加快推进现代化和美乡村建设工作情况的报告、县政府关于“扫黑除恶”工作情况的报告、县政府关于“最多跑一次”改革情况工作的报告，以无记名投票方式通过县法院有关人事提请。

6月27日，县十四届人大常委会第二十一次会议召开。会议听取和审议县政府民生实事项目进展情况的工作报告、县政府关于促进民营企业高质量发展情况的报告、县政府关于发展教育促进民生改善持久战落实情况的报告、县政府关于“污水零直排区”建设情况的工作报告、县政府关于农村饮用水水质提升工作情况的报告,以电子表决的方式通过《浦江县域总体规划(2018—2035)》和有关辞职建议案。

8月30日,县十四届人大常委会第二十二次会议召开。会议听取和审议县政府关于2019上半年全县经济和社会发展情况及下半年工作安排的报告,县政府关于2019年上半年财政预算执行情况的报告和县政府关于2018年财政决算(草案)的报告,县政府关于2018年度财政预算执行情况和其他财政收支情况的审计报告,县法院、县检察院2019年上半年工作情况和下半年主要工作安排的报告。会议以电子表决的方式通过浦江县人民代表大会常务委员会关于批准浦江县2018年财政决算的决议。

10月30日,县十四届人大常委会第二十三次会议召开。会议听取和审议县政府关于农业产业布局和农产品品种优化工作的报告、县政府关于小微企业园建设情况的工作报告,以电子表决的方式通过关于批准2019年地方政府债务限额及财政预算调整方案的决定、污水处理厂扩容和清洁排放改造项目调整、关于补选县人大代表资格的审查报告、有关市七届人大代表辞职建议案。会议以无记名投票方式通过县政府和县法院有关人事提请,补选了市七届人大代表1名。

11月25日,县十四届人大常委会第二十四次会议召开。会议以无记名投票方式通过县政府、县检察院有关人事提请。

12月30日,县十四届人大常委会第二十五次会议召开。会议以无记名投票方式通过县政府和县监察委员会有关人事提请,听取和审议县政府关于县人大常委会促进民营企业高质量发展专项监督审议意见的研究处理情况的报告,县政府关于民生实事项目完成情况的工作报告,县政府关于代表建议办理情况的报告,被评议法官、检察官的履职报告,县财政局关于2019年全县财政预算执行情况和2020年全县财政预算草案初步方案,6个涉企部门工作评议整改落实情况报告,浦江县2019年环境状况和环境目标任务完成情况的工作报告。会议书面审议6个部门办理代表建议情况的说明、“两官”评议履职评议工作小组的调查报告、2019年民生实事项目评估报告,并开展满意度测评。书面审议涉企部门工作评议小组的评议报告和6名市人大代表的述职报告。以电子表决的方式通过县人大常委会关于2019年全县财政预算执行情况和2020年全县财政预算草案初步方案的初步审查意见、有关辞职建议案、2019年度推荐表彰的优秀代表及优秀代表建议名单、县人大常委会关于召开县十四届人大四次会议时间决定。

(徐诞煜)

浦江县人民政府

综　述

2019年，浦江县实现地区生产总值230.20亿元，同比增长6.4%；一般公共预算收入19.30亿元，同比增长0.8%；社会消费品零售总额124.80亿元，同比增长8.9%；城乡居民人均可支配收入分别达到4.83万元和2.33万元，同比增长8.0%和8.5%。

全年规模以上工业增加值同比增长8.7%、制造业投资同比增长170.9%、民间项目投资同比增长117.8%、工业投资同比增长187.3%，均居全市第一位。成立县营商办，建立涉企府院联动常态化工作机制，构建完善"1+14"政策体系，工业科技扶持资金增加2.10亿元，减税降费4.30亿元。设立政策性融资担保公司，新增工业贷款30.10亿元，不良率降至1.24%，出让工业用地66.90公顷，消化批而未供土地97.2公顷，盘活存量建设用地66.20公顷，完成城镇低效用地再开发47.13公顷。启动开发区绗缝产业园等5个小微园建设，完成西部挂锁园区企业入园、东部挂锁园区二期建设，水晶产业园区获评国家小型微型企业创业创新示范基地和省数字化示范园区，获评省小微企业园建设提升重点县。召开首届浦江乡贤大会，全年签约项目41个、落地项目33个。完成"个转企"301家，净增"小升规"71家，新增股交中心挂牌企业12家，举办第11届水晶玻璃产业博览会和中国纺织供应链大会，浦江纺织产业集群试点地区通过复评，获评"中国家纺绗缝流通示范基地"。建筑业产值61.90亿元，同比增长14.6%。外贸出口61.20亿元，同比增长11.9%，增速居全市第二位；跨境小包业务量4045万件，同比增长9.0%。

推行"退休一件事""出生一件事"等便民服务，新生入学"一号通"参选全国改革方案评比，设立全市首个企业开办专区，取消证明事项425项，出让"标准地"29宗，工业投资项目实现"拿地即开工"，企业开办全流程一日办结，企业投资项目开工前审批实现"最多60天"，办事时间压缩45%、材料精减52%。建立企业"亩均效益"综合评价机制，出清D类企业和亩均税收1万元以下企业82家、淘汰落后产能14家、整治低小散企业174家。组建浦江微电子与智能制造研究院和浦江技工学校，与省智能制造专家委员会合作开展8家企业试点，申报认定国家高新技术企业11家、省科技型中小企业75家、市级以上研发机构9家、院士专家工作站1家，高新技术产业投资同比增长70.3%，居全市第一位。完成3家国企混改和小型水利工程产权制度改革，33宗资产完成划转注入，国企营业总收入同比增长53.6%。浦江——义乌供水工程通水，两地境内高速一类客车免费通行，首批240项政务服务事项实现“浦义通办”，12处旅游景点对两地居民实行半价优惠，浦江企业纳入义乌转贷基金支持范围。

创建省AAA级景区城和省食品安全县，获评省“推进大花园建设成效明显的县（市、区）”和省小城镇环境综合整治工作优秀县，通过省“无违建县”复评和国家卫生县城复审。完成水晶小镇控规修编、开发区控规修编、中心城区路网专项规划编制和解放西路历史文化街区保护规划编制。开展金狮湖—塔山区块城市设计和产业策划，拆除金狮湖二期已征房屋20.50万平方米。完成塑料厂宿舍、老浦棉宿舍等老旧小区改造；城中村改造一期4个集聚区交房，白林集聚区完成主体工程，文溪D区块进入主体施工；民主路北入口完成建设，凌宅巷及据家延伸区块房屋完成修缮。西山公园、和平路、广场东路完成道路彩化亮化，修复人行道2.70万平方米。完成浦南大道南苑小学段建设、环城东路改造、和平北路改造和锁具大道北延主体工程，新增停车位1549个。与华为技术有限公司达成新型智慧城市建设战略合作，建成全市首个小区物业管理网，推行文明养犬。

全县旅游总接待达到2058.30万人次，同比增长21.1%，获评“中国最美乡村旅游目的地”。江南第一家——仙华山峰林景区创AAAAA级旅游景区完成景观质量价值报告并上报省级评审，茜溪悠谷AAAA级景区和红色塘波AAA级景区完成创建，岩头镇入选省风情小镇培育单位，虞宅乡——大畈乡获评省乡村旅游产业集聚区，“诗人小镇”田园获评省“最美田园”，创建A级景区村庄39个、省森林城镇2个、国家森林村庄5个。创建星级民宿31家、星级农家乐15家，泊隐柳秀获评省金宿级民宿。完成县非遗馆建设、月泉书院遗址公园一期工程和34幢历史建筑修缮，打造美丽乡村等5条旅游精品线以及上河、薛家等一批网红村，杭坪镇被评为省非遗主题小镇和省民间文化艺术之乡，江南第一家入选首批省级中小学生研学实践教育基地。举办“中国·多彩非遗新浦江”全国摄影采风、“诗画浦江”乡村旅游节以及7场大型体育赛事，全省首个村级省部属企事业工会疗休养基地落户嵩溪。

第五次捧得全省治水最高奖——“大禹鼎”，荣获第十届中华环境优秀奖，生态环境质量公众满意度名列全省第二位，国家级卫生乡镇实现全覆盖。完成15个农村生活污水提标项目和17个社区雨污分流工程建设，修复污水管网7.70千米，疏通排水管网292千米，浦阳江上仙屋出境断面水质均值稳定达到地表水Ⅲ类，壶源江出境断面水质稳定达到地表水Ⅱ类，浦阳江、茜溪获评省级美丽河湖。入选省首批河湖标准化管理县，县河长制办公室被水利部评为“全面推行河长制先进单位”，承办全国农村水利水电工作会议。新建空气监测站16座，新增新能源公交车、出租车60辆，空气优良率达94.2%，列全市第三位。完成兆丰等三处堆场水晶固废清运、覆土，全面推行城镇垃圾分类“两定四分”（两定：定时、定点；四分：生活垃圾分为厨余垃圾、可回收物、有害垃圾、其他垃圾）模式。做好中央、省环保督察发现问题整改以及全国第二次污染源普查，完成四座污水处理厂清洁排放技术改造，小黄坛垃圾焚烧发电项目完成主厂房建设。

完成高标准农田建设1066.67公顷，新增葡萄出口基地2家，创建山地蔬菜示范点3个、专业村2个，获评省级农业绿色发展先行县，浦江葡萄农产品区域公用品牌获评全国百强，黄宅被评为全国

“一村一品”示范村镇和省级特色农业强镇，横山葡萄园、靓松农场获评“中国最美葡萄园”。出台农村集体资产股权管理办法，获评全国县域数字农业农村发展先进县。完成省财政扶持项目14个，所有行政村达到总收入超过20万元且经营性收入超过10万元的标准，低收入农户收入增长11.9%。解决无房户、缺房户490户，改造危房户620户，获评省农村住房建设试点县。创建星级村27个，提升村口景观20个，完成潘周家、古塘历史文化村落建设，获评省传统建筑认定试点县。完成城乡一体化供水管网延伸21千米、单村提升和村内管网改造20个村，建成“山上浦江·美丽交通环”16.10千米。评选乡风文明示范村189个，农村文化礼堂实现行政村全覆盖，“好家风”经验获省委书记车俊点赞。

“三公”经费减少4.2%，新增财力100%用于民生支出，十项民生实事8项完成、2项基本完成，人大建议、政协提案办理满意率、基本满意率均为99.4%。出台教育现代化十大行动方案，黄宅镇中心幼儿园、翠湖幼儿园、南苑小学、岩头镇中心小学、虞宅中心小学建成投用，浦阳第一小学分校区等7所学校开工建设，举办浦江中学、中山中学建校80周年庆典活动，高考一段线上线人数再创新高。组建县域医共体2个，初步建成五大共享中心，县人民医院成为全省首家通过国家心衰中心认证的县级医院。县融媒体中心投入使用，完成体育馆一期工程和15个小康体育村提升，公共文化服务标准化建设通过省级验收，举办第12届中国书画节等活动。通过省“无欠薪”县考核验收，城镇登记失业率1.9%，基本养老保险参保率96.4%，基本医保参保率99.6%，新建示范型居家养老服务中心6家、残疾人之家14所，成立全省首家关爱退役军人协会。创建省级民主法治村（社区）8个，获评全国“七五”普法中期法治宣传教育先进县，郑宅镇获评全国乡村治理示范乡镇，县人民调解委员会被评为全国坚持发展“枫桥经验”矛盾不上交工作表现突出集体。命案保持全年零发案，“两抢”案件连续27个月零发案，交通事故全口径死亡人数相比前三年平均数下降38.1%，县生命教育体验中心获评全国“红十字应急救护示范基地”。

（陈东钢）

政府常务会议

【浦江县第十四届人民政府第25次常务会议】 1月28日召开。会议学习中共金华市纪委关于全市“三清理一规范”专项行动核查情况的通报，中共金华市纪委关于10起形式主义、官僚主义问题的通报，《中华人民共和国公务员法》。会议审议《浦江县2018年财政预算执行情况和2019年财政预算（草案）》《2019年政府工作报告（征求意见稿）》《2019年政府十大民生实事汇总（征求意见稿）》《“五个十”项目安排（征求意见稿）》《浦江县2019年政府投资计划（征求意见稿）》《2019年浦江县重点建设项目计划（征求意见稿）》《2019年国民经济计划报告（征求意见稿）》《浦江县合法工业用地违法建筑分类处置暂行办法》《浦江县医疗卫生服务共同体建设实施方案》《浦江县声环境功能区划分方案（2018—2020）》《浦江县公共租赁住房保障管理办法》《浦江县公共租赁住房保障管理实施细则》。

【浦江县第十四届人民政府第26次常务会议】 2月18日召开。会议审议《2019年浦江县“七个十”项目（送审稿）》《2019年政府工作报告（送审稿）》《浦江县贯彻落实浙江省环境保护督察反馈意见整改方案(送审稿)》《浦江县水晶小镇控制性详细规划》调整方案。会议听取浦江县水功能区水环境功能区(钱塘241#)局部调整进展情况汇报。

【浦江县第十四届人民政府第27次常务会议】 3月25日召开。会议学习《习近平在全国“两会”期间的重要讲话精神和韩正在浙江代表团的重要讲话精神》《习近平在中央全面深化改革委员会第七次会议上的讲话精神》《中共金华市纪委关于2018年全市查处违反中央八项规定精神问题情况的通报》《金华市养犬管理规定》。会议审议《扫黑除恶专项斗争工作》《浦江县农村饮用水达标提标专项规划报告》相关事宜。

【浦江县第十四届人民政府第28次常务会议】 4月2日召开。会议听取《县政府各线3月份工作总结和4月份工作计划》。会议学习中央、省、市领导关于安全生产工作的批示精神并听取我县近期安全生产排查整治情况及下一步工作汇报。会议审议《浦江县2019年经济工作“对标比拼勇赶超”活动实施方案》《浦江县“打赢实体经济翻身战”竞赛活动实施方案》、浦江县工业十大扶持政策兑现情况的相关事宜、《浦江县粮食生产扶持政策》有关事项。会议听取杭温高铁二期项目有关情况汇报、行政事业单位不动产国有资产专项清查工作情况的汇报。

【浦江县第十四届人民政府第29次常务会议】 4月28日召开。会议传达省委十四届五次全体(扩大)会议精神和全省防范化解风险专题培训相关内容。会议学习《中共浙江省委办公厅 浙江省人民政府办公厅关于整治形式主义突出问题切实减轻基层负担的若干意见》《中共金华市纪委关于10起村干部违纪违法典型案件的通报》《中华人民共和国行政复议法》。会议审议《浦江县打赢蓝天保卫战三年行动计划(送审稿)》《浙江省浦江经济开发区C-2-9街区局部控制性详细规划调整》《2019年政府系统建议提案交办方案》。会议听取2019年一季度工业经济运行和经济形势分析汇报、2019年一季度招商引资工作进展情况汇报、2019年县政府“七个十”项目进展情况汇报。

【浦江县第十四届人民政府第30次常务会议】 5月15日召开。会议学习《中共浙江省纪委关于五起公款旅游问题的通报》。会议审议交通与发展领域安全生产有关工作、《地质灾害避让搬迁前吴安置区调整方案》《关于明确行政事业单位不动产权证补办有关事项的通知》、天晨胶业局部搬迁补偿事宜。

【浦江县第十四届人民政府第31次常务会议】 5月30日召开。会议学习《党的十九大以来省纪委省监委查处的严重违纪违法省管干部忏悔录选编》《中华人民共和国行政诉讼法》。会议审议《浦江县黄宅镇总体规划(2015—2035)》《浦江县郑家坞镇总体规划(2015—2025)》《浦江县杭坪镇总体规划(2016—2035)》、调整浦江县城区住房市场平均租金、浦江县食品安全相关工作、浦江县现代物流业发展工作、杭温铁路项目土地综合开发框架协议。

【浦江县第十四届人民政府第32次常务会议】 6月10日召开。会议审议《关于促进实体经济稳步发展的若干意见》《浦江县农村饮用水工程运行管理办法(试行)》《新建杭州至温州铁路(杭州至义乌段)浦江段征地拆迁补偿费用包干框架协议》《浦江县西部山区地质灾害安置房建设工程地块控制性详细规划》《郑家坞西山区块(小微创业园)控制性详细规划》。

【浦江县第十四届人民政府第33次常务会议】 6月24日召开。会议学习金华市党员干部违纪违法典型案例警示录、《中华人民共和国政府信息公开条例》。会议审议城建与民宗专业安委会安全生产工作、《农村无房户、危房户和缺房户集聚安置试点方案》《工业企业亩均效益综合评价深化“亩均论英雄改革”实施意见》《进区工业项目评价与储备工作实施办法》《浦江县扶持现代农业发展实施意见》《实施创新驱动战略,推动经济高质量发展的若干意见》。

【浦江县第十四届人民政府第34次常务会议】 7月9日召开。会议学习中共中央、国务院关于印发《长江三角洲区域一体化发展规划纲要》的通知。会议审议《浦江县应急管理委员会组成人员调整方案》《浦江县安全生产委员会及专业安委会组成人员调整方案》《江南商务新区0579-PJ-CQ-JN-05街区局部控规调整》《浦江县工业用地使用权出让网上交易竞买人资格前置审查办法》《浦江经济开发区道路及公共空间提升概念方案设计》《浦江县污水处理厂扩容和清洁排放项目相关事宜》。

【浦江县第十四届人民政府第35次常务会议】 7月22日召开。会议学习《中华人民共和国农村土地承包法》。会议审议《浦江县工业企业发展扶持办法(送审稿)》《浦江县开放型经济扶持奖励办法(送审稿)》《浦江县商贸业高质量发展奖励办法(送审稿)》、2019年度浦江县对口工作重点任务、《浦江县农业“标准地”控制性指标和管理操作流程》。

【浦江县第十四届人民政府第36次常务会议】 7月29日召开。会议审议授予郑宅镇前店村王嫣笑“见义勇为三等功”等相关事宜。会议听取1—6月工业经济运行和经济形势分析汇报。

【浦江县第十四届人民政府第37次常务会议】 8月5日召开。会议学习《中央生态环境保护督察工作规定》《浙江省生态环境保护工作责任规定》。会议审议《浦江县企业国有资本收益收取管理办法》《浦江县资产收购处置管理办法》《关于完善被征地农民参加社会保障实行“人地对应”工作的实施意见》、同浙江省交投地产集团有限公司签订土地资源合作开发框架协议。

【浦江县第十四届人民政府第38次常务会议】 8月21日召开。会议听取省委常委会、全省第9号台风“利奇马”抢险救灾和灾后重建工作视频会议精神汇报。会议审议支持县属国有企业健康发展若干事项、《浦江县推进教育现代化十大行动方案》《浦江县行政规范性文件清理结果》。

【浦江县第十四届人民政府第39次常务会议】 8月26日召开。会议学习《中华人民共和国城乡规划法》,审议《浦江县国家森林城市建设总体规划(2019—2030)》《浦江县创建国家园林县城实施方案》。

【浦江县第十四届人民政府第40次常务会议】 9月22日召开。会议审议《浦江县民间投资项目“拿地即开工”审批实施办法》《浦江县生态保护红线评估调整方案》、浦江县人民政府与浙江省农业科学院签订的《关于全面推进乡村振兴战略合作协议》《浦江县全面深化垃圾分类工作实施方案(2019—2021年)》。

【浦江县第十四届人民政府第41次常务会议】 10月14日召开。会议学习《重大行政决策程序暂行条例》。会议听取2019年县政府重大行政决策事项目录情况汇报、全县食品安全工作情况汇报。会议审议《关于调整2019年浦江县政府投资项目计划的报告》《浦江县创建浙江省景区城和景区镇工作实施方案》、调整浦江县西北部乡镇农村供水方案相关事宜、《浦江县实施节地生态安葬减免和奖补办法》《高水平推进农村住房建设试点工作 打造浦江现代版"富春山居图"实施方案》。

【浦江县第十四届人民政府第42次常务会议】 10月28日召开。会议听取县政府1—10月"十件民生实事"和"七个十"项目进展情况汇报、1—9月工业经济运行和经济形势分析汇报、1—9月税费收入情况汇报、1—9月招商引资工作情况汇报。会议审议《浦江县老旧营运柴油车辆淘汰工作方案》《浦江县老旧营运柴油车辆提前淘汰补助实施办法》《2020年度城乡居民基本医疗保险费和大病保险选缴保费征缴工作方案》。

【浦江县第十四届人民政府第43次常务会议】 11月11日召开。会议学习《中华人民共和国行政许可法》。会议审议《中国·浦江万年上山文化村项目合作开发方案》《仙华檀宫资产盘活处置方案》《浦江县企业统计基础"四大体系"规范化建设工作方案》《关于进一步深化殡葬改革促进殡葬事业发展的实施意见》《浦江县农村生活污水治理专项规划(2018—2035)》。

【浦江县第十四届人民政府第44次常务会议】 11月18日召开。会议审议教育和卫生健康专业安委会安全生产工作、《关于优化营商环境建立涉企府院联动的若干常态化工作机制》《浦江县全面推进企业投资项目高效审批实施意见》、省财政厅3亿元专项调度款使用事宜。

【浦江县第十四届人民政府第45次常务会议】 12月10日召开。会议学习《优化营商环境条例》。会议审议《关于全力破解农民建房难工作的意见》、调整黄宅镇古塘村休闲养生坡地村镇项目土地用途等规划条件和出让条件,以及《浦江县高层住宅二次供水管理办法》、英石(浦江)水晶小镇投资开发有限公司股权转让事宜、《浦江县老旧小区三年行动计划(2020—2022)》《浦江县既有住宅加装电梯工作实施意见》《关于进一步明确建筑业高质量发展若干事项的补充意见》。

(王淑萍)

重要政事

【改善营商环境】 成立县优化营商环境服务监督办公室并实体化办公,出台《营商服务专员工作制度》,组建一支涵盖74个单位、各由"1名分管领导+1名中层干部"组成的营商环境服务队伍,设立营商环境问题"一窗受理"平台,开通"88912365"营商环境服务监督诉求专线,统一受理、交办企业诉求。2019年,通过平台系统交办诉求302件,推动解决销号274件。明确《浦江县"不诉不查"备案企业清单》,共338家企业被列入清单,梳理自然资源领域工业企业轻微违法"首违不罚"清单16项,实施"首违不罚"执法制度,打造"不诉不查"的执法环境,建立浦江县营商环境评价体系,出台浦江县营商环境评价工作方案。出台《浦江县企业诉求督办工作管理规定》《浦江县民营企业相关人员子女义务教育阶段招生工作指引(试行)》《营商服务专员工作制度》《营商法律问题“会诊”工作暂行规定》《百名局长联百企工作方案》《浦江县合法工业用地违法建筑分类处置暂行办法》等相关规定，开展合法工业用地违法建筑分类处置“百日攻坚”行动，以制度保障企业诉求得到真正解决。

【“最多跑一次”改革】 受理各类审批服务事项64.90万余件，办结率99.9%，平均办结时间缩减到4.48个工作日，再提速30%，群众满意率99.8%。企业服务更周全。“三无大厅”建设基本完成，取消425项证明事项，在办事大厅范围内推进个人可信身份认证应用实现窗口“无证件”服务，“无复印”全域推广；设立全市首个线下“企业开办专区”，当天办结；实现企业投资项目开工前审批平均时间35.7天，提速31.3%；赋码到竣工验收“最多90天”工作，完成率100%。深化“掌上办”审批模式，在深化“一窗办”“一证办”的基础上，推进以“掌上办”重点的“六率”提升工作。实现一证通办100%，网办99.23%，掌办97.75%，零跑97.70%，即办79.42%，时限压缩比93.83%，实现全县乡镇街道综合性政务一体机100%全覆盖；全面完善“一件事”改革，办事群众合计减少提交3万余份材料，少跑2万余趟，受益8千余人。创新亮点更突出，推出全省首个“钉钉移动审批平台”，实现商事登记“365×24小时”不打烊；全面推行新生入学阳光招生“一号通”，被省委改革办《竞跑者》刊登推广；探索基层延伸“1+N+金融”服务模式，提供就近办、一次办，完成郑宅镇“365”便民服务中心服务提升扩容。

【全县教育大会】 9月10日，浦江县“全县教育大会”在浦江中学文昌楼报告厅召开。会议紧扣“做人民满意的教师，办人民满意的教育”目标，出台《浦江县推进教育现代化十大行动方案》，部署新时代浦江教育工作。

【浦江中学、中山中学举行建校庆典活动】 10月4—6日，浦江中学建校80周年庆典举行。10月5日，中山中学建校80周年庆典举行。两校建校庆典活动共计有7000余名各界校友参加。

【县域医共体建设】 组建浦江县人民医院医共体和浦江县中医院医共体2个紧密型医疗集团。其中，县人民医院与仙华街道、浦南街道社区卫生服务中心，黄宅镇、白马镇、郑家坞镇、郑宅镇、岩头镇、黄宅镇前陈卫生院组成医共体；县中医院与浦阳街道社区卫生服务中心，杭坪镇、檀溪镇、前吴乡、花桥乡、虞宅乡、大畈乡、中余乡卫生院组成医共体。乡镇卫生院所属的政府或集体举办的村卫生室和社区卫生服务站，同步纳入相应医共体管理。2个医共体在内部设立医疗业务、人力资源、财务、医保、公共卫生、信息化、后勤服务七大管理中心，深入院区开展常态化管理工作，对所辖院区开展扁平化管理，逐步实现同质化要求，初步形成“基层检查、上级诊断、区域互认”的格局。

【义浦同城】 建立义浦战略合作联席制度、两地部门沟通机制，召开2次义浦战略合作联席会议；梳理出52个义浦战略合作事项，其中实施类34个，完成15个。开通浦江至义乌火车站班线，浦江城区至郑家坞班线延伸至义乌大陈镇，浦义公交快线黄宅站点投入使用，浦义二线与义乌机场路岔口开工建设；义乌浦江高速免费政策方案于12月1日0时正式实施；浦江正式向义乌供水，分层取水工程开工建设。

【文明养犬】 推进文明养犬工作，开展“一站式”免疫登记，免疫犬1.48万只，发放登记牌7224块；强化养犬执法工作，办理违规养犬案件266起，收容1251只，罚没15.55万元，同时在全域推进文明养犬示范小区创建工作。

【城乡环境卫生】 推出“双随机一公开”月度检查制度。全年组织开展18次城区、农村垃圾分类环境卫生专项检查，共计评选出29个黄牌警告村，下发问题提醒单174份，督促整治臭水塘、沟、河，清运建筑垃圾，规范杂物的堆放秩序，整治村内及周边绿化带内卫生死角。开展全县重要活动线路环境卫生保障20余次，联合县考评督查办、县机关事务保障中心等单位对机关企事业单位垃圾分类专项3次。

【垃圾分类】 提升城乡生活垃圾分类收集覆盖面，城区垃圾分类覆盖率74.02%，农村垃圾分类覆盖率100%，覆盖全县227个行政村和17个社区，全年生活垃圾处置量为22.77万吨，同比增长率为-0.02%。推进垃圾分类源头减量，出台《关于进一步规范机关、企事业单位以及公共、重点场所垃圾分类工作的通知》《关于限制一次性消费用品的通知》等文件，开展“光盘行动”和整治过度包装。完善回收利用体系，设立城区东、西、南、北、中5个回收点点位，培育浦江县兰塘废纸回收有限公司、浦江县金诚再生资源有限公司、浦江竣立再生资源回收有限公3家再生资源回收骨干企业全县共有市场化回收企业25家，可回收物日均回收量350吨。提升垃圾处置能力，小黄坛垃圾焚烧发电项目按照计划完成年度目标，计划于2020年投入使用。建立“两定四分”垃圾分类新模式，出台《浦江县全面深化垃圾分类工作实施方案(2019—2021年)》《城镇生活垃圾“两定四分”操作办法》等制度，推行“撤桶并点”“两定四分”，建设44座“两定四分”投放点，减少垃圾投放点604个，撤除小垃圾桶2392个，解决收集点多、管理难等难题。

【中华环境奖】 5月14日，浦江县获第十届中华环境奖(城镇环境类)。11月14日，第十届中华环境奖颁奖典礼在北京人民大会堂举行，全国人大常委会副委员长沈跃跃、全国政协副主席高云龙出席典礼并为获奖者颁奖，县长俞佩芬参加颁奖典礼并接受“中华环境奖”优秀奖奖杯。

【水环境综合治理】 浦阳江上仙屋出境断面水质均值稳定达到地表水Ⅲ类，壶源江保持Ⅱ类水质；全县51条支流水质全部达到或优于Ⅲ类；金坑岭水库、通济桥水库、仙华水库均达到Ⅱ类水质标准，符合饮用水源水质要求。获浙江省生态环境质量公众满意度位列全省第二位，全市第一位，五水共治群众满意度位列全省第三位，全市第一位；浦江县河制办公室被水利部、中国农林水利气象工会全国委员会授予“助推绿色发展 建设美丽长江”全国引领性劳动和技能竞赛全面推行河(湖)长制先进单位荣誉称号。

【污染源普查】 全县7600余家(个)调查对象完成比对、核实及补充工作。经过最终比对、核实，确定工业源5612家，农业源——规模化畜禽养殖19家，生活源——生活源锅炉17个、行政村407个，集中式——农村生活污水终端263座、城镇污水处理厂4座、垃圾填埋场2座、工业废水处理3座(水晶园区污水处理厂)，移动源——加油站25家、油罐运输1家。编制《浦江县第二次全国污染源普查工作总结报告》和《浦江县第二次全国污染源普查数据分析报告》初稿并上报；编制完成《浦江县第二次全国污染源普查质量控制评估报告》。

【环保领域三服务】 落实环保领域“放管服”改革，深化“最多跑一次”工作，优化环评审批办事流程，组建专业项目审批代办服务队伍，落实项目“一对一”代办员，推进全过程“保姆式服务”，实施开发区、水晶小镇“区域环评+环境标准”改革工作，改革区域内80%以上企业享受环评登记降级、免于环评审批等改革成果，全年审批备案建筑项目439个，总投资金额73.43亿元，环保投资9376.70万元。采用“党建+服务”模式，创建“碧水蓝天”青年突击队党建品牌和“重点企业（园区）环保服务员”制度，对6个园区和34家重点企业安排工作人员一对一服务，累计服务企业300余次，解决难题70余个。组建“浦江县生态环境专家团”、设立“企业环保咨询日”，现场解决企业在环保方面的诉求和疑惑10余个。联合浙江泰隆商业银行金华浦江支行推出并跟进环保设施建设的绿色金融业务，面向近年来无环境违法记录的县内小微企业，为其提供不同程度的绿色金融产品优惠政策，全年发放贷款16笔，合计1965万元。

【工程建设项目审批制度改革试点】 秉承“最多跑一次”“三服务”工作理念，浦江县建设局于2018年9月份全面启动试点工作，大力推广并联审批，打出“一张蓝图”统筹项目审批、“一套机制”规范审批模式、“一个系统”实施统一管理、“一个窗口”提供综合服务和“一张表单”整合申报材料的“五个一”精准改革组合拳，对施工许可审批实行“多合一”和容缺办理，一个工作日即可办结，实现施工许可“堵点”变“亮点”。2019年，在浙江大学以世界银行指标体系为评价标准的浦江县营商环境评价报告中，浦江县办理施工许可的指标位列全省第11位，金华市排名第一位。

【农村住房建设试点】 2019年，全省村镇建设工作暨农村住房建设试点工作部署会议在浦江县召开，副县长周建丰在会上作典型发言；浦江县被列为浙江省农村住房建设试点县，在中余乡冷坞坪上村进行试点项目建设。

【老旧小区改造】 出台《浦江县老旧小区改造三年行动计划（2020—2022年）》，2019年以塔山社区为试点，创新实行“政府出资+居民自筹”的资金筹措机制推进老旧小区改造。

【美丽宜居示范村创建】 2019年，浦阳街道善庆村、郑家坞镇吴大路村、岩头镇礼张村、檀溪镇潘周家村、白马镇樟严村5个村实施美丽宜居示范村创建，获省补资金428万元。善庆村、礼张村于9月通过省级验收，其中善庆村为创建优秀村庄。

【城市道路建设】 2019年，完成环城东路拓宽改造、浦南大道南苑小学段建设、宏业大道向北延伸工程、中园路建设工程、和平路月泉路异形交叉口改造等工程，实施东山路拓宽改造等工程，春节期间完成理和堂区块等12个临时停车场的改造和建设，全年增加停车位1549个，修复破损人行道2.70万平方米。

【全国农村水利水电工作会议】 4月23日，全国农村水利水电工作会议在浦江召开。全国各省、自治区、直辖市的水利专家对金坑岭水电站、县治水主题馆、浦阳街道同乐村、金氏农业基地、县通济水厂、檀溪镇平湖村和大畈乡上河村进行实地考察。

与会人员一致认为，浦江县高度重视水利水电事业，夯实农村水利、拓展城市水利、注重生态水利，打造了一批美丽的水利工程风景线，真正做到了治水有方、以水利民。

【浙江·浦江第十二届葡萄节】 8月8日，浙江·浦江第十二届葡萄节开幕式在浙江省浦江县黄宅镇横山村举行。葡萄节于7月24日至8月31日在浦江县举行，由中国果品流通协会、浙江省农业农村厅、浙江省供销合作社联合社、浙江省农民合作经济组织联合会、浙江省农业科学院主办，浦江县人民政府承办。葡萄节旨在宣传、推介和展示"浦江葡萄"品牌形象，提升浦江葡萄的知名度和美誉度，提高市场的影响力和核心竞争力，助推农业增效、农民增收，助力乡村振兴。

（潘 捷　张超军　张剑寒　陈虹羽）

政府信息公开

【信息调研工作】 围绕县委、县政府的中心工作，及时、准确地收集和上报信息，全面展现浦江工作的亮点和特色，为领导决策提供参考和依据。2019年，通过省市信息平台共上报政务信息310篇，其中省级政务信息68篇，市级政务信息242篇。政务信息被省级采用11篇，被市级采用76篇，其中省级领导批示4篇，市领导批示4篇。编发浦江工作64期。

【信息公开工作】 2019年，政府信息公开工作以"最多跑一次"改革为重要抓手，以政府门户网站和浙江政务服务网为依托，完善公开制度，推进决策公开、执行公开、管理公开、服务公开和结果公开，扩大公开范围，细化公开内容，依法、及时、准确，全面公开群众普遍关心、涉及群众切身利益的政府信息，全年公开政府信息2.07万条。全年收到依申请公开政府信息107件；收到因政府信息公开而引起的行政复议12起；收到因政府信息公开而引起的行政诉讼23起。

（朱剑斐）

机关事务管理

【概况】 县机关事务保障中心(简称"事务中心")由县府办统一管理，负责机关后勤保障事宜，不承担行政职能，不从事经营活动。事务中心职责是执行国家、省、市、县有关机关事务工作的法规政策。

会同有关部门拟订全县机关事务的政策、规划和标准并组织实施。指导全县机关事务工作；负责县委、县人大、县政府、县政协重要接待工作。负责县级领导重要外出考察的后勤服务工作；推进机关事务体制改革，指导所属单位管理、经营、服务、保障等业务工作；负责委托管理的国有资产配置、使用、处置、收益收缴、产权界定、清查登记等资产管理工作；负责县有关重大活动和重要会议的后勤保障工作；拟订全县机关办公用房使用管理制度并组织实施，协助监督检查办公用房使用管理情况。负责机关办公用房的规划、权属管理、调剂使用、维修改造、处置等工作。审核机关办公用房建设项目和维修计划。负责机关办公用房等基本建设项目；会同有关部门拟订公务用车管理制度并组织实施。负责党政机关公务用车管理，按照分工实行统一编制、统一标准、统一购置经费、统一采购配备管理。

保障县级领导公务用车、县重要会议、重要活动的工作用车以及接待用车；拟订其他服务保障有关制度规范并组织实施；负责县政府机关大院等集中办公区域的管理工作，负责县级机关集中办公区域的安全保卫、消防、物业管理等有关后勤服务工作；完成县委、县政府交办的其他任务。

【公务用车管理】 2019年，事务中心通过智能化管理平台软件对公务用车智能化管理，全年出车7762车次，安全里程数87.46万千米；更新车辆5辆。为全国农村水利水电会议、全国纺织供应链大会、全国人文医药论坛、第11届中国水晶博览会、第十四届中国书画节等一系列大型活动提供车辆服务。

【办公用房管理】 对城区、乡镇街道机关单位办公用房，包括办公室、服务用房、设备用房和附属用房录入2019年度公共基础设施等行政事业性国有资产报告信息管理系统。

【接待服务工作】 2019年，事务中心接待科接待各类考察、培训506批次共6151人次。组织接待国家水利部、国家信访局、国家能源局等领导及单位到浦江考察调研活动。接待尼日利亚驻华大使巴科维·阿利尤·乌斯曼(Bakovi Aliyu Usman)一行、首届浙江省国际友城媒体合作传播论坛的各国媒体记者、加纳阿亚瓦索东(Ayawaso East)市市长一行、2019澜湄农业农资现代实用技术培训班38位东盟五国(柬埔寨、缅甸、老挝、泰国、越南)的外宾。完成2019年浙江省院士专家疗休养、全省村镇建设工作会议、第十二届葡萄节、第二届农民丰收节、第十四届书画节、第11届水晶博览会的后勤服务。

（张娟红）

地方志工作

【概况】 10月21日，根据浦编办下发文件《关于变更有关事业单位名称的通知》，浦江县地方志编纂委员会办公室更名为浦江县地方志编纂室。12月，县地方志编纂室完成第二部《浦江年鉴(2019)》编纂、出版工作。印制《浦江方志》第二期和第三期，其中第二期《浦江史志中记载的高僧与庙坛专辑》于3月印制，第三期《史志中记载的浦江山岩洞岭专辑》于11月印制。组织召开六次1990版《浦江县志(修订本)》评审专家讨论会，文字完成校对第六稿并定稿。8月，通过课题经费管理办法。成立历史文化课题评审专家库，制订课题评审标准。通过各种分工，发动社会各界申报志书编纂，地方文献、地方名人著作整理，民俗、民间手艺、民间艺术、口述历史收集整理课题，已有5个课题成果。影印古籍《月泉吟社诗》《浦阳人物记》《崇祯浦江县志》。

【《浦江年鉴(2019)》出版】 4月25日，《浦江年鉴(2019)》编纂工作部署会召开，副县长陈子华出席会议，省年鉴编纂指导委员会委员唐剑平作专题辅导培训，全县各乡镇(街道)、各部门撰稿人参加会议。12月，由浦江县人民政府主办、县地方志编纂室承编的《浦江年鉴(2019)》由中国市场出版社出版发行。《浦江年鉴(2019)》是浦江县第二部年鉴，全书设28个类目，207个分目，1004个条目，共520页，861千字。鉴首彩色插图47幅，按照政治建设、经济建设、社会建设、文化建设和生态建设呈现。随文插图364幅，全书图文并茂、设计精美、庄重典雅；大纲设计全面、合理，分类科学，层次清晰；注重年鉴资料的系统性、连贯性，体现年度性，行文简练，用语规范，彰显时代特点和地方特色。《浦江年鉴

(2019)》记载了2018年度浦江县自然、政治、经济和社会等方面基本情况,以及各行各业取得的新发展、新经验、新成就。

【《浦江方志》印制】 3月,《浦江方志》第二期《浦江史志中记载的高僧与庙坛专辑》印制完成,是浦江史上首本关于高僧与庙坛的资料汇编本。全书设2个类目:浦江历代高僧、历代寺庙庵观。同时,设16个分目,记录历代高僧9位,寺46座,庵81座,殿67座,庙63座,祠23座,道院15座,坛壝9座。11月,《浦江方志》第三期《史志中记载的浦江山岩洞岭专辑》印制完成,是浦江方志史上首本关于山岩洞岭的资料汇编集,记述全县各处山、岗、顶、尖、岩、洞、岭、坪、坑、坞、原的分布情况。全书设2个类目、15个分目,并附山川总图、中干山川图、南干山川图、北干山川图。

【历史文化课题研究】 5月13日,印发《关于推进历史文化课题研究工作的通知》。5月14日,印发《关于成立浦江县历史文化研究课题评审专家库的通知》。11月5日,印发《关于公布2019年度历史文化课题评审结果的通知》。挖掘整理浦江历史文化资源,通过课题经费管理办法。成立历史文化课题评审专家库,制订课题评审标准。通过各种分工,发动社会各界申报志书编纂,地方文献、地方名人著作整理,民俗、民间手艺、民间艺术、口述历史收集整理课题。2019年,已有5个课题出成果。课题分别是郑小雷编纂的《浦江进士考》、费泓淳辑注的《吟湘馆诗集》、张解民校注的《悲秋小草》、张春燕编纂的《白石山房志》和王适红编纂的《梅石坞集录》。经过评审定级,县地方志编纂室给予一定资金的资助,确定为2019年重点课题,并协助整理校对印刷。

【文化礼堂建设】 做好全县文化礼堂建设服务工作,利用发挥地方志资料作用,为文化礼堂建设提供村史沿革、村名来历、姓氏迁徙、人物资料、古迹遗存等资料,帮助挖掘整理地方特色文化,服务文化礼堂。为檀溪镇毛店村文化礼堂拟写村历史沿革,修改部分文字稿,提供古桥和教堂的历史资料。拟写郑家坞镇溪东村的历史沿革。为中央电视台拍摄《中国影像方志·浦江篇》提供左溪"水仓""禁堰碑"等重要资料。重视对家谱重修的辅导工作,发动并协助完成《浦阳陈氏宗谱》撰写谱序、大事记、沿革和凡例,为《浦阳酥溪湖氏宗谱》校对纠错和指导。

(全月红)

行政服务

【概况】 2019年,浦江县行政服务中心设立办事窗口116个,集中办理各类政务服务事项2700余项。11月,县公共资源交易中心划归县行政服务中心管理,县公共资源办整合至县行政服务中心。

全县受理各类行政审批与服务事项74.20万余件,办结率99.99%;平均办结时间缩减到4.48个工作日,提速30%,群众满意率99.8%;实现"一证通办"100%,"网办率"99.23%,"掌办率"97.75%,"零跑次率"97.70%,"即办比率"79.42%,"承诺时限压缩比率"93.83%。

组建"710"服务小分队、"4+2"联心团、"三服务"服务团和"跑小青"突击队,通过提前介入、上门服务、全程代办,破解多次跑、审批难等问题,实现企业投资项目开工前审批平均时间由年初的52天压缩到35.7天,提速31.3%。同时,推行民间投资项目“拿地即开工”，提高办事效率。截至11月，通过上门服务、全程代办等形式，累计开展服务115次，帮助企业和群众解决实际困难和问题159个。

围绕公民生命周期各环节，梳理各个阶段整件事，实行一窗受理、并联审批。打造出生“一件事”、退休“一件事”、入学“一件事”等一站式联办服务。截至11月，受益8千余人，办事群众合计减少提交材料3万余份，少跑2万余趟。9月，实现全县乡镇街道综合性政务一体机100%全覆盖，群众办事更加便利。

【打造“钉钉移动审批平台”】 1月，应用“互联网+政务服务”打造全省首个商事登记“钉钉移动审批平台”，推行审批“全天候、零见面、无纸化”模式。通过手机端、业务系统端和自助服务端“三端”融合，确保数据一次录入，多终端呈现，在“浙里办”APP或政务服务网随时随地全天候申报，无需现场提交资料，全程无纸化、全程零跑腿，实现商事登记“365×24小时”不打烊，截至12月，通过“钉钉移动审批平台”办件2165件。

【省领导调研】 8月8日，省委改革办副主任董继鸿一行到县行政服务中心调研行政服务中心建设与管理、“无证明城市”改革等工作。县委副书记、政法委书记俞建辉陪同调研，县行政服务中心主任杨淡风介绍中心相关工作开展情况。董继鸿走访中心一线窗口，了解中心事项进驻、标准化建设、自助服务区设置、多部门一件事及“无证明城市”改革等情况，并就中心标准化建设与管理、“无证明城市”改革等工作提出指导性意见和建议。11月14日，省委政法委二级巡视员、省法学会秘书长武鹰带领省法治政府建设第三督察组到县行政服务中心督查浦江法治政府建设工作，副市长、市公安局局长董旭斌，县委副书记、政法委书记俞建辉、副县长陈子华陪同督查，县行政服务中心主任杨淡风介绍中心相关工作开展情况。武鹰一行走访了中心一线窗口，现场体验窗口办事，并与办事群众进行面对面交流。同时，在走访过程中询问了解中心窗口设置、无差别受理、数据共享、移动办、网上办、“跑小青”代办及企业开办专区等情况，现场查看“无证明城市”改革宣传资料，并从出生、入学等民生一件事的推进中重点了解浦江“无证明城市”改革相关情况。

省委改革办副主任董继鸿(右二)调研

(潘　飞 摄)

省委政法委二级巡视员武鹰(右三)督查

(潘　飞 摄)

【市领导调研】 3月6日，金华市副市长、市公安局局长董旭斌到县行政服务中心调研浦江“无证明城市”改革工作，县长俞佩芬、副县长陈子华陪同调研，县行政服务中心主任杨淡风介绍中心相关工作开展情况。董旭斌走访了中心一线窗口，现场检查“无证明城市”改革落实情况，查看“无证明城市”改革宣传材料，并就浦江“无证明城市”改革工作提出指导性意见和建议。4月11日，金华市副市长陶叶萍到县行政服务中心调研浦江“无证明城市”改革工作，县行政服务中心主任杨淡风介绍中心相关工作开展情况。陶叶萍重点走访了社保、公安等窗口，观看“无证明城市”改革宣传展板，并现场指导“无证明城市”改革事项梳理、政策宣传等工作。

金华市副市长董旭斌（中）调研（潘　飞 摄）

金华市副市长陶叶萍（右一）调研（潘　飞 摄）

【设立“企业开办专区”】 5月7日，设立全市首个线下“企业开办专区”，将企业登记、公章刻制、银行开户、发票申领、社保登记等涉及多个部门事项联合办理，由原来的跑6个部门、10天办理完成，缩减到跑一个窗口、1个工作日办结，时间成本、行政成本分别节约90%、50%以上。截至11月，有1911家新设立企业受益。

企业开办专区揭牌仪式（潘　飞 摄）

【新生入学阳光招生“一号通”】 6月，结合“无证明城市”改革，推行招生信息、网上报名、录取查询、申诉与反馈等“一站式”服务，整合各类数据资源，取消纸质审核材料，实现户籍、房产、社保信息等数据“一号通”提取。系统自动适配、自动判断、自动录取，全流程政务服务网平台流转，实现新生入学“零材料、秒办理”，被省委改革办公室《竞跑者》刊登推广。2019年，“一号通”平台在线办理7226件。

【“三无大厅”建设】 8月，按照示范点创建要求，做到快速核验、及时办理事项审批，确保取消的425项证明事项落到实处。在全县域实施无复印提交服务，最大化实现申请人材料的免提交。10月，增添可信身份认证设备，在办事大厅范围内推进个人可信身份认证应用，实现窗口无证件服务。截至11

月，先后组织无证明培训会60余次，培训4000余人次，发放宣传材料3000份。

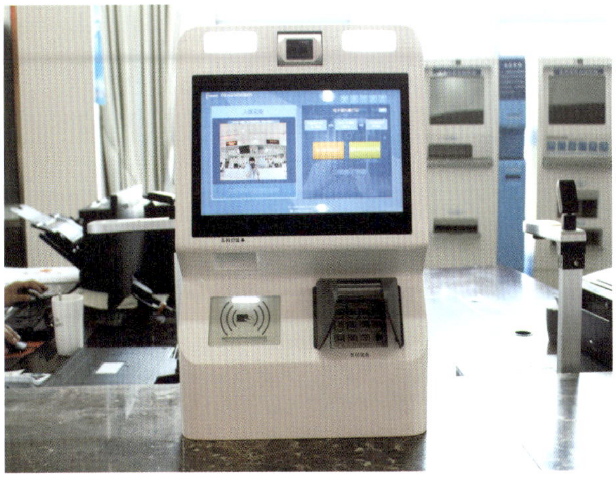

可信身份认证设备　　　　（潘　飞　摄）

【便民服务中心"1+N+金融"模式】　11月，在完善"四全四到位"模式基础上，聚焦群众办事"不出村、甚至不出门"目标，窗口前移、服务下沉，提供上门服务、网上代办，实现群众办事"零跑腿"。在原89项事项的基础上，重新梳理基层延伸事项361项，同比增长304%；村级事项由73项，增加到315项，同比增长331%。打造1家"365"便民服务中心整合N家机关部门和金融服务的"1+N+金融"模式，提供就近办、一次办，完成郑宅镇"365"便民服务中心服务提升扩容。11月实行试点，累计办件1393件。

【"浦义通办"实施】　12月，县行政服务中心通过前期走访调研，与义乌市行政服务中心就政务服务领域实施"浦义通办"工作进行对接，经过多轮协调、反复论证、充分准备，梳理出首批涉及公安、社保、医保和不动产4个部门240项事项，其中全流程办理164项，占比68.3%，群众可以选择在浦江、义乌两地行政服务中心、浙江政务服务网、"浙里办"APP通办。

（潘　飞）

公共资源交易

【概况】　2019年，县公共资源交易中心共组织各类公共资源交易项目651个（次），交易总额19.74亿元，同比2018年交易额减少23.52亿元。建设工程交易项目267个，同比减少22.85%。总预算17.07亿元，实际中标金额14.95亿元，同比减少57.98%，节约资金2.12亿元，节支率12.42%。采购活动310次，总预算3.70亿元，实际采购3.26亿元，节约资金4381.47万元，节支率11.84%。其中，政府集中采购87次，实际采购6999.50万元，节约资金1255.83万元，节支率15.21%。政府分散采购187次，实际采购1.96亿元，节约资金2571.89万元，节支率11.58%。国企采购36次，实际采购5996.47万元，节约资金553.75万元，节支率8.45%。产权交易共组织74次，底价1亿元，成交价1.53亿元，总体增值5278.56万元，增值率52.64%。

根据《金华市公共资源交易平台综合评分标准（2019版）》考核标准，县公共资源交易中心6个月份的（1月、2月、4—6月、8月）考核排名全市第一位。8月，平稳推进产权交易业务，根据县政府统一安排，完成产权交易具体办理向县产权交易有限公司的交接工作。

2019年，县公共资源交易中心被市公共资源办、市公共资源交易中心评为全市公共资源交易工作"先进单位"。

【优化营商环境】　强调工作纪律和廉政要求，落实"一岗双责"制度。县公共资源交易中心派员到县建设集团、水晶小镇指挥部、县党校等招标单位和南苑小学等项目上门开展招投标服务工作，推动项目开展实施。根据"最多跑一次"改革理念，3月6

日，印发《服务全县重点项目进场交易“绿色通道”实施办法》，通过时间交叉、同步实施、容缺受理等措施最大限度压缩交易周期，发挥平台服务市场主体、优化投资环境、服务经济的作用。

业务咨询服务团到南苑小学施工现场开展项目咨询服务工作

【招标平台建设】 3月11日，县公共资源交易中心印发《招标代理机构进场交易服务导则（暂行）》，提升代理服务质量，保障交易各方的合法权益。8月19日，印发《交易服务费收取管理细则》，规范办事流程，提高办事效率。10月25日，印发《保证金收退管理制度》，规范保证金代收代退管理工作，降低招投标活动交易成本，确保资金安全，维护交易各方的合法权益。7月，根据远程评标工作需要，对现有评标区进行改造，单独设立电子监控室、云评标室，提升评标区功能，并通过市公共资源交易中心验收。

7月19日，市公共资源交易中心主任潘瀛洲到浦江交易平台调研远程评标工作

【电子化交易】 推行公共资源交易全流程电子化程度，提升服务水平。1月，配备专家抽取语音通知服务器，提高专家抽取工作效率。对接《浙江省公共资源交易服务平台数据标准3.0》，电子交易系统更新升级工作于5月完成。5月，根据省信用平台接入工作推进会要求，完成电子交易系统与浙江省公共信用信息平台的对接验收工作。10月，加快实施“互联网+政府采购”行动，学习政府采购全流程电子交易操作流程，开展实施浦江首个政府采购全流程电子交易项目，全过程系统记录留痕，利于阳光交易和事后的监督检查。开发“网上招投标全流程公开展示”，让交易各方和社会公众更直观了解项目进展阶段和相应情况。7月，根据市中心工作部署，上线云评标系统，配合做好全市远程评标工作。同时，拓展远程评标业务，配合瑞安市、乐清市、泰顺县、平阳县等地交易中心开展9个项目的跨市远程云评标工程建设项目的客场评标服务工作，涉及工程预算资金9523万元。

工程建设项目远程评标工作

【政府采购投标保证金】 根据浙江省财政厅文件要求，政府采购项目自6月1日起全面取消投标保证金，县公共资源交易中心落实做好不收政府采购保证金后的具体业务。按2018年浦江县政府采购规模测算，免缴投标保金后，可为投标供应商减少资金占用2000余万元，减轻企业负担。

（张成裴　潘海东）

【公共资源】2019年，根据县委组织部会议及县委编办《关于调整县公共资源交易管理体制的通知》文件精神，县公共资源办公室自1月整合至县行政服务中心，整合后的公共资源办围绕公共资源交易，在工程招标投标领域开展一系列的指导、协调与服务工作。围绕服务全县重点项目和重要工作的相关交易服务：扩大简易招标投标办法适用范围，调整为限额以下的非法定招标项目，全县72%的项目实现交易简便提速、支持建筑业发展等目标。拟制《浦江县工程建设项目招标投标政策解读（2019版）》，为招标人提供工程建设项目交易政策宣传指引服务。

建立由16名成员组成的公共资源交易业务咨询服务团，编发通讯录，为采购人从事工程交易、产权交易和政府采购提供全天候的政策与服务咨询，

工作交易监督科科长朱叶丽在中余乡做工程建设项目交易政策宣传　（张姗姗 摄）

对于重点项目组织开展上门指导提供服务。对全县“710”等重点项目的招标交易活动，通过参加协调会议、上门答疑解惑等方式做好建言献策和交易服务工作。指导各工程招标监督部门完成《招标文件备案指南》的制作和网上公开发布，明确业务受理的送审材料范围和提交方式，载明完成时限和经办人联系方式等信息，为招标人开展业务提供指引。组织开展招标代理中介机构的考核管理，定期发布季度考核结果。

业务咨询服务团到施工企业开展上门指导

（张姗姗 摄）

参与工程变更管理，撰写制度修订调研报告供上级决策参考，参加现场踏勘（含各类协调会）134次，涉及变更金额约1.20亿元，其中约2900万元不予签认。落实履约保证金退款的程序性备案工作，全年退还履约保证金项目322项，退款金额5275万元，不予退还（违约金）75万元；协调落实省、市对浦江公共资源交易的日常管理、工作检查、各项考核等工作，交易平台考核成绩位列全市前列，多次名列首位。

【规范招标投标行为】 会同县委政法委下发《关于印发浦江县招标投标领域违法行为专项治理实施

走访乡镇(郑宅)公共资源交易中心,指导交易档案建设 (张姗姗 摄)

方案的通知》,牵头组织开展浦江县招标投标领域违法行为专项治理工作;根据金华市《关于转发〈浙江省工程项目招投标领域营商环境专项整治工作方案〉的通知》要求,牵头组织开展浦江县专项整治工作,废止部分不合规的做法,保障招标投标市场的公平竞争秩序;根据《省发展改革委员会关于开展工程建设项目投标保证金管理和涉企收费有关问题自查自纠的通知》,组织开展全县自查,其中工程建设投标保证金利息自12月起,实现了同期退付的工作要求;在乡镇交易平台的规范化建设方面,印发《关于进一步巩固和深化乡镇(街道)公共资源交易规范化建设相关工作的通知》,开展乡镇(街道)公共资源交易的现场指导走访,解决问题37项,向4个乡镇进行书面问题反馈。

(金顺起)

应急管理

【概况】 浦江县应急管理局于2019年1月18日挂牌成立,将县安全生产监督管理局、县人民防空办公室(县民防局)的职责,以及县政府办公室的应急管理、县公安局的消防管理、县科学技术局的震灾应急救援、县民政局的救灾减灾、县国土资源局的地质灾害防治、县水务局的水旱灾害防治、县林业局的森林防火、县防台防汛抗旱指挥部、县森林防火指挥部、县抗震救灾指挥部、县减灾委员会等有关职责整合,组建县应急管理局,加挂县人民防空办公室(县民防局)牌子,单位主体由机构改革前的县安全生产监督管理局和县人防办合并而成。县应急管理局主要职责是贯彻落实中央和省委、市委、县委关于应急和人民防空工作的方针政策和决策部署,负责全县应急管理和安全生产相关工作。

浦江县应急管理局挂牌成立

县应急管理局构建“大安全、大应急、大救灾”工作格局,守住安全生产基本盘和基本面,统筹推动安全生产和应急管理各项工作落实,以防范较大以上事故为目标,坚持边组建、边磨合、边应急,在机制转换、职责明晰、力量整合等方面探索实践,为推动全县经济社会高质量发展提供安全保障。

全县安全生产情况总体平稳,发生各类安全生产事故19起,同比下降34.5%,主要为生产经营性道路交通事故,工贸行业未发生伤亡事故。

完善“最多跑一次”行政审批服务机制,以大数据建设为基础，全面推行容缺受理制度。可容缺受理、可承诺提交的材料实行容缺、承诺办理，可通过网站、电子邮件、即时通讯、传真等形式补交。办理行政许可40件，各类备案14件，各类人防审批210余件。

整合乡镇“四个平台”建设，投资400余万元，对浦南街道、黄宅镇、郑家坞镇、岩头镇4个乡镇（街道）的人防地面应急指挥中心进行安装和调试工作。

严格重点时段安全监管，部署开展安全生产大检查大整治。组织开展安全生产“百日攻坚”和春节期间安全生产大排查大整治行动。全县共组织检查人员2.14余万人次，检查生产经营企业单位和场所1.61余万家次，发现并整改各类隐患1.81余万项。吸取“3·21”江苏响水重特大危化品爆炸事故教训，全面开展危险化学品安全生产大检查。全县组织检查人员1100余人次，检查各类生产经营单位1030余家，发现隐患1510余项，其中涉及危化品生产、储存、运输、使用、危废处置相关企业（单位）187家次，发现隐患115处，下发整改通知书8份，全部整改到位。坚持“全覆盖、零容忍、重实效”，开展“迎大庆、保平安”安全生产大排查大整治。全县累计出动4590余人次，检查生产经营单位、出租房3610余家次，发现并整改一般隐患1360余项。

【安全生产管理】 推进安全生产三级标准化和小微企业标准化达标创建，开展标准化企业的“提档升级”和标准化示范企业的创建。落实安全生产专家辅导，鼓励各示范创建企业积极邀请安全专家深入企业一线“把脉问诊”，根据企业实际情况“开方治病”。7月、9月和11月，分三次会同市标准化示范企业建设验收组，对9家企业开展标准化示范企业验收，完成9家示范企业创建任务，实现“满堂红”。开展标准化创建和复评工作，开展三级标准化创建企业48家，复评企业80家。印发《关于进一步规范提升安全生产社会化服务工作的意见》，从服务原则、服务范围、服务要求和监督管理4个方面对安全生产社会化服务进行规范。对2018年开展安全生产社会化服务的工贸企业进行补助，由县政府发文对符合奖励补助条件的1007家企业（单位）进行奖励，兑现补助金额115.95万元。

【用电安全管理】 开展智慧用电系统推广安装工作。在县政府网站上公开遴选智慧用电系统推广安装服务机构，经报名、审核，将符合遴选公告条件的7家推广安装智慧用电系统服务商名单进行公布。2019年，全县安装智慧用电系统2520余套，其中新增安装1100余套。

【规范执法】 创新执法监管机制，开展跨部门“双随机”执法检查，实行部门联合检查“一次到位”。领导带队、全体执法人员参与，运用浙江省行政执法监管平台、“掌上执法”APP，开展跨部门“掌上执法”4次，检查企业25家，单部门执法检查四次，检查企业75家，完成率100%。全年受理举报10件，营商办交办9件，服务检查企业9家，下达责令改正指令书32份、现场处理措施决定书5份，查出隐患27项，涉及重大安全隐患5项，停业整改6家，关停搬迁4家。打击各类安全生产违法行为，全年共办理案件40起，罚款65.30万元。

【宣教培训】 结合“3·1”国家民防日、“4·15”全民国家安全教育日、“5·12”防灾减灾日、“9·18”防空警报试鸣日和6月安全生产月咨询日，通过悬挂醒目横幅、设置宣传展板、设立咨询台、有奖问答等形式，在城区人民广场、文化广场和各乡镇（街道）、开发区、园区组织开展宣传活动，共接待咨询群众5000余人，发放宣传资料1.50万余份。利用微信、微博、浦江电台等平台进行防空防灾知识宣传，借助农民信箱平台发送10万条人防短信。培训企业负责人和安管员2200人次，特种作业1600人次。在浦阳第一小学、实验小学、实验中学等7所中小学校开展人防教育工作，发放人防宣传资料1万余份，落实一学年不少于16课时的学习计划，每学年共有2000余名学生接受人防教育，推进学校素质教育。

在文化广场举办“安全生产月主题咨询日”活动

【预警应急能力建设】 9月，新增2台电声警报器，对全县30台防空警报器设施进行全面检查和维护保养，排除疑似故障，对3处露天生锈的警报器支架进行上漆保护，更换淘汰老化电缆电线2条。在“5·12”防灾减灾日和“9·18”防空防灾警报试鸣日组织防空警报试鸣工作，城区警报鸣响覆盖率98%，完好率、鸣响率均100%。

【防空防灾疏散演练】 在“5·12”防灾减灾日和“9·18”防空防灾警报试鸣日前后，组织浦阳街道月泉社区、龙峰社区和浦阳第一小学5000余人开展防空防灾疏散演练。通过现场演练和消防知识讲解，提高社区居民应对突发事件的处置能力，掌握应急逃生方法，增强学生居安思危、警钟长鸣的国防观念和防灾减灾意识，锻炼学校老师、社区干部和社区民防志愿者的组织指挥、疏散引导和安全保障的能力。

浦阳一小“9·18”防空疏散演练

【防灾减灾】 2019年，成立浦江县应急管理委员会和6个专项指挥部，整合防汛防台、森林防灭火、地震和地质灾害防治、民政救灾等相关职责，组建成立县应急救援指挥中心。完善应急预案和救援体系，完成省十大民生实事45个规范化避灾点建设，培育一支社会化救援队伍，完成“基层党建+应急管理标准化”示范乡（花桥）建设。

【防台防汛】 受6轮梅雨和超强台风“利奇马”影响，全县启动防汛防台应急响应，实行24小时值守，出动检查人员8359人次，检查处数6837处。武警中队，人武部民兵应急连、排，消防救援大队，社会救援队等300人全部集结待命，随时出动抢险任务，16支乡镇救援队伍处于临战状态。15个乡镇（街道）各支小分队共出动抢险人数1305人次，处置险情71起，紧急避险转移人员200余人，确保实现“不死人、少伤人、少损失”总目标。经历6轮梅雨季、

“7·16”强对流强降雨和“利奇马”台风的侵袭,全县防汛抗台形势总体平稳,无大的灾情发生,无人员伤亡报告。

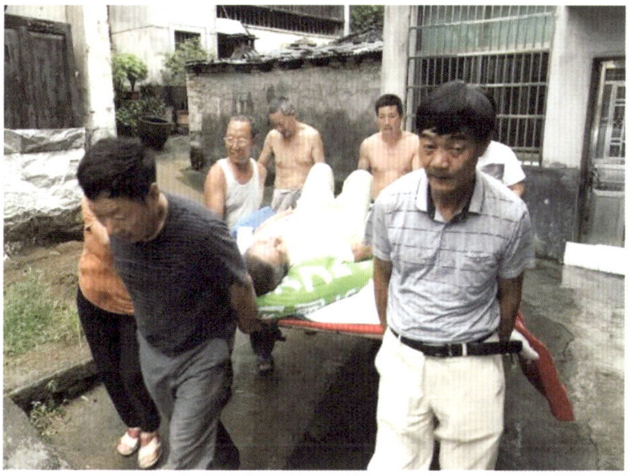

紧急转移受灾村民

撤离高空易坠落钢架

（季彦卿　张月嫦）

【消防救援工作】　浦江县消防救援大队(以下简称“县大队”)下属文溪东路站和乐门大道站。2019年,县大队接警出动336起,出动车辆712辆次,出动警力4091人次,抢救被困人员62人,疏散被困人员46人,抢救财产价值5416.20万元。其中,火警228起,抢险救援86起,社会救助13起,其他出动8起。县大队监督执法检查社会单位1675家,督促整改隐患2477处,下发责令改正通知书1191份,下发行政处罚决定书117份。

县大队走访县政府、各部门、各乡镇街道、县公安局、县检察院、县法院等单位,征求对消防工作的意见和建议。走访群众1300余人次,利用报纸、电视、互联网和新媒体广泛宣传消防安全知识。

消防救援全体指战员

【温暖警营建设】　组织指战员拍摄微电影剧本《一封未写完的信》、摄影作品《礼献祖国》《竭诚为民》,展现“作风优良”“敢打必胜”的作风。节假日期间,组织指战员与群众一起包饺子、煮面条等亲民活动,推进温暖警营建设。开设指战员“亲情热线”,保证指战员在安保期间与家人保持畅通联系,落实重大事项慰问和补助实施办法,解决指战员的后顾之忧;在重大安保和节日期间开展“家属接待日”活动。安保期间,邀请14名指战员家属队共叙团圆,慰问1名困难消防员,为2名获总队嘉奖的同志现场颁发荣誉证书,为每位指战员家属寄送慰问信,赢取家属的理解和支持,营造指战员顽强拼搏,家属大力支持的良好氛围。开展心理咨询服务,大、中队主官带头开展谈心交心,把握指战员思想脉搏,帮助解决指战员实际问题,增强指战员的归属感和认同感,每周开展谈话谈心6—8人、进行个别心理疏导3—4人次,化解指战员思想顾虑。

【消防队伍建设】 推进实战化训练消防队伍建设，针对重点单位、人员密集场所，制作修订完善数字化预案136份，微型消防站检查拉动620余次，维修保养消火栓757个，设立12支专职消防队，123支志愿消防队，每月组织开展消防业务培训。2019年，开展实战化训练120余次，重点单位演练150家，科学制定大队级力量编程，开展实战化练兵工作。

浦江县消防救援大队获评2019年度"先进基层党支部"

浦江县消防救援大队获评"改革转制教育整训先进中队"

2019年，县中队被消防救援局表彰为改革转制教育整训先进中队，县中队被总队表彰为"先进中队"，县中队党支部被总队评为"先进基层党组织"，县中队团支部被支队评为"先进团支部"。县中队排长方华康被部局评为执勤训练先进个人。

【授衔换装仪式】 1月10日，浦江县消防救援大队举行授衔换装仪式。县委书记程天云出席仪式并讲话。县领导陈伟通、徐红阳、张放远出席仪式。县委常委、常务副县长韦钟铺主持仪式。授衔和换装仪式后，消防救援人员从"橄榄绿"换装为"火焰蓝"。县消防救援大队政治教导员黄飞宣读授予消防救援衔命令，县消防救援大队大队长戚华辉带领全体指战员进行集体宣誓。

全体指战员授衔换装暨集体宣誓仪式

【智慧消防建设】 县大队将岩头镇晓山村作为智慧消防建设试点单位，开展出租房标准化建设和智能预警、智慧用电、智能充电桩建设工作；郑宅镇在对郑义门古建筑群消防安全隐患整改过程中，安装完成智能配电箱设备126台；安装互联式感烟探测器480只；安装手动报警器和声光报警器47个；"智慧消防"平台搭建完成。

【远程监控系统联网】 全县火灾高危单位远程监控系统联网率100%，县大队联合县住房和城乡建设局、乡镇（街道）开展全县范围内高层建筑排摸和隐患整改指导，强化责任制落实，将消防安全纳入物业服务企业信用考评机制，开通物业维修基金绿色通道，提升高层建筑自动消防设施完好率、远程监控接入率和建立微型消防站分别为96.36%、

98.4%、100%；属于消防安全重点单位的劳密企业和公众聚集场所，安装智慧用电系统率和安装远程监控系统率分别为70%、60%，具备条件的消防安全重点单位联网率100%。

【树立先进典型】 2019年，县大队树立孙志强先进典型。入伍13年来，先后参加各类灭火救援1600余次，从高空、高速公路、深井、火场等处救出上百名遇险群众，为国家和人民挽回财产损失约1000余万元，荣立个人三等功2次，并多次被支队评为“优秀士官”。2010年12月25日20时，金华支队指挥中心接到报警，称金华国美电器发生火灾，有多名人员被困。指挥中心迅速调集特勤消防一中队5台消防车，40余名指战员前往救援。火灾现场，孙志强主动请缨迅速佩戴好个人安全防护装备，戴上空气呼吸器，携带破拆搜救工具和2名战友冒着高温、浓烟、烈火连续5次冲进火场，分别从二楼、三楼救下2名被困人员，从五楼救下1名被困人员，4个小时后大火被扑灭。2014年3月19日，浦江人民西路某家电商场发生火灾，孙志强主动请缨，数次深入火场内部，连续作战5个小时，营救3名被困人员。

孙志强

【拥政爱民】 2019年，县大队组织全体指战员到养老院看望慰问孤寡老人，并送上慰问品，给老人们送去温暖；县大队通过举行联欢晚会、组织比赛、相互走访、交流经验等形式，抓好拥政爱民工作落实。

八一建军节晚会

（赵 陆）

政协浦江县委员会

综　述

【概况】　2019年，是新中国成立70周年，也是人民政协成立70周年。中国人民政治协商会议浙江省浦江县委员会（以下简称“县政协”）九届四次会议组织全体委员聚焦县域经济社会发展重大问题，开展协商议政，11个界别小组共提出117条意见建议，26位委员代表各自界别就优化营商环境、推动浦江开发区新一轮跨越式发展、推进乡村振兴等问题作大会发言。县政协九届十四次常委会议在深入调研的基础上进行协商讨论，向县委、县政府报送《浦义同城是区域发展的重大战略选择的建议案》，县委书记程天云作出批示，要求改革办梳理细化，推动落实，转化为推动发展的有效成果。县政协九届十二次常委会议就“加快推进小微园区建设”进行协商讨论，形成《关于加快推进小微企业园建设的建议案》，县长俞佩芬作出批示，要求分管领导抓好落实。主席会议就实体经济运行、“七个十”项目进展、扫黑除恶工作等开展协商议政，许多建设性的意见和建议被县政府及相关职能部门采纳。组织各委组通过情况交流通报会、调研座谈会等形式与党政相关部门开展对口协商32次，在招商引资、推进葡萄产业发展、科技创新、非物质文化遗产保护等方面，提出对口协商建议127条。将“双结对”机制拓展到部门与企业，分13个委组对“优化营商环境”开展专项民主监督，提出意见建议104条。组织委组、委员分别对结对乡镇、村（社区），开展“城乡生活垃圾分类处理”、行政村规模调整后续融合社会治理工作等5项民主监督和问卷调查，委员们共入村开展监督2532人次，填写调查问卷2350份，发现问题309个。

围绕协商主题，组织委员、专家开展专题调研和对策建议研讨会等81场次，253名政协委员、界别群众代表和专家学者等参加协商活动，提出问题和建议182个，83名党委政府及相关部门领导参加并现场回应。建立提案管理系统，开通手机终端，推进提案信息化建设。首次实施提案办理“两次评价”，即由委员对承办单位办理答复和办理落实情况分别进行打分评价，促进提案落实，取得较好成效。探索“社情民意+8890”模式，建立委员反映社情民意与县“8890”便民服务平台对接机制，打通社情民意处理最后一环。

把促进民生改善作为重要着力点，开展“三服务”活动,集民意、聚民智、解民忧,围绕金融支持实体经济发展、国有企业改革、“上山文化”保护与利用、社区治理等课题开展调查研究,形成12份调研报告。开展调研考察活动,形成《关于推进县域医共体建设的建议》等13份调研考察报告和专题材料。推进联系的历史文化街区保护利用暨城西区块有机更新、国资监督管理、高铁小镇规划与设计、百幢历史建筑与古村落保护利用等工作。协调解决联系企业在用地、融资等方面难题;开展包乡走村进企联心服务活动,解决兆丰村危旧房改造等33个难题;协助联系乡镇化解信访积案和群体信访,解决遗留难题,化解环通济湖7家农家乐关停等信访积案。组织213名县政协委员以及在浦省市政协委员到全县244个村宣讲政策、了解民情民意,开展结对履职活动。组织政协委员和专业技术人员开展“六送下乡”“两走进”惠民服务月活动。组织机关干部开展“百名局长联百企”活动,“一对一”解决企业存在的实际问题,参与“六城联创”,做好“4+2”联心服务团等工作。

把握团结和民主两大主题,加强合作共事力度,增进联系,策划开展政协工作系列宣传报道。开展“委员大走访”活动,增进与委员和界别群众的联系。做好文史资料征编工作,编辑出版《浦江文史资料》第33辑、《浦江近现代乡贤录》《月泉吟》等文史资料4辑,向省市政协提供三亲史料17篇。在《今日浦江》开设“文史专栏”,刊登史料14篇;在浦江解放70周年纪念日,推出两个整版纪念文章。

加强自身建设,开展“不忘初心、牢记使命”主题教育,贯彻落实“守初心、担使命,找差距、抓落实”总要求,把学习教育、调查研究、检视问题、整改落实贯穿始终。以“两书一章”为基础,学思践悟,提升党员干部思想政治、理论素养。深入一线,聚焦问题,推动南苑社区办公场所建设选址等一批难点问题。坚持开门纳言,共计征求到意见建议241条。认真开展批评与自我批评,查摆问题,做到真抓实改。按照县委《关于加强新时代人民政协党的建设工作的实施意见》,扎实推进政协党建工作。完善政协的党组织设置,建立政协委员临时党委,组建14个政协委员临时党支部和28个党小组,实现党的组织对所有党员委员的全覆盖、党的工作对所有政协委员的全覆盖。开展“新时代人民政协的新样子”专题讨论,重点开展“学习新思想、树立新样子”专题研讨、“新时代新风貌笔谈”、红色之旅等“十个一”活动,共征集到“新样子·金点子”83个。举办县政协常委会成员、各委组负责人参加的履职能力提升培训班。完善委员履职量化考评体系,落实委员年度述职制度,严格退出机制,对一名履职不到位委员予以辞退。践行“九坚持九做到”工作规范,以“三提四化”为抓手,提升政协机关服务水平。从严管理队伍,开展岗位廉政风险点排查和廉政警示教育月活动。开展理论探索,《以“双结对”机制开创新时代基层政协工作新局面》获2019年度浙江省政协理论研究征文三等奖。

【信息宣传】 委员王艾撰写的《关于加强非洲猪瘟防控,构建生猪生物安全区的建议》被国务院办公厅采用。采取“互联网+”模式,强化媒体联动,推进政协信息宣传工作,被省政协“同心苑”微信公众号等采用网络通讯13篇,在《联谊报》等媒体上刊登报道23篇。全面改版《浦江政协》,提升品位和质量,刊发杂志4期。

【提案工作】 广大政协委员、政协各参加单位围绕县委、县政府中心工作和人民群众普遍关心的热点、难点问题,运用提案形式履行职能,提出具有前瞻性、科学性和可操作性的意见建议,收到以提案形式提出的意见建议237件，经审查及归并整理，立案209件，全部办复。提案中所提意见建议被采纳的有94件，占提案总数的45%；部分采纳的107件，占51.2%；留作参考的8件，占3.8%。委员对提案答复表示满意、基本满意的208件，占提案总数的99.5%；不满意的1件，经二次交办后转为满意。委员对提案办理落实情况满意的87.10%，基本满意的11.94%，不满意的0.96%。在九届三次会议召开前两个月，向全体委员和政协参加单位印发提案征集信件和提案参考目录，引导委员围绕中心开展调研，增强提案的针对性和实效性，共选出重点提案6件、重要提案13件。将关口前移，增加会前预审环节，严把提案立案关。建立提案管理系统，开通手机终端，实现提案工作信息化。实施提案委面上督办、各委组对口督办、人大政府政协联合督办、主席会议成员包案督办、常委会议民主评议提案的立体督办机制。12月2日，九届十四次常委会议组织常委会全体成员、委组长、提案人，对事关浦江县经济社会发展大局、老百姓十分关心的6件重点和重要提案办理情况进行民主评议，向县政府和相关部门报送评议报告。首次实施提案办理"两次评价"，即由委员对承办单位办理答复和办理落实情况分别进行打分评价，促进提案落实，取得较好成效。充分运用省市政协杂志、微信公众号和新闻媒体，宣传政协提案工作。其中，《县政协提案建议有答复——在浦江咫山尺水观古今》《采纳浦江政协提案建议——"浦江葡萄"金字招牌越擦越亮》《政协提案多方面助力——浦江农业，快步跑》等通讯稿被省政协《联谊报》采用。开展优秀提案和提案积极分子评选表彰活动。

【文史工作】 编辑出版《月泉吟》《浦江近现代乡贤录》《共铸辉煌——庆祝新中国暨人民政协成立七十周年书画摄影展作品集》《浦江文史资料》第34辑等文史资料4辑，向省市政协提供三亲史料17篇。在《今日浦江》开设"文史专栏"，刊登史料14篇；在浦江解放70周年纪念日，推出两个整版的纪念文章《为什么大地春常在》；在《今日浦江》推出纪念人民政协成立70年纪念专刊。

【"不忘初心、牢记使命"主题教育活动】 9—12月，开展"不忘初心、牢记使命"主题教育，贯彻落实"守初心、担使命，找差距、抓落实"总要求，把学习教育、调查研究、检视问题、整改落实贯穿始终。以"两书一章"为基础，通过晨读、午学、集中研学等方式，学思践悟，提升党员干部思想政治、理论素养。深入一线，聚焦问题，推动南苑社区办公场所建设选址等一批难点问题得以有效解决。坚持开门纳言，共计征求到意见建议241条。认真开展批评与自我批评，查摆问题，做到真抓实改。

【政协系统党建工作】 按照县委《关于加强新时代人民政协党的建设工作的实施意见》，推进政协党建工作。完善政协的党组织设置，建立政协委员临时党委，组建14个政协委员临时党支部和28个党小组，实现党的组织对所有党员委员的全覆盖、党的工作对所有政协委员的全覆盖。完善政协党建工作制度，加强党员委员管理和政协机关党支部建设。狠抓党风廉政建设，全面落实党组从严治党主体责任和班子成员"一岗双责"，着力营造风清气正的政治生态。

【"新时代人民政协的新样子"专题讨论】 6月，组织全体委员和机关干部开展"新时代人民政协的新样子"专题讨论活动。重点开展"学习新思想、树立新样子"专题研讨、"新时代新风貌笔谈"、红色之旅等“十个一”活动，共征集到“新样子·金点子”83个。

【“请你来协商”活动】 2019年，探索协商新模式，搭建“请你来协商”平台。开展浦义同城专题协商、推进美丽县城建设、凝聚共识让营商环境更优、科技助推经济发展、缓解城区停车难、民办博物馆创建6场协商活动。县委县政府主要领导亲自点题并带头参加与政协委员的面对面协商。在浦义同城协商会上，针对委员提出的浦义二通道绿谷云溪段交通不能实现快速通行的问题，县委书记程天云当场要求相关部门做好整改。浦江与义乌境内高速实现客车免费通行、浦义同城旅游景区门票实行半价优惠等一系列建议得到落实。推进美丽县城建设协商会，县长俞佩芬听取委员们提出的建议，并邀请委员参加金狮湖—塔山区块城市设计讨论会；深入历史文化街区现场办公，推进相关建议落实。缓解城区停车难问题，相关部门吸纳委员建议，专门制定解决方案，2018年新增停车位1549个。

【新中国成立暨人民政协成立70周年系列庆祝活动】 8—9月，为纪念新中国成立70周年暨人民政协成立70周年，举办“70年·70人”文史资料征集，向上报送文史资料3篇；开展人民政协知识竞赛，200余人参加竞赛，评出一等奖1名、二等奖2名、三等奖3名，优秀奖10名；举办“共铸辉煌”书画摄影邀请展，展出各界人士作品70余件；开展政协系统乒乓球比赛等7项活动。

【开展“委员大走访”活动】 10月，政协主席会议成员和机关干部分7个组开展“听委员心声，明发展思路”委员大走访活动，了解委员的学习、工作、生活情况，听取委员、群众对经济社会发展和政协工作的意见建议。

重要会议

【县政协九届三次会议】 2月27日至3月2日，县政协召开九届三次会议。会议听取中共浦江县委书记讲话；听取和讨论政协浦江县第九届委员会常务委员会工作报告；听取和讨论政协浦江县第九届委员会常务委员会关于九届二次会议以来提案工作情况的报告；列席浦江县第十四届人民代表大会第三次会议，听取和讨论政府工作报告及其他有关报告；审议通过政协浦江县第九届委员会第三次会议决议；审议通过政协浦江县第九届委员会提案委员会关于九届三次会议提案初审情况的报告；补选政协浦江县第九届委员会主席、副主席、常务委员；表彰2018年度政协工作先进委组、先进个人和优秀提案、提案积极分子、优秀大会发言。

【县政协常委会议】 2月1日，县政协召开九届十次常委会议。会议听取县政府工作报告起草情况、县政协九届三次会议筹备情况、县政协九届常委会工作报告及提案工作报告起草情况的说明，并进行协商讨论，提出意见建议。会议审议通过关于召开政协浦江县第九届委员会第三次会议的决定，政协浦江县第九届委员会第三次会议议程、日程(草案)，政协浦江县第九届委员会常务委员会工作报告及报告人，政协浦江县第九届委员会常务委员会关于提案工作情况的报告及报告人等。会议还通过有关人事事项。

3月1日，县政协召开九届十一次常委会议。

会议听取各组讨论情况的汇报；审议通过大会《选举办法（草案）》；协商决定补选县政协主席、副主席、常委正式候选人名单；通过总监票人和监票人名单（草案）；通过选举工作人员名单；审议通过政协浦江县第九届委员会第三次会议决议（草案）；审议通过政协浦江县第九届委员会提案委员会关于县政协九届三次会议提案初审情况的报告（草案）；审议通过有关人事事项。

6月27日，县政协召开九届十二次常委会议。会议听取县政府关于小微园区建设及生产情况的通报，听取县政协调研组关于“加快推进小微园区建设”课题调研情况的汇报，并进行协商讨论，提出意见建议。

12月2日，县政协召开九届十四次常委会议。会议听取县政府关于浦义同城区域协同发展情况的通报；听取县政协调研组关于“浦义同城是区域发展的重大战略选择”调研情况的汇报；听取县委办、县府办书面通报县政协九届三次会议提案办理情况及县营商办、县科技局、县住房和城乡建设局、县农业农村局、县文联等承办单位有关提案办理工作的情况汇报，并进行协商讨论。县政协常委会会议成员、各委组负责人及提案人对提案办理情况进行满意度测评。

（朱彩灵）

纪检监察

综　述

【概况】 2019年，浦江县纪委、县监委处置问题线索745条，运用“四种形态”处理755人次，立案226件，党纪政务处分234人，办理留置案件9起，移送司法机关6人。查处浦江县供销合作社联合社党委原书记、主任周卫东，仙华街道五善塘村党支部原书记张世刚等腐败案件。彻查涉黑涉恶腐败和“保护伞”，根据市纪委指定管辖，查处涉及陈元宝案件4人。追究责任落实不力问题，7家单位被“一票否决”年度评优评先资格，5名干部被问责。

《关于服务保障优化营商环境振兴实体经济的实施意见》　　（周伟灵 摄）

开展正风肃纪检查413次，检查单位场所1069家次，发现问题131个，从严查处变相公款旅游、违规使用公车等问题，处理56人次。全市首个党员干部酒驾处理意见的实施成效，受市委主要领导批示肯定。聚焦13家职能部门的17个整治项目，深化扶贫领域腐败和作风问题专项治理。整治形式主义、官僚主义，推动“基层减负年”工作落实，下发各类通报14期，曝光典型案例30起46人。推进“三清理一规范”专项行动，抽查核实1532名党员干部及其配偶相关情况，累计查处未如实申报等违规问题15个，处理党员干部17人。

对公款吃喝、违规使用公车等开展正风肃纪检查　　（周伟灵 摄）

配合省委巡视、市委提级交叉巡察工作，牵头负责9项巡视整改任务，督促指导相关单位完成整改事项34件。对20家单位开展常规巡察，累计覆盖率72%；对80个村（社）开展延伸交叉巡察，累计覆盖率50%。巡察反馈问题2393个，整改问题1871个，移交问题线索91条，党纪政务处分13人。

全年受理检举控告386件，实名举报结果反馈满意率90%。严格把握“三个区分开来”要求，为12名党员干部澄清正名。制定出台《关于推进清廉浦江标准化建设指导意见（试行）》，因地制宜推进“六大清廉建设”。清廉学校建设在全市“后陈经验”与基层公权力监督理论研讨会上作典型发言。推进村级小微权力规范运行，开展“村居小微权力规范年”活动，培育示范点30个。

县委常委、县纪委书记、县监委主任宁维茂（右二）接待来访群众　　（洪小岚 摄）

开展主题教育，组织研读“两书一章”等书目，开展宣传解读、集中培训、专题研讨、初心之旅等活动；开展调查研究，班子成员带头领题调研，各支部检视查摆问题402个；开展整改落实，定人定责、限时限期。

推进全员培训，抓实中央纪委系列课程学习，实行“一季一考”。组织参加歌咏比赛等各类集体活动，承办全市纪检监察系统第二届趣味运动会。

【清廉浦江建设】 推进清廉浦江标准化建设，创建清廉示范点。通过组织观看警示教育片、参观廉政警示教育基地等形式，筑牢党员干部思想道德防线。加强党风廉政建设宣传，主办“清廉浦江·你我同行”浦江县第五届廉政书画大赛，产生获奖作品49件。信息、宣传工作均居全市第一位、全省前列。

县领导到清廉金华教育基地接受廉政警示教育　　（洪小岚 摄）

重要会议

【中共浦江县第十四届纪律检查委员会第四次全体（扩大）会议】 2月21日，中国共产党浦江县第十四届纪律检查委员会第四次全体会议召开。县委书记程天云在会上强调，全面推进清廉浦江建设，

浦江县第十四届纪律检查委员会第四次全体（扩大）会议　　（周伟灵 摄）

为实体经济“二次创业”提供坚强保障。县委常委、县纪委书记、县监委主任宁维茂作题为《忠实履行党章和宪法赋予的职责 奋力谱写纪检监察工作高质量发展的浦江篇章》的工作报告。

【党风廉政建设主体责任汇报会】 3月29日，县纪委召开2018年度党风廉政建设主体责任汇报会，16个单位负责人汇报党委（党组）履行党风廉政建设主体责任和一把手履行“第一责任人”职责情况，并面对面接受问题点评、质询。

【全县警示教育大会】 5月24日，全县警示教育大会召开，县委书记程天云出席会议并讲话，县委常委、县纪委书记、县监委主任宁维茂主持会议，通过以案为鉴、以案明纪，引导党员干部增强党性修养，筑牢不敢腐、不能腐、不想腐的思想防线。

【全县纪检监察干部大会】 12月30日，县人大常委会第二十五次会议任命傅晓辉担任县监委副主任、代理主任职务。同日，全县纪检监察干部大会召开，县委常委、组织部部长蒋涛宣读市委决定，市纪委常委、市监委委员徐领强调工作要求，书记傅晓辉作履新发言。

巡察工作

7月9日，省委第三巡视组巡视浦江县工作动员会议召开。省委第三巡视组组长徐定安作动员讲话，程天云主持会议并作表态发言，金华市委副书记、政法委书记陈玲玲参加会议。

7月12日，县委第七轮巡察工作动员部署会暨巡察工作业务培训会召开，对县卫生健康局、县人民医院、县中医院、县公安局、县审计局、县水晶产业园区、浦南街道、大畈乡8家单位进行巡察动员并集中进驻，对浦南街道、黄宅镇、虞宅乡、大畈乡的24个村开展延伸巡察。

11月15日，十四届县委第八轮巡察工作动员部署会暨巡察工作业务培训会召开。县纪委常务副书记、县监委副主任、县委巡察工作领导小组成员于新宣作动员讲话，对县交通运输局、县委编办、县应急管理局（人防办）、县人力社保局、县司法局、白马镇、杭坪镇、中余乡开展巡察，并及延伸巡察32个村级党组织，结合人防系统、涉企领域、扶贫领域开展专项巡察。

（陈　哲）

总工会

【概况】 2019年，累计组建工会1262家，组建率86.8%。其中，单建工会1098家，联合工会164家；工会会员71136人，入会率98.23%。

举办劳动竞赛和技能比武。联合县人民银行开展金融系统职工业务技能比赛，联合县卫健局、县交通局、县人力社保局等单位举办汽车维修、锁具装配、临床急救等15项职工职业技能比赛，参赛人员1138人，授予“浦江县技术标兵”57名，“浦江县技术能手”100名。

开展“青蓝计划”名师带高徒专项行动，名师李文建结对徒弟王献东、李海娟、郑晓龙，名师张弘强结对徒弟翟滢皓、马楠，其中李文建徒弟王献东在市数控车工、铣工比赛中获一等奖。开展群众性经济技术创新活动，李文建创新工作室、圣力工贸创新工作室、晶盛水晶创新工作室被命名为金华市第四批高技能人才创新工作室。开展“安康杯”竞赛活动，班组竞赛开展800余场次，参与人数3万余人。

开展“查安全隐患、提合理化建议”活动，推荐上报金华市总工会合理化建议7条，获得一等奖、三等奖各一条。开展立功竞赛活动，浦江县十个工程项目列入市总工会和市发改委2019—2020年百项市重点工程立功竞赛项目。组织职工培训10场次，如行政服务中心窗口服务人员礼仪培训、卓尔雅化妆品用具有限公司职工职业道德培训、职工书画鉴赏名家讲座和困难企业转岗、下岗职工电子商务培训等；水晶产业园区总工会、开发区总工会等各基层工会组织产业工人技能提升培训8000余人次。

推进职工文化建设，举办“当好主人翁 建功新时代”庆祝“五一”劳动节暨首届“浦江工匠”颁奖晚会，组织300余名各行各业的干部职工现场观看演出，“浦江微讯”同步直播。组织职工参加金华市第二届职工网络文化节、职工书法比赛、职工演讲比赛、庆祝新中国成立70周年全市职工运动会系列比赛，参与职工650余人；组织职工参与金华市第二届“职工网络文化节”活动，共有400名职工参加“一封家书”“好歌好曲大家唱”等6项活动，有85人获奖。举办庆祝新中国成立70周年全县干部职工系列文体活动之气排球、乒乓球、羽毛球比赛，全县机关企事业单位190余支代表队共2000余名运动员参加活动；举办全县职工书法大赛，参与职工200余名。创建省职工书屋示范点2家，劳模书架1个；创建省级农民工文化家园1个，补助资金1.20万元。

夯实工会组织基础，推进乡镇（街道）总工会规范化建设，水晶产业园区总工会确定为全省基层工会改革重点培育单位，2019年度金华市“新经济、新领域、新业态”工会组建优秀品牌项目，补助资金2万元。开展“清单式集中建会”工作，新建68家，发展会员4302人。加强工会干部队伍建设，100余名干部参加为期4天的脱产培训，提高基层工会主席业务能力水平，招聘职业化工会工作者3名，充实乡镇街道总工会干部队伍；评选表彰2018年度工会工作先进集体30家、先进个人52名。推进“职工之家”网上工会建设，在“金华工会”APP开展普惠、人气投票等活动，全年共推出话费、月饼等抽奖普惠活动24期计1000余份职工福利；开展气排球、汽车维修等比赛最佳人气奖投票活动，共有5000余职工参与投票。开展经费审查工作，审查县总本级、职工医疗互助保障协会和29个总（基层）工会的工会经费使用情况。

打造“工”字服务品牌，深化“最多跑一次”改革，成立证明事项清理工作领导小组，梳理公布13条浦江县总工会服务职工事项流程清单，组建“无证明城市”工作队伍和代办员队伍。推进在职职工医疗互助保障活动，386家单位计2.23万名职工被纳入保障，4848人次申请互助保障金，累计给付保障金163万余元。开展工资集体协商工作，全年共签订工资集体协商合同863份。推选劳动关系和谐企业，浙江亚特新材料股份有限公司被评为省级“劳动关系和谐企业”，浙江浦江雷力仕锁业有限公司被评为市级“劳动关系和谐企业”，水晶产业园区被评为省级和市级“劳动关系和谐园区”。实施工会精准化帮扶工作，继续在全县范围内开展医疗、助学、生活等专项救助，建档困难职工家庭24户，共使用各级帮扶资金11.18万元；为困难企业转岗再就业家庭提供就业信息和就业指导，62名困难企业转岗、下岗职工参加电子商务培训，组织动员5家招聘企业和100余名企业离职转岗下岗职工、困难职工家庭成员参加省市县主办的“春风行动”专场招聘会。关爱一线职工，为100名一线职工提供工会疗休养，1000名一线职工提供上门体检服务，1万名一线职工赠送夏季劳保用品。开展“尊法守法·携手筑梦”法律服务行动，分别于1月、2月、6月、12月在县人才市场招聘会、汽运中心、仙华街道、浦南街道三阳工贸有限公司等地设点，为务工人员提供免费法律咨询服务，发放相关法律知识资料500余份。提供职工健康心理服务活动，9月，在水晶园区心灵港湾工作室开展《压力管理对策》心理咨询课程，有60余人参加；创建黄宅中学、浦江县吴氏锁业有限公司、郑宅镇党群服务中心3家心灵港湾工作室。2019年，全县累计创建“妈咪暖心小屋”24家、工会爱心托管班5家。

助力乡村振兴，扩大浦江疗休养品牌影响力和传播力。举办浦江工会助力乡村振兴启动仪式暨“趣浦江”疗休养产品推介会和“长三角地区工会疗养负责人走进金华活动”走进浦江，全年外来疗休养人员达8万余人次。做强省总工会干部学校“廉政·修养”干部培训基地，承办培训班48期，1705名省内工会干部参加培训。推进工会电子会员卡发放工作，推动浦义两地互动合作，实现两地工会普惠服务共享。

2019年，县总工会被县委、县政府评为2018年度“综合考核工作优秀单位”；县总工会党支部被县直机关工委评为“五星基层党组织”、2018年度“先进基层党组织”；县总工会被评为庆祝新中国成立70周年金华市职工趣味运动会最佳赛区。

【第十五届八次全委会议】 2月1日，在县总工会五楼会议室召开浦江县总工会第十五届八次全委会议，县工会委员参加会议。会议替补选举张再创为县总工会第十五届工会委员会主席、常务委员，张秀娟为副主席、常务委员，王红英、严忠炉、张向平、周丽巧、郑可雷、赵淑嫦、姚荣金、谢金池、楼伟东为县总工会第十五届委员会委员。

【首届“浦江工匠”推荐评选活动】 根据《金华市人民政府关于深入实施创新驱动发展战略 大力推进大众创业万众创新的若干意见》和《关于在全县开展首届“浦江工匠”推荐评选工作的通知》文件精神，县劳动竞赛委员会在全县范围组织开展首届“浦江工匠”推荐评选活动，全县19个产业、部门、乡镇、街道工会，8个行业协会及个人自荐等79名“浦江工匠”推荐人员参加评选。经过推荐申报、资格审核、专家评审、社会公示、县长办公会议等程序，于根枝等20人被评为“浦江工匠”。首届“浦江工匠”名单：于根枝、王艾（女）、王丽娜（女）、王淑东、石宗光、张弘强、张根志、张福民、陈安康（女）、陈青松、周正、赵朝阳（女）、宣黎建、聂晓彬、倪伟、黄成钢、黄红专、黄国樑、傅闪闪（女）、楼忠信。

弘扬劳模工匠精神，推选先进集体和个人。评选首届“浦江工匠”20名，县“工人先锋号”10家；周黎明、陈元生、张利东被评为浙江省劳动模范。创新劳模工匠服务载体，县劳动模范协会更名为县劳模工匠协会，组建5支劳模工匠志愿服务队和5支财贸系统志愿者服务队，开展劳模书法文化惠民活动和劳模宣讲会。关爱劳模，走访慰问劳模39名，发放慰问金4.30万元，发放困难劳模帮扶资金3.90万元。

【“工人先锋号”】 根据县总工会《关于开展创建“工人先锋号”活动的实施意见》精神，在全县开展评选2019年度浦江县“工人先锋号”，由教育工会等15个产业、部门、乡镇（街道）园区（总）工会推荐的43家班组、科室等优秀团队，通过基层初审、县总工会分组考察和复审，经媒体公示后命名表彰。2019年，浦江县“工人先锋号”名单为浙江省浦江县汽车运输有限公司城市公交111路、浦江县行政服务中心公安局服务窗口、郑家坞镇人民政府“365”便民服务中心、浦江县“8890”便民服务分中心接线部、浙江亚特新材料股份有限公司后纺维修班组、浙江省浦江中学地理学科组、浦江县中医院康复神经内科、浙江浦江农村商业银行股份有限公司营业部、浦江县行政服务中心市场监管局服务窗口、浦江县西水东调管理处壶源江水电站。

【“趣浦江”疗休养产品推介会】 6月5日，浦江工会助力乡村振兴启动仪式暨“趣浦江”疗休养产品推介会在江南第一家举行。活动由市总工会主办，县总工会、县文化和广电旅游体育局、县文旅集团联合承办，展现“诗画浦江、人文浦江、生态浦江”丰富的疗休养资源，扩大“万人工疗进浦江”疗休养品牌的影响力和传播力。活动邀请100名工会主席走进浦江，包括省总工会、省产业工会和省内各市县工会、部分国企工会的负责人，以及部分承接疗休养业务的旅行社负责人。金华市总工会党组成员杨夏文，县委副书记俞建辉，县委常委、副县长卢楠出席活动。与会人员走访了嵩溪古村、茜溪悠谷轻度假区、前吴湖滨慢生活区，了解和体验当地乡村、民宿和文化旅游融合发展的情况，品尝丰富且独特的浦江美食。

（毛嘉伟）

共青团

【概况】 2019年，全县有基层团组织819个，派驻基层团工委8个，团总支8个，团支部803个，发展新团员960人，专职团干部19人，兼职团干部1383人，少先队员33423人，少先队大队辅导员48人。

开展全团专题学习会17次，下乡调研83次，收集各类问题109个，解决率100%。发动2.9万余名团员青年参加全省"青年大学习"线上知识竞赛，在线下组织参加党团知识竞赛4场，获全市第三名。举办少先队集体入队仪式83场，五四青年节集体入团仪式20场，18岁成人礼6场。创建市级红色研学基地5个，举办红色研学活动10场。选树勇阻抢夺方向盘危险行为的郑宅初中王嫣笑等101名"新时代好少年"青少年典型，引导2万余名青少年爱党、爱国、爱社会主义、爱家乡、爱奋斗。全年组织志愿服务活动1792次，服务时长14万个小时，发动全县6000余名志愿者参与葡萄节、书画节、水晶博览会等重大活动志愿服务。全年累计在县级以上媒体发布信息报道43篇，其中《中国共青团》《浙江团情》等省级以上期刊8篇。

【共青团浦江县第十八届二次全委(扩大)大会】 3月20日，共青团浦江县第十八届二次全委(扩大)大会召开。县委副书记俞建辉出席会议并发表讲话；团县委书记黄鹏甫作题为《提高政治站位 狠抓工作落实 团结带领全县广大团员青年为奋力谱写"水晶之都、诗画浦江"建设新篇章贡献青春力量》工作报告。会议提出《浦江县共青团组织力提升"潮头工程"行动方案》和《浦江县青春助力乡村振兴十大行动方案》，谋划部署2020年共青团工作重点。

【基层队伍建设】 团县委根据全县行政村规模调整，优化基层团组织架构，由2018年的429个村(社)支部优化调整为244个支部，建立团组织11个，撤销或合并团组织184个，下发《行政村(社)规模调整过渡阶段团组织设置、班子配备和人员安排建议》。30个机关团组织完成换届。承办浙江省2019年第一季度第四片区团县(市、区)委书记工作交流活动并作典型发言。开展共青团系统团建重点工作项目"晒拼创"活动，15个乡镇(街道)团(工)委认领12个"领办项目当团干"重点项目，督促指导乡镇街道"青年之家"阵地规范化建设，全县17家青年之家开展各类活动91场。"三亮三比"分类亮分制管理工作获团省委副书记王慧琳肯定，并在全省团的基层组织规范化建设现场推进会作经验介绍。有毕业生团员4199人，已转出4164人，转出发起率99.2%，转出成功率98.8%，县外转入团员数3544人，"学社衔接"率99.3%。

【青年创业就业】 组织开展"百团服务进百企"活动，通过"家燕归巢"、职业规划"世界咖啡"论坛、"思享汇"等品牌活动，为返乡大学生提供"家门——校门——厂门"的"一站式"跟踪服务。2019年，征集104个岗位，落实130名浦江籍大学生回乡参与社会实习实践，签订合同3人。成立老齿轮·1967文创园、"趣野吧"薛家生态园等"两新"团组织8个。依托"青年说"开展创业青年交流分享活动5场，梳理创业中存在的问题3个，解决3个。

【青少年关爱工作】 走访慰问留守儿童、贫困青少年、残疾青少年550人次，发动志愿者"爱心妈妈"长期结对30名。开展"快乐大篷车"四进系列活动10场，服务外来青年子女6000余人。通过"亲青筹"平台募集资金10万余元，落实线上项目2个。加强东西扶贫结对帮扶，带领青年企业家与四川省金口河区2个村签订村企结对协议，全年向金口河区团委捐助服装、学习用品等物资10155件，认领"微心愿"29个，市值约81.30万元。走访慰问县内困难青少年129人次，发放救助金10.19万元，帮助13名学生圆梦大学。

【服务青少年成长发展】 建立"事前宣教、事中维权、事后关护"三个平台，县第三届未成年人关护团完成换届，聘请集司法、帮教、预防于一体的未成年人关护团志愿者53名，开展涉罪未成年人帮扶43次，同比下降17%，为3名符合就业条件的涉罪未成年人进行岗位培训。成立44支"法治辅导员"队伍，与44所学校进行"点对点"精准法治宣传服务。开展青少年维权讲座、主题班会、模拟法庭等各类活动14次，覆盖青少年3000余人次。聘请18名国家二级心理咨询师担任青少年心理咨询师，为重点青少年群体提供"点对点"精准帮扶5次，开展集中讲座1场。

【"青字号"品牌建设】 团县委推进"青字号"品牌建设。组建全县58支"村小青""跑小青""企小青"队伍，千名"跑小青"累计办理网上代办31804件。62家窗口单位(点)争创"青年文明号"，助推"最多跑一次"改革。开展青春建功"乡村振兴"行动，与义乌市团市委、县委组织部等10余家单位共同举办助力"乡村振兴"主题活动4场，高标准推进市级"青创农场"1家，推荐9名新农人参加新农人培训班。建立浦江青年智库，开展"青年说"6期，新建青创基地1家，"亲青恋"基地1个，举办青年人才户外素质拓展1期，通过网络图文全程直播，关注量突破52万人次。联合举办"直播卖货与短视频营销的未来趋势"主题培训班2期，打通"直播+农业+电商"的新媒体销售渠道。

【参与社会治理创新】 联合县农商银行推出"志愿汇信用贷"，671名志愿者申请办理"志愿汇信用贷"，发放"志愿汇信用贷"483笔计7950万元，让志愿服务成为一种新时尚。建立"亲青老娘舅工作室"15家，聘任"亲青老娘舅"74人，组织活动57场，调解涉青合理诉求和化解矛盾纠纷66件。

(严芬芬)

妇女联合会

【概况】 2019年，全县共有街道妇联3个、乡镇妇联12个、开发区妇联1个、水晶产业园区妇联1个、社区妇联17个、村妇联227个、机关企业单位妇女工作委员会23个、团体会员单位1个。

全县共有来料加工集中加工点165个，拥有来料加工经纪人480名，从业人员1.30万人，其中低收入农户860人，妇女从业人数1.10万人，共计发放加工费1.80亿余元；精选3名优秀来料加工经纪人和3名"女红巧手"参加中国义乌国际小商品博览会，共设4个展位；联合建行浦江支行举办以"融资 融智 打造睿智人生"为主题的女企业家财富沙龙联谊活动，并举办"春风行动"女性专场招聘会，有20家企业参加，现场咨询人数120余人，其中达成意向15人；4家岗位申报省级巾帼文明岗，33家岗位申报县级巾帼文明岗。

以"巾帼携手、文明同行"为主题，以"庭院美、家风美"为创建标准，在美丽庭院创建的基础上提质升级，全年新创建美丽家庭2000户。"丰安姊妹"们把村内的一些拆后区域、闲置地块，建成巾帼爱心菜园。全县共有爱心菜园249个，为居家养老中心开展送菜服务3373次。

以“三助”——助聊、助洁、助餐为抓手，推进“助推居家养老 巾帼暖心行动”活动，为有需要的老人提供帮助和服务，开展“三助”活动1.20万余次；各级巾帼文明岗开展“岗家结对”活动24次，参与人数222人，服务754人次，“巾帼暖心行动”助力居家养老服务被选入《基层妇联组织工作优秀案例》一书；助推全县生态洗涤房后期运维监督工作，各村妇联轮流开展巡查，做到“每日一监督”，发现问题及时向村两委汇报。2019年，全县“丰安姊妹”开展运维活动3264次。

开展家庭和最美系列选树活动，打响家文化建设品牌。评选出“最美家庭”34户、“最美婆婆”15户、“最美媳妇”15户、“绿色家庭”103户、“平安家庭”50户，陈艳君户被评为全国“最美家庭”；举办以“弘扬家国情，礼赞新时代”国际家庭日为主题的宣传纪念活动；开设“丰安家长学堂”，推进家庭教育指导服务体系建设。

完善“好家风信用贷”机制，简化“家风换贷”手续和流程，开展上门批量签约、现场办贷，让客户足不出村即可办理贷款，享受“当天申请当天贷”优惠。自“好家风信用贷”实施以来，共发放“好家风信用贷”贷款额19.73亿元，惠及全县文明家庭1.70万户。

开展“建设法治中国·巾帼在行动”普法宣传活动，提升妇女群众对《中华人民共和国妇女权益保障法》《中华人民共和国反家暴法》等法律法规的知晓率。全年开展活动146场，发放资料9.10万余份，受益群众8.90万人；创新家事纠纷调解机制，联合县法院成立“家事纠纷调解室”；助推妇女信访“最多跑一次”，全县16个妇女民情民访代办站和244个妇女民情民访代办点的2049名代办员共代办事项425件；持续推进女性安康工程，为1.60万余名妇女开展“两癌”免费筛查，组织1.20万余名妇女参加女性安康保险，年终赔付率96.4%；联合县科协、卫生健康局开展“关爱女性健康公益科普讲座”33场；建立低保女性关爱机制，共慰问贫困妇女、退职困难妇女主任181人次，发放母亲邮包20个，发放春蕾助学款1.30万余元，结对资助贫困儿童22人次。

【基层妇联组织建设】 2019年，根据省委《关于高质量推进新时代党建带群建工作的意见》及市妇联的部署要求，深化党建带妇建的工作格局。打造浙江万赛汽车零部件股份有限公司妇联、浙江双六工具有限公司妇联、孝门学校妇联、吴氏锁业有限公司妇联等县级新领域妇联示范点10个；完成时代广场“商峰荟”商圈妇联、水晶产业园区妇联、新光村青创基地妇联、上河村妇联等区域化妇联组织11家；延伸“妇女之家”工作触角，打造特色鲜明、充满活力的“妇女微家”12家。

【县妇联第十三届九次执委(扩大)会议】 2月25日，浦江县妇女联合会十三届九次执委(扩大)会议在县府会议中心召开。县委副书记、政法委书记俞建辉，县委组织部副科(局)级组织员黄春丰出席会议，县妇联执委、单位妇委会主任、乡镇(街道)妇联

县妇女联合会十三届九次执委(扩大)会议

主席参加会议。会议总结2018年工作，部署2019年工作。会上，楼鸳鸯当选为浦江县妇女联合会第十三届执行委员会副主席。

【“歌唱祖国、歌唱母亲”活动】 3月6日，由县妇联主办、中国人寿保险股份有限公司浦江县支公司协办的“歌唱祖国、歌唱母亲”新中国成立70周年暨纪念三八国际劳动妇女节109周年活动在仙华文景园举行。县委副书记俞建辉、县人大常委会副主任朱晓飞、副县长陈子华、县政协副主席张放远，部分县机关党政领导，县妇联十三届执委，各乡镇（街道）妇联主席以及单位妇委会主任，女企业家联谊会会员，部分巾帼文明岗代表、机关女干部等参加了活动。此次活动有15支参赛队伍和2支表演队伍，共评选出一等奖2个、二等奖5个、三等奖8个。

“歌唱祖国、歌唱母亲”新中国成立70周年暨纪念三八国际劳动妇女节109周年活动

【战略合作协议签约】 3月7日，县妇联和中国建设银行浦江支行举行战略合作协议签约仪式。县妇联干部、建行浦江支行相关负责人参加仪式此协议将针对妇女创业就业、家庭公益等提供丰富、优惠的服务，让全县的创业女性得到更多的帮助和支持。

战略合作协议签约仪式

【关爱女性健康公益科普讲座助推“三服务”活动 3月17日，县妇联、县科协、县卫健委等单位在郑宅镇党群服务中心举办浦江县2019年“关爱女性健康公益科普讲座助推‘三服务’活动”启动仪式。活动旨在实施健康浦江战略，关爱女性自身全生命周期健康，传播科学的女性健康知识，让女性得到更多的实惠，落实“三服务”活动。邀请浙江大学医学院附属妇产科医院主任医师周坚红为全体妇女群众做了一场关于妇女保健、疾病预防、治疗康复等方面的讲座。启动仪式结束后，专家团队们到各个乡镇（街道）、开发区和水晶园区举办健康讲座32场。

关爱女性健康公益科普讲座助推“三服务”活动启动仪式

【家事纠纷调解室】 县妇联与县法院共同探索家事纠纷预防化解机制，组建浦江县首家“家事纠纷调解室”，并于8月9日挂牌成立。揭牌仪式结束后，县法院民一庭负责人就开展家事纠纷案件调解的重要性以及如何更好地开展纠纷调解工作，对首批入驻“家事纠纷调解室”的调解员进行业务培训。

“家事纠纷调解室”挂牌仪式

【红色“初心课”】 9月12日，全县“不忘初心、牢记使命”主题教育活动启动。县妇联结合自身工作实际，制定详细完善的主题教育活动实施方案。9月24日，县妇联主席黄碧娟给各乡镇（街道）、开发区和水晶产业园区的妇联主席上了一堂标题为《不忘初心、牢记使命，强巾帼之担当》的红色“初心课”。要求结合妇联自身的工作职责，为妇女群众谋幸福，在党政所需上做文章、在妇女所急上下功夫、在妇联所能上创特色。每位妇联干部围绕“不忘初心、牢记使命”的主题，谈了自身的学习体会和今后工作的努力方向。

【巾帼居家创业就业基地】 县妇联寻找并认定第一批巾帼居家创业就业基地3家并提供资金扶持。10月15—16日，浦江县盘溪手工面专业合作社、浦江县丰安农歌果蔬专业合作社、金华品胜文化管理有限公司3家首批巾帼居家创业就业基地挂牌成立。

首批巾帼居家创业就业基地挂牌成立

【妇女干部培训班】 11月7—8日，县妇联在县委党校举办为期两天的妇女干部培训班。县妇联全体机关干部、各乡镇妇联主席以及单位妇委会主任共计40余人参加培训。县委组织部副部长陈明建和县委党校校长张曙光参加开班仪式。培训班开设十九届四中全会的贯彻学习、主题教育专题党课、廉政教育以及妇女干部维权业务等学习内容，采用“专题讲座+心得交流+现场教学”等方式开展学习培训。

【省妇联副主席陆英调研】 11月7日，省妇联副主席陆英、省妇联组织部部长方芳到浦江调研妇联基层组织建设工作，市妇联副主席郑月琴、县妇联主席黄碧娟陪同。陆英走访了示范新领域妇联组织水晶产业园区、郑宅镇龙源村来料加工“妇女微家”，听取县妇联主席黄碧娟关于浦江县妇联组织工作和岩头镇妇联主席虞江丽关于党建引领下基层妇联组织建设、妇联干部队伍建设工作的情况汇报。陆英对浦江县妇联所取得的工作成绩表示肯定，同时提出三点要求：坚持党建带妇建，做到同部署同安排同议事同考核；坚持服务中心，展现巾帼风采，有为才有位；坚持强三性，密切联系妇女群众，主动作为，打造特色妇联。

【第十二届来料加工技术比武大赛】 11月13日，由县妇联主办、杭坪镇政府协办的第十二届来料加工技术比武大赛在杭坪镇杭坪村举行，全县各乡镇（街道）的17支队伍303名选手参加比赛，副县长陈子华出席开幕式并发表讲话。此次大赛共设串门帘、橡皮包装、气球包装3个比赛项目，评选出一等奖9名，二等奖30名，三等奖60名。

浦江县第十二届来料加工技术比武大赛

（朱晓倩）

科学技术协会

【概况】 县科协在全县15个乡镇（街道）建有科协组织，228个村（社区）实现科普服务站全覆盖。县科协下辖业务指导学协会3个。2019年，在计算机协会、心理卫生协会和会计学会成立党的工作小组；新增院士专家工作站1家；评定市级农村科普示范基地1家、科普教育基地3家，县级农村科普示范基地5家、科普教育基地5家。

【院士专家工作站】 引进河北省林科院原院长刘俊，建立浦江县靓松家庭农场院士专家工作站。开展院士走访活动，走访慰问院士龚昌德、何新贵，联系对接中国茶叶研究所院士陈宗懋。2月18日，与义乌市科协签署“院士专家义乌、浦江行”活动框架协议书，两地科协就院士专家活动在决策咨询、学术交流、考察调研、院企对接、休假疗养等方面达成合作意向。全年开展3次“院士行”活动，共有7名院士到浦江，包括中国科学院院士秦大河、梅宏、程时杰，中国工程院院士陈剑平，乌克兰国家科学院院士2名、乌克兰国家工程院院士1名。8月26—29日，省院士专家疗休养活动在浦江进行，77名在浙院士专家为浦江城市建设、新农村旅游发展建言献策。

8月8日，浦江县靓松家庭农场院士专家工作站揭牌仪式

【科普活动】 打造科普宣传平台，设有《今日浦江》报“科技工作者风采”专栏、“1058”电台“科普大讲堂”“诗画浦江”“科普浦江”等媒介，利用科普画廊、科普e站、户外大型电子屏、公交站台电子屏、学校电子屏等进行科普宣传。购买16台智能机器人“小艾”和VR眼镜。9月，全国科普日活动期间，与县创

建办、融媒体中心合作开展“六城联创”科普知识竞赛，采用网络直播的方式，通过各大融媒体平台进行全方位宣传报道。结合“老科学家进校园”“中国流动科技馆——浦江站巡展”“科学实验课下基层”等活动，组织各学协会、乡镇（街道）、水晶园区科协联动开展系列活动30余场。县科协被中国科协授予“优秀活动组织奖”称号。

8月21日，“中国流动科技馆——浦江站”开馆仪式，16台智能机器人“小艾”表演

【“三长”助力“三服务”】 县科协兼职副主席、农业农村局经济特产站站长陈鸿才，在农函大培训、农职称评选、农村科普示范基地建设等方面发挥作用，促成县农业产业2家院士专家工作站的建立；市十佳科普人、县妇幼保健院副院长黄美环带领“花样年华”团队，开展录制科普小视频、手机微课堂等新兴的科普宣传方式，和县科协、妇联、卫健局、民革浦江县支部联合举办2019年关爱女性健康公益科普讲座 助推“三服务”活动，在各乡镇、街道、园区开展女性健康知识巡回讲座，全年开展讲座40余场。

【青少年科普活动】 联合县教育局、气象局、司法局、共青团等全民科学素质领导小组成员单位，举办“青少年科技节”“安全科普进校园”“气象科普进校园”“弘哲课堂”、科普夏令营、“流动少年宫”等活动，将科普资源向基层延伸。

11月7日，浦江县青少年科技节在县黄宅中学举办

【乡村振兴战略】 开展农村科普示范基地创建工作，指导靓松家庭农场成功创建市级农村科普示范基地。评定浦江“南山青”猕猴桃种植科普示范基地、松哥家庭农场桑葚园科普示范基地、“浦葡”葡萄栽培生产科普示范基地、“众盛”葡萄种植科普示范基地、东坪高山茶生态循环基地5家基地为县级农村科普示范基地。打造区域科普精品线，指导县博物馆上山考古遗址公园、县生命教育体验中心、县治水主题馆创建市级科普教育基地。

【人才成长环境】 协同县人力资源和社会保障局组织全县专业技术人员继续教育培训，为全县3000余名专业技术人员提供咨询服务。开展“5·30”全国科技工作者日走访慰问活动，副县长楼新有带队走访奋战在一线的优秀科技工作者代表，并在各大主流媒体上宣传县科技工作者风采。做好金华市“科技追梦人”推选工作，推选县职技校李文建、中余卫生院周红灯、靓松家庭农场陈青松、伯虎链条股份有限公司郑小根、圣力工贸有限公司宣黎建为金华市“科技追梦人”。

（盛 婕）

工商业联合会

【概况】 2019年，浦江县工商业联合会（以下简称“县工商联”）所属基层商会19个，其中乡镇商会12个，街道商会3个，开发区商会1个，行业商会2个，其他商会1个；会员1847个，其中企业会员1724个，团体会员34个，个人会员89个。县工商联履行工作职责，参政议政、建言献策，推动营商环境不断优化；引导在外浦商回乡投资创业，助力浦江经济发展；开展教育培训和“三服务”活动，促进民营经济人士健康成长和民营企业健康发展；组织基层商会换届，推进商会改革发展；开展“千企结千村、消灭薄弱村”和东西扶贫活动，引导民营企业承担社会责任。县工商联被省工商联评为全省工商联系统专项工作先进单位，被全国工商联评为2018—2019年度全国“五好”县级工商联。

全国工商联调研组参观浦江水晶主题馆

【参政议政】 组织引导会员中人大代表和政协委员参政议政、建言献策，共提交提案建议23件，其中5件被列为重点提案，《关于接轨义乌发展浦江实体经济的建议》被评为优秀提案。在政协大会发言《加强校企紧密合作培养实用技术人才》提案。开展“大调研”活动，围绕优化营商环境、浦义同城发展、商（协）会改革发展等课题开展专题调研7次，调研会员企业200余家，商会33家，撰写调研报告7个。

【教育培训】 3月14日，县工商联组织学习习近平总书记在民营企业座谈会上的讲话和省委书记车俊、市委书记陈龙在民营企业座谈会上的讲话，第八届执行委员115人参加。4月6日，郑宅镇商会邀请原省文化厅厅长沈才土、县人大常委会原主任张剑文为150余名企业负责人作实体经济创业创新主题讲座。4月19日，县工商联组织县新生代企业家商会20余人到三思光电技术有限公司上海总部和Google中国总部及出海体验中心开展游学活动。6月18—21日，组织4名新生代企业家参加市委统战部、市工商联在省社会主义学院举办的2019年金华市新生代企业家综合素质提升专题班。协同基层商会开展环保、税收、法律、管理等各类讲座13次，培训会员500人次。推荐22名企业家参加各级统战部、工商联举办的各类培训班。全年培训会员750余人次。

新生代企业家到上海三思总部游学

【服务经济】 2月3日，组织召开异地浦江商会会长新春座谈会，各异地商会会长、秘书长和知名浦商40余人参加。5月2日，组织上海浦江商会30余位浦江籍企业家回家乡考察对接投资项目。10月5日，组织“乡聚千年丰安贤绘诗画浦江”座谈会，县领导和各届乡贤共300余人分10个会场进行座谈，听取各界乡贤对浦江发展的意见建议。邀请首届乡贤大会浦商代表32名，第十一届晶博会浦商代表26名，金华市第二届发展大会浦商代表22名。开展“三服务”活动，走访联系企业185家，基层商会18家，异地浦江商会15家，收集问题120个，为企业解决问题115个，协调相关部门解决问题40个。开展百家民营龙头企业结对服务活动，组织引导10家民营龙头企业与产业链上下游10家中小企业开展结对服务。联合县农商行与县内各基层商会和异地浦江商会开展银企合作，为企业融资提供便利化服务。与县人民银行共同开展“万家民企评银行”活动，改进民营企业金融服务。在微信公众号开通“乡音传递”专栏，向在外浦商推介招商引资项目11个。

上海浦江商会考察大畈乡白岩山前坡地村镇项目

【组织建设】 2月17日，上海浦江商会举行换届，上海鑫广科技发展（集团）有限公司董事长黄尚渭当选第三届会长。7月13日，宁波市浦江商会举行换届，宁波升谱光电股份有限公司总经理张日光当选第二届会长。11月30日，浦江县跨境贸易商会成立，浦江县晶迪水晶有限公司聂晓彬当选首届会长。12月7日，浦江开发区商会重新成立，浙江百川导体技术股份有限公司董事长张荣良当选首届会长。12月8—9日，全国工商联第一联系调研组到浦江调研民营经济发展和商协会改革发展情况，参观县水晶商会，与商协会领导和民营企业家进行座谈，统战部部长张建顺，副县长楼新有陪同调研。7月，组织全县基层商会开展换届，截至12月，14家到届基层商会全部完成换届工作。推进基层商会改革发展和规范化建设，指导基层商会修改《商会章程》，把商会党建工作写入《商会章程》，加强党对非公经济的领导，设立监事会或独立监事，健全内

上海浦江商会换届会旗交接仪式

县跨境贸易商会成立大会

部监督机制。郑家坞镇商会、县烫钻商会被市工商联评为2018年度金华市优秀基层商会,郑家坞镇商会被省工商联评为“四好商会”。

杭州浦江商会助学仪式

【帮扶事业】 杭州浦江商会四海浦商助学基金会资助贫困大学生、高中生、初中生85人,发放助学金24.90万元。落实党中央、国务院乡村振兴战略,开展“千企结千村、消灭薄弱村”活动,137家会员企业与全县集体经济薄弱村结对,其中执委以上企业102家,结对项目114个,提供帮扶资金36.50万元。开展东西部对口帮扶工作,组织企业家3批共25人次到四川乐山市金口河区开展帮扶对接工作,与当地25个贫困村签订了“万企帮万村”扶贫结对协议,为当地捐赠款物100余万元,解决贫困人员就业150人。

【重要会议】 3月14日,县工商联八届二次执委会议召开。会议审议通过第八届执行委员会2018年度工作报告,通报2018年度会费收缴和使用情况,通过有关人事调整事项,补选朱有许为县工商联主席,张霞燕为县工商联副主席,黄惟善为县工商联常委。同日,召开“政企亲清联心桥”座谈会,县领导俞佩芬、郑文红、俞建辉、张建顺,县机关有关部门主要负责人、县工商联第八届执委共200余人参加会议,刘劲松代表县工商联第八届执行委员会全体企业家执委宣读支持实体经济发展倡议书,潘宏涛等5名企业家作交流发言,企业家代表和县党政主要领导围绕打赢实体经济翻身战进行讨论交流。

县工商联八届二次执委会议

“政企亲清联心桥”座谈会

(赵益民)

文学艺术联合会

【概况】 2019年,浦江县文学艺术联合会(简称“县文联”)对各团体会员履行团结引导、联络协调、服务管理、自律维权职责,对县级文艺家协会负有管理职责,依法依章程指导各团体会员开展工作,在行业建设中发挥主导作用。

1月，组织举办"戏迷好声音"第二季，经过4场预选赛1场决赛，选出一等奖1名，二等奖3名，三等奖6名，优秀奖10名；11月，组织举办"戏迷好声音"第三季，共举办4场预赛，总决赛计划于2020年举行。

4月，承办第三届"我们与你在一起"全国大型诗歌公益活动，活动包括《我们与你在一起公益好诗歌作品集》《全球华语诗歌大赛作品集》首发式、启动第二届"夏青杯"全国朗诵文本大赛征稿活动、2018年中国诗歌报告发布会、"诗人民·诗明德"主题"我们与你在一起"全国大型诗歌公益活动年度表彰暨诗歌朗诵会等内容。举办"爱祖国·爱家乡"四季诗会征诗活动，征集145首，经专家评委遴选，评选出51首获奖作品，于7—8月分别在平安、浦南、杨田、杭坪等文化礼堂举办4场预赛，于11月在月泉书院举办决赛，评出一等奖3组，二等奖6组，三等奖5组。

6月，县文联与县纪委联合开展第五届廉政书画大奖赛征集活动，大赛以"好家风、好政风"为主题，征集书法作品132件，美术作品89件，剪纸作品4件。8月，组织专家进行评选，评选出一等奖3名，二等奖6名，三等奖10名，优秀奖30名，获奖作品于11月21日在月泉书院展出。编撰出版《浦江文献集成》，收集到1949年以前浦江县古代文献800种，计16.50万页，整部丛书16开本286册。举办第二届"夏青杯"全国朗诵文本大赛征稿活动，共征集到662位作者，1262首诗，评选出一等奖1名，二等奖3名，三等奖6名，入围奖81名。

【协会活动】 2019年，组织各文艺家深入基层，创作文艺作品百余件，开展文艺惠民活动，组织文艺宣传演出、展览（演）、朗诵会30余场。各协会开展进机关、进企业、进社区、进农村、入驻文化礼堂等活动。其中，作家协会编辑出版《浦江文学》2019年第一期"罗家源卷"，组织会员开展采风、诗刊出版、发表作品等；美术家协会举办美术展览6场，参与组织浦义同城文化交流；书法家协会于春节前后组织会员到村、企业、社区开展"送福写春联"活动；摄影家协会开展摄影展9场次，参与浦江非遗馆开馆、月泉书院开园、第十二届中国书画节、乡贤大会的拍摄，助力中心工作；戏剧家协会开展各类展演，承办"戏迷好声音"第二季、第三季选拔赛，3月进驻平安村文化礼堂；曲艺家协会进驻浦南文化礼堂，注重曲艺传承，培育曲艺新人；民间文艺家协会先后在潘周家、杨田、洪山等村建立浦江剪纸展厅，为"中国民间文艺之乡"和"非遗小镇"创作剪纸作品；诗书画艺术协会组织会员到冷坞、礼张、嵩溪、上河等村进文化礼堂开展活动；月泉学社组织浦江县、兰溪市梅江两地会员开展文化之旅，注重各类文史资料收集；旗袍艺术研究会于6月入驻杨田村文化礼堂，在文化礼堂开展4场活动；朗诵协会承办四季诗会活动；根艺美术学会组织精干力量，在月泉书院展出雕刻艺术精品；音乐家协会、舞蹈家协会、诗词楹联协会参与月泉书院文艺周活动。

【书籍出版刊印】 2019年，《月泉》杂志刊印出版六期，出版书籍《我们与你在一起（上下卷）》《涌动的诗情》《脊梁·第二届"万年浦江·千年月泉"全球华语诗歌大赛作品集》《月泉书院文史资料摘编》，同时进行月泉书院文史资料收集和中国诗人小镇诗歌馆建设资料收集工作。

【文艺创作成果奖】 5月，县文联2018年度的文艺成果奖在文学、书画、工艺、摄影、戏剧、音舞6个方面进行评选，评出一等奖12名、二等奖18名、三等奖11名、新秀奖2名，其中文学15名、书画10名、工艺8名、摄影3名、戏剧1名、音舞6名。

【第六个中国文艺志愿者服务日】 5月23日，在仙华街道金宅村文化礼堂举办“到人民中去”——第六个中国文艺志愿者服务日走进开发区文艺晚会，县舞蹈家协会、县音乐家协会、县曲艺家协会、县旗袍艺术研究会、县戏剧家协会、县朗诵家协会、县书法家协会、县美术家协会、县诗书画艺术协会等协会组织舞蹈、旗袍秀、浦江道情、朗诵等9个节目，参演人数200余人。

【月泉书院遗址公园工程】 2019年，月泉书院一期工程建设完工，确保月泉书院正常运行。月泉书院一期假山区块绿化工程、一期主体建筑的内装修和安防工程、西溪防洪工程通过评审。出租月泉书院遗址公园沿街商铺及学田，加强月泉书院运行管理，物业园林由物业公司及园林所进行日常管理维护。

【月泉书院对外开放】 9月27日，月泉书院正式对外开放，作为市民精神文化家园，开园期间，县文联举办首届“文艺周”活动，包括少年成长礼、“月影泉声”文艺晚会、“月泉吟”琴筝音乐会、浦江曲艺专场演出、浦江乱弹专场演出等活动。2019年，月泉书院开展国学、诗词创作、书法、现代诗歌文学、摄影、剪纸、美术7场讲座，听课人数超900人次，讲座内容专业，知识丰富，涉及面广；开展专题文学研讨会2场，各类书画联展5场，提升协会会员创作水平，培养高层次浦江文艺人才，增加“诗画之乡”内涵。接待各学校游学研学3000余人次，为青少年传统文化教育提供阵地。

（钱春霞）

残疾人联合会

【概况】 2019年，全县“两项补贴”发放2765.15万元，其中困难残疾人生活补贴在享4114人计972.4万元，重度残疾人护理补贴在享6039人计1792.75万元。

走访慰问贫困残疾人家庭135户、培智学校残疾儿童50人，发放资金16万元；对101名因病因灾发生困难的贫困残疾人实行医疗救助，发放补助款29.5万元；实施残疾人机动轮椅车燃油补助295人，发放补助资金7.67万元；实施残疾人大学生学费、住宿费补助13人次，发放补助款13.57万元；实施贫困残疾人家庭子女大学生学费补助17人次，发放补助资金4.05万元；缴纳残疾人意外险共计5638人，保费22.55万元；缴纳精神残疾人人身伤害、财产损害险共计1558人，保费7.01万元；投保困难残疾人家庭“顶梁柱”保险共计190户。

建成浦阳街道金狮社区、浦阳街道宣和社区、郑宅镇前店村、浦南街道潘宅村、大畈乡清溪村5家残疾人康复站；为听力障碍残疾人免费适配助听器47台；为下肢缺失残疾人取模并安装假肢6例，为重度肢体残疾人适配轮椅车76辆，多功能护理床

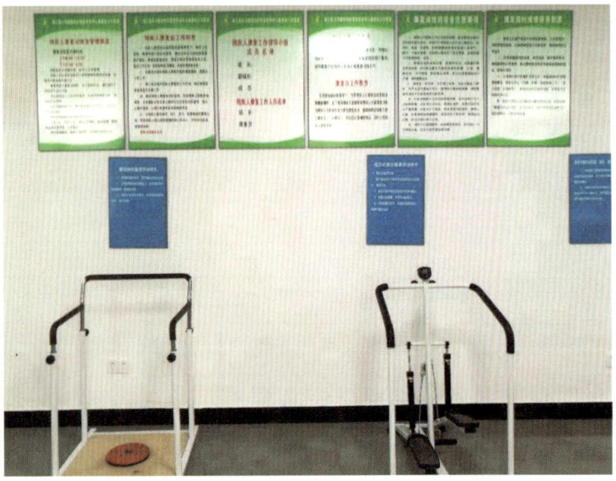

康复站设施

10张；为重度视力残疾人（盲人）发放盲人智能眼镜10人次；发放小额类辅具货币补贴13人次。全年为629人次精神残疾人提供门诊基本服药补贴10.36万元；为43名0—8周岁残疾儿童提供康复训练补助72.14万元。

全县征收入库残保金1781万元。按比例安置残疾人就业132人，探索残疾人电商创业就业，组织50余名残疾人参加电商培训，扶持残疾人电商创业就业22人。开展残疾人集中托养机构和就业创业基地规范化建设培训60余人。

争取残疾人服务能力提升工程财政专项激励资金1000万元，用于2019—2020年度“残疾人之家”、康复站建设，镇区无障碍社区创建，托养服务中心建设。

5月“全国助残日”活动，赠送书籍和价值1000元的学习卡，现场为残疾人和群众提供健康体检、剪发理容、衣服缝补、配钥匙、惠残政策解读等系列活动；10月“国际盲人节”活动，带领20余名盲人走无障碍盲道、看电影，观看当期无障碍光明电影《厉害了我的国》。

“国际盲人节”盲人看电影

开展残疾人基本服务状况和需求信息数据动态更新工作，通过调查全县11700余名残疾人，摸清全县持证残疾人在家庭收入及住房、教育、就业扶贫、社会保障、康复、无障碍等方面基本状况和需求底数，为制定残疾人事业发展规划，实施残疾人精准服务提供基础数据。2019年，县残联被评为金华市残联年度考核优秀单位。

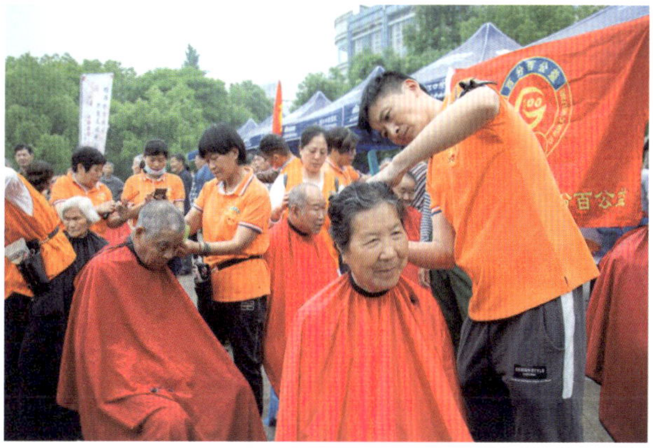

“全国助残日”开展公益便民服务活动

【助残“一件事”平台】 开通扶残助残“一件事”在线办理，构建残疾人线上线下结合的办事通道，提升残联信息化服务能力。启动“1+X”助残服务模式，围绕残疾人证办理与“两项补贴”申请、无障碍进家庭服务、辅助器具申请等7项助残服务集成联办“一件事”。全年累计开展上门评残服务330余人次，集中评残1100余人次，发放残疾人证1237本，为5500余名有效期满十年的残疾人换证。

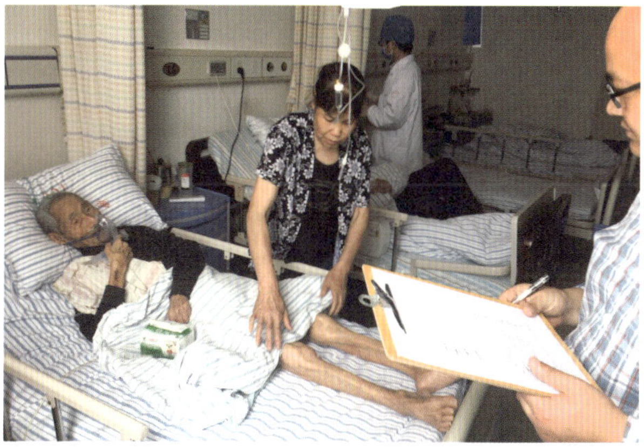

上门评残服务

【“残疾人之家”】 “残疾人之家”规范化建设纳入

省政府十方面民生实事项目，省残疾人事业发展“十三五”规划中提出，至2020年，全省人口1万人以上的乡镇（街道）须建有1家残疾人辅助性就业（庇护性照料）机构。2019年，根据省残联要求，全县建成14家“残疾人之家”，庇护服务人数176人，超额完成省定建设任务，并全部投入运行。9月，联合县财政局、民政局、税务局出台《浦江县“残疾人之家”规范化建设实施办法》，规范“残疾人之家”的运行工作。

“残疾人之家”

【创建省级无障碍社区和无障碍设施进家庭】 浦阳街道月泉社区区域内的县行政服务中心、仙华农贸市场、工商银行、居家养老中心等30余处公共场所，9户社区残疾人和老年人家庭内无障碍设施改造工作通过验收，并被评为省级无障碍社区；全县完成困难残疾人无障碍进家庭改造99户，其中完成24户卫生间、厨房、过道扶手、各种坡道改造，赠送辅具81户。

【基层残联组织专项改革试点工作】 根据残联改革总体方案，围绕健全组织体系、增强工作能力、壮大助残力量等目标，设计工作方案，落实调查基础，整合资源力量，推进基层残联组织改革。县残联先后出台《浦江县残疾人联合会基层残联组织专项改革试点实施方案》《浦江县残疾人联合会改革方案》。

【东西部区域扶贫协作】 5月31日，县残联参加四川省乐山市残联对口帮扶座谈会，签订了《金华市浦江县——乐山市金口河区残疾人扶贫协议》。9月，下发《浙江浦江县——四川金口河区残疾人脱贫攻坚援助实施方案》，共扶持15名贫困残疾人贫困户发展养殖业，给每位残疾人发放春脚麻鸡50只以及鸡饲料80千克。帮助建设残疾人康复服务站2个，赠送电动轮椅车10辆，手推式轮椅车20辆。

（吴惠萍）

红十字会

【概况】 2019年，全县有基层红十字会组织61个，成人会员4620名，青少年会员2620名，团体会员26个，专业志愿者队伍8支，志愿者702人。

全年筹到县内爱心款物651.74万元（爱心款636.66万元，物资15.08万元），款物支出285.95万元。拓宽线上筹资渠道，推行微公益众筹平台，在生命教育体验中心相关体验区设置项目捐赠点；通过“推项目、促筹资”，向县外爱心单位争取捐赠，为县生命教育体验中心筹集展项物资和建设资金；对因病致贫、器官捐献及造干捐献者困难家庭开展慰问，为“最美河道保洁员”陈丰流重病妻子送去5000元救助款；受省红十字会器官捐献办委托，县红十字会看望浦江年龄最小器官捐献者王嫣然母亲、县道德模范周咪军及其新出生的孩子，送去慰问金2000元；协助“消薄扶贫”工作，协助爱心企业为结对村爱心扶贫捐赠；争取县外公益资源，加大救助力度；取得县外公益团队的支持，为2位器官捐献者困难子女长期助学牵线搭桥，争取到省红十字会器官捐献困难子女助学基金，12人受助。10月，协调对接金华市府办机关第一支部“微心愿”结对工作，做好12个“微心愿”征集和上门慰问工作。

机关党员干部参加各类文明创建志愿活动48次，出勤166人次；县红十字应急救援队、人文关怀志愿者队、救护师资志愿者队、生命关爱志愿者队、心理干预志愿者队、应急救护志愿者队等8支专业红十字志愿者队在各自专业领域定期开展服务，协助各公益项目实施。中、高考期间，“万顺叫车”红十字志愿者队开展免费接送考生，组织志愿者参加机关工委、“8890”便民服务中心、妇联的下乡下社区活动。助力县乡贤大会、书画节、浦江中学旧址环城接力跑等重大性活动，提供医疗救护保障。全年组织志愿服务共217场，参与志愿者人数为2670人次，直接受益群众26319人次。

整理清点备灾救灾仓库，筹集其他款物（金华市红十字会转赠价值40万元的无创实时动脉血压及血流动力学监测系统1套，浦江童辉鞋业有限公司捐赠价值2.5万余元童鞋，浦江鑫广置业有限公司捐资人民币10万元），向结对扶贫的四川省乐山市金口河区捐赠价值262.69万元的物资和10万元现金。

2月，根据县委第三巡察组反馈的巡察情况，县红十字会党组履行整改主体责任，按照“见人、见事、见处理结果、见责任追究、见长效机制”的要求，落实整改工作。2019年，修订42项工作制度，完成37项整改任务。完善捐赠资金管理、救助项目、救助物资、信息披露等方面制度规定，推进决策、执行、管理、服务、结果“五公开”，建立定期审计制度，着力消除各种廉政风险。7月，县红十字会党组书记、专职副会长黄晓红参加全省红十字会系统领导干部培训班，在全省红十字系统“不忘初心、牢记使命”主题教育活动“身边的榜样”典型事迹报告会上，作为全省8个代表之一在会上作事迹报告。8月，省红十字会与浙江电视台钱江都市频道到浦江联合组织开展“守初心 担使命”红十字“三服务”主题采风活动，对浦江“器官捐献者孩子助学”项目及红十字先进人物黄晓红进行采访。10月，县红十字会党组书记、专职副会长黄晓红参加金华市红十字会举办的“不忘初心，牢记使命——身边的典型”先进事迹报告会，并作为6位先进人物之一在会上作典型事迹报告。

县红十字会获2019年度县综合考核工作优秀单位，2019年度金华市红十字工作综合评估优秀单位、2019年度金华市红十字会人道传播工作优秀单位、2019年度金华市红十字会民生项目实施优秀单位，2019年度浙江省红十字会工作县级先进单位。

【人体器官捐献】全年实现人体器官无偿捐献5例（全县累计捐献53例），眼角膜捐献4例，遗体捐献1例，器官捐献总数位列全省第一位。开展无偿献血和造血干细胞捐献集中采样活动3次，有321人次参加无偿献血，献血量104340毫升，40例造血干细胞捐献采样入库。4月4日，县红十字会联合县民政局、卫健局，邀请县内50余位器官捐献者家属参加在县生命教育体验中心举办的“清明节器官捐献者集体缅怀活动”，同期动员500余名浦江爱心人士在中国人体器官捐献网上进行捐献志愿登记。全年人体器官无偿捐献5人分别为：浦江县杭坪镇三合村项良根，浦江县仙华街道林新村蒋永峰，贵州省六盘水市六枝特区平寨镇四角田矿一村宋平学，四川省岳池县苟角镇白云观村金富强，浦江县浦阳街道沉湖村樟畈土有红。

【医护培训】 全年实现普及培训人次22763人次，完成目标的151.8%；救护员培训合格1698人次，完成目标的113.2%。应急救护站自动体外除颤仪

(AED)项目20台AED经规范采购全部安装到位，通过募捐获赠1台AED，加上原有的6台，全县共有27台AED投入使用。完成各AED项目点重点工作人员AED操作培训312人，其他人员AED操作培训822人次。县红十字会对企业、基层、群众开展救护培训“三服务”。对涉外企业高危岗位人群、养老机构和居家养老服务人员、旅游服务人员及志愿者、公安一线干警、新进教师、供电局一线职工等开展救护员培训，在学校、机关、社区、矿场等场所开展普及培训。2019年，组织救护员培训21场，普及培训198场。其中，举办“红十字救护知识普及进文化大礼堂”150场，“5·12”防灾减灾日学校应急演练2场，红十字青少年知识竞赛1次，“生产安全月”咨询日到文化广场开展红十字救护知识普及，6月重点开展防溺水进校园活动，8—9月助力“春泥计划”，为广大农村留守儿童、青少年开展救护知识普及活动。

【“博爱送万家”活动】 1月，县红十字会组织开展2019年“博爱送万家”活动，通过到户走访的形式对全县130余户造血干细胞捐献者、器官捐献者家属、红十字优秀志愿者困难家庭等困难群众送去春节祝福，发放慰问金和爱心物资17万余元。

浦江县2019年“博爱送万家”慰问活动

【博爱寻亲会】 2月14日，由浦江县红十字会主办、浙江迪安司法鉴定中心协办的“为爱寻亲 欢迎回家”浦江第二届博爱寻亲会大型公益活动在县龙峰广场隆重举行。20余位来自河北、山东等地的70至80年代幼时被抱养走的寻亲子女到浦江寻亲。金华市红十字会党组成员、副会长吴功卫，县民政局党组书记、局长张晓鸣，县融媒体中心党委副书记、副主任潘文明及浙江迪安司法鉴定中心相关负责人参加了此次活动。《浙江日报》、浙江电视台钱江频道、浙江之声、《钱江晚报》、澎湃新闻等省内外多家知名媒体和浦江融媒体到现场采访录制。

第二届博爱寻亲会

【婚纱摄影公益活动】 县红十字会携手中国人像摄影协会共同开展“情暖夕阳·共筑美好中国梦”爱心公益活动，为全县15个乡镇（街道）的1120对中老年夫妇免费拍摄婚纱照。

【康心基金大型义诊活动】 10月16日，由县红十字会和东阳市人民医院承办的“浙江省红十字会康心基金六进浦江”大型义诊活动在文化广场举行，147名浦江心脏病病友接受免费体检和辅助检查，其中有4位病友符合手术指征，后续治疗获康心基金的资助。该基金主要受益覆盖区域为金华、丽水、衢州，浦江已是第六年举办该项活动。2011年8月至2019年10月，浦江义诊受益群众1013人次，其中44人符合指征,在东阳市人民医院实施心脏病手术,获该基金资助827656元。

“康心基金六进浦江”义诊活动

【黄青元器官捐赠仪式】 1月17日,县红十字会在县政府会议中心举办黄青元器官捐赠仪式。黄宅镇桥西村村民黄青元为浦江第41位器官捐献者,其家属在其身后捐赠人民币9.8万元,用于县内不定向困难家庭救助。副县长张卫东出席捐赠仪式并讲话,县红十字会党组书记、专职副会长黄晓红致辞。

【清明缅怀仪式】 4月4日,由县红十字会、民政局、卫生健康局共同主办的“2019年缅怀祭奠遗体、器官、角膜捐献者活动”在县生命教育体验中心举行。县红十字会党组书记、专职副会长黄晓红,县民政局副局长陈宏源,县卫健局副局长张遵鹏,县红十字会党组成员洪江等单位领导,及37位浦江籍人体器官(遗体、角膜)捐献者家属,县红十字会志愿者、县红十字会全体干部职工、新闻媒体等社会各界人士百余人参加活动,有500余名浦江籍爱心人士进行“两捐”登记。

缅怀祭奠遗体、器官、角膜捐献者活动

【中高考免费接送考生】 6月5日,县红十字会组织“万顺叫车”红十字爱心车队120名驾驶员志愿者参加救护员培训并取证。驾驶员志愿者在中、高考期间(6月7—8日、11—12日)在城区4个主考场开展免费接送考生志愿服务,接送人数达2000余人次。

【基层组织工作推进会】 6月19日,县红十字会2019年度基层组织工作推进会在县生命教育体验中心召开。会议表彰了红十字工作先进单位和个人、“十佳”红十字志愿者和50名优秀红十字志愿者,通报了县红十字会2018年度主要工作,部署2019年工作要点。副县长陈子华出席会议并讲话,会议由县府办副主任吴建青主持。县红十字会党组书记、专职副会长黄晓红,县教育局副局长、红十字会兼职副会长潘文戎,县红十字会党组成员于明光参加会议并为先进颁奖。

【檀溪救灾】 7月18日,檀溪镇发生洪涝灾害,县红十字会根据檀溪镇红十字会上报的灾情情况,向省红十字会申请救灾物资支援,并为受灾严重的檀溪镇罗店村争取到2.4万余元救灾物资。7月19日,党组书记、专职副会长黄晓红,赈济救护科工作人员吴倩倩下乡与当地红十字会发放救灾物资。

【博爱服务进基层活动】 10月22日，县红十字会党组在岩头镇王店村组织“不忘初心、牢记使命——再走革命路”博爱服务进基层活动，邀请县委第二巡回组领导参加。全体干部职工参观王店村老县委旧址，学习革命先烈先进事迹，党组书记黄晓红上专题党课；县红十字会专职救护培训师资、人文关怀志愿者、养老护理志愿者、生命关爱志愿者、万顺叫车爱心车队志愿者及县卫健局医护人员、中国摄影家协会志愿者等40余人为该村老百姓提供理发、按摩、救护培训、健康体检、婚纱摄影等综合性服务。

浦江县“不忘初心、牢记使命”主题教育综合性志愿服务进王店村文化大礼堂

【圣奥慈善基金会到浦江回访】 12月9日，由浙江圣奥慈善基金会会长郑明治带队，基金会秘书长杨新妃、圣奥房产销售总监陈江宁一行到浦江，在党组书记、专职副会长黄晓红的陪同下到杭坪镇中央畈村看望博爱家园的老人们。郑明治一行考察了县生命教育体验中心，在场馆会议室举办简朴的捐赠仪式，爱心资助30万元。副县长陈子华为基金会颁发捐赠证书。

圣奥慈善基金会捐赠仪式

（张娟丽）

法 治

政法委及综治

【概况】 2019年，县委政法委以矛盾纠纷化解年、政法工作创新年、基层基础提升年、扫黑除恶攻坚年、队伍建设巩固年等“五个主题年”活动为抓手，营造“安全的政治环境、平安的社会环境、最优的营商环境、公正的法治环境、高效的服务环境”等五大环境。完成新中国成立70周年维稳安保任务。案件警情数同比下降10.9%，盗窃和入户盗窃警情数同比分别下降10%和29.5%，交通事故死亡人数相比前三年平均数下降28.6%，盗窃案件破案率达61%。“两抢”案件连续26个月零发案，“命案”连续12个月零发案。各类安全生产事故同比下降34.5%。平安综治工作排名位居全市第一位，连续14年被省委省政府评为“平安县”。

【平安工作会议】 3月30日，全县政法工作会议暨建设平安浦江工作会议召开。县委书记程天云在会议上总结2018年全县政法平安工作，分析当前形势，明确2019年政法平安工作任务。会议强调全体政法干警要不忘初心、牢记使命，忠诚履职、担当实干，把“对老百姓一定要好”“对企业家一定要亲”作为为民的不懈追求，让人民群众在每一个司法案件中感受到公平正义。

全县政法工作会议暨建设平安浦江工作会议

（王 艳 摄）

【督导扫黑除恶】 4月11日，中央扫黑除恶专项斗争第十一督导组副组长石生龙带队到浦江督导扫黑除恶专项斗争工作，实地督导浦江县郑宅派出所，评价了该所基层治理规范化建设。石生龙指出，要发挥好扫黑除恶“主力军”和“冲锋队”的作用，加强干警队伍建设，加大宣传教育力度，为扫黑除恶专项斗争站好岗放好哨，做“对党忠诚、服务人民、执法公正、纪律严明”的模范。石生龙一行走访郑宅镇东明村，了解群众对扫黑除恶专项斗争的感受和意见建议。

（陈筠丰）

公　安

综　述

【概况】　2019年，总接警13.45万起，同比基本持平，全县案件警情数同比下降10.9%；盗窃警情同比下降10.0%，“两抢”、命案保持全年“零发案”，入户盗窃警情数同比下降29.5%，盗窃案件破案率61%，抓获通讯（网络）诈骗犯罪嫌疑人239人，盗窃案发后24小时内抓获违法犯罪嫌疑人703人，占抓获总数的77.9%。10月，在全市“平安建设”网络测评中，浦江“社会治安”“群众对公安机关的满意度”2项测评结果均列全市第一名。践行主动警务理念，打造更优营商环境，严格落实项目警长制、警企常态联系等制度，开展“三服务”活动。在车管所、出入境大厅、办证中心等部门设立涉企服务专窗，对33项轻微违法行为推行“告诫式”人性化执法。对规模以上企业提供流动人口专管员上门登记服务1.5万余人次。落实专人专办涉企服务咨询570人次；打击侵企违法犯罪人员39名。

县公安局被评为全省公安信访工作优秀单位、全省公安机关执法质量考核优秀单位，获县委县政府授予的年度综合考核优秀单位；黄宅派出所被评为全省首批“枫桥式公安派出所”和全省“最美警队”，郑宅派出所被评为全市“枫桥式公安派出所”和“红色示范所队”。黄宅派出所荣立集体二等功；县交警大队、郑宅派出所荣立集体三等功；2名民警荣立个人二等功；17名民警荣立个人三等功；8名辅警获二等治安荣誉奖章；30名辅警获三等治安荣誉奖章。

公安局大楼全景

【辅警能力素质提升】　3月28日，贯彻落实《浦江县人民政府办公室关于规范公安机关警务辅助人员管理工作的实施意见》，在全局范围组织开展辅警能力素质大提升活动，对全局1000余名辅警开展理论考试和体能考试，对培训合格人员，重新签订劳动合同，全面推进辅警队伍正规化建设。

开展辅警能力素质大提升活动

【“红色示范所队”创建】　4月，开展“红色示范所队”创建活动。郑宅派出所、平湖派出所被评为全市公安机关“红色示范所队”，党务公开栏、红色标语、“三会一课”制度等内容全部上墙，黄宅派出所、浦阳派出所、仙华派出所、郑家坞派出所软硬件达到创建标准。

【"全警画像"活动】 5月7日，下发《关于开展"全警画像"工作的通知》，在全局范围开展"全警画像"工作，400名民警和职工从年龄、履历到健康指数、性格脾气，配以个人正照、生活照及全家福，一人一档，涵盖工作、生活9大类28项。每位民警和职工的台账分为重点帮助、重点关注、常态管理3个层次进行日常管理、实时更新。

【执法规范化建设】 2019年，县公安局以法治公安建设为引领，在全省率先完成执法办案管理中心建设，以速裁法庭为载体，深化刑拘直诉工作，提高办案效率，节约司法成本。全局共有180人快速办理并移送检察院审查起诉。自启用以来，共有45起计47人次通过速裁判决完成整个刑事诉讼程序，平均用时29小时。全国各地政法机关有160批次计1800余人到浦江交流学习。连续七年获评全省执法优秀单位。

【数字化卷宗单轨制协同工作】 7月，浦江县被省委政法委列入开展数字化卷宗单轨制协同办案模式四个试点单位之一，县公安局按照省、市、县政法委及部门工作要求，严格依照工作方案做好试点工作。

社会治安

【概况】 2019年，开展"不忘初心、牢记使命"主题教育，全面落实防风险、保安全、护稳定各项措施，确保全县社会大局平安稳定，打赢新中国成立70周年大庆、乡贤大会等系列安保硬战，实现重大群体性案件、恶性案件和重特大安全事故"零发生"，全县社会大局保持平稳。

【"大清查大整治"系列行动】 县公安局组织开展8次大清查大整治行动，全面净化社会面治安环境。出动警力4114名，检查行业场所单位5011家，清查各类人员5526人次，发现整改安全隐患387处，抓获违法犯罪嫌疑人36名。

开展"大清查大整治"系列行动

【打击整治枪爆违法犯罪专项行动】 县公安局开展打击整治枪爆违法犯罪专项行动，破获涉枪刑事案件2起，共抓获犯罪嫌疑人8名；破获涉枪行政案件4起，行政拘留1人；行政罚款3家，罚款5.1万元。

交通管理

【概况】 2019年，全县机动车保有量140207辆，机动车驾驶员183436人。县公安局根据全市公安交通管理"打好一三五、实现六突破"工作思路,实施"强势交管、精细治理"战略,开展"一创一治"五大行动和以"礼让斑马线"为重点的文明交通提升行动,打造共建共治共享的道路交通治理格局,推动控大与防小同步,专项治理和常态管控并进,以死亡人数"断崖式"下降为目标,保障县道路交通安全形势持续平稳。

全县发生交通事故22760起,同比上升4.03%,其中人伤事故5496起,同比上升2.08%;交通事故死亡人数同比下降20.8%。全年查处各类交通违法行为28万余起,其中酒驾733起,醉驾145起,现场纠违5万余起。

【道路交通安全大会战】 6月10日,全县组织开展"珍爱生命、远离车祸"道路交通安全大会战行动。其间,共查处各类交通违法行为281955起,其中现场查处59946起。年内,完成2处省级、3处市级、7处县级交通事故多发点段治理;对5条县道、3条乡道、7条村道实施生命安全防护工程,完成46.653千米里程;完成封口除患15处;安装"一牌一灯一带"444个。

打击违法犯罪

【概况】 2019年,县公安局"扫黑除恶"各大专项行动。全年查处涉及县重点工作的各类违法犯罪案件25起计45人,打击侵企违法犯罪人员39人。受理侵财案件1006起,破案率42.0%。移交检察部门起诉1036人,抓获历年刑拘在逃人员108人。

【"打四黑除四害"专项整治活动】 共完成"黄赌"强制措施99人,同比下降42.8%,行政拘留743人,同比下降10.7%,办理部督案件1起。破获食药环案件34起,抓获犯罪嫌疑人125名,同比增长95.3%,办理部督1起、省督案件5起。

【"除毒瘤 净土壤"集中打击行动】 县公安局组织开展"除毒瘤 净土壤"打击行动,打处侵财类犯罪人员410名,抓获历年刑拘在逃人员48名。

【"毒战"专项行动】 县公安局组织开展"毒战"专项行动,抓获涉毒犯罪嫌疑人52名,查处吸毒人员71名,强制隔离戒毒34人,缴获海洛因0.06克,冰毒65.05克,大麻145436克。

【"蓝剑2019"专项行动】 1月10日至12月20日,组织开展打击侵犯知识产权犯罪护航企业发展专项行动,抓捕并采取刑事强制措施14人。

【"猎狐2019"专项行动】 组织开展"猎狐2019"专项行动,抓获在逃人员5名。

【"打击涉众型经济犯罪"专项行动】 10月1日至12月20日,组织开展"打击涉众型经济犯罪"专项行动,抓获犯罪嫌疑人7名。

【"百城会战"专项行动】 7月1日至12月5日,组织开展打击涉税犯罪专项行动,完成涉税、反洗钱(涉税)案件3起,接收云端下发线索18起。

【破获部督非法收购、运输、出售珍贵濒危野生动物及其制品案】 2018年5月,县公安局在工作中发现有人非法出售象牙制品的线索,辗转全国多地进行调查取证,历时8月余基本摸清犯罪团伙组织架构，在杭州、嘉兴、金华、广州等地部署开展集中收网行动。2019年4月，摧毁了以杨某浩、何某、田某玲为批发总代的四级犯罪网络，抓获犯罪嫌疑人13人，扣押象牙制品80余个品种计3000余件，涉案价值1000余万元。2019年7月22日，得到省公安厅贺电表扬。

检　察

【概况】　2019年，县人民检察院受理公安机关提请逮捕的各类刑事案件391件计570人，批准逮捕325件计480人，逮捕率同比上升12.3%。受理各类移送审查起诉刑事案件677件计1203人，提起公诉545件计1023人，起诉率同比上升6.12%；依法办理监察机关移送职务犯罪案8件。

开展刑事检察工作，全年共监督侦查机关立案27人，监督撤案1人，纠正漏捕14人，发出书面纠正违法通知书7份，对不构成犯罪的依法绝对不起诉2人。落实检察长列席审委会制度，参与重大案件讨论6件。对判决确有错误的刑事案件，依法抗诉6件，已获改判3件。办理羁押必要性审查42人，对无需继续羁押的33人依法变更强制措施。对不符合监外执行的依法监督收监执行2人。

开展民事行政检察工作，加大对民事生效裁判、调解书的监督力度，重点查办民间借贷、“阴阳”工程合同等领域虚假诉讼行为，依法提请抗诉并获改判8件，发出再审检察建议1件。对法院正确的民事行政裁判，做好2名申诉人服判息诉工作，实现案结事了人和。加强民事、行政非诉执行监督，对有能力履行而未履行的案件，发出检察建议10份，监督执行到位。依法对10起拒不执行判决、裁定案提起公诉，均获有罪判决。

开展公益诉讼检察工作，围绕生态环境和资源保护、食品药品安全、国有财产保护、国有土地出让权等“四大领域”保护，办理诉前程序案55件，刑事附带民事公益诉讼案2件，非法狩猎民事公益诉讼案1件。探索生态修复保护制度，3名被告人自愿赔偿国家野生动物资源损失费5万余元。开展增殖放流活动，监督2名公益损害人出资购买万尾鱼苗放归水域。在全市率先开展文物保护、养老金管理等领域公益诉讼。

践行宽严相济刑事政策，对犯罪情节轻微的故意伤害、交通肇事等案件，依法不批准逮捕60人，不起诉103人。创新“一站式询问”机制，严厉惩治侵害未成年人权益的严重刑事犯罪，依法批准逮捕16人，提起公诉17人。加大对涉罪未成年人挽救力度，依法不批准逮捕6人，不起诉9人，心理救助12人。推进法治进校园活动，宣讲40余次，实现检校共建全覆盖。推进“12309”检察服务中心建设，化解矛盾纠纷62件，对生活困难的刑事案件被害人发放司法救助金3万余元。

推进检察业务改革，在全省率先探索“检察官办公室+速裁程序”办案模式，对认罪认罚的轻微刑事案件，实行速裁速判，该项工作获评全省检察机关践行“枫桥经验”优秀事例。开展数字卷宗单轨制协同办案试点工作，法律文书、卷宗材料、音视频证据全部线上流转，通过该模式办理审查逮捕案79件、审查起诉案136件。推进阳光检察，公开重要案件信息、程序性信息及法律文书等1660余份，接待律师180余人次。开展“不忘初心、牢记使命”主题教育，组织专题学习60余次，进行升国旗仪式、重温入党誓词等活动。完成机关党委、党支部换届选举工作。接受政治体检，全力支持配合金华市检察院党组巡察工作。开展“警示教育月”活动，组织学习党纪党规30余次，做好“三清理一规范”工作，开展专项检务督查10余次，强化纪律规矩意识。

获得各级荣誉表彰20余人次。其中，监督立案的“沈某敲诈勒索案”获评全省刑事侦查监督优秀案例；“陈某挪用资金抗诉案”获评全省审判监督优秀案例；陈明南获全国未成年人检察业务竞赛十佳标兵称号，获评第十三届“金华市十大杰出青年”；邵晓东被省委、省政府通报表扬为浙江省突出贡献农村工作指导员。

【浦江水晶产业保护座谈会】 1月23日，县检察院组织召集县公安局、网络经济管理局、市场监管局、阿里巴巴平台管理人等参加浦江水晶产业保护座谈会，旨在保护浦江水晶企业合法权益。1月3—16日，县检察院陆续接到反映，浦江12家水晶商标被恶意抢注敲诈，4家商家向恶意投诉人支付高额转让费，共计30余万元。县检察院针对企业反馈的恶意投诉事件，核查分析相关情况，组织召开专题座谈会，建议阿里巴巴知识产权平台就针对浦江水晶企业的恶意投诉不予受理，并向相关部门发出加强企业知识产权保护的检察建议，防止损失扩大。同时，组织开展水晶产业产权专题法治宣传活动，到水晶园区开展知识产权保护宣传，引导企业及时申请注册商标，保护自身产权，防控经营风险，优化法治营商环境。

【“法治进校园”活动】 3月8日，县检察院妇委会、巾帼文明岗女检察官们到浦江山区开展“法治进校园”活动，旨在通过这种活动让山区学校的学生了解法律，共同守护未成年人成长。山区学校留守学生较多，因地理区位、文化教育等因素的影响，山区学生较少接触法律知识，法律意识相对落后。县检察院履行普法责任，检察官们带着法治宣传小手册和文具用品相继走进大畈中心小学、檀溪小学和中余小学，通过情景模拟、案例展示、有奖提问等形式向山区学生们开展普法宣传，让学生们树立法律意识，提高自我保护和防范能力。

4月26日，开展“法治进校园”活动

【“共和国建设者走进检察机关”活动】 4月26日，县人民检察院举办“‘我将无我’奋斗，不负人民重托——共和国建设者走进检察机关”为主题的检察开放日活动，旨在弘扬劳动精神，增强人民群众对检察工作的了解和支持，现场邀请劳动模范、先进工作者、普通劳动者代表等近30人。座谈会上，院党组书记、检察长李良才以“四大检察”为主线，介绍检察职能服务社会经济发展大局以及具体维护

4月26日，“共和国建设者走进检察机关”检察开放日活动

劳动者合法权益的工作情况。与会代表围绕维护劳动者权益、未成年人检察工作、公益诉讼工作开展、检察宣传进行热烈讨论、发言，并就检察工作发展献言献策。座谈会结束后，与会代表参观“12309”检察服务中心大厅、办案工作区、未成年人检察办案区、远程视频提审室、公开听证室等场所，了解检察机关司法便民举措，同时听取“智慧检务”建设情况及成果介绍。

【全县首例文物保护领域行政公益诉讼案】 6月24日，县检察院承办检察官回访郑义门古建筑群，对办理的文物保护行政公益诉讼案进行“回头看”，现场调查核实，被损毁的尚书第“谷口遗风”台门完成修缮，25处古建筑都相应设置保护标志说明。2018年11月，郑宅镇村民郑某驾车将郑义门古建筑群中的尚书第“谷口遗风”台门撞毁。2019年1月，郑某因涉嫌过失损毁文物罪被移送至县检察院审查起诉。承办检察官发现，案发现场未得到修复，且古建筑群中部分古建筑未设置文物保护标识说明，也缺乏相应的保护措施。4月，县检察院依法向县文化和广电旅游体育局发出诉前检察建议，督促其尽早修复遭受破坏的文物，设置文物

6月24日，承办检察官对办理的文物保护领域行政公益诉讼案进行“回头看”

保护标识，加强郑义门古建筑群的保护和监管。收到检察建议后，县文化和广电旅游体育局邀请省古建筑设计研究院编制《郑义门古建筑群之尚书第上台门屋抢险加固方案》，并邀请专业古建筑修复公司根据方案进行抢修加固。同时对古建筑群中的文物进行排查，对文物设立了保护标识牌，载明文物简介及保护级别。6月14日，县检察院收到县文化和广电旅游体育局落实检察建议的回函，古建筑拥有了“古文物身份标识”，国家文物资源得到保护。

（章 赟）

法 院

【概况】 2019年，浦江县人民法院（以下简称“县法院”）新收各类案件16465件，办结16962件，同比分别下降18.02%、13.77%。其中，民商事收案9585件，同比下降20%，3个人民法庭收案平均下降36.33%，主要办案指标保持在省市前列，成为全市唯一荣立集体三等功的基层法院。黄国振、刘波荣立金华市中级人民法院个人三等功，沈敏被评为全市信访维稳工作先进个人。

受理刑事案件551件，审结548件，收缴罚没款1800余万元。审结杭州市滨江区委原副书记王慎非等保护伞、恶势力案件7件计36人，审结盗窃、故意伤害、聚众斗殴等案件152件，审结网络电信诈骗案件52件计232人，审结贪污、贿赂、渎职等职务犯罪案件11件计12人。

受理民事案件8905件，审结9012件。审结劳动争议纠纷44件、婚姻家庭等家事纠纷441件、机动车交通事故纠纷435件，纳入职业放贷人名录37

人。以涉嫌刑事犯罪向公安机关移送线索7件计8人，对虚假诉讼予以罚款拘留9人，对生活确实困难的当事人发放救助金4万元。

受理行政案件56件，审结58件，判决行政机关败诉6件。发布行政审判白皮书、报送行政败诉分析报告、发送司法建议25条、制作精品课程10个，为公务员招录、村委选举等完成专项审查11000余人次。

受理执行案件6880件，执结7314件，执行到位金额6.4亿元，实际执行率51.7%。罚款2060人、拘留523人、悬赏183人、老赖曝光594人、拒执移送23人，开展10次夜间集中执行行动，邀请6名公证员协助执行，推动县委办公室、县政府办公室出台综治执行难的实施意见。

推进诉源治理，在15个乡镇（街道）综治中心全覆盖建立法官工作室，邀请5名人民陪审员、3名退休干部、5名特邀调解员常驻参调，21名律师轮流引调，全年诉前化解纠纷1953件。通过“法官进校园、进基层”活动，直接下沉至全县44所学校、244个村社，建立定向联络。

3月3日，在浦江县第十四届人民代表大会第三次会议上，选举丁胜为县法院院长。

【亲商营商服务中心】 6月5日，县法院联合县委政法委、县信访局、县营商办、县金融办、县人行等单位在县大调解中心举行亲商营商服务中心揭牌仪式。亲商营商服务中心以服务企业为目的，将涉企案件立案、审判、执行工作中心前移，通过靠前引导分流、多部门联动参与、差异化处置，化解涉企矛盾纠纷。

【扫黑除恶庭审现场】 7月16日，县法院依法公开审理杭州市滨江区委原副书记、政法委原书记王慎非包庇黑社会性质组织罪、受贿罪一案，依法判处王慎非有期徒刑6年。

公开开庭审理王慎非包庇黑社会性质组织罪、受贿罪

【“法官进基层”签约仪式】 7月19日，县法院88名法官与仙华街道、浦阳街道、浦南街道、花桥乡、前吴乡5个乡镇街道辖区的88个村、社建立“一对一”定向联络。该活动是县法院打造县域治理体系和治理能力现代化的重要举措，旨在通过定期组织普法活动、主动加入化解乡村纠纷切实将矛盾化解在基层、化解在源头。

县法院与浦阳街道举行“法官进基层”活动签约仪式

【“不忘初心、牢记使命”主题教育升旗仪式】 9月28日，县法院举行“不忘初心强政治、牢记使命促公

正”主题教育暨迎国庆升国旗仪式。市中级人民法院党组书记、院长汤海庆，县委副书记、政法委书记俞建辉出席仪式。汤海庆提出，全体干警职工要坚持党的领导，做法治建设的推动者；要牢记为民宗旨，做司法为民的践行者；要强化使命担当，做公正司法的捍卫者；要确保清正廉洁，做廉洁司法的守护者。

“不忘初心强政治、牢记使命促公正”主题教育暨迎国庆升国旗仪式

（陈　湧）

司法行政

【概况】 2019年，县司法局落实“谁执法谁普法”责任制，加强青少年普法宣传力度，将法治教育工作纳入学校综合考评，利用“春泥计划”和社会实践活动开展青少年法治教育36场，指导学校成立学生法治社团。开学季在全县47所中小学校开展“平安建设、普法宣传”为主题的宣讲活动，为6万余名学生送上开学法律礼。除电视台、广播、报纸等传统方式普法之外，运用“法治电影下乡”“法治快车”等方式开展普法宣传。强化法治阵地建设，创建市级、省级民主法治村（社区）23个、8个，全县市级以上民主法治村（社区）累计111个，覆盖行政村45.49%，市级以上民主法治村亮牌提升全面完成。开展“一乡一特色法治公园”建设，15个乡镇（街道）全部建有法治公园，设立宪法学习所。

优化营商环境，完善法律服务营商机制，出台《司法行政系统优化营商环境工作方案》，推出21项具体措施。建立营商法律问题“会诊”工作机制，挑选15名资深律师成立营商环境法律疑难问题律师咨询团，化解企业诉求办理和县重点项目推进等优化营商环境过程中的法律疑难问题。推动律所和法律服务所培育10个涉企法律服务产品，律师为企业“法律体检”600余次、重点部门值班2300余次，化解涉企纠纷62件。推进“无证明城市”改革，发挥县无证明工作专班职能，全县取消证明事项425项（其中直接取消89项，数据查询112项，部门核验159项，告知承诺65项），设立示范单位和示范点15个，其中数据查询和部门核验的271项事项中实现系统核验或查询269项，实现率99.26%。全县各乡镇（街道）、部门的“无证明城市”改革工作、典型案例获市专班领导点赞21次。优化法律援助和公证服务，升级“12348”法律援助服务热线，提高法律援助质量，根据办案质量实行分档补贴，办结法律援助381件，解答咨询3650次。落实公证处116事项的“最多跑一次”，办理公证事项5493件，上门服务115次，代办事项1125次。

维护社会稳定，提升人民调解工作，化解矛盾纠纷。县司法局在全市实现浦江213家规上企业调解组织全覆盖，对全县规上企业调解员和镇村两级调解员分别开展专题培训。全县各调委会排查矛盾纠纷6566次，预防纠纷1563件，调解案件总数1828件，调解成功1825年，成功率99.8%，其中疑难复杂案件数568件，司法确认374件，涉及金额数

4782.46万元。完善法院律师调解工作室，发挥在各公共法律服务中心和站点、律师事务所设立的律师调解室的作用。法院律师调解室值班律师参与调解案件443件，调解结案116件，调解率26.19%；各法律服务站点值班律师共调解纠纷187件，值班2300余个工作日，解答群众法律问题4500余次。化解行政争议，县长办公会议专题研究行政争议案件包案化解方案，按照“谁分管谁包案”“谁主管谁负责”的化解原则，明确责任单位、包案县领导、包案负责人、明确职责分工及承诺化解时间，并要求各包案小组及时反馈进展情况。第一批、第二批交办的12件行政争议案件，已化解11件。

筑牢社区矫正防线，深化社区矫正对象分类教育，根据对象的犯罪类别、性格特征、现实表现等制定有针对性的教育举措。推行社区矫正对象集中学习扩大会议，要求监护人不定期参加，共同学习矫正规定和法律知识，提升监护人监督教育能力，全年开展集中学习45次。通过社区矫正“关心桥驿站”，重点对青少年和心理不稳定的社区矫正对象开展心理辅导。围绕可能影响新中国成立70周年大庆活动和全县社区矫正安全稳定潜在的隐患和现实风险，根据省厅、市局部署结合组织开展“再走访、再排查、再研判”专项活动，排查并整改问题57个。深化扫黑除恶专项斗争，落实律师涉黑恶案件

开展“法治明白人、法治带头人”法治讲座

代理报告、集体讨论和庭审旁听等制度，律师代理的20起涉黑恶案件全部做到向县司法局进行重大事项呈报。全县法律顾问全面走访244个村（社区），开展扫黑除恶应知应会讲座145次，发放宣传资料2万余份。

浦江县获评全国“七五”普法中期法治宣传先进县、省“七五”普法中期成绩突出县，浦江县人民调解委员会被司法部评为坚持发展“枫桥经验”实现矛盾不上交试点工作表现突出集体，县司法局被省司法厅评选为“打造最佳营商法律服务环境”活动先进集体，被市司法局评为2019年度司法行政工作综合考评优胜单位。

【弘哲普法工作站成立】 10月，县司法局以“项目化、品牌化、专业化”为目标，社会工作者、公益志愿者、各领域专业人士共同参与，成立浦江县弘哲普法社会工作站，引导社会服务机构参与普法工作。该项目被金华市司法局评为2019年度司法行政工作创新奖，累计开展40场法治教育公益讲座，为200余家企业主进行法务培训，基层治理法治化专题讲座13场，法治体检覆盖100余村。

弘哲普法社会工作站成立

【组建公共法律服务微信塔群】 县司法局通过组建“普法巡回宣讲团”“蒲公英公共法律服务志愿

团”“弘哲法律服务工作站”等法律服务团体，建立公共法律服务微信塔群，实现法律服务和基层群众的无缝对接。微信塔群加入司法行政系统干部、法律顾问和调委会主任等法律服务的中坚力量，覆盖全县244个行政村（社区）、6个开发区、水晶园区等主要园区，覆盖人群5万余人。该项工作获省司法厅副厅长劳泓批示。

【“浦江普法”公众号】 县司法局于2016年1月设立“浦江普法”微信公众号。2019年，获评浙江政法微信排行榜200期全省司法行政系统十强。累计编辑P2P风险防范、合同诈骗、扫黑除恶、依法防疫等普法内容984篇，拥有粉丝37300余人，总阅读量达186万人次，连续123周进入全省前十位，46次进入全国榜。

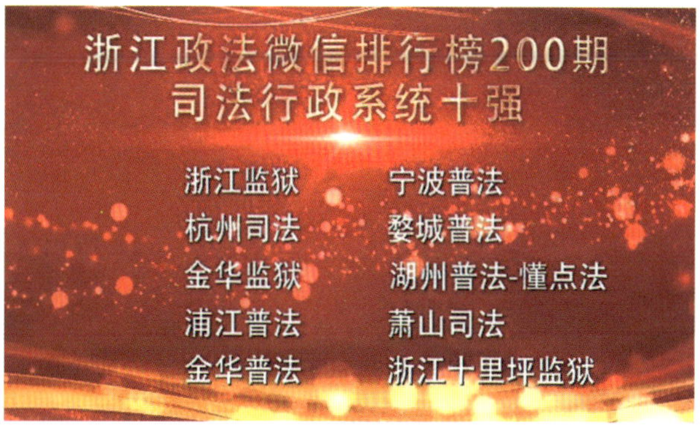

“浦江普法”获评浙江政法微信排行榜200期全省司法行政系统十强

（张巧青）

军 事

人民武装

【概况】 2019年，浦江县人民武装部加强思想政治建设，把政治建军摆在首位，学习贯彻习近平主席系列讲话，增强“四个意识”，坚定“四个自信”，做到“两个维护”。以求真务实的作风落实习主席和省军区、军分区的决策部署，探索新形势下国防动员和后备力量建设的特点规律。服务地方“五位一体”建设，把参加各种应急救援当作民兵应急力量建设的训练场和考场，提高民兵应急应战水平。坚持创新发展、优化布局、理顺机制、搞好保障，重点抓好各乡镇(街道)应急、专业和特殊3大类队伍的基干民兵整组。点验到点率98%，“七率”均达到上级要求。9月，开展“不忘初心、牢记使命”主题教育，按照“守初心、担使命、找差距、抓落实”总要求，以谋划部署、组织实施、结合实际统筹主题教育。

【军事训练】 按照习近平主席“听党指挥、能打胜仗、作风优良”要求，县人武部贯彻上级有关军事训练的指示精神及各项规定，以《民兵军事训练大纲》为依据，以提升组织指挥能力为主线，抓好民兵分队整体素质和遂行任务能力。6月16—22日，在县人武部依托民兵训练基地组织县民兵应急连和县人武部集中开展反恐维稳常识、抢险救灾常识、盾牌警棍操、防暴装备器材操作使用、抗震救灾装备器材操作使用和灭火救灾装备器材使用等训练。10月23日，组织通信保障连和通用车辆维连专业分队进行轻武器实弹射击训练。11月19—22日，组织通信保障连开展军事通信基础知识、无线通信装备操作使用、机上通话和被复线驾设基本技术训练；组织民兵装备维修分队开展汽车构造理论和车辆装备维修操作训练。11月25—29日，组织民兵旋翼机侦察排开展无人机操作使用、无人机拍摄技巧、无人机维护保养、无人机外接设备操作使用、无人机野外拍摄等训练。7月，浦江搜救行动分队参加浙江省军区第二届岗位练兵大比武，在金华分赛场中获第一名。

【安全管理】 县人武部贯彻关于抓正规化建设、抓安全隐患排查的一系列重要指示，树立依据条令抓建设的发展理念，全年安全稳定无事故。围绕中心工作抓管理，落实重点人员定期谈话，要害部位定期巡视，装备车辆定期检查，安全形势定期分析等制度。结合年度大项教育和风气建设，把思想工作作为管理工作切入点，经常性思想教育与重大节日、事件专题教育相结合，组织学习《中国人民解放军共同条令》《安全条例》《预防犯罪工作条例》《严防网络泄密“十条禁令”》《保密工作规定》等法规文件。严格人员管控，结合各级干部管理规定和人武部各类人员管理规定，着重解决组织纪律观念不强、执纪不严、虚假漂浮等问题，针对问题逐个剖析，逐条制定整改方案。坚持一日生活制度，加强八小时以外管理力度。

【国防教育】 以党管武装为重点，结合县情实际，以企业为依托，以社区为重点，以学校为阵地，通过多种渠道，采取有效措施，开展国防教育活动，激发全县干部群众的爱国主义热情和国防意识。以国防教育日、征兵等契机，宣传《中华人民共和国国防教育法》。以领导干部、民兵预备役人员和青少年学生为重点，开展国防教育，促进全民国防教育普及深入。会同县委组织部对中青年干部学习班学员进行军训和国防教育，指派专人到农村文化礼堂和中小学校指导建立“军人荣誉墙”，将国防教育课纳入“宣讲进农村文化礼堂”活动菜单，县人武部领导带头到基层、党校、学校、企业开展国防教育宣讲，结合八一建军节在报刊和电视上刊登（播出）“八一”光荣榜。

【廉洁征兵教育】 7月25日，在县廉政教育基地“江南第一家”组织召开廉洁征兵动员大会。会议邀请县纪委副书记、监察局局长于新宣介绍当前党风廉政建设形势，分析廉洁征兵风险点。县人武部政委张杰围绕“不忘初心、牢记使命”主题教育，以郑氏一门儒法治家、忠孝传家、勤廉闻世的家风传承，总结2018年廉洁征兵工作，要求全体人员提高廉洁征兵的政治责任感，把主动进行监督、自觉接受监督凝结为共识共为，将浦江人的“忠义”血脉融入工作，确保守住底线、远离红线。会上，为56名廉洁征兵监督员颁发聘书、监督证。会后，组织全体监督员、工作人员参观江南第一家廉政馆。县征兵工作领导小组针对工作风险点和薄弱环节，畅通监督渠道、拓展监督平台、丰富监督手段，通过实施全过程全方位全时段监督，提醒全体征兵工作人员敬畏法纪、保持清醒、远离诱惑。

【夏秋季征兵】 6月，组织各乡镇（街道）武装部在适龄青年自行网上兵役登记的基础上开展集中兵役登记。通过发放征兵宣传册，播放征兵宣传片，展示征兵图板，宣传征兵政策、大学生参军优待政策和浦江籍大学生士兵建功军营的典型事例，鼓励高学历青年积极应征、报效祖国。6月24—28日，组织各乡镇（街道）对预征对象进行目测初检；7月29日至8月6日、8月25—26日，分两次对全县乡镇（街道）目测体检合格青年进行了集中体检。7月24日召开全县征兵工作会议，传达学习省市征兵工作电视电话会议精神，表彰2018年征兵工作先进单位和个人，安排部署2019年夏秋季征兵工作任务，层层签订征兵工作责任书。8月24—29日，组织开展役前教育训练；8月30日，在县人武部五楼会议室举行定兵会议；9月9日，举行新兵欢送大会。

【抗台抢险】 8月，浙江受超强台风“利奇马”影响较大，根据军分区的统一部署，县人武部组织基干民兵于11日凌晨1时紧急驰援临海市，连续奋战3天，保障被困群众生命财产安全。

（唐仲兵）

经济管理

发展与改革

【概况】 2019年，浦江县发展和改革局（以下简称“县发改局”）组织编制《2019年浦江县政府投资项目计划》，全年实施类项目121个，项目总投资264.6亿元，年度计划投资84.1亿元。其中，续建类项目45个，项目总投资160.1亿元，年度计划投资51.8亿元；新建类项目76个，项目总投资104.5亿元，年度计划投资32.3亿元。

浦江县省重点建设项目6个，项目总投资61.99亿元，2019年计划投资7.42亿元，项目累计已完成投资24.32亿元，1—12月完成投资8.89亿元，年度投资完成率120%。市重点建设项目27个，总投资209.97亿元，2019年计划投资37.31亿元，项目累计已完成投资109.14亿元，1—12月完成投资44.07亿元，完成年度投资计划的118.1%。全省集中开工项目4个，项目总投资42.01亿元，2019年计划投资11.83亿元，项目累计已完成投资13.79亿元，1—12月完成投资12.72亿元，年度投资完成率107.5%。

浦江县城中村安置房一期配套工程，被列入浙江省2019年第一批保障性安居工程配套基础设施建设中央预算内投资计划，获中央预算内补助资金7300万元；浦江县金狮湖周边中山路区块环境综合整治工程，被列入浙江省2019年第四批保障性安居（老旧小区）中央预算内投资计划，获中央预算内补助资金290万元；浦江县园区小学建设项目，被列入2020年浙江省公共建设投资计划，2019年提前获得公建资金500万元。

金狮湖全景

全县能源费总量118.12万吨标准煤，单位生产总值能耗降低率-5%。全社会用电量24.19亿千瓦时，同比增长8.43%，工业用电量16.77亿千瓦时，同比增长5.53%。第一产业用电量（线损未摊）679万千瓦时，占用电量的0.28%；第二产业用电量178086万千瓦时，占用电量的73.62%；第三产业用电量26522万千瓦时，占总用电量的10.96%；城乡居民生活用电36597万千瓦时，占总用电量的15.13%。全社会天然气消费量3354万立方米，同比增长58.58%。全社会集中供热蒸汽消费量128.85万吨，同比增长70.96%。

设置11个价格监测点，监测品种65个。每月5、15、25日固定监测点的价格采集日报工作，了解市场价格动态，监测全县重要商品和服务价格变动情况，完成每月主要粮食和民生商品价格监测分析。在节假日等重要时间节点，增加监测频次，关注粮油副食品价格走势，了解粮油副食品货源、需求、价格变化情况，及时发现和报告倾向性、苗头性问题；加强对大米、肉禽蛋、蔬菜市场供应、批发、零售环节价格变动的分析，把握粮油副食品价格变动趋势，提出措施建议。

【集中开工仪式】 2019年，开展3次集中开工仪式，参与项目共计64个，涉及总投资129.46亿元，项目累计完成投资41.81亿元。其中32个民间投资项目，累计完成投资16.44亿元；其中30个制造业项目，累计完成投资19.6亿元。

6月28日，浦江县2019年二季度重大项目集中开工仪式

9月30日，浦江县2019年第三季度重大项目集中开工仪式

【"拿地即开工"审批模式】 9月，投资项目在线审批监管平台3.0版（工程建设项目审批管理系统2.0版）上线运行，实现投资项目统一网上申报、网上审批和应用电子印章、电子证照和电子归档。9月28日，县政府出台《浦江县民间投资项目"拿地即开工"审批实施办法》。12月2日，县政府出台《浦江县全面推进企业投资项目高效审批实施意见》，全面优化再造审批流程，实施"拿地即开工"审批模式，对工程规划许可、施工图审查等堵点进行疏通，对一般性企业投资项目设计方案以承诺制代替审查制，并提前在土地招拍挂阶段完成方案公示；在全市率先试行施工图审查自审备案制，以建设单位、设计单位、勘察单位三方承诺书代替图审意见等举措，使审批大大提速。

【义浦战略合作】 4月，浦（江）义（乌）两地在浦江仙华国际会议中心召开第一次义浦战略合作联席会议，构建主要领导挂帅的浦义战略合作领导小组，并联合印发《义浦战体制略合作联席会议制度》《义浦战略合作部门沟通联席机制》《2019年义浦战略合作推进事项计划表》。5月，浦江正式向义乌每日输送3万吨成品水，为水资源紧张的义乌"解渴"，实现"两地一家亲，共饮一江水"。9月，在义乌幸福湖国际会议中心召开第二次义浦战略合作联席会议，重点讨论交通、产业合作等方面事项。12月，浦江2个高速路口正式纳入义乌高速免费通行范围，义浦战略合作进入新阶段。

【浦江县"十四五"发展规划编制】 8月，成立浦江县“十四五”规划编制工作领导小组，印发《浦江县“十四五”规划编制工作方案》，部署谋划六个重大，即重大产业、重大平台、重大工程、重大项目、重大政策、重大改革举措。安排23个前期研究课题，其中经济类12个。8月31日，召开浦江县十四五规划编制工作动员会，浦江全面启动“十四五”规划编制工作。

【区域评估制度】 9月6日，县政府出台《浦江县全面推行区域评估的实施意见》，推行规划环评、能评、水土保持、压覆矿、地质灾害、防洪、水资源论证、雷电灾害、地震、文物保护十大类区域评估的平台全覆盖，使一般项目不再实行单独评估，以企业承诺和登记备案代替审批，中介环节大大压缩，为企业省时省钱。12月，完成十大类区域评估工作，历时3个月，实现区域评估平台100%全覆盖。

【浦江县大花园典型示范建设】 浦江县以建设“精致秀美、灵动文雅”美丽浦江、创造“宜居宜业、富裕安康”美好生活为目标，围绕产业美、环境美、生活美等内容，突出城乡空间优化、生态环境保护、全域旅游发展、产业绿色转型、生态文化提升、基础设施完善、绿色机制创新等重点任务，推进大花园建设，编制《浦江县大花园典型建设实施方案》。1月，省发展改革委、省生态环境厅、省交通运输厅、省文化和旅游厅4部门联合发文公布第一批全省大花园典型示范建设单位和培育单位名单，浦江县列入建设单位名单。5月，浙江省人民政府办公厅下发关于对2018年落实有关重大政策措施真抓实干成效明显地方予以督查激励的通报，浦江县为推进大花园建设成效明显的县（市、区）之一。

【杭温高铁二期建设】 2月25—27日，由副县长刘勇带队参加在北京召开的杭温二期初步设计审查

杭温高铁指挥部揭牌仪式

会。4月12日，召开《新建铁路杭州至温州铁路杭州至义乌段项目建议书》评估咨询会。4月26日，杭温高铁二期项目建议书获省发改委批复。6月24日，成立浦江县杭温高铁杭州至义乌段工程（浦江段）项目建设指挥部。7月15日，明确杭温高铁杭州至义乌段工程（浦江段）项目建设指挥部下设职能组室及人员。7月，浦江县杭温高铁杭州至义乌段工程（浦江段）项目建设指挥部到东阳、义乌、磐安学习高铁政策处理办法和经验。8月14日，举行杭温高铁指挥部揭牌仪式。12月19日，建设用地预审获国家自然资源部批准。

【分布式光伏发电项目补助资金发放】 根据《关于组织申报2018年度分布式光伏发电财政补助项目的通知》文件精神，经乡镇初审、县供电局核准、县发改局复审，资料齐全、正确且符合发放补贴的主体1772户，补贴资金5699173元。其中，居民1621户，补贴资金2316269.6元；非居民151户，补贴资金3382903.4元。

【东西部扶贫获赠“扶贫一家亲 协作见真情”牌匾】 4月7日，由浦江县委书记程天云和四川省金口河区委书记张建红领衔的浦江——金口河高层联席

会议在浦江召开。张建红代表金口河区向浦江赠送“扶贫一家亲 协作见真情”的牌匾。会上，金口河区副区长张卫东介绍2018年东西部扶贫协作工作情况以及2019年计划；双方经信(经商)局、人力社保局、金泓公司(县文旅集团)就产业合作、劳务协作、工会疗休养作交流发言；与会人员观看东西部扶贫协作专题片。

金口河区委书记张建红(左一)向浦江赠送“扶贫一家亲 协作见真情”牌匾

【信用建设】 5月，浦江县不动产登记信息管理系统和浦江电子招投标系统完成系统改造，信用工作与政府履职深度融合。8月，举行44个部门参加的县公共信用信息平台系统管理员培训会，同时县公共信用信息平台和“信用浦江”对外门户网站改版上线试运行。11月，联合县法院、浦南街道、白马镇协调解决4起政府机构失信案件。

【价格管理】 2019年，经成本调查、公开征求意见、集体审议等程序，调整全县生猪定点屠宰服务收费标准，核定县妇幼保健院和客运西站机动车停车服务标准，调整县中山中学、建华中学和龙峰国际小学等学校的相关收费标准，核定全县小学校内托管服务收费标准等民生事项。大幅下调管道燃气安装收费标准，排屋、别墅调整为3500元/户，降幅46%；多层、高层调整为1500元/户，降幅40%；最低生活保障对象调整为1000元/户，降幅41%。

(张健辉)

市场监督管理

【概况】 浦江县市场监督管理局经2014年5月、2015年7月、2019年1月3次机构改革后成立，承担原工商行政管理局、食品药品监管局、质监局、县发展和改革局的物价监督检查与反垄断相关职责、县科学技术局的知识产权保护协调和专利行政执法职责、县经济商务局的打击侵犯知识产权和假冒伪劣商品以及反垄断职责、食安委职责。

2019年，全县增加各类经济主体10529户、注册资本82.33亿元，同比分别增长23.4%和20.7%。其中，内资企业3864户(其中个转企301户)，同比增长23.8%，注册资本72.98亿元，同比增长20.4%；个体工商户6648户，同比增长23.1%；农民专业合作社17户，同比增长142.9%。注销各类内资市场主体5150户，同比增长37.2%。其中，内资企业1112户(简易注销661户)，同比增长67.2%；个体工商户4000户，同比增长30.2%；农民专业合作社注销36户，同比增长125%。全县累计在册内资市场主体52641户，同比增长11.1%，注册资本768.68亿元，同比增长19.1%。其中，内资企业15739户，同比增长20.3%，注册资本719.65亿元，同比增长19.9%；个体工商户36463户，同比增加7.9%；农民专业合作社439户，同比减少14.1%。

受理投诉举报案件3392件，比2018年4993件减少1601件，同比减少32.06%。受理消费纠纷投诉2261件，同比2018年4152件减少45.54%。据浙江省

"12315"行政执法平台统计,浦江全年消费投诉涉及金额108.45万元,为消费者挽回经济损失50.9万元。

全县申请专利2707件,其中发明专利492件,实用新型专利1547件,外观专利678件。专利授权1534件,其中发明专利136件,实用新型专利783件,外观专利615件。PCT国际专利申请12件。截至12月,全县商标注册申请件2472件,商标注册量2139件,全县有效商标14887件。

创建省级食品安全县,经自评、市政府初评、省创建办评价验收、社会公示等程序,浙江省食品安全委员会命名浦江为"浙江省食品安全县",浦江食品安全群众满意度位列全省第五位。开展"春安行动"、猪肉市场专项整治、保健市场乱象专项整治、农村假冒伪劣食品专项整治、校园食品安全排查整治等行动,累计出动执法人员3465人次,检查重点品种生产经营单位3500余家次,重点风险隐患整治7个,取缔无证食品经营户22家。发布67期"直击后厨",举办21期"农民大讲堂"和"食品安全进校园"活动。打造13家省名特优食品作坊及亮化达标小微食品生产企业,创建家数位列全市第二位。推进七里综合市场、潘宅农贸市场、郑宅农贸市场3家市场创建省级放心农贸市场。指导创建农村家宴放心厨房14家。完成2019年度化妆品"百千万"美丽消费示范工程创建验收,打造化妆品美丽消费浦江样板。检查各类特种设备1068台,排查并闭环隐患92处,立案查处7起。完成823家特种设备使用单位安全管理分类评价创建工作。在全市10个县市区率先实现特种设备月度"零"超期,严重事故隐患整改率100%。开展水晶、绗缝、挂锁三大传统产业产品质量定期监督抽查,抽查水晶玻璃制品44批次、绗缝制品8批次,合格率均为100%,抽查挂锁30批次,合格率96.7%。

查办各类案件292起,罚没款413余万元,其中办结大要案105件。开展涉企收费专项检查,对6家行政单位开展涉企收费检查工作,全年查明行政单位违规收费1300余万元,退还600余万元;转供电主体违规收费12.47万元并清退。出台《浦江县市场监督管理局"不诉不查""首违不罚"实施办法》《浦江县市场监督管理局改进涉企执法若干规定的通知》以及"首违不罚"清单,确定28类适用的违法行为。

【浦江县市场监管综合行政执法队挂牌】 10月17日,举行浦江县市场监管综合行政执法队揭牌仪式。金华市市场监督管理局党委委员、总工程师陈兴斌,副县长赵仕党、县编办主任张建新及县市场监管局全体局机关干部、各基层所、下属事业单位、直属单位中层正职干部和负责人参加仪式。县市场监管综合行政执法队整合工商、质监、食品、药品、物价、商标、专利和商务等相关领域执法职责,以市场监管部门名义,统一行使行政处罚权以及与之相关的行政检查、行政强制权,包括投诉举报的受理和行政处罚案件的立案、调查、处罚等。

浦江县市场监管综合行政执法队揭牌仪式

【设立"企业开办专区"】 5月7日,全市首个企业开办专区在浦江县行政服务中心揭牌启用。企业开办专区由县市场监管局牵头并联合县人力社保局、公安局、税务局推出，专区集企业登记、公章刻制、银行开户、申领发票、社保登记等企业开办所需业务为一体，实现企业开办全流程“一站式”服务，企业开办时间缩短至一个工作日。企业开办专区共有窗口办理区和自助办理区2个区域。群众可以依次办理企业设立登记、印章刻制、银行开户、申领发票等事项；在自助办理区，应用企业名称自主申报系统、网上登记系统、自助打印复印系统设备，群众可现场自助打印营业执照。

5月7日，全市首个企业开办专区在浦江县行政服务中心揭牌启用

【放心消费重点县区建设】 8月29日，省市场监管局印发《关于推进放心消费重点县区建设工作的通知》，确定西湖风景名胜区、建德、海曙、文成、嘉善、长兴、柯桥、浦江、衢江、遂昌、椒江、临海、定海13个县（市、区）为放心消费建设工作重点县（市、区）。县市场监管局出台《浦江县全域放心消费创建工作实施方案》，要求建成放心消费单位约15000家，应达全县市场主体数50%。截至12月，共培育15187家放心消费单位，完成整体进度100%，建成中山南路放心消费示范街、虞宅乡放心消费示范乡镇、人民广场放心消费示范商场、浦江县建材市场放心消费市场、大畈乡新光村放心消费示范乡村、浦江县东洲水晶有限公司放心消费工厂。在县行政服务中心商事登记窗口设立“放心消费始业教育点”，前移放心消费教育。12月25日，专报报送《浦江全域共建放心消费新环境》。

虞宅乡新光村廿九间里实行“掌柜不在 自助购物”放心消费模式

【“12315”老黄调解工作室】 “12315”老黄调解工作室由金华市劳动模范、消费纠纷调解能手黄玉柱作为调解员代表，配备5名调解员，工作室发挥消费维权能手的引领和示范作用，利用调解员独特的人格魅力和调解技巧，拉近和群众的距离，化解社会矛盾。2019年，“12315”老黄调解工作室办理投诉件134件，挽回经济损失49242.8元。

【标准化建设】 浦江县天雷峰茶场和大畈乡东坪茶叶专业合作社通过“丽水山耕▲”国际认证联盟认证，实行浦江品字标认证企业零突破。浙江万赛汽车零部件股份有限公司生产的“大巴用盘式制动块”获得“品字标”浙江制造认证证书，实现浦江“品字标浙江制造”认证零突破。2019年，共立项金华市地方标准、农业标准3个，制定发布团体标准3个、行业标准3个、国家标准4个。

▲“丽水山耕”品牌认证是“浙江制造”品牌认

证在农业领域的拓展和延伸，是以突出浙江美丽山水的生态特征，构建比肩国际的农业区域公共品牌认证标准体系，是高品质高水平农产品的认证。

【浙江省食品安全县创建现场考评】 8月28日，浦江县创建浙江省食品安全县接收现场考评。省农业农村厅质监处处长田丹及考评组对浦江创建浙江省食品安全县工作开展现场考评。考评通过听取汇报、县长访谈、资料查验、现场检查、意见反馈等方式进行。县委副书记、县长俞佩芬作创建工作汇报，根据考评组提出的五大问题，围绕对食品安全工作重要性的认识、落实“食品安全党政同责”的具体举措、浦江县食品安全工作主要风险点、现阶段食品安全工作具体举措以及下一步工作计划做重要阐述。会后，考评组检查了浦江县创建省级食品安全县以来的相关工作台账，分成3组对流通企业、检测机构、大中型餐饮单位、学校食堂、疾控中心、餐厨废弃物处置中心、食品生产企业、进出口食品企业、集中交易市场、食品相关产品企业共10个点位进行现场检查。8月29日，考评组进行现场反馈，要求浦江继续发挥创建的总载体和主抓手作用，瞄准问题加强整改力度，围绕目标做深做实创建工作，提升认识加强治理深度，结合“智慧城市”建设、“美丽乡村”建设等工作，推进全域食品安全创建。

浦江县创建浙江省食品安全县县长访谈

【“送药上山便民服务点”建设】 2019年，县市场监管局以不同的模式布点，先后建设蒲阳村、普丰村、仙华山景区、浙江好得快药业有限公司杭坪店4个“送药上山便民服务点”。5月9日，在中余乡蒲阳村设立全市首个“送药上山便民服务点”，以村卫生室联合批发企业合作模式，收集村民药品信息，定期免费配送至便民服务点。6月4—5日，全市“送药上山进岛便民服务点”建设现场推进会议在浦江召开。金华市局副局长卢赛华、市局药品流通处，各县、市、区市场监管局药品分管领导、药械监管科科长参加会议。各县市区局（分局）结合自身实际进行经验交流，详细介绍在选点布局、部门协作、服务点运营模式上的工作内容，在政企协作、医保政策、后期监管等方面进行交流探讨。会议期间，参会人员现场考察仙华山景区服务点、中余乡蒲阳村服务点、浙江好得快药业有限公司杭坪店服务点。

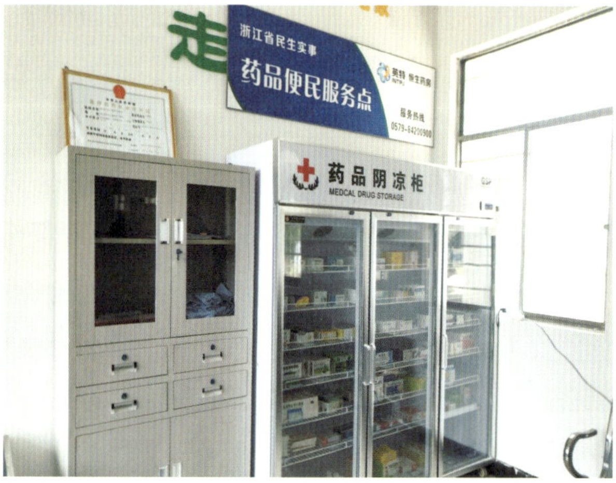

中余乡蒲阳村药品便民服务点

（王夏旎）

审 计

【概况】 2019年，县审计局开展审计项目105个，省审计厅统一组织审计项目3个，市审计局统一组织审计项目2个。审计提出审计建议50余条，县委、县政府及相关部门采纳审计建议43条，撰写上报审计信息50余篇，被采用21篇；撰写上报审计专报4篇，得到县领导批示4次；向县纪委、县公安局移送案件线索6个。

【财政预算执行审计】 提升审计监督整体效能，探索新型审计方式，县审计局在1—6月的财政同级审中，采取“1+N”的审计方式，整合审计资源，发挥审计监督力度，由财金科领衔，其他科室共同参与，对浦江县惠农转贷资金使用情况、社会救助资金使用情况、小城镇综合环境整治投资情况、就业培训资金使用情况、国有资本经营预算收支情况等13个专题开展审计。

【经济责任审计】 县审计局开展领导干部经济责任审计项目11项和领导干部自然资源资产审计1项，对17名领导干部进行经济责任审计监督，出具审计报告6份和审计意见1份。同时，完成20个单位计44名党政主要领导干部经济事项离任交接。县审计局通过加强不同类型审计项目的统筹融合和相互衔接以及科室间的协同合作践行审计两统筹，提升经责审计效能；建立审计对象库，助推审计全覆盖；探索巡审结合，促使审计成果最大化。

【政府投资审计】 2019年，县审计局完成历史遗留工程造价审计项目74个，送审金额184057.66万元，审定金额153568.41万元，核减金额30489.25万元。在结算审价工程中，发现施工单位篡改工程资料、监理单位履职等问题，并将线索移送相关部门处理。全年开展专项审计调查2个。1—6月，开展浙中生态廊道建设项目专项审计调查，通过对浙中生态廊道的机构架设、建设管理情况及建设绩效情况等情况的调查，发现廊道建设程序不规范、廊道后续管理不到位、测绘报告与实际不符等问题，形成1份专报，得到县主要领导的批示，移送审计问题线索1个；7—12月，开展县教育局政府投资项目的专项审计调查，通过调查，摸清县教育局2016—2018年政府投资项目的建设规模及建设管理工程中存在的问题。针对发现的问题，督促县教育局完善制度，提高建设管理水平，做到以审促改的审计目的。

【民生项目审计】 根据浦江县“小县大城”的发展战略及“六城同创”重点工作要求，县审计局推进开展3个民生审计项目，开展民办教育发展情况专项审计调查，摸清全县各教育阶段民办学校运行发展等情况，促进民办、公办教育协调均衡发展，推动全县完善现代教育公共服务体系；开展大畈乡领导干部自然资源审计，以“两山”理论为审计主线，对地区自然资产、农居环境、生态环保等方面开展客观评价，推动地区性生态文明体制改革落实到位；配合上级审计机关开展保障性安居工程绩效审计，关注工程建设和资金使用等情况，保障人民群众住有所居。

【内审督导】 县审计局通过以审代训的方式让各单位内审人员参与到国家审计项目中，通过熟悉国家审计工作，提升业务水平，带动内审单位的内审工作，根据机关部门下属单位数量及其内审力量分层次、多形式开展以审代训。8月，在开展县教育局审计中，抽调县卫生健康局的内审人员全程参与到审计过程当中。对内审力量薄弱的机关单位，抽调内审人员参与本单位审计，在1—6月的财政审计国有资本经营预算情况专题审计中，抽调县人力社保局内审人员参与县人力社保局下属过期的资本经营收益收取和管理办法审计。

（张倩倩）

统　计

【概况】 2019年，县统计局开展企业统计基础“四大体系”规范化建设试点工作，《浦江县企业统计基础“四大体系”规范化建设工作方案》经县第十四次人民政府第44次常务会议研究通过并印发；落实工作经费107.4万元，11月对试点企业开展业务培训，12月对所有四上企业开展“四大体系”业务培训，全面推开该项工作。通过企业“四大体系”规范化建设，加强全县企业统计基础，规范企业统计工作，保障统计资料的真实性、及时性、完整性，提高统计源头数据质量。

建立县域经济统计资料交流机制，加强重点指标预警监测，为加快“四个全面”试点县建设、“两美浦江”创建、经济发展提出对策建议；开发统计资料系列产品，定时发布《统计公报》《统计月报》《统计专报》，完善提升信息量、有用性与时效等方面，适当扩大发行面，增强统计产品的多样性、时效性和权威性；开展“统计三分工作法”，要求工作人员定期对数据统计、分析应用和基层走访情况进行总结汇报，每个季度由局长进行点评，总结工作落实的经验和短板，明确下一阶段工作的思路和方向。

新纳入建筑业12家，房地产2家，服务业8家，工业103家，批零住餐28家。完善部门、乡镇统计基础，建立浦江县统计工作联系会议制度，优化乡镇（街道）、园区统计工作考核办法，完成第四次全国经济普查工作。

2019年，以第十届统计开放日和12月“宪法宣传月”为契机，筹备开展宣传活动，现场为市民宣讲统计法条例，帮助市民了解统计法相关知识。通过有奖问答活动的方式，吸引群众参与普法活动，回收调查问卷200余份，发放宣传资料400余份。

【经济普查】 1月1日，中央电视台《新闻联播》报道经济普查首日入户登记工作，大部分镜头采用浦江县普查员上门登记的画面，全部登记工作在5月结束。全县共登记非一套表单位8452户，底册上报率77.7%，上报率居全市第三位；登记个体经营24120户，其中有证个体19541户，无证个体户4579户。推进数据审核关口前移，通过PAD和普查员判定进行初审，实行“即录即审即改”，将差错和问题消灭在数据采集阶段，减少后续集中审核压力。组织县、乡两级经普办普查业务骨干，按照数据审核要点，有重点开展分散和集中审核，全面核实、消灭强制性和准强制性审核，对数据异常单位，逻辑疑似差错单位进行重点审核，确保普查数据高质量验收。5月，通过省经普办对浦江县数据质量的抽查。12月，完成数据汇总和质量评估。

（郑杨妍）

国有资产监督管理

【概况】 2019年，县国有资产监督管理办公室负责监管浦江县国有资产经营集团有限公司、浦江县交通集团有限公司、浦江县建设集团有限公司、浦江县文化旅游集团有限公司、浦江水务集团有限公司，全年实现营业收入9.8亿元。对接省国资委、省地方金融监管局等上级部门，完成制定章程、公司登记、增开账户等既定程序，5月，组建成立浦江县资产管理有限公司，收购百炼工贸一期、二期、合和铜业等资产。按照《浙江省进一步深化国有企业改革行动方案》，结合浦江国企实际，细化制定《浦江县进一步深化国有企业改革行动方案》，涵盖权责清单、国企混改、内部管理、分类监管、党建引领等重点改革任务，初步形成具有浦江特色的改革政策体系。

【非公开发行公司债券】 采取竞争性磋商方式确定国信证券为债券主承销商，通过国有企业内部资产整合规范权证、协调外部行政事业单位闲置资产注入国企等方式，发行浦江首支非公开发行公司债券，将县属国有资产总额提升至146.04亿元，同比增加55.56亿元，增长率61.41%。发债主体县龙峰国有资产经营有限公司从上海证券交易所获批发行资格，发行总额不超过25亿元，将采取分期发行方式发行。

【政策性融资担保】 5月，组建成立浦江县政策性融资担保有限公司。该公司由县政府委托县国资办出资设立，为全县符合条件的小微企业、“三农”客户、创业创新主体、战略性新兴产业项目实施主体提供担保的政策性融资担保机构，与工行浦江支行、农行浦江县支行等11家合作银行签订战略合作协议，对200余家企业进行实地走访调查，担保金额超1000万元。

【开放性合作】 2019年，引导县属国有企业与央企、省企开展开放性合作。由县国资办牵头，县交通集团、县建设集团与省第三地质大队三方共同出资成立浦江县交建实业投资有限公司，中标承建白马镇嵩溪村石矿边坡治理项目；县交通集团、县建设集团共同出资成立县建设交通矿产资源有限公司，该公司与省建设集团、省交投集团合作，竞得黄宅镇张官村石宕项目12%股份；县建设集团依托省二轻集团和浙江大学创新医养研究中心的核心资源优势，推进投资40亿元的万年上山文化村项目；县交通集团与浙江建投环保工程有限公司共同投资1.2亿元的浦江资源循环产业建设项目建成；县国资集团中国水晶城招商项目已与上海嘉宝成投资管理有限公司、广东海伦堡地产集团有限公司签订协议，计划建设大型生活服务综合体。

（张　琳）

国有资产经营

【概况】 浦江县国有资产经营集团有限公司（以下简称“县国资集团”）经营范围：县政府授权的国有资产、行政事业单位资产及闲置资产的经营、管理；以投资、控股、参股、资产转让和重组等形式从事资本经营业务；负责全县各类市场的开发、建设和经营管理；人力资源开发、培养；电子商务的开发、管理、培训；安全守卫服务；粮食收储经营；商品拍卖服务；城市管理服务；城市垃圾清运；生态养殖；肉类屠宰加工等。2019年，新增2家参股企业，分别为浦江华统牧业有限公司、浦江新跃产业互联网管理有限公司。各子公司实行集团领导下自主经营、自负盈亏。县国资集团全年实现商品销售收入38562.97万元，实现利润2327.68万元；年末总资产371893.26万元；上缴税收2938.39万元。县国资集团被评为2019年度全县“纳税十强企业”(第8位),连续三年进入十强榜单。

县委书记程天云(左一)检查指导集团文明城市创建工作

8月17日,县委书记程天云带队检查指导县国资集团下属花木市场、木材市场、建材市场等单位文明城市创建工作落实情况。2019年,县国资集团业务有新发展。国资加油站正式投入运营,依托中石化央企平台,营业额稳步增长,全年销售汽柴油4061吨,其中汽油2794吨,柴油1267吨,实现销售收入3074万元,实现利润285万元。8月,全县产权交易业务划归县国资集团;9月,组建成立县产权交易公司;10月,水晶城原59家经营户按期迁至水晶小镇客厅,助力中国浦江·第11届水晶玻璃产业博览会。

在开展“不忘初心、牢记使命”主题教育中,县国资集团解决群众操心烦心事,组织党员干部职工帮助文明共建单位塔山社区东苑二区修复破损路面、翻新中心花园露天休闲区、修整公共区域绿化、拓宽出行通道近1200平方米,清理杂乱闲置区域,为周边居民增辟2个公共停车位。

参与“百名局长联百企”活动,发挥自身优势,帮助浙江天晨胶业股份有限公司在各家银行、浦江县政策性融资担保公司与该企业间牵线搭桥,帮助民营企业破解融资难题。

3月,县委第四巡察组进驻县国资集团开展第六轮巡察,根据巡察反馈意见,县国资集团研究制定整改方案,针对存在的58个问题,制定251条整改措施;制定及修改完善制度13项,追缴资金46389元,立案2件,给予党内严重警告1人,警告1人,调离岗位1人,辞退2人,通报批评6人,约谈提醒43人次。

5月,县国资集团在全县国有企业中率先制订“清廉国企”创建考核指标和考核办法,企业党风廉政建设考评实现科学量化。

【水晶城招商引资项目】 10月22日,经前期多轮接洽,县国资集团与上海嘉宝成投资管理有限公司达成合作意向,县政府指定县经济合作交流办公室(招商局)代为签订浦江中国水晶城商业综合体项目投资协议,水晶城招商引资工作取得实质性进展。副县长楼新有,县政府办公室、县国有资产监督管理办公室、县发展和改革局、县自然资源和规划局、县国资集团、浦南街道办事处等有关部门单位负责出席签约仪式。投资协议明确了水晶城商业综合体项目的投资强度、投资范围、项目类型等主要事项。

签订水晶城商业综合体项目投资协议

【智慧产业园平台项目】 10月,在首届乡贤大会上,县国资集团与上海新跃物流企业管理有限公司签订“浦江智慧产业园”项目投资协议;12月3日,项目运营公司“浦江新跃产业互联网管理有限公司"注册成立。该项目聚力打造区域智慧型中小物流企业公共服务与管理平台,旨在提供产业互联网管理服务;云平台推广服务;普通货物装卸、搬运服务;货物运输代理;供应链管理;企业管理咨询;市场调查服务;信息系统集成服务;信息技术咨询服务;会议及展览服务;数据处理服务;货物检验代理服务;货物报关代理服务;代理企业登记注册;代理记账;代理纳税申报等链条式服务。

签订"浦江智慧产业园"项目投资协议

（高　擎 摄）

【生态养殖场项目】 12月31日,浦江县白马现代生态规模养殖场项目开工建设。该项目坐落在白马镇利丰村,由浙江华统肉制品股份有限公司和县国资集团共同投资建设,总投资3亿元。项目将新建现代化立体多层养殖场房,形成年存栏母猪5000头、育肥猪存栏6万头的养殖规模,可年出栏优质商品猪10万头,预计于2020年年底前建成并投产。

浦江县白马现代生态规模养殖场项目开工仪式

（黄绿荣 摄）

【货运中心项目】 郑家坞货运中心项目主体于11月竣工验收完工,建筑总面积6188.79平方米,12月底完成整体招商,出租率实现100%。改造前,郑家坞货运中心年收入30万元,改造后年收入135万元,年收入较改造前增加350%。

【拍卖业务】 2019年,浦发拍卖有限公司组织各类拍卖会40场,拍卖总成交额10574.86万元,首次突破亿元大关,总成交额较2018年(3424.06万元)增长436.14%。其中,白马镇浦阳江以东、新浦郑公路以南地块制砂洗砂厂八年经营权以4190万元价格成交,檀溪镇全域土地整治洪山区块指定区域内多余石料以1320万元价格成交,黄宅镇集贤村至郑家坞镇吴大路村道路工程项目废渣以515余万元价格成交。

【主题教育创新】 县国资集团创新实施"1、12、20、100"计划,即自行设计1个主题教育应知应会微信小程序、每天作答12道题、每天20分钟参与答题、党员干部100%参与,利用碎片化时间学习,灵活的学习形式和手段;开辟"五彩配对区",彩色题卡"一问一答",以"趣味学"吸引了广大党员积极参与学习;设计印制2000份主题教育书签,实现党员在工作中"随时学"和"案头学",获市委巡回指导组肯定。

（黄绿荣）

财　政

【概况】 2019年,全县实现财政总收入29.00亿元,下降2.5%。其中一般公共预算收入19.29亿元,增长0.8%,完成年度预算的93.3%。一般公共预算收入中税收收入15.66亿元，下降5.4%，完成年度预算的90.1%。全年非税收入32.46亿元，增长4.7%，其中纳入一般公共预算收入管理的非税收入3.63亿元，增长40.6%。全县一般公共预算支出39.95亿元，增长3.6%，完成年度调整预算的108.6%，其中十项民生支出31.39亿元，增长4.5%。浦江县财政局被县委、县政府评为2019年度综合考核工作优秀单位、2019年度党风廉政建设先进单位、2019年度招商引资先进单位；被县政府评为2019年度安全生产目标管理责任制考核优秀；被县委巡察工作领导小组办公室评为2019年度县委巡察工作先进单位。

落实小微企业普惠性减税、增值税大规模减税、个人所得税改革、社保费减负等各项减税降费政策，减免各项税费4.30亿元。8月15日，浦江县人民政府办公室出台《关于促进实体经济稳步发展的若干意见》。8月15日，浦江县人民政府办公室出台《浦江县工业经济高质量发展扶持办法》。8月15日，浦江县人民政府办公室出台《浦江县商贸业高质量发展扶持办法》。2019年，浦江县财政局共拨付各类企业奖励扶持资金1.97亿元。浦江县财政局推动通济转贷基金运转，全年办理1344笔，金额60.06亿元，为1079家企业减轻财务负担约4700万元。

2019年，浦江县获“两山(二类)”建设财政专项激励、“一事一议”财政奖补助推美丽乡村建设试点、城中村改造一期工程补助、科技创新中心建设补助、农业农村产业提升奖补、教育信息化专项经费等上级财政补助资金。发行新增棚改专项债券12亿元、再融资债券3000万元。

【民生保障】 2019年，县财政局筹措资金支持政府投资项目建设，主要用于小城镇环境综合整治、历史文化街区修缮、美丽乡村建设、公路及城市市政道路建设等项目。11月6日，县财政局、县发展和改革局、审计局出台《浦江县政府(国有资本)投资项目委托社会中介机构审核管理办法》，建立政府投资项目工程造价咨询中介机构名录库，推行政府性投资项目工程造价咨询中介机构选取“双随机”机制。7月19日，县财政局、县教育局印发《浦江县促进学前教育发展奖补资金管理办法(试行)》，加大普惠性学前教育财政补助力度。9月9日，中共浦江县委、浦江县人民政府下发《浦江县推进教育现代化十大行动方案》，全年教育支出8.39亿元。2019年，浦江县提高救助保障水平，城乡居民最低生活保障标准提高至725元/人·月，城乡居民基本养老保险基础养老金标准提高至170元/人·月。县财政局通过向上争取资金、统筹财政资金，清理拖欠民营企业中小企业账款，清偿率实现100%。

【不动产确权登记和处置】 2019年，浦江县成立以县长为组长的不动产清查工作领导小组，开展全县行政事业单位不动产确权登记和处置。5月30日，浦江县人民政府办公室出台《关于明确行政事业单位不动产权证补办有关事项的通知》。11月5日，浦江县人民政府办公室出台《关于印发行政事业单位不动产确权登记和处置方案的通知》，明确产权登记、产权处置具体事项。全年确权登记40宗，行政事业单位经营性不动产注资给县属国有企业19宗。

【“三服务”活动】 2019年，县人民政府与省会计领军人才委员会签署为期三年的合作协议，联合举办民营企业专题培训会、股改上市培育企业座谈会等。组建县域民营企业与省会计领军人才“三服务”团队线上联络平台。完成新政府会计制度改革，持续开展“上门服务至少一次”活动，常态化提供业务咨询服务。

【乡村振兴战略】 2019年，浦江县财政局拨付支农惠农政策保障资金1.44亿元，用于支持农业农村发展。支持行政村规模调整，拨付行政村规模调整三资融合补助资金5735万元、村级组织运转补助700万元。规范“一事一议”财政资金项目管理，拨付财政奖补资金1618万元，带动村集体投入526万元，完成项目38个，惠及3.10万人。推动“惠农转”资金运行，完成2337笔转贷，金额10.14亿元。

【财政监管】 12月18日，县委、县政府出台《关于全面落实预算绩效管理的实施意见》。县财政局加强预算绩效目标管理，实现项目绩效目标申报全覆盖。开展惠民惠农财政补贴资金“一卡通”专项治理、减税降费政策实施效果监督检查、财政会计监督检查、扶贫领域腐败和作风问题专项检查等，规范部门单位财务管理。实施财政资金动态监控，全年盘活各类存量资金1.40亿元，统筹用于民生项目支出。推进公款竞争性存放，调整2019年公款竞争性存放综合评价指标体系，放宽银行参加财政资金竞争性存放的资格条件，增加金融机构服务小微企业和制造业贷款增量考核指标。完成财政资金竞争性存放4期，招标金额18.30亿元；单位公款竞争性存放8期，招标金额5.39亿元。

【财政数字化转型】 2019年，浦江县将全县行政事业性收费全面纳入统一公共支付平台，共58.11万人次通过浙江政务服务网统一公共支付平台缴纳非税资金20.17亿元，非税收入网上平台收缴率92.03%。县财政局组织全县273家行政事业单位进行资产云系统上线和操作培训，完成资产云系统上线，全年通过资产云线上处置资产149批次、线上调拨资产16批次，提高政府资产配置和使用效益。开展“互联网+政府采购”行动，完成首例电子化招投标项目和首次农业扶贫馆采购。平台交易规模4.03亿元，交易次数3158次。浦江县三家公立医院完成医疗收费电子票据改革，全年开出医疗收费电子票据84.77万份，换开纸质票据3.42万份。

【主题教育】 2019年，县财政局成立局直属机关委员会和4个下属党支部。局党委理论学习中心组开展为期7天的集中学习研讨，组织开展主题演讲、知识竞赛等活动，各党支部依托午间自学、周一夜学、主题党日等载体开展学习。成立“财情筑梦”财政服务团队，有针对性地开展课题调研。局班子成员带队完成调研报告6篇，完成领衔破难项目18个，帮助解决包乡走村进企调研中发现的问题8个。结合省委巡视和县委巡察反馈问题，抓好十项专项整治，出台规章制度16条。

（季建君）

税　务

【概况】 2019年，县税务局累计组织税费收入44.14亿元，同比增长6.08%。其中，税收收入26.72亿元，同比下降5.22%；非税收入17.42亿元，同比增长29.84%；社保基金收入16.53亿元，同比增长32.79%。办理出口退(免)税5.88亿元。

在县委、县政府综合考核中，位列垂直部门第一名，连续十年被评为“优秀单位”。在各项先进评比中，获得省税务系统“最美离退休干部党支部”、市税务系统“十佳基层党组织”“2019年县先进基层党组织”“2019年度优化营商环境先进单位”等荣誉称号。推进“清廉机关示范单位”建设,为14个单位配备“廉政时光笔记”。组织参观县看守所警示教育基地2批次,学习违法违纪案例8次。开展“崇法守纪、修德敬业”作风建设主题活动,组织廉政家访206户。购入“共读两本书”活动书目432本,开展读书交流活动5次。开展“不忘初心、牢记使命”主题教育活动,通过理论研讨交流学、专题党课引领学、周一夜学常态学、党日活动实践学4种学习路径,确保理论学习入心入脑。开展“亮身份、树形象”活动。组织党员前往中共浦江县委旧址、浦江北乡农民革命纪念馆,重温入党誓词。开展党组织和党员同时到社区报到的“双报到”活动,助力“六城联创”。

举办“减税降费 毅路同行”活动,组织开展第一届乒乓球、羽毛球、气排球比赛,组织干部职工参加浦江县第三十一届迎春健步走活动。成立健身走、茶艺、烘焙等兴趣小组12个。参加金华市税务系统“扬帆新税务 同心创辉煌”文艺汇演,歌伴舞《祖国不会忘记》获一等奖,大合唱《中国税务之歌》获二等奖。参加浦江县“红心向党、歌唱祖国”歌咏比赛获三等奖,参加浦江县财贸系统职工文艺汇演获二等奖。

【减税降费】 全县累计减征税费4.30亿元。其中,小微企业普惠性政策税收减免1.05亿元,深化增值税改革政策减征增值税1.47亿元,个人所得税改革减免税0.49亿元,社保费减免0.74亿元,其他政策减免0.55亿元。开展减税降费专题培训23场,覆盖8751户次。联合县财政局、科技局、经济商务局开展规上企业培训4期。建立减税台账,跟踪政策执行情况。选取不同类型、规模、行业企业12类总计6629户,其中实地走访2115户,电话走访4186户,集体座谈328户,完善税收优惠数据测算和政策效应分析,掌握纳税人发展趋势和行业需求。

【城乡两费征缴】 开展全省集中版城乡居民两费征缴信息系统推广应用工作。落实2020年度城乡居民基本医疗保险和大病保险选缴工作,依托原人社、医保部门的征收管理模式,组建征缴支援小组,引导支付宝等便捷化渠道缴费。2019年,归并、重签6.8万名缴费人大病选缴签约账户;完成全县29.10万名缴费人的基本医疗保险和大病保险选缴纳的缴费工作。

【依法治税】 完善法律顾问服务制度,聘请1名律师担任法律顾问,提供合同文件合法性审查1件次。建立学法用法制度,每人每年学法时间达到12课时以上,测试优秀率100%。建设税收法治工作队伍,有执国家法律职业资格证4人,通过公职律师岗前培训3人。2019年,在县“法润浦江”主题作品征集活动中获“优秀组织奖”;傅基田获2019年浦江“最美普法人”荣誉称号。

【优化营商环境】 设立“跑小青”志愿服务队,开展“一日代办员”活动,分管领导和工作专班成员深入窗口,细化业务工作流程,保障各项业务走得通、走得顺、走得快。成立“梦成税务工作室”,提供“线上咨询+线下帮扶”服务,并实行首问责任制和限时回复承诺制。依托市局“金税客厅”服务平台,与浙江亚特新材料股份有限公司签订税收遵从合作协议,满足大企业个性化、深层次的服务需求。实现“最多跑一次”涉税事项“零次跑”“网上办”“掌上办”三个100%全覆盖。开设全市首个企业开办专区,并联合县商务、市场监管、人社、海关四部门,升级“全生命周期工商税务联办”服务,通过智能一网通新办企业3555户、注销企业233户。启用东山路办税服务厅、黄宅所办税服务厅,建立1个主厅和2个税务所辅厅的“1+2”全职能、无差别办税体系,打造

“半小时”办税圈。推广增值税普通发票“线上申请,网上缴税、自助开具”模式,实现发票代开全面自助化。优化发票“网申邮送”服务,为216户次企业邮寄发票42847份。

【征收管理】 自主研发上线全省首个“自动语音通知辅助征管系统”,解决征期催报催缴、培训通知通话需求量大的难题。4月9日投入使用,拨出电话188231条,接通75198条。统计汇总欠税纳税人登记信息和欠税金额等资料,形成欠税管理工作一户一台账。建立大额欠税企业管理工作报告制度和欠税追缴外部门的联动机制。2019年,累计清理欠税4390万元,收到法院23起执行案件来函43张,回复率100%。向破产管理人申报税收债权20笔,总计4491万元,入库税款1963万元。完善“走出去”企业清册信息。开展对外支付信息核查,对付汇内容、合同实质和交易金额存在疑点的数据进行梳理核实,提醒未申报企业及时申报,督促少缴企业足额补缴。2019年,核查外汇信息153条,发现问题企业16户次,累计追缴税款5.13万元。

【风险监控评价】 清理税收规范性文件。推行“三项制度”,落实执法公示制度,采购执法记录仪,优化税收执法方式。2019年,执行税务行政处罚1087户次,其中一般程序处罚134户次,简易程序处罚953户次。健全信访举报制度,开展信访工作学习培训1次,接到“8890”热线转办案件21次,解决率100%。全年扎口统筹推送24批290户风险任务,风险应对成效共计5244万元。开展房地产开发企业土地增值税模型建立和分析应用,累计增收3572万元。

(李航倩)

金融

金融管理

【概况】 2月11日，县金融办与县财政局、县人民银行联合下文调整全县公款竞争性存放综合评价指标。2月24日，由省财政厅会计处江中亮处长带队的全省会计领军人才“三服务”团队到浦江开展义务服务。3月14日，召开全县金融支持工业经济任务领办会，各金融机构领办新增工业贷款目标任务。5月7日，市金融办方永华主任一行到浦江开展“三服务”活动，实地走访企业，并听取工作汇报。5月15日，浦江部门间协同发力开展非法集资宣传活动。5月31日，浦江11家企业在浙江股权交易中心创新板挂牌。6月28日，召开全县金融风险网格化管理推进会，布置类金融机构排查整治工作。7月9日，县金融办牵头多部门联合在浦江城区范围内开展类金融机构排查行动，打击遏制非法集资活动。7月19日，召开2019年上半年金融形势分析会，总结上半年金融工作，分析研判当前金融形势及存在的问题和困难，研究部署下半年工作任务。7月29日，举行省会计领军人才“‘三服务’走进浦江系列活动2”暨合作协议签约仪式。县金融办与省会计领军人才委员会签署协议，建立长效合作机制，推动浦江民营企业发展。7月30日，县金融集市活动正式启动，搭建了政银企沟通合作桥梁，提高金融服务实体经济水平。10月11日，市金融办方永华主任一行到浦江开展金融工作调研，专题研究重点企业不良贷款化解处置，并走访企业，了解金融服务实体经济情况。11月28日，召开金融支持浦江发展恳谈会，深化政银企合作，优化金融环境，推动银行业支持浦江打赢实体经济翻身战，全市18家金融机构向全县45家企业授信36.5亿元。

（杨如悍）

中国人民银行浦江县支行

【概况】 2019年，全县有银行业金融机构16家，银行业金融机构网点数83个，ATM机等自助设备349台，POS机5008台。本外币各项存款余额422.72亿元，比年初增加54.15亿元，同比增长14.69%；本外币各项贷款余额340.68亿元，比年初增加29.39亿元，同比增长9.44%;不良贷款余额4.21亿元,较年初减少0.39亿元,不良贷款率为1.24%,比年初下降0.24%。

【稳健货币政策】 中国人民银行浦江县支行(简称“县人行”)出台《金融支持实体经济发展十条措施》,强化货币政策工具引导,保持信贷规模稳定增长;出台《2019年浦江县货币信贷工作的指导意见》,明确全年新增信贷投入增幅不低于9.5%,力争新增小微企业贷款5.71亿元,制造业贷款6.07亿元,县政府出台新增工业贷款风险补偿机制,对县内各金融机构2019年新增制造业贷款给予0.5%的奖励。畅通货币政策传导机制,县人行召开行长联席会议、季度货币信贷例会等,要求各金融机构做好金融服务实体经济的工作,利用地方报刊、电视、政务信息网站等媒体,扩大货币政策的社会宣传范围,使社会各界了解金融相关政策信息。

【“支农支小”扶持力度】 县人行召开任务领办会,将制造业贷款和小微贷款任务分解落实到各家金融机构,并适时对任务完成进度不达标的银行进行约谈、督导,引导金融机构深入落实支持小微企业、民营企业等发展的政策要求,突出信贷资金“支农支小”和“扶贫扶弱”导向,提升普惠金融服务水平。截至12月,全县普惠口径小微企业贷款余额132.25亿元,比年初新增20.96亿元,增速18.83%,全年增加无贷款小微企业701户,落实信贷资金17.62亿元,同比增长146.09%。县人行提升信贷支持精准度,优先保障重点项目建设资金需求,争取农商行1亿元支小再贷款和村镇银行5000万元支农再贷款政策支持,降低小微企业和农户的融资成本,截至12月,全县银行机构政府项目贷款余额为68.56亿元。

【金融服务】 2019年,县人行组织银行机构开展银企对接会30余次,为226家开发区企业增加贷款8.28亿元;组织金融机构定期开展金融集市活动11期,促成百余家企业达成融资意向2亿余元;组织金融机构邀请上级行领导共50余人深入58家企业开展走访调研活动,了解当前民营和小微企业的生产经营状况、面临的主要困难以及金融服务需求,针对14家企业提出的1.3亿元的资金需求和9条意见建议,截至12月,落实资金8645万元。建立融资“三张名单”,召开需求交办会,交办376家企业的融资需求,全年为63家企业解决资金需求2.23亿元。

【便民工程建设】 县人行制定印发《2019年浦江县移动支付便民工程建设劳动竞赛活动方案》,引导金融机构加快移动支付场景建设,落实支付为民服务要求,全年召开4次移动支付推进会,扩大云闪付APP应用群体,选取辖内6家菜场参与银联62营销活动,开展4个服务点试点移动办理银行卡助农服务。2019年,完成“一元购”业务量64521笔,助农服务点与村级电子商务服务点共建比例达到71.03%。为落实“最多跑一次”改革要求,县人行推进取消企业银行账户许可工作,成立工作领导小组,严格督导银行做好取消企业银行账户许可改革措施落地,设立企业开户绿色通道,减少企业开户跑腿次数,提升账户服务水平并做好事后监测。

【化解金融风险】 县人行修订《浦江县金融稳定考核办法》,明确各金融机构在共同维护县域金融稳定工作中的职责,按月统计掌握出险企业、不良企业、欠息企业,按日上报金融风险监测日报表,及时掌握投保机构尤其是村镇银行风险状况。2019年,银行机构共处置不良贷款5.49亿元，同比下降44.43%。推动建立府院联动常态化工作机制，提升金融资产保全力度，成立金融审判合议庭，集中快速审判涉及金融纠纷案件，形成金融风险防控工作合力，会同公、检、法等部门建立完善失信联合惩戒机制，以高压态势开展企业逃废债打击活动，营造良好金融生态环境。

【信用环境建设】 县人行组织开展"翰墨丹青香 诚信伴我行"为主题的金融系统征信书画比赛；结合"6·14"信用记录关爱日，利用农村金融综合服务站点、地方主流媒体、微信公众号等，组织金融机构先后走访10余个乡、镇、村的百余家企业，营造"学征信、懂征信、用征信"的良好氛围。开展应收账款融资服务平台的推广工作，全年成交61笔，促成应收账款融资交易金额11.74亿元。深化征信成果运用，引导金融机构扩展"好家风 信用贷"贷款范围，创新推出"党员先锋贷""八婺重信贷"。全年发放"好家风 信用贷"17391户，贷款余额20.52亿元，比年初增加2687户，贷款增加4.29亿元。

【金融队伍建设】 县人行组织开展2018年度"服务企业先进金融机构"以及"星级服务网点和最佳服务之星"评比活动，对评选出的23家星级服务网点和32名"最佳服务之星"进行通报表彰，发挥先进典型的榜样作用，提升金融服务水平；组织开展2019年金融系统职工业务技能比赛，推动金融人才队伍建设，为金融业可持续发展提供保障。落实"双随机"综合执法检查，规范开展2019年稠州银行、台州银行综合执法检查工作，通过行长联席会议、约见谈话、现场走访等方式，规范辖内银行业金融机构的经营行为，促进金融宏观调控和金融稳定目标的落实。

【金融消费者权益保护】 县人行制定印发《浦江县支行2019年金融法治及金融消保工作要点》，回应金融消费者通过微博、微信等新媒体提出的诉求，快速处理上级行、浙江政务咨询投诉举报平台、"8890"便民平台转交的金融消费投诉，办结投诉18起，满意率100%。结合"3·15"消费者权益保护日、"金融知识普及月"以及县内开展的大型活动，开展金融知识宣传普及活动，增强金融消费者依法维权意识和防范金融风险意识，提升金融消费者素养，督促和引导辖内各金融机构完善投诉处理渠道，提升金融消费者权益保护水平。

（贾张帆）

中国工商银行股份有限公司浦江支行

【概况】 2019年，中国工商银行股份有限公司浦江支行（简称"工行浦江支行"）各项存款余额54.8亿元，比年初增加13.79亿元；各项贷款余额28.94亿元，比年初增加1.39亿元。不良贷款余额325万元，较年初减少757万元；不良贷款率0.11%，较年初下降0.28个百分点。

【支持实体经济】 工行浦江支行响应浦江县政府加快发展实体经济的号召，全年累计投放贷款21.87亿元（对公贷款15.59亿元、个人贷款6.28亿元）。按照浦江县委县政府"四个全面"战略部署，集中力量支持政府项目建设，授信浦江水晶小镇小微创业园项目2.9亿元。全年拓展小微企业51户，发放贷款2.14亿元，户均金额419万元，将有限的信贷资源投向更多专注主营、需要融资的企业。帮助存量客户新增贷款10户，新增金额0.25亿元，合计新增小微贷款2.39亿元。开展普惠金融支持企业经营，对个人经营性贷款实行利率优惠，全年共计发放个人经营性贷款240笔，金额2.97亿元。支持民生经济发展。围绕浦江城市发展新方向，重点满足民生领域的金融需求，发展住房按揭、汽车分期等业务，推进“吃穿住行”消费转型升级，扩大有效内需，民生领域贷款余额达12.9亿元，全年累计投放贷款额6.28亿元。

【业务一体化办理】 工行浦江支行以“最多跑一次”改革引领经营发展，紧扣“排队难”“多次跑”“耗时长”“多头跑”等群众反映集中的问题展开攻关，通过流程优化、智能转型等手段，实现业务线上线下一体化办理，疏解“排队难”；借力金融科技，丰富办理渠道，推广移动银行，缓解“多次跑”；通过流程再造和培养“全能型”业务人才，加载业务快速办理通道，力克“耗时长”；优化信贷流程，客户经理上门服务（从前期贷款资料的收集到贷款完成审批后相关合同的签字全部由客户经理上门），实现客户最多跑一次甚至一次都不用跑。优化开户流程，银行代办注册、申领营业执照，咨询和代办服务全免费。

【金融产品创新】 为满足小微企业差异化金融服务和信贷资金需求，推出政府采购通、电票质押贷款、法人按揭余值贷款等创新产品。推出网上小额信用贷（结算贷），根据企业在工行近三年的流水确定授信额度随借随还；为节省企业成本，推出网贷通贷款，企业通过网银自主提款、还款，随借随还，最大程度的降低企业财务成本。

【化解金融风险】 工行浦江支行加快不良贷款处置工作，全年清收处置不良贷款757万元，至年末不良率仅0.11%。加强对困难企业的帮扶，对生产经营发生不利变化、风险增加的企业的存量融资，在符合“风险敞口不扩大、担保不变化、周转前利息已付清”的条件下不抽贷、不压贷，并一户一策制定帮扶措施，安排周转资金，简化还款方式，以时间换空间，努力化解企业“两链”风险，全年共使用“通济转贷基金”转贷60次，累计金额3.84亿元。

（潘丽丽）

中国农业银行股份有限公司浦江县支行

【概况】 2019年，中国农业银行股份有限公司浦江县支行（简称“农行浦江县支行”）各项存款总额75.54亿元，比年初上升8亿元。日均各项存款余额67.10亿元，比2019年增加7.8亿元。各项贷款总额63.31亿元，比年初上升12.2亿元，还原核销、批转后实际增量为14.8亿元。全年共清收不良贷款额2.51亿元，不良率为0.3%，低于全市农行平均不良率0.51个百分点。拨备前利润1.72亿元，居浦江四大国有银行第一位；拨备后利润2688万元，居浦江四大国有银行第三位。

【乡村振兴】 农行浦江县支行“惠农E贷”全年增量24761万元，农户贷款增量10579万元，低收入农户贷款户数与年初持平，贷款余额较年初增加8万元。新增村民建档4307户，惠农通业务各项指标领先全市。支持贵州省黄平县消费扶贫工作，并与浦江县浦南街道华墙村结对，助力“精准扶贫”。选派4名业务骨干，参与省分行第六批乡镇挂职，深入经济薄弱村，落实相关扶贫任务，实现低收入农户扶贫小额贷款新增2户，完成率100%。

【推动发展】 做好政府类基础设施建设项目营销，营销基础设施项目包括棚改项目、学前教育项目等，授信总额3.9亿元，全年重大项目营销投放9.45亿元，完成率为945%。新增3000万元以下小微企业贷款4.64亿元，增量居浦江四大国有银行第一位，银行系统内第一位。新增人民币账户完成928户，同比多增291户，其中新增机构国资账户31户，完成率145.5%；新增企业金融服务平台活跃844户，完成率127.88%；六大机构基础类账户新增20户，完成率200%。全年新增17个单位企业年金账户，位列全省第一位。

【社会责任】 2019年，落实“最多跑一次”，坚持从方便群众和企业办事的角度出发，确定了农行浦江城关支行的搬迁选址，对各网点进行微改造，完成安装智能一体机7台；对两个支行实施智能化升级改造，对其他五个支行统一规划了智能服务区。开展“小积分·大梦想”“学雷锋”等公益行动，农行浦江县支行团委通过爱心募捐活动，为留守儿童捐了144000信用卡积分。推进平安浙江建设，堵截电信诈骗等风险事件83起，为客户避免损失121万元。

（黄丽娜）

中国银行股份有限公司浦江县支行

【概况】 2019年，中国银行股份有限公司浦江县支行（简称“中行浦江县支行”）净营业收入9382万元，其中净利息收入6461万元，非利息净收入2921万元，拨备前利润6565万元，净利润2874万元，经济增加值1030万元，不良余额4477万元。本外币各项贷款余额22.17亿元，比年初下降3.03亿元。本外币存款余额28.49亿元，比年初增加0.61亿元。2019年，中行浦江县支行获“浦江县纳税五十强企业”“浦江县金融系统征信书画比赛优秀组织奖”“县金融系统业务技能比赛团体第四名”“金融知识竞赛团体第一名”“助力12365财贸工会向新中国献礼周年文艺晚会优秀奖”荣誉；营业部获县金融系统“星级服务网点”；人民路支行获“2019年‘万马奔腾—开门红’网点业绩竞赛网点手机银行拓展奖全国第一名”，是中行浦江县支行自1993年成立以来首次在北京领取的全国性奖项，傅宇萍获“总行开门红个金明星人选”，王振业获“全国首届交易技能业务竞赛个人总冠军”。

【校园服务】 在2018年中山中学“校园一卡通”上线后，中行浦江县支行坚持“服务全局、融合创新、深化应用、完善机制”的工作原则，2019年，累计上线10所学校的“校园一卡通”项目，摆脱了实体校园卡易丢失、忘带卡、排队拥挤等诸多不便，实现学校内部的“一卡多用、一卡通用”信息化功能；上线1所学校的“云缴费”在线支付项目，实现微信、支付宝扫码缴费，为广大师生提供安全、便捷的金融服务。

【创新产品】 为促进地方经济发展，把民间资金作为支持浦江金融的一个有益的组成部分，浦江县自1月1日起在金华市首家放开抵押项下的民间资金借贷往来渠道。3月，首单公证处个人保证金花落中行，全年累计沉淀金额2500万元。

【平台创新】 中国银行电子交易平台产品上线，主要包括外汇、即远期结售汇、人民币及国际贵金属、大宗商品、期权等产品，依托在北京、上海、香港、伦敦、纽约的交易中心，形成全球一体化交易体系，24小时不间断服务，秒级市价自动成交、询价交易实时回复、委托挂单省心省力。支持即期、远期、掉期、提前平仓、提前终止、委托挂单等多种交易委托，帮助客户降成本、提效率，全年通过该平台成功交易金额约6000万美元。

【普惠金融】 召开中银普惠百场推介会，帮助企业了解和认识支持民营企业发展的相关政策，通过置业通宝、税务通宝、中银信贷工厂、普惠金融贷款、外汇汇率避险产品等特殊服务，全力为企业降本减负，助力中小微企业成长壮大。中行浦江县支行设专职普惠金融团队人员9人，服务乡镇企业，在黄宅普惠专业支行设立普惠团队3人。为保证效率，实行了客户经理授信责任制，从客户准入到授信上报时间不超2个工作日，批复下达后2个工作日内实现放款，争做浦江最佳金融服务提供商、浦江小微企业的首选银行。

（吴　菲）

中国建设银行股份有限公司浦江支行

【概况】 2019年，中国建设银行股份有限公司浦江支行（简称“建行浦江支行”）年末一般性存款时点余额35.49亿元，比年初下降1.44亿元，日均余额35.97亿元，比年初新增0.5亿元；各项贷款余额29.75亿元，比年初新增1.12亿元，投放表外理财3.2亿元；不良贷款余额3117万元，比年初下降606万元，不良贷款率1.05%，比年初下降0.25%；实现中间业务收入2303.83万元，同比增量284.95万元，同比增幅14.06%；实现拨备前利润9862万元，比2018年提升1.28%，税前利润9228万元，经济增加值4543万元。

【资产收益权类理财产品】 5月，省建行投行部、市建行公司业务部专家团队、建行浦江支行对公业务团队走访浦江县金狮湖建设发展有限公司，根据企业实际情况量身制定合理授信方案。7月11日，建行浦江支行提出的债项审批得以批复。7月22日，资产完成入池，建行浦江支行落地首笔资产收益权类理财产品，满足客户融资需求，推进了政银企合作。

【战略合作及产品创新】 5月28日，与县农业农村局签署乡村振兴战略合作协议，根据县域葡萄种植业特色，创新推出“葡萄惠农贷”产品，共同推进金融服务乡村振兴。建行金华分行行领导、市农业农村局领导、县人大常委会副主任、县人民政府副县长、县农业农村局局长、人行浦江县支行行长等出席签约仪式。浦江支行行长与县农业农村局局长代表双方签署协议书，向浦江县葡萄种植户授信5亿元。

【普惠金融】 优化普惠金融配套政策，完善审批授权转授权机制，提高业务办理流程效率，开展银税互动、小微企业大走访、银企对接会等。截至12月，对公普惠贷款余额2.85亿元，净增9083万元，净增支用客户数63户。小微快贷授信客户156户，新增78户，授信金额1.81亿元，新增1.14亿元，支用132户，新增68户，支用金额1.47亿元，新增9850万元。个人普惠金融领域贷款2.74亿元，比年初新增4189

万元，目标任务完成率123.2%，列金华建行系统内第一位，投放“文明助农贷”“好家庭信用贷”“葡萄惠农贷”159笔，金额2738万元。

【“裕农通”全覆盖】 12月，立足建行“三大战略”，加速推进金融助力乡村振兴战略，在所辖227个行政村，全覆盖“裕农通”普惠金融服务点，在全省建行“裕农通·村村通”行动中，提前实现乡村全覆盖。

【同业业务】 坚持第二发展曲线理念，加快同业合作平台产品服务落地推广，做强交易能力，促成浦江农商行认购同业存单1000万元，成为金华建行系统内首个签约建行总行互联交易平台的同业客户，为深化同业合作奠定基础。

【“劳动者港湾”建设】 推进“劳动者港湾”建设，将浦江新华书店引进营业部“劳动者港湾”，浓厚书香建行氛围，将港湾建设与业务拓展有机结合，推出“龙支付”购书满减活动，发挥“劳动者港湾”建设的社会效应和价值贡献，做好金融服务延伸。

【社会责任】 支持县委县政府和共建社区文明创建工作，全员参与“创文明城、做文明人”活动，参加文明城市共建、文明劝导以及“结队帮联 共创文明”活动，将创建精神与改变行风行貌、优化网点营业环境、提升员工服务品质有机结合，向共建单位浦阳街道金狮社区捐资全国卫生城市创建资金1万元，向民生村捐资精神文明重点项目建设资金1万元，同时以普惠金融服务推动帮联共创，在民生村推广落地首笔“好家庭信用贷”，助力乡村振兴。开展“党建+”活动，3月30日，与县税务局、浙江亚特新材料股份有限公司等党建共建单位开展“毅路同行”活动，到乡村开展减税让利、普惠金融宣传；12月28日，在县委宣传部的指导下，发起“全城热恋创文行”——清洗街道护栏行动，联合浙江浦江加百列生态科技有限公司与党建共建单位国家税务总局浦江县税务局、浙江亚特新材料股份有限公司等142名志愿者，清洗城区主要栏街道护栏1163个2908米。

（吴丽晓）

中国农业发展银行浦江县支行

【概况】 2019年，中国农业发展银行浦江县支行（简称“农发行浦江县支行”）各项资产总额10.92亿元，较年初增加1.37亿元，增幅14.35%。各项贷款余额10.88亿元，较年初增加1.37亿元，增幅14.51%，贷款日均余额10.94亿元，较年初增加3.52亿元增幅47.44%。各项负债总额10.61亿元，较年初增加1.29亿元，增幅13.84%。各项存款余额3.10亿元，较年初下降0.30亿元，减幅8.82%。存款日均余额3.95亿元，较年初增加1.18亿元，增幅48.78%。实现账面利润1621万元。

【粮油业务】 服务国家粮食安全，执行国家粮食宏观调控政策，足额保障中央、地方各类政策性粮油资金供应和地方粮食安全。落实政策制定职责，发挥粮食联席会议平台作用，参与粮食收购、增储、轮换等政策的制订工作。加强粮食收购资金管理，促进全县粮食安全体系建设。加强销售环节的监督，做好粮食销售货款回笼的监管工作。2019年，向浦江县粮食收储有限公司发放贷款3224万元，收回贷款3348万元，累放累收共计6572万元，同时发放购销企业粮油收购贷款1笔，完成新增购销企业客户1家的指标。执行定期查库制度，关注粮食库存数量增减变化情况，开展异地交叉库存核查，于1—6月开展全国性粮食库存大检查。

【主体业务】 加强银政互动，开展各类贷款的营销对接，2019年度获批农村土地流转和土地规模经营贷款1.1亿元，于6月24日向浦江县土地整治开发利用有限公司发放贷款1亿元，该笔贷款为金华地区该类的贷款的首笔投放。支持农业农村基础设施建设，通过落实政府化债方案，向浙江浦江龙峰公路工程有限公司投放农村公路贷款1.78亿元。支持小微企业发展，于12月25日向浦江县茶艺轩农产品开发有限公司发放农业小企业贷款80万元。通过多种措施、多渠道营销存款，加大县域存款的营销力度，了解财政性存款竞争性投放的相关政策，参与竞争性投放，2019年中标财政性存款3笔，共计8000万元。做好不良贷款核销工作，抓好风险防控工作，强化不良贷款清收处置，2019年核销浙江省浦江县万方腐乳厂不良贷款331.98万元。

（郑红卫）

金华银行股份有限公司浦江支行

【概况】 金华银行股份有限公司浦江支行（简称“金华银行浦江支行”）成立于2004年9月1日，内设5个部室，下辖2家营业网点，6家离行式自助银行，在岗员工53人。2019年，金华银行浦江支行各项存款余额12.45亿元，比年初减少1.31亿元；各项贷款余额14.34亿元，比年初减少1.92亿元；全年纳税总额429.84万元。

【优化服务】 金华银行浦江支行响应“最多跑一次”“无证明城市”改革，优化业务流程、设立“新生儿六证联办”及“退役军人一件事”便民窗口、为老弱病残客户上门服务，实现客户最多跑一次甚至一次不用跑。

【促进建设】 金华银行浦江支行贯彻县委县政府支持实体经济发展的重要决策部署，全面推进支持实体经济，促进民生与基础建设。2019年，为白马镇地质灾害安置房项目授信投放5000万元，为县城南菜市场提升改造项目投放5000万元，为浦江水晶集聚开发有限公司水晶园区建设项目投放1.4亿元。

【社会责任】 2019年，金华银行浦江支行配合有关部门开展各项金融宣传工作，组织“3·15”消费者权益教育保护宣传、“普及金融知识万里行”“普及金融知识，守住钱袋子”、2019年新版人民币发行宣传等各类宣传活动20余次，宣传金融知识，提升民众金融素养，增强金融安全意识。

（刘菲菲）

浙江浦江农村商业银行股份有限公司

【概况】 2019年，浙江浦江农村商业银行股份有限公司（简称“浦江农商行”）有在职干部员工315人，各项存款余额110.04亿元，占全县金融系统市场份额26.03%；各项贷款余额77.77亿元，占全县金融系统市场份额为22.83%，其中小微企业贷款57.98亿元，涉农贷款余额为73.01亿元；实现各项收入7.01亿元，缴纳各类税收7133万元。

【上级领导调研】 1月15日，人行金华市中心支行副行长孙忠喜到浦江农商行开展移动支付工作调研，县人行行长金涛、浦江农商行董事长李九良、副行长吴立邦及相关部室负责人陪同调研。孙忠喜一行实地视察营业部关于云闪付“一元购”活动的营销方法及推进情况，了解在“云闪付”推进工作中存在的困难和问题，并通过召开座谈会了解浦江农商行关于移动支付推广及征信工作方面的工作情况。3月22日，人行金华市中心支行副行长傅赞一行到浦江辖内企业开展“金融精准助企促发展”大走访调研活动。副县长赵仕党、县人行行长金涛、省农信联社金华办事处业务科副科长周旭光及浦江农商行领导班子成员陪同调研。傅赞一行走访了浦江县郑宅镇申环锁厂、浙江铈菱格光电科技有限公司、浦江恒源工艺有限公司，了解浦江民营和小微企业的生产经营状况、资金需求，面临的主要困难以及金融服务需求，征求改进金融服务工作的意见和建议。

【创新产品】 4月4日，浦江农商行联合县退役军人事务管理局举行“拥军信用贷”授信仪式，副县长虞红梅及县府办、县财政局、县人力社保局、县退役军人事务局、县人行等相关部门领导、浦江农商行领导班子及部室网点负责人参加授信仪式。浦江农商行为全县退伍军人群体整体授信2亿元，并现场为9位退役军人客户代表发放每人30万元的贷款授信牌。5月24日，浦江农商行联合县新闻出版局、县印刷业协会召开“印刷业文明贷”授信签约仪式，为县印刷行业整体授信1亿元，为5名印刷企业客户代表各授信100万元。6月29日，浦江农商行以浦江县“不忘初心、牢记使命”暨万名党员“永远跟党走”主题活动为契机，对接全县200余个行政村开展“好先锋信用贷”整体授信，为4215名先进党员整体授信12.6亿元。7月5日，浦江农商行联合县文明办、共青团浦江县委举行“政银携手、共创文明”战略合作签约暨“志愿汇信用贷”发布仪式，县委宣传部常务副部长方向阳，团县委书记黄鹏甫、副书记徐继辽，县文明办主任潘要武、浦江农商行领导班子等参加会议，现场为7名志愿者代表每人授信30万元。

【提升服务】 挖掘市民卡、社保卡、公积金等业务背后的海量客户，在各网点接入“金华E人社”系统，解决农村客户办理社保业务多头跑问题；与县人力社保局合作开展市民卡建设、推广和服务工作，在15个网点开通市民卡零星开卡业务；与县住房公积金中心合作，将公积金缴存、支取、代办业务下放网点，实现市民卡、社保卡、公积金等业务“最多跑一次”。推进线上线下融合服务，推进丰收驿站建设，将丰收驿站与乡镇“365”便民服务中心、现代农业综合服务中心等融合，实现功能整合和服务提升。

【走访送服务】 8月，浦江农商行下发《开展“三服务”助力小微企业专项活动》通知，各网点在每月在辖内园区定期开展“送服务 帮千企”金融集市活动，金融精准助企发展。开展民营企业“百千万”助力工程，全年新增小微企业信贷投放8.36亿元，下发小微企业专项走访考核方案，加大对各园区企业的走访力度，实现辖内小微企业园100%对接，走访小微企业600余家。

【县金融系统职工业务技能比赛】 8月25日，浦江农商行参加浦江县第十二届金融系统职工业务技能比赛，在汉字输入、传票输入、机器点钞、单指单张点钞、多指多张点钞比赛项目中获5个单项第一名（其中前2个项目破历届比赛纪录），3个单项第二名，2个新人奖第二名，同时连续十年获得团体冠军。

【不良资产“清收风暴”专项行动】 10月23—28日，浦江农商行在全县范围内开展为期6天的不良资产“清收风暴”专项行动。通过召开誓师大会，与外部培训公司合作，以理论培训和清收实践相结合的方式，快速提升员工清收不良贷款的实战能力。清收行动共计现金收回不良贷款961.6万元，盘活不良贷款197万元，签订还款计划书30份，下发逾期贷款催收通知单103份。

【金融助力乡村振兴】 与虞宅乡开展乡村振兴实验区、示范区“两区”创建合作，与县农办联合下发《乡村振兴金融助力五年行动计划实施方案》。11月27日，浦江农商行联合县政府举行浦江县“农农合力”助推乡村振兴战略合作签约暨“乡村振兴主办银行”授牌仪式。副县长虞红梅、县府办副主任潘新辉、县农业农村局局长楼建超及部分党委委员、浦江农商行全体领导班子及部室、网点负责人、客户经理等100余人参加会议。副县长虞红梅为浦江农商行进行“乡村振兴主办银行”授牌，同时，县农业农村局与浦江农商行签订“农农合力”助推乡村振兴战略合作协议。

【党建联盟深化金融服务】 践行“政银党建共建”思路，以“党建+金融”模式融入社区治理体系，与全县15个乡镇（街道）、244个行政村（社区）、10家企业、10余家体制内单位签订党建联盟合作协议，帮助建设完善村级党员活动场所4个，开展党员共建共学活动511次，启动服务共推项目120个。

【“金华月”活动】 12月28日，浙江农信丰收驿站省级旗舰店“金华月”活动浦江专场在杭州开幕。省农信联社党委委员、副主任吴斌，省农信联社金华办事处负责人朱云峰，副县长赵仕党、杭州浦江商会常务副会长陈一元、秘书长张建文以及省、市、县各级政府部门相关领导，省联社及办事处相关部门领导、在杭乡贤代表等50余人参加开幕式。开幕式上，浙江省农信联社党委委员、副主任吴赋、副县长赵仕党、杭州浦江商会常务副会长陈一元及浦江农商银行董事长李九良分别作讲话和致辞。活动现场发布浙江农信“丰收乡贤卡”。浦江农商行分别与浦江县工商联签订全面战略合作协议，与浦江县农业农村局签订浦江县农村集体经济智慧管理平台联合开发协议，与杭州联合银行签订客户协同维护战略合作协议，并为杭州浦江商会联合授信5亿元。

（谢君君）

中国邮政储蓄银行股份有限公司浦江县支行

【概况】 2019年，中国邮政储蓄银行浦江县支行（简称“邮储银行浦江县支行”）在职员工70名，截至12月，全行储蓄存款时点余额49.79亿元，对公存款时点余额2.51亿元，各项贷款余额为23.57亿元，较年初增加3.26亿元。邮储银行浦江县支行获中国人民银行浦江县支行关于2019年度浦江县银行业金融机构综合评价“A等行”称号、中国人民银行浦江县支行关于2019年度浦江县金融稳定工作考核“一等行”称号。

【助力实体经济】 邮储银行浦江县支行承担脱贫攻坚社会责任，优化信贷资源配置，增加信贷资金投放，支持浦江小微园区企业，参与“金融集市”，搭建合作平台，创新金融服务模式、金融产品，服务实体经济发展，实现从“普惠金融事业的先行者”向“普惠金融事业的推动者和引领者”的转变。2019年，投放个人贷款2796笔，投放金额15亿元，年净增贷款数709笔，净增金额2.76亿元，投放小企业贷款74笔，投放金额3.84亿元，年净增贷款2笔，净增金额0.49亿元。其中，“普惠金融”政策下投放于实体经济，服务“三农”的个人经营性贷款共1161笔，金额10.17亿元，占全年个人贷款投放金额的67.8%，年净增1.06亿元，小企业贷款55笔，投放金额2.60亿元，占全年小企业贷款投放金额的67.71%。

【服务社会民生】 邮储银行浦江县支行致力于地方经济建设、服务于民生项目，助力地方消费转型升级，加强消费信贷平台建设、渠道建设。发挥邮政金融的网络优势，在全县范围内设立138个“助农取款服务点”，布放超54台ATM机，实现农村金融服务全覆盖，延伸农村金融服务“最后一公里”。开展财政统一公共支付平台业务。增设ITM(智能柜员机)、征信查询等自助机具，为客户提供优质的金融服务。落地小企业无还本续贷业务，支持优质客户融资周转“无缝对接”；加入浦江县关爱退役军人协会，推出退役军人专属服务卡，为退役军人开放小额贷款绿色通道，为其提供全方位的金融服务；成为“社保直通车”委托单位，助力“最多跑一次”改革深入推进。

（黄一航）

浙商银行股份有限公司金华浦江支行

【概况】 2019年，浙商银行股份有限公司金华浦江支行(简称“浙商银行金华浦江支行”)各项存款余额为18.14亿元，较年初增加8.78亿元。其中公司存款5.92亿元，零售存款12.21亿元。各项贷款余额35.71亿元，较年初新增3.95亿元，其中小企业贷款余额13.98亿元，公司贷款余额18.24亿元，个人贷款余额3.39亿元，贴现0.1亿元。个人金融资产余额28.72亿元，较年初新增4.81亿元。实现营业增加值7192万元。不良贷款余额8305万元，不良率占比2.32%，比年初上升0.12%。

【平台融资项目】 推进浦江县政府融资平台维稳工作，办理浦江水晶集聚园区开发有限公司5亿元的结构化融资业务到期后由表外转入表内工作，期限为1年，专项用于浦江县水晶产业园建设。办理浦江县基础设施建设投资有限公司10亿元贷款，期限为1年，用于支持浦江县重大基础工程建设项目。

【小贷业务发展】 2019年，浙商银行金华浦江支行三个集群项目(东部挂锁园、工业园、水晶集聚园)贷款余额6.4亿元，占小企业贷款规模的45.71%，集群项目开拓业绩明显。截至12月，小企业行标贷款余额13.93亿元，占支行全部信贷资产规模的40%，小企业行标贷款比年初增加4225万元，新增组织类授信客户贷款1.48亿元，组织类贷款占行标小贷的56.6%。

【减耗增效】 运用应收款链平台等新产品，实现减耗增收，全年共发放“点易融”贷款1.05亿元，完成全年任务的156%。

【组织存款】 参加县城乡建设局、县财政局、县总工会、县公证处等招投标活动共计13次，累计中标存款2.85亿元。

（张深波）

浙江稠州商业银行股份有限公司浦江支行

【概况】 浙江稠州商业银行股份有限公司浦江支行（简称“稠州银行浦江支行”）成立于2011年，是浙江稠州商业银行在浦江地区设立的一级支行。2019年，稠州银行浦江支行存款余额5.62亿元；贷款余额7.51亿元，增速在全县16家金融机构中位列第二位。制造业贷款余额3.4亿元，增速25%，增速在全县16家金融机构中位列第四位。工业贷款余额5.8亿元，增速26%，增速在全县16家金融机构中位列第五位。企业贷款4.96亿元，比年初增加1.99亿元，增幅67.28%；小微企业贷款3.4亿元，比年初增加0.46亿元，增幅16%。稠州银行浦江支行获评2019年度浦江县支持工业经济发展优秀金融机构。营业收入2846万元，其中利息净收入2827万元；完成系统内考核利润2749万元，增幅18.08%。稠州银行浦江支行连续八年获评浦江县“纳税优胜企业”“纳税百强企业”称号。

【创新产品】 推进“税易贷”线上化信用方式普惠金融产品，以“银税合作”为契机，推出银税互动“线上模式”。“税易贷”具有门槛低、申请快、秒放贷、灵活还等特点，利用纳税数据及丰富的外部数据资源，通过线上申请、自动审批、在线签约、自助用款的模式，缓解小微企业融资难、融资慢、成本高、担保难等难题，加强稠州银行浦江支行授信风控能力，提升小微企业金融服务水平。推进“安心贷”、“亲情贷”小额信用、保证贷款，解决客户担保难题。

【践行普惠金融】 稠州银行浦江支行践行“减证便民”服务，发挥移动展业2.0版信贷业务上门实时办理、最快1小时放款等优势，提高金融服务效率，使客户足不出户办理贷款。此外，稠州银行浦江支行为多家单位1000余名农民工办理现场开卡、工资代发业务，及时为农民工、企业单位员工提供金融服务。

【担当社会责任】 稠州银行浦江支行帮扶辖内困难企业，推动优化重组，在充分利用政府资金为企业转贷的同时，灵活采用挂息转贷、以贷还贷“无缝对接续贷”，变更利息支付期限等贷款重组形式帮扶多家困难企业减轻企业自筹转贷资金成本压力。2019年，为困难企业通过重组办理贷款41笔，涉及金额1.2亿元。

（叶淑君）

浙江浦江嘉银村镇银行股份有限公司

【概况】 2019年，浙江浦江嘉银村镇银行股份有限公司（简称“浦江嘉银村镇银行”）在岗员工共计53人，各项资产总额7.24亿元，各项负债总额5.83亿元，各项存款余额5.2亿元，各项贷款余额6.59亿元，不良贷款余额0.11亿元，不良率1.36%，全年实现净利润0.05万元。

【“银担贷”发放】 7月19日，浦江嘉银村镇银行发放第一笔300万元的“银担贷”，成为浦江县首笔与浦江县政策性融资担保公司合作发放的小微企业贷款，是县政策性融资担保公司成立以来首笔担保贷款。浙江浦江嘉银村镇银行全年发放“银担贷”6笔贷款金额780万元。

【“仙华卡”上线微信支付功能】 “仙华卡”是浙江浦江嘉银村镇银行发行的以浦江仙华山命名的银行卡，具有存取现金、转账结算、购物消费等功能，发放使用0.9万张。7月3日，“仙华卡”上线微信支付功能，为客户提供高效、便捷的服务。

【岩头支行迁址】 11月11日，为优化网点布局，提高网点市场竞争力，浦江嘉银村镇银行岩头支行迁址，从岩头镇浦后花园搬迁至黄岩路9号(中联超市斜对面)，岩头镇相关领导和岩头支行所在村岩头陈村委为岩头支行迁址开业揭牌。

(黄　珂)

交通银行股份有限公司浦江支行

【概况】 2019年，交通银行股份有限公司浦江支行(简称“交通银行浦江支行”)在职从业人员22人，其中正式员工19人，外包工3人。截至12月，人民币各项存款时点余额6.6981亿元，较年初增加2.3793亿元，增幅35.5%；人民币各项贷款余额7.9023亿元，较年初增加0.0953亿元，增幅1.21%。公司不良贷款余额3560万元，与年初持平。

【普惠金融】 推进“服务实体经济、防控金融风险、深化金融改革”三项重点任务，践行国有大型银行的政治担当和社会责任，“不唯所有制，不唯大小，不唯行业、只唯优劣”，做好服务民营企业、小微客户、普惠金融重点工作。加大力度支持小微企业的发展，推进支持实体经济，促进小微企业发展战略，在政策、利率2个方面给予最大的支持和优惠。2019年，交通银行浦江支行新增小微企业贷款2578万元；新增工业企业贷款1525万元。

【助推医共体】 2019年，交通银行浦江支行出资400余万元支持浦江县中医院“智慧医院”建设。根据浦江县卫生系统相关要求，为浦江县中医院成立医共体提供金融支撑，开通微信、支付宝收款通道，方便群众支付结算。

【拓展非税业务】 2019年，交通银行浦江支行以快捷安全的优势为财政非税收入开通另一渠道——支付宝“当面付”。1月22日，安装首台“支付宝当面付”机具。截至12月，共计安装机具27台，覆盖18家非税执收单位，交易笔数7836笔，交易金额669.8万元。

【履行社会责任】 交通银行浦江支行配合有关部门各项金融宣传工作，举行金融知识万里行、“普及金融标准，提升服务质量”等宣传活动20余次，宣传金融知识，促进社会民众安全意识，做好自身案件防控工作，组织开展干部员工警示教育活动。5月15日，组织人员参加交通银行金华分行组织的案件防控知识竞赛获第三名；9月28日，参加全县财贸系统职工文艺会演，手风琴合奏《我和我的祖国》获优秀表演奖。

（黄丽丽）

平安银行股份有限公司金华浦江支行

【概况】 2019年，平安银行股份有限公司金华浦江支行（简称“平安银行浦江支行”）各项存款余额21450万元；各项贷款余额为43391万元，其中小企业贷款余额17176万元；不良贷款余额3860万元（个人不良贷款284万元，企业不良贷款3576万元），不良贷款率8.90%，全年累计处置不良贷款4113.89万元（个人788.82万元，公司3325.07万元）。支持全县“五水共治”和公共交通基础建设，全年投放政府“五水共治”建设贷款余额9400万元，投放公共交通基础建设贷款7500万元。

【风险管理】 坚持审慎的风险偏好，实施严格风险监测，采取“早识别、早预警、早化解”策略，主动应对新常态下风险压力。2019年，通过抵押物拍卖、贷款核销等问题资产处置涉及企业6家，金额共计4113.89万元。

【改革创新】 2019年，按照总行零售银行发展战略，推出以房贷、保险单为依据的“新一贷”信用贷款和“平安白领贷”等业务。推出“不排队银行”项目，强化自助服务区功能，实现现金柜台的“瘦身”，让更多的柜员走出来为客户提供一对一、面对面、一站式的服务。2019年，FB自助设备增加到5台，可支持30余种银行业务的自助办理，客户即来即办无须排队等待，遇到问题随时咨询陪同在身边的服务人员；为理财经理和客户构建小型“洽谈区”，理财经理可使用移动IPAD为客户在“洽谈区”提供服务。

【社会责任】 开展金融知识普及宣传活动，3月到企业、东山公园开展“3·15”金融消费者权益日宣传；5月到浦阳街道铜桥村开展“反假货币，助力美丽乡村建设”活动；9月到汽运中心和文溪村普及金融网络安全、防范通信网络诈骗、支付结算等金融知识。参与公益事业，开展“慈善一日捐”活动，全年向县慈善总会筹集善款1850元。

（于　航）

广发银行股份有限公司金华浦江支行

【概况】 2019年，广发银行股份有限公司金华浦江支行（简称“广发银行浦江支行”）各项存款余额10417万元，较年初增加1463万元，增幅14.04%；人民币各项贷款余额37500万元（不包含体现在金华的对公贷款1600万元），较年初增加7124万元，增幅18.99%；不良贷款余额0元，不良率为0。

【普惠金融】 广发银行浦江支行支持小微企业的发展，推进支持实体经济，促进小微企业发展战略，在政策及利率两方面给予支持和优惠，重点支持个人经营性贷款和小微企业贷款的营销。支持实体经济发展的抵押易专案已获批，在抵押率、贷款利率等方面获得优惠政策。广发银行通过自行承担抵质押评估费用、承担抵押物登记费用、免除多项柜面收费服务项目等一系列措施，降低企业融资成本，支持小微企业发展。2019年，新增对公贷款客户1户，金额200万元；个人经营性贷款14笔，金额2437万元。

【资产质量】 2019年，广发银行浦江支行共处置不良贷款1.2万元，截至12月，不良贷款为0。运用诉讼、打包、核销等手段化解风险客户，加强管控存量客户及新客户的风险，对于存量客户广发银行浦江支行定期不定期进行走访，对于新营销的客户严把准入关，严控风险。

【金融宣传】 2019年，广发银行浦江支行配合有关部门开展各项金融宣传工作，参加金融集市活动、金融知识万里行、“普及金融知识，守住‘钱袋子’”、征信宣传活动等宣传活动20余次，宣传金融知识，促进社会民众安全意识。广发银行浦江支行获评2019年度金融系统“星级服务网点”和“最佳服务之星”。

（金晓晓）

浙江泰隆商业银行股份有限公司金华浦江支行

【概况】 2019年，浙江泰隆商业银行股份有限公司金华浦江支行（简称“泰隆银行浦江支行”）在城区设立综合性支行1家，在郑宅镇设立小微企业专营支行1家。7月，完成县里下达的6000万元工业贷款任务，完成率142.7%。贷款客户910户，户均31万元。截至12月，资产总额28130万元，较年初增加9027万元，工业贷款23331万元，较年初增长8562万元。各项存款余额30765万元。实现净利润1164万元。

【“环保贷”发放】 泰隆银行浦江支行与县自然资源和规划局召开VOC排污权授信商讨会，针对全县拥有VOC排污权资质的企业主，推出针对小微企业环保设施建设的绿色金融业务“环保贷”，对无抵押物、无担保人的小微企业，凡申请新建改造厂房和更换设备等信贷，只要没有环境违法记录，可凭信用或“道义”担保（家庭成员或直系亲属担保）给予授信，最高额度可达300万元。2019年，发放“环保贷”112户，合同金额6787万元。

【精准帮扶】 泰隆银行浦江支行利用营业网点、微信公众号为浦江县中余乡义村义卖滞销黄桃500余千克，帮扶农民拓展黄桃销路，解决农民销售负担。2019年，举办三次企业授信会，授信金额7000万元。

【走进老年大学课堂】 以第五套人民币新币讲解和最新防范电信诈骗为主题，到县老年大学开展金融知识巡讲公益活动。2019年，开展活动20余场，覆盖全县600余名老年人。

（盛少博）

台州银行股份有限公司金华浦江小微企业专营支行

【概况】 2019年，台州银行股份有限公司金华浦江小微企业专营支行（简称“台州银行浦江支行”）存款余额9465万元，较年初增长4207万元，增幅

80.01%；贷款余额2.21亿元，较年初增长10425万元，增幅89.07%，信用贷款8447万元，占比38.22%，较年初增长5578万元；存量贷款户577户，贷款户均38万元，符合小微企业伙伴银行的市场定位。

台州银行浦江支行根据自身的市场定位，发挥本行经营优势与产品特色，推进内部管理体系的逐步完善，落实县委县政府重大决策和发展战略，创设契合浦江县小微民营经济发达的环境，推进产品创新，加大对全县实体经济的支持力度，为小微企业创造平等的金融服务机会。

【普惠银行】 台州银行浦江支行为村民创业者、农村常住居民提供金融服务，通过发放额小面广的各类自助产品，满足农村创业者临时性周转的需求，加大实体经济、小微企业扶持力度。2019年，对个体工商户、小微企业主及小微企业发放贷款1.72亿元，占比为78.20%。

【绿色银行】 从开业以来，台州银行浦江支行始终践行“服务不收费，服务更到位”的服务承诺，推出多项与广大客户密切相关的基本服务免费，为民众打造“免费银行”，意在让利最广大的中小客户，推出的免费服务涵盖了所有人民币基本结算类业务服务项目以及其他一些服务。

【公益银行】 开展“金融服务进村居”“邻居节”等公益活动，选择当前群众关注的热点问题，制作宣传海报和漫画，开展公益宣传活动，让广大村民不出家门就能享受到贴身的金融服务。探索建立长效机制，初步建立起广泛覆盖的农村金融服务网络。

（芮俪琳）

中国人寿保险股份有限公司浦江县支公司

【概况】 中国人寿保险股份有限公司浦江县支公司是《财富》世界500强企业中国人寿集团旗下的县级分支机构，主营业务为人寿、意外和健康保险产品，涵盖生存、养老、疾病、医疗、身故、残疾等多种保障范围。2019年，实现保费收入1.97亿元，同比增长5.35%，其中新单保费6620.95万元。全年理赔结案8939件，给付理赔金额2048.34万元。

2019年，中国人寿浦江县支公司客户服务中心获“金华市分公司业务质量考核第三名”、浦江县金融系统“星级服务网点”。

【经营管理】 优化业务结构，发展长期期交业务、保障型期交业务，逐步取消趸交保费业务。推进创新驱动，推广E化工具，提升科技水平，完善E化服务。强化内部管控，构建网格化风险管理体系，建立风控联络员队伍，组织开展“保险中介市场乱象整治及风险大排查回头看”、反洗钱客户信息治理和反洗钱专项自查等风险排查。7—11月，开展“提素质，强管理，塑形象”主题教育活动，提高全体从业人员的合规自律意识、风险意识，完善监督管理，提高履职效能。开展“不忘初心、牢记使命”党建主题教育活动。

【服务质量】 开展柜面人员业务知识技能、礼仪培训、“国寿小画家”等客户服务活动，组织“6·16”客户服务节、推进“最多跑一次”改革。开展公众宣传，举办“3·15”消费者权益保护宣传活动；5月，组织开展“防范和处置非法集资”宣传月活动，受众人数445人，提高公众非法集资防范意识，自觉抵制非法集资；组织“7·8”保险公众宣传日宣传活动，提升社会民众的保险意识。

【政保合作】 履行社会责任，做好大病保险服务，建立“大病保险服务专员”队伍，进社区、进企业、进乡镇等形式展开宣传。2019年，浦江大病保险选缴人数36.5万人，提升浦江城乡居民重特大疾病保障水平。开展农村小额保险和两性安康保险，农村小额承保人数2.9万人，女性安康、男性安康承保人数1.5万人，扩大城乡居民保险覆盖面。开展补充工伤保险服务，为全县13家用人单位提供保险保障服务，保费13.24万元。1月，联合县计生协会开展“圆梦微心愿”困难帮扶、消费扶贫活动，对20家困难计生家庭、困难残疾人等弱势人群进行走访慰问；联合县妇联对女性安康、男性安康保险理赔出险户家庭进行走访。参与政府2019年文明创建活动，组织员工参与共建区浦阳街道同乐村垃圾清理、“礼让斑马线文明交通劝导”值勤。热心公益事业，开展员工“7·8”保险扶贫健步走、“慈善一日捐”等活动，履行中国人寿社会责任。

（赵文联）

中国人民财产保险股份有限公司浦江支公司

【概况】 2019年，中国人民财产保险股份有限公司浦江支公司（简称“人保财险浦江支公司”）实现保费收入1.75亿元；业务量占全县财险市场的45.94%；缴纳税款86.34万元；处理各类赔案22150件，支付赔款1.4亿元，同比增加32.07%。

围绕县委县政府工作大局，秉承“人民保险 服务人民”的使命，坚持立足保障、回归保险本源，发挥保险经济补偿功能，服务实体经济、服务民生保障、服务社会治理，为地方经济社会发展提供保险保障。开展机构改革和“三定”工作，调整组织架构，明确部门定位，优化人力配置。推出建设工程完工履约保证保险，降低工程建设企业资金成本，减轻企业负担，提高建设工程风险管控。推进2019年葡萄价格指数综合保险工作，实现扩面，发挥“保险+科技+服务”作用，支持葡萄产业；“绿荫”保障计划▲落地，提升“三农”综合金融服务能力，服务现代化农业农村建设。创新风险管理，融入社会治理，联合县人民法院成立道交保险调解工作室，做好诉调对接，降低司法成本；推进电动车保险，赠送安全头盔，助力电动车物联网管理。强化客户中心市场导向，响应“无证明城市”改革，推行线上化服务，启用理赔服务记录仪，强化理赔服务过程监督，改进服务细节，优化客户体验。勇担企业责任，做好超强台风“利奇马”灾后理赔，帮助农户尽早恢复生产生活；参与共建单位文明创建和文明劝导活动，共建全国文明城市。

2019年，人保财险浦江支公司被评为浦江县金融系统星级服务网点。浦江葡萄“保险+科技+服务”支农服务创新试点被农业农村部列为2019年支农创新试点服务项目。

▲“绿荫”保障计划是人保财险浙江省分公司推出的以现代农业经营主体为重点发展对象，从农户实际保险需求出发，为其提供补充性商业综合保障的一款保险方案。

【“守护公交安全奖”公益基金】 6月25日，人保财险浦江支公司联合省妇女儿童基金会、县交通集团为郑宅镇初级中学初三（1）班王嫣笑颁发首笔“守护公交安全”公益基金5000元及“守护公交使者”证书，表彰其见义勇为的善举。

“守护公交安全奖”公益基金颁发仪式现场

【警保联动】 9月1日，人保财险浦江支公司与县公安局交警大队启动“警保联动”交通事故处理工作，深化公安交通管理“放管服”，提高事故快速处置效率。人保财险浦江支公司安排3名查勘员和2辆查勘车，入驻县交通事故保险理赔服务中心。“警保联动”事故处理工作主要在县主城区范围内开展，早晚出行高峰期以主干道巡逻联动为主，平峰时段以驻点交通事故理赔服务中心为主。当接到交通事故警情后，“警保联动”工作人员迅速到达现场，使用警务通录入事故相关信息，告知当事人到县交通事故保险理赔服务中心处理。

【“悬赏+保险”工作机制新闻发布会】 9月29日，人保财险浦江支公司和县人民法院联合召开“悬赏+保险”工作机制新闻发布会，向社会公众和新闻媒体介绍执行悬赏工作机制运行情况。县人民法院副院长胡红建、执行局局长黄明涛、人大代表，人保财险浦江支公司总经理张盼盼等参加新闻发布会。会上，双方签订合作协议。

“悬赏+保险”工作机制新闻发布会现场

（张钢标）

城乡建设

综　述

【概况】　2019年，县建设局完成环城东路拓宽改造、浦南大道南苑小学段建设、宏业大道向北延伸工程、中园路建设工程、和平路月泉路异形交叉口改造等工程，实施东山路拓宽改造等工程。完成理和堂区块等12个临时停车场的改造和建设，全年共新增停车位1549个；修复破损人行道27000平方米。

中余冷坞坪上村　　　　　　（中余乡 提供）

2019年，全省村镇建设工作暨农村住房建设试点工作部署会议在浦江召开，副县长周建丰在会上作典型发言；浦江县被列为浙江省农村住房建设试点县，在中余乡冷坞坪上村进行试点项目建设；被列为浙江省传统建筑认定试点县；塔山社区改造项目获评浙江省2019年度老旧小区住宅区改造样板工程；岩头镇安置房建设工程（一期）获评“2019年度金华市级标杆工地”；浦阳江生态廊道荣获“2019年国际绿色设计先锋奖”。

【工程建设项目审批制度改革试点】　工程建设项目审批实现拿地即开工，办理施工许可实行五合一办理，即将消防设计审核、应建防空地下室的民用建筑项目报建审批、施工图设计文件审查情况备案、建筑工程施工许可、建设工程质量安全监督手

改造后的塔山社区　　　　　　（黄斌杰 摄）

续五项审批事项合并办理；企业投资项目污水排入管网许可证办理实行上门集中办理，让企业一次都不用跑；建设工程消防竣工验收备案实现即时即办，其他审批事项审批时间压减一半以上。

【老旧小区改造和美丽社区建设】 2019年，开展老旧小区改造，制定《浦江县老旧小区改造三年行动计划（2020—2022年）》，以塔山社区为试点，创新实行“政府出资+居民自筹”的资金筹措机制推进老旧小区改造。实施美丽社区建设，全年对三个街道的17个社区，共75个子项目，总投资4200万元。

【美丽宜居示范村创建工作】 2019年，浦阳街道善庆村、郑家坞镇吴大路村、岩头镇礼张村、檀溪镇潘周家村、白马镇樟严村5个村实施美丽宜居示范村创建，获省补资金428万元。善庆村、礼张村于9月通过省级验收，其中善庆村创建为优秀村庄。

2月，全省村镇建设工作会议

（融媒体中心记者 提供）

公用事业

【概况】 2019年，县建设局攻坚全域“污水零直排区”建设，17个社区雨污分流工程项目全部完成；城区和开发区管网修复工作完工，共计修复7.66千米；4座污水处理厂清洁排放技术改造完成并通过专家评估。液化天然气（LNG）储气能力100立方米。国庆前完成县政府南门等4组立体主题花艺，春节前在龙峰广场等9个节点布置春节花灯景观，完成西山公园、和平路、广场东路彩化亮化工作，在环城东路、大桥路、亚太大道等重要地段布置草花20万余株。

【标准化运维农村生活污水处理终端】 完成浦阳街道同乐村、黄宅镇松井村、白马镇塘里村、白马镇嵩溪村、郑家坞镇溪东旧区、岩头镇芳地村、岩头镇刘笙村、檀溪镇周家村、檀溪镇潘家村、杭坪镇乌浆山村、大畈乡上河村、前吴乡罗源村、虞宅乡先锋村13个日处理能力30吨以上的农村生活污水处理终端的标准化运维改造，通过省市相关部门的验收。

建筑业

【概况】 2019年，县建设局核准建筑企业5家，增项企业12家；招商引进水利水电总承包二级企业1家、劳务企业1家；金华名宇建设有限公司晋升为一级资质；有6个项目被评为县标化工地，有5个项目参评市标化工地。建筑业总产值58.13亿元，劳务总产值3.71亿元，建筑业总产值增长14.56%，实现税收1.7276亿元，占比6.46%。拟定《关于进一步促进建筑业高质量发展的若干意见》及补充意见。

【安全生产培训备案制】 县建设局实行安全生产

培训备案制。每个在建项目定期组织安全培训并报县建设局备案，由县建设局安排专人到现场听课、监督学习情况，全面提高建筑从业人员的安全防护意识，确保全县建设领域安全生产形势的稳定。

【特种作业培训考试】 4月27日，金华市特种作业考试培训在浦江开班，打破以往只能在市级层面进行特种作业人员培训考试的惯例，首次下沉到县、送教上门。此次培训包括理论培训和实操考试两部分，涉及塔吊司机、架子工、焊工等11个专业，300名学员覆盖全县33家建筑施工企业和45个在建工地，解决了建筑施工企业特种作业人员缺乏、无证上岗屡禁不止的难题。

【首届建设行业职业技能大赛】 11月8日，县建设局主办，联合县人力社保局、总工会在浦阳街道白林安置房项目区举行浦江首届建设行业职业技能大赛。90名选手通过理论考试、实操比赛和专家裁判，12名参赛选手获奖并取得相应的技师、高级工职业资格证书，1家企业2个项目部获优秀组织奖。

房地产业

【概况】 2019年，房地产业开工建设58.53万平方米，竣工38万平方米，销售商品房3641套，面积55.45万平方米，税收7.1亿元，税收占比26.58%。启用“浙江省物业服务企业信用信息管理平台”，加快构建物业企业诚信机制；上线运行全市首个专业的物业管理网站“浦江小区物业管理网”，实现小区治理智能化、便捷化、全员化。

【房产经纪人培训】 联系市房地产业协会对县内房地产中介从业人员进行上岗培训，并统一组织参加上岗资格闭卷考试，有212人通过上岗资格考试，取得金华市房地产经纪人岗位证书，通过率89.9%。

【危旧房排查治理】 农村危旧房全县排摸总量为620户，全部完成改造；全县困难家庭危房存量共计74户，全部完成改造；完成已鉴定确认的16幢、1.3万平方米城镇危房治理改造。

【住房保障】 制定出台《浦江县公共租赁住房保障管理实施细则》，在原有廉租房政策基础上新增新就业无房职工、稳定就业外来务工人员两类人群，并较原廉租房补助金额有108%—149%的增幅；2019年，发放城镇住房保障家庭租赁补贴41户；公共租赁住房申请“一窗平台”“浙里办”APP和“浙江政务服务网”三途径受理，实现“一证通办”。

（黄　佳）

建设工程

【概况】 2019年，县建设集团新增1家子公司（浦江县公共事业发展有限公司）。主要资质有市政公用工程施工总承包三级、工程监理资质乙级、建筑设计资质丙级；城乡规划编制资质丙级、市政道路桥梁专业设计资质丙级、工程测绘资质丙级，水利测绘、房屋测绘资质丁级。经营范围为城乡基础设施投资开发和经营管理；勘测设计建设、对外投资、投资管理、资产管理、企业管理；房地产开发、房产出租、土地开发等。

【城区"污水零直排区"建设】 2019年，共实施项目37个，施工单位27家，监理单位9家，其中2018年续建项目11个。建设项目中第一批14个项目于2月25日开工，完成工程量的100%；第二批7个项目于3月19日开工，完成工程量100%；第三批5个项目于3月28日开工，完成工程量100%。37个项目均完成竣工验收，累计建设雨污管网147.49千米，安装检查井、圆井2921套，方井3834套，塑料井5511套，雨水篦子3534套，接户11374户，修复路面25万平方米。

【宏业大道向北延伸工程】 工程位于浦江县宏业大道（横八路—351国道），为宏业大道向北的延伸线，4月10日开工，道路总长约900米。工程投标金额为2615.19万元，合同工期为290日历天，建设单位：浦江县建设集团有限公司，勘察单位：核工业金华工程勘察院，设计单位：浙江省义乌市城市规划设计研究院，监理单位：杭州中新建筑工程监理有限公司，施工单位：浙江金城建设集团有限公司。工程主要包括路基、路面、人行道、排水工程、电力管线预埋、路灯管线预埋及安装、标志标线、智能交通系统（不含抓拍、监控单元）等工程。道路建成将成为浦江经济开发区对外交通的主要通道，是浦江经济开发区向北扩张的重要连接线，是水晶小镇对接浦江县主城区的主要道路，也是小镇客厅与周边联系的重要通道。截至12月，完成雨污水管道铺设、路基宕渣层铺设。

【浦南大道（南苑小学段）建设工程】 浦南大道（南苑小学段）建设工程项目为2019年7项应急保障工程之一。从和平南路至210省道，长242米，宽38米，7月12日开工，工程合同金额为324.65万元，合同工期为50日历天，勘察单位：金华市大华勘察工程有限公司，设计单位：金华市市政设计院有限公司，监理单位：浦江县华宇建设监理有限公司，施工单位：浙江省浦江县市政建设有限公司。工程主要包括：路基、路面、人行道、排水工程、电力管线预埋、路灯管线预埋及安装、标志标线、绿化等。该道路于南苑小学9月1日开学前全面投入使用。

沥青铺设施工　（戴自谦 摄）

【中园路建设工程】 项目位于浦阳街道铜桥路和长乐路之间，道路长330米，宽20米，7月22日开工，工程投标金额为444.32万元，合同工期为160日历天，建设单位：浦江县建设集团有限公司，勘察单位：核工业金华工程勘察院，设计单位：上海城西城建工程勘测设计院，监理单位：浦江县华宇建设监

电力管道施工图　（戴自谦 摄）

理有限公司，施工单位：浦江县龙泽建设管理有限公司。工程主要包括：路基、路面、人行道、排水工程、电力管线预埋、路灯管线预埋及安装、标志标线等，为珠红安置区对外交通的主要通道。截至12月，完成雨污水管道铺设，路基宕渣层铺设，水稳层铺设。

【环城东路拓宽改造工程】 项目为浦阳街道人民路至新华路段两侧非机动车道、人行道、绿化改造，长370米，工程主要包括：人行道翻建改造、非机动车道改建，机动车道沥青铺设，缓解浦江城区交通拥堵。工程合同金额为398万元，合同工期为40日历天，设计单位：浙江省城乡规划设计院，监理单位：浦江县华宇建设监理有限公司，施工单位：浙江省浦江县市政建设有限公司。环城东路拓宽改造工程11月20日开工，12月31日完工恢复通行。

人行道施工 （戴自谦 摄）

【白马镇地质灾害安置房工程建设】 白马镇地质灾害安置房建设工程位于白马镇夏张村，浦峰路以东，主要用于白马镇嵩溪村瓦坞自然村北东侧山沟泥石流地质灾害避让搬迁以及因危房、无房等原因需要搬迁和愿意搬迁所引起的征地、拆迁及安置工作，分一、二期建设，总用地面积13310平方米。在建为一期工程，建筑面积为19881.17平方米，其中地下室3315.18平方米。一期分1号、2号楼，总投资约7000余万元，1号楼为13层，局部11层，2号楼为17层。套型有70、90、120、140平方米4种，共130套。一期工程由浙江宸泰建筑设计研究院有限公司设计，浦江县华宇建设监理有限公司监理，浙江凯天建设有限公司中标，于6月28日开工建设，截至12月完成2幢楼主体7层建设，完成总工程量的40%。

县四大领导班子视察白马镇地质灾害安置房建设工程 （傅程涛 摄）

【金坑岭水电站区块道路及绿化提升工程】 金坑岭水电站区块道路及绿化提升工程由浙江省浦江县市政建设有限公司负责实施，为2019年7项应急保障工程之一。道路铺设沥青路面4700平方米，道路两侧清除部分原有植株，新移植枫香5株、银杏17株、紫叶李19株等多种乔木，种植紫鹃234.95平方米、茶梅426.27平方米等花卉，工程造价150万元，于3月5日开工，4月15日竣工，总工期37天，保障全国水利水电会议召开。

【污水管网沿浦阳江白马段污水站工程】 污水管网沿浦阳江白马段污水站工程由浙江省浦江县市政建设有限公司负责实施，为2019年7项应急保障工程之一。工程造价150万元，于5月2日开工，6月30日竣工，工期60天。工程主要内容：调解池、污泥池开挖，格栅井、进水管道、排水管道、污泥管安装，设备基础：增加配电房、加药间、管理房等。

污水管网沿浦阳江白马段污水站工程

（楼朝阳 摄）

【严家廿四间景观工程】 严家廿四间景观工程由浙江省浦江县市政建设有限公司负责实施，为2019年7项应急保障工程之一。工程于5月6日开工，5月25日竣工，工期20天，铺设老石板713.93立方米，绿化面积500平方米，周边配套景观设施安装完工。工程造价为93.5万元，保障严家廿四间的浦江县非物质文化遗产馆开馆。

严家廿四间景观工程 （张丹心 摄）

【翠湖幼儿园入口广场工程】 翠湖幼儿园入口广场工程由浙江省浦江县市政建设有限公司负责实施，为2019年7项应急保障工程之一。工程造价4.6万元，于7月7日开工，8月31日竣工，工期56天，保障师生出行安全，优化学生家长接送秩序。工程主要包括：花岗岩铺设、侧石铺设、庭廊安装、绿化施工等。

翠湖幼儿园入口广场工程 （陈锟宁 摄）

【水晶小镇晶彩广场市政工程】 晶彩广场市政工程由浙江省浦江县市政建设有限公司负责实施，为2019年7项应急保障工程之一。广场总面积11738.4平方米，工程造价388万元，于7月18日开工，9月30日竣工，总工期94天，保障2019中国浦江·第11届水晶博览会顺利举办。工程主要包括：基础广场建设、生态石安装、花岗岩铺装、水渠开挖、景观灯安装等。

【岩头镇中心小学南校门广场建设工程】 岩头镇中心小学南校门广场建设工程由浙江省浦江县市政建设有限公司负责实施，为2019年7项应急保障工程之一。造价86.4万元，于8月1日开工，8月25日竣工，工期25天，保障师生出行安全，优化学生家长接送秩序。工程主要包括：土方开挖、挡墙砌筑、周边部分绿化施工等。

岩头镇中心小学南校门门前广场建设工程

（刘永理 摄）

郑家坞镇全域土地整治项目一区块

【郑家坞镇全域土地整治（土地整理）项目一区块】 郑家坞镇全域土地整治（土地整理）项目一区块位于郑家坞镇古塘后水库南侧地块，由浙江省浦江县市政建设有限公司负责实施。项目区地属皂结坑村、朱路村和沈里村3个片区。总面积48.47公顷，改造后增加水田34.87公顷，新增旱地0.45公顷，提升水田8.93公顷。改造后的耕地质量等级要求达到九级，建安费约4500万元。截至12月，挖填方161万余立方米，砌筑挡土墙5500余米，计1.1万余立方米，完成标准田15.33公顷，毛坯田8公顷，其中2.93公顷已种植水稻一季，亩产约600千克。

省自然资源厅副厅长盛乐山（右二）视察郑家坞镇土地整治工作 （郑 重 摄）

【岩头镇车门村西侧旱改水项目】 岩头镇车门村西侧旱改水项目隶属金华市浦江县岩头镇车门村，距离浦江县城区3千米，由浙江省浦江县市政建设有限公司负责实施。项目规模4.32公顷，工程施工费252.14万元，亩均施工费3.89万元。2019年，成田2.33公顷，毛坯田1.33公顷。工程涉及内容：土地开挖、平整，坡改梯，田埂加固，沟渠开挖，田间道路修筑，石坎砌筑加固等。

【虞宅乡智丰村旱改水项目】 虞宅乡智丰村旱改水项目隶属金华市浦江县虞宅智丰村，距离浦江县城区约12千米，由浙江省浦江县市政建设有限公司负责实施。项目开发规模为5.58公顷，项目实施后增加水田面积4.95公顷，工程施工费428.83万元，亩均施工费5.12万元。2019年，成田2.33公顷，毛

虞宅乡智丰村旱改水项目 （陈锟宁 摄）

坏田0.67公顷。工程涉及内容：土地开挖、平整，坡改梯，田埂加固，沟渠开挖，田间道路修筑，石坎砌筑加固等。

【工程安全监督】 出台县内首个关于建设项目施工、监理企业履约评价办法，印发《浦江县建设集团有限公司建设项目施工、监理企业履约考核评价办法（试行）》的通知，累计开展日常检查评分7次，履约评价2次，发布动态评价结果3期，排查整改安全隐患60处，发布通报2期，下发限期整改通知书15份，全年无安全生产事故发生。组织"污水零直排"项目施工现场观摩会，开展业主代表、监理、施工单位业务知识培训会，开展宏业大道北延工程监理、施工单位人员施工规范业务考试，提升工程质量管理。

"污水零直排"项目施工现场观摩会之槽底整平、装管演示（张　波 摄）

白马安置房工程现场安全质量检查（傅程涛 摄）

白马安置房工程质量安全检查现场会（傅程涛 摄）

【中国·浦江万年上山文化村项目】 该项目位于黄宅镇，项目规划用地约222公顷，其中建设用地11.94公顷，其余为流转（出租）土地。项目总投资约52亿元，依托浙江省二轻集团和浙大创新院医养研究中心在文旅领域以及康养领域的核心资源优势，实现康、养、旅、居、学、创在浦江的融合发展。整合浙江省二轻集团的高端文旅资源以及浙江大学医学院和附属医院的高端医疗服务资源、大健康培训资源，打造集上山文化体验、主题IP游乐、自然文化研学、康养度假旅居和企业总部办公为一体的国家级上山文旅康养综合体。6月10日，县委县政府就治平坡地村镇项目召开方案评选会，意向商多利集团、颐高集团、省二轻集团参加，确定省二轻集团作为项目合作方；9月5日，县建设集团与浙江省艺创文旅发展有限公司、浙江省二轻商业地产经营管理有限公司、浙江崇孝医养房产开发有限公司签订项目开发战略合作协议；9月27日，县招商委员会第三次会议审议"浦江万年上山文化村项目投资框架协议"；9月29日，县长办公会议通过"浦江万年上山文化村项目投资框架协议"，就土地性质变更及价格、股权转让方式、优惠性政策等方式形成项目合作开发方案。

县委书记程天（左三）云现场调研（张　波 摄）

与省二轻集团进行合作洽谈　（张　波 摄）

【融资保障】 建设集团计划财务部向兴业银行股份有限公司义乌分行营业部流动贷款人民币7亿元，支持县政府支付290余笔工程款，解决临近春节时，农民工工资支付困难的问题。9月，为确保白马镇安置房建设工程项目推进，与银行对接，由金华银行发放贷款5000万元，为白马镇安置房项目建设提供资金保障。完成郑家坞土地整治（整理）项目一区块融资3000万元。开展县排水工程融资，对污水管网及终端设备进行实地测绘和统计，11亿元污水管网资产数据完成第三方专业评估，项目贷款可研报告完成。

（季娟樺）

旧城改造

【概况】 2019年，县旧城改造指挥部在金狮湖保护与开发、城中村改造等方面取得一定的成绩。金狮湖安置房一期交付后，于4月18日开始分批办理不动产登记手续，至12月已累计办理719户。4月，推进金狮湖二期已征收房屋的拆除工作，已拆除7个标段，建筑面积204470平方米。编制金狮湖——塔山区块的城市设计方案，于10月25日张贴公告，公开征求意见，完成产业策划比选工作。2019年，城中村（棚户区）改造一期工程完成投资额约1.97亿元，占总合同额10.9%，珠红、项宅、仙华、文溪4个集聚区均全部竣工，交付安置。城中村（棚户区）改造二期工程完成投资额3.85亿元，占总合同额31.3%。

【城中村（棚户区）改造一期工程】 城中村（棚户区）改造一期工程包括珠红、项宅、仙华、文溪A、B区块4个集聚区，总建筑面积约为71万平方米，建造合同额约18亿元。2019年，城中村（棚户区）改造一期工程完成投资额约1.97亿元，占总合同额10.9%，珠红、项宅、仙华、文溪4个集聚区均全部竣工，交付安置。珠红集聚区完成安置房分房和交付，完成投资额0.43亿元，占合同额3.598亿元的11.0%；项宅集聚区完成安置房分房和交付，完成投资额0.52亿元，占合同额5.1732亿元的10.1%；文溪集聚区完成产业用房级差排位和三区块安置房分房工作，完成投资额0.81亿元，占合同额5.695亿元的14.2%；仙华集聚区，完成投资额约0.21亿元，占合同额1.5009亿元的14.0%。

【城中村（棚户区）改造二期工程】 城中村（棚户区）改造二期工程包括白林安置区和文溪集聚区C、

D区块，完成投资额3.85亿元，占总合同额12.29亿元的31.3%。其中，白林安置区总建筑面积约为28万平方米，建造合同额约7.88亿元，完成投资额3.3亿元，占合同额41.9%；文溪集聚区C、D区块总建筑面积约为16万平方米，建造合同额约4.41亿元，D区块开工，C区块完成前期变更手续，完成投资额0.55亿元，占合同额12.5%。

（黄琪琪）

城乡环境卫生

【概况】 推出“双随机一公开”月度检查制度。全年组织开展18次城区、农村垃圾分类、环境卫生专项检查，共评选出29个黄牌警告村，下发问题提醒单174份，督促整治臭水塘、沟、河，清运建筑垃圾，规范杂物的堆放秩序，整治村内及周边绿化带内卫生死角。开展全县重要活动线路环境卫生保障20余次，联合县委考评办、机关事务保障中心等单位机关企事业单位垃圾分类专项3次。整改全县12处非正规建筑垃圾堆放点，通过省建设厅专家现场勘察，完成系统销号。建立建筑垃圾、装修垃圾分拣利用点，通过“上门回收、定点清运、自行送达”等多种途径，分类利用，每天可处置建筑垃圾1500吨。

省建设厅督导组到浦江现场督查非正规建筑垃圾堆放点整改情况

2019年，提升城乡生活垃圾分类收集覆盖面。其中，城区垃圾分类覆盖率74.02%，农村垃圾分类覆盖率100%，覆盖全县227个行政村，17个社区。城区小区垃圾分类覆盖率94%，党政机关、事业单位、公共场所管理单位覆盖率100%。1—10月，全县生活垃圾处置量为192278.73吨，同比增长0.66%。

【垃圾分类】 推进垃圾分类源头减量，出台《关于进一步规范机关、企事业单位以及公共、重点场所垃圾分类工作的通知》文件，全县党政机关、事业单位、公共场所管理单位全面落实创建工作。出台《关于限制一次性消费用品的通知》文件，要求餐饮、酒店、党政机关等有关单位落实限制一次性消费用品工作。开展“光盘行动”和整治过度包装，在餐饮企业、机关食堂开展倡导“光盘行动”，利用桌牌、名片、LED屏等，提醒消费者剩菜打包并提供相关的打包服务。推进包装减量计划、胶带瘦身计划、循环回收计划和品牌推广计划，鼓励快递企业与环卫企业、包装生产企业、电商企业等开展快递包装回收合作，设置快递网点绿色回收区，回收快递包装箱、包装袋。

【完善回收利用体系】 建设再生资源回收分拣（交易）中心，加快城区再生资源回收网络布局建设，设立城区东西南北中5个回收点点位。在有条件的小区创新设立垃圾分类生活馆，宣传、引导小区居民参与回收利用，生活垃圾回收利用率39.7%。鼓励引导社会力量参与回收利用，培育浦江县兰塘废纸回收有限公司、浦江县金诚再生资源有限公司、浦江竣立再生资源回收有限公司3家再生资源回收骨干企业。2019年,全县市场化回收企业25家,可回收物日均回收量350吨。推进农业废弃物的规范回收、再生和资源化利用,强化废旧农膜回收监管力度,探索建立完善的政府引导、市场化运作回收处理体系。

【"两定四分"垃圾分类新模式】 2019年,深化垃圾分类工作,"两定四分"试点提质扩面。制定《浦江县全面深化垃圾分类工作实施方案(2019—2021年)》《城镇生活垃圾"两定四分"操作办法》等制度;推进"撤桶并点""两定四分"新模式,逐步撤除严重影响市容环境的散乱垃圾桶,实现全县封闭式小区"两定四分"全覆盖,城区高层楼盘全面建设,落实物业管理责任。推行自建式、开放式小区探索建设,建设44座"两定四分"投放点,减少垃圾投放点604个,撤除小垃圾桶2392个,解决收集点多、管理难等难题。

文创园"两定四分"垃圾分类投放点

【县领导到浦阳街道调研垃圾分类】 7月27日,县委书记程天云、县长俞佩芬、副县长周建丰到浦阳街道调研垃圾分类,县执法局局长徐红伟陪同,先后到金狮新村、老齿轮·1967文创园、兰山庭院和浦阳街道生态处理中心,实地调研再生资源回收、城区居民小区和商业区"两定四分"收集点、省级高标准生活垃圾分类示范小区,以及城区生活垃圾生态化终端处理等工作。县委书记程天云详细了解垃圾分类投放、分类收集、分类运输、分类处置等相关流程,听取意见建议。

县委书记程天云(左一)到浦阳街道调研垃圾分类

【重点场所垃圾分类培训会】 11月15日,县垃圾分类办组织召开全县重点场所垃圾分类培训会,统一学习《关于限制一次性消费用品的通知》文件,要求餐饮、酒店、党政机关等有关单位落实限制一次性消费用品工作;要求在联华、沃尔玛、兴客隆等大型连锁超市门店、综合农贸市场等场所倡导推广使用布袋子、菜篮子,开展"净菜进城"试点工作,减少一次性塑料购物袋的使用。

【全县垃圾分类工作推进会】 11月19日,县垃圾分类办召开全县垃圾分类工作推进会,县长俞佩芬,副县长周建丰出席会议。县委宣传部、县发改局、县经济商务局等多个成员单位和各乡镇(街道)主要负责人参加。县垃圾分类办主任徐红伟通报1—10月全县的垃圾分类工作情况。县长俞佩芬带队现场查看白马镇旌坞村、浦南街道石埠头村、浦阳街道金狮新村垃圾分类情况，到石埠头村和金狮新村了解“两定四分”模式推行情况。

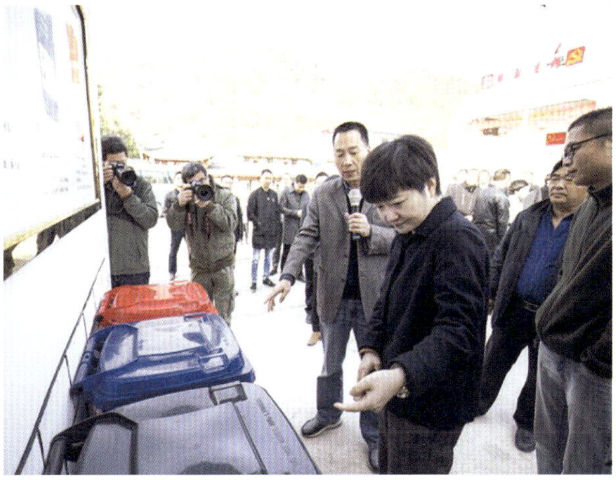

县长俞佩芬（右一）带队查看白马镇旌坞村垃圾分类情况

小城镇环境综合整治

【概况】 2019年，建立健全小城镇长效管理“五覆盖”机制，实现环卫保洁、红色街长制、网格长制、“两站两员”“线乱拉”管控全覆盖，巩固整治成效。做好长效管理顶层设计，发挥考核导向作用，制定《浦江县小城镇环境综合整治长效管理考核办法》，明确小城镇长效管理组织管理、工作要求和监督考核方式等内容。落实管线报备制度，根据《浦江县强弱电管线设施管理办法》，督促管线单位对新安装的管线进行提前报备。完善环境卫生督查制度，制定《2019年环境卫生、垃圾分类检查工作方案》，采取“双随机，一公开”模式，每月不定时开展乡镇（街道）环境卫生、垃圾分类检查工作。

管控城镇秩序，依托红色街（路）长制、智慧城管、“两站两员”等载体，组织交警大队、执法局、交通局等部门单位，开展联合执法，“六乱”现象整治，巩固整治成果。强化城镇及农村道路交通的常态化管理，实现小城镇道路交通秩序管理“全天候”“全覆盖”。2019年，确定红色街（路）长人数451人，14个乡镇建成交通安全管理站14个、配备交通安全管理员49人；建成劝导站229个，配备劝导员292人，落实重点路口、重点时段上路劝导制度。在镇郊结合部等区域引导流动摊贩进入固定市场经营。同时，落实摊前三包责任制，实施“定人、定时、定标准”的“三定”制度，引导摊贩规范经营，并由政府监督日常的经营秩序和卫生保洁工作，确保市场有序、干净、整洁。

开展全域常态督查，对16个小城镇的“三到”区域（即从地面到边际线、从主次干道到背街小巷、从镇区到镇郊结合部）的长效管理情况进行地毯式督查、作业式交办、销号制整改，通过进行定期、不定期暗访、季度督查、“回头看”等行动，发现问题即查即改。2019年，检查发现260个问题点位，督促相关责任单位限期内完成整改。

【全县小城镇整治巩固提升现场推进会】 4月13日，为推动小城镇长效管理和提前谋划“美丽城镇”建设工作，副县长周建丰召集小城镇整治成员

小城镇整治巩固提升现场推进会

单位和各乡镇(街道)分管领导召开全县小城镇整治巩固提升现场推进会。参会人员现场通过"四不三直"的方式,随机检查了岩头镇、郑宅镇和黄宅镇的主要干道和背街小巷,对发现的问题与六个专项组进行现场对接。参观地的乡镇领导对各自抓好日常管理的措施亮点和经验做法进行介绍交流。

【"四边三化"工作】 2019年,结合"党建+路(段)长+网格员"巡查模式,全县进行24次全域排查,19次专项巡查,排查、交办和整改问题815处。申报351国道为省级精品示范道路,七郑线为市级精品示范道路。完善组织、健全机制,以建好、管好、用好为目标,邀请有关部门进行现场办公。对全县范围内263座桥梁进行排摸并建立"一桥一档",合理规划桥下空间整治利用工作。结合实际情况,桥下空间以公路和绿化两种利用形式为主。对桥下空间非法构筑物、非公路标牌、路面堆积物、桥下空间流动摊贩、涉路施工等现象进行统一清理,确保桥梁不损坏。加大铁路环境排查,根据省、市工作部署,提前完成铁路部门交办的2处铁路外部环境安全隐患问题。对铁路沿线的葡萄种植大棚进行加固,修剪超高超宽植被,定期巡查、交办和整治,保障铁路安全。

省"四边三化"考核组到浦江验收

【"三改一拆"工作】 2019年,巩固"无违建县"创建成果,增强防违控违能力,强化源头管控,落实新增违建管控制度,预防和制止"未批先建""少批多建"等违建行为,全县累计拆除违建3.72万平方米,完成年度目标任务123.9%;拆除新增违建18宗2454平方米。9月10—11日,省"三改一拆"(违建别墅清查整治)行动领导小组办公室组织复评工作组,对县"无违建"创建工作进行复评,在存量违建清零、新增违建管控、拆后土地利用、将拆违与治水、美丽乡村建设工作有机结合等方面作了评价。

(盛能忠)

公积金管理

【概况】 2019年,全年新增住房公积金缴存人数3635人;归集住房公积金5.03亿元,同比增长9.58%,全县建立住房公积金人数为44399人,住房公积金归集余额为14.99亿元。支取住房公积金3808人次计3.37亿元,同比增长3.4%,住房公积金支取额占当年住房公积金缴存额的66.91%,累计支取住房公积金45896人计19.8亿元。发放个人住房公积金贷款466户计2.04亿元,个人住房公积金贷款余额占住房公积金余额的85.05%,累计发放个人住房公积金贷款7134户计23.98亿元,贷款余额为12.74亿元,贷款逾期率为0。全年住房公积金业务收入4432.44万元,业务支出2258.84万元,增值收益2173.61万元,提取风险准备金1304.16万元,廉租住房补充资金542.04万元,上缴县财政局廉租住房补充资金613.2万元。

【住房公积金政策调整】 根据《金华市住房公积金

管理中心关于调整购建住房公积金提取办理期限的通知》,5月5日起,因购买、建造住房申请提取公积金,申请人及配偶无住房公积金贷款的,自颁发不动产权证书之日起一年内予以办理公积金提取。根据《关于调整2019年浦江县住房公积金缴存工资基数的通知》,7月1日,全县住房公积金缴存基数调整。机关、企事业单位住房公积金缴存工资基数范围为1800—23634元,月缴存额最高为5672元,最低为180元;个体工商户、自由职业人员住房公积金缴存工资基数范围为4727—23634元,月缴存额最高为5672元,最低为472元。8月16日,调整住房公积金个人贷款额度。夫妻双方均正常缴交住房公积金的,最高额度由原来的60万元调整到80万元;夫妻双方只有一方正常缴交住房公积金的,最高额度由原来的30万元调整到40万元。9月11日,购买二手房申请住房公积金贷款,所购房屋的房龄在二十年以上的,贷款可贷比例不高于房屋成交价的30%。

【住房公积金资金竞争性存放招标】 根据《浦江县县级行政事业单位公款竞争性存放管理办法(试行)》,7月10日,金华市住房公积金管理中心浦江分中心对住房公积金资金定期存款进行公开招标,存放金额为3837万元,存放时间三年。按照综合评分法的原则,工商银行浦江支行和农业银行浦江县支行中标。9月16日,住房公积金资金定期存款公开招标,存放金额6000万元,存放时间一年。按照综合评分法的原则,工商银行浦江支行、农业银行浦江县支行、建设银行浦江支行、浦江农村商业银行中标。同日,住房公积金资金定期存款项目公开招标,存放金额6000万元,存放时间六个月。按照综合评分法的原则,工商银行浦江支行、农业银行浦江县支行、建设银行浦江支行、浦江农村商业银行中标。12月3日,住房公积金资金定期存款公开招标,存放金额3200万元,存放时间一年。按照综合评分法的原则,工商银行浦江支行、农业银行浦江县支行、建设银行浦江支行、浦江农村商业银行中标。

【"最多跑一次"工作】 2019年,金华市住房公积金管理中心浦江分中心继续深化"最多跑一次"改革工作,加强部门间信息共享,开展"三无"办事大厅建设。取消公民身份证号更正证明、职工按当地最低工资标准领取工资证明、村民房屋需修缮证明。延伸服务网点,浦江农村商业银行27个营业网点可受理住房公积金缴存、提取业务。实现住房公积金提取业务实现全市通办;职工退休一件事和逝者"身后事"公积金业务部门联办;住房公积金缴存、支取和个人贷款提前还款全程"网上办""掌上办"。

(方　芬)

生态建设

自然资源和规划

【概况】 浦江县自然资源和规划局于2019年1月21日正式挂牌，同时增挂浦江县林业局牌子。

全年收取土地出让金32.39亿元；开展合法工业用地违法建筑分类处置工作，共补办登记企业132家；发挥“会商会办”制度优势，解决历史遗留难题26件；推进全域土地整治，完成檀溪镇、郑家坞镇全域土地综合整治与生态修复工程，完成永农调优方案的省级审查和实施方案的报批工作；开展全省设施农用地管理制度创新试点工作，提出“建立站所联合初审、加强批前批后监管、规范土地流转使用、定制标准化设施用房”等措施，确保农地农用；推进“最多跑一次”改革，取消13项证明材料，一般登记业务2个工作日内办结，抵押登记1个工作日内办结，抵押注销登记即时办理，银行抵押登记直通车全面开通。

县自然资源和规划局先后获得2019年度综合考核工作优秀单位、安全生产优秀类单位、优化营商环境先进单位、招商引资先进单位、消除集体经济薄弱村先进单位，乡村振兴工作先进单位，森林公安局获集体三等功等荣誉。

【土地管理】 开展节约集约“双清”行动，摸清家底，建立全县批而未供土地清单402公顷；消化批而未供土地97.68公顷，完成率243%；盘活存量建设用地66.53公顷，完成率153%；城镇低效用地再开发47.37公顷，完成率118%；收储国有建设用地3宗、面积4.32公顷。

【用地保障】 2019年，出让工业用地35宗、面积67.23公顷，供地量同比增长314%，保障水晶小镇、杭机床厂、三思光电、小微企业园等一批县重点项目的落地。整合土地资源建立全县可利用土地清单，并充分利用省厅工业用地前置审查端口，引导项目精准落地。坚持向上争取拓增量和内部挖潜盘存量“两手抓”，累计增加用地指标153.5公顷，规划空间指标113.3公顷，林地占用指标107.2公顷，占补平衡指标92.46公顷，保障坡地村镇试点项目的规划调整和县各类重点项目的用地需求。

【资源保护】 推进“152”耕地生态建设保护工程，完成垦造耕地30.82公顷、“旱改水”53.6公顷、标准农田建设53.6公顷、建设用地复垦7.37公顷，完成土地整治140.7公顷。落实耕地保护激励机制，发放2018年度耕地保护奖补资金1588万元，启动2019年度耕地保护奖补核查工作；管理生态公益林，发放2019年度森林生态效益补偿资金1770.93万元；2019年接森林火警18次，发生森林火灾1次，过火面积1.9公顷，森林火灾受害率低于0.8‰。完成2018—2019年松病枯死木无害化处理3万吨，完成仙华山景区、严家山公园、西山公园等地松科古树和景观树打孔注药18000余株。

【执法监察】 推进违建别墅清查整治，排查全县2004年10月后动工建设别墅类项目38宗、面积155.37公顷，其中纳入清查整治范围的1宗5栋，10月完成禁止建设区内5栋违建别墅的整治。开展“扫黑除恶”专项斗争，对43条违法线索在第一时间开展核查，未发现涉黑涉恶违法线索。强化卫片执法，对104个土地卫片图斑进行实地核查，未发现新增违法用地；对680个林业卫片图斑进行核查，发现5个违法图斑，其中2个已处罚，剩余3个图斑已移送查处。

【“六城联创”成果】 6月，浦江全面启动文明城市、国家级森林城市、国家卫生县城复审等“六城联创”工作。8月，《浦江县国家森林城市建设总体规划(2019—2030)》通过专家评审，创建国家级森林乡村5个、省级森林城镇2个、省级“一村万树”示范村5个和市级森林村庄15个。

【安置区工作】 创新农民集聚安置模式，研究制订《关于全力推进农民建房难破解工作的意见(试行)》《浦江县农村无房户、危房户和缺房户集聚安置试点方案》和《浦江县农村无房户、危房户和缺房户集聚安置暂行办法》等相关政策，在檀溪镇、白马镇2个乡镇先期开展农村“无房户、危房户和缺房户”集聚安置试点工作。统筹用地指标保障农民建房，安排农民建房专项指标57.94公顷，解决农村“无房户、缺房户”490户。推进地质灾害搬迁户保障性住房建设，花桥、前吴、虞宅、杭坪、大畈5个乡镇252户地质灾害搬迁农户在珠红安置区喜分房，白马安置区项目已完成总体进度的70%，岩头安置区一期项目已完成主体工程，二期项目完成初步设计和招标准备工作。加快农房确权登记发证工作，完成权籍调查113435宗，成果入库70112宗，新增登记发证数4466宗。

【城乡规划】 启动浦江县国土空间总体规划(2020—2035)编制；完成三调数据向国土空间规划用地分类转换，形成“坐标一致、边界吻合、上下贯穿”的一张底图；通过“三上三下”互通反馈机制，完成浦江县生态保护红线评估(第一轮)调整。启动高铁小镇概念性规划和核心区城市、仙华小镇控制性详细规划和核心区城市设计、地下空间利用等规划设计；完成浦江县经济开发区控制性详细规划修编、浦江县中心城区“城市双修”专项规划江南新区控制性详细规划等规划的中期方案。加强规划衔接，推进浦义边界共同开发利用，完成义浦同城发展策略研究、浦义轨道交通线站位研究中期方案。

【国土绿化美化】 2019年，完成造林与更新55.27公顷，平原绿化87.44公顷，彩色森林建设134公顷，森林抚育335公顷，种植珍贵树25.12万株；推进绿色矿山和废弃矿山生态修复“三年行动”，完成杭坪乌浆、郑宅郑都矿山的绿色矿山创建，完成浦阳街道大乐山废弃矿山治理复绿工程和白马嵩溪废弃矿山治理工程招标工作。

【林业产业】 2019年，加强木本油料产业建设，完成实施香榧提升抚育项目53.6公顷，发展林下经济13.4公顷；开展“一亩山万元钱”示范推广项目4个，新建培育面积93.8公顷，辐射推广面积247.9公顷，巩固深化面积402公顷；加强食用林产品监管，开展春笋、香榧、基地土壤等抽检50个批次，合格率100%。

（郑燕颖）

环境保护

【概况】 2019年，浦阳江上仙屋出境断面水质均值稳定达到地表水Ⅲ类，壶源江保持Ⅱ类水质；全县51条支流水质全部达到或优于Ⅲ类；金坑岭水库、通济桥水库、仙华水库均达到Ⅱ类水质标准，符合饮用水源水质要求。全年城区环境空气优良率94.2%，同比上升6.5个百分点。细颗粒物（$PM_{2.5}$）浓度31微克/立方米。城市区域噪声均值为54.4分贝，7个城市功能区噪声监测点，达标率100%。监测道路交通声环境达标路长16900米，占比为95.7%，道路交通噪声平均等效声级为67.6分贝。

市生态环境局浦江分局联合县妇联创建3个省级绿色家庭、10个市级绿色家庭和103个县级绿色家庭。浦江县获中国生态环境领域的最高社会性奖励——中华环境优秀奖；浙江省生态环境质量公众满意度位列全省第二位，全市第一位；五水共治群众满意度位列全省第三位，全市第一位。浦江县河长制办公室被水利部、中国农林水利气象工会全国委员会授予“助推绿色发展 建设美丽长江”全国引领性劳动和技能竞赛全面推行河（湖）长制先进单位荣誉称号。

【中华环境奖】 5月14日，浦江县获第十届中华环境奖（城镇环境类）。11月14日，第十届中华环境奖颁奖典礼在北京人民大会堂举行，县长俞佩芬参加颁奖典礼，并接受“中华环境奖”优秀奖奖杯。

第十届中华环境奖颁奖典礼

【水环境综合治理】 深化“河（湖）长制”，承办召开《浙江省河（湖）长工作规则》研讨会，编制《浦江县湖长制实施意见》。建设经济开发区和三类园区污水零直排区。启动全省首批河湖缓冲带试点建设，探索流域生态治理新模式，争取专项资金500万元。开展白马镇里傅水库千吨万人饮用水水源地生态环境保护工作。制定美丽河湖三年建设实施方案。浦阳江、茜溪“美丽河湖”创建通过市级验收。运行黄宅镇科技惠民项目农村池塘一体化设施。农村生活污水治理培训3000人次。

【大气污染防治】 实现大气走航监测常态化应用，启动VOCs走航监测设备，建立“点、面、域”VOCs走航监测体系，对污染物追根溯源，实现精准治污，到磐安县开展化学品泄漏应急监测。6台22蒸吨燃气锅炉改为集中供热，拆除2座砖瓦窑。清理整顿101家“散乱污”企业。实施5个工业VOCs治理项目。完成1038辆非道路移动机械的摸底调查及编码登记。印发《浦江县重污染天气应急预案》。建成投运2个黑烟车抓拍点和16座环境空气监测站。

【固废污染防治】 完成62家产废企业超期贮存危废存量清零工作。建设浦江梦源环保科技有限公司废酸利用项目。现场核查及清理整改生态环境部打击固体废物环境违法行为专项行动交办的疑似问题1个。完成浦阳街道兆丰村堆场、仙华街道河山村堆场遗留水晶清运、覆土工作。制定土壤污染防治工作联席会议制度。调查40家重点行业企业单位用地土壤污染状况,2个农用地超标点位完成"对账销号"工作,确定重点行业企业用地土壤和地下水样品采样项目最终采样地块名单。

【环境执法】 深化"双随机、一公开"污染源环境监管模式,检查188家企业及跨部门25家医疗机构的"双随机、一公开"工作。强化行政执法监管平台和掌上执法运用,形成"互联网+监管"和跨部门联合监管模式,实现"掌上执法"。全年开展执法大练兵、"清污1号""清废行动"、水晶行业污染整治等专项行动22次,出动执法人员开展现场监察9025人次,检查企业3923家次,立案查处环境违法行为50起,下达行政处罚决定书40份,采取查封扣押19起,罚款金额297.2万余元。深化环保行政执法与刑事司法衔接的工作机制,与公安、检察、法院联合行动,打击偷排、漏排等恶意排污违法行为,全年移送公安4起,行政拘留3人,刑事拘留3人。入库2016—2018年间申请强制执行案件49.3万元罚款。

【环境管理】 实施《浦江县金属表面科技产业园建设方案》,成立工作专班,启动金属表面科技产业园筹建。制定实施《重点企业(园区)环保服务员制度》,为企业提供一对一服务指导。制定《浦江县水晶正式启落地企业环保规范管理要点》《挂锁行业环境管理要点》等指导意见,为行业规范提升提供参照标准。印发《浦江县声环境功能区划分方案(2018—2020)》。

【体制机制改革】 落实环保领域"放管服"改革,深化"最多跑一次"工作,优化环评审批办事流程,组建专业项目审批代办服务队伍,落实项目"一对一"代办员,推进全过程"保姆式服务"。实施开发区、水晶小镇"区域环评+环境标准"改革工作,改革区域内80%以上企业享受环评登记降级、免于环评审批等改革成果。全年审批备案建筑项目439个,总投资金额73.4259亿元,环保投资9376.7万元。

【环保督察问题整改】 2月21日,县委、县政府印发《浦江县贯彻落实浙江省环境保护督察反馈意见整改方案》,明确20项具体整改任务的责任单位、整改措施和整改时限,通过任务交办书形式向各个单位进行交办。开展浦江县生态环境问题排查整治活动,实行县领导牵头负责制,分管县领导对其所分管领域的生态环境责任落实情况负责,确保每一个生态环境问题都有一名县领导牵头、一个单位负责,形成一级抓一级、层层抓排查整改的工作格局。推进第一轮中央和省级环保督察反馈问题和交办信访件整改工作。

【污染源普查】 全县7600余家(个)调查对象完成比对、核实及补充工作。经过最终比对、核实,确定工业源5612家;农业源——规模化畜禽养殖19家;生活源——生活源锅炉17个、行政村407个;集中式——农村生活污水终端263座、城镇污水处理厂4座、垃圾填埋场2座、工业废水处理3座(水晶园区污水处理厂）；移动源——加油站25家、油罐运输1家。编制《浦江县第二次全国污染源普查工作总结报告》和《浦江县第二次全国污染源普查数据分析报告》初稿并上报；编制《浦江县第二次全国污染源普查质量控制评估报告》。

【服务企业】 采用“党建+服务”模式，创建“碧水蓝天”青年突击队党建品牌和“重点企业（园区）环保服务员”制度，对6个园区和34家重点企业安排工作人员一对一服务，全年服务企业300余次，解决难题70余个。组建浦江县生态环境专家团，设立“企业环保咨询日”，现场解决企业在环保方面的诉求和疑惑10余个。联合浙江泰隆商业银行金华浦江支行推出并跟进环保设施建设的绿色金融业务，为无环境违法记录的县内小微企业提供不同程度的绿色金融产品优惠政策，全年发放贷款16笔计1965万元。

【环境宣教】 借助生态环境新媒体宣传平台，发布信息250余条。6月，组织开展以“蓝天保卫战，我是行动者”为主题的“6·5”世界环境日宣教活动；与浙江大学能源工程学院共建“党建与思政现场教学基地”；组织县内5000余名四年级学生开展“环保日记”系列活动，形成以学生带动家庭、以学校辐射社会的联动效果。

（郑怡南）

工 业

综 述

【概况】 2019年，全县实现工业总产值409.27亿元，同比增长5.5%；规模以上工业总产值147.74亿元，同比增长5.6%；工业增加值31.15亿元，同比增长8.7%，列全市第一位；工业投资25.2亿元，同比增长187.3%，列全市第一位；实际利用外资1213.38万美元，完成率列全市第二位；引进内资44.72亿元，同比增长11.7%。国内网络零售额135.5亿元，增长16.1%，列全市第五位；社会消费品零售总额124.8亿元，同比增长8.9%，列全市第三位；全年进出口总额64.88亿元，增长9.3%，其中，出口总额61.15亿元，增长11.9%，列全市第二位，进口总额3.73亿元，下降20.7%。

全县有规模以上工业企业310家，新增规模以上企业98家，其中亿元企业25家，10亿元企业2家（国网浙江浦江县供电有限公司、浙江亚特新材料有限公司）。加大企业扶持力度，兑现2018年度企业升级奖、装备提升奖励、节能降耗奖励、境内外参展奖励、出口奖等工业政策奖励资金7568.18万元。

【扶持政策修订】 在前期调研、广泛征求意见的基础上，梳理工业发展相关政策，了解企业对新工业扶持政策的意见和建议，借鉴义乌等地形成“1+N”的工业经济政策体系，修订完善工业扶持政策。8月，“1”即《浦江县关于促进实体经济稳步发展的若干意见》、“N”中的《浦江县工业企业发展扶持办法》《浦江县开放型经济扶持奖励办法》《浦江县商贸业高质量发展奖励办法》等一系列新政策修订完善正式发文，试行三年。

【智能制造】 3月20日，浦江县智能制造启动大会召开，浦江县与浙江省智能制造专家委员签订服务

浦江县智能制造启动大会

外包协议，专家委派出专家组入驻浦江，为浦江企业提供技术支持、智力支撑、工作咨询。派驻浦江专家组完成二轮54家企业的调研摸底工作，涵盖水晶、挂锁、绗缝三大传统行业及五金、服装服饰、化纤、塑胶等细分行业。全年启动8家企业进行数字智能化改造试点，计划第一期投资5248万元。组织9家企业申报金华市两化融合重点项目，通过市级两化融合项目验收4个，数字化车间项目1个，累计企业上云1650家。

【重点领域专项整治】 2019年，全县围绕“低散乱”问题企业整治和淘汰落后产能企业工作，整治“低散乱”企业174家，淘汰落后产能企业14家，腾出用能4万余吨。推进绿色循环低碳发展，创建清洁生产企业5家，节水型企业6家，完成特色行业（水晶、挂锁）整治评估工作。开展成品油市场专项整治工作，累计查处4个非法经营点，查扣6辆非法流动加油车，刑拘10名非法经营人员，查处非法油品数量64.9吨、大型油箱4个。

【小微园区建设】 2019年，全县通过县市省三级认定小微园6个，分别为水晶园区、东部挂锁园（一期）、西部挂锁园、科技创业园、白马服装针织园、智联电商园。水晶产业集聚园区先后获2019年度国家小型微型企业创业创新示范基地、中国轻工业特色区域和产业集群创新升级示范区、2019年浙江省数字化示范园区、2019年度浙江省四星级小微企业园等先进荣誉。全县在建小微园7个（东部挂锁园二期，水晶小镇小微园、黄宅小微园、开发区绗缝产业园、郑家坞小微园、城区科技孵化产业园、浦江金属表面科技产业园），实际出让土地53.83公顷，实际建筑面积120万平方米，其中新增建成建筑面积37万平方米，新增开工建设建筑面积83万平方米。

【“亩均论英雄”改革】 2019年，评价2018年度工业企业779家，A类企业68家，B类企业551家，C类企业121家，D类企业39家。全县工业企业亩均税收7.08万元，比2017年减少0.51万元，同比下降6.72%。其中，规上企业亩均税收11.47万元，比上年度10.7万元提高0.77万元，同比增长7.20%。推进资源要素差别化政策，通过实施差别化水、电价，处置D类企业和亩均税收1万元以下企业82家，处置完成率为88.17%。

【企业梯队分类培育】 2019年，全县实行企业梯队分类培育。实施“小升规”企业培育计划，全年培育“小升规”企业98家，规模以上企业总数310家，确定“专精特新”培育企业110家。浙江亚特新材料股份有限公司、浦江亿通塑胶电子有限公司被评为省“隐形冠军”培育企业，浙江派对动漫文化有限公司被评为市“隐形冠军”▲企业。全年新增股份制企业7家，浙江省股交中心挂牌12家。

▲隐形冠军：浙江省经济和信息化委员会每年公布的各细分领域具备相当潜力的企业榜单。

【工业投入】 2019年，工业投资完成25.24亿元，同比增长187.3%，制造业投资完成16.17亿元，同比增长170.9%，增幅均位列全市第一位；工业技改投资完成8.09亿元，同比增长86.8%，列全市第二位。全县共实施重点技改项目30项（2000万元以上），其中浙江亚特新材料股份有限公司年产2万吨差别化新型POY丝、浙江百川导体技术股份有限公司年产18000吨双金属复合材料产业化项目、浙江永在油墨有限公司年产20000吨环保型液体油墨自动化生产线项目等16个项目已竣工投产，总计完成投资5.08亿元。新兴产业技改投资呈良好发展态势。浙江锋华创芯微电子有限公司、浦江诚谊精密机械有限公司、浙江杭机股份有限公司、浙江百川导体技术股份有限公司分别为芯片封装及芯片设计、工业机器人、高端磨床、新材料等战略性新兴产业，标志着浦江的工业发展由水晶、挂锁、绗缝为主的传统制造业，向高端装备、新材料、新技术等新兴产业转变。

【技术创新】 2019年，全县推进创新平台建设，全年备案浙江省工业新产品新技术86个，通过认定53个。浙江博开机电科技有限公司的“集成电路PVD装备用DN250F型低温真空泵的研制”列入《2019年浙江省重点技术创新项目》。浦江德工精密机械有限公司被评为金华市第五批智能化改造示范企业。

【中国纺织供应链大会】 5月15—17日，2019中国纺织供应链大会在浦江召开。大会以“链接驱动产业、流通创造价值”为主题，由中国纺织品商业协会、中国纺织品商业协会家纺家居委员会主办，浦江县人民政府承办。350余名全国纺织行业领军人物、企业家和专家学者参加会议。大会通过主旨演讲、研究讨论、颁奖盛典等多元立体的交流形式，分享成功品牌纺织供应链管理案例和实践。会议揭榜“2019中国家纺家居创新人物”，发布2019中国家纺家居产业新流通研究报告，并授予浦江“中国家纺绗缝流通示范基地”。

【绗缝产业高质量发展推进会】 5月16日，家纺细分行业——绗缝产业高质量发展推进会在浦江举行。中国纺织品商业协会家纺家居委员会副会长兼秘书长刘雁飞、金华市经济和信息化局副局长李中军、浦江相关单位负责人以及绗缝家纺企业代表50余人参加会议。李中军对浦江绗缝产业高质量发展提出三点意见。县经济商务局局长孙明光介绍家纺细分行业——绗缝产业发展规划和三年行动计划。浦江企业代表及绗缝协会代表就如何培育绗缝产业新的增长点，提高产品市场占有率及竞争力作发言。

浦江获评“中国家纺绗缝流通示范基地”

【中小微企业创新创业大赛】 6月25日，2019年“创客中国”浙江好项目·浦江赛区中小微企业创新创业大赛在浦江县科技创业园举行。大赛在浙江省经济和信息化厅、金华市经济和信息化局的指导下，由县经济商务局主办，浦江县中小企业公共服务平台承办。“SUHV合金热塑板”项目凭借产品门槛高、定位高、技术壁垒高、市场前景广阔等优势，获比赛一等奖。以传统产业改造提升为亮点的“圣力科装全自动内装锁舌装配机”项目和以环保为理念、自主研发为基础的“智能化工业废水零排放系统”项目获二等奖。“环保型固废回收利用技术的研究”项目和“功能性万方腐乳开发及产业化示范”项目入选金华市复赛。

【浦江·第11届水晶玻璃产业博览会】 10月26—28日，在浦江水晶小镇举办“2019中国浦江·第11届水晶玻璃产业博览会”。博览会以“创新智造 晶彩未来”为主题，由中国日用玻璃协会、浙江省经济和信息化厅、浙江省商务厅、中国国际贸易促进委员会浙江省委员会主办，浦江县人民政府承办。开展中国日用玻璃协会换届选举大会、开幕式、企业品牌推介会、水晶产业发展高峰论坛、工艺美术大师座谈会、水晶玻璃产业产品展销和“全国玻璃企业看浦江”6项活动。为期三天的展销活动吸引国内外采购商、水晶行业产业链上下游客商等1.5万余人次参加，意向成交额达4000万元。

【中玻协换届选举】 10月25日，中国日用玻璃协会第八届会员大会、八届一次理事会在浦江举行，300余人出席大会。经过选举，郑舞虹当选为新一届中国日用玻璃协会理事长，浦江县东洲水晶有限公司董事长王淑东当选为副理事长。大会对获得“中国轻工业行业（玻璃包装容器、日用玻璃制品）十强企业”、中国日用玻璃行业特色区域共建先进单位等荣誉称号的企业和个人进行授牌表彰。其中，浦江县东洲水晶有限公司被授予“水晶玻璃异形钻龙头企业”荣誉称号。

主要行业

【制锁行业】 2019年，全县制锁业有企业329家，规模以上企业10家。全行业实现工业产值44.7亿元，规模以上产值6.3亿元，工业销售产值42.7亿元，实现出口交货值15.3亿元，利润总额2.4亿元。浙江浦江梅花锁业集团有限公司、浙江金垒锁具制造有限公司等6家企业参加2019德国科隆亚太交易会；浙江省浦江吴氏锁业有限公司、浙江浦江圣力工贸有限公司、浦江超格锁业有限公司等12家企业参加2019中国浙江名品（匈牙利）展览会；浙江浦江雷力仕锁业有限公司、浙江省浦江吴氏锁业有限公司等14家企业参加2019上海中国国际五金展览会；浙江浦江梅花锁业集团有限公司、浙江百马锁业有限公司等4家企业参加第10届中国（永康）国际门业展览会；浙江金垒锁具制造有限公司、浙江浦江方圆锁业有限公司等11家企业参加第25届中国义乌国际小商品（标准）博览会；浙江浦江梅花锁业集团有限公司、浙江金垒锁具制造有限公司等15家企业参加2019义乌五金电器博览会。

【绗缝制品行业】 2019年，全县绗缝制品业有企业416家，规模以上企业58家。全行业实现工业总产值30.5亿元，规模以上产值17.0亿元，工业销售产值30.3亿元，出口交货值22.9亿元，利润总额0.4亿元。浙江千百卉家纺有限公司、浦江康佳工艺品有限公司等18家企业参加中国国际家用纺织品及辅料（春夏）博览会；浙江千百卉家纺有限公司、浦江迪欧家纺有限公司等7家企业参加了香港国际家纺展；浙江千百卉家纺有限公司、浦江温馨家纺工艺厂等5家企业参加美国纽约国际纺织展；浙江千百卉家纺有限公司、浦江百丽工艺有限公司等9家企业参加2019中国浙江时尚创意精品（泰国）展览会。

【水晶制品行业】 2019年，全县水晶制品业有企业505家，规模以上企业27家。全行业实现工业总产值60.2亿元，规模以上产值7.9亿元，工业销售产值55.3亿元，出口交货值23亿元，利润总额1.9亿元。浦江县东洲水晶有限公司、浙江浦江晶盛水晶有限公司等9家企业参加中国工艺美术博览会；浦江县东洲水晶有限公司、浦江县圣火工贸有限公司等25

家企业参加第25届中国义乌国际小商品(标准)博览会;浦江县东洲水晶有限公司、浦江县阿里水晶有限公司等12家企业参加第二届中国(祁县)玻璃器皿博览会。

【针织品行业】 2019年,全县针织品业有规模以上企业17家,产值7.6亿元。全行业实现工业总产值46.9亿元,工业销售产值46.2亿元,出口交货值15.1亿元,利润总额1.5亿元。

【服装行业】 2019年,全县服装业有规模以上企业34家,产值12亿元。全行业实现工业总产值81.1亿元,工业销售产值79.2亿元,出口交货值26.2亿元,利润总额3.1亿元。

【化学纤维行业】 2019年,全县化学纤维业有规模以上企业6家,产值13.8亿元。全行业实现工业总产值14.1亿元,工业销售产值14.1亿元,利润总额0.3亿元。

【生物医药制造行业】 2019年,全县生物医药制造业有规模以上企业2家,产值3亿元。全行业实现工业总产值3.2亿元,工业销售产值3.4亿元,出口交货值223万元,利润总额2159万元。

【企业选介】 浙江杭机股份有限公司磨床智能制造产业化建设项目,位于浦江经济开发区项宅堂头银店区块,占地面积9.72公顷,新建建筑面积10万平方米。项目于2019年5月正式开工,总投资为50.46亿元,预计2021年完成投产,届时将形成年产2820台数控精密和高精平面磨床、数控龙门式平面和导轨磨床、数控高精度立式复合磨床、数控成形磨床、数控双端面磨床等智能磨床产品的生产能力,预计年营业收入5.6亿元,纳税3000余万元。2019年1—12月完成产值2065万元。

2019年,浦江三思光电技术有限公司申请国内外专利74项,其中发明专利19项,并获得国家合同能源管理服务认证证书AAAAA级、国家企业信用等级AAA级、浙江省省级中小型科技型企业、国家武器装备管理体系质量认证、守信用重合同A级企业等荣誉。

2019年,浙江万赛汽车零部件有限公司生产的大巴用盘式制动块产品获"品字标"浙江制造认证证书,该证书是浦江县首张"浙江制造"认证证书。

电力工业

【概况】 2019年,浦江县售电量22.67亿千瓦时,同比增长7.06%;全社会用电量22.55亿千瓦时,同比增长5.98%;工业用电量17.74亿千瓦时,同比增长3.36%;三大传统行业——非金属制品(水晶)、纺织业、金属制品业用电量分别为4.66亿千瓦时、3.24亿千瓦时、2.09亿千瓦时,同比分别增长9.58%、7.35%、12.51%;综合供电电压合格率99.97%;供电可靠率99.96%;线损率3.52%;最高供电负荷42.75万千瓦,同比增长4.22%;累计安全日5969天。

国网浙江浦江县供电有限公司(简称"县供电公司")修订发布公司各级机构和人员安全责任清单,开展安全隐患排查治理等培训6次、320余人次,每月组织相关人员进行《安规》月考,开展电力设施保护等安全劳动竞赛6项。完成应急预案体系的修订和发布工作,开展各项演练83次。备战"护网2019"攻防演习,在市供电公司2019年网络安全攻防技能竞赛中获团体第一名。承接省电力公司配网无人机运维试点，开展无人机巡视135次。省内首家试点应用检修作业安全运维系统，强化数据追源支撑。新成立带电作业班1个，新开展带电作业项目4项，完成带电作业1361次。完成通道清理6972处，砍伐树木毛竹26315棵。

协助县政府召开全县电网建设会议，由分管副县长和各乡镇（街区）签订2019年电网建设责任书。完成《浦江县配电网发展规划（2018—2025）》和《浦江县配电网“三年行动计划”目标网架规划》滚动修编。投产110千伏烟塘变、110千伏新浦江变，开工110千伏郑宅变，完成110千伏岩头变等2项工程的前期工作，完成110千伏月泉变Ⅱ段开关柜改造并投产。新建10千伏线路13条，改造10千伏线路50条，新增配变容量4.879万千伏安，配网联络率100%。加强配网工程属地化管理，成立6个供电所业主项目部，并实体化运作。

2019年，落实设备老化、设备超载、“低电压”专项治理等工作，实施抢修2032件。推出优化营商环境十项举措，深化办电业务“最多跑一次”。压降业扩时限，高压业扩全流程平均时限26.41天，同比减少41.01%。开展大用户直购电交易，浦江县390家企业参与电力直接交易试点，2家参与市场化零售。加强充电桩建设，建成3个快充站和1个慢充站。县供电公司是省电力公司智能缴费推广12家试点单位之一。

县供电公司获2019年金华市电力行业运维检修青工技能竞赛团体第四名，获金华供电公司2018年度社会责任履职劳动竞赛优胜单位称号，获评浙江省2019年AA级“守合同、重信用”企业。连续七年获全国“安康杯”竞赛先进单位称号。浦阳供电所所长张文明获2019“最美金电人”称号。浦阳供电所综合班班长许欢欢获第八届金电“十佳青年”称号。

【迎战台风“利奇马”】 8月9日，浦江电网启动防台风Ⅰ级应急响应。8月10日，浦江电网恢复线路10千伏4条、支线8条，台区178个，用户9189个，专变82台，累计共出动抢修人员139人次，车辆36车次，浦江地区实现全部送电，在金华区域内率先完成故障抢修复电工作。8月11日，县供电公司派保电小组驰援临海市，在援助抢险期间避免一起人身触电事件，获省电力公司安全生产特殊贡献奖表彰。临海市供电公司赠予“驰援临海保供电，逆行亮起万家灯”的锦旗，临海市委市政府发来感谢信，感谢县供电公司在台风“利马奇”抢修救灾中做出的贡献。

【老旧线路专项治理】 根据《关于印发10千伏老旧线路“三年清零”工作方案的通知》，县供电公司开展10千伏老旧线路“三年清零”行动。全县大部分老旧线路存在运行环境差、维护困难、抗御自然灾害能力不足等问题，县供电公司推进配网线路改造工作，治理设备运行年限20年以上、导线线径小于50平方毫米以及跨鱼塘、大棚、对地（建筑物）安全距离不足的老旧线路，落实线路差异化改造、铁塔化改造、绝缘化改造等措施，消除配网管理短板，提升配网设备健康水平和供电可靠性。2019年，改造70条线路，改造长度52.4千米，投入资金3850万元。

（范姝玥）

浦江经济开发区

【概况】 2019年，浦江经济开发区（简称“开发区”）总规划面积18.39平方千米。一期规划10平方千米建设完工，东至岳塘水库，南至恒昌大道，西至班班大道，北至新浦后公路；二期规划8.39平方千米处于施工建设阶段。开发区有企业2080家，其中规上企业131家，落地企业434家，解决就业人口24113人。全年产值1000万～2000万元的企业119家，产值5000万～1亿元的企业35家，产值1亿～5亿元的企业26家，产值10亿元以上的企业1家（浙江亚特新材料股份有限公司）。全年税收200万～500万元的企业48家，500万～1000万元的企业9家，1000万元以上的企业11家。工业总产值120.5亿元，同比增长7.39%；规模以上工业总产值75.88亿元，同比增长4.52%；固定资产投资7.18亿元，同比增长16.21%；实际利用外资612万美元；工业企业出口交货值43.12亿元，规模以上工业出口交货值23.78亿元；实现利税4.83亿元，利润3.52亿元。

开发区报批农转用土地44.07公顷，其中宏业大道以西、前方大道以南地块9.6公顷，项宅西北地块1.22公顷，五善塘三期5.16公顷，宏业大道以西地块18.62公顷，华天机械以北地块0.84公顷，星碧大道东端西北侧地块0.016公顷，一点红大道东端西北侧地块0.055公顷，百川西侧地块8.56公顷。出让"标准地"8宗，累计出让土地36.95公顷，出让金额20585万元。办理过户流转手续32宗，流转面积19.12公顷。

【转型升级】　开发区全年启动实施技改项目140个。其中，年度投资500万元以上技改项目24个，技改投资3.23亿元，同比增长52.4%。全年新增"小升规"企业50家，完成"个转企"41家，新增股改企业5家，挂牌企业5家；国家高新技术企业认定11家，省级科技型中小企业认定24家。

【招商引资】　开发区引进重大产业投资项目8个，总投资26.8亿元。其中，投资超亿元以上项目6个，超3亿元以上项目3个，超10亿元以上项目1个；招引年产值2000余万元"零土地"项目50个；引进外资项目2个，实现到位外资612万美元，同比增长112%，实现合同外资2070万美元，同比增长617%；招引项目开工率100%，"七个十"等重大建设项目投资率100%，实现累计到位内资10亿元，同比增长12%。

【低效整治】　开发区针对2018年度亩均评价D类企业和低效企业，采取招商引资、腾笼换鸟、要素调控等举措实施出清，29家D类企业和亩均万元以下企业全部出清，整治亩均税收3万元以下企业146家；土地整体流转23宗计194亩；盘活闲置土地128亩、闲置厂房14.2万平方米。

【服务机制】　开发区全年为企业代办事项140件，解决企业难题1651个；召开银企对接会和金融集市11次，为191家企业增加贷款7.95亿元；化解企业矛盾67起，追回工资499万元，化解历史遗留问题23个。

【园区建设】　开发区完成控规修编工作方案编制和公示；实施总投资3亿元的一期区块"四纵两横"道路提升工程，其中投资525万元的宝掌大道延伸段、投资423万元的通济路、投资223万元的倪山路实现竣工通车。配套孵化厂区和人才公寓的科创园二期项目开工建设，总投资1.2亿元。绗缝产业小微企业园项目开工建设，成为浦江首个"拿地即开工"项目，项目总投资8.4亿元。

【体制机制】　12月27日，第34次县委常委会议正式研究通过《浦江经济开发区创新体制机制工作实施方案》。该方案包括设立综合服务窗口、行政审批权限下放、设立派驻机构、增强干部配备、创新绩效考核、落实扶持政策等方面内容。

（张娴娴）

水晶产业园区

【概况】 水晶园区全年实现工业总产值51.09亿元，同比增长11.23%。其中，新增规上企业10家，规上工业总产值4.26亿元，同比增长7.7%；规上工业增加值1.01亿元，同比增长4.0%；1—12月，园区自营出口1.88亿元，同比增长62.3%。外资到位500万美元，完成年度任务的250%。

2019年，水晶产业园区被认定为工业和信息化部公布的国家小型微型企业创业创新示范基地；获评“浙江省创建和谐劳动关系暨双爱活动先进园区”、浙江省首批四星级小微企业园、浦江县年度考核优秀单位。园区劳动人事争议调解中心获“浙江省创建和谐劳动关系暨双爱活动先进组织”称号。

【项目建设】 推进水晶小镇小微企业创业园项目建设，一期项目计划总投资5.2亿元，项目于6月28日开工，有9幢房屋结顶，23幢厂房和办公用房的主体建设计划于2020年1月完工；县金属表面科技产业园项目中，伯安工贸有限公司项目建设完成桩基施工，浦江县兴启工贸有限公司项目建设桩基施工完成33%，浦江宏安金属表面处理有限公司建设项目桩基施工完成23%；浦江三思光电技术有限公司项目已办理建设规划许可证、施工许可证，该项目计划总投资5000万元，其灯具配件生产线年生产规模300万套以上；永豪光电（中国）有限公司项目建设，该项目年产1500万片热压成型光学玻璃非球面透镜，计划总投资0.63亿元，完成浦江投资主体设立，2020年7月交付厂房。

【水晶玻璃产品展销】 10月26—28日，以“创新智造，晶彩未来”为主题的2019年中国浦江·第11届水晶玻璃产业博览会在水晶小镇开幕。本届晶博会在水晶小镇客厅共设6个场馆，其中展馆2个、小镇商铺2个、品牌推介馆1个、多功能报告厅1个。设2大展区162个标准展位，共72家企业参展。

县委书记程天云（左二）陪同水晶博览会参会贵宾

县长俞佩芬（右一）陪同2019年中国浦江·第11届水晶玻璃产业博览会参会贵宾

【环保督查】 1月，投入资金175万元，对毗邻村庄的10幢厂房靠近村庄一侧的窗户进行改造，对南部水晶园区南侧靠近村庄区域的车间加装隔音屏障。各车间分别安装2台冷风机，解决南部水晶园区车间封闭作业高温问题。5月15日，通过招投标的方式，以90万元中标价引进第三方服务机构——浙江省环境科技有限公司，签订环保管家服务项目合同。该“环保管家”于2019年8月入驻园区，实施园区专业化环保管理。全年现场排查370余家入园企业，对其中69家喷涂企业进行针对性的复查整治。

对东部水晶园区23家吸塑企业进行废气收集处理等问题的排查整治。创建全县四个水晶园区“污水零直排区”工作。

【招商引资】　9月4日，与香港聚丰集团签约，建设浦江县水晶佛像饰品项目，投资（外资企业）8500万元。截至12月，投资资金到位501.25万美元（注册资本）；与浦江奥发水晶饰品有限公司签约，建设浦江县年产800吨水晶饰品生产建设项目，投资5000万元。永豪光电（中国）有限公司年产1500万片热压成型光学玻璃非球面透镜项目完成公司注册登记。深圳星之佑科技有限公司灯具开关电源生产线项目达成投资意向，完成浦江投资主体的设立。

【水晶小镇】　建筑面积1.2万平方米的晶彩广场建设工程完工，启动投资2800万元的晶石路、晶彩路、晶园路工程建设。水晶小镇客厅项目完工，总投资约2亿元，总用地3.56公顷，总建筑面积2.29万平方米。6月，开工建设小微企业创业园项目，该项目占地10.13公顷，建筑面积16.8万立方米，以水晶产业为主，EPC模式开发，总投资5亿元，2019年计划投资3亿元，完成主体结顶和总工程的75%。

【消防安全】　7月24日，以“政府购买服务”模式，与碧水蓝天户外救援协会签订《浦江县水晶产业园区消防服务项目》合同，全年组织开展安全生产培训17班次，开展消防演练35次，参加人员3648人次，参与火灾救援9次，处置隐患30余处。

【技能竞赛】　11月27日，浦江县首届水晶行业岗位技能竞赛在县水晶产业园区西部园区开赛，竞赛由县总工会、县人力资源和社会保障局、县科学技术局及县水晶产业园区管理委员会联合主办，浙江省水晶工艺制品协会承办，竞赛项目分为水晶玻璃刻面、水晶玻璃拉丝、水晶玻璃热成型（手动）及水晶玻璃热成型（自动）4个类别开展，县内不同水晶企业的15支队伍128名参赛选手同台竞赛，决出一、二、三等奖获奖选手。

浦江县首届水晶行业岗位技能竞赛颁奖仪式

（张浦建）

招商投资

【概况】　2019年11月，浦江县经济合作交流办公室（县招商局）更名为浦江县投资促进中心。全年共签约项目41个，总投资207.89亿元；落地项目24个，协议总投资额68.74亿元，其中二产项目19个，总投资39.74亿元。引进3亿元以上重大项目全年任务8个，完成12个，完成率150%；5～20亿元重大项目全年任务4个，完成8个，完成率200.00%；20亿元以上重大项目全年任务1个，完成2个，完成率200%。引进省外产业项目到位资金18.07亿元，完成年度16亿元的112.94%。

【乡贤大会重大项目集中签约】 10月5日，首届浦江乡贤大会举行重大项目集中签约仪式。县主要领导程天云、俞佩芬、虞振贤、郑文红出席并见证签约仪式。现场共签约项目23个，计划总投资154.35亿元。其中，制造业项目18个，计划总投资39.35亿元；文旅项目2个，计划总投资45亿元；现代服务业及坡地村镇项目3个，计划总投资70亿元。

10月5日，首届浦江乡贤大会举行重大项目集中签约仪式

（石淑珍）

行业协会

浙江省水晶工艺制品协会

【概况】 2019年，浙江省水晶工艺制品协会（简称“水晶协会”）有会员单位305家。协会于8月举行换届改选工作，推选出新任会长——浦江县东洲水晶有限公司王淑东、监事长——浙江浦江晶盛水晶有限公司张福民，浦江县烫钻商会更名为浦江县水晶商会，与浙江省水晶工艺制品协会两会合一。

10月，水晶协会开通微信公众号“浙江省水晶工艺制品协会”，向会员以及社会各界推送协会最新动态、行业信息、政府政策、预警信息17条。

协助县政府完成第十一届水晶玻璃产业博览会各项筹备、组展等工作；组织企业参加县政府举办的各类座谈会，提交《关于解决水晶酸洗问题的议案》《水晶产业面临的问题》；向县政府反映会员诉求，让政府了解企业实情，采取针对性措施；不定期走访会员企业，了解企业实际问题与困难，帮助企业解决问题；组织企业参加法律服务活动，协助劳动部门解决企业用工问题等。

水晶协会组织26家企业参加“2019中国工艺美术博览会”“第25届义乌国际小商品博览会”“第二届中国（祁县）玻璃器皿博览会”，共开设展位83个，协助企业开拓国内外市场，增加贸易合作机会。水晶协会作为全国日用玻璃标准化委员会工艺水晶分技术委员会的秘书处单位，制定发布轻工行业标准《水晶自动研磨机》、团体标准《工艺水晶香水瓶》，立项申请《烫钻》《工艺水晶玻璃》《工艺水晶行业生产安全技术规范》和《烫钻生产环保技术规范》行业标准。

【技能竞赛】 11月，由县总工会、县人力资源和社会保障局、县科学技术局、水晶产业园区管理委员会牵头举办，水晶协会承办的浦江县首届水晶行业岗位技能竞赛在水晶产业园区西部园区举办。竞赛分为水晶玻璃刻面、水晶玻璃拉丝、水晶玻璃热成型（手动）及水晶玻璃热成型（自动）4个类别开展，县内不同水晶企业的15支队伍计128名参赛选手同台竞赛。奖项设立有个人一等奖、二等奖、三等奖和优秀组织奖。

【跨境电商园】 6月，水晶协会组织电子商务企业参加“之江创客”2019全球电子商务创业创新大赛浦江选拔赛暨浦江县第三届电子商务创业创新大赛，其中"倒影计划"在比赛中获优秀奖。水晶跨境电子商务园区全年组织培训6期，培训人数258人次。

【预警机制】　2019年，水晶协会撰写《2019年水晶行业第一季度分析报告》《2019年水晶行业第二季度分析报告》《2019年水晶行业第三季度分析报告》《对美贸易摩擦对我县水晶行业影响以及应对措施》原创性外贸预警分析报告4篇。

【龙头企业评选】　水晶协会在县水晶行业领域开展钻类龙头企业评比，评选出6家钻类龙头企业，其中浦江县东洲水晶有限公司被中国日用玻璃协会评为"国内钻类龙头企业"。

（陈晓黎）

浙江省绗缝工艺协会

【概况】　2019年，浙江省绗缝工艺协会（简称"绗缝协会"）在册会员单位有140家，其中浦江县境内138家、衢州1家、金华1家，发展会员3家，增补理事5家。绗缝协会组织会员企业到中国进出口商品交易会（广州交易会）、舟山沙雕艺术、越南胡志明市龙江工业区考察学习，开展集中座谈调研3次，分时走访调研会员企业42家次，撰写《关于创办浦江绗缝家纺印染配套企业的提案》《关于创办浦江家纺专业市场的提案》《关于促进浦江绗缝产业健康发展的分析报告》等，向上级部门反映行业存在的问题与困难，呼吁政府及各部门加大对绗缝产业的扶持力度以促行业转型升级。

绗缝协会组织企业参加上海、广州、中国香港地区、德国、纽约、泰国、越南等境内外展览会及推介活动9次，其中组织境内参展企业89家次，境外参展22家次。3月，组织18家企业参加2019（上海）中国家用纺织品及辅料博览会，开设展位40个；4月，组织7家企业参加香港国际家纺展，开设展位14个；7月，组织5家企业参加美国纽约国际纺织展，开设展位10个；10月，组织9家企业参加中国浙江时尚创意精品（泰国）展览会，开设展位18个。

【应对外贸摩擦】　绗缝协会关注中美贸易摩擦对企业的影响，针对5月13日美国贸易代表办公室在其网站正式宣布拟对3000亿美元中国输美产品加征关税公告，摸排走访企业20余家，组织落实35家企业观看浙江千寻律师事务所律师朱海成直播分享301调查听证会发言抗辩情况。开展集中预警培训5次。3月22日，组织企业参加县经济商务局举办的出口信用保险和海关政策宣讲会；4月26日，组织企业参加在县市场监督管理局召开的2019年浦江县知识产权宣传周知识产权培训会；5月16—17日，组织企业参加省商务厅在湖州市举办的浙江外经贸法律大讲堂首场培训；5月22日，组织23家企业参加在浦江中部水晶园区举办的2019年外贸预警示范点法律服务月金华浦江站活动；5月24日，组织浙江嘉泰工艺品有限公司、浦江迪欧家纺有限公司等4家企业参加金华市举办的民革法律服务走进金华企业培训活动；9月4日，组织参加金华市举办的浙江省拓市场稳外贸政策宣讲培训会，浦江睿邦进出口有限公司、浦江温馨家纺工艺厂等12家企业参训。

【家纺艺术设计与文化时尚学术讲座】　6月22—23日，2019浦江家纺艺术设计与文化时尚学术讲座在科技创业园三楼会议室举办。武汉纺织大学艺术与设计学院、中国美术学院的5位教授对52家绗缝企业120余名设计骨干进行产品设计培训。

【产业集群调研】 8月1日，中国家用纺织品行业协会副会长朱晓红一行3人到浦江调研产业集群整体发展情况，了解绗缝家纺产业及企业发展状况及政策规划。副县长楼新有、县经商局副局长陈善友、绗缝协会会长潘鸣及浙江超界集团有限公司、浙江嘉泰工艺品有限公司、浦江百丽工艺有限公司、浙江汇鸿工贸有限公司、浙江依诺雅家纺有限公司、浦江森得利工艺品有限公司等7家企业负责人参加座谈。

中国家用纺织品行业协会产业集群座谈会

（楼湘君 摄）

【“中国绗缝家纺名城”复评】 绗缝协会按照中国纺织工业联合会关于加强纺织产业集群工作的部

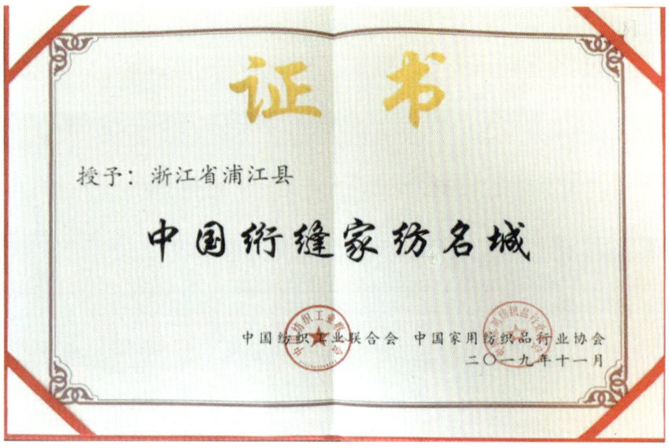
证 书

授予：浙江省浦江县

中国绗缝家纺名城

中国纺织工业联合会 中国家用纺织品行业协会

二〇一九年十一月

浦江被授予“中国绗缝家纺名城”称号

署要求，联系沟通县有关部门，组织绗缝名城第四次复查相关材料并及时申报。在12月5日召开的全国纺织产业集群复评总结会议上，浦江纺织产业集群试点地区第四次获“中国绗缝家纺名城”称号，绗缝协会被评为纺织产业集群地区优秀协（商）会（2016—2018）。

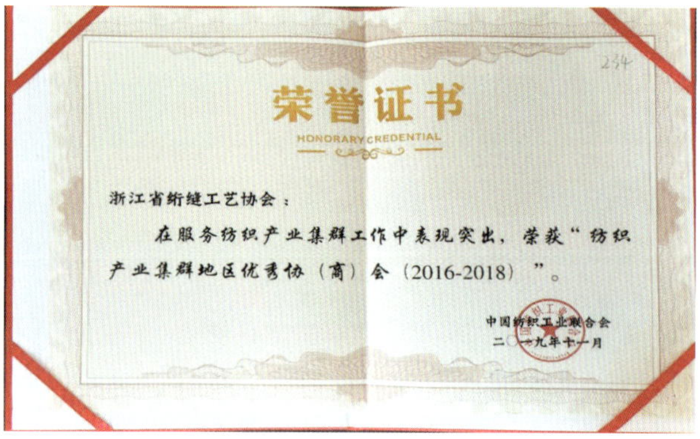
荣誉证书

HONORARY CREDENTIAL

浙江省绗缝工艺协会：

在服务纺织产业集群工作中表现突出，荣获“纺织产业集群地区优秀协（商）会（2016-2018）”。

中国纺织工业联合会

二〇一九年十一月

绗缝协会被授予纺织产业集群地区优秀协（商）会（2016—2018）

（楼湘君）

浙江省挂锁行业协会

【概况】 2019年，浙江省挂锁行业协会（简称“挂锁协会”）在册会员单位138家，浦江县境内123家，海宁6家，桐庐5家，温州1家，金华1家，义乌1家，兰溪1家，发展新会员5家，增补副会长单位1家。到外地开展调研活动3次，集中座谈1次，召开四届四次会员代表大会、四届三次理事会议、四届六次、七次会长办公会议，收集归纳挂锁行业存在的行业形势、产业链配套、品牌建设、产品质量、市场建设等困难问题，向县政府及主要部门提出推进智能锁具制造发展、规范喷漆价格等各类意见和建议10余条。开展2次技能培训和2场职业技能竞赛，发布2

项团体标准，通过1个省标准化试点项目验收，组织79人次参加出口信用保险政策和海关政策宣讲会、2019年浦江县知识产权宣传周知识产权培训会等6场宣讲培训。

【调研考察】 4月11日，副县长赵仕党带领县府办、县经济商务局、省挂锁行业协会及浙江浦江圣力工贸有限公司负责人到山西省曲沃县考察铸造业。考察团一行对当地铸造企业整治情况进行调研，与当地政府开展座谈，共同促进两地上下游产业提升发展。5月30日，县挂锁行业整治提升指挥部副指挥陈光明、浙江省挂锁行业协会会长周晓明带领理事单位负责人，就在浦贵州籍人员返乡创业影响浦江挂锁企业生存、发展等相关事宜，到贵州省赫章县开展调研。考察团走访野马川锁具园，妈姑镇锁体铸造、有色金属冶炼园，金银田社区扶贫车间，并与当地政府、部门领导进行座谈、交流，形成《外迁企业对浦江锁具行业的影响分析及对策》调研文章报县政府有关部门。7月27—28日，挂锁协会联合中国人寿浦江县支公司组织劳资纠纷咨询办公室成员、华晨安保咨询公司一行10人到磐安县考察，交流学习当地在实施行业在职员工团保工作的新经验、新做法。

【智能锁具生产企业座谈会】 3月28日，挂锁协会联合县市场监管局组织召开浦江智能锁具生产企业座谈会，相关企业负责人、技术人员共16人参加座谈，国家锁具产品质量监督检验中心（杭州）2位专家莅临指导。座谈会就行业龙头企业带动全面发展、提高智能锁具质量安全风险意识、推动智能挂锁“浙江制造”标准制定等方面达成共识。

【四届四次会员代表大会】 3月29日，浙江省挂锁行业协会四届四次会员代表大会在浦江举行。副县长赵仕党、省企业发展服务中心副主任姜发根作重要讲话。中国五金制品协会理事长张东立就中国挂锁产业基地提升作主题演讲。会议审议并通过挂锁协会财务收支情况报告、劳资纠纷咨询暨团保工作、行业专家组成员管理考核办法；增补浦江县新浪锁业有限公司、浦江县众鑫锁具有限公司、浦江县土虎静电喷涂有限公司、浦江县天宗工贸有限公司、兰溪市水手五金有限公司、浦江县凯艺喷涂有限公司、浦江康圣锁具有限公司、浦江侃锐喷涂有限公司、浦江县永强喷漆有限公司9家理事单位；取消浦江冠山锁具有限公司、海宁市王氏锁业有限公司、福旺五金制锁（海宁）有限公司、海宁市皇冠锁业有限公司、海宁市江南锁业有限公司、海宁盛达五金有限公司、浦江县人民锁厂7家理事资格；出台《中国挂锁产业基地提升行动计划》。会议表彰张超英等9位预警信息员、李家庆等11位行业专家，分别获得预警信息和行业专家一、二、三等奖；授予浙江名鼎锁业有限公司“东亚”牌、浙江浦江包心锁业有限公司“包心”牌和浦江亚联锁业有限公司“亚联”牌挂锁为浙江省挂锁行业名牌产品；浦江千锤五金有限公司、浦江瀚博工贸有限公司、浦江康圣锁具有限公司和浙江恒维智能科技有限公司为浙江省挂锁行业优秀配件配套企业。

浙江省挂锁行业协会四届四次会员代表大会

（甘 果 摄）

【职业技能培训】 4月27日，由挂锁协会组织的模具制造与设计培训在浦江工匠学院举办，15家制锁企业的52名品管人员和技术人员参加，邀请有理论功底、实践经验丰富的老师授课，27名学员获中级职业资格证书。7月13日，组织53名技术骨干进行为期四天的CAD制图培训，让学员们掌握必要的手工绘图、计算机平面图形和三维实体造型的设计能力。

锁具装配技能竞赛

（陈丽容 摄）

【职业技能竞赛】 9月8日，举办由县人力资源和社会保障局、县总工会主办，挂锁协会承办的工具钳工职业技能竞赛，全县挂锁行业121名技工参加比拼。经过理论考试和实际操作综合成绩评审，吴氏锁业黄海银获第一名，圣力工贸郑辉获第二名，琪莹工贸吴金荣获第三名，并破格晋升为钳工技师；康圣锁具赵国良等59名选手晋升为钳工高级工。11月17日，举办由县总工会、县人力资源和社会保障局主办，挂锁协会承办的锁具装配职业技能竞赛，全县挂锁行业84名装配工参加现场比拼。考评专家组通过对参赛选手的现场打分，雷力仕锁业陈猛亚和梅花锁业潘武平、杨玉香获弹子挂锁组前三名；梅花锁业吴觉文、雷力仕锁业洪伟康、梅花锁业伍培英获叶片挂锁组前三名；81名选手获专项职业技能资格。

工具钳工职业技能竞赛 （陈丽容 摄）

【团体标准发布】 挂锁协会先后制定《横开挂锁》《钢挂锁》2个团体标准，并在国家标准化管理委员会官网上正式发布。标准的制定为挂锁产业的质量规范、有序发展提供技术支撑。在标准制定过程中，挂锁协会注重行业特性，注重性能指标的科学性、先进性和有效性，召开10余次专题会议进行研究，组织起草编制组成员到相关企业调研，征求企业老板、技术人员意见，科学设置个别技术性能指标。

【省级标准化试点项目通过验收】 7月25日，挂锁协会申报的《叶片挂锁行业团体标准省级标准化试点》项目通过省专家组验收，会议采取“一听二看三走四查”方式对整个项目实施情况进行专项核验，认为承担单位基本完成项目任务书中的各项内容，达到预期目标。

【应对贸易摩擦】 组织企业观看中美律师在线解答3000亿美元征税清单知识讨论、美国“301调查”3000亿美元征税清单听证会相关情况直播，针对美国贸易代表办公室拟对3000亿美元中国输美产品加征关税公告展开讨论，11家企业提交英文版抗辩至指定网站，第一时间对拟征税清单产品发表评论意见，争取豁免机会。组织企业到永康参加金华市智能门锁行业发展大会暨“智能共赢”智能门锁科技峰会，民革浙江省委员会法律服务团走进金华企业活动。承接全省外经贸法律服务月暨知识产权维权与诉讼、出口管制和经济制裁政策培训活动，永康技师协会项目建设经验交流团。2019年，挂锁协会被评为省级“外贸预警信息工作优秀”单位。

【国内外展览】 挂锁协会组织企业参加义乌中国国际电器五金展、中国小商品博览会、上海国际五金展，参展企业85家次115个展位。参展第124届中国进出口商品贸易会春季展会，35家次挂锁企业200余人到会参展、考察，涉及3个展区50余个展位。2019年，挂锁协会获得中国小商品博览会优秀组团单位奖。组织企业参加境外展，7家企业参加德国科隆国际五金工业展，签订意向交易额300余万美元；12家企业参加2019中国浙江名品（匈牙利）展览会和中国浙江——塞尔维亚经贸对接洽谈会，增进浙江与中东欧国家的经贸往来和企业间的相互了解。

【劳资安保工作】 成立安全和保险服务工作领导小组及其办公室，从单一的服务企业因工伤或意外发生产生的纠纷调解、协调工作，延伸至团体保险、安全托管领域。2019年，解决三菱锁业等企业劳资纠纷4起，15家会员企业1500余人参加了在职职工工伤补充保险或返聘员工意外保险，理赔补偿20余万元。

【企业风采】 浙江浦江梅花锁业集团有限公司认定为知识产权贯标企业，数字化制造设备投入453万余元、软性投入34万余元、硬性投入44万余元；参与GB/T36920-2018《锁具术语》和GB/T37634-2019《锁具测试方法》国家推荐性标准的制定；“U型插玻璃门指纹锁”获省级工业新产品；申请发明专利1件，实用新型专利31件。浙江浦江圣力工贸有限公司的“圣力科装全自动内装锁舌装配机”被认定为2019年省首台套重大技术装备；“铁合金原子锁50mm（花篮型）”和“圣力科装全自动内装锁舌装配机”获评省级工业新产品；两化融合项目——滑轮/挂锁精益生产的机联网建设，软性投入35万余元；申请实用新型专利3件。浦江亚环锁业有限公司首次被认定为国家高新技术企业；“多重防护四方凹槽全包锁梁挂锁”获评省级工业新产品；申请实用专利11件。烟台三环锁业集团浦江有限公司的“铜质双锁舌全自动锁研发”和“铁质弧形拉光弹子挂锁”获评省级工业新产品。浙江浦江雷力仕锁业有限公司的“基于冲压成型型技术铁皮防撬叶片锁”和“户外防雨水耐酸碱安全挂锁”获评省级工业新产品；申请实用专利3件。浦江县超刚弹子锁业有限公司的“高强度抗老化不锈钢锁芯弹子”获评省级新产品；申请实用专利3件。浙江安保龙智能安防科技有限公司的“智能家居电子锁”和“基于图像识别的无键盘电子锁”获评省级工业新产品。浙江浦江中星有限公司申请实用专利1件。浦江亚联锁业有限公司被认定为省科技型中小企业。浦江超格锁业有限公司被认定为市级研发中心。浦江县寿星锁厂申请实用专利2件。浦江康圣锁具有限公司申请实用专利3件。

（陈丽容）

商 贸

国内贸易

【概况】 2019年，全县实现社会消费品零售总额124.81亿元，同比增长8.94%，列全市第三位；批发业销售总额81.24亿元，同比增速19.3%，列全市第一位；零售业销售总额262.97亿元，同比增速9.1%；2019年度批发和零售业商品销售额344.21亿元，较2018年同期309.18亿元增长11.33%，列全市第三位。其中，限额以上批发和零售业商品销售额1—12月累计34.77亿元，同比增长28.44%，列全市第一位；住宿业营业额3.13亿元，同比增速11.5%，列全市第二位；餐饮业营业额45.84亿元，同比增速15.8%，列全市第一位。完成产销（主辅）分离企业4家，新增限上批零住餐企业（下升上入统）27家。组织开展2019年商业步行街高品质建设试点项目等12个项目申报和调研工作。

全年处理单用途商业预付卡投诉件275件。负责成品油经营行政许可和经营活动的监督管理，与全县27个在册营业加油站（点）和三大商场签订《安全生产责任书》。1—12月共检查生产经营单位31家，排查出隐患29项，已整改29项，责令整改12起、停业整顿2起。制定浦江县高质量商贸发展的政策，推动消费平台培育、商业模式和业态创新。组织商务部重点流通企业监测系统样本筛选调查及开展2019再生资源回收体系建设规划编制项目对接。

国外贸易

【概况】 2019年，全县自营出口总额8.87亿美元，同比增长6.85%。进口额5390万美元，负增长24.01%。“一带一路”沿线国家贸易增加至62国，出口额3.63亿美元，新增自营出口企业113家。3月22日，举办浦江县出口信用保险和海关政策宣讲会，共300余人参加会议。10月10日，举办中美贸易摩擦应对及新兴市场开拓专题培训会，全县200余家企业代表参加培训会。

组织245家企业参加2019中国浙江名品（匈牙利）展览会、2019中国浙江时尚创意精品（泰国）展览会、2019德国科隆亚太交易会、第25届中国义乌国际小商品（标准）博览会、第二届中国（祁县）玻璃器皿博览会、中国国际家用纺织品及辅料（春夏）博览会、2019义乌五金电器博览会、第29届中国华东进出口商品交易会、第125届和126届中国进出口商品交易会、2019上海中国国际五金展览会等境内外重大展会；组织77家企业和涉企部门参加首届中国国际进口博览会。其中，浙江浦江华德水晶科技股份有限公司参加浙江省交易团采购成交集中签约仪式，4家企业参加中德高新技术对接会，2家企业参加G60科创走廊九城市扩大开放政策发布会活动，达成意向采购成交额520余万美元；组织非遗项目报名参加进博会，其中浦江乱弹入选表演项目，浦江剪纸入选参展项目。

鼓励企业参加出口信用保险，推进小微外贸企业统一联保制度，中国出口信用保险公司浙江分公司营业部围绕浦江外经贸发展重点，与县经济商务局联合举办培训会2次，向浦江投保企业推送“信用风险预警”45次。全年参与出口信用保险企业245家，覆盖率48.9%。

【2019中国浙江名品（匈牙利）展览会】 5月2日，“2019中国浙江名品（匈牙利）展览会”在匈牙利首都布达佩斯开幕。副县长虞红梅率县内挂锁、水晶、家纺、服装等16家企业参加此次展览会，产品涵盖五金挂锁、家用纺织品、服装和水晶玻璃制品等浦江县传统特色产业。展会结束后，参展企业到塞尔维亚首都贝尔格莱德参加了2019中国浙江——塞尔维亚经贸对接洽谈活动。

2019年浦江县主体市场自营出口情况表

表4

序号	出口地	2019年		2018年		同比增减(%)	比重增减(%)
		出口总额(美元)	占比重(%)	出口总额(美元)	占比重(%)		
地区	合　计	886608911		829807181		6.85	
	亚　洲	317384279	35.80	248937003	30.00	27.50	5.80
	美　洲	222601422	25.11	232937723	28.07	-4.44	-2.96
	欧　洲	204657325	23.08	206955626	24.94	-1.11	-1.86
	欧　盟	129431248	14.60	132057301	15.91	-1.99	-1.32
	拉丁美洲	97129099	10.96	96655409	11.65	0.49	-0.69
	非　洲	55253232	6.23	36464258	4.39	51.53	1.84
	东　盟	39823246	4.49	39304162	4.74	1.32	-0.24
	大洋洲	5013540	0.57	5017258	0.60	-0.07	-0.04
国家	美　国	213696337	24.10	223559407	26.94	-4.41	-2.84
	阿联酋	79963428	9.02	63614129	7.67	25.7	1.35
	俄罗斯	64109404	7.23	67078183	8.08	-4.43	-0.85
	印　度	58312316	6.58	29181221	3.52	99.83	3.06
	韩　国	34408126	3.88	45623711	5.50	-24.58	-1.62
	智　利	27709674	3.13	24486533	2.95	13.16	0.17
	巴　西	24052070	2.71	26390254	3.18	-8.86	-0.47
	德　国	23938222	2.70	16898797	2.04	41.66	0.66

续表4

序号	出口地	2019年		2018年		同比增减(%)	比重增减(%)
		出口总额(美元)	占比重(%)	出口总额(美元)	占比重(%)		
国家	英　国	21939493	2.47	24566939	2.96	-10.70	-0.49
	巴基斯坦	20954237	2.36	17010190	2.05	23.19	0.31
	墨西哥	20183156	2.28	19719765	2.38	2.35	-0.10
	马来西亚	18003552	2.03	11550189	1.39	55.87	0.64
	荷　兰	16601141	1.87	19578196	2.36	-15.21	-0.49
	印度尼西亚	13528514	1.53	5239285	0.63	158.21	0.89
	沙特阿拉伯	12239844	1.38	6149766	0.74	99.03	0.64
	西班牙	10911454	1.23	14267665	1.72	-23.52	-0.49
	南　非	9667332	1.09	6732538	0.81	43.59	0.28
	意大利	9285559	1.05	10938699	1.32	-15.11	-0.27

2019年浦江县自营出口商品情况表

表5

序号	分行业	2019年出口金额(美元)	2018年出口金额(美元)	同比出口金额增减(%)	占比(%)
浦江县		886608911	829807181	6.85	
1	绗　缝	182131123	202555496	-10.08	20.54
2	贸　易	234888775	216348350	8.57	26.49
3	服　装	147890840	119223376	24.05	16.68
4	锁　业	57145172	60992040	-6.31	6.45
5	其　他	90666394	75500504	20.09	10.23
6	鞋　业	11480253	13174641	-12.86	1.29
7	袜　业	24686764	21388837	15.42	2.78%
8	水　晶	49486988	34449879	43.65	5.58
9	五　金	42604793	38465990	10.76	4.81
10	化妆品	14948695	20307661	-26.39	1.69
11	LED	11038853	10553857	4.60	1.25
12	地　毯	5163042	11705762	-55.89	0.58
13	针　织	14477219	5140788	181.61	1.63

粮食购销

【概况】 开展全国政策性粮食库存数量和质量大清查。每季度对县粮食收储有限公司各粮仓进行“一符四无”安全检查，按要求完成“双随机”抽查工作。开展“放心粮油”企业、供应店建设，对2家粮油企业、10家粮油供应店进行“放心粮油”培育。全年完成粮食轮换9760吨、冻猪肉130吨储备任务。完成与县民政局的应急救灾物资储备职能交接，制订2019年度应急救灾生活物资采购计划，完成应急救灾物资采购补库工作。

【开展全国政策性粮食库存数量和质量大清查】按照“有库(点)必到、有粮必查、有账必核、查必彻底”的原则，对库点的所有粮食库存实物数量、品种、粮权归属情况，粮食库存账务、粮食库贷挂钩、粮食库存质量管理、县级储备粮轮换管理情况，政策性财政补贴资金拨补等情况进行了全方位自查和督导。全县粮食库存数量真实，账实、账账相符；县级储备粮管理规范，轮换任务完成较好；库存粮食粮情稳定，质量完好、安全；库贷相符，收购贷款资金使用合理；安全生产制度健全落实，设施、设备配备齐全、有效，无明显安全隐患。

【粮食轮换】 2019年，完成县级储备粮油轮换计划9760吨，县级储备粮食27200吨，其中小麦10000吨、早籼稻谷10400吨、晚籼稻谷6570吨、成品粮230吨，县级储备食用油一级豆油30吨。与4个粮食专业合作社签订早稻订单合同，订单面积45.9公顷，订单粮食275.2吨。出台订单粮收购价格，订单早籼谷收购价每50千克123元，订单早籼谷价外奖励每50千克30元，由财政补贴资金“一卡通”支付。中晚籼稻收购价为每50千克140元(含政府奖励每50千克10元)，政府奖励在粮食收购时直接兑现。当年生产的早籼稻(三等)、中晚籼稻和晚粳稻最低收购价格分别为每50千克123元、129元和133元，与2018年持平。

供销合作

【概况】 2019年，全县供销系统资产总额2.08亿元；所有者权益0.71亿元，上缴税金191万元。浦江县供销合作社联合社(以下简称“县供销联社”)全年改造5处社有资产，6—7月投入10万余元，对巧溪、虞宅2处房屋屋面严重渗漏进行改造，把年久破旧的瓦片更换成崭新的陶瓷瓦；9月投入1.2万元，对南江路、商业走廊2处店面平顶渗漏进行SBS补漏维修；对南江路钢架大棚进行公开招租，引进社会资金进行全面改造提升，投入改造资金30余万元；对黄宅综合大楼办公楼2—5层进行安装消防楼梯安全通道改造，提升房屋结构品位，公开对外招租。

自5月开展创办省级放心市场以来，潘宅农贸市场先后投入经费13万余元，新建熟食商铺更衣室，改造蔬菜摊位展示台，豆制品摊位增设防蝇架，水产摊位增设杀鱼器等硬件设施。9月，会同浦江农商银行引进33台智能溯源电子秤，交由经营户使用，在交易过程中将各种经营信息上传到省食品安全追溯网站，为创建食品安全工作和放心市场建设提供保障。在加大硬件设施投入同时，健全各种制度、索票索证、购销记录等软件建档立账，严格按照放心市场标准逐条对照，改造到位，于10月通过省级放心市场验收。截至10月，潘宅农贸市场销售收入5447万元，同比增长3.7%；农残检测5500余批次，同比增加2.2%；市场内客流量69万人次；租金收入（含店面）97.5万元，同比增长15.1%，实现经济与社会效益双丰收。

2019年，县供销联社围绕安全生产第一理念，落实安全生产责任制，杜绝安全事故的发生，参与上级组织的安全检查和消防部门组织的培训活动。全年开展“百日安全生产攻坚专项整治”“防风险保平安迎大庆”消防安全执法检查专项行动和“安全生产万里行”活动。每月对所辖区资产定期进行安全生产隐患检查，共组织检查128次，参与人员451人次，检查中发现一般安全隐患14处，更换到期灭火器12个，新增灭火器6个，与所有承租者签订《安全责任书》，全社共签订责任书62份，及时消除了安全隐患，对所辖资产实行全覆盖、无死角的检查，确保企业资产安全运行。

【县农民合作经济组织联合会】 2019年，县级农民合作经济组织联合会（以下简称“县农合联”）制定下发《浦江县2019年葡萄销售补助细则》，规定对葡萄销售进超市、葡萄新开拓市场摊位给予最高不超过5万元的补助，全年共发放奖励补助44万元。开展优秀农产品经纪人评选活动，评选出各领域优秀农产品经纪人代表24名，奖励资金6万元。开展“金融送下乡”活动，联合县农商行连续开展县农合联会员单位走访授信活动。全年对县农合联会员授信面为92%，发放农合联会员贷款授信68户，共计5470万元，发放贷款39户，共计金额5211万元。落实合作社会员100万元以下免担保信贷工作，依托县农合联，对专项农产品经纪人授信10亿元。根据农商行内部机制，建立农合联信用评定和授信率的标准。

【现代农业综合服务中心建设】 2019年，县供销联社与浙江浙农金泰生物科技有限公司合作投资兴办浦江浙农农业科技服务有限公司营业场所改造工程暨成立浦江县农合联现代农业综合服务中心，推进浦江浙农农业科技服务有限公司农业测土配方、网上庄稼医院、农产品展示展销、农产品检测、农民种植技术培训、病虫害统防统治等系列化、规模化全程服务的开展。县农合联现代农业综合服务中心作为“多功能、一体化”基层农业公共综合服务平台，提供包括产前的技术培训、种子种苗、农资配供，产中技术服务、测土配方、病虫害防治、农机作业、无人机飞防，产后农产品营销等综合性服务。

【农产品推介】 2019年，县供销联社巩固浦江农产品的推介成果，针对葡萄、黄桃等特色农产品销售难题，协助县政府在上海、湖南、广州三地举办“上海第三届浙江·浦江巨峰葡萄品牌发布会”“湖南长沙浦江葡萄上市推广暨新闻发布会”和“2019浙江·浦江第十二届葡萄节广州品鉴推介会”。8月8日，浙江·浦江第十二届葡萄节开幕，县供销联社对接客商200余人，通过新闻宣传、品牌推介、合作签约等方式，打响“浦江葡萄”品牌。2019年，由县农合联和县融媒体中心合作开办的专栏《供销信息桥》，为旌坞枇杷、火龙果、高山番茄、红心猕猴桃等6期产品作宣传，每期展现量在6000人次左右。

【农产品电商推广】 2019年，在开展传统电商预售的同时，创新引入抖音短视频、淘宝直播等新媒体，广泛开展网络宣传。如拍摄《浦江葡萄十二时辰》抖音短视频，获767万人次点播，超过10万人点赞，导入淘宝店铺流量超过50余万人次，浦江葡萄入选抖音好物榜，参加了“七夕鹊实喜欢你”活动。在浦江县众惠农业科技开发有限公司的葡萄园和西门生产站综合服务中心，各开展一场淘宝直播，主推浦江巨峰葡萄、阳光玫瑰葡萄、中余黄桃，直播在线超过1万余人观看，线上线下共收到2500余份订单，销售葡萄5000千克。在东阳、磐安热门旅游线路上投放“二次元”动漫宣传广告，吸引《金华日报》等媒体记者争相采访，游客引流量达十几万人次以上，助推浦江葡萄成为流量“网红”明星。小视频《一个游客眼中的浦江葡萄》，在腾讯、新浪微博、爱奇艺、优酷等网站播放，其中腾讯播放量49.7万，微博阅读量32.4万，微博旅拍60.1万人次观看，视频被百度收录。5月，线上京东浦江馆正式运营，馆内选取了具有浓厚浦江特色的农产品豆腐皮、万方腐乳、东坪高山茶等，生鲜产品选取了浦江巨峰葡萄、十里阳光农业公司的“阳光玫瑰”葡萄、“莓蓝芳”黄玉猕猴桃等产品，全年累计营业额超过10万余元。

烟草专卖

【概况】 2019年，累计销售卷烟15001箱，同比增长0.74%；实现税利1.6亿元，同比增长2.22%；单箱销售额4.05万元，同比增长1.79%。平台推广全面落地，全终端覆盖“香溢购”电商网站，安装钉钉用户2326户，激活2220户。成立“香溢坊”零售户自律互助小组159个，吸纳成员2176个，覆盖面81%。消费者会员APP“香溢家”累计吸粉52143个，当期活跃客户21388个。非烟商城业务拓展有力，累计下单客户855户，完成订单3847笔，累计销售额295万元。数据驱动夯实基础，数采户日常抽查准确率98.5%。支付宝累计开户676户，占比26.4%。累计刷烟笔数120.4万笔，完成年度笔数目标，户均笔数1781笔。终端升级逐步推进。累计完成香溢合作店13家，完成消费体验店建设67家，累计完成新标准现代终端578家，占比21.5%。

2019年，县烟草专卖局共查处各类违法经营案件127起，同比增长44.32%；查获卷烟16005.7条，同比增长13.33%，查获“双五”案件12起。县烟草专卖局开展“蓝天2号”“百日会战”等专项行动，查获真烟13261.2条，同比增长35.51%。省局假私烟市场净化率考核100%。开展天价烟专项整治，张贴警示标语500余张，未发现超千元销售情况。加强委托代收户监管，实地走访36户，取消代收户15户。责令停业整顿14户，降档降级1户，限供货源20户，取缔违法大户2户。对接“无证明城市”改革，网上申请率99.8%。清理中小学校周边零售户53户，处置1户。开展许可证专项整治，共注销59本，收回72本。

2019年，县烟草专卖局党建考核在全市烟草系统排名第一位；送货组和浦阳市场部分别获评获全市烟草系统联考联评二等奖和三等奖；送货组获全市烟草系统物流人员技能竞赛团体二等奖；浦阳市场部和黄宅市场部分别获评全市烟草系统香溢家自律互助小组竞赛一等奖和三等奖；专卖线获全市烟草系统第一届基层所(队)长岗位技能竞赛团体第三名；营销线QC课题《提高香溢家会员活跃度》获全市烟草系统QC课题评比二等奖。

【“8·15”销售假烟案】 2018年8月15日，县烟草专卖局接到县公安局城东派出所协查，要求鉴定涉案卷烟真假。2019年5月5日，经前期大量的摸排、调查工作，专案组决定收网，兵分两路到广东省揭阳市和山东省汶上县对嫌疑人进行抓捕。该案涉案人员7人，因案件冲突等原因，多人被移交相关省市公安部门并案处理。

(王奕辰)

电子商务

【概况】 2019年，全县实现国内网络零售额135.5亿元，同比增长16.1%，全市排名第五位，全省排名第38位。跨境网络零售出口总额24.24亿元，全市排名第三位，全省排名第六位。跨境电子商务跨境小包业务量4045万件，同比增长9.03%。有各类网店15000余家，其中活跃经营主体8643家。活跃网络零售网店总数在金华市排名第三位，在全省排名第27位。电子商务就业创业氛围良好，直接解决就业岗位约2.4万个；间接带动就业岗位约6.2万个。省级电商专业村10个，专业镇5个。浦江县2018年度电子商务发展扶持政策补助企业146.24万元。全年组织展会、培训、活动94场次，培训企业2191家次、培训2591人次。

【电商上云高峰论坛】 3月22日，县经济商务局组织50家电商企业到金华市金东区金义都市区浙中信息通信产业园，参观产业园现有基础设施与数据中心配套功能区，并参加"智慧电商 云启未来"2019年浦江县电商上云高峰论坛。

【第三届电子商务创业创新大赛】 6月12日，"之江创客"2019全球电子商务创业创新大赛浦江选拔赛暨浦江县第三届电子商务创业创新大赛在县职技校举行。大赛由金华市网络经济发展局指导，县经济商务局、县教育局、县人力社保局、团县委主办，县职技校、县电子商务公共服务中心、县电商协会承办。从33个初赛项目中选出10个决赛项目，涵盖传统产业再创业、个性定制、社会服务、民宿文化、古韵古风等多个领域。参赛项目"干货笔记平台"获一等奖，"智能制造时代家用扶梯在线定制""智家全屋智能定制"获二等奖，"尚居纺尾货网店""缩青丝""遇见民宿"获三等奖，"爱屋吉物·快修E站""倒影计划""稻香绿色饮食网""青春味道"获优秀奖。

第三届电子商务创业创新大赛参赛人员

（周　迪）

农　业

【概况】 2019年，全县农林牧渔业增加值10.5亿元，按可比价增长3.9%；农业生产总值15.03亿元，同比增加8.3%；农业增加值为8.5亿元，按可比价增长2.4%。农民人均收入23306元，同比增加1835元，增长8.5%；城乡居民收入比2.07:1。

筹备并召开县委农村工作会议暨乡村振兴示范县创建动员会，实地走访调研15个乡镇街道、30个村，综合了解村庄人居环境、产业发展、村集体经济发展，经县委常委会审议通过，出台《关于推进乡村振兴示范县创建工作的实施意见》。

6月，县委农村工作会议暨乡村振兴示范县创建动员会 （全自成 摄）

推进消除集体经济薄弱村工作，完成2018年度省财政扶持项目14个；全县已入账村集体经济总收入1.9亿元，经营性收入9071万元；总收入20万元且经营性收入10万元的村占比达100%。

开展美丽乡村建设，创建星级村27个（其中五星精品村5个）、村口景观20个，完成7个精品线提升建设项目、8个生态廊道沿线秀美村的创建任务、57个村的新时代美丽乡村示范认定申报工作（其中达标村38个、精品村19个）。郑宅镇被评为全国乡村治理示范乡镇，岩头镇被评为浙江省美丽乡村示范乡镇，前明村、麟溪村、横山村、薛家村被评为全省美丽乡村特色精品村。

开展历史文化村落建设项目吴大路村的首年建设任务；完成历史文化村落檀溪镇潘周家村、黄宅镇古塘村省级绩效评估工作，完成新光村古村落保护利用经典案例的编撰工作。完善省农业农村厅对2016年新录入历史文化村落名录的古村落留存情况，对1—4批一般村建设成效和5—7批一般村计划建设进行统计。新光村被评为全省历史文化村落保护利用示范村。

做好农村生活污水治理收尾工作，配合县五水办创建污水“零直排区”工作，治理农村生活污水项目63个。开展相关乡镇排水设施排查工作，累计出动检查人员500余人次，排查发现问题43处，已全部整改到位。配合县建设局完成《浦江县农村生活污水治理专项规划》。

推进扶贫工作，核对低收入农户数量，开展低收入农户“一户、一策、一干部”工作。联合县纪委、财政、民政、残联等单位对15个乡镇（街道）开展扶贫领域检查，并下发通报，要求相关乡镇（街道）针对问题进行整改。投入扶贫资金1.477亿元，已下拨7886.83万元，安排教育、文化等扶贫项目16个，资金投入率53.4%。

9月26日，浦江县黄宅葡萄特色农业强镇创建通过省农业“两区”办组织的相关专家组验收，并被认定为第二批省级特色农业强镇。“秀美浦江”休闲农业与乡村旅游2日游线路，于4月3日获农业农村部向全国重点推介。大畈“诗人小镇田园”于10月13日被省农业农村厅、省文化和旅游厅评为浙江省“最美田园”，“秀美浦江”休闲农业与乡村旅游2日游线路被评为浙江省休闲农业与乡村旅游精品线路。

开展农民培训工作，培育农村实用人才和新型职业农民，坚持从实际出发，调整培训方向、丰富培训项目，培训初级农村实用人才1294人、其他普及性培训1503人、新型职业农民340人，为推动农业和农村经济发展提供人才保障和智力支撑。加强新型职业农民培育，发挥田间学校培训作用，组织靓松家庭农场、长丰果园、凯鼎农业3个省级田间学校开展新型职业农民培育工作。组织开展葡萄班、茶叶种植与加工培训班、草莓蔬菜培训班、樱桃（桃形李）培训班4类专业培训工作，培育340名新型职业农民学员，超额完成部省厅下达的培训任务。

浦江县被确定为全国县域数字农业农村发展先进县、全省首批部省共建乡村振兴示范省先行创建单位，浦江县良种场被确定为全省首批现代化国有农场创建单位。

【“三农”展览会】 1月25日，2019年浦江县“三农”展览会开幕式在县农副产品批发交易市场举行。金华市农业农村局局长金艳，县人大常委会副主任戴忠泉、副县长虞红梅、县政协副主席胡晓红、县供销联社主任周卫东、县内外客商、县有关部门及各乡镇街道负责人、省内外多家媒体的新闻记者参加。本届展会设置农产品展销和浦江传统美食精品展销2个版块，农产品展销版块设县内展区、县外省内展区、省外展区共124个展位，浦江传统美食精品展销版块设展位30个，面积500平方米。同时，举行第二届“农人工匠”表彰仪式，10位来自田间地头的农业技术带头人受到表彰。

浦江县“三农”展览会开幕式　　（全自成 摄）

【第十二届葡萄节】 8月8日，2019浙江·浦江第十二届葡萄节开幕式在黄宅镇横山村举行。本届葡萄节由中国果品流通协会、省农业农村厅、省供销合作社联合社、省农民合作经济组织联合会、省农业科学院主办，县人民政府承办。此届葡萄节包括了浦江十大优质葡萄基地授牌仪式、“浙江农业之最”——最甜葡萄赛事、“浦江葡萄”丝路行首发仪式、县长带您摘葡萄活动、网上葡萄节活动、“浦江葡萄”摄影大赛、2019年中国“寻根之旅”夏令营走进浦江葡萄园、优质客商“请进来”、万人葡萄采摘之旅等活动。

【农民丰收节】 9月28日，2019年浦江县农民丰收节在檀溪镇洪山村开幕。丰收节设置了农事竞赛、体验活动。全县15个乡镇(街道)组队参加收割、打稻等农事竞赛，邀请市民体验剥豆、碾玉米、扎稻秸等活动。现场表彰新型职业农民优秀代表10名。

浦江县农民丰收节开幕式 （全自成 摄）

新型职业农民优秀代表 （全自成 摄）

【县级田园综合体项目遴选会】 6月20日，县农业农村局召开浦江县县级田园综合体项目遴选会，会议采取16位评审专家现场点评打分的模式，按平均得分高低排名。前6名入选第一批县级“三产”融合示范区(田园综合体)建设名单，分别是黄宅镇“江南吐鲁番”田园综合体、杭坪镇薛家——乌浆田园综合体、花桥乡果香花桥田园综合体、郑宅镇“三产”融合田园综合体、檀溪镇珍香茶业田园综合体和白马镇嵩溪古村田园综合体。

（杨 赟）

种植业

【概况】 全县粮食播种面积4562公顷，总产量21319吨。水果种植面积7006公顷，总产量14.15万吨，总产值13.59亿元，产值增加7.9%。葡萄种植面积4466公顷，产量12.5万吨，总产值11.17亿元，产值增加9.61%；桃形李种植面积506.66公顷，总产值690万元；草莓种植面积38.6公顷，产量835吨，产值3580万元，同比分别增加5.2%、1.2%、7.8%；西甜瓜种植面积553.3公顷，产量1.47万吨，产值4275万元，同比分别增加7.8%、6%、11.1%。全县蔬菜种植面积4760公顷，总产量12.09万吨，总产值2.91亿元，同比分别增加1.7%、0.4%、5%。山地蔬菜种植面积2007公顷，产量6.64万吨，产值1.62亿元，同比分别增加5.6%、1.2%、9.4%。

全县茶园面积2646.67公顷，其中开采茶园面积2066.66公顷，产量1065吨，同比减少3.18%；茶业产值7600万元，同比增加1.3%。7月，下发《关于下达2019年浦江县美丽田园建设考核方案的通知》，明确美丽田园建设内容，对美丽田园建设进行部署。通过示范创建、以评促建、以奖补建等形式，推动以荒田复垦为重点的美丽田园创建。在实践中，摸索出田长制，制订村规民约，形成荒田复垦、流转、开发的一套新模式，出现了一批美丽田园达标村、十佳村、示范村。

全县达标村复评96个，建成美丽田园示范村26个。下发《浦江县试行农业投入化肥定额制的意见》文件，建立水稻化肥定额制试点示范区5个。推广测土配方施肥技术2.03万公顷，提高肥料利用率，减少化肥对环境的污染。

组织全县农技干部、种粮大户、专业合作社技术人员开展粮食生产技术培训2次，下村举办技术培训3次，培训300余人次。开展“三服务”活动，春耕生产期间送主导水稻品种1200千克，印发政策明白纸等农业技术资料5000份，发布《土壤墒情简报》24期，每周农事建议48期。制订葡萄地方标准1项，建成精品绿色葡萄基地示范基地30家，建成绿色食品农药专柜(店)40家。建成省级葡萄“一品一策”试验基地3个，开展葡萄相关试验项目4个，分别为葡萄金龟子药效及残留试验、葡萄风险隐患的调查和多农药使用试验、葡萄安全风险评估、浦江葡萄营养与风味评价。

推行“三分六统”蔬菜产业化经营管理模式，新增钢架大棚2.66公顷、喷滴灌面积6.66公顷。全县通过无公害认证的蔬菜基地9个，面积共计237.6公顷;绿色农产品证书数1个。全县共建成蔬菜示范基地9个，示范面积213.3余公顷，带动农户120余户，年均每公顷收入从12万元增至21万元，多的高达30万元以上。

(金自成　金芝辉　陈健锋)

浦江葡萄。浦江县种植葡萄历史悠久，现存最早的地方志《嘉靖浦江志略》卷三物产篇中就有种植“葡萄”的记载。之后乾隆、光绪年间的《浦江志略》物产中也均有浦江葡萄零星栽培的记载。到民国29年(1940)，《民国浦江县志稿》中全县葡萄栽培面积为0.66公顷，产量21担。

浦江县地形高低起伏，以低山、丘陵为主，山地、丘陵占总面积的69.2%，是个“七山一水二分田”的丘陵山区县。属典型的亚热带季风气候，并兼有盆地气候特征，独特的地理环境造就浦江葡萄品质优良。果实呈球形或椭圆形，果形整齐，果粒间紧密适度，不易脱粒，去皮容易，内包裹着黄绿色果肉，果肉细脆，肉质厚，甜酸适口，汁液丰富，散发出一股淡淡的清香。

2002年，成立浦江县果业协会葡萄分会。2008年，浦江县葡萄种植面积1400公顷，产量2.8万吨，产值1.1亿元。同年，浦江县政府邀请浙江省农业厅、浙江省供销合作社联合社举办葡萄节。浦江葡萄座果率高，丰产性好，一般田块挂果在2000千克以上，过高的负载量影响葡萄商品性。2009年，浦江县葡萄种植面积1466公顷，产量3.5万吨，产值1.86亿元。2011年，种植面积1886公顷，产量4.2万吨。2013年，开始推行控产提质技术，挂果量控制在1500千克以下。浦江葡萄在大众产品中脱颖而出，突出地方性特色，批发价已从原来每千克4~5元的低端区，转向每千克10~18元中高端区。2013年，种植面积2333公顷，年产量5.3万吨，年产值2.95亿元。2016年，种植面积3533公顷，产量9.2万吨，产值8.2亿元，在册登记的葡萄专业合作社146家，家庭农场256家，种植农户1万余户，出现了一大批葡萄种植专业村。2017年，种植面积4000公顷，产量10.4万吨，产值9.3亿元。2019年，种植面积4466公顷，产量12.50万吨，产值11.17亿元，浦江葡萄种植已成为浦江县农业的第一大产业。

浦江县葡萄果实具有营养价值高、汁多味甜、适口性好等优点，深受消费者青睐。通过多年来的精心培育，浦江葡萄产业发展迅速，成为农民增收致富的支柱产业之一。2012年，首次选送的浦江葡萄在绍兴市上虞召开的全国南方及设施葡萄精品大赛中获得了金奖。2013年1月，“浦江葡萄”地理标志获农业部登记保护，2013年7月被授予“中国巨峰葡萄之乡”称号，2016年成为G20杭州国际峰会总仓供应，2017年浦江葡萄出口新加坡，是浙江省走出国门的第一单，2018年销往中国香港地区，2019年销往阿联酋。全省3个葡萄出口基地均在浦江县，全省唯一葡萄加工厂也在浦江县。2019年5月9日，浦江葡萄荣登全国区域公共品牌百强榜；7月26日，2家葡萄园入选全国最美葡萄园；8月25日，在“2019中国葡萄产业科技年会”上举办的全国获奖鲜食葡萄与新品种(优系)展示品鉴中，浦江县分获1个珀金奖、2个金奖；8月8日，在省农业之最葡萄擂台赛中，浦江县昌诚家庭农场获第二名；10月，浦江巨峰葡萄荣获北京世博会国际竞赛优质果品大赛铜奖；12月17日，浦江葡萄被全国第四批名特优新农产品名录收集登录。

浦江桃形李。浦江桃形李是浙江省浦江县的地方名果、特产。浦江桃形李系蔷薇科李属，“中国李”中的一个品种，是金华市浦江县名特优新珍稀果树之一。貌似孙悟空脸型，当地农民把桃形李又称之为“猴面果”。浦江桃形李早在1964年就被发现，始称“桃麦李”，1984年在开展全县果树资源普查中，发现石马乡沉湖村石坞山裙脚的一片砂质坡地上，有一种形似桃、实为李的奇特果，与红心李同时采摘，涩味重，难入口，只得作酿酒原料，经济效益低，一直以来没有发展。经观察分析，采果期推迟到八月中旬，充分显示出果品应有的风味。1985年培育了第一批嫁接苗，种植3.26公顷，1988年全面投产。该种为形大味美的水蜜李，其形硕大与品质的甘美过去为世界李中之冠。因原产浦江，所以称之为浦江桃形李。

1988年8月9日，在浙江省、金华市、浦江县政府和浙江省科委、浙江省农科院、浙江大学领导、专家参加召开的浦江桃形李生产论证会，一致认为该水果很有发展前途。桃形李开始在浦江大面积推广，1988—1991年是桃形李发展最快的年份，平均每年以1万亩的速度在浦江县各乡镇推广。经过多年示范推广，“浦江桃形李”得到了市场的高度认可。2002年，成立浦江县果业协会桃形李分会，借助协会进行农业技术创新扩散收。每棵桃形李树可年产0.035吨至0.05吨，平均每亩产量2吨。2007年8月，浦江县仙华街道曙光村的20公顷桃形李高效生态核心示范基地桃形李果满枝头。2012年，浦江种植面积733公顷，产量5250吨，产值2400万元。2013年，成立2个桃形李农业技术推广机构，种植面积733公顷，产量5100吨，产值3100万元。2016年，种植面积600公顷，产量3600吨，产值2800万元。2019年，种植面积506公顷，年销售收入超690万元。

1990年，浦江桃形李列入农业部名特优农产品基地，同年列入浙江省科委“桃形李研究”课目，1997年列入浙江省科委“星火计划”，1999年7月31日通过验收。1995年，浦江桃形李获得中国农业博览会银质奖，被浙江省人民政府评为优质水果；1998年，再次被评为浙江省优质水果银奖；2000年，获浙江省农业名牌产品称号，当时是该县唯一的省级农业名牌产品。2002年获评浙江农业博览会优质奖，2005年和2006年分别获浙江农业博览会金奖，2006年获浙江省精品水果金奖。中国经济林协会通过组织专家组对浦江县桃形李基地进行现场考察，根据协会制定的《认定“中国名特优经济之乡”的有关规定》，正式命名浦江县为“中国桃形李之乡”，2017年获浙江精品果蔬展销会金奖，2019年浦江桃形李荣获北京世博会国际竞赛优质果品大赛优质奖。

【耕地质量提升】 4月，县农业农村局下发《关于印发商品有机肥推广应用实施细则的通知》，把推广任务分解落实到乡镇，全年推广商品有机肥1.8万吨。加强商品有机肥的质量监管，全年抽取商品有机肥厂家7家，送检样本18份。下发《关于对2019年标准农田质量提升项目增施商品有机肥的通知》，实施标准农田质量提升1318.74公顷。土样化验2000项次，供应水稻专用配方肥365吨、水稻缓释肥89吨。

【农业绿色发展先行县】 县农业农村局完成“农业绿色发展先行县”子项目200万元绿色防控项目物资采购。通过招标，采购自动虫情测报仪1套、二化螟诱芯3000支、显花作物种植1.5万米、太阳能杀虫灯201盏、农药废弃物回收袋2.04万个、黄板20万张、果品套袋600万个、烟雾机50台、土壤样品检测440个。

【农药减量控害增效】 出台《关于印发2019年浦江县农作物病虫害绿色防控实施方案的通知》《浦江县农业村局关于做好2019年农业重大病虫害疫情防控工作的通知》等文件，推广统防统治与绿色防控工作，完成3900公顷统防统治、4100公顷绿色防控、3.2吨农药减量工作。全县建立水稻统防统治与绿色防控融合推进示范方6个，面积186.93公顷，全县统防统治覆盖率45%。

（贾庆利）

【粮食生产功能区提标改造项目】 4月30日，根据《浙江省农业农村厅关于做好粮食生产功能区提标改造工作的通知》精神，县财政局和县农业农村局联合下发《关于做好2019年粮食生产功能区提标改造项目建设计划的通知》，落实粮食生产功能区建设任务。12月，经认定，浦阳街道泉溪村、珠山村等17个面积588.2公顷粮食生产功能区的提标改造建设任务完工。筹集省级及以上粮食功能区建设资金304.3万元，其中粮食生产功能区内提标改造资金240万元，生态补贴64.3万元。

（金芝辉）

【茶产业发展】 3月29日，在大畈乡上河村举办主题为“踏青品茗，秀美乡村”的2019浦江县开茶节。组织茶企参加5月15—19日举办的第三届中国国际茶叶博览会，11月17—19日举行的第十二届金华·华东农交会茶叶专场活动以及12月12—16日召开的2019浙江绿茶（深圳）博览会。11月29日，与中国农业科学院茶叶研究所陈宗懋院士团队签订为期两年的全面推进茶产业振兴战略合作协议。东坪茶叶被评为第12届中国义乌国际森林产品博览会金奖；东坪高山茶基地创建为省级“生态茶园”示范基地；浦江县大畈乡东坪茶叶专业合作社被认定为2019年金华市商标品牌示范企业；浙江浦江唯高茶业有限公司被认定为浙江省绿色环保示范单位；浦江县茶艺轩农产品开发有限公司被认定为第四批金华市非物质文化遗产生产性保护基地。

（黄巧巧）

【植物检疫】 县植物检疫站开展梨枯梢病、黄瓜绿斑驳花叶病毒病、甘薯茎腐病、扶桑绵粉蚧、红火蚁、加拿大一枝黄花、葡萄花翅小卷蛾调查。3月，由县植物检疫站购买噻唑锌对浦南街道前于村毛阳岗梨园、岩头镇荷店村梨园梨枯梢病开展防控工作，每亩使用噻唑锌100毫升喷雾，每隔7天一次，每次分4个时间段进行喷雾，经查未发现梨树病害。对浙江米歌科技生物公司玉米制种基地、王安玫瑰基地、着心蔬菜种苗基地开展产地检疫。9月，组织农业植物检疫执法检查，开展植物检疫宣传月活动。对3个农业植物疫情检测点开展检测工作。县植物检疫站获2018年度省检疫考核优秀等级。

（方镇许）

【农田氮磷生态拦截沟渠建设】 11月，县农村能源办公室分别在浦南街道湖山村、杭坪镇杭坪村建设2条农田氮磷生态拦截沟渠。浦南街道农田氮磷生态拦截沟渠位于湖山村，总长600余米，平均宽度2米，覆盖农田面积20公顷，总投资20万元，主要建有基质拦截坝、节制闸坝、集泥井、反硝化除磷装置、底泥捕获拦截池、沉泥池、防渗膜等设施，以及沉水植物定植、挺水植物微岛等绿色景观。杭坪镇农田氮磷生态拦截沟渠位于杭坪村，总长1000余米，平均宽度2米，覆盖农田面积20公顷，总投资10万元，主要建有排水沟、基质拦截坝、节制闸坝、集泥井、反硝化除磷装置、生态堰坝、曝气装置、防渗膜设施，以及沉水植物定植、生态浮床、挺水植物微岛等绿色景观。

【秸秆收储体系建设】 县农村能源办公室围绕“划片收储、集中转运、规模利用”，探索政府建设基础设施、主体或社会第三方进行维护运行的建设与运行模式，分别在浦南街道、黄宅镇、白马镇、岩头镇4个葡萄种植重点区域建设钢架结构秸秆收储中心。岩头镇西黄村收储中心总投资68.5万元，大棚面积800平方米，高7.8米，总硬化面积800平方米；浦南街道八村收储中心总投资63万元，大棚面积720平方米，高8米，总硬化面积720平方米；黄宅镇西溪村收储中心总投资91万元，大棚面积680平方米，高6.4米，总硬化面积2444平方米；白马镇利丰村收储中心总投资60万元，大棚面积724平方米，高8米，总硬化面积724平方米。

【沼液沼渣资源化利用】 围绕“资源化利用、生态化发展、科学化治理”的思路，促进畜禽排泄物资源化利用，县农业农村局做好槽罐车运行的监管工作，安排专人，核查车辆运行轨迹，逐月核对车次，每月的表格统计，建立台账制度，由乡镇畜牧员、分管领导签字上报。1—12月，沼液沼渣政府补助车清运2823车计8469吨，自购车清运7232车计41120吨，合计清运10055车、49589吨，政府补助141150元。对全县14辆槽罐车进行车载监控系统升级、调试和车载摄像头维护工作。

【农作物秸秆综合利用】 下发《关于进一步加强农作物秸秆（荒草）禁烧工作的通知》《关于进一步明确油菜等作物秸秆综合利用工作的补充通知》，重新修订《浦江县农作物秸秆综合利用工作实施细则》，作为《浦江县扶持现代农业发展实施意见》配套文件，下发全县各乡镇（街道）。在夏、秋秸秆集中收割期及焚烧多发季节，县农业农村局开展多种形式秸秆禁焚宣传，张贴标语、悬挂横幅80余张（条），2辆宣传车沿乡村公路巡回宣传，发布“农民信箱”信息100余条，发放禁焚资料1350余份。推广秸秆综合利用技术，实施秸秆“肥料化、饲料化、原料化、基料化”，利用“四大”工程，鼓励支持农机合作社开展秸秆翻耕还田和秸秆打捆跨区作业，全年发放“秸秆粉碎、机械购置”农发资金补助127万元。建设秸秆全量利用示范基地1个，全县秸秆综合利用率95.2%以上。

【县域农作物秸秆资源台账】 建立年度县秸秆产生量、利用量台账，开展农户秸秆利用情况等台账基础数据调查，推进秸秆数据共享平台建设。根据农业农村部、省农业农村厅工作部署，摸清全县不同地区、不同农作物秸秆的产生量、利用方式和利用数量，掌握全县不同区域农作物秸秆综合利用途径与数量的动态变化趋势，向上级报送农作物秸秆产生量台账、利用量台账、利用水平计算表和企业秸秆利用调查表。在对各类调查数据、档案资料的收集、整理基础上，建立全县农作物秸秆“五化”利用数据库，及时更新秸秆利用调查、统计等数据库内容，形成系统化数据分析，为各级政府和有关部门制定县域秸秆全量化利用相关政策、产业规划、结构布局和精准管理等提供准确数据支撑。11月5日，省农业农村厅在湖州安吉县召开全省农作物秸秆综合利用现场推进会，县农业农村局作“高质量加强秸秆台账等基础建设 高水平应用秸秆调查统计成果”的典型介绍。

【全国第二次农业污染源普查】 按照省、市第二次全国农业污染源普查工作部署和要求，县农业农村局落实普查任务，完成农业污染源普查数据上报审核、质量控制和现场复核工作。经过普查数据的各级审核及修正，完成6张县级报表统计调查任务，包括80个种植业典型地块、19家规模养殖场、23家养殖户、1个秸秆典型县、120份农户和6份企业/合作社抽样调查表，完成县级网上录入审核、纸质表格报送工作。规范污染源普查数据建档，完成农业污染源普查工作总结与技术总结。

（吴丹华）

养殖业

【概况】 全县畜牧业生产总值3亿元。生猪年末存栏3.22万头，同比下降28.4%，其中能繁母猪存栏3639头，年出栏7.63万头；家禽年末存栏12.02万羽，年出栏16.75万羽；牛年末存栏266头，年出栏339头；羊年末存栏7800只，年出栏6500只。肉类累计总产量7330.43吨，同比上涨11.13%；禽蛋产量495吨，同比下降16.8%。按照农业水环境治理统一部署，出动3363人次对全县规模生猪、肉牛和水禽场开展不定期的污染巡查工作。

【重点项目】 规划生猪产业布局，引进浦江县白马现代生态规模养殖场项目。12月31日，养殖场项目举行开工仪式，项目位于白马镇利丰村，占地面积25.06公顷，配套用地8.66公顷，由义乌华统肉制品股份有限公司、县国资公司共同建设。采用新技术、新工艺、新设备，规划建设“标准化、绿色化、规模化、循环化、数字化、基地化”的高标准养殖场，计划总投资3亿元，设计存栏母猪4500头，年出栏生猪10万头。

白马现代生态规模养殖场项目开工仪式

（陈　琼 摄）

【生猪增产保供】 对标生猪增产保供任务，于9月10日、9月30日、10月25日相继召集相关部门召开生猪增产保供座谈会，专题研究部署生猪增产保供工作。印发《浦江县人民政府办公室关于落实生猪增产保供工作的通知》，明确各乡镇的出栏目标任务。即在确保不污染环境的前提下，彻底放开限养限制;引导有条件的养猪场改扩建(有3家养殖场已进行扩建,投产后可增加产能1万头);调整畜禽养殖禁养区划定,规划生猪产业布局,已引进1个年出栏10万头的生猪养殖项目。

【农牧对接】 2月,通过2018年畜禽养殖废弃物资源化利用工作考核,自评分数104分。落实《浦江县畜禽养殖废弃物高水平资源化利用工作方案》,巩固提升“一场一策”方案,通过宣传畜牧业绿色发展理念和典型经验,推进种养循环实践的积极性和创造性;引导种植业广泛使用有机肥和沼液,深化畜禽养殖废弃物处理和资源化利用,创建浦江县金浦湖羊专业合作社1家省级美丽生态牧场和浦江县徐地畈生态养殖场1家省农牧对接的绿色循环体。8月29日,省治水办综合组组长冯元群一行到浦江调研畜禽养殖污水零排放工作。

徐地畈生态养殖场全景　　(刘红英 摄)

【养殖场信息化管理】 对全县50家规模养殖场备案登记,更新、完善畜禽养殖代码赋码信息。组织和指导养殖场使用“掌上牧云”微信小程序进行数据填报,自7月开始,22家规模猪场月生产情况实现线上监测。顺应信息化发展趋势,通过线上监测结合线下实地核查,完善畜牧产业管理。

(陈　琼)

【生猪屠宰】 全年定点屠宰生猪74309头,比2018年87189头下降14.77%。本地屠宰减少主要原因是受非洲猪瘟影响,生猪养殖减少,造成肉价上涨,消费量下降。全年检出病害猪122头,检出病害猪产品20204.98千克,全部进行无害化处理。屠宰环节“瘦肉精”抽检16494批次,合格率100%。

(陈小银)

农村经济

【概况】 3月12日,县农业农村局召开全县2019年农村“三资”管理工作部署和业务培训会,表彰2018年度县农村“三资”优秀代理会计8名和工作积极分子5名,局总农艺师黄向明作工作强调。4月11日,全县第一季度消薄工作推进会在檀溪镇召开,县委常委、组织部部长李唯出席会议并作讲话,副县长虞红梅作下一步工作部署,各乡镇街道和相关部门消薄分管领导、县农业农村局、县工商联主要领导和分管领导、消薄办全体成员参加会议。5月8日,县消薄办召集组织部、财政局、教育局等单位在郑宅镇政府召开郑宅镇研学营地项目协调会,县委常委、组织部部长李唯、县委常委朱俊华、县农业农村局局长楼建超参会。5月,根据《浦江县农村“三资”代理机构人员增补办法》,通过测试考核增补9名“三资”代理机构人员。8月9日,由杭坪、前吴、花桥、大畈4个乡镇集体经济投资公司分别出资980万元共计3920万元,委托县集体经济投资发展有限公司投资到浦江县资产管理公司。11月20日,“浦义同城飞地抱团”消薄项目在义乌市场集团公司举行签约仪式。12月28日,县农业农村局和浦江农商行在杭州签订农村“三资”智慧监管系统战略合作协议。

【消除集体经济薄弱村】 推进“联村抱团、整镇抱团、跨镇抱团、全县抱团、跨县抱团”等模式，创设镇村联建公司市场化消薄模式，各乡镇“消薄公司”取得抱团项目收入2577万元。启动“村村有项目、各镇能造血、全县有兜底”消薄巩固计划，截至12月，打造1个跨县项目、3个全县抱团项目、5个跨镇抱团项目、68个镇级抱团项目、11个联村抱团项目、944个单村项目，总投资5.57亿元以上；全县入账村集体经济总收入2.1亿元，经营性收入1.04亿元，完成所有村集体经济总收入20万元且经营性收入10万元以上的县定目标，比省消薄任务指标翻一番。

【农村集体产权制度改革】 开展单位清查财产、核定资金456个，其中村级418个，组级38个；核实资产总额320334.6万元，其中经营性资产总额88392.4万元；核实集体土地总面积8.24万公顷，其中农用地总面积7.04万公顷。建立股权管理系统，将股东情况、股份份额等信息纳入平台管理，全县347284名成员股份数据全部纳入平台。5月，全县行政村规模调整经验收合格并公示无异议拨付补助资金4900万元。截至7月，全县15个乡镇（街道）252个村级组织完成赋码颁证，完成率100%。10月，出台《浦江县村级集体经济组织社员资格认定指导意见（试行）》《浦江县农村集体资产股权管理办法（试行）》。11月，全国第三批试点县相关资料总结上报。

【农村土地确权工作】 3月，对土地确权档案数字化加工招投标，4月进入整理阶段，截至12月，全县15个乡镇（街道）向整理公司移交确权档案84216户，移交完成比98.26%，整理档案84216户，档案整理比98.26%，移交档案馆84216户，入馆比98.26%。印制发放83031个土地权证，发现差错户3396户，涉及面积402.44公顷。其中，档案建档和管理不规范379户，涉及面积42.65公顷；确权信息不准3017户，涉及面积359.78公顷，经农村土地承包经营权确权登记颁证“回头看”排查发现的问题全部整改到位。为失地农民查阅第二轮土地延包档案资料1254起。

【“大棚房”问题清理整治】 根据国务院、省政府召开“大棚房”问题清理整治专项行动电视电话会议要求，成立县“大棚房”问题专项清理行动领导小组、县农业农村局“大棚房”问题专项整治行动专班。副县长虞红梅先后8次召集县府办、县农业局、县国土局以及15个乡镇（街道）相关负责人，召开“大棚房”问题专项行动整治落实推进会议。3月13日，市“大棚房”验收组一行8人到浦江验收。3月22—23日，省“大棚房”验收组到浦江验收。2019年，全县清理排查设施农业棚64129个，面积2405.87公顷，排查上报“大棚房”违法违规问题29宗计39个，涉及违规面积1.34公顷，排查出的所有问题均按照《浙江省“大棚房”问题专项清理整治行动验收工作指导意见》的要求整治整改到位，并通过省、市、县、乡四级验收。

（王　静）

【民宿农家乐】 全县有民宿（农家乐）253家，床位2447张，其中等级民宿（农家乐）112家。2019年，发展省级农家乐集聚村项目2个，申报创建2020年省级休闲乡村（乡镇）项目、省级农家乐集聚村创建项目；推动民宿（农家乐）提档升级，联合勘查民宿（农家乐）66家，评定等级民宿（农家乐）46家。县农家乐协会获全省特色农家菜团体铜奖、最佳特色菜品奖。

（柴映映）

农产品质量安全监管

【概况】 县政府与各乡镇(街道)、县农业农村局与局属各单位签订《2019年度农产品质量安全监管目标责任书》。各乡镇(街道)、县农业农村局属各单位与生产主体签订承诺书,落实农产品生产主体质量安全第一责任人的职责。2019年,通过多种方式进行农产品质量安全培训宣传活动,先后发布网络信息20余条,宣传栏31块,发放资料近7500份。先后出动4500人次,对全县种植养殖大户、合作社、家庭农场、"三品"基地等1200余家次就农业投入品使用环节、档案记录、产地环境、农资销售环节等进行巡查检查,全面排查安全隐患。

【农产品质量检测】 2019年,农产品定量例行监测600批次,其中蔬菜189批次、水果273批次、茶叶31批次、粮食18批次、动物产品121批次,合格率99.7%;养殖环节乡镇快检"瘦肉精"1890批次,县级快检4764批次,屠宰环节快检35280批次,未发现瘦肉精阳性尿样;乡镇(街道)农残快检10242批次,配合省例行抽检51批次,市例行抽检123批次,合格率98%以上;开展葡萄专项风险评估32批次。

【"三品一标"认证】 全县有"三品一标"主体52家,其中无公害农产品生产主体27家,产品35个,绿色食品23家,产品25个,有机食品2家;地理标志农产品1家;1个盆地省地现代综合园区和13个粮食功能区通过无公害农产品产地整体认定。2019年,无公害农产品复认定3家企业,产品3个;绿色食品企复认定3家,产品3个;新增绿色食品10家,现场检查通过22家。

【省级智慧监管▲平台建设】 建设省级项目智慧监管平台,建成覆盖县、乡两级农产品质量安全智慧监管网络平台,通过该平台细化农业相关单位职能任务,强化"管行业就得管安全",构建统分结合、有统有分的工作格局。

▲智慧监管:按照2017年中央一号文件突出的"建立全程可追溯、互联共享的追溯监管综合服务平台"的要求,以提升监管能力和农产品质量安全水平为目标,以农产品质量安全"智慧监管"APP为载体,智慧监管平台具有智慧行政管理、智慧信息整合、智慧综合办公的功能,突破现有的平台和数据库"各自为政"的基本情况,体现智慧监管的高效性和智能性,将数据集中化、平台合纵化部署与完善,真正为"智慧监管"提供支撑。智慧监管平台的建设,强化农产品质量安全属地网格化管理,努力将农产品质量安全风险隐患消除在萌芽状态,确保广大人民群众"舌尖上的安全"。

【提升乡镇快速检测室】 利用省级专项资金,以浦南街道、黄宅镇、岩头镇3个乡镇(街道)基层农业公共服务中心为试点,进行农产品质量安全快速检测室提标改造。加强办公区域建设,配强办公设施、检测设施、检测人员,提高公共服务检测能力。

(潘明正)

农业信息化建设

【概况】 围绕"争创省级数字乡村试点县"为中心,完善农民信箱和智慧农业云平台,深化信息进村入户示范工程、农业物联网示范工程、农民信箱万村联网工程三大工程,健全农业信息服务体系,推进

"互联网+"现代农业发展。4月,在2019年度中国农业展望大会上,浦江县被评为全国县域数字农业农村发展先进县。

【信息进村入户工程】 全县"益农信息社"创建提升,在原有的基础上配齐智能操作设备,完善场所和配套软件建设。实现全县行政村"益农信息社"全覆盖,建立5种类型"益农信息社"252个,其中中心站4个,特色站15个,示范站56个,配备触摸屏144台。组织开展"益农信息社"软件平台项目公开招投标工作,建设农业农村综合信息服务平台(益农信息社),整合中央、省市等50余个部门业务,提供700余项为民服务活动。组织多种形式培训,建立村级信息员队伍。依托益农信息社的"12316"语音(农技"110""8890")服务,咨询人数22.62万人次;通过"农民信箱"发送短彩信条数8449.2万条;依托益农信息社或平台的累计便民服务人数36.68万人次,电子商务累计成交额5786.3万元。

【农业物联网建设】 全县以典型示范带动物联网、移动互联网等信息技术在粮食、畜牧、水果、蔬菜、茶叶等重点生产领域中的应用,推进"互联网+"融入农业产业链。截至12月,全县建成同乐家庭农场、长丰果园等农业物联网示范基地和智慧农业示范点24个,智能玻璃大棚8个,智能联动大棚523个,建立环境控制系统设备、小气象站等20余套,设立视频监控点160个。组织开展2019度浦江县智慧农业物联网平台示范建设,启动浦江县十里阳光农业发展有限公司、浦江县俊翔生态农业有限公司2个基地智慧农业物联网平台示范点建设工程。在俊翔农业基地组织召开浦江县"5G+"农业农村信息化应用发布会。浙江农业博览会期间,在数字乡村展区开展浦江县乡村治理创新行动和产业提质升级行动的数字化建设成果展示,现场展示的乡村治理数字化管理平台、县域葡萄全产业链数据平台建设,获部省级领导肯定。

【农民信箱万村联网工程】 全县农民信箱总注册用户81311人,总规范用户数81266人,规范率99%。新增掌上农民信箱使用数2743人,总数14818人。全年度发布"每日一助"200条,群发公益手机短信338条,共收录电子商务地方馆农产品数量130条,发布公共信息129条,农产品买卖信息207条,采编发布"农民信箱"成效典型事例12篇,整理归档"每日一助"服务档案200条。实施万村联网工程,共建设行政村(社区)网站238个,建站率100%,全省考核时规范率100%,全年有13个村获省级"季度之星"荣誉称号。

农业执法

【概况】 2019年,开展护农保春耕联合执法和春、夏、秋三季"绿剑"行动,出动执法人员600余人次,检查农资经营网点250余家次,抽检农业投入品100个。办理农业执法案件15起,罚没3.5万余元(无行政复议和行政诉讼),挽回农民损失50万余元。2019年,市农业行政处罚案卷评查中,浦江县1件案卷被评为金华市农业行政处罚规范案卷(全市5件)。解决农业生产事故6起,补偿农户经济损失5万元。组织放心农资下乡一次,发放物资260余吨。全年发放宣传资料2000余份、农资法规手册1000余本、账册700余本。开展培训1期,受训人员60人次。8月,开展"互联网+监管"执法活动,大队执法人员巡查、专项检查、随机检查次数150次以上。省、市交叉检查组到浦江检查3次；省农业农村厅法规处副处长何卫军到浦江指导金华市农业执法工作；开展人大代表、政协委员视察农资店活动；陕西省农业农村厅质监局副局长、四川省金口河区农业农村局局长对浦江农资店规范化建设进行考察调研。

【农资监管】 通过农资店"一店一码"建设，绿色食品农药专柜（店）建设，落实农药实名制购买，严格农药废弃包装物回收处置等实现农资监管规范化。县内农资店100%实行"一店一码"建设，完善追溯机制。联合开展绿色食品农药专柜（店）工作，40家农资经营部店完成绿色食品农药专柜（店）建设。截至6月，全县59家农资店实现农药实名制购买，省农业农村厅总农艺师蔡元杰到浦江考察农药实名制购买工作，市农业农村局副局长王培涨带队的农药实名制购买宣传片到浦江拍摄。全年回收处置农药废弃包装物32.3吨，回收率179%，其中无害化集中处置32.4吨，处置率225%。

（黄碧漪）

【生猪定点屠宰与执法】 县生猪定点屠宰执法大队开展自行组织生猪屠宰监管"扫雷行动"和会同相关部门联合执法，出动执法人员95人次。全年未发生生猪产品食品安全和生猪屠宰环节安全生产事件。

（陈小银）

农业机械及设备

【概况】 全县农机总动力8.96万千瓦，农机总数量24414台；落实中央及省、县各级财政购机补贴资金131.66万元（中央补贴资金116.41万元，省级补贴资金6.10万元，县级补贴资金9.15万元），受益农户和农机（业）合作组织365户；新增各类财政补贴农业机械470台。其中，耕整地机械215台，种植施肥机械6台，田间管理机械102台，收获机械1台，收获后处理机械5台，农产品初加工机械88台，农用搬运机械38台，排灌机械1台，水产机械3台，动力机械5台、热风炉6台；新增标准化连栋钢架大棚54628平方米，补助中央补贴资金124.39万元；实施农机保险补贴14台，发放补贴资金0.71万元；报废拖拉机421台，发放报废补偿资金133.5万元。11月，郑家坞镇、檀溪镇获评浙江省2019年度"平安农机"示范单位。

2019年度浦江县农机基本情况表

表6

名　称	数量（台）	动力（千瓦）
合　计	24414	89642
耕作机械	1869	10783
种植机械	29	246
排灌机械	8065	19202
植保机械	8417	12576
收获机械	26	1337
收获后处理机械	766	2048
农产品初加工机械	731	5317
畜牧养殖机械	230	1523
渔业机械	182	310
林果业机械	294	932
茶叶机械	2707	5491
食用菌机械	17	81
运输机械	763	12253
农田基本建设机械	318	17543

【新型农机推广】 县农机管理总站协助种粮大户引进烘干机配套生物质加温炉6台，实施葡萄机器换人示范县项目点建设项目1个。全县9个葡萄生产主体开展葡萄机器换人示范县项目点建设，项目点以升级卷膜装备、滴灌系统加装施肥装置、安装管道喷雾和田间轨道运输机等完善农机装备配置为重点，为全县创建省级葡萄产业机器换人示范县树立榜样。推荐农机修理工周春标等4人参加全省新型职业农民培育课程，学习了解农业机械使用常识、操作规程、维修保养以及相关法律法规等知识。7月17日，省畜牧农机发展中心副主任俞逸敏带队到浦江调研农业机械化和设施化发展情况，调研组一行走访了浦江县金土地粮油机械化专业合作社、浦江县靓松家庭农场、浦江县金士农业发展有限公司、浦江县眷心农业发展有限公司4家农业“机器换人”示范基地，与各基地负责人面对面交流，了解基地先进农机装备和设施运用情况、基地效益以及对农机设施的需求等情况，观看了葡萄臭氧管道喷雾作业演示，对浦江创建葡萄产业“机器换人”示范县工作给予鼓励和指导。

【农机安全生产管理】 全县年检上道路拖拉机585辆，免费实地检验大中型耕作拖拉机、联合收割机、

上道路拖拉机年检

粮食烘干机72台，签订农机安全责任书619份，签订率100%。2019年，上路检车累计310人次，纠正违法行为110余次，全县发生上道路拖拉机同等以上交通事故2起，伤亡1人；办理号牌、行驶证遗失补办30件，报废注销421件，新上牌拖拉机、联合收割机手续7件；办理驾驶证到期换证157件，遗失补证10件，记分学习考试5人，注销驾驶证3本。

（陈荣辉）

水　务

【概况】 2019年，浦江县水务局（简称“县水务局”）完成水利投资1.7281亿元。投资4.7亿元的浦阳江治理工程通过省级竣工验收；投资3337万元的壶源江综合治理工程（檀溪段）通过完工验收；提升白麟溪（后溪滩）美丽河湖工程；印发《浦江县美丽河湖行动方案（2019—2022年）》。通济桥水库综合整治二期工程于12月7日开工建设，通济桥水库生态湿地路堤防渗主体工程建设完工，通济桥水库灌区渠道修复工程通过完工验收。对丽水源、青草坞2座水库除险加固。老鼠洞口等4座水库通过竣工验收，9座山塘通过完工验收。

县水务局获全省水利工作综合考核优秀，连续六年获全省水利工作综合考核县级优秀单位；被评为首批河湖标准化管理县、全省农业水价综合改革示范县、2019年度全省农业水价综合改革工作绩效评价优秀县。县水文站获评“2019年度全市水文工作先进单位”，通济桥水库被授予“全市大中型水库水文资料质量优秀”荣誉称号。通济桥电站、金坑岭电站获评“全国绿色小水电站”，浦阳江、茜溪创建为浙江省“美丽河湖”。

【全国农村水利水电工作会议】 4月23日，全国农村水利水电工作会议在浦江县召开，水利部副部长田学斌听取浦江农村饮水安全、高效节水建设、农业水价综合改革、农村水电管理等方面取得的成效，县长俞佩芬介绍“浦江经验”——“清源护水、系统供水、高效节水、惠民活水”。来自全国各地的水利专家先后对金坑岭水电站、县治水主题馆、浦阳街道同乐村、金氏农业基地、县通济水厂、檀溪镇平湖村和大畈乡上河村进行实地考察。

全国农村水利水电工作会议 （高 攀 摄）

【农村饮水安全巩固提升】 3月3日，经浦江县第十四届人民代表大会第三次会议表决，确定“推进农村饮用水达标提标工程”为2019年浦江县政府十项民生实事之一。全年合计投资3500万元，受益人口3.2万人，城乡一体化供水管网延伸30.4千米，24个村的单村饮用水达标提标和村内管网“一户一表”改造完成。追加投资6000万元，追加项目76个，确保“不漏一村、不落一人”。启动建设浦江县西北部山区农村供水工程，工程建成后受益人口65453人。印发《浦江县农村饮用水运行管理办法（试行）》，落实农村饮用水县级统管长效管理机制，明确由水务集团成立管护公司，对全县农村饮用水工程进行专业化管理。制定《浦江县高层住宅二次供水管理办法（试行）》，实现由供水企业管水到户，改善城市供水水质，理顺高层住宅二次供水管理体制。

杭坪镇茶壶里水厂

【美丽河湖创建】 根据《浙江省水利厅 浙江省治水办（河长办）关于印发〈浙江省美丽河湖建设行动方案（2019—2022年）〉及2019年建设计划的通知》要求，开展2019年浦江县“美丽河湖”创建工作。浦阳江“美丽河湖”从通济桥水库80线渡槽到诸暨安华水库库尾共计32.7千米，茜溪“美丽河湖”从虞宅乡马岭村到壶源江汇合口共计11.8千米，通过开展河道综合治理、连通农村河湖水系、建设亲水便民设施、建立长效管护机制等一系列措施综合提升，实现“防洪保安全、优质水资源、健康水生态、宜居水环境”的目标，打造乡村全域美丽风景线。12月，浦

虞宅茜溪

浦阳江同乐绿道　　（何　敏 摄）

江县浦阳江、茜溪获评省级“美丽河湖”，虞宅乡新光村获评市级2019年度“乡村美丽河湖”。

【河湖管护】 2019年，继续推进河长制河湖管护工作，编制《浦江县河湖标准化管理实施方案》，开展河湖水域“360安全卫士”建设行动、河湖水域“强监管、走前列”行动、河湖水生态高质量发展行动和建立物业化管护机构评估标准体系4个特色亮点工作。

【水旱灾害防御】 2019年，全县汛情总体较为平稳，无重大灾情产生。汛前出动800余人次开展水旱灾害大检查，在《今日浦江》报刊出明确基层防汛防台体系管理乡镇（街道）和行政村（社区）行政责任人259人，山塘巡查人员325人，小型水库巡查人员61人等；实行24小时值班值守，落实责任到人；邀请省、市、县三级的水利专家成立浦江县水旱灾害防御专家组，确保发生险情能第一时间提出处置方案；发布水旱灾害防御信息31期，发布洪水预报6期，发送预警短信165条计9189人次；下发水库调度令8次，科学调度水库，确保通济桥水库、金坑岭水库等中型水库安全度汛。全年累计平均降水天数160天，比2018年同期（174天）少14天；平均降水量为1804.5毫米，较常年平均（1470.0毫米）偏多22.7%，较2018年同期（1343.5毫米）偏多34.3%；国家基本雨量站年最大降水量海母口站为2018.0毫米，最小降水量黄宅站为1584.0毫米。浦江县于6月17日入梅，7月17日出梅，梅雨期30天，比常年梅雨期（23天）多7天，比2018年梅雨期（19天）多11天。梅雨期间，全县平均降雨量480.0毫米，比常年梅雨期平均降雨量257.0毫米多87%，比2018年梅雨期降雨量132.1毫米多135%；降雨量最大为深清源水库611.5毫米，有84个遥测站点降雨量超过400毫米；受多轮强降雨影响，河道水位上涨，壶源江檀溪水文站于7月13日、7月16日两次超警戒水位；通济桥水库开闸放水4次，金坑岭水库超汛限水位1次。

【农业水价综合改革】 2019年，开展全县15个乡镇（街道）农业水价综合改革考核评估，发放2018年精准补贴资金162.6万元和节水奖励资金81.3万元；优化终端用水管理组织，调整后农民用水管理组织为233个、“水保姆”512名；改革区域内计量设施安装率100%，通过计量信息平台对典型灌区农业用水水量进行实时监测；开展中型灌区农业用水水价成本测算，理清供水成本，合理制定供水工程各环节水价并适时调整，为财政补贴运维资金提供依据；全县创建15个改革示范村，实现示范辐射全覆盖；开展全县山塘、泵站等单体性小型水利工程确权发证，颁发产权证420本，落实管护责任。浦江县被评为全省首批农业水价综合改革示范县，改革经验作为浙江省典型经验上报水利部，在水利部灌排中心组织召开的农业水价改革座谈会上代表浙江进行典型经验交流；获评2019年度农业水价综合改革绩效评价优秀县，获省级资金奖励102万元。

【农田灌溉水有效利用系数测算】 2019年，浦江县农田灌溉水有效利用系数测算采用“首尾测算分析法”，选取样点灌区，对净灌溉用水量、毛灌溉用水量及系数值采用加权平均法，最终测算得到浦江县2019年农田灌溉水有效系数值为0.579，较2018年(0.572)增长1.22%。浦江县获2019年度全市农田灌溉水有效利用系数测算分析工作考评优秀。

【高效节水“分档补助”机制】 2019年，浦江县落实高效节水分档补助机制，对验收合格的高效节水项目进行补助，根据工程投资、建设质量和运维管理，将补助标准从统一的1000元/亩调整为甲档1400元/亩、乙档1000元/亩、丙档700元/亩三档，对发挥示范引领作用的额外奖励200元/亩。8月，第一笔分档补助资金230.1万元拨付到位，增加高效节水面积2680亩；12月，第二笔分档补助资金169.9万元拨付到位，增加高效节水面积1905亩。

【水资源管理】 全年征收水资源费1026万余元。浦江县节水教育基地被评为省级节水教育基地，建设内容作为浙江省节水教育基地评定标准。节水型社会县域达标建设通过省级验收，达到省级和国家级标准，创建55家县级节水型单位、6家市级节水型企业、1家省级节水型小区、4家省级节水型单位。开展合同节水工作，浦江县第二中学和中介公司签订节水合同，合同期15个月，截至12月完成阶段性评估，单耗下降率13.66%。

3月22日，世界水日&中国水周 河长制主题活动暨浦江节水宣传教育基地开馆仪式

（黄妙苗 摄）

【水政执法检查】 2019年，水政监察大队组织河湖执法巡查50余次计150余人次，查处违法事件3件，现场处理河道采砂（少量）2次，涉水违建1次；对城区范围内洗车、洗浴、餐饮等服务行业非法开采地下水情况检查30余户次，查处5户非法开采地下水，全部整改完成。开展县域内一级饮用水源保护区联合执法行动，联合县自然资源和规划局分别对仙华水库、通济桥水库新建、改建、扩建的建设项目及可能污染水源行为进行执法，保障饮用水源安全，检查中未发现违法行为。“互联网+监管”平台账号开通率、掌上执法开通率、掌上执法激活率“三率”均100%，掌上执法至少2次人员占比100%。开展双随机抽查23次，参与检查人员36人次，完成2019年年度计划任务。对2018年度33处水域占用动态监测情况进行复核，监测变化图斑全部实地复核查证，2019年复核工作结合全国土地第二次调查、第三次调查数据，确保监测水域变化合法化、合理化。

【活动宣教】 县水务局借助第27届“世界水日”和第32届“中国水周”，开展节水宣传进学校、进农村活动，分别在壶江中学、檀溪镇寺前村以课间操、党员活动等形式讲解日常节水知识，分发宣传小册子2000余份，解答问题咨询50余次；开展"最多跑一次"宣传，向县内工业园区、乡镇、机关和企业发放单行本200余本；强化媒体宣传，在局LED显示屏滚动播放宣传标语，在机关、生产建设单位和公共场所张贴宣传画。

3月20日，虞宅乡壶江中学学生们阅读节水宣传手册　（席子岚 摄）

通济桥水库

金坑岭水库

（周诗静）

水务集团

【概况】 2019年，浦江水务集团有限公司（简称"县水务集团"）净资产2.55亿元。全年出厂水、管网水水质合格率均为100%，送检水样106项指标均达到国家标准；深化"互联网+"便民服务改革；承担县民生重点工程，推进西北部农村饮水工程前期工作；城乡一体化延伸工程，敷设管网30.28千米，完成年度任务目标200.06%。"水润万家"浩哥服务队结合"不忘初心、牢记使命"主题教育等系列工作，全年服务190余次，服务范围遍及全县各社区、企业、农村，服务受益人口3万余人。

浦江通济水厂　（何　敏 摄）

【农村饮用水提升工程】 3月，县水务集团成立农村饮用水管护服务有限公司，全县农村饮用水安全现状摸排计划同步启动，历时4个月，摸排全县15个乡镇（街道）、98个行政村的282个单村供水点、314个集水池、9个集中式水厂。在底数清、情况明、数据准的基础上，与13个乡镇签订运行管护协议，设立乡镇服务站8处，专业化管理队伍8支，覆盖供水点204个，连片式水厂8个，实行24小时即报即修制度，定期各供水点开展技术指导和技术培训。2019年，水质合格率从接收托管时的25%提升至60%，农村供水初步实现"喝好水"任务目标。

供水站水质抽检　　　　（严俊宇 摄）

【城乡供水一体化工程】 城乡一体化延伸工程是县政府2019年度重点民生实事工作之一。2019年，实施城乡一体化管网延伸工程建设项目5个（石马线、嵩溪线、礼张线、郑家坞线、寺后线），累计敷设管网30.28千米，完成年度目标的200.06%，受益户数1万余户，受益人数达3.5万余人。

管网敷设现场　　　　（项品新 摄）

【全国农村水利水电工作会议接待任务】 4月22日，全国农村水利水电工作会议在浦江召开，县水务集团通济水厂作为会议重要考察点之一，集团投入资金100万元，树立党建雕塑、导向牌、国旗旗杆，加宽门前道路，改造综合楼前绿化带等一系列环境美化提升工程，完成全国农村水利水电会议考察点接待任务。

【浦江至义乌供水工程通水】 浦江至义乌供水工程于2月14日全线开工，安装DN800供水管网13.47千米（浦江境内9.23千米），加压泵房1座；4月20—28日，完成水质化验和管道并网，5月6日正式供水，日供水约2.5万吨，截至12月累计供水590.79万吨。

浦义供水工程通水仪式　　　　（何　敏 摄）

【浦阳、黄宅营业所搬迁】 1月25日，黄宅营业所通过司法拍卖的形式，以总价244.27万元拍得嘉毅金色海岸1幢16—17号临街店面，该房屋总建筑面积356.39平方米，土地使用面积38.98平方米，于8月6日搬迁新址；11月18日，浦阳营业所通过置换形式由江滨东路68号迁移至班班大道8号，在既定时间范围内完成搬迁工作。

（周冰清）

文化·传媒

文化·旅游·体育

【概况】 2019年，浦江县重视文化旅游体育的发展，将全域旅游战略纳入全县五大战略之一，树立“个十百千万”总体发展思路，深化文旅体融合，打造“诗画浦江”城市名片，推进文化旅游体育事业发展。全县全年接待游客2058.3万人次，同比增长21.1%；实现旅游总收入210.1亿元，同比增长25.2%。

开展送戏、送书、送电影、送展览讲座培训活动，送戏下乡101场、送展览讲座208场、送电影下乡3900场、送书下乡59697册。全年增加图书8.8万余册，征订期刊400种，为群众开通市民卡借书功能、提供身份证阅览服务9.8万余人次；书刊外借26.9万册次，总流通人次38.5万人次，线上线下推荐好书670余种。建成阅读驿站和流通站7家，全年送书下乡5.97万余册。

创建红色塘波国家AAA级旅游景区，岩头镇入选省风情小镇培育单位，虞宅——大畈获评省乡村旅游产业集聚区。创建国家A级旅游景区村庄39个，完成国家AAA级旅游景区城创建。

推进体育中心一期体育馆工程建设，累计投资5500万元。全年建设2个社区多功能运动场，2个笼式足球场、1个拆装式游泳池、1个村级(中心村)全民健身广场的提升工程，完成10个村的体育设施维护和15个小康体育村提升工程。

花桥乡塘波村

檀溪镇寺前村

【浙江省首批全域旅游示范县】 1月，浙江省人民政府表彰了25个首批全域旅游示范县（市、区），并公布入选第二批浙江省旅游风情小镇的28家单位名单。浦江县通过考核验收，获评首批浙江省全域旅游示范县，郑宅镇入选浙江省第二批旅游风情小镇。浦江县重视旅游发展，改善生态环境，打造旅游品牌，丰富旅游业态和商品，形成“处处是景、产业融合、人人共享、品牌提升”的全域旅游发展模式。

【浦江·第十二届中国书画节】 9月26日，浦江·第十二届中国书画节暨“万年浦江”全国中国画写意作品展在文景园仙龙广场开幕，本届书画节为期13天，安排活动18项，其中书画活动14项，文化活动4项。本届书画节注重文旅融合，挖掘浦江文化，聚焦全域旅游，内容丰富、形式新颖，打造浦江文旅基地，促进产业创新。书画节自1995年举办第一届累计吸引观赏游玩人数100余万人次，展出各类书画作品上万件，成为浦江最富特色的文化品牌。

浦江·第十二届中国书画节开幕式

【第六届“诗画浦江”乡村旅游节】 3月21日，第六届“诗画浦江”乡村旅游节开幕式暨第四届“花田跑”启动仪式在前吴乡民生花海举行，吸引全国各地的旅游达人跑团300余人，参加开幕式的还有中央电视台、省信息中心、新浪浙江网、携程网、《中国旅游报》、浙江经视、城市之声、《金华晚报》等30余家新闻媒体。

薛凯琪（中）领跑“花田跑”

【新中国成立70周年歌咏比赛】 9月23日，由县委组织部、宣传部、县直属机关工委和县文广旅体局主办，县文化馆承办的浦江县庆祝新中国成立70周年“红心向党 歌唱祖国”歌咏比赛决赛在东山公园举行。县领导，县机关各单位主要负责人，各乡镇（街道）党（工）委书记、组织委员、宣传委员参加歌咏比赛。经过初赛海选，全县69支队伍于9月2—4日举行复赛，其中20支队伍角逐总决赛一、二、三等奖。县教育局、浦阳一小教育集团、县中医院、县人民医院获一等奖；县公安局、白马镇嵩溪村、县纪委县监委、郑宅镇东明村、县财政局、浦阳街道文景社区获二等奖；黄宅镇机关、浦阳街道同乐村、县交通集团、县总工会和水务集团联队、郑宅镇机关、岩头镇龙溪村、仙华街道机关、县税务局、县人民法院、浦阳街道机关获三等奖。

【建立非物质文化遗产馆】 6月8日，举行浦江县非物质文化遗产馆揭牌仪式。非物质文化遗产馆坐落于浦阳街道严家廿四间头，整体布局按居室之室、祭享之所、和美之源、传承之本4个版块进行设计，建筑面积2950平方米。馆内展品丰富多样，包括国家级非遗项目浦江剪纸、麦秆剪贴，省级非遗项目滚地龙、擂马，市级非遗项目十六横签、竹编，县级非遗项目浦江绗缝等，展出展品600余件。10月21日，中共浦江县委机构编制委员会下发《关于同意调整县文广旅体局下属事业单位有关事项的批复》文件，同意将县文化馆的挂牌机构——浦江县非物质文化遗产保护中心调整为独立设置，为县文广旅体局下属正股级全额拨款公益一类事业单位，核定编制3名(其中2名从县文化馆调剂)。

"文化和自然遗产日"系列活动启动暨非遗馆揭牌仪式

【"非遗+旅游"活动】 2019年，举办中国国际进口博览会浦江非遗表演、2019年摄影大展大型民间艺术表演、中法文化交流非遗演出活动、"院士进非遗馆""婺风·美丽非遗"百村文化礼堂行启动仪式、"非遗进景区"、非遗馆开馆仪式暨文化和自然遗产日活动、非遗馆周末浦江乱弹展演、义乌文化旅游产品博览会非遗产品展等40余场"非遗+旅游"活动。

非遗面塑摊点

【百幢历史建筑保护利用工程】 2019年，按计划实施第二轮百幢历史建筑保护利用工程第三期，34幢历史建筑完成修缮，投入资金3454万元(其中政府投资2254万元，自筹900万元)，修缮面积28100平方米。

【"多彩非遗新浦江"全国摄影采风活动】 2月23日，"多彩非遗新浦江"2019全国摄影大展采风活动启动仪式在杭坪镇举行，后阳竹丝灯、东岭舞狮等9个灯会参加现场表演，浦江剪纸、麦秆剪贴、竹编灯等16个非遗项目参加现场技艺展示。吸引全国数百名摄影家和摄影爱好者拍摄创作，现场游客、观众万余人。

【书画展销周】 9月26日至10月5日，第十四届书画展销周在县仙华文景园书画会展中心二楼展厅举办，有全国各地的国家级、省级、浦江籍三个层次的书画家现场设摊展销，其中有国家级美协书协会员11位，省级会员14位，共计30个展位、25位书画家参展。书画展销周成交额30余万元，其中国家级会员的成交额13.9万元，省级会员的成交额18.2万元。

书画展销周的书画作品

【公共文化服务标准化建设】 2019年，省文旅厅公布第三批《浙江省基本公共文化服务标准（2015—2020）》认定结果，浦江县上榜。浦江县通过加强公共文化服务标准化建设，提升非遗馆、图书馆、博物馆、文化礼堂等文化基础设施建设，开展“书香浦江”“农民赛诗会”“书画浦江”等品牌文化活动，全面达标“省定49条标准”和“五个百分百”建设情况，满足群众日益增长的公共文化服务需求。

【文化阵地建设】 2019年，完成1个省级公共文化重点镇15个省级公共文化重点村建设提升工作并通过验收；完成15个乡镇（街道）综合文化站提档升级工作；指导各乡镇（街道）、县图书馆完成全县244个行政村（社区）文化活动室和农家书屋全覆盖工作；联合县文化馆、图书馆建成文化馆分馆3家、图书馆分馆1家、中国美术图书馆（筹）藏书阅览室1家；建设“诗人小镇”上河“悦读吧”，为乡村旅游网红地增添书香色彩；启动水晶园区图书馆分馆建设工作，丰富外人务工人员及其子女业余文化生活、优化全县营商环境、提升投资兴业吸引力。

【获评“长三角最具网红特质旅游城市”】 2019年，首届长三角大运河文化带城市旅游论坛暨第五届长三角慢生活旅游峰会、第三届长三角慢生活旅游目的地联盟峰会召开，浦江县被评为“长三角最具网红特质旅游城市”。浦江县依托秀丽的自然风光和深化的文化底蕴推进全域旅游发展，深化文旅融合发展，打响“万年上山”“江南第一家”“书画浦江”“诗人小镇”等文旅金名片，打造茜溪幽谷、环通济湖“慢生活”体验系统，构建个性化、差异化的旅游产业体系。

上山考古遗址公园

茜溪幽谷玻璃栈道

【群众体育活动】 2019年，浦江县举办、承办各类省市县级比赛，有浙江省生态运动会、浙江省青少年田径锦标赛、义浦同城龙舟赛、全民健身日展示活动、祖国70华诞暨老年文体联欢活动、第五届“篮协杯”中老年篮球赛、金华市老年人健身秧歌比赛、浙江省气排球锦标赛、浙江省第二届五人制足球冠军联赛浦江赛区海选赛、2019年浙江省业余女子笼式足球技能大赛暨“我爱足球”中国足球民间争霸赛（浙江赛区）正赛、浦江县首届“反角度杯”青少年足球赛、浦江县男子篮球联赛（青年组）（壮年组）、浦江县“三友杯”七人制足球联赛、气排球协会第十三届会员联谊赛、浦江县“520红酒”杯空手道大奖赛、浦江县中老年羽毛球比赛、“云贵杯”篮球邀请赛、浦江县第七届“梅花杯”乒乓球联赛等活动。

健身走集合现场

浙江省青少年田径锦标赛

【传统体育活动】 2019年，杭坪中心小学舞龙代表队获2个省级舞龙奖项，获全国舞龙舞狮锦标赛一等奖；浦江县职业技术学校非遗项目舞龙队获全国舞龙舞狮锦标赛一等奖。

【竞技体育活动】 2019年，浦江县少体校组队参加各级各类比赛，荣获多个奖项。参加国家级空手道赛事，获14金4银4铜；获浙江省青少年女子足球冠军赛女子甲组第二名，浙江省足球女子甲组锦标赛第三名，浙江省青少年空手道锦标赛第二名；获金华市青少年摔跤锦标赛第一名，金华市青少年女子足球第一名等。

【文旅市场管理】 2019年，县文化执法大队日常巡查出动检查2351人次，检查出动1887家次，查处违规13家次，行政处罚立案调查13件，办结案件13件，警告9家次，罚款4.40万元，停业整顿1家次，没收非法所得77元，没收非法宗教类出版物2100余本，拆除收回非法安装使用的地面卫星接收设施23套，非法电台发射器1个、天线1副。通过日常监管、专项整治、联合执法相结合，遏制文化旅游市场非法经营活动，保障各场所的经营规范有序。

文化市场日常检查

（盛欢欢）

文旅集团

【概况】 2019年，县文旅集团公司共接待游客33.96万人次，实现收入4497.98万元，同比增加2742.64万元，增长156.25%。

推进各个工程项目建设，诗画文化中心及配套用房建设工程项目完成主体结构；协助配合县文广旅体局做好江南第一家——仙华山峰林景区联创国家AAAAA级旅游景区，通过省厅景观质量价值评审；江南第一家商业街第二期开发建设项目完成项目控规、初步设计方案编制及建设用地规划条件确认；江南第一家田园综合体项目完成孝感路西侧活动场地配套工程、田园综合体花海区项目，打造青致吾庐、乌台门、花果山3家特色民宿。

先后与中信集团、杭州开元文旅物业管理有限公司等10余家投资单位就旅游项目进行招商洽谈，达成合作意向，多次对接神丽峡景区、“开元一然村”投资开发项目。

开元文旅负责人一行考察江南第一家

各景区对照国家标准《旅游景区质量等级的划分与评定》，从安全管理、环境卫生、诚信经营等方面开展自检自查，完善各景区基础创建及相关配套设施建设；聘请省旅游景区规划教授对景区工作人员进行服务礼仪、服务标准、投诉处理等专题培训，提高从业人员的服务观念；组建集团消防扑救半职业队伍，邀请县防火办专职教师对其进行业务培训，提升景区安全管理能力；组织参加市“清风之旅”知识竞赛和“十佳金牌讲解员”“十佳金牌导游员”评比，王莉、黄璐、徐樱芳获优秀讲解员和优秀导游荣誉称号。

【创新营销】 2019年，开展“趣浦江”疗休养产品推介会、第十二届浦江书画节礼赞打卡、院士专家浦江疗休养、百名工会主席进浦江、第十五届交通之旅旅游峰会暨百家旅行商走进浦江、浙江旅行社行业品质提升系列等活动，推广浦江旅游资源，提升浦江旅游知名度；推进浦义同城战略，开通浦义旅游专班、义乌游客集散中心浦江宣传推介窗口、推出浦义“一卡通”活动，实现义浦旅游资源共享互利；开展重点地区营销，从浦江旅游市场实际出发，先后到杭州、宁波、诸暨、永康、横店等地开展专场宣传营销，打通宣传营销渠道。

【智慧旅游】 2019年，完成景区智慧化设施升级及日常管理维护，推动“最多跑一次”改革，开发扫二维码支付系统，让游客随时随地通过二维码支付能快速入园；开设绿色服务窗口，为浦江乡贤、现役军人提供便捷服务。

【研学旅游产品】 2019年，发挥江南第一家作为浙江省中小学研究实践基地的品牌优势，发掘郑氏家规文化、孝义文化与传统非遗相结合设计推出系列研学产品，加强景区与学校的密切合作。接待县内外中小学研学旅行人员30余批计2万余人次。以“研”带“学”，以“学”促“研”，与浙江大学经济管理学院合作共建江南第一家现场教学基地，依托景区孝义、有序、俭廉文化精髓，结合浦江党建及美丽乡村建设等，形成1~2日再教育精品课程，为浙江大学经济管理学院提供优质再培训服务。

春季研学游活动——体验古时消防器材“试水龙”

（陈烨华）

新闻传媒

【概况】 2019年3月11日，浦江县融媒体中心揭牌成立，由原县新闻传媒中心、原县广播电视台等媒体组建而成，中心有广播、电视节目各1套，《今日浦江》报1份，“浦江发布”“浦江微讯”2个微信端，“浦江新闻网”和“诗画浦江”APP等媒体平台；广播节目呼号“浦江人民广播电台”，频率FM105.8MHz，全年播出自制节目时间1825小时，主要栏目设置：《浦江新闻》《丰安新农村》《阳光热线》《最忆是故乡》；电视节目呼号“浦江电视台”，频道31CH，全年播出自制节目时间213小时，主要栏目设置：《浦江新闻》《走进新农村》《先锋试点》《清廉浦江》；《今日浦江》出刊251期，每周五期，年发行量12000份。

【电视宣传】 2019年，在时政新闻方面，围绕全县工业大会、两会、县委农村工作会议、全国农村水利水电会议、首届浦江工匠颁奖典礼等各个时期重点工作，推出《回眸2018》《保驾实体经济 护航营商环境》《实体经济大家谈》《贯彻落实大会精神》《五湖四海浦江人》《壮丽七十年 奋斗新时代》《“不忘初心、牢记使命”主题教育》等专栏。在民生新闻方面，推出《找到你 谢谢你 17年前受人恩惠 如今想寻找当年恩人》《夫妻相继患肿瘤 家中20吨红枣愁销路》《家门口有条“臭水沟” 帮忙老哥来解决》等报道，帮助老百姓解决实际困难；《公园景观树屡遭损坏 不文明行为煞风景》《不满邻居门前停车 车胎底下放铁钉》等报道，公开曝光一批社会不良现象，全年播出电视新闻3000余条。电视节目《走进新农村》共播出各类信息150余条，内容涉及农业种养技术、创业故事、产业发展、新农村建设等。《多彩丰安》围绕“老行当、老手艺、书画家、青年创客、民宿老板、历史街区、民俗表演、非遗项目”等内容，采制文化类节目50余期，如《画家徐峰平：立足日常生活 绘就艺术人生》《楼基洪：一把剪刀成就一所“名”校》《时隔70余年 非遗擂马再闹新春》《寻踪五虎拳》等。与上级台的通联协作，做好选题报题、约稿选送、协助拍摄。全年中央电视台采用7条，浙江卫视采用50余条，金华电视台采用500余条。

【广播宣传】 围绕政治、经济、民生主题，推出《“不忘初心、牢记使命”主题教育》专题，开设《民生微视》《聚焦100秒》《初心地图》等子栏目，展示主题教育成果。开设《保驾实体经济 护航营商环境》《小微企业园栽桐引凤》等专栏，报道实体经济发展。广播节目《丰安新农村》围绕美丽经济，突出地方性、实用性、指导性，推广新品种、新技术和致富新门路新招数。

【纸媒宣传】 2019年，纸媒宣传工作围绕实体经济发展、乡村振兴、扫黑除恶、文明城市创建、主题教育、新中国成立70周年、乡贤大会等主题，开展报纸版面的统筹和编排。内容上，如实体经济发展方面，推出了《优化营商环境 服务实体经济》《深入一线三服务 担当实干促发展》等专栏，刊发系列改善企业营商环境、助推实体经济发展的报道。乡村振兴方面，推出《乡村振兴看浦江》专栏，刊发《一张绿叶里的乡村振兴》《采摘游拓宽家庭农场致富路》《蒋雄飞：身残志坚 开创绿色致富路》等系列报道。形式上，以“视觉体验优先”为设计原则，融入图像、色彩、表格等元素，丰富纸媒版面语言，增强可看性。

【新媒体宣传】 “浦江发布”“浦江微信”2个微信公众号依据自身定位，根据县委、县政府中心工作和一个时期的重要任务、重要节点进行信息推送。开设《保驾实体经济护航营商环境》《扫黑除恶》《红色故事》《聚焦100秒》等22个专栏和系列报道。根据形势发展和宣传需要，采写大量的原创图文，其中2月8日推送的原创图文《这就是浦江》阅读量超过8.8万。7月，依托浙江日报“天目云”平台，上线了“诗画浦江”APP，邀请县域内70余个部门、乡镇（街道）入驻。县域内重大新闻新媒体首发率98%以上，如葡萄节的图文滚动报道、檀溪洪水抢险直播报道，均取得10万+的阅读量。开设交通气象、政务办事、社群等版块，按照“新闻+政务+服务”的融媒体建设思路，把服务延伸到基层。承接承办各类群众性文化、体育、科普、公益活动，在APP上全程直播，打通线上线下，全方位、多层面、立体式地打造具有县域特色的掌上综合服务平台。开设抖音账号“诗画浦江”，将县域内的大事、趣事拍成短视频，吸引用户，扩大宣传。2019年，微信公众号粉丝量20余万，“诗画浦江”APP用户数8万，抖音账号数月内吸引粉丝数6000余人。

【事业创收】 策划并配合完成首届乡贤大会，采访撰写《五湖四海浦江人》；策划并开展“少儿春晚”“花样少年语言艺术展演”“炫舞少年团大赛”“首届浦江工匠颁奖晚会”“创业创新大赛”和“拳城热恋”WBA中国金腰带拳击赛等活动；策划并推出《中医健康讲坛》栏目，全年实现电视经营收入247万元。策划县“两会”特刊、首届乡贤大会特刊、新中国成立70周年特刊、县人民医院成立80周年特刊及浦江中学、中山中学2期号外，实现纸媒经营收入337.443万元。微信公众号“浦江微讯”在吸收原县新闻传媒中心的微信公众号“浦江新闻传媒”的2.6万粉丝后，拥有超15万粉丝，全年新媒体完成营收额17万元，同比增长143%。语言艺术中心全年招生人数300余人，年创收100余万元。

【《中医健康讲坛》】《中医健康讲坛》是2019年5月新推出的一档公益保健类栏目，每期时长约20分钟，每周日19:35首播，每周日22:00和第二周周一12:00重播。《中医健康讲坛》以全民健身为话题，每期栏目邀请浙江省中医院或浦江县中医院专家，传授易学、易懂的养生妙招，盘点各种常见疾病的保健方法，为观众解决养生中的疑惑。嘉宾与现场观众互动，在讲授中融入中医方法，提供病症咨询。

《中医健康讲坛》录制现场

【融媒体指挥中心启用】9月，融媒体指挥中心正式启用。指挥中心建筑面积近1500平方米，总投资约900万元，电视、电台、报刊、新媒体采编人员合署办公，在指挥中心的统一调度和中央厨房的加工下，完成全媒体的策、采、编、发，优化新闻的生产流程，达到一次采集，多端分发，全面形成资源集约、结构合理、差异发展、协同高效的全媒体传播体系。

融媒体指挥中心启用仪式（高　攀　摄）

【安全播出保障】2019年，成立安全生产事故隐患排查治理工作领导小组，与各科室签订安全生产责任书，落实各项安全播出的规章制度和责任追究制度；每周组织一次安全播出相关的学习、教育，让安全播出意识入脑入心；加强应急演练和技术培训，提高值班人员、技术人员的应急处置能力和技术水平；加强对UPS供电系统的管理维护，保障浦江电视台高清播出、高标清同播的申报和播出工作；定期做好高清转播车的检查维护工作，为县里各项重大活动的直播和录播工作提供技术保障。

（陈柳柳）

各部门合署办公（高　攀　摄）

交通运输

【概况】 2019年，市级综合交通廊道任务8.41亿元，县交通运输局实际完成投资6.71亿元（351国道浦江联盟至兰溪界段项目因资金原因未开工，杭温高铁二期因政策原因未开工），占总投资的79.78%。截至12月，全县公路总里程918.614千米，其中国道50.917千米（包括国家高速公路13.116千米），省道37.38千米，县道287.012千米，乡道244.237千米，村道292.039千米，专用公路7.029千米。351国道浦江郑家坞至联盟段、浦横线塘岭金至塆山口段建成通车并交工验收。

扩大对外交通，351国道浦江联盟至兰溪界段（兰溪至浦江快速路）项目土地预审获自然资源部批复，启动设计招标工作。235国道浦江郑家坞段项目完成工程可行性文本初稿。215省道浦江段工程通过工程可行性文本审查。配合做好杭温高铁二期工程建设，协同组建县杭温高铁指挥部，《浦江县高铁小镇综合交通专题研究》完成方案比选，确定中标单位。

深化“四好农村路”建设，打造4条旅游美丽公路环和2条绿色生态公路，美丽经济交通走廊建设工程完工，实施“山上浦江·美丽交通环”（含坡地村镇连接线工程）、农村公路大中修、农村公路等级提升、安防等工程，总里程148.056千米。改造危病桥梁6座，完成3条省道14条县道接驳硬化工程，深化“红色路长制”，实施“脚步丈量法”，创建5个全市“四好农村路”示范乡镇。“山上浦江·美丽交通环”累计建设115.6千米。

全县有7项行动项目、3项谋划项目列入《金华市加快建设全国性综合交通枢纽三年行动方案（2020年—2022年）》。截至12月，完成交通廊道突击战项目任务6个，总投资9.953亿元。实现县域新能源公交车全覆盖，出租车100%电动化。经县委编办审核，并报县委、县政府批准，由县委办、县府

浦江县交通运输综合行政执法队挂牌

办联合印发《浦江县交通运输局职能配置、内设机构和人员编制规定》《浦江县交通运输综合行政执法改革实施方案》。完成浦江县交通运输综合行政执法队挂牌工作。

2019年，县交通运输局获全省“人民满意的公务员集体”称号。

“人民满意的公务员集体”称号

【浦义交通战略合作】 3月14日，县交通运输局与义乌市交通运输局签订《深化义乌浦江交通战略合作意见书》，明确十件合作推进事项。10月1日，正式实行浦义城际公交“一线一公司”运营模式，建成投用浦义城际快速公交黄宅站点，提升浦义公共交通服务。12月1日，浦江纳入义乌市境内高速客车免费通行政策范围，浦义战略合作进入新阶段。合肥至温州高速桐庐至义乌段（义乌疏港高速北延）项目列入《浙江省综合交通运输发展“十三五”规划》中期调整前期重点研究项目及《浙江省高速公路网中长期布局规划》近期实施类项目（2021—2025），完成线位规划论证报告。

【绿色交通】 2019年，增加清洁能源公交车35辆，全县新能源公交车共计226辆，实现县域新能源公交车全覆盖。推动出租汽车、网约车电动化，购置新能源出租车2辆，运营出租车“油改电”改造23辆，实现出租车100%电动化；全县有持证网约车226辆，其中电动网约车180辆，占比79.65%；推进老旧营运车辆淘汰工作，县政府出台《浦江县老旧营运车辆淘汰工作方案》，县交通局、公安局、财政局等六部门联合出台补助办法，超额完成2019年淘汰任务。

【物流发展】 县政府专题研究现代物流业发展工作，成立浦江县现代物流业发展领导小组。编制现代物流业中长期规划初稿。打通农村物流“最后一公里”，让老百姓不出村就能寄送快递，累计建设11个乡镇综合交通运输服务站，覆盖率91.7%；设立105个“四好农村路”物流服务网点。

（黄康玲　楼园园）

【县际公交】 1月21日春运首日，浦江至兰溪公交快线开通，标志着浦江与义乌、兰溪、诸暨、桐庐等周边县市公交班车全部开通，打造浦江周边县市公交班车化。截至12月，有公交线路6条，营运车辆38辆，发班150次。

【“最多跑一次”改革】 2019年，县交通运输局联合县公安、税务部门开展“营运车辆上路或退出”“网络预约出租汽车车辆营运证的核发”2项“一件事情”实施工作，实现跨部门多项事一次办结，提升便民服务水平。主动对接，将交通窗口延伸至车管所窗口。推进“无证明城市”改革工作，15项新事项列入“无证明城市”查询核验系统，推进“减证便民、优化服务”工作。办证中心共办理业务4328件，其中许可（客运、公交、出租、货运、驾培）276件，维修备案117件，车辆业务2820件，打印从业资格证档案袋1115个。

（黄康玲　吴倩倩）

【驾培监管】 2019年，增加浦江县百顺驾驶员培训有限公司、浦江县宏业驾驶员培训有限公司2家新驾校，增加经营范围1家，县域内共有3家驾培机构。汽车驾驶员培训科目一12210人次，科目二11320人次，科目三11271人次；摩托车驾驶员培训519人次；道路运输驾驶员继续教育培训75人次；组织出租汽车驾驶员从业资格证考试30期，合格1038人。

（吴倩倩）

【打击交通违法】 开展打非治违专项整治活动、超限超载车辆百日专项整治行动及“百吨王”超限超载车辆集中整治行动，狠抓治超治污。全县公布8家重点货运源头企业，增加1处超限运输检测站。全年运政、路政出动执勤1.23万人次，运政立案查处84件，罚款24.01万元；路政查处超限车辆540辆，卸载货物3162.74吨，处理路产损坏污染案件812件。

超限超载车辆集中整治行动

（吴倩倩　张　蓉）

【维修企业人才招引】 开展“三服务”活动，解决维修企业人才短缺的问题。3月27日，县道路运输管理局派工作人员到江西省万通汽车学院对接汽车维修人才招聘工作。4月15日，县道路运输管理局会同县人力资源和社会保障局，带领县机动车维修行业协会、有关汽车维修企业负责人，到江西省万通汽车技术职业学院招聘技术人才，共有4家企业与学院签订校企合作协议，招聘14名专业技术人员。

（吴倩倩）

【美丽公路建设】 2019年，打造通济南山田园公路环、仙华登高书画公路环、嵩溪冷坞古村公路环、茜溪双姑山水公路环4条旅游美丽公路环和侯蒲线、七郑线2条绿色生态公路，公路沿线累计建设12个公路服务站，建设统一标识的公交候车亭106个，助推全域旅游。农村公路建设投资6332万元，对侯蒲线、城大线、黄大线等15条农村公路实施大中修43.085千米，对浦横线、檀溪镇外罗家——盘山村等20条农村公路实施提升改造42.226千米。美化绿化210省道、314省道、侯蒲线、后佛线、浦后线、冯潘线、登登线、三村至丽水等线路，全年共计种植乔木、时令花卉、大花月季4.4429万株，灌木9800平方米。累计种植三叶草50万平方米。

民生至罗源路段

（黄康玲　张　蓉）

【公路养护】 2019年，采购高压清洗车2辆，挖掘机2辆，登高车1辆。推进常态化、机械化保洁，全年出动清扫车1825台班、洒水车2008台班；清理路基边沟堆积4059立方米、路面垃圾3087吨、边沟843千米、塌方4328立方米；修补坑洞13325平方米，灌缝82400米；清理桥梁伸缩缝314座，刷白行道树173千米、桥身168座；油漆公里牌、百米桩3962块，示警柱、防撞护栏1564个，桥栏杆36座。

【公路安保】 2019年，县公路管理段开展黑点整治，完善公路设施，规范养护、施工作业，健全公路站房、出租房管理，保障安全生产。增设中余至蒲阳乔竹岭、后佛线大岭、浦南至三村等路段的限高设施，抢修路产事件66起，安装维修各类设施标志542件，增加减速带54.5米，漆划标线22000余平方米。

【"红色路长制"】 2019年，县交通运输局制定"红色路长"工作规范，试点建立2个"红色路长"工作室。联系各级"红色路长"组织党员干部、志愿者参与道路清障和清扫45876人次，公路巡查8647人次，小修保养867千米。通过"四个平台"处理公路突发事件1398起，其中应急抢通45次，解决乱堆乱放问题789个，处理乱搭乱建问题564个，反馈满意度100%。

（张　蓉）

浦阳街道"红色路长"清理积雪

【智慧交通】 2019年，县交通运输局发挥综合交通信息指挥中心作用，推行智能限速综合监管模式，以主动防御系统实时监控驾驶状态。351国道浦江段工程智能交通系统项目通过验收，运行良好。以351国道白马、210省道杭坪、314省道3处非现场执法系统为重点，结合路面中队治超，通过远程监控、即时抓拍、自动称重、数据共享等方式补齐传统人工治超模式的"短板"，推进科技治超。截至12月，共查处非现场超限超载车辆366辆，处罚金额195万元。加快推进电子不停车收费(ETC)应用及推广工作，完成市级任务目标。

（张　蓉　楼园园）

【平安交通】 2019年，县交通运输局坚守平安底线，织密交通安全防护网络，探索实施"1+2+N"模式（"一岗双责"、两次大排查、N次安全教育）。落实主体责任、安全生产"一岗双责"，坚持安全生产检查日制度。坚持实行清单式、闭环销号管理，完成2次交通运输系统安全生产大排查，排查并销号隐患63项、管控风险88项。全年参与安全检查活动7488人次，排查并整改一般安全隐患273起，整改率100%。组织安全生产教育培训28次，教育培训976人次。启动交通安全设施提升工程三年行动计划，打好交通安全大会战，提前完成省级1处、市级2处事故多发点段隐患整治，实施3处非现场执法系统及亮化工程；开辟"校园最后500米"安全步行通道，提升22所学校的交通安全设施；增加路口"一牌、一灯、一带"设施400余处。完成2019年市级治堵工作任务指标，春运、"两会"、超强台风"利奇马”及节假日的安保维稳工作。

（黄康玲　楼园园）

交通集团

【概况】 2019年，县交通集团全年营业收入44592万元，上缴税收2256万元，位列县纳税百强企业名单第13位。

县交通集团有一级子公司7家，新增二级子公司4家（浦江县知行汽车服务有限公司、浦江县恒通公路养护有限公司、浦江县奔跑广告传媒有限公司、浦江县交建实业投资有限公司）。建立一条包括砂石料加工、沥青面层和半刚基层生产、工程试验检测、安保设施安装、工程养护等内容的完整公路工程建设产业链，与省内大中型国企携手，在沥青拌和、综合供能服务站、矿山开发等产业展开合作，经营管理公路沿线开发资源、矿山资源等投融资项目配套的优质资产，逐步向环保板块和能源板块开拓。

创建“温暖回家路”党建品牌，全面提升公交服务水平。公交班线提升至184条（含村村通线路8条），城际公交4条，站点1108个，线路总里程2930千米，长途班线20条，营运车辆317辆，出租车25辆。在全县实现100%绿色能源公交车和出租车；浦江公交在行政村500米公交站点全覆盖的基础上，98%行政村实现300米范围通公交；启动浦江公交“守护驿站，温暖回家”公益项目。

（傅怡心）

【沥青公司】 沥青公司以“品牌质量为宗旨、安全生产为保障”为经营理念，2月18日取得建筑企业市政工程施工总承包三级资质，先后承接浦江农村公路大中修工程、浦江农村公路等级提升工程、义乌青口物流园、义乌商城大道道路修补等路面铺设工程以及江西路桥4万吨代加工业务。全年生产沥青混合料27万吨，总产值1亿元，净利润1000万元，实现税收400万元。沥青公司首次被列入浦江县规模以上企业，被评为2019年度浦江县建筑业诚信企业。

民生——朱桥段沥青摊铺施工

（陈　义　陈丹媚）

【全域土地整治】 县交通集团垦造耕地、旱改水、地质灾害土地整治项目覆盖花桥乡、檀溪镇、前吴乡、大畈乡4个乡镇。作为集中连片、农业高产高效的田园种植示范区块——檀溪全域土地整治项目洪山区块总面积74.13公顷，整治面积24.8公顷。前吴乡罗源村旱改水质量提升项目和花桥乡大坞

前吴乡罗源村旱改水质量提升项目

建设用地复垦项目已完工。截至12月，前吴乡罗源村旱改水质量提升项目、大畈乡栏丰村旱改水项目、檀溪全域土地整治项目洪山区块、大畈乡清溪村旱改水耕地质量提升项目、大畈乡建明村旱改水项目、大畈乡大姑源建设用地复垦项目、花桥乡大坞建设用地复垦项目完成产值5937万元，恢复耕地面积45.26公顷。

（陈 义 陈嘉怡）

【锁具大道北延工程】 工程全长1120米，按二级公路标准设计，路基宽24.0米，路面宽18米，双向四车道，设计速度60千米/小时，总投资2128万元。该工程南连七郑线、黄宅工商路及万洋众创城，北接浦后线并直通351国道，为县内南北向主干道，于8月16日开工，12月主体工程完工。

（傅怡心）

【出租车新能源改造】 县交通集团根据《关于深入开展包乡走村进企联心服务行动的实施意见》文件精神，对出租公司23辆出租车进行CNG加气两用改造，采购2辆纯电动出租车，实现传统燃油出租汽车的升级换代。11月13日，全县所有出租汽车实现绿色环保零污染排放。

（洪安格）

【组建交建实业投资公司】 9月，由浙江浦江龙峰公路工程有限公司、核工业金华建设集团有限公司和县建设集团共同投资组建浦江县交建实业投资有限公司，主要负责浦江县白马镇嵩溪大宕水口废弃矿山自然生态环境治理工程。该工程主要包括边坡清坡、宕底开挖回填、挡土墙工程、排水工程、复绿工程、养护系统、道路工程等，通过治理形成10.06公顷的底板平台。该工程将增加嵩溪村用地面积，打通嵩溪到旌坞通道。

（陈 义 方梓聪）

【"最多跑一次"】 根据中共浦江县委全面深化改革委员会办公室《以"最多跑一次"理念全面提升浦江汽运中心便民服务实施方案》文件精神，县交通集团在线路功能优化、智能水平提升、服务内容完善、站场便民设施改造、强化环境整治等方面集中发力，推出27条举措，在客运站场新设立志愿服务台、智能行李寄存柜、免费电动擦鞋机、手机免费充电加油站、临时身份证明自动打印设备等便民设施；升级浦江至杭州医院的健康班线，连通浙医二院、省儿保滨江院区、省武警医院；在汽运中心出站廊道新开义乌、兰溪方向旅客专用入口，实现零距离转乘。

（郑凤娇 洪安格）

【快速公交站台】 10月1日，浦义城际公交"一线一公司"运营，启用浦江首个快速公交站台——黄宅快速公交站台，方便浦义群众出行，改善群众候车环境，为群众提供"便利、优质、安全"的运输服务。

浦义城际公交黄宅快速公交站台

（胡伟杰）

【“守护驿站 温暖回家”公益项目】 6月6日，浦江公交“守护驿站 温暖回家”公益项目启动，全县200余辆公交车成为流动的爱心港湾，300余名公交司机成为走失、迷路老人儿童的爱心守护者。老人幼童在浦江全域范围迷了路，只要搭上任何一辆公交车，就可以通过公安、媒体、交通等部门协作，找到回家路。2019年，帮助10名迷失老人小孩回家，其中老人7名，儿童2名，弱智中年人1名。

“守护驿站 温暖回家”公益项目启动仪式

（郑璐璐）

【汽车检测“交钥匙”工程】 2019年，汽车综合性能检测有限公司以“优美环境 优质服务 优良秩序”理念，推进“党建+心系平安公正检测”服务品牌，推进“交钥匙”工程建设和“无证明城市”改革。车辆检测实行“三检合一”（安全性能检测、环保尾气检测、综合性能检测）和“一站式”服务；除强制险保单、行驶证，无须其他证明，异地普通货运车辆、小微型客车检测无须办理委托手续；推出上门代驾年检、摩托车下乡巡回检测；免费检修七座以下非营运车辆的刹车灯、转向灯、小灯、倒车灯；增加外检复检车间，检测速度由过去一个多小时缩短到平均30分钟。

（吴佳妮）

邮 政

【概况】 全年累计实现业务总收入2.15亿元，列全省各县（市）公司第11位，完成率101.47%，列全省第13位，同比增长28.72%，列全省第四位；实现经营利润1965万元，列全省各县（市）公司第12位。

【签订“税邮共建”战略合作协议】 5月10日，县邮政公司与县税务局签订“税邮共建”战略合作协议。协议签订后，纳税人在政务服务网企业开办平台、电子税务局或“浙江税务”手机APP申领发票时选择“邮政EMS寄送”，即可享受快递送票到家“一站式”免费服务，税务文书、资料、代开增值税普通发票、票据等均可邮政上门取件，实时送达打通了服务纳税人的“最后一公里”，推进了“便民办税春风行动”和办税事项“最多跑一次”改革。

【“社保直通车”活动】 7月5日，县人力社保局联合县邮政公司、县邮储银行在白马镇柳村启动“社保直通车”活动助力“最多跑一次”，改变群众以往“跑县城、跑窗口”的办事模式，由邮政人员及村级代办员全程受理，对材料齐全、符合条件的进行限时办结，打造“十分钟社保服务圈”。

【“邮善邮乐”慈善超市】 11月1日，新增2家“邮善邮乐”慈善超市在岩头镇和郑宅镇后溪村“邮乐购”点开业，县民政局、县邮政公司、乡镇街道和村委等相关领导参加开业仪式。“邮善邮乐”慈善超市项目是由县民政局和县邮政公司联手共建，通过“线上慈善超市+邮政线下服务点”的模式，为广大困难群众和爱心人士搭建的一个双向互通、精准便捷的网络慈善捐赠平台。

（虞 芾）

中国电信股份有限公司浦江分公司

【概况】 2019年，中国电信股份有限公司浦江分公司（简称“浦江电信公司”）实现主营业务收入1.01亿元，移动手机用户13.46万户，有线宽带用户6.963万户，ITV用户4.634万户，固定电话用户3.17万户。

建设移动网络室外基站20个，室分站111个，网络覆盖率99.03%，LTE4G优良率97.29%。提升光网质量，推进非光用户改造、超百兆需求、光功率整治，完成4516户EPON用户升级GPON网络的改造，FTTH用户占比95.81%，光衰合格率98.19%，全区排名第一位。交付政企项目，完成公安15期、16期监控项目终验工作，17期监控项目机房、前端设备安装调测，古镇监控、雪亮工程建设工作；完成县国资集团等18家政务内网升级；协助县电子政务办完成全区卫生专网改造，金华高速交警项目点位开通调测，黄宅机房7806设备用户割接；完成县农村商业银行网点内网VPN组网。

完善市场经营，深化公众和商客包区划小，县电信公司市场部围绕移动、宽带、创新业务、渠道、包区进行责任承包，政企部围绕商客、行客、ICT业务进行责任承包；聚焦融合发展、4G升5G、渠道效益提升，紧盯宽带离网管控和智慧家庭渗透，做好价值运营；打造DICT团队，实现商机先入为主，项目主导可控，全年完成DICT项目（不含雪亮工程）1839万元签约额。加快对年轻干部和大学生的培养使用，通过导师制引导年轻员工树立正确的职业规划，创造不同岗位的轮岗，优化干部队伍的人员梯队；改造职工活动室，粉刷支局办公室，修缮员工宿舍相关设施条件；组织登山比赛、气排球比赛、嗒嗒球比赛等活动。

2019年，浦江电信公司获市级及县级“2019年度消费维权先进单位”“2019年度安全生产、消防安全、森林防灭火先进单位”等荣誉。

【签署三方战略合作协议】 6月13日，浦江电信公司与中国邮政集团公司浙江省浦江县分公司、中国邮政储蓄银行股份有限公司浦江县支行签署三方战略合作协议，浦江邮政公司总经理吴洪义、邮储银行行长方芳、电信公司副总经理（主持）许锦林携公司领导及部门经理等出席签约仪式。三方本着资源共享、优势互补、互惠互利的原则，加深基础设施与通信服务、金融业务、渠道网点、大数据及物联网、寄递物流等各方面的深度合作。

【《党建翼联》合作协议】 2019年，浦江电信公司分别与县人力社保局、中国邮政集团、浦南街道石埠头村签订《党建翼联》合作协议。按照“围绕业务抓党建、抓好党建促发展”的工作思路，坚持“党员联学、品牌联创、资源联享、服务联动”的原则，将党的政治优势、思想优势和组织优势转化为服务社会、政府和国有邮政、电信企业共同发展的工作优势，把国有企业携手政府机构作为新形势下不断加强服务型党组织建设的途径，将党建工作建立在信息合作项目、惠民普遍服务项目上，创新打造项目型、任务型的党建共建示范基地，探索政府和国企党建共建新模式，创建政府和国企党建共建品牌。

【双拥工作】 2019年，成立双拥工作领导小组，安排政企客户部经理担任双拥工作联络员。浦江电信公司班子成员与干部职工开展《中华人民共和国国防法》《中华人民共和国国防教育法》学习；做好通信行业军转干部吴彰国在八一建军节、年末的慰问工作；在八一建军节前夕，走访慰问驻浦武警消防大队、武警中队等驻军，了解“智慧消防”试点建设的反馈情况和武警部队“智慧磐石”工程的需求；定期开展武警驻军、消防大队电话、光缆、手机无线信号等线路检测，优化营区网络；免费提供部分TIV数字电视体验活动；邀请消防大队官兵为企业员工上消防知识宣传课。

【扶贫攻坚】 2019年，下发《关于成立浦江分公司扶贫工作领导小组的通知》文件，明确扶贫小组名单。1—8月，浦江电信公司结对扶贫村大畈乡廊下村，发展宽带5户；对村内部网络线路进行整治，美化乡村；关怀慰问贫困大学生1人，提供油米饮料等；为村内整治修理提供10000元扶贫帮助。8—12月，结对扶贫村西黄村，浦江电信公司副总经理许锦林实地走访调研，了解村在建工程项目进度。

（石晓燕）

中国移动通信集团有限公司浦江分公司

【概况】 2019年2月，中国移动通信集团有限公司浦江分公司（简称“浦江移动公司”）联合“8890”便民服务中心举行便民便企服务活动，为用户解答通讯资费疑问、赠送防通信诈骗单页、安装手机杀毒软件、智慧家庭产品体验等活动。手机用户新增份额超60%，覆盖227个行政村，行政村4G覆盖率100%；行政村家宽覆盖率100%；全年收入超3亿元。浦江移动公司获“浙江移动先进基层党组织”荣誉称号。

【5G网络建设】 根据浦江县人民政府办公室印发《加快布局建设5G移动通信基础设施实施方案的通知》的指导意见，浦江移动公司以高目标引领、高水平建设、高质量协同为目标，推进5G网络建设，建设进度排全区前列。2019年，5G信号覆盖县主城区和开发区。

【5G应用】 9月，在浦江县“5G+”农业农村信息化应用发布会上，浦江移动公司与县农业局、浙江森特科技分别签订战略合作协议，标志着浦江在“5G+”农业农村信息化应用上迈出了先行者的步伐。10月，浦江移动公司、杭州移动公司合作，助力两地教育局，完成浦江虞宅小学和杭州学军小学的“5G+VR”空中课堂，是全省首次跨地市的“5G+VR”空中课堂，也是中国移动首次在金华地区将5G技术应用到实际教学中。

（傅杭军）

中国联合网络通信有限公司浦江县分公司

【概况】 2019年，中国联合网络通信有限公司浦江县分公司（简称“浦江联通公司”）实施5G网络共建共享，推动经理模式转型新旧功能转换，开拓政企市场发展空间，“云+网+X”政企新融合模式逐步建立，加强产业互联网领域的自主研发能力，创新业务高速增长，推进制度、流程及业务规则优化，解决重点难点客户服务问题；2019年，公司移动主营收入2414万元。全年未发生通信事故和重大通信差错。

【移动网络建设】 公司聚集"5G+4G"精品网，创新业务等需求，推进网络基础设施建设。截至12月，全县有基站308座，3G基站263座，5G开通26座；建设C3、C4主干线路建设2000千米，银行、企业电路80条，数据专线47条。

【河长制平台建设】 浙江省河湖长制管理信息系统由联通公司、浙江省测绘院共同承建。金华市河长制系统平台由联通公司升级改造并提供服务。浦江联通公司参与推进浦江县河长制管理信息化建设，为加强水资源保护、水域岸线管理保护、水污染防治、水环境治理、水生态修复、执法监管六大任务，提供信息服务，包括各级河长的平台使用指导，系统问题维护，协助巡河等工作。该管理信息系统平台是由联通公司对原"浙江省钱塘江流域河长制管理信息系统"进行升级改造和个性化定制服务，涉及县、乡（镇）和村级河长和河道的数据新增工作和通信服务。

【乡镇人防指挥中心系统建设】 浦江联通公司建设浦江县应急管理局乡镇人防指挥中心系统，在地震、自然灾害等突发事件发生时，能及时对发现灾情、应急响应、快速救灾、人员安置等应急事件，作出监测、预警、处置突发事件的综合性应急，指导全局、快速反应，保障人民生命财产安全。该项目投资285万元，涉及浦阳街道、浦南街道、岩头镇、黄宅镇、郑家坞镇5个街道、乡镇。

【水晶小镇LED显示屏建设】 浦江县水晶小镇投资101万元的LED屏系统由浦江联通公司建设，在2019年水晶博览会期间实现集图片广告、视频介绍、会议报告等功能为一体的LED屏展示。

（全巧丽）

浦江县华数广电网络有限公司

【概况】 浦江县华数广电网络有限公司（简称"浦江华数"）位于浦江县仙华街道平七路489号浦江县广电中心内，成立于2013年，注册资金5000万元，拥有资产1.1亿元，员工120人。

浦江华数负责全县有线广播电视传输前端（不含播出前端）、传输网络（含农村）及用户终端的经营、管理和建设，主要承担全县有线电视业务、数字电视业务、计算机维护管理、办公自动化、云存储、网络建设、宽带业务、监控业务、数据业务、信息化业务、智慧项目建设业务以及应急预警、应急广播、广电惠民工程等建设任务。

浦江华数具有优质的网络资源和终端资源，拥有IP网络及信息应用平台，数据交换中心、视频多媒体系统、因特网接入，光纤总长3000千米，使浦江有线电视拥有能高质量传输广播电视节目的HFC网络、覆盖全县的IP、数据城域网等多种信息服务功能，为政府、教育、金融、医疗等信息化综合业务开发提供网络应用平台。

继续推行"数字慧浦、广电惠民"工程，落实全县光纤入户的覆盖，实现四大平台功能。通过组织部"党员远教"和"三务公开"进行第一轮推介，全部县所有行政村村级会议室由华数接入（包括电视机也由华数采购）。在应用上从"党员远教"和"三务公开"的发布扩大到所有信息的发布，特别是利用视频会议平台上党课等。专栏建设从“平安浦江”“市场监管”“招商引资”(此3个栏目已签合同并收费)扩展到6个栏目建设。与县应急管理局、文体广旅局对接,提升应急预警功能,结合顶盒应急广播功能与室外应急广播,成为完整的全县应急广播系统。11—12月,相继办理“有线电视数字电视基本维护费收费主体调整”“广播电视节目传送业务经营许可证”“电信业务增值许可证”。

2019年,浦江华数被劳动部门评选为A级劳动信用单位。

【光纤入户覆盖项目】 推进光纤入户改造项目,山区范围内推行光纤入户试点工作,在网络逐渐稳定时推广使用华数产品。2019年,檀溪中心站的小洑村经过光纤入户,有95%的用户在使用华数产品。

【集客项目渗透领域】 华数业务首次进入全县公安、教育、交通系统领域。在公安系统领域投入500余万元,教育系统领域投入1200余万元,政府综合自助终端、小区物业等项目投入500余万元。

【安全播出和安全传输】 2019年是安全播出和安全传输的重保年,重点安全播出“两会”、互联网、十九届四中全会、庆祝新中国成立70周年等,完善各种应急预案,组织应急演练,改进重要频道节目流的自主切换。本地节目通过不同路由双路送到系统。各乡镇分机房汇聚交换机加装电源模块,实现双电源供电保证设备的稳定性。

【集团客户项目规划设计和建设】 2019年,将集团客户项目规划设计和项目建设进行分工,明确职责。集团客户部门配合市场开展项目前期工作,进行现场勘察、技术设计、工程预算。完成省、市布置的集团客户专线的挂牌、银行专线的维护等工作。部门人员负责工商972个监控,351国道25个点位,乡镇站各行政村520个监控及各宾馆民宿和无线WIFI的安装维护。完成工商监控第三期327个的安装,加装金华商行的四条线路。完成塔山、顺风和天慧宾馆582个“四合一”和ETV机顶盒的设计安装等。

(陈　帆)

教育·科技·卫生

教　育

综　述

【概况】 2019年，全县有普通高中6所（含综合高中3所），在校生6462人，校均规模1077人，其中省等级重点中学5所；职业高中1所，在校生6178人（含中山中学781人，景濂中学632人，建华中学856人），其中国家级重点职校1所；普通初中14所（含民办3所），在校生16544人，校均规模1182人；小学28所（含民办2所），在校生30880人，校均规模1103人；幼儿园73所，在园幼儿14415人，园均规模197人；特殊教育学校1所，在校生49人。

全县有中小学幼在职教职工5706（含民办学校）人，其中专任教师4703人（含民办学校）；有全国模范教师2人，全国师德标兵1人，全国优秀教师9人，省特级教师8人，正高级教师3人，省优秀教师6人，省教坛新秀12人，省中小学师德楷模（先进个人）9人，省农村教师突出贡献奖5人，省中小学名师名校长培养人选19人，金华市名师名校长22人，金华市教坛新秀62人，县园丁奖获得者110人，县名师名校长143人。

全县地方教育经费总收入130467.1万元，同比下降3.97%。其中，财政性教育经费总收入102721.3万元，占总投入78.73%；事业收入18749.5万元，占总投入14.37%；社会捐赠经费收入1352万元，占总投入1.04%；民办学校中举办者收入59万元，占总投入0.05%；其他收入7585.4万元，占总投入5.81%。

一般公共教育经费拨款83860.75万元，同比下降4.48%，低于财政经常性收入增长的2.95%。生均一般公共预算教育事业费支出，幼儿园10602.09元，同比增长16.87%；普通小学12193.65元，同比增长9.17%；普通初中15376.88元，同比增长6.79%；普通高中19648.19元，同比增长14.47%；职业高中14220.02元，同比增长0.13%。

2019年，浦江县高考一段线上线1007人，其中普通高中一段线上线736人，艺体类上线271人。组建有义务教育阶段8个城乡教育集团，其中小学5个，初中3个；学前教育幼共体6个。被县委、县政府评定为2019年度工作目标责任制综合考核先进单位、2019年度党风廉政建设先进单位，通过浙江省"学习型"城市申报。

【全县教育大会】 9月10日，浦江县“全县教育大会”在浦江中学文昌楼报告厅举行。会议学习贯彻习近平新时代中国特色社会主义思想，全面贯彻落实中央、省、市教育大会精神，紧扣“做人民满意的教师，办人民满意的教育”目标，部署新时代浦江教育工作，打响“学在浦江”教育品牌，高水平实现浦江教育现代化，推动浦江教育事业再上新台阶。会议宣读县政府嘉奖令，表彰一批优秀教师49名，举行90名新入职教师宣誓。郑宅镇、县教育局、浦江中学、仙华外国语学校和教师代表分别作表态发言。

全县教育大会　　（汪方昶 提供）

【推进教育现代化】 浦江县政府常务会议、浦江县教育工作领导小组2019年第一次会议先后审议通过《浦江县推进教育现代化十大行动方案》，主要包括教育生态优化行动、投入保障提增行动、优师重教激励行动等十大行动，共涉及30项内容。行动方案提出在2020—2023年全县将累计投入资金10亿元，改造提升中小学和幼儿园。同时，除学校工程项目建设外，县教育事业财政支出每年将增加近1亿元。2019年，新增县级教育财政预算拨款3265万元，达到中小学教师年平均工资收入水平不低于当地公务员年平均工资收入水平的目标。

（周旭兵）

【立德树人工作】 围绕“五四三”育人体系，开展学校内外的青少年德育工作，制定“小习惯、好品德”清单，提高学生品行。开展“端正行动”“明眸白齿”等行动，从6个大项、12个小项着手，培养学生品德。浦江中学江惠珍等30人被评为2018学年金华市“三好学生”，徐一鑫等8人被评为金华市第六届“最美学生”。5月，联合团县委开展浦江县“新时代好少年”评选活动，岑宽宽等100名少先队员获“2019年浦江县新时代好少年”荣誉称号。郑宅中学初三学生王嫣笑于6月7日15时乘坐浙GY3890公交车回家途经岩头镇洪家村时，奋力阻拦1名男乘客冲向驾驶室欲强行抢夺方向盘，让整车人化险为夷，王嫣笑被浦江县政府记三等功、金华市政府记二等功。6月，县职业技术学校、县实验中学、郑家坞中心小学被评为浙江省中小学劳动实践教育项目试点学校；7月，茜溪悠谷景区、中国诗人小镇被评为金华市中小学生研学实践教育基地。8月，县教育局选送实验小学学生张依涵参加教育部关工委在陕西省延安市举行的全国青少年“我为祖国点赞”朗诵大赛，获小学组一等奖第2名。9月20日至10月7日，县教育局举办“升国旗 唱国歌 红色体验”主题系列教育活动，组织全县5万余名学生用实际行动庆祝新中国成立70周年。

（贾金波）

【申报省级学习型城市创建】 学习型城市创建工作列入2019年浦江县政府工作报告，制定出台《关于推进学习型城市建设的实施方案》，对学习型城市建设进行顶层设计。2019年，县委、县人民政府办公室发文成立“浦江县创建省学习型城市工作领导小组”，经省专家组评估，通过浦江县省级学习型城市申报。前吴乡成人文化技术学校被评为省级现代化成人文化技术学校，浦江工匠学院“电工工匠培训”被评为浙江省成人教育品牌项目。推进老年教育工作，全县15所乡镇成人文化技术学校增挂乡镇老年学校牌子，同时浙江老年开放大学浦江学院开设声乐实体培训班。11月，组织开展2019年浦江县全民终身学习活动周活动，副县长陈子华参加并宣布全民终身学习活动周活动启动，启动仪式由浦江县社区学院、浦阳街道成人文化技术学校承办。

（刘剑伟）

【“名师飞课”】 12月23日，由教育部基础教育司主办的全国基础教育信息化典型案例颁奖大会暨教育信息化交流会议在北京召开。浦江县报送的《名师飞课，架起教育均衡之桥梁》被评为2018—2019年度全国基础教育信息化应用典型案例。浦江“名师飞课”创建于2015年，是县教育局探索“互联网+教育”的创新应用，经过5年探索摸索、实践研究，总结出“一个目标、三方协作、五步推进”▲经验。浦江县探索研究“名师飞课”多种应用方法，形成6种较为常用的模式：名师常态课堂、实时互动课堂、远程互动教研、特色课程展播、教师集体备课、各级专题培训。

▲“一个目标”即通过“互联网+教育”，实现城乡优质资源共享；“三方协作”指县教育局普教科、教育技术中心、教研室三方共同参与建设；“五步推进”指建制度、汇人才、制课表、组集团、优课堂。

（赵武英）

浦江县名师飞课活动　　（实验小学 提供）

【督学全覆盖】 3月，县教育局下发《关于调整督学责任区和责任督学的通知》，新成立新华幼儿园教育联盟、浦阳幼儿园教育联盟、机关幼儿园教育联盟3个督学责任区并任命督学人选，加上已成立的10个中小学督学责任区，全县实现中小学、幼儿园责任督学全覆盖。督学队伍共有13位责任区主任督学及44位责任督学，督学队伍实施规范化管理，每个主任督学有责任区，每个责任督学有责任学校，每所学校均有主任督学及责任督学各一名。

（傅文胜）

【东西部教育扶贫】 6月19日，浦江县——四川省金口河区2019年“东西协作，对口帮扶”名特教师“送教铺金桥”活动在金口河区举行。在金口河期间，两地教育局签订《“互联网+义务教育”结对帮扶协议书》，浦江教师开设1节展示课堂、1场班级管理工作讲座、2场区域教育教研讨论，看望区中学、初级中学、共安中学30余位留守儿童。2019年，分两批次接收金口河区31名骨干教师结对县内学校，组织跟岗学习和集中培训活动。结对30名乐山市（含金口河区）学生，其中接收10名建档立卡贫困生到县职业技术学校开展为期一年的学习交流活动。浦江教育系统采购了200余万元金口河区土特产品。

（刘剑伟）

【浦义同城智慧校园平安建设】 10月24日，在县教育局党委委员张立、校园安全办公室主任李赤阳带领下，县学校安全分管领导和联络员等管理团队120人，参观考察义乌市国贸学校校园安全、反恐标准化建设，廿三里一小智慧平安校园建设（人脸识别道闸、校园视频周界、校园门禁系统、校园访客系统、智慧用电、校园巡查系统、校门口与公安联网人脸识别监控、CK处警点、安全教育长廊),北苑街道安防体验中心,观看望道中学应急疏散演练视频,听取校园安全应急处置经验介绍,促进浦义同城智安校园建设。

【护校安园活动】 4月15日至5月15日,全县各学校制订并完善各类安全制度56条,学校突发事件应急预案15个,组织防震、消防、防空逃生疏散等各类应急演练140场次。县教育局设计制作防溺水主题的2万把宣传扇发放到学校。10月,完成平安护航新中国成立70周年安保任务。开展“防风险、保平安、迎大庆”活动,排查整治校园安全隐患406处。

(陈团结)

【后勤采购】 2019年,县教育发展服务中心完成教育系统各单位厨房用品设备、五金电器、办公家具、体育用品、户外大型玩具、钢木课桌凳、学生床、餐桌等23次采购招标,预算资金1382万元。全年累计完成采购额约1036万元,节约资金346万元,资金平均节约率25%。完成2019年度新一轮食堂食品配送招标工作,对蔬菜配送企业加强监管,帮助、督促企业提高配送质量。1—12月,例行检查49次,定期对蔬菜农残进行抽检8批次158品种数。修订出台《浦江县学校食堂食品配送企业管理实施细则》,加强动态管理。对食品进货源头中6家豆腐生产企业和浦江本地生猪屠宰企业进行溯源走访调查。出台蔬菜验收《工作指南》和《质量参考标准》。全年采购销售葵花籽油和玉米油10350箱,配送金额196.65万元。配送学校大米1327.5吨,配送金额610.65万元。

【资助困难学生】 2019年,县学生资助管理中心组织安排资助资金1693.84万元(其中上级补助资金982.35万元),资助贫困学生18757人次。其中,学前教育免除保育费168人次计32.5万元;补助义务教育营养餐4984人次计249.2万元,资助困难寄宿生生活补助和困难非寄宿生生活补助431人次;补助普通高中国家助学金929人次计92.9万元,免除困难学生学费、代管费189人次计24.54万元;免除职业高中学生学费11347人次计1176.2万元,发放职业高中助学金1131人次计113.1万元,国家奖学金9人次计5.4万元。

(费炜然)

【艺术教育】 5月18—21日,在浦江中学文昌楼举行的市艺术节合唱和器乐专场比赛中,浦阳第一小学、实验小学、龙峰国际学校分别获小学组合唱专场一等奖,实验小学、实验中学获器乐专场一等奖。11月5日—7日,在台州举行的省艺术节中,浦江中学合唱《乡谣》、实验中学民乐《跑旱船》、实验小学知音民乐合奏《闹花台》分别获一等奖,龙峰国际学校《雪花的快乐》和浦阳第一小学的合唱《世界上唯一花》获二等奖。金华市艺术(美术)特色学校经验交流活动暨艺术实践工作坊培训会中,实验小学(书法)、南苑小学(版画)、黄宅第二小学(书法)、潘宅中心小学(布贴画)获一等奖。2019年“3D·幸福家园”金华市中小学师生立体造型现场比赛中,实验小学张豪、杨洁,南苑小学寿海霞、张瑛瑛,浦阳第二小学黄蓉蓉获一等奖。金华市2019年初中美术优质课评比活动中,浦江第五中学张珊珊获二等奖。金华市首届高中美术教研组长素养大赛中,浦江第三中学张晓干获一等奖;金华市小学美术教研组长素养大赛中,实验小学张豪获一等奖;金华市“色彩教学”专题研讨会中,南苑小学周晓峰、大溪中心小学张方燧获一等奖。檀溪中心小学、七里中心小学被评为第八批金华市艺术教育特色学校。

（李赤阳）

【承办金华市校园足球联赛和定向运动会】 12月3—17日，承办金华市中小学生校园足球联赛，比赛分高中组、初中甲组、初中乙组、小学甲组、小学乙组和小学混合组6个组别，有来自全市29所中学和26所小学1500余名运动员参加。浦江代表队有9所中学和4所小学参加比赛，获7个一等奖，15个二等奖。10月25—26日，承办金华市定向运动会，由浦江县第五中学协办，有15所学校130余名运动员参加角逐。浦江代表队获2个团体第一名，4个团体第二名。

【特色学校】 2019年，全县创建全国性特色学校中，全国青少年校园篮球特色学校3所（浦江中学、实验小学、浦阳第二小学），全国校园足球特色学校3所（堂头中学、新华幼儿园、大许幼儿园），省级校园足球特色学校4所（白马中心小学、浦阳幼儿园、机关幼儿园、马良幼儿园），全国冰雪运动特色学校1所（七里中心小学），全国体育活力校园优秀案例1所（实验小学）。

（楼　娟）

学前教育

【公办幼儿园建设】 “乡镇公办幼儿园全覆盖”为县2019年度十大民生实事之一。郑宅镇中心幼儿园、杭坪镇中心幼儿园、月泉幼儿园、南苑幼儿园、机关幼儿园扩建；岩头镇中心幼儿园、虞宅乡中心幼儿园完成工程主体；七里中心幼儿园、平安中心幼儿园、前陈中心幼儿园、中余中心幼儿园、白林幼儿园启动建设工程前期准备工作。9月，翠湖幼儿园、黄宅镇中心幼儿园投入使用，增加学前教育学额1080人。

【“四个一批”补短提升行动】 2019年，县教育局实施“四个一批”（新建一批、治理一批、撤并一批、提升一批）补短提升行动。推进小区配套幼儿园治理，安排专人参与仙华街道项宅幼儿园、岩头镇幸福新村幼儿园的二次装修管理，为配套幼儿园转制成公办幼儿园做好前期准备；新建金狮湖区块小区配套幼儿园——湖滨幼儿园，明确办成普惠性幼儿园；合并黄宅镇东方教学点与钟村教学点，新东方教学点开园；停办薄弱幼儿园5所、教学点6个，创建二级幼儿园6所。

【奖补扶持政策】 出台《浦江县促进学前教育发展奖补资金管理办法（试行）》，通过奖补资金引导，促使各级各类幼儿园提供普惠性服务，主动改善办园条件，提高办园质量与水平，保障适龄儿童接受基本的、有质量的学前教育，完善学前教育公共服务体系。根据奖补管理办法，新创建省一、二、三级幼儿园分别一次性奖励30万元、15万元、5万元；普惠性等级民办幼儿园每所补助安保经费2万元/年；对持有三证（教师资格证、大专及以上毕业证、职称）的非编教师、园长，初级职称补助0.5万元/年，中级及以上职称的予以补助1万元/年。落实幼儿园生均公用经费不低于500元/生的标准，民办幼儿园按公办幼儿园同等拨款标准拨付。

【学前教育课程改革】 围绕课改要求，制订年度全员培训计划，组织开展对园长、教师的课改专项培训，提升园长课程领导力、教师课程开发与实施能力，新华幼儿园被评为省级示范性教师发展学校。开设课程改革园长论坛，开展园长课堂教学示范展示活动，承办金华市幼儿园课程改革展示交流活动，举行“浦义同城”园长论坛活动，开展幼儿园教师队伍建设策略研讨。

“浦义同城”园长论坛活动

（新华幼儿园 提供）

（郦琴飞）

义务教育

【概况】 2019年，义务教育阶段学生有47424人，其中小学生30880人，初中生16544人；有班级1129个，其中小学772个，初中357个；有小学教职工1740人（不含民办），其中专任教师1685人，专任教师人数与在校生之比（师生比）1∶18.33；初中教职工1301人，其中专任教师1228人，专任教师人数与在校生之比（师生比）1∶13.47。学龄人口入学率100%，巩固率100%，初中毕业生升入高中段比例为98.66%。全县小学生均占地面积为24.95平方米，生均建筑面积为12.70平方米，生均图书42册，平均3.84人拥有一台电脑；初中生均占地面积32.72平方米，生均建筑面积为15.46平方米，生均图书49册，平均4.16人拥有一台计算机。

【新生入学“一件事”“零次跑”】 浦江县阳光招生“一号通”报名平台启用。新生报名时，家长只需输入孩子身份证号，即可实现户籍、房产等数据“一键通提”，确保新生入学报名“零材料”。2019年秋季学期，全县受理网上报名新生6358人，占所有新生的98%左右。数据匹配完全对接符合条件的新生实现自动录取，全程所需时间由原来的十几个工作日，缩短到即刻完成，入选金华市数字政府转型十大典型案例，经浙江省改革办推荐参加全国改革案例评比。

【随迁子女招生】 根据《浦江县优化营商环境十条意见》，制定下发《浦江县随迁子女义务教育阶段招生细则》《浦江县民营企业人员子女义务教育阶段招生工作指引》，对县优质民营企业的高管子女、规上企业的高管或技术骨干子女、企业实用型人才子女、企业普通员工子女就读公办学校报名时间、报名材料、认定标准、安排原则等进行了明确。2019年秋季学期，浦江县亚星纤维有限公司、康佳工艺品有限公司等7家优质民营企业的7名高管子女，经所属乡镇（街道）、园区或主管部门初审，县营商办、县教育局联合复审并公示，统筹安排到实验中学和实验小学就读。2523名企业技术骨干、企业实用型人才子女及普通员工子女就读公办小学一年级、初中七年级（其中小学一年级1590人，初中七年级933人），就读公办学校比例分别为小学70%、初中77%，其中浦江七中、七里中小、岩头初中、岩头中心小学、黄宅第二小学等16所学校接收外地新生人数与总新生人数的占比超过50%。

【“晨管晚托”双服务工作】 全县26所小学开展“晨管晚托”服务，4315名学生参加了“晨管”，占小学生总数16.0%，20318名学生报名参加了“晚托”，占小学总数75.3%，在前期调研的基础上，部分初中推出“晚托”服务。

【义务教育阶段集团化办学全覆盖】 推进八大教育集团建设，定期召开集团专题会议，通过“五位一体化”管理，推进浦江城乡义务教育“优质、均衡”发展。在原有教育集团的基础上，将民办学校纳入集团化管理，实现义务教育阶段公民办学校集团化办学全覆盖的目标。探索管理新模式，实现资源共享、管理互鉴、教研联动，共同提高办学水平和教育质量。

【大阅读工作】 2019年，大阅读工作通过行政推动、教科联动、评价促动等多方联动，从阅读的“量”向阅读的“质”提升，从校园阅读向社会阅读铺展，全面打造书香校园、书香家庭。通过专家引领、教学展示等，提升教师大阅读引领水平。评价层面，县级全面评价和个性评价相结合，依托县大阅读网络评价系统，要求人人考级过关。小学生年均阅读量保持在25本以上。11月，1.6万余名中小学生参加了大阅读比赛活动，在活动中培养学生的阅读习惯。

【“互联网+教育”课堂】 组织13所学校参与省内“互联网+教育”结对帮扶工作，同步课堂实现县域全覆盖，开展同步课堂活动128次，参与师生8072人次，助推城乡教育优质均衡发展。虞宅乡朱宅完小与杭州学军小学实现浙江省内首次跨地市5G空中VR远程课堂，借助移动5G技术，使用“视频直播+全景直播+VR虚拟课堂”的解决方案，实现异地上课、同步学习、实时互动。与四川省金口河区结对开展“名师飞课”活动，开拓教育扶贫新路径。

（傅江英）

虞宅乡朱宅完小与杭州学军小学“互联网+教育”课堂　　（虞宅中心小学 提供）

【初中教育工作会议】 11月12日，初中教育教学工作会议在浦江第四中学召开。会议以“新思维 新举措 新高度”为主题，以合作、竞争、共赢的思维，综合运用多种激励措施，教育教学水平争取达到全市“保四争三”的新高度。浦江第四中学、实验中学、堂头中学、仙华外国语学校作典型发言。经综合考核，实验中学、黄宅初中、堂头中学、白马初中、仙华外校5所学校被评为2018学年度初中教育质量优胜单位。

【秋季研学活动】 在初中、小学阶段学生开展“体验美丽乡村，助力乡村振兴”秋季研学活动。研学活动主要内容有市中小学生研学实践教育基地上河诗人小镇参观“2·16”搜救馆（自选）、郑宅镇“花海”；参观上河诗词文化街，开展传统文化研学；省中小学生研学实践教育基地游江南第一家，享孝义文化，品孝义餐，做米塑，体验古法消防“试水龙”。

（李赤阳）

普通高中教育

【概况】 全县有普通高中6所，其中公办4所，民办2所，省一级特色示范高中1所，二级特色示范高中3所。全县普通高中有专任教师592人，年内普通高中招收新生2429人，毕业生2129人，在校生6273人。

【高考成绩】 2019年，高考一段（重点）上线人数736人。全省前100名2人（704分、703分），全市前4名2人，全市前8名4人，分列第3、第4、第7、第8名，692分以上（全省排名前500名）9人，人数居金华市第一位，其中3人被北京大学、清华大学录取。浦江中学、浦江县第三中学、浦江县第二中学、中山中学因2019年高考成绩优异，获浦江县政府通令嘉奖。

【高中教育教学工作会议】 9月30日，县2019学年高中教育教学工作会议在浦江中学召开，会议的主题为“初心引领 勠力备考 创新工作 提升特色”。各公办高中总结和分享了2019年高考成功经验并介绍2020届高考备考情况。县教育局局长傅剑敏对全县高中学校提出3个要求：统一认识，明确目标；统筹安排，凝心聚力；精细管理，狠抓落实。

（贾金波）

职业教育

【浦江技工学校挂牌成立】 5月，浦江技工学校经县教育局、县人力社保局和浦江职业技术学校三方努力申报成功。9月，正式挂牌成立并开班招生。新成立的浦江技工学校是以浦江职技校和浦江工匠学院为基础，培养高级技工和技师为主的职业学校，是浦江高技能人才培养的重要基地。2019年，开班2个，招生70人。

【职业教育成绩】 2019年，浦江职业技术学校517人参加高考，上线517人，其中本科上线91人（普高艺术类本科上线62人、职高类本科29人），上线率100%。在师生技能比赛、省市面向人人竞赛、文明风采竞赛、教师专业等方面获国家级6项，省级10项，市级73项。

【社会培训工作】 11月14日，副省长王文序等省、市领导到浦江职业技术学校调研，对学校办学理念、非遗工作室、技能培训作进行指导。2019年，浦江职业技术学校开办各种技能培训班53个，涉及维修电工、保安员、育婴师、汽车维修工等17个工种，同时组织农民大讲堂培训，全年培训人数3696人，培养了一批技能型人才。发挥学校的资源优势，与各部门、行业协会、企业等开展合作培训，培训人数2635人。

（刘剑伟）

民办教育

【概况】 2019年，全县有62所民办幼儿园15个教学点（含省一级幼儿园2所，省二级幼儿园16所，省三级幼儿园40所）。有新浦江人子女学校3所（其中教学点10个）；标准化学校3所，其中浦江县文德学校于7月通过省义务教育标准化验收；停办新星学校城北教学点，审批开设校外辅导机构74余家。

【公办民办学校结对】 11月，县教育局出台《关于浦江县义务教育阶段公民学校集团化办学全覆盖的通知》《浦江县公民办学校结对共进实施方案》，通过深化领导结对、教师结对、业务结对、班主任结对等结对方式，发挥公办学校的资源优势和辐射、示范、引领作用，提高新浦江人子女学校实施素质教育的能力和水平，推进学校办学规范化和标准化，促进办学水平的全面提升和教育质量的提高，加快全县教育现代化进程。开展结对活动30余次，师徒结对60余人次。

【校外培训机构整治】 全年检查校外培训机构数318家次，限时和停业整改机构86家次，约谈机构负责人12次，关停办学机构66家。对照申报文件标准严格审批新设立培训机构，建立"白名单"制度并公示，对有照有证并规范办学的机构加入"白名单"的，通过浦江教育网向社会公布。培训机构制作安全台账，做好"两亮四公示"(亮办学许可证、亮营业执照、公示收退费制度、公示教师信息、公示管理制度、公示课程)，配合县委县政府落实"垃圾分类""近视防控"中心工作；组织9位培训机构校长参加金华市第二期校长持证上岗培训，推进教育培训市场健康有序发展。

特殊教育

【概况】 2019年，全县有义务教育学龄段残疾儿童少年186名，入学人数为183名，入学率为98.39%。未入学儿童均因家长申请暂缓入学，其中随班就读98名、特教学校就读56名、送教上门29名。浦江县培智学校学生、随班就读及送教上门学生的生均公用经费按普通学生的10倍拨付落实。

【浦义同城特教联盟】 5月16日，义乌市第七届特殊儿童才艺展示暨首届义浦特教联盟活动在义乌市实验小学报告厅举行，活动以"放飞梦想，融合共享"为主题，分成舞台表演类、书画手工类和生活技能现场展示类三大版块进行，浦江县教育局副局长潘文戎、浦江培智学校校长张朝霞以及20余名师生代表参加了活动。

【特殊教育关爱行动】 5月28日，县人民医院康复科医师到浦江培智学校义诊；6月6日，大许绘本馆老师到浦江培智学校送教；9月9日，县委副书记俞建辉一行在县教育局副局长黄平标的陪同下慰问学校师生；9月12日，仙华街道书记黄锋专程到校慰问学校师生；10月30日，实验小学孙志松等3位教师到培智学校送教；11月4日，新华幼儿园教师到培智学校送教；11月15日，新华幼儿园8位教师参加送教培智学校活动。

【融合教育】 2019年，新建岩头中心小学、虞宅中心小学2个资源教室，全县累计共建16个资源教室，实现每个乡镇(街道)至少有一个资源教室的目标。11月20日，杭坪中心小学、郑宅中心小学资源教师到培智学校学习特殊学生个别化教学个案管理模式；12月11日，培智学校学生接受县融媒体中心邀请，排练2020年浦江县少儿春晚的节目。

(傅江英)

教师队伍建设

【“县管校聘”人事制度改革】 2019年，中小学教师“县管校聘”人事制度改革工作有序开展。教职工在原单位未聘53人，其中解聘5人，待岗培训6人，谈话提醒224人。推出教职工师德师风培训与考核，增加本单位未聘人员参加竞聘的机会。经教职工自愿申请，参加闭卷考核29人，不参加闭卷考核13人。经考核，25人排名学段前60%，且成绩合格，可以在原单位及相对偏远学校寻聘；4人考核不通过，在相对偏远学校寻聘，2019年度全县有17人到外单位寻聘上岗。

【教师职称评审制度改革试点】 2019年，职称评审制度推进3项改革，合理下放职称评审权限，其中浦江第三中学被确定为全省中高级职称评审权下放试点学校，有2人通过高级教师和一级教师评审，为全县进一步扩大自主评审试点工作积累经验。适当减少职称评审中提供的材料数量，不再要求教师提供已经多次审核认定的材料。据初步统计，2019年度教师在申报职称过程中，上报材料数量减少50%以上。探索中小学教师职称在线申报和评审，依托全国教师信息管理系统，开展职称在线申报评审，让数据“多跑路”教师“少跑腿”，提升评审工作效率。

（周利民）

【新教师招聘】 2019年，通过优秀应届毕业生引进和社会招考，招聘新教师121人。其中，引进优秀应届毕业生14人，招聘在编教师27人、会计3人、雇员制教师47人（其中仙华外校雇员制教师4人）、雇员制幼师学员30人。

【“五维”领航教师培养计划】 全县遵循“全域覆盖、梯次培养、高标定位、精准发展”原则，实施学科领航教师“五维”培养计划，构建教坛新苗——教坛新秀——教坛名师——特级后备人选——特级教师、正高级教师的“金字塔”型人才队伍梯级机制。以“师德的表率、育人的模范、教学的专家、科研的能手”为培养目标，先后开设名师培养人选提高班（共有84名学员参加，学制2年）和特级教师后备人选提升班（共有23名学员入选，学制3年）。通过梯队培养，使一批新教师、骨干教师、名师、特级教师后备人选在政治思想与职业道德、专业知识与学术水平、教育教学与教育科研能力等方面得到提升。同时，发挥学科领航教师的引领和辐射作用，层层带动，形成教师队伍健康蓬勃成长的良好机制。

【教师队伍综合素质建设】 委托培养雇员制幼师学员，与杭州科技职业技术学院开展合作，委托其对雇员制幼师学员进行为期一年的培训。培训期满后由培训机构组织综合考核，考核合格的聘用为县教育系统公办学校雇员制教师，考核不合格的不予聘用；加大新教师培养力度，开展第一届“新苗奖”评选，授予在三年新教师考核中成绩优秀的新教师“县教坛新苗”荣誉称号，共有23人被评为县教坛新苗；提高名师名校长专项奖励经费，将名师名校长专项奖励经费由之前的70万元提高至300万元，扩大奖励范围，提高奖励标准。

（沈　辰）

【教师交流】 2019年，为推动初中阶段教师交流工作良性发展，要求学校选派的交流教师须在上一年度考核中排名前90%，城区初中按照计划数的1∶1.5推荐拟交流对象，同时上报本校符合交流条件的所有教师名单；农村初中须申请流入不少于2人的交流教师。交流双方学校达成交流意愿的，农村初中按城区流入教师人数的1∶2上报上挂锻炼教师人选，由城区初中确定上挂锻炼对象。全年交流教师125人，其中城区骨干教师交流到农村学校33人，骨干教师交流占教师交流比例为26.4%。

（盛礼军）

【东西部支教交流】 1月，全县选派5名教师到四川省乐山市金口河区进行为期9个月的东西部扶贫协作支教活动。6月，选派5名高级教师到金口河区开展为期2个月的送教活动。9月，选派以全国优秀教师、正高级教师祝响响为领队的5名教师到金口河区进行为期2个月的支教。接受金口河区前来挂职、跟岗的音体美教师30人，其中4人挂职3个月，26人跟岗学习一周。派出高中教师1人到西藏进行为期3年的支教。

【银龄教师资源库】 为了发挥优秀退休教师优势，提高教育质量，建立了银龄教师资源库，鼓励退休教师发挥余热，到师资紧缺的公、民办学校继续任教。向社会征集年龄在65周岁以下，具有中级及以上职称的退休教师入库。2019年，有112名退休教师征集入库，占近五年退休教师总数的41.32%。入选银龄计划教师资源库的退休教师与受援学校双向选择，签订服务协议，明确双方的权利与义务，并由双方自行协商相关工作经费。在任教期间，以开展课堂教学为主，也可根据学校实际和自身需要参加学校的听评课、讲座或研讨课，指导和帮助受援学校青年教师的专业成长。

（沈　辰）

【教师待遇保障机制】 建立健全中小学教师工资与公务员工资长效联动机制，2019年度安排财政资金2899万元，补足教师与公务员的差额部分，人均补发8000元，确保中小学教师平均工资水平不低于当地公务员。出台《浦江县顶岗教师专项经费使用办法》，由县财政保障顶岗教师人均1万元/年的工作经费，发放顶岗教师专项经费61万元。继续做好2019年教职工薪级工资正常晋升工作，有3506名教职工符合正常晋升工资条件，人均月增资83.23元。

【编外用工管理】 6月，出台《关于规范编外用工管理的暂行办法》，建立全县教育系统编外用工实名制网上系统，为规范全县教育系统编外人员的聘用、管理提供便利。对新聘用人员先查询教育系统编外用工实名制网上系统的解除合同人员信息，发现有违法、违纪和2次及以上非正常原因等情形被学校（单位）解除合同的人员，原则上不得再重新聘用，确保编外用工的质量。

（盛礼军）

【教师荣誉】 龙峰国际学校教师祝响响被评为全国优秀教师，实验小学徐双莲被评为浙江省师德

全国优秀教师祝响响

先进个人，浦江中学洪燕茹、实验小学吴文杰被评为浙江省教坛新秀，县职技校李卫平被评为金华市名校长，浦江中学张谦、实验小学吴文杰被评为金华市名师，县职技校陈银恩被评为金华市最美教师，浦江中学楼优奇被评为金华市师德标兵，实验中学吴槿槿、仙华外国语学校郑卫松、机关幼儿园楼俊君3人被评为金华市师德先进个人，黄宅初中虞伟奖等9人被评为金华市教坛新秀。研训中心姚荣金等37人荣获浦江县第三届“园丁奖”，浦江中学张继妍等64人被评为浦江县第十三届教坛新秀。

（张晓欢）

教育科研

【概况】 2019年，浦江县教育科研工作以服务基础教育课程改革为宗旨，发挥教育科研在学校发展和教师成长中的作用，通过抓教科室主任队伍、班主任队伍、心理健康辅导人员队伍3支队伍，提高科研管理与指导水平；通过抓省市级重点课题和对薄弱学校的课题指导，提升课题质量与科研水平；通过抓县级、集团级、校级三级活动的开展，提升科研的氛围与研究水平。全年有84项课题在省市级立项，98项课题在省市级课题评比中获奖，400余篇论文在各级各类论文评比中获奖。

【承办省级教研活动】 4月11—12日，由浙江省教育厅教研室主办，金华市教育局教研室、浦江县教育研究和教师培训中心承办的浙江省初中数学“学为中心”课堂改革培训活动在浦江县黄宅初中举行。4月11日，宁波象山县殷夫中学的周孝辉、浦江县黄宅初中的虞伟奖2位教师分别开设了两节展示课。课后，陈明儒、童桂恒两位特级教师作了点评；同日，由鲍建生、朱先东等10位大学教授、特级教师、名师围绕“学为中心”进行专题讲座。4月12日，由6位教授、特级教师、名师围绕“学为中心”课堂改革主题进行专题讲座。

（应丽芳）

【省市级课题立项】 2019年，浦江县有15项课题别列为省级课题，其中省教育科学规划重点课题1项，省教育科学规划课题5项，省教研课题3项，省师干训课题6项；69项课题被列为市级课题，其中市重点规划课题3项，一般规划课题37项，市教研课题29项。

【省市级课题获奖】 2019年，浦江县有17项课题获省级优秀课题，其中实验小学徐双莲负责的《“小鬼有约”小学生自主发展教育策略的研究》课题获省教育科学规划优秀成果一等奖，龙峰国际学校朱柏烽负责的《未来科创城：提升小学生科学素养的路径探索》获省教育科学规划优秀成果三等奖；有15项课题获省师干训课题优秀成果，其中一等奖2项，二等奖6项，三等奖7项。全县有66项课题获市级优秀成果，其中金华市教育科学规划课题一等奖7项，二等奖20项，三等奖17项；金华市教研课题一等奖4项，二等奖10项，三等奖8项。

【学校心理健康教育】 2019年，浦阳第二小学、郑宅镇中心小学2所学校的心理辅导室通过省心理健康教育示范点项目的验收，全县所有公办中小学完成省标准化心理辅导的建设。

（杨顺连）

新建学校

【南苑小学】 位于浦江县浦阳街道和平南路366号，47省道与蒋义线连接处以东，浦江县主城区南入口西侧，建设规模为48个教学班，在校学生2160人。工程自2016年2月立项，2017年11月开工，于2019年9月正式投入使用，总投资为1.38亿元。学校用地面积49665平方米，总建筑面积32478.4平方米，由普通教学楼、专用教学楼、综合楼、多功能厅、风雨操场、食堂共7幢组成，各楼宇之间都由连廊相连，硬件设施一流，配备了多功能厅、合班教室、录播教室、创客中心、创新实验室、三模教室、电子阅览室等智慧教室。

（钱丹丽）

【岩头镇中心小学】 位于浦江县岩头镇区西南侧，西起岩头中学，东至环镇路，北面田野，南面是浦后新路。迁建工程按省I类36班完全小学标准建设48班，学生2160人。包括普通教学楼、专用教学楼、综合楼、风雨操场、学生宿舍楼、生活服务用房、室外活动场地及绿化工程等，总投资约1.2亿元项目。项目总用地面积约49673平方米，总建筑面积约32357.84平方米，地上建筑面积30240.52平方米，地下建筑面积2117.32平方米。其中，普通教学楼建筑面积9262.30平方米、专用教学楼建筑面积8197.23平方米、综合楼建筑面积2448.25平方米、风雨操场建筑面积4500平方米、学生宿舍楼建筑面积3192.24平方米。

（卢萍萍）

【翠湖幼儿园】 位于浦江县浦阳街道翠园路88号，是县教育局主管的公办幼儿园，于2019年9月正式投入使用，有12个班，幼儿308名，教职工45人，是一支"业务精良、师德高尚、团结向上"的教师队伍。全体教师均具有幼师专业资格，大专以上学历100%。总投资3000万元，按照18个班在园幼儿540名的规模建设，用地面积11031平方米，总建筑面积7111平方米，幼儿用房、综合楼、生活服务用房以及室外活动场地、道路广场、绿化以及教学设施设备齐全。依托翠湖山水之美、田园之静，建筑采用传统徽派色彩，工字形布局营造多重传统院落，与现代坡屋面结合，是一所现代田园风格的幼儿园。

（金林飞）

【黄宅镇中心幼儿园】 位于浦江县黄宅镇伟业路1号，是县教育局主管的公办幼儿园，于2018年4月开工建设，2019年9月正式投入使用，用地面积9847平方米，总建筑面积6600平方米，绿化面积2000余平方米，建设规模18个班级，总投资额约2800万元，可容纳540位幼儿就读。2019年，有12个班级，其中小班7个，中班5个，共有342名幼儿；教师26名，其中一级教师7人，县级教坛新秀1人。

（金瑜娇）

科学技术

【概况】 2019年，兑现科技扶持政策资金3120.03万元，同比增长40.76%。创新券发放总量为365万元，创新券使用量为81万元。国家级高新技术企业申报数创历史新高，新认定11家，全县国家高新技术企业总数为41家。全年申报完成省科技型中小企业75家，新增市级以上研发中心10家，其中新增市级研发机构9家，省级企业研究院1家。高新技术产业投资额同比增幅70.3%，全市排名第一位。高新技术产业增加值增幅19.1%，全市排名第一位。2019年，县级科技项目共计87项，其中工业18项，农业29项，社发项目40项。市级项目立项6项，省级新产品试制计划项目立项50项。全年共计验收各类项目64项，发放项目补助资金158.157万元。

【科技创新服务】 2019年，县科技局科技创新服务实现两个全覆盖，一是实施省市县三级科技特派员联动，实现科技特派员乡镇全覆盖；二是实现规上企业、科技型企业科技政策培训辅导全覆盖。省农科院选派葡萄和高山蔬菜2个省级科技特派员团队落户浦江，服务周期为五年，在花桥乡、檀溪镇、岩头镇选派3名市级个人特派员队伍，服务周期为3年。选派第九批县级特派员9名，实现科技特派员乡镇全覆盖；举办由企业主、财会人员参加的培训班8场，参训人数800余人次；围绕企业研发经费投入等重点内容开展专题培训，全县100余家规模以上企业研发人员参加。针对重点企业，局班子成员上门辅导宣讲，实现规上企业、科技型企业科技政策培训辅导全覆盖。

【科技创新平台】 县科创园入园科技型企业41家，注册资金33946万元。杭电智能制造研究院于10月22日挂牌成立，与县内10余家企业建立技术合作，金额1425万元，其中与博开科技联合申报2020年省重点研发项目，与超刚弹子合作开发智能化弹子生产线，弹子精度从0.08毫米提升到0.02毫米。

【水晶产业科技创新公共服务平台】 2019年，新添400余万元实训设备。实训基地通过产品造型设计、3D打印技术、数控加工技术、电子商务等多个专业与浦江水晶产业对接，为水晶产业发展提供人才和技术服务。经过两年的建设，省级高技能人才公共实训基地将构建集学制教育、就业培训、技能鉴定、技术服务、技能竞赛于一体的多层次、多形式、多功能的技工教育和技能公共实训基地。

【家纺设计研发中心】 2019年，完成产品花稿、包装稿及产品展示等5000余项，其中有600件图稿被25家企业选中并转化成产品。同时，家纺设计中心举办了为期2天的浦江家纺艺术设计与文化时尚培训，邀请国内5位知名专家教授，全县52家绗缝企业120余名设计骨干参加。

【G60金义科创廊道建设】 2019年，根据《长江三角洲区域一体化发展规划纲要》，按照长三角G60科创走廊产业联盟高质量发展的指导意见，开展长三角G60科创走廊产业联盟及产业园区联盟建设工作，推动企业融入长三角G60科创走廊，其中浙江亚特新材料股份有限公司、浙江三和塑料有限公司、浙江百川导体技术股份有限公司加入长三角G60科创走廊新材料产业技术创新联盟；浙江博开机电科技有限公司加入长三角G60科创走廊集成电路产业联盟；浦江经济开发区加入长三角G60科创走廊产业园区联盟。浙江博开机电科技有限公司加入长三角G60科创走廊九城市集成电路产业联盟，“集成电路高端装备用系列智能型冷泵研发”项目，列入国家科技重大专项——“极大规模集成电路制造装备及成套工艺”的子项目，获得国家和省2000万元经费支持。

【浦江（杭州）科创中心】 浦江（杭州）科创中心坐落于杭州市余杭区文一西路1218号，中心总建筑面积8500平方米，主要用于浦江招商引资项目及浦江

"科创飞地"建设。

浦江(杭州)科创中心依托杭州城西科创大走廊的科技、人才、信息、金融、政策等优势,以吸引杭州高端人才服务浦江企业为出发点,为浦江科技型企业搭建人才研发平台,招引高校高科技成果转化项目,促进浦江产业转型升级,打造浦江在杭州创新创业的桥头堡和人才高地。至2019年底,浦江(杭州)科创中心已整体装修完毕,下一步科创中心将配合县政府招商引资项目,招引企业分批入驻。

【"产学研"科技交流合作】 全年共计开展产、学、研合作对接活动50余次,与浙江大学、杭州电子科技大学、浙江工业大学、上海交大、上海大学、中国美院、武汉纺织大学、东北林业大学、浙江师范大学9所院校开展科技对接。组织50余家企业参加各类学校科技展会合作对接活动,初步达成合作意向7项,帮助企业解决生产中的技术难题,使院校科研成果能及时转化为生产力。2019年,依托义乌百场院士沙龙等高端学术平台,加大与义乌在决策咨询、学术交流、院企对接等方面的合作,与义乌科技部门开展技术交流合作3场次,组织参加2场义乌人才沙龙活动。

10月25—29日,在第18届金华工业科技合作洽谈会上,全县共有35余家企业40余人参加了工科会的对接、洽谈、换约和专场活动。浦江共征集企业技术需求和难题20余项,浦江忠华变压器厂的一项难题在大会上与院校专家精准对接。征集科技合作项目7项,其中浦江县人民政府与东北林业大学共建东北林业大学浦江工程技术研究院的招院引所项目在大会上换约。在金华市第三届"十大科技新婺商"的评选中,浦江三思光电技术有限公司总经理陈鸣当选。

第三届"科技婺商"评选复赛　（李林文 摄）

（魏晓尖　朱江娇）

卫生健康

【概况】 2019年,全县有各级各类医疗卫生机构367家。其中,县级医院3家(二级甲等医院浦江县人民医院、县中医院,县妇幼保健院);民营医院8家;乡镇卫生院16家、社区卫生服务站15家、村卫生室169家,每个乡镇(街道)均拥有一家公立卫生院或社区卫生服务中心,镇(乡)、村两级医疗卫生机构的设置,基本满足"20分钟医疗服务圈"的要求。全县有核定床位数1453张,实际开放床位数2377张(其中县人民医院790张,中医院467张,浦江第二医院300张,街道、乡镇卫生院115张,其他医院705张),每千人拥有床位数5.91。在编人员中,卫生专业技术人员1704人,占94.1%,其中高级职称381人。

全年完成各类赛事、重大活动、全国大型现场会、中高考等活动的现场医疗保障任务125次,派出医务人员355人次,出动救护车辆51次。

出台基层医疗卫生机构补偿机制改革实施方案,确定标化当量为16.2元。开展基层医疗机构标准化建设,全县7家乡镇卫生院(中心)通过基本标准建设评审,68家村卫生室(站)达到规范化建设标准,村卫生室(站)规范化率40.2%。建立"两员一中心一团队"工作机制,实行每周"1+4"蹲点工作模式,健全医共体框架下的公共卫生管理体系。巩固全国首个"无蚊村"杭坪镇薛下庄村的成功经验,在岩头镇礼张村创建第二个"无蚊村";5月,全市"无蚊村"建设工作研讨会召开。开展免疫规划、艾滋病防制、结核病防制和健康教育等工作。

通过医共体牵头医院"党建+"服务、"全+专科"联合门诊、中医适宜技术等措施,打造家庭医生签约服务品牌,签约人数稳步增长。全县签约144436人,签约率36%,重点人群签约率88.09%。

全年按计生统计口径户籍人口出生3334人,同比减少443人,符合政策生育率96.73%。一孩出生1663人,一孩率49.88%;二多孩出生1671人,二多孩率50.12%。总出生人口性别比108.44(女为100)。"省奖扶"对象合计人数3154人,补助金额302.784万元;"省特扶"对象合计人数179人,补助金额150.96万元。浦江县农村女儿户奖励保障审核批准对象为3086人,1—8月补助金额608.96万元。农村女儿户60周岁以上奖励保障对象为463人,奖励保障金额27.78万元。公益金补助对象171户,补助金额27.96万元;定期补助户101户165人,补助金额15.07万元;困难补助66户,补助金额11.55万元;术后治疗费4户,补助金额1.35万元;失独家庭人工辅助生育补助2户,补助金额10万元。4月,开展县农村女儿户中考加分审核工作:符合中考加分条件的学生309人(其中独女户111人、二女户198人)。全县公共场所母婴设施应建11家,累计已建设10家。

全年受理立案无证行医、非法医疗美容案件20起,办结17起,共罚款15.5万元,没收违法所得0.70万元,没收药品器械共计货值约3万元,出动卫生监督员150余人次。与县公安局、县市场监督管理局多次联动,开展联席会议4次,联合检查5次;采取"风险回头看"形式,对2016—2018年打击和取缔的95处非法行医场所进行巡查和排查,建立非法行医档案。对建城区范围内的700余家公共场所进行横向到边、纵向到底拉网式检查,对涉嫌无证经营的小理发店、小足浴店进行立案查处,规范各公共场所行为,立案109起(一般程序30起),结案104起,合计罚款63100元。

浦江县2019年甲乙类传染病报告发病率为154.08/10万(651例),甲乙类传染病病死率0.46%(3/651);丙类传染病报告发病率为1149.33/10万(4856例),病死率0%。规范处置3起传染病突发公共卫生事件和4起登革热疫情。免疫规划疫苗接种率99.76%。艾滋病一般人群检测82052份,自愿咨询检测914份,抗病毒治疗覆盖率93.23%。登记肺结核病例255例。开展登革热媒介伊蚊幼虫密度监测,根据监测结果建议在全县范围内开展以清除伊蚊孳生地为主的环境整治,降低蚊媒密度。开展202名尘肺病患者的回访调查,存活95人、死亡57人、失访50人。查螺面积3.0211万平方米,全县未发现钉螺。乙肝、卡介苗、脊灰、百白破、麻风、麻腮风、流脑、乙脑、甲肝等九种疫苗的接种率均95%以上,开展两轮脊灰麻腮风疫苗集中式查漏补种工作,脊灰疫苗报告接种率分别为98.00%和97.40%、麻腮风疫苗报告接种率96.67%和97.10%。高血压患者规范化管理率62.95%、血压控制率62.34%,糖尿病患者规范化管理率61.88%、血糖控制率54.92%;报告本县户籍死亡2588例。

创建省健康促进学校(银牌)1所和铜牌学校7所;健康素养进文化礼堂完成率43.33%(65/150);

开展100户健康家庭创建试点工作；开展11次宣传日活动；开展传染病防控、慢性病预防等宣讲活动24次。

人才引进71人，公开招考录用65人。向市高级专业技术资格评审委员会推荐评审卫生高级职称人员13人，现场审核确认2019年度参加护士执业资格、卫技初中级、计生初中级资格考试资料340人。首次开展医共体高级职称自主评聘工作。建立13个浦江籍名医工作站、4个浙大一院专家团队工作站。

春秋两季累计发放教材5000本。开展“孝老爱亲，向上向善”主题教育系列活动。开展全县医养结合工作调研，建成专业养老机构12家，床位数2509张；建设中3家，床位数650张。全县入住养老院老人数1483人，占老年人总数的1.7%。全县养老院中有5家设置卫生室，有养老护理员164名。

国家卫生县城通过复审，全县12个乡镇全部创建为国家卫生乡镇，实现全域“国卫”。5月和10月，组织开展城乡统一开展春季和秋季灭鼠工作。

【医共体建设】 以县级医院为龙头，组建县16家乡镇卫生院（街道卫生服务中心）为成员单位的紧密型医疗集团作为县域医共体，分别为浦江县人民医院医共体和浦江县中医院医共体。2个医共体在内部设立医疗业务、人力资源、财务、医保、公共卫生、信息化、后勤服务七大管理中心，深入院区开展常态化管理工作，对所辖院区开展扁平化管理，逐步实现同质化要求。推进县域五大共享中心建设，县域影像、病理、心电等三大中心依托县人民医院放射科、病理科、心电图室等科室进入运行阶段，形成“基层检查、上级诊断、区域互认”的格局；临床检验及消毒供应中心建设工作在推进中。

2月26日，县委书记程天云（右一）为县人民医院医共体授牌

2月26日，县委副书记俞建辉（左一）为县中医院医共体授牌

【“最多跑一次”改革】 4月24日，推出出生“一件事”联办机制，将涉及新生儿出生后需办理的出生医学证明、预防接种证、户口本、儿童保健手册、市民卡，以及基本医疗保险6个事项整合，只需提供夫妻双方身份证、结婚证、居民户口簿和新生儿照片，就能在产科医院“一站式联办”，截至12月，3家助产机构累计办理722人。县人民医院实现刷脸支付系统；全面实施慢性病连续处方制度，将12种疾病纳入慢性病门诊管理范围，根据慢性病诊疗规范和参保人员的需求，由家庭医生为在本基层医疗卫生机构签约的、且患有上述慢性病的本市

基本医疗保险参保人员开具慢性病连续处方，一次处方医保用药量可根据病情需要最多放宽至12周。

出生多证联办窗口

【“双下沉、两提升”】 县人民医院和县中医院分别依托浙江大学附属第一医院和省中医院优势资源，在管理、医疗技术等方面均取得成效。县人民医院成立浙一肝胆胰外科专家团队工作站、心血管病专家团队工作站、泌尿外科专家团队工作站、感染疾病专家团队工作站；心衰中心通过中国心衰中心总部认证，并获优秀奖。做强做优省中医院浦江分院的中医肿瘤中心、中医皮肤美容中心和针灸推拿中心。2019年，浙一专家下派1011人次，开展门诊3215人次，手术821例，指导手术146例，查房4643人次。全县16家院区设立16个全科——专科联合门诊，下沉专家500余人次，接诊患者数6000余人次。在牵头医院的人才、业务的支撑下，浦南院区、檀溪院区分别在9月、10月开设住院病区，向患者提供住院服务，填补基层卫生院住院零服务的空白，2家住院病区共收住30余名患者。

【实验室建设】 2010年在县疾控中心设立HIV初筛实验室、PCR实验室等专项实验室，实验室面积1200平方米，承担着实验室检测分析与评价的职能。截至2019年，通过计量认证检测项目185项，其中食品检验检测项目93项。实验室A类仪器设备配置率98.72%，实验室检验能力达标率93.22%，食品安全风险监测能力（设备配置率）87.80%，生活饮用水检测能力覆盖率100%。

【妇幼保健工作】 开设儿童康复病区和妇科病区，增设残疾儿童康复训练基地。放射科引进钼靶检查，全年检查3970余人次。加强中医药与妇幼保健服务的融合，服务493552人次。对产科单位开展5次督导。组织开展全县危重孕产妇急救演练2次，产科知识培训1次，筛选并管理妊娠风险孕产妇1616人，抢救危重孕产妇7例，实现全县孕产妇零死亡的目标。成立“爱相随”志愿服务队，开展义诊、健康宣教、咨询、导医等志愿服务500余人次。组建医院科普团队5支，深入社区、企业、学校等，多种形式宣传孕产妇和儿童保健等知识，增强全民健康意识，截至12月，开展科普知识讲座170余次，受益人数7000余人。实施城乡妇女“两癌”检查项目，“两癌”检查18076人。免费产前筛查1585人，筛查率94.06%；0～3岁儿童发育筛查5836人，筛查率115.7%。完成孕产期抑郁、焦虑筛查3075人。5月7日，3家助产机构全面开展新生儿先天性心脏病筛查，截至12月，共完成超声检查359例。普及全县托幼机构在园儿童视力筛查工作，全年筛查15000余人次，4～6岁儿童裸眼视力检查率超过95%。10月23日，县妇幼保健院被确定为金华市残疾儿童市级定点康复机构。

【县中医院迁建工程项目进度】 门诊医技楼地下一层底板施工完成50%，地下一层顶板施工完成20%，河道改造工程基本完成，住院楼基础垫层施工中。2019年，完成投资额5850万元，项目累计完成投资10928万元。

县中医院迁建工程项目施工现场

【互联网医院】 建立浙江大学附属第一医院、县级医院（浦江县人民医院、县中医院、妇幼保健院）、16家乡镇卫生院和60家村卫生室四级联动的诊疗模式。1—6月，浙一互联网医院浦江分院接诊患者2400余名，与浙大一院会诊9次，与基层院区会诊15次；全县卫生系统远程直播会议3次，受教人次2000余人次；继续教育课程开展18次，受教人次5000余人次。

【建院80周年纪念大会暨浙大一院专家团队工作站、浦江籍名医工作室成立仪式】 12月14日，县

12月14日，浦江县人民医院建院80周年纪念大会暨浙大一院专家团队工作站、浦江籍名医工作室成立仪式

人民医院举行建院80周年纪念大会暨浙大一院专家团队工作站、浦江籍名医工作室成立仪式。来自全国各地的浦江籍医学专家、教授在大会现场，回顾人民医院发展历程，展望未来；举行“名医工作站”成立仪式和名医聘书颁发仪式，举办管理论坛活动，进行教学查房活动，开展医学论坛活动。

（楼　旋　陈　勍）

医疗保障

【概况】 2019年1月18日，浦江县医疗保障局在浦南街道丰安路100号挂牌成立。根据中共浦江县委、浦江县人民政府印发《浦江县机构改革方案》的通知，整合县人力资源和社会保障局的城镇职工和城乡居民基本医疗保险、生育保险职责，县卫生和计划生育局的药械集中采购和监督管理有关职责、县民政局的医疗救助职责、县发展和改革局（县物价局）的药品和医疗服务价格管理职责。10月21日，根据《关于同意设立浦江县医疗保障中心的批复》，成立浦江县医疗保障中心，为下属正股级全额拨款公益一类事业单位。

2019年，城镇职工基本医疗保险（一档）参保7.01万人、城乡居民基本医疗保险（二档、三档）参保33.04万人，基本医疗参保率99.89%；大病保险选缴28.16万人；生育保险6.64万人。

【落实市级统筹政策】 1月1日，实施金华市统一的“分档统筹法”基本医疗保险制度。根据《金华市基本医疗保险办法》文件规定，基本医疗保险缴费分一档、二档、三档。一档为原职工基本医疗保险，由单位和个人按月缴纳，二档、三档为原城乡居民

基本医疗保险，由参保人员按年缴纳。6月10日，执行金华市统一的规定（特殊、慢性）病种政策，明确为14个特殊病种、20个慢性病种。将原职工医保的高血压病伴并发症、糖尿病伴并发症、肝硬化失代偿期、慢性肺源性心脏病4个特殊病种调整为慢性病种。6月28日，实施全市慢性病门诊保障政策，将高血压、糖尿病、肺结核、心功能不全等12种群众常见病纳入门诊慢性病保障范围，慢性病门诊市内基层报销比例不低于60%。全县有68家医保定点连锁零售药店可凭市内电子处方进行慢性病刷卡购药。

【调整职工基本医疗保险和生育保险缴费】 7月1日，机关事业单位和灵活就业人员人月缴费基数（省平工资的100%）进行调整，分别调整为按本人上一年度实际发放工资和上一年度市在岗职工月平均工资的80%为缴费基数。灵活就业人员建立个人账户，缴费比例统一为9%；原企业不建个人账户的人员建立个人账户，企业缴纳比例为6%，职工个人缴费比例为2%。机关事业单位和企业用人单位缴费比例不变，单位缴费比例为7%，职工个人缴费比例为2%；生育保险缴费比例不变为0.5%。以上在职参保人员均建立个人账户，个人账户按以下规定按月划入：35周岁（含）以下、35周岁以上至45周岁（含）、45周岁以上分别按个人的缴费基数3%、3.5%、4%划入。

【基金征缴】 10月30日，召开浦江县2020年度城乡居民基本医疗保险费和大病保险选缴保费征缴工作部署会，涉及乡镇（街道）和县财政局、县税务局、县教育局、相关银行等多个相关部门的90余名人员参加。在11月1日至12月31日的征缴期间，2020年城乡居民基本医疗保险缴费人数为300197人，缴费率98.5%，大病选缴保费缴费人数为291310人，缴费率78.66%。

【医保改革】 1月，实施住院按DRGs付费方式，探索门诊按人头结合签约医生付费方式，慢性病、精神病按床日付费的多元复合式支付方式。10月17日，对县人民医院和中医院的药品和耗材进行摸底，组织相关人员参加药品和医用耗材网上采购培训，实现药品和耗材网上采购。根据市级出台的公立医院服务价格调整文件，对县内19家医保定点公立医院的104种中药饮片价格进行调整，平均降幅达20%。

【全市信息系统上线】 6月9日，县医保系统接入“金华E人社”一体化经办平台，正式启用新医保信息系统，医保刷卡全市互联互通，住院、门诊全市“无异地”就医报销，实现金华市医保统一结算和基本医保、大病保险、医疗救助、职工医疗互助“四医”一站式结算。该系统涵盖住院、门诊、药店所有类型的医保定点机构150家，其中定点医疗机构43家，定点零售药店107家。

【“最多跑一次”改革】 1月，实施医保退休“无感智办”，享惠1177人。4月，调整医保窗口由8个整合为6个，将医保经办业务的11个主项计62个子（孙）项全部纳入“无差别全科受理”，实现一窗办结率100%；取消涉及医保部门的7个证明9个事项的证明；实行新生儿出生六证联办，辐射653户家庭。6月，实现市内医保关系转移不用跑，全年有1900余名群众受惠。9月，10项医保民生事项下放至乡镇（街道）“365”服务窗口、基层医院和银行网点办理。32项医保事项全面上线浙江政务服务网办理，上线率100%。11月，实现基本医疗保险、大病保险、医疗救助“3+N”报销结算联办，办结率98.6%。

【异地就医联网即时结算】 7月10日，县内9家医疗机构接入全国异地结算系统，实现了异地参保人员在浦江县就医刷卡实时结算，其中县人民医院和县中医院2家定点医疗机构纳入到长三角地区异地就医门诊费用直接结算范围，实现到上海市就医门诊直接刷卡结算，浦江有个人账户的参保人可以到上海市300余家定点医疗机构门诊直接刷卡结算。

【医保监管】 9月，对“两定”医药机构医疗服务协议书进行调整，其中增加32条违约责任和违约处理条款，与152家“两定”医药机构签订医疗服务协议书。2月，引入第三方专家审核力量，从入院指征、过度医疗、超范围检查、病历书写等多方面进行审核把关。7月，推行阳光医保智能审核工作，对县域内108家定点药店、45家定点医疗机构开展“事前提示、事中提醒、事后处置”的全程监管。7—11月，开展市内异地交叉检查和县内专项检查，检查定点零售药店416家次，取消医保定点零售药店资格1家，暂停医保刷卡业务26家，追回医保基金3.76万元，处罚4.58万元。全年核查定点医疗机构住院病人12570人次，拒付不属于基金支付外伤医疗费用14例，拒付不合规费用19.36余万元。

【开展打击欺诈骗保宣传活动】 4月20日，在县文化广场举办浦江县“医保进万家 情系你我他”大型宣传咨询活动暨“打击欺诈骗保 维护基金安全”集中宣传月启动仪式。会同县公安局、人力社保局、卫健局等部门设立咨询义诊台，接收群众咨询义诊500余人次，发放各类宣传资料1万余份。5月23日，联合县卫健局、县“8890”便民服务分中心到杭坪镇、中部水晶园区开展“医保进万家 情系你我他”医保政策巡回宣传活动，接受群众咨询义诊1000余人次，向群众发放各类宣传资料2万余份。

（傅嫦群）

民　政

【概况】 2019年，全县新增低保对象131户计221人，取消不符合低保条件的低保户75户计154人，在册低保对象3770户计5628人，低边户318户计581人，特困人员271人，困难儿童134人(散居孤儿19人、集中养育孤儿6人、困境儿童109人)。全年发放各类救助金3731.57万元，救助低收入困难群众1950户，审批残疾人二项补贴399余人。特困人员供养标准每人每年15960元，发放救助资金164.43万元。全县儿童福利机构孤儿平均基本生活费标准1612元/月，散居孤儿、困境儿童平均基本生活费1290元/月。

老人们正在居家养老服务中心用餐

全县有居家养老服务中心415家，乡镇街道级示范型居家养老服务中心10家，在建示范型居家养老服务中心5家，服务老年人2万余人，就餐服务覆盖率100%，其中355家照料中心实行一日三餐，覆盖率85.5%，位列全省第一位。有养老机构13家，养老床位3458张，每千名老人拥有床位数40张。

2019年，县殡仪馆火化遗体数2651具，火化率100%。车辆安全行驶172000千米。减免四项基本服务费及特困群体、优抚对象费用149.76万元，惠及群众2600余人。丰安陵园出售墓穴377穴，安葬434人次；浦江陵园出售墓穴14穴，安葬75人次。实施海葬8例，奖励补助资金48000元。探索生态安葬项目，奖补由“逝后奖励”改为“生前享受”机制，出台《浦江县实施节地生态安葬减免和奖补办法》《关于进一步深化殡葬改革促进殡葬事业发展的实施意见》等文件，推行厚养薄葬、文明节俭的殡葬方式。推出逝者“身后事”一窗受理、部门联办”平台，直接减少逝者家属跑腿次数。

开展救助站主题开放日活动，救助流浪乞讨人员345人次，寻亲成功30人次，护送返乡10人次，应助救助率100%。办理结婚登记2359对、离婚登记1030对、补发婚姻登记证826对。婚姻登记合格率100%，服务对象评议满意率100%。婚姻家庭辅导室辅导欲离婚夫妻176对，劝和成功108对，暂缓离婚40对，劝和率61%。开展“入千村、访万户”活动，建档立卡低收入移民205人，先后分两批安排后扶项目43个，投入移民资金1527万元，受益移民7000余人。

护送流浪乞讨人员返乡与亲人团聚

开展市级民主法治村创建工作及市级精品社区创建活动，全县23个村（社区）通过市民政局、市司法局的联合检查验收，被评为2019年金华市精品社区建设单位。组织开展涉村（社区）机构牌子多、上墙制度专项整治行动，室外服务标识牌416块、室内功能室指示牌499块，下墙制度清理1524条，整合宣传阵地152块。

全县登记在册社会组织564家，社会团体年检127家，民办非企业单位年检129家。发挥社会组织公益优势，引导社会组织开展各类公益活动100余次。全县报名参加社区工作者资格考试人数486人，较2018年同比上升111%。通过《浦江县专职社区工作者管理试行办法》，开展专职社区工作者人员现状、“五险一金”分配、专职社区工作者核编等调查活动。

社区工作者考前培训

核定全县大中型水库移民后期扶持人口15979人。其中，直补人口11999人，项目扶持人口3980人，发放直补资金722.1万元。全年安排水库移民扶持项目43个，扶持项目资金1527万元。开展农业科技推广培训2期，参加移民人数300人。

【省民政厅厅长王剑侯调研民政工作】 5月15—16日，省民政厅党组书记、厅长王剑侯到浦江调研民政工作，副市长陶叶萍，市民政局局长丁进跃，副县长虞红梅，县府办副主任潘新辉，县民政局局长张晓鸣陪同调研。王剑侯一行走访调研了虞宅乡各行政村，详细了解居家养老中心建设、社会救助和基层治理等工作情况。

省民政厅厅长王剑侯（左一）到浦江调研

【慈善年夜饭】 1月30日，由县民政局、慈善总会、新浦江饭店联合举办的慈善年夜饭在县五保集中供养中心开席，县委副书记、代县长俞佩芬，副县长虞红梅，政协副主席张放远及县民政局局长张晓鸣参加，与300余名五保老人迎春节、吃年夜饭。席间，俞佩芬为特困人员送上红包，向在座的老人们致以新春的问候。

老人们围坐一起吃年夜饭

【清明节活动】 4月5日，由县民政局开展的“鲜花换烧纸 文明寄哀思”清明祭扫活动在仙华陵园举行，活动准备了5000支鲜花替换祭扫市民手中的烧纸、香烛等传统祭扫物品，采用横幅、展板、宣传资料等形式，引导市民文明祭扫。

向祭扫市民发放文明祭扫宣传单

【“一站式”联办新模式】 6月，县民政局联合县卫生健康局推出婚育户婚姻登记、生育登记、户口办理“一站式”联办新模式，申请人只需在“浙里办”APP上传相关材料，通过网上内部流程将材料进行后台审核，审核通过后即可从平台上自行下载生育服务电子卡等材料，此模式可让群众少跑腿5次。

新婚夫妇在工作人员的指导下完成生育登记

【对口帮扶金口河区物资启运仪式】 9月20日，由县民政局牵头的对口帮扶金口河区物资启运仪式正式举行，此次物资由社会各界爱心人士捐赠，运送御冬衣物5166件计54.4万元。

【慈善超市】 11月1日，郑宅镇、岩头镇2家慈善超市开业，该超市由民政部门予以价格补助，能为符合要求的困难群众提供“特惠商品”，区域范围内的低保户在超市结账时凭身份证和低保证能够以更低的价格买到质优价廉的日常生活用品，每人每月限购300元，可享受20%的价格补贴，全年可购物品

岩头镇“邮善邮乐”慈善超市开业

3600元，每人每年可享受优惠720元。截至2019年，全县累计建立慈善超市4家。

【慈善项目培育基地】 12月16日，县慈善项目培育基地建设完工并投入使用，该基地在原有的基础上进行提升，面积从200余平方米扩展到550平方米，建有办公、会议、信息公开等场地，配备电脑、网络、多媒体设施等基础办公设施，投入资金30余万元。基地引入县慈善总会、县红十字会、县志愿者协会、龙峰公益之家、向日葵志愿者协会、碧水蓝天户外救援协会等12家公益慈善组织，其中具有特色的品牌项目20个。

【逝者"身后事"一窗受理】 7月，县民政局整合公安、卫生健康、人力社保等多个部门在县殡葬管理所开通"逝者'身后事'一窗受理、部门联办"窗口，对需要跨多部门或一个部门多个窗口办理的事项，做到办事流程整合优化，申请材料部门互认，审批材料精简压缩，直接减少逝者家属奔跑次数。

【海葬仪式】 3月28日，由市民政局主办的"2019年清明金华市集体海葬送行仪式"在市殡仪馆举行，浦江县有4户家庭在此次绿色生态葬中送别逝者。

逝者亲属排队等候海葬送行仪式

【县婚姻登记处搬迁】 12月27日，县婚姻登记处搬迁到仙华路85号（城北电信大楼一楼营业房）。搬迁装修项目总投资70万元，场地总面积502平方米，是原场地的3倍。功能区域按照国家AAAA标准建设，设有颁证厅、离婚登记室、婚姻家庭辅导室、会议室、办公室等区域。

（吴卓恬）

人力资源和社会保障

【概况】 2019年，县人力资源和社会保障局（简称"县人力社保局"）在2019年度全省人社系统绩效考评中被评为优秀，被浙江省人社厅评为2019年度全省劳动人事争议案件处理成绩突出单位。浦江县被省根治欠薪工作领导小组办公室评为达到"无欠薪"建设标准县。浦江县劳动人事争议水晶园区派出庭被浙江省人社厅评为浙江省劳动人事争议优秀派出庭；浦江县黄宅镇劳动人事争议调解中心被浙江省人社厅评为2019年度全省劳动人事争议案件处理成绩突出基层调解组织。

6月，经市人力社保局批准，在浦江工匠学院的基础上设立浦江技工学校。10月，"郑小根技能大师工作室"通过审核，成为"浙江省技能大师工作室"，系浦江县第四家省级技能大师工作室。

【浦江技工学校授牌】 9月17日，在浦江工匠学院举行浦江技工学校挂牌仪式。浦江技工学校的设立标志着技能人才培养实体化运作的开始，将为浦江就业者创造技能提升的平台，为企业技能人才的供给提供坚强的保障。2019年，浦江技工学校开设电气自动化设备安装与维护、3D打印技术应用2个专业，招收学员80名。

浦江技工学校挂牌仪式

【“挖痛·掘金”创业沙龙】 6月9日，由县人力社保局主办的以“讨论创新创业最新趋势，确立6个帮持项目”为主题的“挖痛·掘金”创业沙龙活动在老齿轮·1967文创园会议中心举行，有近200名创业者参加。人社部首批高校毕业生创业导师、教育部高校毕业生创业智库首席专家、全国大学生创业培训指导委员会主任委员、清华大学创业导师李肖鸣发表《文创领域发展趋势与创新技术应用》演讲，分析当前创业创新最新格局。现场邀请了县府办副主任石长水、文创园总经理张献均、创业导师李肖鸣担任嘉宾，回答各位创业者们在就业创业过程中遇到的各类难题。各位创业者相互学习，分享彼此的就业创业经验，促进各位创业者的交流与合作。

“挖痛·掘金”创业沙龙

【就业创业服务企业人力资源管理论坛】 9月25日，由县人力社保局主办的“第二届浦江就业创业服务企业人力资源管理论坛”在仙华国际会议中心举办。论坛围绕“推动劳务变革，优化人资布局”主题，邀请义乌恒信人才网总经理金胜强，浙江大学MBA、中国高级人力资源管理师、国家二级心理咨询师笪宁，杭州人竞其才网络科技有限公司执行董事、阿里巴巴集团人力资源部组织发展专家贾文坛授课，同企业一起审视当前浦江人资困局，共话人资创新。此次论坛共吸引126家企业的人力资源负责人参加。

【金口河区——浦江县农民工转移就业工作站】 3月28日，“金口河区——浦江县农民工转移就业工作站”在县人力资源市场举行揭牌仪式。该工作站由浦江与金口河区共同发起成立，为金口河籍转移就业人员提供便利的就业创业、劳动维权等服务，为浦江和金口河区搭建稳定的劳务传输桥梁。

金口河区——浦江县农民工转移就业工作站揭牌

【第四届青年创业创新大赛】 12月5日，浦江县第四届青年创业创新大赛决赛在县融媒体中心演播厅举行。大赛由县人力资源和社会保障局主办，县经济商务局、共青团浦江县委、县融媒体中心、县青年创业者协会协办。经过初赛、复赛的层层考验，有10个优秀项目进入决赛。其中，分布式智能安防系统项目获一等奖，SUHV合金热塑板、圣力科装全自动内装锁舌装配机项目获二等奖，浦江传承创新基地、低成本高可靠性民用航天空间机构、纸板包装箱全自动装订机项目获三等奖，专利扶梯线上定制、桥之语心理、自成型制动片热压设备的设计与应用、“光界”水晶创意礼品——水晶加湿器项目获优胜奖。

第四届青年创业创新大赛

（宣　晓）

退役军人事务

【概况】 浦江县退役军人事务局于2019年1月18日在浦江县浦南街道丰安路100号正式挂牌成立。根据中共浦江县委、浦江县人民政府关于印发《浦江县机构改革方案》的通知，将县民政局的退役军人优抚安置职责、县人力资源和社会保障局的军官转业安置职责等整合，组建县退役军人事务局。

3月10日，中共浦江县委办公室、浦江县人民政府办公室关于印发《浦江县退役军人事务局职能配置、内设机构和人员编制规定》的通知。

【县退役军人服务中心成立】 按照“五有”（有机构、有编制、有人员、有经费、有保障）要求，建设1个县级服务中心、15个乡镇（街道）和244个行政村退役军人服务站，形成“党委领导、政府负责、党委副书记分管、人武部长主抓”工作格局，探索建立基层“月考核月督查月通报”制度。6月，成立县关爱退役军人协会，全年走访慰问1670余名困难退役军人，发放慰问经费20余万元。

县退役军人事务局挂牌成立

县退役军人服务中心挂牌成立

双拥工作

【概况】 7月29日，根据《中共浙江省委 浙江省人民政府 浙江省军区关于命名省双拥模范城(县)的决定》文件，在省人民大会堂举行纪念中国人民解放军建军92周年暨双拥模范城(县)命名表彰大会中，浦江县连续两年获省级“双拥模范县”称号。9月30日，在浦江县花桥乡里黄宅烈士纪念碑举行烈士纪念日公祭活动，全县党政军领导与部队官兵、烈属、老战士代表、军队离退休干部及各界群众代表向革命烈士纪念碑敬献花篮。

【“最美退役军人”评选】 2019年，开展全县首届“十佳退役军人”评选，分别是应雄庆、宋龙钱、金样、周土良、郑期根、柳鸿心、徐青松、黄荣钢、黄樟满、程刚强10人获县首届“十佳退役军人”称号，在年度双拥工作会议上，县领导为以上人员颁发荣誉证书，并在《今日浦江》专刊公布8名优秀退役军人作为宣传学习对象；郑修荣、张灵、黄红专、陈卫正、李国强、朱晓岚、毛真吉、王勤俭8人获市首届“最美退役军人”称号；浦江县三友烟酒公司郑修荣获省“最美退役军人”称号。

2019年浦江县十佳优秀退役军人和爱国拥军模范个人表彰大会

【双拥活动】 3月29日，召开2019年全县双拥工作会议暨创建省级双拥模范县动员部署会，对2019年双拥工作任务和新一轮省级双拥模范县考评迎检工作部署安排；4月4日，县退役军人事务局在花桥乡烈士纪念碑组织清明节祭扫活动；7月30日，在文景园小剧场举行浦江县庆祝中国人民解放军建军92周年文艺晚会暨浦江县十佳优秀退役军人和爱国拥军模范个人表彰大会，县领导出席并为浦江县十佳优秀退役军人和爱国拥军模范个人颁奖。

【拥军优惠政策】 2019年，加强对全县退役军人就业创业扶持力度，中国银行推出退役军人专属卡全方位提供个性化服务；联合县税务局推出退役军人自主就业创业税收优惠政策；4月5日，县退役军人事务局与县农商银行举行战略签约，为全县退役军人推出“拥军贷”，授信2亿元给予贴息等政策扶持。

县农商银行推出“拥军信用贷”

【节日慰问】 2019年，县退役军人事务局深化“三服务”，走访基层、驻浦部队和困难退役军人，了解各方面需求，为服务对象办实事。明确乡镇(街道)属地责任，对排摸出辖区内重点困难军人或家属开展临时性救助。结合重大节日，对县内部队官兵、特困退役军人、优抚对象等开展走访慰问，累计走访2639人次，发放慰问金及慰问物资75万余元。6

月5日，县退役军人事务局、爱国拥军促进会和龙峰公益之家开展端午节走进军营慰问活动，与武警中队官兵一起包粽子、“端午”双拥篮球友谊赛；8月1日前夕，开展走访慰问部队活动，为12名立功现役军人送喜报及慰问金，县主要领导带队慰问了11支驻金、驻浦部队并送上慰问金36万元。

优抚工作

【概况】 2019年，全县登记在册退役军人（军属）13049人。发放抚恤金和生活补助共3100人，其中“三属”43人、残疾军人297人、复员军人153人、参战参试退役人员347人、带病回乡退伍军人121人、烈士子女12人，享受60周岁以上农村籍退役士兵老年补助人员2127人。

【优抚款发放】 2019年，调整浦江县部分优抚对象优抚款发放周期为一月一发放；60周岁以上农村籍退役军人补贴调整为即报即审，缩短发放周期；病故军人遗属认定2名；退役军人残疾等级补评4名，伤残病情鉴定8人次；残疾军人抚恤关系转移，接收部队退役残疾军人4名；带病回乡退伍军人审批认定5名；乡复员军人审批认定5名；60周岁农村籍退伍军人审批认定115名。全年累计发放各项抚恤、生活补助2555万元；重点优抚对象医疗保险累计缴纳39.3万元；为优抚对象报销医药费310人次，报销经费74.2万元；救助150人，累计临时救助资金20.85万元，发放慰问金约16.75万元；退役军人信息数据核对，纠正问题数据413例。

【烈士纪念设施保护】 对2处县级烈士纪念设施、99处零散烈士墓大排查，对其中18处零散烈士墓进行修缮。完善全县240名烈士信息，上报系统平台，完成全国烈士英名录数据编撰工作。

转业安置

【概况】 2019年，县退役军人事务局接收符合政府安排工作条件的退役士官15人、军队转业干部5人。在接到上级安置任务后，县退役军人事务局召开专门会议，依据“量化考核、统一考试、按分择岗、阳光操作”的安置原则进行转业安排。

【年度安置工作】 县退役军人事务局按照“阳光安置”的宗旨，同步推进退役士官及军转干部安置工作。7月，召开2019年度军转干部和转业士官安置工作会议，学习相关办法与基本廉政准则，并由每一名军转干部和转业士官对本人档案分进行签字确认。9月，由金华市退役军人事务局委托专业人事考试机构，统一组织全市退役士官及军转干部的安置考试。截至11月18日，配合县纪委、人社局、国资办等相关部门，完成县2019年军转干部、退役士官分数公示及现场择岗，安排到安置单位报到。

【退役军人“一件事”】 根据浙江省推进军人退役“一件事”工作部署，自9月1日起推出退役军人“一件事”受理窗口，对军人退役涉及的退役报到、退役军人恢复户口登记、社保接续等业务提供“一站式”服务，实现军人退役相关事项“一次申请、一窗受理、联动办理、限时办结”，让军人退役“一件事”跑一次跑一个窗口办成“十件事”。截至11月，受理办理133名退役军人的“一件事”事项。18名党员统一办理党员关系转移手续，通过"退役一件事"服务模式，从原需提供20份材料减少到9份，跑10次到跑1次，跑多个部门缩减到一窗受理后通过内部流转给各相关部门按时限办理，办理过程全程跟踪，办理结果及时反馈。办理完毕后收集资料，以统一发放"荣军礼盒"的形式交到退役士兵的手上。

【社保接续工作】 10月，县退役军人事务局根据全省统一部署，开展"部分退役士兵社保接续工作"，把好审核关，推进该项工作，确保将中央政策落实到位。通过政策公告张贴到村、县级媒体宣传发动等一系列形式，通知广大符合条件的退役军人进行社保接续，确保社保接续工作不错一人，不漏一人。截至12月，摸排符合条件对象630余人，电话通知1000余人次，印发公告244份，受理审核通过447人，自愿放弃149人。分批次通知参保对象进行社保费缴纳，首批145人陆续进行缴费。

【"庆祝新中国成立70周年"纪念章发放】 9月，根据上级统一安排，由局领导分成三个小组，由属地乡镇主要领导陪同，前往各有关乡镇上门发放新中国成立70周年纪念章，将每一枚纪念章交到老同志的手上。9月23日，县委书记程天云到仙华街道为退役老战士金冬元颁发纪念章。截至11月，纪念章实际发出40枚。

（傅　盈）

关心下一代工作

【概况】 2019年，全县共有296个基层关心下一代工作委员会（以下简称"县关工委"）组织，其中15个乡镇（街道）关工委，244个村（社区）关工委、37个中小学关工委。各级关工委在县委、县政府领导和市关工委、县委组织部的指导下，按照"急党政所急、想青少年所需、尽关工委所能"的工作方针，发挥优势、主动作为，扎实推进组织建设，加强青少年思想道德建设，重点服务青少年成长成才，坚定不移地教育引导广大青少年争当信念坚定、志存高远的新时代社会主义建设者和接班人。县关工委根据青少年成长规律，创新推广适合不同群体、不同年龄、不同生活环境青少年的特色品牌，来满足和适应青少年成长和发展的需求与期待。"四点半"学校、假日学校、"大手拉小手"活动、特色夏（冬）令营、家风家训教育等一批活动品牌，推动关工委工作的整体建强。全年组织举办假日学校120余所。用好用活红色资源，引领青少年走好初心教育路线，学习红色历史、爱国故事，强化青少年政治思想教育。紧扣全省青少年"辉煌70年 我心中的祖国"主题教育活动，组织"五老"宣传团、报告团、教育顾问等群体，推动"两史"教育活动，为青少年讲好中国故事，帮助青少年树立中国特色社会主义的理想信念。全年组织106批次学生接受思想政治洗礼。2019年，县关工委实施动态化管理、精准化关爱、共享式帮扶，以"关心桥"工程为抓手，实施"福彩暖万家""爱心助学"等实事项目，资助大学生及中小学生196人，资助金额57.6万元。

【"浙江省关心下一代工作先进集体"荣誉称号】 12月10日，浙江省关工委成立30周年暨全省关心下一代工作"双先"表彰大会在省人民大会堂召开。浦江县关工委被评为全省关心下一代工作先进集体，白马镇夏张村支部书记张三定被评为全省关心下一代工作先进个人，贾荣庆获评浙江省关心下一代突出贡献荣誉。

2019年,县关工委获“浙江省关心下一代工作先进集体”荣誉称号

【全市入学儿童开蒙礼活动】 8月27日,全市入学儿童开蒙礼活动在浦江县岩头镇举行。市、县关工委主要领导出席活动。开蒙礼上,36名穿着汉式服装的小朋友通过正衣冠、拜师礼、朱砂启智、击鼓鸣志、开笔破蒙、齐诵《弟子规》等一系列仪式,感受传统仪式的历史文化,感受自我角色的转变。

全市入学儿童开蒙礼活动

【“爱心圆梦”金华行助学金发放仪式】 9月29日,浙江省关心下一代基金会、金华市关工委联合浦江县关工委、慈善总会开展的2019年“爱心圆梦”金华行助学金发放仪式在浦江第四中学举行。此次活动向全县100名困难中小学生捐助20万元爱心善款,帮助其解决生活和学习上的问题。

2019年“爱心圆梦”金华行助学金发放仪式

【“辉煌70年 我心中的祖国”主题演讲比赛】 9月30日,县关工委、县文明办等多家单位在南苑小学联合举办全县小学生“辉煌70年 我心中的祖国”主题演讲比赛,全县26个学校的35名小学生参加比赛,评出一等奖11名,二等奖12名,三等奖23名。

【“春泥计划”工作经验交流会】 11月27日,“春泥计划”工作经验交流会在虞宅乡召开,各乡镇(街道)、相关单位部门负责人及教育总顾问共计90余人参加会议。围绕新时代如何做好关心下一代工作等内容展开讨论和交流,现场调研虞宅乡利民村、新光村文化礼堂及青少年教育实践基地关心下一代工作,虞宅乡关工委、新光村关工委和虞宅中小关工委先后介绍关心下一代工作经验与体会。

【“弘扬宪法精神,维护宪法权威”主题教育活动】 11月29日,县关工委联合相关部门在浦阳第二小学举办“弘扬宪法精神,维护宪法权威”推动宪法精神进校园主题教育活动。县关工委常务副主任贾荣庆、县教育局副局长潘文戎发表讲话,县人民检察院第一检察部主任陈明南带领孩子们学习宪法知识。全校1000余名师生通过学习宪法知识、五星红旗下向宪法宣誓、横幅上签上承诺等形式，弘扬宪法精神，维护宪法权威。

“弘扬宪法精神，维护宪法权威”推动宪法精神进校园主题教育活动

（周妙岚）

综合行政执法

【概况】 2019，县执法局立案查处适用一般程序行政处罚案件1841起，结案1841起，罚没款总额529.3万元，其中查处超店面经营、流动摊贩案件573起；查处垃圾分类144起；查处餐饮油烟19起；查处秸秆焚烧95起；查处犬类案件424起。适用简易程序处罚案件2191件。推进“三改一拆”“无违建县创建”“四边三化”“小城镇综合整治”“垃圾分类”等全县重点工作。2019年，县执法局被评为市综合行政执法年度考评优秀单位、县综合考核工作优秀单位、全市综合行政执法工作先进集体。

【探索“智慧+执法”模式】 运用浙江省行政执法监管（“互联网+监管”）平台和浙江省综合执法平台为核心的数字化城市管理执法体系，实现执法全过程留痕和可回溯管理。在省行政执法监管平台完成专项任务和双随机任务27起，检查率和完成率100%，总计掌上执法检查1923户次。省综合执法平台自9月应用以来，网上办案457件，占比全局案件24.8%。

【推进“大数据”管理】 巩固智慧+城市管理成果，做好城乡大管家。城乡智慧大管家平台累计交办城乡管理问题60403件。其中，街面秩序类35726件，市容环境类7590件，宣传广告类12987件，施工管理类151件，“十大陋习”类1452件，违法建筑类308件，投诉举报类174件，其他事件类1551件，犬只管理类132件，垃圾类事件332件，结案率达97%。信息采集员共上报信息21799件，立案16802件，立案率77.07%，结案率99.16%。

【文明养犬】 2019年，推进文明养犬工作，开展“一站式”免疫登记、免疫犬只14795只，发放登记牌7224块；强化养犬执法工作，办理违规养犬案件266起，收容1251只，在全域推进文明养犬示范小区创建工作。5月20日，县执法局联合县文明办和县农业农村局，发布通告划定全县重点管理区，重点管理区一律实行养犬免疫、登记制度，公布集中免疫登记地点和时间，禁止个人在重点管理区饲养大型犬烈性犬，严格实行一户一犬制度，规范市民养犬行为。6月12日，县执法局处理全县第一起不文明养犬案件。

执法队员开展执法行动

（盛能忠）

乡镇·街道

浦阳街道

【概况】 浦阳街道总面积47.04平方千米，下辖9个行政村、10个社区，常住人口10.04万人，户籍人口7.24万人，流动人口2.8万人。街道全年财政总收入1028.94万元。

街道有耕地面积343公顷，耕地流转面积267公顷，农作物播种面积1727.8公顷。粮食播种面积370公顷，粮食总产量1887.3吨；蔬菜播种面积345.8公顷，产量11455.1吨；肉类产量150.5吨。发展特色高效农业，推进农牧旅融合发展，明特家庭农场列入县“美丽牧场提升项目”，紫运湖羊养殖场创建为省级美丽牧场，凯鼎蔬菜基地列入“市级放心农产品基地”，欣名家庭农场桃形李获“世界艺博会优质果品大赛优秀奖”。打造2个“智慧农业”创建基地，在全县完成益农信息社全覆盖，善庆村、联盟村、沉湖村被评为省“万村联网季度星”，同乐家庭农场获评“中国好项目路演大赛10强企业”，其明星产品“枸杞番茄”获“发明型专利”。启动联盟东塘和群生高塘整治工程，完成后溪山塘清淤工程，9座水库、8座山塘、2条河道纳入标准化管理。

街道有规模以上企业12家，1—12月完成工业总产值25.62亿元，其中规模以上工业总产值17.34亿元，同比增长7.9%。亩均税收万元以下企业出清8家，整治“低散乱”企业5家，增加商贸“下升上”3家、上市培育企业3家、个转企47家。引进内资4.25亿元，浙商回归2.13亿元，全年签约项目7个、落地项目6个，增加省科技型中小企业7家、创新板挂牌企业1家、企业研发中心1家，申报国家高新技术企业1家。老齿轮·1967文创园入驻商家65家，月泉工业功能分区及新晶都区块进驻电商266家。

推进同乐村乡村振兴示范村创建工作，善庆村省级美丽宜居示范村通过验收，狮岩村四星级秀美村通过县级验收。增强村集体经济“造血”功能，月泉智能装备产业园光伏屋顶消薄项目并网发电，年产收益20余万元。推进“美丽田园”建设，同乐村和善庆村被评为县“美丽田园十佳村”。评选出“美丽庭院”740户。推进全域旅游，以佑岩寺建设为核心，铺开美丽乡村旅游精品线建设，佑岩寺的内部修缮和游客接待中心主体建设完工，铜桥村游客中心建设完工。开展河长巡查、河道保洁、蓝天保卫工作，建设28个“污水零直排区”工程。全域推开垃圾分类“两定四分”模式，建设12个小区的“两定四分”垃圾分类驿站28个。

开展安全生产检查，检查各类经营单位3366余家，查出安全隐患3950余个，隐患整改率95%。成立工作专班启动挂牌重点区域月泉园区综合整治，完成县级隐患挂牌企业销号。开展消防安全排查整治，完成木质结构出租房整改，微型消防站覆盖19个村社区、高层住宅小区以及三大商场。启动处置群生村和狮岩村十年历史遗留问题，化解信访积案10起，受理并办结来信来访件563件，综合治理“四个平台”处置事件9416件，调处矛盾纠纷125起，351国道和原白林村民意外死亡纠纷作为全市唯一案例入选司法部人民调解案例库。创建民主法治村居工作，创建省、市级民主法治社区各1个，西站社区通过全国民主法治示范社区复评，县宪法公园落户文景社区。

【城乡建设】 兆丰村上新铺危旧房改造开工建设，珠红安置区分房到户。投资3000万元启动建设美丽社区，建设背街小巷10个零星工程，启动实施9个社区党群服务中心的改扩建、提升工程。推进老旧小区改造，浦棉生活区、浦棉宿舍等老旧小区提升工作先行一步。引入开放式小区准物业管理机制，以晶都二区为试点，建成全县首个开放式小区管理样板。全年拆除违法建筑2435平方米，危旧房整治67户。

【服务民生】 深化计划生育工作，孕前优生检查298人。扩面扶贫帮困，发放临时救助款42.5万元、帮扶317人，补助再就业扶持对象1741人。优化居家养老服务，建成功能齐全的浦阳街道居家养老示范中心，搭建“浦棉·微家”“残疾人之家”等阵地，实现老有所养、老有所乐、老有所用。深化文化惠民，9个村的文化礼堂实现全覆盖。

【民情民访代办】 3月15日，浦阳街道在办事处设立民情民访代办服务站，在各村、社区设立19个民情民访代办服务点。4月8日，市委副秘书长、信访局局长李强先后到浦阳街道文景社区、同乐村实地调研民情民访代办工作。4月17日，市委副秘书长、信访局局长李强到浦阳街道指导民情民访代办服务工作，走访浦阳街道办事处、塔山社区，对民情

浦阳街道各行政村、社区基本情况表

表7

村(社)名	户数（户）	人口（人）	耕地面积（公顷）	山林面积（公顷）
塔山社区	3483	9571	0.00	0.00
龙峰社区	2199	5381	0.00	0.00
金狮社区	720	2033	0.00	0.00
宣和社区	2619	6438	0.00	0.00
南苑社区	1324	3714	0.00	0.00
西街社区	3350	9020	0.00	0.00
太白社区	3212	9095	0.00	0.00
文景社区	2248	6729	0.00	0.00
月泉社区	1201	3403	0.00	0.00
西站社区	2105	5907	33.00	840.00
群生村	341	994	33.00	153.00
狮岩村	240	788	18.00	108.00
同乐村	449	1334	29.00	103.00
铜桥村	529	1711	42.00	65.00
兆丰村	214	668	24.00	41.00
杨田村	342	1140	13.00	139.00
联盟村	646	1826	73.00	300.00
沉湖村	316	963	26.00	115.00
善庆村	590	1713	52.00	434.00
合计	26128	72428	343.00	2298.00

民访代办服务站、调解室、接待室、律师工作室等功能区块配备及使用情况开展指导。4月25日，全市民情民访代办现场会在浦江召开，会议在浦阳街道设立3个主要参观点。市委副书记、政法委书记陈玲玲一行先后考察浦阳街道办事处、塔山社区的民情民访代办工作，了解代办工作职责、流程、时限等，肯定了街道组建红色代办队伍做法；市委常委李恩华，副市长、市公安局局长董旭斌一行到文景社区参观考察民情民访代办点建设情况，妇联执委参与家庭矛盾纠纷调解工作的做法。

【文明城市创建】 6月3日，县委书记程天云到浦阳街道走访调研文明城市创建工作，县领导俞建辉、徐利民、周建丰、傅晓辉等陪同调研，程天云一行先后实地走访了文景社区、宣和社区和塔山社区，了解文明城市创建工作的重点和难点问题。6月12日，浦阳街道召开创建全国县级文明城市动员会。6月15日，浦阳街道共建单位进社区启动仪式暨全国文明城市创建誓师大会在各村、社区分别举行。6月22日，浦阳街道19个村、社区全面开展以“烟头不落地 文明更美丽”为主题的文明创建活动。

（季安妮）

仙华街道

【概况】 仙华街道总人口73408人，其中户籍人口44386人，外来人口29022人。辖区内拥有工业企业150余家，其中年销售2000万元以上规模企业4家。全年实现工业总产值6.93亿元，规模以上工业产值1.2亿元；引进内资2.3亿元，同比增长200%；固定投资3.9亿元，同比增长435%；完成“个转企”33家、“限下升限上”2家；“小升规”新增企业3家。

仙华街道承办全县“乡村振兴现场会”和“两新党建现场会”。占地3000余平方米的金宅·园中村党建集群公园在建，金宅、中埂社区党群服务中心开工建设。“主题教育”实现学习全覆盖，班子领衔破难24个，业务科室领衔9个，各党组织书记领衔29个，解决路建设、居家养老、污水管网建设等一批关键民生小事共134件。

【实体经济】 仙华街道举行招商引资项目集中签约仪式，年产4000吨环保型一次性餐具生产项目、年产200万台动力电池高性能充电设备研发与产业化项目、上海檀溪健康科技公司“旅游+健康”项目、年产值2000万元伊利牛奶配送中心等项目签约落户仙华街道，协议引资总额4.5亿元。引进内资2.3亿元；引进省外产业3个项目总投资18.4亿元，省外投资当年到位资金3.03亿元，分别是仙华街道后郎坡地村镇项目2.72亿元、上海檀溪健康科技公司浦江建设项目0.2亿元、年产50台非开挖机项目0.11亿元。

招商引资集中签约仪式

【重点项目】 “浙里仙味”美食文化园投资1000万元的“三线入地”工程完工；投资1200万元的立面改

造工程完成；亮化工程和青石板铺设工程完成设计。投资5亿元的诗画小镇项目二期工程开工建设；投资1亿元的诗画文化中心主体结顶。全年完成水晶小镇项目河山区块、园区小学、杭州机床整体搬迁项目、真爱集团项目、百川导体二期项目、万洋众创纺缝产业小微创业园、三思光电项目等共64.47公顷土地征用。

【乡村振兴】 打造徐村物业大楼、曙光公墓园、后谢物业大楼、浦北砂厂等公司抱团项目，强化公司兜底能力，集体经济增收800万元以上。借助“集体经济英雄榜”“项目开工授旗仪式”等，激发村干部干事创业激情，打造道光小学修缮出租、红旗村经济作物种植、后郎龙虾基地等优质村级项目。截至8月，17个村提前一季度完成“消薄”任务，均达到总收入20万元和经营性收入10万元目标，全年实现街道总收入增速17.65%。

【文旅融合】 中国儿童文学作家洪汛涛曾在登高村完成“神笔马良”童话创作。通过对登高古村落修缮保护开发，建设中国神笔马良漫画馆，获评省、市漫画创作基地，建立金华市美术家创作写生基地，唱响“神笔马良”品牌。依托文化的力量发展乡村旅游，与全县旅行社座谈，达成引流协议。登高村食堂投入基础设施建设，新增包间10余间，为登高村旅游开发填补旅游元素。通过“生态文明、两山理论”剪纸精品主题展览、中秋古村游、国庆七天乐等丰富多彩的活动，国庆节期间游客数量达到6.7万人次，餐饮住宿类收入32万余元，原住民百姓收入11万余元。

【“最多跑一次”】 仙华街道“四个平台”综合信息指挥室办理事件16943件，其中有效件16833件，办结16902件，办结率99.76%。成立“最多跑一次”代跑服务队，设立“村级+街道”双层服务模式，按照轮流制、AB制、红色代班制、集中代跑制、上门取件制进行代跑服务。结合“无证明城市”改革，通过直接取消、数据查询、部门核验、申报承诺四种方式，构建便民、利民、惠民的“无证明”一站式、保姆式服务。

【和美乡村】 开展环境卫生整治，完善环卫基础设施配套，巩固全域美丽、小城镇整治成果。深化落实河长制、塘长制，推进“污水零直排”创建工作，小区垃圾分类全面推行“两定四分”，人居环境不断提升。推进乡村治理，22个村（社区）均建立新时代文明实践站、退役军人服务站。健全农村治安防控体系。完善矛盾纠纷预防和多元化化解机制，坚持自治、法治、德治“三治”融合。

【民生实事】 后郎村建成全县首个“残疾人之家”，收容残疾人员21名。历时6天完成项宅集聚区468户安置户分房，实现选房率、签约率“双百分百”工作目标。为方便群众就医，通过协调对接，设立仙华卫生院公交停靠站。街道29家居家养老照料中心全面规范运行，发放运行经费和优秀奖励经费共120余万元。破解“住房难”，审批新建、原拆原建、

后郎“残疾人之家”运行

仙华街道各行政村基本情况表

表8

村(社)名	户数（户）	人口（人）	耕地面积（公顷）	山林面积（公顷）
大许村	734	2165	50.03	3.00
后谢村	471	1320	28.01	2.33
冯村村	605	1828	58.70	16.54
金宅村	1311	3555	5.40	37.95
马墅村	452	1296	34.88	49.22
五善塘村	379	1065	48.22	67.77
项宅村	982	2727	26.35	44.82
登高村	183	547	45.76	119.99
河山村	350	1039	36.69	19.01
十里亭村	528	1530	80.04	48.22
中埂村	919	2706	24.01	12.01
七里村	1684	5117	34.68	173.55
曙光村	631	1838	48.02	145.87
后郎村	600	1741	80.04	193.23
天仙村	403	1270	70.04	137.40
五里村	1719	5140	23.14	59.10
红旗村	693	2058	75.84	157.48
戴宅村	376	1093	25.35	160.81
方宅村	326	982	42.02	134.33
仙华村	417	1142	130.67	342.30
道光村	755	2204	130.07	271.27
浦北村	633	2023	43.36	184.09
合计	15151	44386	1141.30	2380.32

修缮农房115户，其中危房户92户，无房户缺房户24户，推进农房确权工作。完成登高村等9个村文化礼堂新建工程和22个村社退役军人服务站建设。

【普惠利民】 2019年，仙华街道有低保户357户计568人，全年总计发放低保金250余万元。县、街道两级临时救助147户计25.18万元，审核上报发放医疗救助31人计31.31万元。“慈善一日捐”活动爱心活动中，全街道捐款12.3133万元，捐款比例位列全县前列。办理残疾人护理补贴580人，残疾人困难生活补助386人。春节前发放退伍军人春节慰问年画1600张，困难退伍军人慰问救助14人，救助金额17500元。

【信访维稳】 开展民情民访代办，排摸化解矛盾154起，化解重点人员重点信访件6件，其中化解积案2件，其他重点信访件4件，并签定息访承诺书。仙华街道成立以主要领导为组长的攻坚专班小组，化解历史遗留问题，历时10年之久的徐村旧村改造和金宅旧村改造中的陈世康等遗留难题得到解决，金宅社区高楼安置遗留问题取得进展。

【平安建设】 仙华街道组织召开14次工作推进会，科学谋划和精心组织，与辖区22个村社签订“扫黑除恶”目标责任书，张贴宣传海报800余份，宣传手册12000余份，横幅300余幅。全年自查涉黑涉恶问题线索2起，均上报县扫黑办。反邪教教育进学校入企业，开展校园安全、企业及周边环境治理活动，与派出所、学校联手打造安全的社会环境，开展法治宣传12次，提高平安创建知晓率和社会治安满意率。

（洪文华）

浦南街道

【概况】 2019年，浦南街道总面积66.52平方千米，总人口55372人，总户数18034户；耕地面积1696公顷，林地面积3885公顷，水果种植面积737公顷，水果产量1.5吨；创建9.2公顷的前于村早稻高产示范畈1个、6.67公顷的黄豆基地1个；培育壮大种粮大户3户，面积共计90余公顷；完成农产品安全检测500余批次，畜产品安全检查300批次；创建葡萄品控基地2个，控产基地2个。

全年实现工业总产值16.5亿元，同比增长5.5%，增速列全县第六位，规模以上工业总产值6.47亿元，同比增长30.9%，增速列全县第二位。自营出口额2.3亿元，自营出口超亿元企业1家，有规模以上企业10家。培育规模以上企业1家，新增“个转企”24家。引进内资2.3亿元，浙商回归1.48亿元，共落实招商项目5个，其中白石湾南山兮禅修养生项目为跨年续建招商项目，完成新签约4个。

建设八村秸秆收储中心、生态拦截沟、横塘圣炫公司肥水一体化、有机肥提升工程4个绿色先行区项目；引进资金500万元，创建湖山村省示范性国有农场；6家规模养殖场、4个省级美丽牧场完成提升；来料加工覆盖20个村（社区），建成13个集中加工点，吸纳820人从业；丰安农歌果蔬专业合作社第一批巾帼居家创业就业基地挂牌，吸纳农村妇女劳动力50名。

新建长春村、丽水村、三村3个省AA级旅游景区村、金星村1个A级村；创建3个星级秀美村，其中浦南村为五星精品村、潘宅村为四星精品村、洪田畈村为四星秀美村；新时代美丽乡村认定中获评石埠头村1个精品村，平二村、长春村2个达标村；引资600万元的美丽社区提升工程完成绿化带、花园提升施工；投入30余万元、培训130余人、改建350余处、投入运作11处污水处理终端设备，通过“污水零直排区”建设验收；垃圾分类“两定四分法”试点扩面，建成8个点位；秸秆焚烧每日巡逻和村级考核机制全面健全。

建成“4个代办中心+19个代办点”，实现23村（社）代办点全覆盖；构建联村、专科、驻企“三级代跑”制度，规范街道便民服务事项89项，村（社区）便民服务代跑事项73项，零跑项目36项；完成总引资350万余元，涉及户数1400户以及人口4000余人的4个村城乡一体化供水项目；明确682户指导员，创建7家益农信息社；批准原拆原建328户，解决14户无房户住房困难；建成示范性居家养老中心，辐射9个村，建立37个投放点，送餐385位老人；建成平一村残疾人之家，为15位残疾人提供全天式照料服务；完成文溪城中村改造三区块分房工作，安置比例90.2%。

主题教育期间，领导班子开展集中学习14次，联系领导上专题党课23次，支部书记领学40余次，开展“三送”服务300余人次，开展实地参观学习300余人次，解决企业发展难题37个，领办重难点问题12项，村社班子领办民生小事1827件，解决民生实事238件。

构建“党建+6支队伍▲”社会综合治理考评体系；推进“村干部整治立规创优年”，共清理辞退村干部7名，党纪处分党员5名；江滨、文溪2个社区党群服务中心改建进度90%以上；引资120万余元打造综合治理中心，启用104个民用监控和15个高空探头，帮助维稳治安；“四个平台”案件流转23806起；化解国家信访局督办积案2起，省级2件，市级5件；受理民情民访872件，办结率100%；化解初信初访98件；除文溪信访外，其他信访总量同比下降22.8%，矛盾纠纷同比下降50%，实现文溪外全年零进京上访。

全年新建9家文化礼堂，实现21个村、2个社区文化礼堂建设与农家书屋全覆盖；具备优质文艺队伍，文溪社区舞蹈队在市排舞比赛、市广场舞大赛中分别获得银奖和一等奖；在县第四届“文化礼堂杯”排舞大赛中，浦南街道综合文化站获优秀组织奖，文溪社区舞蹈队、前于舞蹈队分别获得金奖和银奖。

▲6支队伍：基层党建考评组，环境卫生督查组，信访维稳保障组、安全生产监查组、民生保障检查组、执法日常巡查组。

【重点招引项目】 总引资15.7亿元、占地7.3公顷的鑫广商业综合体建设项目在第二届金华发展大会上签约，完成土地清表与政策处理；引资0.35亿元、占地15公顷的泽萃园农业科普基地完成主体建设，并于国庆正式开园；引资2亿元、占地3.67公顷的白石湾南山兮禅修养生项目完成主体建设；引资0.3亿元、占地47.1公顷的浙里·村舍共享精品民宿项目于4月签约，完成政策处理；引资0.26万元的橘园项目已完成13.33余公顷种植；开元曼居主题酒店投入经营，全年客流40余万人次，村集体增加年收入500余万元。

【田园综合体】 5月，完成投资232.6万元、规模13.33公顷的南方甜樱桃建设示范区建设；6月，完成投资162.1万元、规模10公顷的出口精品葡萄园项目建设；9月，完成投资526万元、规模白沙枇杷精品园、红心猕猴桃精品园建设；12月，完成投资90.3万元、规模13.33公顷的特色水果大枝修剪科技园建设；投资1200万元、规模19.8公顷的葡萄产业研发中心完成主体建设与规模化种植。田园综合体入口道路两路两侧提升项目、小果儿亲子农场、农耕文化示范村现完成进度的90%，协助完成悠然南山神丽线的建设提升。

【浦义供水工程建设】 浦义供水项目全长13.3千米，其中浦江境内总长度8.6千米，浦南段长6.4千米。6月，浦南街道完成涉及8个行政村，农户400余户的浦义供水管道及配套工程浦南段政策处理与施工工作，收到义乌市水务局、水务建设集团有限公司的感谢信。

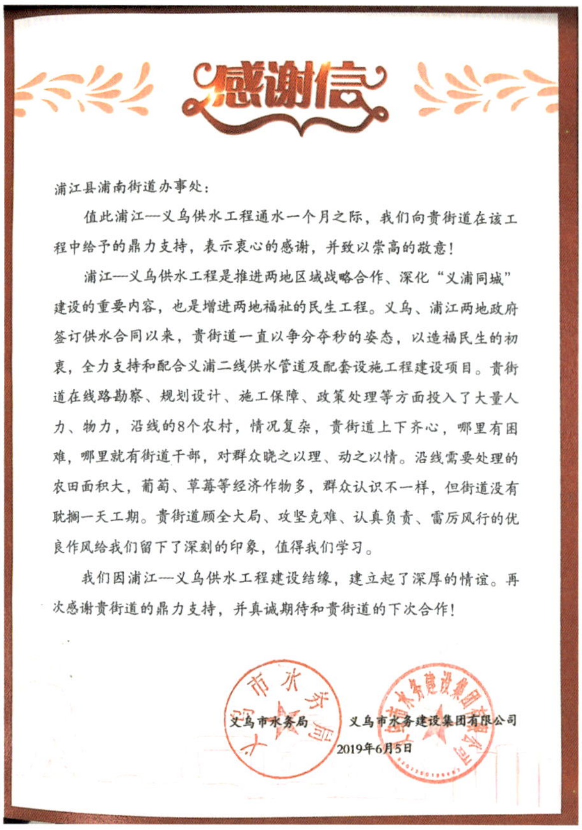

感谢信

浦江县浦南街道办事处：

值此浦江—义乌供水工程通水一个月之际，我们向贵街道在该工程中给予的鼎力支持，表示衷心的感谢，并致以崇高的敬意！

浦江—义乌供水工程是推进两地区域战略合作、深化“义浦同城”建设的重要内容，也是增进两地福祉的民生工程。义乌、浦江两地政府签订供水合同以来，贵街道一直以争分夺秒的姿态，以造福民生的初衷，全力支持和配合义浦二线供水管道及配套设施工程建设项目。贵街道在线路勘察、规划设计、施工保障、政策处理等方面投入了大量人力、物力，沿线的8个农村，情况复杂，贵街道上下齐心，哪里有困难，哪里就有街道干部，对群众晓之以理、动之以情。沿线需要处理的农田面积大，葡萄、草莓等经济作物多，群众认识不一样，但街道没有耽搁一天工期。贵街道顾全大局、攻坚克难、认真负责、雷厉风行的优良作风给我们留下了深刻的印象，值得我们学习。

我们因浦江—义乌供水工程建设结缘，建立起了深厚的情谊。再次感谢贵街道的鼎力支持，并真诚期待和贵街道的下次合作！

义乌市水务局　义乌市水务建设集团有限公司

2019年6月5日

义乌市水务局、水务建设集团的感谢信

【浦南葡萄获国家级金奖】 浦南街道葡萄种植面积达513.65公顷，年产值9000万元。8月，中国葡萄产业科技年会鲜食葡萄评比大赛中，白石湾葡萄专业合作社选送的“阳光玫瑰”品种获“铂金奖”，靓松家庭农场选送的“巨峰”葡萄获“金奖”。

获奖证书

浦南街道各行政村、社区基本情况表

表9

村(社)名	户数（户）	人口（人）	耕地面积（公顷）	山林面积（公顷）
江滨社区	4280	10530	0.00	0.00
文溪社区	3150	11579	62.87	11.20
长春村	270	768	26.87	26.13
黄都村	442	1205	53.27	113.67
四村	329	963	36.87	116.60
潘宅村	543	2192	77.13	29.87
湖山村	233	1458	49.27	4.93
七村	446	1289	132.67	193.40
八村	446	1300	55.53	39.53
五村	579	1744	64.00	103.87
丽水村	318	917	39.07	296.67
三村	272	886	40.93	7.40
前于村	1015	3024	200.67	377.07
浦南村	802	2566	103.60	138.67
平一村	729	2102	100.87	221.93
平二村	446	1259	58.53	108.93
石埠村	239	619	0.00	32.13
巧溪村	643	1735	84.73	150.93
宋溪村	576	1757	100.87	122.53
西张村	619	1783	103.93	186.67
金星村	615	1863	130.27	117.20
横塘村	389	1123	67.33	193.40
朱云村	653	2710	133.87	38.33
合计	18034	55372	1723.15	2631.06

（张慧丰）

黄宅镇

【概况】 2019年，黄宅镇下辖42个行政村，户口21813户，人口64876人。全年实现工业总产值55亿元，同比增长15%，其中规模以上工业总产值20亿元；引进内资11.31亿元，同比增长88.5%；固定资产总投资额8.14亿元，同比增长4478.7%。规模以上企业实现税收6365万元，同比增长7%。新增规模以上企业9家、产值超1亿元以上企业3家、税收超500万企业2家、税收超1000万元企业1家。新增国家级高新技术企业2家，省级科技型企业20家，完成企业股改1家，个转企42家，低效用地企业出清32家。出台《黄宅镇招商引资、项目攻坚"百日大会战"活动方案》，完成落地项目32个，其中零地招商落地项目15个，盘活低效用地16.2公顷，旧厂区改造技改项目11个；新供地项目6个。镇级开工项目29个，县级集中开工项目9个，总投资23.66亿元，统计入库率100%。

"江南吐鲁番"山水田园综合体项目完成核心区域9.33公顷连栋大棚建设及2000余米的休闲长廊、七彩长廊、景观葡萄长廊建设，完成葡萄展示中心施工。那山那水农旅示范区项目完成266余公顷土地流转及林地征占用审批手续，以及六一至坑塘通村公路基础建设。完成"三农三员三服务"试点工作并在42个行政村全覆盖推广。完成66余公顷精品葡萄套袋技术推广。省财政扶持项目赤心村休闲养生中心建成，初步达成招商意向。镇消薄公司10大项目和171个村级自我造血项目全年总收入6830.9万元。

完成三星、四星、五星级村庄节点提升工作和5个省A级、AA级、AAA级景区村庄创建工作，创建10个美丽田园达标村。

落实河塘长制、“一人一河”巡查制。开展蓝天保卫工作，督促企业整改85处，餐饮业整改18家，处置秸秆焚烧125起，6家砖瓦厂全部拆除。对中央、省环保督察的15个检查点实行回头看并落实整改。开展全域污水零直排区建设排查工作，整改问题3125个，达到全域“污水零直排区”建设标准。

镇中心幼儿园投入使用。完成全民健身中心主体建筑建设、新宅桥重建和三友骆村桥改造工程。启动集贤村至吴大路村道路工程。开展第二次危房排查，55户C、D级危房得到整治。新建农村文化礼堂23个、新时代文明实践站（所）43个、退役军人服务站43个。工会、青年团、妇联组织开展各类志愿服务活动50余次。

【推进重点项目落地】 黄宅小微企业园（一期）项目基础设施完成总工程量的60%，启动招商工作。中兴路以南1.35公顷地块完成用地规划、建设规划等前期筹备工作，进入项目工业储备程序。签约治平坡地村镇招商项目，浙江二轻集团、浙江崇孝乐养科技有限公司、浙江创新院医养研究中心合作为项目投资商，上山文化村项目在政策处理阶段。古塘坡地村镇项目、张官石宕综合开发利用项目均进场施工。任氏祖居所涉房产实现回收。总投资7000万元的货郎先生连锁门店自主品牌商品生产配套建设项目落户中山园区。PC构件生产基地项目落地岳塘村，启动政策处理工作。后江村以东3.33公顷地块红砖厂新建工程加快推进中。

【提升基层治理能力】 黄宅镇发挥司法、综治职能作用，排难解纷、止讼息争，化解初信初访45件，化解率97%，化解信访积案9件。落实县镇领导下访接访制、民情民访代办制、“4+2”联心服务团机制、驻村干部“包村走户”制，全力排查解决纠纷。镇综治中心投入使用，“四个平台”整合作用有效发挥，共受理各类事件29983件。推进“无证明城市”改革工作，取消64个证明事项。创建省级民主法治村1个，市级2个。同时，创新群众评议方式，以“群众说事、干群联动、乡贤评理、公开听证”等多种形式化解矛盾纠纷，调处矛盾纠纷224起，调处成功率100%。

【获评小城镇综合整治省级样板镇】 1月18日，黄宅镇小城镇环境综合整治通过验收，被评为省级样板镇。2019年巩固小城镇整治成果，实施镇区“三乱”整治，组建“三乱”整治专职协管员队伍，新增1个电子警察、3个违法逆向抓拍、34个违法停车抓拍球机。

【浦义友好合作】 3月17日，黄宅镇与义乌市后宅街道正式签订缔结友好乡镇战略合作协议。4月8日，举行“双宅发展论坛”，黄宅镇横山、上市、赤心、上山、下店、信华6个村分别与后宅街道稠岩、方塘、李祖、金鹤、余店、上金6个村签订《缔结友好协议书》。在义乌后宅街道的德胜古韵精品线上，1000余名黄宅、后宅、义浦两地水务集团的党员干部、市民朋友开启“新时代文明实践——义浦同城 双宅同心2019德胜后宅文明伴我行荧光跑”活动。11月20日，金华市首个“浦义同城”消薄项目在义乌完成签约，浦江黄宅农村集体经济投资发展有限公司与义乌市市场发展集团有限公司合作共同发展。签订苏溪商砼项目，协议投资额500万元，投资期限为3年，预计每年对黄宅镇六联、智勇等村集体经济产生50万元左右的投资收益。

【第十二届葡萄节】 8月8日，“浙江·浦江第十二届葡萄节”在横山村开幕，省市县有关领导、速递公司代表、全县葡萄专业合作社负责人、客商、媒体记

黄宅镇各行政村基本情况表

表10

村(社)名	户 数(户)	人 口(人)	耕地面积(公顷)	山林面积(公顷)
新华村	891	2510	24.07	0.00
信华村	549	1645	9.60	0.00
合心村	461	1331	40.27	0.00
朱宅村	799	2296	142.44	0.00
一心村	543	1760	57.07	0.00
永锋村	280	844	21.33	0.00
下店村	582	1920	13.60	0.00
日升村	785	2328	77.33	0.00
胜利村	675	1987	24.73	0.00
新宅村	450	1302	38.37	44.74
东一村	656	1882	41.33	0.00
项店村	396	1183	9.60	30.88
古塘村	392	1026	3.33	90.12
鹤塘村	423	1183	41.85	0.69
上市村	563	1742	36.00	0.00
集贤村	795	2473	12.80	64.43
上山村	645	1893	47.47	0.00
智勇村	409	1240	44.00	0.00
群联村	493	1532	36.67	0.00
海塘村	453	1336	30.00	0.00
六联村	725	2169	56.41	0.00
渠北村	334	904	53.47	0.00
横山村	577	1852	66.87	82.15
官岩村	372	1148	48.40	115.48
前一村	493	1491	53.47	0.00
后江村	493	1468	66.00	2.49

续表10

村(社)名	户 数(户)	人 口(人)	耕地面积(公顷)	山林面积(公顷)
西溪村	492	1508	46.33	0.00
前二村	422	1258	48.00	0.00
星塘村	411	1323	22.00	0.00
胜丰村	324	1009	54.73	0.00
张官村	671	2067	73.85	63.60
赤心村	615	1691	56.67	525.31
八联村	509	1411	18.67	0.00
四联村	305	937	35.33	88.98
刘铁村	349	1037	42.67	56.79
六一村	621	1850	17.25	254.57
振兴村	419	1185	89.98	96.49
何　村	286	876	42.67	0.00
红星村	606	1697	40.00	21.19
八一村	705	2109	89.47	179.16
浦口村	482	1390	45.60	254.87
沿江村	362	1083	30.47	0.00
合　计	21813	64876	1850.17	1971.94

者和市民参加开幕式。横山村完成投入2000余万元创建的县级乡村振兴示范村申报。创建省级葡萄特色农业强镇，获评第九批全国“一村一品”示范镇、全国最美葡萄园；承办县乡村振兴现场会；新增品控葡萄基地20公顷。

【环境卫生“红黄旗”】 4月，在全县首推村级环境卫生“红黄旗”评比制度，全年评出环境卫生最佳村17个，最差村13个，最佳企业25家，落后企业35家。完成胜丰村、信华村垃圾分类“外围无桶”村庄试点工作。

【进村入户大走访】 10月28日，黄宅镇开展“进村入户大走访”，下发《驻村近企走访记录本》，全镇驻村干部深入村民家中，充分了解民情民意，按照“一人一薄，一户一记”原则，实现走村入户档案化。

（张亦舒）

白马镇

【概况】 白马镇总人口28315人，其中镇区人口0.74万人，辖19个行政村。2019年，白马镇实现工业总产值50.08亿元，同比增长15.1%；规模以上工业总产值8.12亿元，同比增长33.6%，增速排名全县第一位；规模以上工业增加1.57亿元，同比增长28.8%；自营出口2.97亿元，同比增长26.8%；完成“小升规”9家、省股权交易中心挂牌展示企业1家、两化融合项目1个。

白马广场

白马镇全年在谈招商引资项目21个，其中农旅项目5个，制造业项目16个，有效洽谈5个。新落地项目2个（江苏长江纸业年产400万平方米高档地毯生产线项目、嵩溪废弃矿山治理项目），引进省外资金3680万元，盘活低效用地11.55公顷。

推进项目攻坚，嵩溪矿山治理完成招标，其中矿产资源出让收益7600万元、政策处理费用2830万元；占地1.3公顷的白马制砂项目经营权，以4190万元的价格落地成交；投资4000万元的浦江桃源居养生文化村项目完成四层主体建设；投资1.2亿元的日处理能力200吨污泥处置项目基本完成土地政策处理。投资700余万元服装针织园区物业楼项目已摘牌；投资1855万元的年产150万条高档男裤生产线项目和投资1470万元的年产360万条高档打底裤生产线项目均已完成厂房主体建设。全县2次工程项目“晒拼创”现场会在白马镇召开。

在居家养老一日三餐全覆盖基础上，投资100余万元完成占地面积0.4公顷的全县示范型居家养老服务中心暨残疾人康复服务站建设；19个村级居家养老中心“一日三餐”实现全覆盖；创建市级残疾人之家。

高一至旌坞道路工程项目全面施工，届时将打造旌坞、高坪、嵩溪旅游环线；完成柴坞到长地通村道路加宽；加快水利基础设施建设，投资950万元嵩溪一体化供水项目完成建设；除险加固联江村上里坞和柴坞村长湾山塘；完成污水零直排区创建和嵩溪污水二期扫尾工程建设。

修缮古文化建筑2处，新建文化礼堂4座，实现文化礼堂全覆盖；开展“文化下乡”活动，全年累计组织宣讲演出50余次，开展春泥计划305次。举办庆祝新中国成立70周年“红心向党、礼赞祖国”歌咏比赛和“利丰杯”篮球赛，其中嵩溪村在全县歌咏比赛中获二等奖。举办首届“文明少年”实训夏令营、“活力篮球”夏令营，丰富孩子暑期学习生活。

【大调解机制】 依托民情民访代办制度，充实镇、村两级调解组织，规范调解流程，强化初信初访村级化解，全年代办各类民情民访2836件，办结率

98.9%，满意率99.3%；针对信访积案和村级疑难案件，发挥综治中心作用，整合法庭、市场监管等派驻（出）单位力量进行“联合调解”，共计化解各类矛盾纠纷56起，其中疑难、复杂案件9起。困扰近10年的信访老户何某于7月份实现息访，清塘村168名失地农民群体性信访件得到解决。

【“最多跑一次”】 推行“四全工作法”，以村民“办事一般不出村”为目标，通过“代办点全区域覆盖、清单全方位公开、事项全流程办理、服务全过程监管”，实现“最多跑一次”向村级延伸。村民不必出村就能办理审批和服务事项2150项，80%以上的事项实现村级“最多跑一次”。

【“4+N”模式▲】 提出“符合条件即刻办、审批坚持不过夜”要求，镇村干部主动作为，全程代办“跑腿”，加快农民建房审批速度，审批时间从原来的15天缩减为1天，全年共完成审批108户，危房户危房拆建审批72户。根据地质灾害搬迁和群众意愿，在零增地的基础上，樟严村全村80户102间房屋完成主体建设，创建2019年度省级美丽宜居示范村。推动霞岩区块改造，完成拆迁补偿面积公示，缓解霞岩村12户住房难问题。旌坞、豪墅、夏张等村同步开展前期摸底工作。梳理排摸集体公房283间。按照“就近、就便”原则，调剂6户贫困农户住房。以全县公寓式集聚安置区试点乡镇为契机，启动集聚安置区项目建设。用于安置嵩溪村瓦坞自然村地质灾害搬迁户集聚区第一期项目完成60%工程量，共计116户；第二期为全镇无房户集聚区，共112户，已经村级公示和媒体公示；第三期异地安置意愿强烈的危房户和缺房户，全镇范围已有370户农户报名。截至12月，“4+N”模式解决住房困难户314户，

浦江县首届开酒节

首届浙江省国际友城媒体合作传播论坛

枇杷节

省院士专家疗休养进嵩溪

白马镇各行政村基本情况表

表11

村(社)名	户数(户)	人口(人)	耕地面积(公顷)	山林面积(公顷)
五丰村	401	1220	14.53	37.80
利丰村	627	2218	57.33	141.47
永丰村	410	1405	28.73	141.53
高坪村	371	1220	22.93	452.53
旌坞村	655	1856	30.53	533.40
联江村	470	1454	41.53	85.60
嵩溪村	1016	2988	48.27	1032.53
同新村	378	1222	42.00	309.87
清塘村	356	1085	54.20	152.87
双溪村	552	1782	28.20	303.60
联丰村	499	1430	25.80	134.87
柴坞村	233	550	17.60	102.00
长地村	289	872	20.20	65.87
柳宅村	261	832	15.20	34.73
群心村	586	1801	34.13	53.07
夏张村	527	1751	26.67	43.27
东平村	493	1474	34.20	154.93
豪墅村	558	1775	26.13	136.53
兰塘村	423	1380	15.47	7.67
合　计	9105	28315	583.65	3924.14

占全镇缺房无房总户数的近一半。

▲"4+N"模式：即白马镇解决农村"住房难"的五种有效途径：一是加快审批；二是实施农房改造；三是实施区块改造；四是公房调剂安置；五是公寓式集聚安置。

【乡村振兴】 推进新时代美丽乡村"六美"建设，共有五丰、旌坞、东平、群心、联丰、夏张、同新等8个村被评为全县第一名，其中五丰村连续两次获第一名。巩固"五水共治"成果，落实"河长制""塘长制"，开展畜禽养殖污染整治、农村生活污水零直排等工作，辖区内主要河流水质始终保持在Ⅲ类。立足各村文化历史、资源禀赋、发展现状，通过"以节促旅、以节兴商"的方式，乡村旅游实现破题。举办浦江县首届开酒节，吸引游客5万人次，累计销售白酒6万余千克，同比增长150%，带动各类收入300余万元；举办旌坞村枇杷节，吸引游客6万人次，销售枇杷5万余千克，带动全村收入200余万元。深入嵩溪村古村落保护开发，全年接待游客32万人次，带动各类收入达400余万元，举办首届浙江省国际友城媒体合作传播论坛，被授予浙江省省部属企事业工会疗休养基地、省总干校浙江工会干部"廉政·修养"培训教学点，入选浙江省首批美丽乡村美育村试点单位。

(石文昭)

郑家坞镇

【概况】 郑家坞镇位于浦江县东部，地处两市(金华、绍兴)三县(诸暨、义乌、浦江)交界，杭长高铁、浙赣铁路、杭金衢高速、235国道、03省道穿镇而过，浙赣铁路浦江货运站设在镇内，杭金衢高速公路设有郑家坞互通口，郑家坞镇是浦江"东大门"。

全镇工业总产值17.69亿元，同比增长2.2%；规模以上产值4.8亿元，增长6.7%；规模以上工业增加值1.18亿元，增长6.5%；完成小升规7家，规模以上企业数量由13家上升到19家；自营出口2.58亿元，增长122.91%。实现工业投资8834万元，增长326.2%；服务业投资2.03亿元，增长2373.3%。投资500万元以上技改项目8个,改造旧厂房3.1万平方米。

拆除违法建筑2000平方米,改造旧厂区44395.98平方米。完成全镇200余家企业的全国第二次污染源普查。受理信访举报件40多起,关停“散、乱、污”企业10余家,做好企业环评6家,督促企业上环保设施12家。镇空气自动监测站投入使用。引导和监督企业、沿街店铺做好雨污分流,完成省级污水零直排区验收。

整合资源、挖掘潜力,初步形成种较为成熟的消薄模式,“资产经营型”——如杨家村通过对原有的旧学校进行改造后进行出租;“资源开发型”——如朱路村争取到省补资金,投资180余万元完成土地整理,引进湖南投资商开发种植新型水果;“村集体投资型”——双丰村投资小微创业园项目,吴大路村参与坡地村镇项目政策处理。

郑家坞镇全景　　（赵新尧 摄）

【主题教育】 郑家坞镇利用理论学习中心组、支部主题党日活动等载体,坚持学习和整改并重,以问题为导向,以实干促担当,把理论学习、发现问题、解决问题结合起来,推动主题教育落地落实。郑家坞镇班子领导领衔破难15项,村班子整改落实为民办实事81件,全体党员完成民生小事621件。

【党建引领浦义同城】 郑家坞镇勇当浦义同城“先行军”,紧系组织纽带,村村与义乌大陈镇各村结成“党建联盟”。在党建联盟框架下,两地实现全面对接、深化融合。进行文化走亲20余次,体育交流10余次。主动对接义乌企业,引进4家义乌企业,其中1家为规模以上企业,1家为“小升规”企业,2家为年培育“小升规”企业。

【招商引资】 郑家坞镇获招商引资有效线索18个,签约项目4个,项目总投资25.5亿元,实际到位资金4亿,引进投资3亿元以上项目3个,其中包括郑家坞康养坡地村镇、浦江郑家坞玩具产业小微企业园、品尚品智能产业园等项目。注重以商招商、产业招商,将落地项目作为人才集聚、产业融合、招商引资的平台,开辟新路径,通过坡地村镇项目,招引“湿画果岭”田园综合体、阿德科特双语学校2个项目接连落地。

【优化营商环境】 郑家坞镇服务企业发展,完善联系企业制度,做到“随叫随到”“有求必应”,梳理出各类问题75个,解决到位63个;落实涉企服务代办机制,成立企业投资项目代办队伍,与县职能部门沟通,帮助企业完成施工许可证申领,加快项目推进速度;破解“用工难”问题,举办专场招聘会,有50余家企业与400余名求职者达成用工意向;注重发挥基层商会等组织的作用,通过商会协调经济民事纠纷10宗,涉及金额超800万元。

【现代农业】 实施新“百千工程”,全域推进美丽乡村扩面提质,建设葡萄绿色基地1个、一品一策基地1个、品控基地2个;建成美丽田园达标村3个、示范村1个;完成新时代美丽乡村达标村2个、精品村1个认定。深化“三农”领域改革,“湿画果岭”田园综合体进度排名全县第一位,省级美丽牧场项目通过市级验收,完成农技推广、农产品安检、农发资金发放、大棚房整治等工作，双丰村乡村振兴示范村按照计划时间建设。按照一个重大项目带动2～3个行政村的发展思路，实现三产融合。

【完善基层治理】 以党建为依托，推进“基层党建+社会治理”模式，并在此基础上进行创新。出台《郑家坞镇村干部承揽工程备案制度》，严禁村干部承揽本村工程，承揽非本村工程的由村干部本人向镇纪委报备，涉及村集体工程项目及资产资源处置的由村支部向镇纪委报备，规范村级小微权力运行；推行“四联四彻底”代办工作法，启动民情民访代办制。通过定期召开联系户座谈会等形式，打开民意上行的渠道，打通为民服务和为民陈情的“最后一公里”，全年完成2117件各类代办事项。

【村级乡贤慈善组织】 6月20日，郑家坞镇钟宅村乡贤基金会——慧慈基金成立，是全县首个村级乡贤慈善组织。慈善基金采用“本不变，利为用”的管理模式，每五年为一期，第一期20名乡贤捐资94000元，资金由乡贤会成员分批轮流认领代持，并支付利息，利息收入即为当年基金会的使用经费，原始基金保持不变，每期吸纳1次捐资。除用于济困助学、扶残安老外，对考入重点中学、重点大学，应征入伍，好人好事等给予奖励，引导“向贤向善”的好乡风，凝聚“向上向美”的正能量。

郑家坞镇各行政村基本情况表

表12

村(社)名	户数（户）	人口（人）	耕地面积（公顷）	山林面积（公顷）
江东村	508	1517	18.90	162.60
杨家村	564	1739	10.70	42.50
钟宅村	276	812	17.30	91.10
双丰村	300	847	15.60	51.80
吴店村	459	1400	39.10	32.10
朱路村	334	1014	39.40	120.70
沈里村	317	865	30.80	120.60
云溪村	416	1283	43.70	207.50
吴大路村	749	2175	100.20	524.50
合计	3923	11652	315.70	1353.40

【“湿画果岭”田园综合体项目】 7月31日，“湿画果岭”田园综合体暨订单农业合同签约仪式在吴大路村文化礼堂举行，该项目规划范围为43.3公顷，总投资3435万元，位于吴大路村西部，辐射区范围主要为吴大路、郭坞塘、余郭等村，集现代农业、休闲旅游、田园社区为一体的综合发展模式，将推动一、二、三产业融合发展。

【“回味农耕忆乡愁”插秧比赛】 6月4日，郑家坞镇在全域土地整治现场举办“回味农耕忆乡愁”插秧比赛，全镇9支队伍54名插秧能手参加，吴大路村获一等奖。郑家坞镇实施全域土地综合整治项目，半年时间2.7公顷。郑家坞镇全域土地综合整治项目建设规模为40公顷，新增耕地35.3公顷，建成高标准基本农田40公顷，总投资7000万元。

“回味农耕忆乡愁”插秧比赛现场

【“永远跟党走”大党课活动】 6月29日，郑家坞镇在中小操场开展“不忘初心、牢记使命”暨万名党员“永远跟党走”主题活动，全镇500余名党员参加，纪念建党98周年和庆祝新中国成立70周年。一批优秀共产党员、优秀党务工作者、先进基层党组织受到表彰，激励全体党员干部要对标先进、奋勇争先。会后，镇班子成员带队慰问困难党员，各支部开展形式多样的主题党日活动，用实际行动践行对党的承诺。

（刘苹苹）

郑宅镇

【概况】 2019年12月，郑宅镇被中央农办、农业农村部、中央宣传部、民政部、司法部5部门联合评定为全国乡村治理示范乡镇。

全镇工业园区总规划面积4.47平方千米，下辖东部挂锁集聚区、郑宅镇工业功能分区、郑宅镇工业功能分区二区、浦东园区，工业企业589家(其中规上企业13家，锁具企业278家)，涵盖挂锁、服装、五金等特色产业，支柱产业为挂锁产业，产量占全国总产量50%，是全国挂锁生产集散地，采用全自动生产工艺，产品从单一挂锁向科技型、智能化品种发展，形成锁钥、锁芯、弹子、弹簧等完整产业链。领军企业有“中国十大锁王”之称的梅花锁业集团，其起草的金属挂锁标准为浙江省首个挂锁产品“浙江制造”品牌认证标准。

全镇实现工业总产值53亿元，工业税收6744万元，引进内资3.05亿元，规模以上工业增加值1.63亿元，固定投资3.08亿元。自营出口5.10亿元。浙江浦江梅花锁业集团公司原董事长郑隆喜在2019年第二届金华发展大会上，被评为新中国成立70年、改革开放40年“金华发展突出成就奖”。

【招商引资】 建立“一对一”重点乡贤联络服务制，开展经常性联系走访，为在外乡贤提供政策服务，收集招商引资信息，实现新的招商模式。全年外出走访乡贤和重点企业20余次，接待外商投资企业家50余人次，涉及制造行业、文化旅游、教育机构及商业综合体开发等方面。年产40万米铁艺栏杆、1000樘铁艺大门生产安装项目，年产100套VOCs治理撬装式成套设备产业化项目和IP智能软件及存储摄像研发生产线等四个项目在全县乡贤大会上签约。郑宅110千伏输变电工程项目、锁具大道北延工程、郑宅镇传统文化培训中心建设项目、郑宅镇安置小区建设工程作为重点项目列入全县第三季度重大项目集中开工。

【园区建设】 11月，浦江万洋众创城二期开园，项目包括51幢生产性用房及12幢非生产性用房，配套餐饮、员工宿舍、商务服务等，解决企业员工的生活需求。整个园区建设完成后，可容纳约300家企业入园生产，年产值可达30亿元，税收约7000万元，提供就业岗位约12000个。

【服务企业】 贯彻落实《浦江县优化营商环境十条意见》，优化各种要素保障和服务条件。完善镇领导班子联系重点企业、重点项目全程代办、问题清单销号、标准地承诺、网格管理等服务承诺。全年完成17家企业9.6万平方米违法建筑的分类处置。集中解决企业项目推进、融资、用地、用工、子女就学、外贸出口等方面存在的困难和问题，新增企业贷款5亿元，帮助安排民营企业的员工子女就近到公办学校入学20人。全年共盘活低效用地10.6公顷。通过项目招引方式，三灯锁厂、江南印刷包装厂、泰立五金等企业厂房完成“腾笼换鸟”，中堂锁业、远东工贸、佳艳锁业等6家企业完成D类企业出清，拓展企业发展的新空间。完成12家喷涂企业和1家涉可燃爆粉尘企业的安评工作。65家落地企业和万洋园区基本完成污水零直排工作，通过市、县验收。

【科技创新】 全镇挂锁生产企业基本实现自动化设备升级，生产效率与产品质量提高，锁具产品进一步拓展，雷力仕智能管理锁、梅花指纹锁、云环门锁芯、超刚弹子等一批锁具新产品实现量产。浦江梅花锁业集团公司建成数字化生产车间，智能电子锁芯列入省级新产品试制计划，采用传感识别技术研发的全球首款小型TSA指纹挂锁投入批量生产，实现由传统生产方式向智能制造的转变。浦江海威斯新材料有限公司获批金华市高新技术研发开发中心。浦江县天亿锁芯厂、浦江县奥兰锁具有限公司、浦江县隆森包装有限公司、浦江富仁交通标牌有限公司、浦江酷旺金属制品有限公司、浦江中杰锁业有限公司、浦江县新浪锁业有限公司、浦江科博工贸有限公司8家企业获评浙江省科技型中小企业。

【基础设施建设】 总投资8000万元的郑宅110千伏输变电工程项目于7月开工建设，项目建成后可满足郑宅及周边乡镇的用电量，实现变电容量100兆伏安（100000千瓦）。投资400万元的挂锁集聚区纬十一路配套道路实现完工通车。总投资4000万元的锁具大道北延至351国道工程项目，于9月开工建设，全长1.12千米，南连浦后线并直通万洋众创城，北连岩郑线并直通351国道，按二级公路标准设计，设计速度60千米/小时，其中路基宽24米，路面宽18米，年末完成路面建设。

【文旅发展】 弘扬郑义门孝义立身、耕读传家的传统文化，以“周末推动、节目带动、部门联动、区域互动”为原则，因地制宜策划传统戏曲、浦江乱弹、送学礼、送军礼、穿汉服、试水龙表演、浦江人和新浦江人歌手大赛、省残疾人艺术团百场巡演进郑宅等主题活动31场，累计参与观众和游客21万余人次，

郑宅镇“爱周末”活动——浦江乱弹

郑宅镇“爱周末”活动——穿汉服

郑宅镇“爱周末”活动——板凳龙表演

通过周周有演出、月月有精品，优化营商环境，促进文化与旅游的融合发展。利用原郑宅镇中心小学老校区闲置资源，建设全县最大的集体经济增收项目，改造提升为全县首个传统文化培训中心，完成主体工程建设。以“江南第一家”获评省中小学生研学实践教育基地为契机，培育开发“古消防演练”“米塑制作”“板凳龙表演”等特色旅游项目，共接待来自金华各县(市、区)30余所学校1.6万名中小学生参与研学游。通过举办花海旅游节等，提高景区知名度、美誉度，景区共接待游客12.9万人次，同比增长22.8%，实现门票收入387.29万元。冷水村3.13公顷商业综合体和商业街二期项目完成方案设计、控规编制；义门小舍、花果山、吾栖冷水等特色精品民宿基本完成前期建设。

【乡村环境建设】 支持农业经营主体打造有机绿色农产品品牌，新建绿色精品葡萄基地4个，早稻示范畈4.2公顷。深二村粮食生产功能区提标改造项目通过县级竣工验收。金坑岭水库灌区东干渠(郑宅段)的清淤工作完工。实施白麟溪、后溪滩“美丽河湖”工程建设，孝门村、芦溪村的四星秀美村建设完工，实施寺后村、东明村的四星级秀美村创建。东明村获评省AA级景区村庄，龙源村获评省A级景区村庄。污水零直排区创建通过市、县验收，在15个行政村污水管网改造提升和处理终端建设的基础上，对雨污合流问题开展全面排查整改，完成万洋园区(一期)的雨污分流问题整改，完成下方村、三郑村、浦东园区68家落地企业和镇域范围内150余家餐饮单位及六小行业的硬件设施提升改造。

【主题教育】 开展“不忘初心、牢记使命”主题教育活动，在全镇党员干部中开展“走村(企)不漏户、户(企企)见干部”活动，领导班子带队走访全镇15个行政村6867户农户和34家规模以上企业、“小升规”培育企业及党组织覆盖企业，征求群众和企业的意见、期盼，帮助解决群众操心事、烦心事、揪心事372件，把调研成果转化成推动郑宅镇高质量发展的具体行动，推动主题教育取得成效。在全县率先完成乡镇机构改革，实行镇干部“职位归零、全员竞岗”、出台班子成员、镇干部、村级班子、党员和农户“五位一体”的全领域立体式考评体系，每季度实施村级工作流动红黄旗制度，营造务实担当、比学

郑宅镇各行政村、社区基本情况表

表13

村(社)名	户数(户)	人口(人)	耕地面积(公顷)	山林面积(公顷)
郑宅社区	286	340	0.00	0.00
龙源村	683	1916	62.30	653.00
青山村	511	1410	57.00	292.00
红光村	512	1562	44.60	135.00
麟溪村	885	2658	62.20	114.00
东明村	785	2531	65.60	107.00
玄鹿村	659	2086	51.00	123.00
孝门村	649	1911	63.40	112.00
前店村	529	1573	46.70	53.00
广方村	521	1640	30.50	3.70
寺后村	540	1651	51.20	328.00
深一村	390	1253	45.40	16.00
深二村	364	1067	40.90	2.30
三郑村	610	1879	58.30	8.00
安山村	579	1710	84.50	80.00
芦溪村	590	1716	35.00	91.00
合计	9093	26903	798.60	2118.00

争先的浓厚氛围。扫黑除恶工作代表金华市通过中央督查组的专项督查，“不忘初心、牢记使命”主题教育得到中央、省、市调研组肯定，“江南第一家”获评省关心下一代教育基地、省中小学生研学实践教育基地。“一线党委会”工作法得到金华市委书记陈龙的批示。贯彻浦义同城发展战略，加强与义乌市佛堂镇的友好往来，组织镇班子成员、中层干部、业务科室和村主职干部到佛堂镇学习、考察和业务交流。

【民生及社会保障】 启动郑宅镇卫生院迁建工程，落实选址。实施郑宅镇安置小区、郑宅镇中心幼儿园续建等工程项目建设。推行农民建房审批集中联审，完成农民建房审批81户128间、危旧房治理改造（包括修缮、拆除、拆建等）191户。倡导绿色生态殡葬，完成安息堂的初步选址。完成麟溪、玄鹿、青山、寺后、三郑、深二等村的文化礼堂建设，所有行政村文化礼堂建设实现全覆盖。郑义门获评首届“金华市地名五十佳”。郑义门古建筑群国务院挂牌隐患整改通过省级验收。城乡居民基本医疗保险参保率95%以上，家庭医生签约率达65%以上。全年发放低保救助资金211.09万元，发放临时救济款15.65万元。前店村建成残疾人康复站；家人养老院建立了残疾人庇护中心。

麟溪村文化礼堂

【见义勇为】 6月7日15时10分，从浦江客运西站发往白马的211路公交车上有19名乘客和1名驾驶员，在行至岩头镇洪家村时，一名男乘客因坐过站和司机发生争执，情绪激动下抢夺方向盘要求停车。当时乘坐班车的郑宅镇前店村16岁的初中女生王嫣笑面对抢夺方向盘的乘客选择挺身而出，拉住情绪过急的男乘客，让整车人化险为夷，其正义之举先后被授予“郑宅好儿女”“新时代好少年”“见义勇为”、阿里巴巴“天天正能量”、全省首位“守护公交使者”等荣誉称号，被金华市人民政府记二等功，并授予金华市见义勇为积极分子称号。

（郑玉峰）

岩头镇

【概况】 岩头镇镇域总面积49.1平方千米，其中镇区面积0.98平方千米，辖20个行政村，总人口28294人。全镇农业葡萄种植面积300公顷，猕猴桃种植面积33公顷，桃种植面积56.67公顷，桃形李种植面积18.67公顷，柑橘新品种10公顷，火龙果种植面积4.67公顷，五味子、蓝莓等种植面积8公顷。全镇工业企业129家，镇内工业以绗缝加工、服装加工等为主，同时发展工具制造、食品等其他产业。2019年，岩头镇被评为“浙江省美丽乡村示范乡镇”“浙江省森林城镇”“浙江省‘五水共治’工作考核优秀乡镇”。

全镇实现工业总产值4.61亿元，工业增加值8194万元，同比增长6.7%，工业销售产值4.14亿元，同比增长7.2%。全年完成“小升规”企业1家，培育省级科技型中小企业2家，完成“个转企”7家，推进

"低小散"企业整治工作,关停"低小散"企业2家。

完成以十里阳光农业发展有限公司为主的田园综合体建设项目,种植面积6.93公顷的早稻示范基地建设;夏泉村、飞轮村等8个村的美丽田园复评工作,其中龙溪村、胜建村被评为"美丽田园示范村";岩头陈村、幸福新村被评为"省级气象防灾减灾标准建设示范村";伟景家庭农场获国家级室内观赏展品特等奖;2家农业企业被列入智慧农业物联网示范平台项目试点基地;1家被评为市级放心示范基地,6个基地通过绿色认证。

以乡村振兴为出发点和落脚点完成镇联合社改制,成立岩头镇农村集体经济投资股份有限公司。全镇20个村完成"消薄"任务,均达到总收入20万元和经营性收入10万元的目标;完成礼张村1800万元的旅游项目建设;省级财政扶持项目三红农贸市场建设,推动飞轮村综合市场项目、镇区综合市场项目的发展。

【乡村振兴】 探索创新出农业"2+1"发展新模式。将农户闲置土地"托管"给集体网格化经营,与企业协议托底收购,建立"多村联创、抱团取暖"发展格局,走"集体经济富,带动农民富"的乡村振兴岩头模式。首批龙溪村25.8公顷闲置土地通过"托管"得以盘活,通过黄桃种植、龙虾清水养殖产业撬动北部山区七个村发展,从点状经济向块状经济延伸。

【污水零直排】 成立"污水零直排区"建设领导小组,结合实际绘制"污水零直排区"建设区块分布表及作战图,发动党员联系农户,对全镇8997户农户雨污分流情况进行排查,做到不落一户,不留死角排查到位,共排查出问题521个,完成整改521户,其中立管改造383户计661层,新建管网2451米,窨井225个。实现城镇建成区雨污分流全覆盖和农村生活污水规范化治理全覆盖,获评"浙江省'五水共治'工作考核优秀乡镇"。

【生态宜居】 开展每周两次"两网化"巡查工作,制定《岩头镇村镇建设管理办法》,严格巡查制度,全方位监督管理旧房改建工作。全年工作修缮、拆除C级D级危旧房60宗,解决无房户、缺房户50户,办理老旧房重建备案手续130宗,完成新屋来自然村区块改造工作。农居点二期工程进入招投标文件审核阶段;岩头镇安置房建设工程(一期)、岩头——郑宅地质灾害安置房建设工程于8月28日举行结顶仪式,12月完成外墙粉刷、拆除外角架、安装门窗栏杆等工作;西部地质灾害安置房建设工程进入起草招投标文件阶段;做好宏业大道北延工程政策处理工作,确保无障碍施工;岩头中心小学、岩头中心幼儿园、岩头初中建设工程的政策处理工作处置到位。

【文化建设】 以"六城联创"为目标,组建五支突击队,重点围绕交通整治、环境卫生、宣传劝导3个方面在双休日固定时间开展文明创建活动,做到公益宣传常态化、志愿服务常态化、环境整治常态化。新建宏伟、幸福新村等11个文化礼堂,实现全域文化礼堂创建,以文化礼堂为载体开展各类文体活动,共举办各类文艺演出30场,配合上级部门做好送戏下乡、文化走亲、公益电影放映等活动16场。

【"最多跑一次"】 探索创新"全程代办、上门帮办、兜底专办"的"三办服务"模式机制,落实"无证明城市"工作要求,全年通过"四个平台"流转处理办结上报事项894件,"最多跑一次"办理民生事项1600余件。推行建立全市首家"365便民服务+公安"进

岩头镇各行政村基本情况表

表14

村(社)名	户数(户)	人口(人)	耕地面积(公顷)	山林面积(公顷)
岩头陈村	971	3067	76.53	158.20
车门村	295	875	52.33	147.67
宏亮村	500	1522	83.33	126.67
飞轮村	626	1901	23.33	55.86
胜建村	579	1700	44.47	192.93
蜈溪村	489	1515	62.00	44.67
荷塘村	591	1962	74.67	33.53
宏伟村	484	1482	70.67	18.00
和丰村	381	1123	74.00	2.60
拥建村	451	1444	54.67	91.00
西黄村	411	1208	64.33	12.67
三红村	332	971	20.13	2.20
王店村	335	1006	21.67	1.33
朝阳村	585	1673	67.60	6.80
夏泉村	257	797	25.40	226.67
礼张村	548	1731	79.93	818.93
龙溪村	502	1578	109.93	450.40
青锋村	360	1025	39.67	263.00
群丰村	245	777	4.67	148.67
幸福新村	720	937	120.00	300.00
合计	9662	28294	1169.33	3101.80

园区的红色便民警务站，打通惠民利企“最后一公里”。

【招商引资】 围绕“浦义同城”战略，立足浦江“水晶之都”发展目标，结合水晶园区、水晶小镇发展规划，紧盯义乌的产业和市场，在乡贤的牵线搭桥下，到安徽省蚌埠市考察，对玻璃类上下游产业链进行精准招商。洽谈原湾来岩山群丰村旅游开发项目、左溪寺旅游开发等项目5个。推进礼张村投资2000万元的欢庭项目、夏泉村石堰湾等落地项目的开工建设。

【综合治理】 对照综治中心建设标准，规范场所设置，提升改造镇综治中心，建立运行管理机制。实行班子成员开门接访、重点约访、带案下访等工作机制，确保群众诉求第一时间发现、第一时间解决，做到“件件有人管、事事有回音”。全年共办理来信来访来电810件，成功化解信访问题10起，其中疑难积案4件。排查矛盾纠纷89起，调处成功89起，调处率100%。推进“平安浦江”“三无村”创建、扫黑除恶专项行动等工作，岩头镇20个行政村已组成覆盖全镇的防控网络，在各村主要出入口和出租房安装视频监控，监控覆盖率、联网率100%。抓实扫黑除恶、防通信网络诈骗、禁毒、安全法制等各类宣传教育，营造平安浦江建设氛围。

（黄锶涵　童源松）

杭坪镇

【概况】 2019年，投资940万元，创建省级绿色发展先行区，建成万亩高标准农田综合整治项目和示范基地建设项目2个镇级农业绿色发展先行区。创建葛老头生态农业发展有限公司和浦江县良超家庭农场2个“三分六统”示范基地，新增裕民蔬菜专业村1个。种植高山蔬菜233公顷。与浙江蓝颂供应链管理有限公司签订产品合作协议，优质山地蔬菜直达杭州高端小区客户。与斑马会员等达成新的自供项目，引进圣奥等2家公司，新增53公顷职工蔬菜示范基地。167公顷香榧挂果投产，产值500余万元。推进香榧、国庆桃、猕猴桃等林业特色基地发展。创建省级森林城镇，程家村成为省级“一村万树”示范村。

强化饮用水源保护，“污水零直排区”建设通过县级初验，建设杭坪村2个污水处理微型泵站、塘雪毛竹坞口自然村微型终端以及大塘污水管网工程等污水零直排区项目，实现污水全收集、雨污全分流。壶源江及各支流水质在每月的检测中都名列前茅，全年水质保持在Ⅱ类以上。完成农村饮用水达标提升项目，茶壶里水厂进行管网延伸，覆盖镇小学、杭坪、乌浆等村，供水人口约5300人。

践行全域旅游战略，投资1525万元，以薛家村坡地村镇为龙头，通过生态绿道工程串点成线，形成农旅一条线的农旅三产融合示范带。利用镇域资源完善旅游基础设施，建设薛家生态园、农耕文化园、乌浆牡丹园等一批乡村旅游基地；打造杭坪、薛家等一批景区村庄；完善民宿、农家乐、停车场、旅游厕所等配套设施，其中新建的中央畈民宿基地开始接待上海等地旅游团队。建立户外团建基地薛家村“趣野吧”，业务辐射至上海、杭州等一线城市，签约长三角地区户外专业公司97家。2月23—25日，通过杭坪村的省级非遗项目杭坪摆祭和“多彩非遗新浦江”2019全国摄影大展采风活动启动仪式的举行，吸引8万余人观赏游览。4月13日，举办杭坪镇首届牡丹游园节，活动当天游客量1万余人次，乌浆牡丹园2019年芍药、百合鲜切花销售15万元。5月10日，“农夫山泉杯”浙江省第二届生态运动会启动仪式在薛家生态园举行，当日游客量达1.5万人次。开展招商引资工作，引进杭州漠北户外团队打造高度体验感的户外运动基地，成立浦江薛家旅游开发有限公司。薛家生态园自5月初营业以来，接待游客150万人次，旅游收入300万元。2019年，全镇接待旅游人数约210万人次，比2018年增加535%，旅游收入约430万元。

创新“党建+基层社会治理模式”，以“数据跑”代替“群众跑”推动“零趟跑”，建立镇级“党建+基层治理平台”，成为全省深化领导干部下访接访工作理论研讨会、全市“数据跑”工作现场调研会等现场会的主要参观点。全年“平安通”平台办结7911件，实现山区百姓“零趟跑”事项485件。

建设杭坪村大楼自然村横山区块农房改造项目。完成6处地质灾害治理隐患工程，涉及24户91人。新建5个村文化礼堂，实现文化礼堂全覆盖。全镇22家村居家养老服务照料中心实现“一日两餐”到“一日三餐”的供给，每月平均就餐人数500余人。安排镇域内442个十年到期的残疾证换证工作。16个行政村“退役军人服务站”全部挂牌成立，大塘村退役军人李国强被评为“浦江县最美退役军人”。

以乡村振兴战略为导向，通过县级统筹、镇镇抱团、镇村抱团、村村抱团和村级自我造血等消薄模式，推动村级集体经济发展。全镇16个村均实现经营性收入10万元以上、总收入20万元以上；全镇总收入1502万元，比2018年增长21.63%，其中16个行政村村级自我造血项目计66个，实现收益789万元。

【“多彩非遗新浦江”2019全国摄影大展采风活动】 2月23日，“多彩非遗新浦江”2019全国摄影大展采风活动启动仪式在杭坪镇杭坪村举行。大展由中国摄影报社、浦江县人民政府联合主办，现场举行了杭坪摆祭民俗活动，杭坪村板凳龙、曹源纸会和执事、寿溪迎会、杭坪中小滚地龙、后阳竹丝灯、石宅擂马、东岭和中央畈舞狮等民俗表演队伍进行集中展演和踩街，浦江剪纸、浦江麦秆剪贴、浦江花灯等16个非遗项目进行现场展示，吸引全国数百名摄影家和摄影爱好者到杭坪拍摄创作，游客、观众6万余人次。

全国摄影大展采风活动

【浙江省第二届生态运动会】 5月10日，由省体育局、省文化和旅游厅、省生态环境厅、省农业农村厅、浙江日报报业集团主办，省体育记者协会、市体育局、县人民政府承办的“农夫山泉杯”浙江省第二届生态运动会启动仪式（首站——浦江站）在薛家生态乐园举行。浦江站生态运动会吸引各级媒体10余家和全省各地运动员200人参加，设置最多跑一次、绳彩飞扬、蔬菜连连跑、丰收运粮、呐喊喷泉、农耕寻宝6个趣味比赛项目。活动现场，后阳竹丝灯、东岭舞狮、杭坪中小舞龙等民间艺术集中展示亮相，同时还有运动健康的广播操表演和浦江十字

浙江省第二届生态运动会启动仪式

花、浦江竹编、浦江香包、浦江剪纸等非物质文化遗产项目传承人现场展示。活动当天，薛家生态园当日游客量达1.5万人次。

【国家卫生乡镇】 做好爱国卫生组织管理、健康教育和健康促进、环境卫生、环境保护、食品和生活饮用水卫生安全、重点场所卫生、公共卫生与医疗服务、病媒生物预防控制、乡镇辖村卫生等工作，全面推进创建国家卫生乡镇。2019年，杭坪镇被评为国家卫生乡镇。

【浙江省民间文化艺术之乡】 杭坪村投入230余万元经费，对存心堂、孝友堂、诒谷堂、仁义堂等摆祭厅堂和关公庙进行全面修缮，并对厅堂间铺设石板

接关公仪式

厅堂摆祭场景

路，其他村投入村古建筑修缮经费950余万元。制定《杭坪摆祭▲五年保护发展规划》，投入"杭坪摆祭"活动的经费30余万元，其他村民间艺术团队建设经费40余万元。

▲"杭坪摆祭"："杭坪摆祭"民俗活动每年参与人数5万余人。杭坪村6个社3000余人每年轮流主持杭坪摆祭仪式，保护传承纸会、执事、舞狮、竹丝灯、板凳龙等众多非物质文化遗产表演艺术和剪纸、米塑等非物质文化遗产造型艺术。带动当地手工面、高山蔬菜、香榧、茶叶等特产和众多美食的展示销售。7月，浙江省文化和旅游厅发文命名公布杭坪镇以传统民俗活动杭坪摆祭入选省民间文化艺术之乡。

【浙江省非遗主题小镇】 杭坪镇有竹叶熏腿、浦江剪纸、豆腐皮捞制技艺、浦江春毫制作技艺等10余项省、市级以上传统工艺类非遗项目，是全国名茶"浦江春毫"的发源地和主产区，金华火腿中的珍品竹叶熏腿产自杭坪镇的曹源村、程家村一带，米塑制作两度被中央电视台报道，保护传承杭坪摆祭、纸会、舞狮、擂马、板凳龙、什锦班、竹丝灯等非遗项目。2019年，全镇有县级以上非遗项目40余项，其中国家级项目4项，省、市级项目19项；有非遗团队40余支，各级传承人21名。利用本地资源建立完善一批旅游基础设施，建设剪纸传承馆、非遗公园等非遗文化场馆，非遗文化成为乡村旅游的特色内容。建有全县面积最大的香榧、茶叶、高山蔬菜等生态农业基地。12月，经考核验收，杭坪镇被浙江省文化和旅游厅公布为民俗风情类非遗主题小镇。

【浙江省森林城镇】 编制《杭坪镇森林城镇建设方案》，以建成区、壶源江、森林生态屏障等重点工程建设为载体，发挥山区自然优势，打造旅游休闲、度假居住、绿色发展的生态型森林城镇。2019年，杭坪镇投入4000余万元进行绿化工程建设、森林生态产业发展、绿化养护和森林资源保护。对桐义线、杭大线、杭寺线进行"两路两侧"绿化补植、建设节点景观，对通村连接线进行绿化；修复千步岭、矍岩岭、截拓岭三条森林古道；建设347公顷森林抚育和128公顷珍贵彩色林；对西山坪古松群、程家古榧群等317棵古树名木进行保护；推进香榧、"国庆桃"、猕猴桃等林业特色基地发展，增加种植面积200余公顷。全镇香榧种植面积800公顷，其中留家坪350公顷香榧基地成为全国最大的已投产基地，被评为省级森林食品基地。全镇森林覆盖率79.5%，建成区林木覆盖率22.4%；绿地面积12公顷（其中新增6.2公顷），绿地率26.9%；人均公园绿地面积7.6平方米；主要道路、河道两侧宜林地段绿化率96%；河道绿道网绿化率92%；市级以上森林村庄9个，创建比例56%。7月，杭坪镇被省林业厅公布为浙江省森林城镇。

【省公共文化服务重点镇建设】 杭坪镇对照《浙江省基本公共文化服务标准（2015—2020）》《公共文化服务"十百千"工程实施方案》的要求和杭坪镇公共文化服务提升计划，建设镇综合文化站和各村农村文化礼堂，新建8支镇村文艺团队，组织开展文化活动，做好省市非遗主题小镇创建提升工作，实施传统村落和历史建筑保护工程等公共文化服务提升项目。12月，杭坪镇通过浙江省公共文化服务重点镇考核验收。

【法国文化团队考察非遗文化】 9月24日，法国PuyDuFou董事局主席尼古拉斯·德·维利尔斯（Nicolas de Villiers）等和浙江永昌乐地文化旅游发展有限公司一行，在金华市人大常委会副主任金中梁等市县领导陪同下，到杭坪镇考察浦江非物质文化遗产。杭坪板凳龙、石宅板凳龙、石宅擂马、曙光擂马、后阳竹丝灯5支非遗表演队伍在杭坪镇杭坪村文化广场进行表演，6名法国友人下场体验杭坪板凳龙表演，促进了中法文化交流。

法国友人体验杭坪板凳龙表演

【大塘番茄高产增收】 大塘村地处海拔600余米的高山上，拥有得天独厚的自然条件，2018年被评为“浦江县番茄专业村”。2019年，种植番茄5.3余公顷，总产量610余吨，产值380余万元。大塘村的番茄产量逐年增加，番茄株高2.5～3.5米，坐果率15～20批次，采摘时间从7月至11月底，亩产超7500千克，亩均收入5万元。其中，村民李国强种植2.1亩，产量23500千克，收入162000余元。

【“趣野吧”探索营地建成运行】 5月，“趣野吧”探索营地建成运行，基地总面积40余公顷，第一期项目总投资约600万元，基地项目配套设施由杭坪镇农村集体经济投资发展有限公司承建，由浦江薛家旅游开发有限公司运营管理，“镇集体公司+村集体+经营团体”三方共同占股分红。基地主要有水域体验区、草坪活动区、高空设施区、拓展训练区、丛林越野区、真人CS野战区、野炊烧烤区、星空露营等区域，引进飞拉达、高空索桥、攀岩、速降等最新户外极限山地运动项目，以及皮划艇、卡丁车、热气球、非泥不可、射箭等20种休闲娱乐项目。基地团建业务辐射至上海、杭州等一线城市，截至12月，共接待企事业单位、学校、非公企业等县内外300家单位约1.5万人次的青年素质拓展业务。10月，浦江县前三季度乡村旅游点旅客数据排名中，该基地排名第二位，接待游客139.46万人次。国庆期间经营收入维持在每日10万元左右。

杭坪镇各行政村基本情况表

表15

村(社)名	户数(户)	人口(人)	耕地面积(公顷)	山林面积(公顷)
杭坪村	1265	3518	217.27	1137.27
寺坪村	324	899	68.00	587.60
乌浆村	582	1548	157.67	431.87
中村村	286	881	73.13	304.80
石宅村	624	1897	132.60	892.67
茶山村	185	585	45.40	182.27
东岭村	501	1457	133.80	769.47
裕民村	175	602	85.40	328.87
大塘村	159	471	89.67	283.47
后阳村	238	671	46.07	212.87
芦峰村	363	1066	48.33	433.67
壶源村	279	818	58.07	258.60
曹源村	298	892	52.07	453.53
登丰村	284	958	76.53	356.47
程家村	364	1122	53.07	396.73
薛家村	328	919	72.27	269.60
总计	6255	18304	1409.35	7299.76

【浦江孝义文化理论研讨会】 3月24日，由县文化和广电旅游体育局、县文联、杭坪镇人民政府主办的首届浦江孝义文化理论研讨会在杭坪镇举行。举办单位以及来自郑氏后裔、孝门后裔、王氏后裔、杭坪村、杭坪中心小学的相关负责人和浦江民间文化研究爱好者共30余人参加研讨。会上，孝义文化研究者分别就孝道现代价值观构建、弘扬杭坪孝义文化、孝门孝文化、郑氏孝义家风、深溪王氏孝义等方面，对孝义文化的内涵、现代意义、历史渊源及今后如何挖掘弘扬进行探讨交流。相关领导从不同角度就孝义文化的研究、挖掘、推广、品牌打造以及促进廉政建设、文旅融合等方面进行分析探讨。

【浙江省美丽乡村特色精品村】 薛家村发挥村庄自然人文优势，通过强化党建引领，提升村容村貌，创建美丽村域，增强村庄服务，增进村民福祉，完善基础设施，推动农旅结合的生态发展模式，促进美丽乡村建设。5月，薛家村生态乐园作为浙江省第二届生态运动会举办地的同时，引进杭州专业团队打造高度体验感的户外运动基地——趣野吧探索营地，带动村集体经济增收，每年的村集体经济收入100余万元。12月，薛家村被浙江省“千村示范万村整治”工作协调小组办公室公布为2019年度浙江省美丽乡村特色精品村。

【民俗文化村】 作为第四批中国传统村落和浙江省历史文化村的石宅村历史悠久，自然人文生态良好，传统文化丰富多彩，众多非遗项目紧密地融入广大村民的日常生产生活之中。石守土、石存兴、石宗光祖孙三代传承米塑技艺，使之发扬光大，并两次被中央电视台报道。石宅村有四甲、七甲、上新厅3条板凳龙，有浦江乱弹什锦班2支，石宅小学成为全县第一个剪纸教学基地。经村民石存兴、石宗光父子等人共同努力，抢救恢复了中断70余年的石宅擂马，首批完成12匹擂马的制作，推进了古村落的保护和乡村旅游业的发展。11月，石宅村被金华市文化广电旅游局公布为第四批非物质文化遗产旅游景区民俗文化村。

（江益清）

檀溪镇

【概况】 檀溪镇地处县境北部，总面积109平方千米，下辖13个行政村，57个自然村，总人口15279人。全镇共有耕地面积970公顷，茶园面积533公顷，耕地流转面积210公顷，农民合作社13个，家庭农场28个，畜禽养殖大户3户，其中水稻种植大户4家，种植面积78公顷。森林面积8611公顷，其中公益林面积5199公顷，森林覆盖率86.06%。

全年财政总收入7959.25万元，其中财政拨款收入3109.33万元，上缴税收65万元，村级集体经济总收入1139.46万元。

推行政策性农业保险，全镇农业种植养殖大户参保率97.34%，其中种植户参保30户，参保面积120余公顷。农产品质量安全工作完成抽检750个样品。培育四个粮食种植大户，水稻种植面积位列全县第二位。

核查、上报森林卫片图斑57个；完成全镇天然商品林罗家管护工作，管护面积1792公顷；完成2018—2019年度病枯死松木清理工作，开展2019年越冬后松毛虫虫情及春季第一代松毛虫虫情调查，全镇松林均未发生虫情；完成象鼻头水厂供水工程建设、塔头中长坞山塘综合整治工程建设；推进农业水价综合改革工作；开展渔政执法，协助处理水事违法案件4起，移送派出所1人，打击水事违法行为。

全年再生育审批5例，办理一孩生育登记43份，二孩生育登记42份，办理独生子女证60个，完成中考加分23份，县奖扶10份，省奖扶17份，完成历年县奖扶、省奖扶和女儿户养老保险人员的年审工作。

邀请专业病媒预控公司每月一次对镇区重点场所进行四害消杀和防治；按照省级食品安全县创建要求，建立4个食品安全科普站和13个食品安全工作站；建立本镇食品生产经营数据库，并制作一户一档检查台账。

深化“最多跑一次”改革，受理办结便民服务事项1044件。推进“无证明城市”改革，成立镇级改革专班，组织相关科室和村级代办员开展“无证明城市”改革培训3次，组织应知应会考试1次。全面清理证明类相关展板和宣传册，建立证明开具备案制度和部门核验制度，方便办事群众。

集中开展平安检查2次，检查重点单位、寄递行业、民宿、农家乐等125家次；每月开展一次矛盾纠纷大排查，合计化解矛盾纠纷23件，其中包括两起非正常死亡事件；“四个平台”共计流转的有效事项为3087件；“扫黑除恶”专项斗争工作共接到扫黑办移交线索3件次，均为信访事项。

全镇统一政务系统共计登记信访件236起，其中网上信访件13起，“8890”服务平台来电28起，民情民访代办件164起，全年未发生进京赴杭非访事件。

5月，寺前村陈艳君家庭获2019年度全国“最美家庭”；11月，檀溪镇被评为浙江省2019年“平安农机”示范单位；11月，潘周家村被确定为浙江省美丽乡村美育村（社区）试点单位。

【农村综合整治】 全域农村土地综合整治项目一期洪山平湖区块完成2.33公顷试验田建设和水稻种植，投入资金5580万元，完成总工程量的82%；二期寺前、城头、廿七都区块的工作计划已批复；镇集聚区项目完成红线范围内1.67公顷土地的征收工作，征地费已拨付到村；完成地块控制性规划的评审；完成姚坞、岭脚2个自然村38户居民搬迁。

建设檀溪镇洪山村、小湫村、立前畈村生活污水终端工程，以及洪山村微型终端工程、雨水管和洗涤管改造零星工程；对新建、改建房屋同步做好污水纳管工作，排查整改雨污合流问题156个；落实网格化环境监管制度，加强辖区内排污企业检查、生态环境建设、环境信访纠纷调处等工作，建立监管台账。

组织“山上浦江美丽交通环”潘家至项丰道路工程进场施工；完成檀溪公交车站基础工程建设；县危病桥梁改造工程（前方大桥）、县农村公路提升工程（候蒲线—罗家）前期准备工作。

新建文化礼堂5家，文化礼堂覆盖率100%；文化书屋每周开放时间至少50小时以上，无存在挪用和闲置情况，已连续六年被评为优秀农家书屋。

省重点工程罗家源旅游风景区建设项目已投资3亿元，完成水竹湾宾馆地块出让和重新装修、水竹湾宾馆餐厅改造、水竹湾漂流溪道修建；完成水竹湾山塘、九母岛山塘工程蓄水；度假区入口湿地公园、中央水系景观建设绿化完工，九母岛度假酒店、商业街、住宅样板区主体动工。

【檀溪镇“上海村”建设项目】 3月1日，镇民俗文化旅游项目举行招商引资签约仪式，以“遇见檀溪”“艾丹民宿”为代表的一批精品民宿正式开业，能容纳200余人同时住宿。“上海村”的整体LOGO完成设计并投入使用，檀溪美食街、武状元展馆、驸马村等配套设施完成建设。

【全国农村水利水电工作会议】 4月23日，全国农村水利水电工作会议在浦江召开。与会领导、专家共计300余人，分两批参观指导平湖村水利建设。副县长虞红梅介绍了平湖村水系联通建设基本情况，通过“调、连、引、活、美”五字战法，实现水清村富。镇党委书记柳钢明详细解说该村以“党建+”为抓手，整治水环境，挖掘水资源，实现生态效益与经济效益共赢的建设经验。

【檀溪镇九母岛坡地村镇项目开工建设】 6月17日，镇举行九母岛坡地村镇项目开工仪式，副县长虞红梅宣布项目开工。该项目投资20亿元，推进罗家源国家AAAA级旅游景区建设。

【北乡▲农民革命纪念馆】 9月22日，浦江北乡农民革命纪念馆开馆仪式在赤岩村举行。国家能源局原党组成员、纪检组长，党的干部工作读物基础工程总策划戴晓曙宣布开馆。金华市委常委、组织部部长郑敏强出席并讲话。戴晓曙和郑敏强共同揭牌。县委书记程天云致辞。市委组织部副部长、“两新”工委书记胡小荣出席。

▲北乡指浦江北部，包括大畈、檀溪、中余以及诸暨市马剑、桐庐县新合等地区（马剑、新合原属浦江县辖地），成立了浦江历史上第一个中国共产党的支部（中共沈家村党支部），涌现了以黄玠然、潘芝山为代表的一大批优秀儿女。为不忘初心，追忆历史，于2017年底开始建造北乡农民革命纪念馆。纪念馆占地约400平方米，一楼为北乡红色历史展陈，突出“八个第一”；二楼为黄玠然事迹展陈，突出“八个闪光点”，通过图片、文字、实物，以声光电的形式，展现革命先烈的红色足迹。

檀溪镇各行政村基本情况表

表16

村(社)名	户数(户)	人口(人)	耕地面积(公顷)	山林面积(公顷)
赤岩村	453	1260	95.70	669.44
九母岛村	259	789	47.58	534.45
罗家村	273	794	40.73	2447.21
平湖村	413	1163	99.59	585.75
城头村	232	689	26.56	175.61
洪山村	307	949	124.04	199.57
毛店村	196	625	25.85	197.13
潘周家村	705	2083	103.92	930.81
大元村	187	565	78.22	672.08
寺前村	673	2176	89.64	462.44
廿七都村	647	1833	124.36	1011.44
下宅村	179	532	27.47	97.57
会龙村	625	1821	85.43	800.22
合计	5149	15279	969.09	8783.72

【第二届中国农民丰收节】 9月28日，浦江县第二届中国农民丰收节在洪山村举行。本届丰收节有开幕式、民俗表演、农事竞赛、优质农产品展示、特色美食制作、农事体验等内容。

第二届中国农民丰收节

第二届中国农民丰收节

【金华市农民丰收节龙舟赛】 10月21日，“2019首届金华市农民丰收节龙舟赛”在平湖村塘家会河段举行。本次比赛由金华市体育局、金华市体育总会主办，镇人民政府、金华市万瑞达龙舟俱乐部有限公司承办、檀溪镇平湖村协办。来自镇各村的9支联队、镇机关联队和金华市游泳协会共11支参赛队伍，130余名运动员展开角逐，九母岛龙舟队获一等奖。

（江康彪）

前吴乡

【概况】 前吴乡辖13个行政村，49个自然村，总人口数14505人，农村党员533人。乡域旅游资源丰富，辖区内通济湖水域面积5平方千米。以传统农业为主要产业，发展绿色生态产业，乡村旅游和民宿等新兴产业快速发展。6月，前吴景区作为“趣浦江”疗休养产品推介点和浙江省院士专家疗休养点，百名工会主席和院士点赞前吴。

2019年，发展“一村一品”经济产业模式，培育了通济桃形李、塘岭金油茶、毛家代代果、马桥金桔、罗源番茄、吴莱黄金芽、民生香榧、桃源红松茸等特色种植业，全乡特色农业种植总面积128.5公顷，年产值超400万元。根据库区偏寒气候，对接浙江省中医药大学做好中药材种植基地建设，寿溪村基础设施完善，经济基础较好，列入首批争创乡村振兴示范村名单。

改善群众生活条件，对浦横线、朱桥—民生路段实施“白改黑”，提升横坞口至山皇殿、寿溪村内道路，前吴乡路灯建设工程于12月完成。市目自然村、上赵自然村、埆山村、塘岭金村完成村内管网改造。安装农户“一户一表”898户，里黄自然村饮用水单村提升工程完工，通济村、塘岭金村、埆山村、上赵自然村和市目自然村喝上了放心水。罗塘环村路和里黄村上坝道路建设工程建设完工，桃源村便民服务中心修建和毛家村道路硬化工程实现当年立项当年完工。6个水库移民后期扶持项目完成，罗源村朱后山旱改水项目建设中，新增水田13.33余公顷。

推进“污水零直排区”建设，开展地毯式排查，全方位整改，改造13个村的雨污分流高空雨水管立管，建设民生村山脚管网一体化处理终端、通济村雨污分流工程和塘岭金村污水提升工程，高分通过县级验收。严格执行河长制，明确巡河管理责任，做到乡、村两级河长巡河巡查率和整改完成率均100%。开展蓝天保卫战，出资搭建空气质量实时监测平台，落实秸秆禁焚网格化巡查处置体系，定点组织开展区域巡查和执法检查。

打造美丽乡村工程，建设塘岭金三岔口景观、桃源村村口景观工程、吴莱段景观、公交休憩亭、立面及绿化改造工程。星级村创建中，创建塘岭金村五星精品村、罗塘自然村四星秀美村、下葛自然村三星整洁村和罗塘自然村“新农居典范”美丽宜居村等。开展美丽田园建设，灵溪村、塘岭金村、毛家村、塆山村、寿溪村、马桥村6个村通过美丽田园达标村复评，罗源村被评为“县美丽田园十佳示范村”。

住房难问题采取盘活存量、开发增量、能批尽批、主动服务等方式，解决无房户、缺房户11户，原拆原建50户，危旧房改造25户。毛家村2666.7平方米、塆山村5333平方米、塘岭金村666.7平方米的宅基地“征地”任务完成，为无房户腾出用地空间。在寿溪村建立居家养老中心，完善养老中心运行配送机制，全乡有404人在居家养老中心就餐。临时救助全面覆盖，全乡临时救助户90户，政策性农房补贴补助11户。

“最多跑一次”改革首推民情民访“335”工作体系、民情民访代办备忘录和民情民访专线“88083335”，制定需求清单、资源清单、责任清单“三张清单”，将低保困难户、孤寡老人、留守儿童、乡贤、退役军人以及有信访诉求的人群列为重点走访对象，对群众反映合理的问题，进行详细记录、及时交办、定期反馈，确保“事事有回音，件件有着落”。成立三级代办员队伍，结合“4+2”联心服务团、“一村一委员”、党员联系农户等制度，从“对象、事项、网办”三个方面助推精准化代办服务，做到群众诉求办理“最多跑一次”，甚至不用跑。乡村两级党员干部收集办结民情、民访835件。

【“浙江师范大学教学实践基地”落户袅溪村四喜堂】 9月14日，“浙江师范大学教学实践基地”挂牌仪式在前吴乡袅溪村四喜堂举行，为浙江师范大学师生提供研学场所。

【第六届“诗画浦江”乡村旅游节开幕式暨第四季“花田跑”活动】 3月，在民生村举办第六届“诗画浦江”乡村旅游节开幕式暨第四季“花田跑”活动，民生花海景区首次尝试景区售票、交通双向管制和游客摆渡，旅游节历时20天，实现了三多：人多，吸引上海、杭州及周边县市游客3万余人；车多，旅游大巴最多一天有183辆；创收多，景区门票收入40余万元，旅游收入同比增长5倍。

【张根志被授予“浦江工匠”荣誉称号】 4月29日，“当好主人翁 建功新时代”——庆祝五一国际劳动节暨首届“浦江工匠”颁奖晚会举行。前吴乡政府推荐的寿溪村国家级非遗传承人张根志获“浦江工匠”称号。由张根志带领寿溪村村民制成的“迎会”会桌“八仙赴盛会”“回龙阁”“水漫金山”，曾多次到金华、杭州及全国各地参加表演。

寿溪人会表演

【垃圾分类】 首推垃圾分类评比表上墙制度，党员每天在农户公示牌上打勾，每日进行检查评比，交办问题整改不过夜，变动态管理为规范化管理。创新“奖励先进促分类”模式，在寿溪村、塆山村、马桥村举办垃圾分类优秀户抽奖活动，调动村民参与积极性。垃圾分类工作多次在全县环境卫生、垃圾分类专项检查中获第一名。

【乡贤恳谈会】 在2、9、10月，分别举办乡贤恳谈会，乡贤共聚一堂，畅叙乡情，为乡村发展“问诊搭脉”、出谋划策。乡贤们从不同角度、以不同形式介绍了先进地区的发展理念和经验，对前吴经济、社会发展及当前工作提出意见和建议50余条。乡贤吴山明、吴战堡利用国庆假期实地考察前吴村书画写生基地建设，从自身专业角度对前吴书画产业发展进行专业化指导，助力打造传统村落书画写生基地。

前吴乡各行政村基本情况表

表17

村(社)名	户数(户)	人口(人)	耕地面积(公顷)	山林面积(公顷)
通济村	385	1289	17.33	436.27
灵溪村	475	1387	51.67	626.47
塘岭金村	565	1776	41.33	514.13
前吴村	491	1422	39.60	671.53
塨山村	165	527	5.00	129.60
枭溪村	369	1086	27.67	657.80
毛家村	310	867	25.20	186.67
寿溪村	608	1711	60.80	728.07
马桥村	237	664	7.27	258.07
朱桥村	163	514	11.60	303.93
桃源村	465	1470	46.93	806.47
罗源村	329	989	60.20	334.13
民生村	298	803	27.67	337.67
合计	4860	14505	422.27	5990.81

（金君莉）

花桥乡

【概况】 花桥乡总面积45平方千米，下辖11个行政村，总人口9973人，总户数3339户。2019年，全乡接待游客21.28万人次。创建“红色塘波”国家AAA级旅游景区，以林坞口村为主的“花桥坎儿井”成为网红避暑胜地，每日避暑游客2000余人。引进黄金白茶种植项目，13.33公顷塘波白茶基地开工建设。金坞影视拍摄基地二期建设完成投资1000余万元。对接江西汇仁药业有限公司，达成公司保底统购意向，促进覆盆子种植的可持续发展。通过“优化结构、抱团合作”，引进农业经营主体，以“农业公司+种植户”模式，发展水果蔬菜种植大户13户，直接带动劳动用工115人，增收206万元。

全年对接26家企业，增加村干部来料加工经纪人8人，创建来料加工集聚点2处，发动从业人员700余人，其中妇女占比85%。11个村全部实现总收入和经营性收入双达标，其中总收入354.38万元，增长率16.66%，经营性收入143.56万元，外黄宅、里黄宅、花桥、前坞、光明5个村经营性收入超12万元。

建设里黄宅、外黄宅、前坞、花桥、马宅、下宅溪6个村的城乡统一供水工程，建设长畈、塘波、上陈3个村的单村饮用水提标达标工程，解决村民饮水难和饮水安全问题。全面创建“污水零直排区”，11个行政村完成农户雨污分流，“污水零直排区”创建工作通过县级验收。建设隔油池2座，修复终端渗水1处，清理终端淤积2处，污水终端完成初步移交。执行“日查周评月比”的垃圾分类监督机制，在乡机关实行“两定四分”垃圾分类模式，对最佳村、最差村颁发红、黄旗，垃圾分类工作常年位列全县前列。

推行农作物秸秆粉碎还田，巡查制止焚烧秸秆、垃圾210人次，劝导教育56人次，立案处罚1起。

开展农产品质量安全隐患排查行动，推广农业绿色防控技术，推广面积107.33公顷，全年减少不合理化肥用量11吨，化学农药用量0.1吨，抽取蔬菜、水果农药样品774份，检测合格率为100%。

花桥、里黄宅2个村通过县级美丽田园示范村验收，外黄宅、马宅、林坞口、长畈4个村通过县美丽田园达标村复评，其他行政村全域实现美丽田园标准化。外黄宅村、花桥村创建为“新时代美丽乡村”达标村，里黄宅村创建美丽乡村精品村。实施“一村万树”和“四边绿化”项目，提升绿化覆盖率，评定市级森林村庄1个、省级“一村万树”示范村1个，里黄宅村入选2020年度省级美丽宜居示范村创建试点。

全乡253户地质灾害避让搬迁户100%签约，完成涉及大坞村、金坞村等6个村计167户珠红区块的选房工作，兑现对搬迁户搬新房的承诺。开展“三房户”工作，审批解决无房户困难户14户，区块改造解决困难户23户，解决危房原拆原建78户。

投资80万元建成“吃、住、医、康、养”一体化省级示范型居家养老中心，第三方公司于2月开始运营，截至12月，有43位老人入住，入住率35%。送餐服务实现行政村全覆盖，同时向所有自然村延伸配送，全年增加2个自然村计9位老人，月平均就餐老人210人。投资20万元创建三星级“残疾人之家”，配备工疗室、心理咨询室、复建室，为残疾人提供生活照料、技能培训、康复训练、文体活动、辅助性就业、心理疏导和社会适应能力训练等服务。

创建市级“四好农村路”示范乡。4月，高塘停车场投入使用；5月，花桥公交首末站投入使用；6月，交通重点工程——外金线王纸坊段生命安防工程道路开通，工程投资1700万元；11月，东塘至花桥3千米路段“白改黑”建设完工，里黄宅至黄泥田岗道路路基铺设完工。盛田畈生态堰坝、里黄宅桥头挡墙等6个水利面上工程完工，实施百步塘水库除险加固。建设林坞口、长畈、源头3个村文化礼堂和农家书屋，各村文化礼堂开展文艺活动18场次。

完成2020年城乡居民医保征缴工作，基本医疗和大病保险两项征缴数均超过任务数。实施临时救助4批，累计131户计131人，全年增加低保户11人，救助金额12.8万元。实施残疾人两项补贴工作，对生活困难补贴132人计32万元，护理补贴188人计56万元。3月，设立乡级“民情民访代办站”和11个村级“民情民访代办点”，实行“红色代办员”每月上门走访联系制度，全年累计代办事项535件，其中处理民访类事项102件，全部完成访前办事。4月，建成“民情民访、心理咨询、律师服务、矛盾纠纷调解”为一体的外黄宅村“信访超市”。收到各类信访件27件，办结27件，办结率100%，回访满意率100%。创建“乡贤评理堂”工作机制，全年实施人民调解17件，化解2起积案，创建“四无乡镇”（无越级集体上访、无重复上访、无信访老户、无突发性群体事件）。建成乡法治公园，下宅溪村创建为市级民主法治村。9月，组织成立“党员周末服务团”，利用300余名党员干部一技之长，义务开展系列志愿关爱服务活动，解决“关键小事”60余件。成立民情民访代办员队伍，组建村级代办服务队和“跑小青”服务队，收集代办事项80件次，办结80件次，推行“一窗受理、集成服务”政务服务模式，受理“最多跑一次”事项9000余项，一窗受理云平台受理事项153项，代办员代办事项4000余项，群众满意率100%。

【中国共产党花桥乡第十四届代表大会第四次会议召开】 1月15日，召开中共花桥乡第十四届代表大会第四次会议。县组织部纪检监察组组长、部务会议成员张来根出席会议。全乡43名正式代表、14名列席代表参加会议。会议学习贯彻党的十九大精神和省市县党代会精神，总结2018年工作，明确2019年目标任务。

【视察、督查、调研】 2月19日，副县长刘勇带队对花桥乡开展道路安全、学校消防安全和食品安全检查。3月13日，县政协副主席盛丹平、县文化和广电旅游体育局副局长周平洋、县文物保护管理所所长张智强、副所长张宝仙一行到乡调研“历史建筑”修缮工作。4月19日，副县长陈子华率队到乡开展学校、卫生院安全建设综合检查。9月19日，县农村饮用水县级统管现场推进会在花桥乡召开，副县长虞红梅，县财政局、县卫生健康局、县水务局、市生态环境局浦江分局、县国资办、县水务集团、农村饮用水管护服务有限公司等单位负责人，全县15个乡镇（街道）负责人及水利员参加会议，全面落实县级统管工作，保障农村饮用水安全。10月18日，市应急管理局检查组到乡验收“党建+应急管理”示范乡镇创建工作。

花桥乡各行政村基本情况表

表18

村(社)名	户数（户）	人口（人）	耕地面积（公顷）	山林面积（公顷）
里黄宅村	450	1365	40.02	443.07
外黄宅村	291	794	22.80	63.80
花桥村	250	696	15.92	194.07
前坞村	276	766	25.69	275.73
马宅村	195	548	18.52	305.67
光明村	490	1520	36.01	885.73
下宅溪村	374	1148	26.00	384.27
塘波村	173	533	13.32	188.93
长畈村	220	691	11.34	306.13
林坞口村	144	502	6.06	254.53
源头村	476	1410	13.38	858.80
合计	3339	9973	229.06	4160.73

【座谈会、部署会】 2月5日，花桥乡11个行政村和乡政府分别召开乡贤新春恳谈会。乡级恳谈会上，乡党委书记金灵占简要介绍2018年花桥经济社会发展情况及重点工作开展情况，让乡贤全方位了解花桥发展现状。9月12日，乡召开“不忘初心、牢记使命”主题教育动员工作部署会。

【花桥乡第十五届人民代表大会第五次会议】 3月28日，在乡居家养老中心召开第十五届人民代表大会第五次会议。会议有44名正式代表和19名列席代表参加，选举吴伟钢为花桥乡人民政府乡长，并投票产生民生实事项目3项。

【民兵组织】 4月19日，花桥乡召开2019年度民兵整组点验暨出入队人员大会，乡全体基干民兵参加点验。县人武部军事科领导出席并指导点验大会。4月26日，金华市退役军人事务局局长范晓东、各县、市（区）退役军人事务局局长、副局长以及服务中心主任一行40余人，到乡参观指导退役军人服务站的试点建设。

金华市退役军人事务局局长范晓东（左二）参观乡退役军人服务站

【主题党日活动】 6月29日，花桥乡400余名党员齐聚花桥小学操场，开展“不忘初心、牢记使命”暨万名党员“永远跟党走”主题活动，纪念中国共产党成立98周年和新中国成立70周年，缅怀光辉历史，汲取砥砺奋进的精神力量。9月30日，县党政军领导程天云、虞振贤、郑文红、俞建辉、韦钟铺、张杰，以及部队官兵、烈属、老战士代表、军队离退休干部和各界群众代表等250余人，到乡里黄宅村烈士陵园，向人民英雄敬献花篮，缅怀英雄烈士不朽功绩，铭记传承英烈精神。

【中蜂养殖合作协议】 12月25日，花桥乡农村集体经济投资发展有限公司和国家“万人计划”专家吴黎明签署中蜂养殖合作协议。根据协议规定，双方开展蜂种选育繁育、饲养规模、养蜂培训、蜂蜜标准化生产技术推广、实施成果转化和培养蜂业技术人才等领域合作。

（潘咪咪）

虞宅乡

【概况】 虞宅乡面积56.95平方千米，下辖7个行政村，总户3114数户，人口9439人。财政总收入4825.02万元，其中财政公共预算收入2691.09万元，政府性基金预算财政拨款收入57.98万元，其他收入2075.95万元。

2019年，组织唯高茶叶、美女峰农场、亨通食品、丁香家庭农场等农业企业参加上海国际、森林博览会、华东农交会等农产品展览会，扶助美女峰农场通过农旅融合科技项目论证评审，美女峰家庭农场猕猴桃产品通过“绿色认证”，提高茜溪农副产品知名度。发展扶持山地蔬菜基地、农产品二维码追溯系统等5个现代农业项目。发展山蛙养殖基地1家，五味子设施栽培0.67公顷。创建张村和智丰村2个示范型益农信息服务社、高坑村和马岭村2个标准型益农信息服务社。完成800批次农产品质量安全抽检工作，确保“舌尖上”的安全。

创建马岭美丽田园示范村，智丰村等6个通过美丽田园达标复验工作；扶助虞宅村宝水盛家庭农场评为浙江省健康养殖示范农场；开展智丰村、虞宅村“一村万树”创建工作，指导验收66.67公顷森林抚育；建设高坑村、程丰村年度彩色健康林。开展森林防火宣传、防火培训、防火督查、火情调查处理工作和森林消防队伍重组工作，全年无森林火灾事故发生。组织19个自然村松材线虫病的调查工作，开展马岭脚古树群和新光村茜溪边的古树群的病虫害防治。

引进内资1.043亿元，浙商回归3639万元。投资270万元的程丰花创一条街项目、投资1.5亿元的下湾乡村精品酒店项目签约，投资5000万元的虞宅商贸综合体项目进入供地程序。引进浙江省兆瑞文化旅游发展有限公司，签订茜溪悠谷全域旅游合作协议，推动花谷田园精品酒店、新光三房四房、新光酒吧一条街、美女峰景区开发等项目协同开发，推动茜溪悠谷景区全线统一运营，打造乡村旅游2.0版本。

虞宅乡获评2019年度首批浙江省AAA景区镇、2019年省级乡村旅游产业集聚区。“茜溪悠谷轻度假区”被评为浙江省100个避暑气候胜地。中央电视台《对话》栏目对虞宅乡新光村水晶整治到乡村旅游转型之路进行专题报道。乡村民宿、农家乐床位增至1000张，餐位增至2000位，旅游接待能力提升。增加廿九间“恋爱花园”、玻璃桥栈道、“水幕彩虹”、“彩虹滑道”活动项目。十一黄金周期间，接待游客14.2万人次，实现旅游收入630万元。接待旅客126万人次，旅游收入6500万元。

推进2019年度全县“七个十”项目中涉及虞宅的重点项目：虞宅乡茜溪悠谷国家AAAA级旅游景区创建项目完成基础设施全线提升，通过省级暗访验收；虞宅“茜溪花谷”田园综合体项目和茜溪精品线整体提升项目完成年度任务。完成集镇范围的确权和17个村庄规划审批，对虞宅村主路进行路面硬化，创建茜溪AAA厕所。聘请保洁员29名，补购更换农户垃圾桶1600余套，建立村庄保洁制度，推行“每日查、每周评、每月改”和“红黄榜”垃圾分类长效管理机制，确保农村居住环境干净有序。整治清理违规“大棚房”8宗，拆除面积833.75平方米。启动危旧房排查整治，排查既有房屋3558户，合计排查面积61.71万平方米。虞宅村第三期旧村改造中，有213户计426间房屋安置到位。

处理秸秆焚烧事件15起，其中立案2起，罚款1000元。在县“蓝天保卫”工作领导小组办公室发布的空气质量通报中，虞宅乡以优质空气质量始终位居全县前列。开展土壤污染防治，鼓励使用有机肥和生物农药，减少化肥、农药、除草剂对土壤的污染。开展雨污分流、截污纳管、污水处理设施终端维护提升工作，建成污水终端处理设施8个，日处理能力约515吨，确保实现“零直排”。落实“河长制”，完善保洁制度和考核办法，强化河流管护。全域水质达Ⅲ类以上，其中壶源江虞宅段、茜溪水质达Ⅱ类，茜溪“美丽河湖”通过市级验收。

完成城乡居民医保缴纳工作，城乡基本医保参保7765人，大病医保参保6710人，双百分之百完成参保任务。发放临时救济款15.91万元，208户511名困难群众生活得到保障。大兴农田水利建设，改善农村水利基础设施。整治上张村河道，可有效灌溉下游2.67余公顷农田；投资200余万元，修复因“7·16”特大洪水灾害造成的水毁点；完成虞宅村等12个村的村内管网改造以及水表安装，保障农村饮用水安全。推进“无证明城市”改革，推出“一次都不用跑”便民服务，全乡设立1个民情民访代办服务站、7个代办点，配备22名代办员，全年共代办民情类事项3471件，民访类事项80件。

组织普法宣传活动，开展大型法治宣传活动28次，创建民主法治村示范带1条，省级民主法治村2个，宪法主题公园1个，宪法讲习所1个，实现全乡市级民主法治村全覆盖。开展“网格化管理，组团式服务”“虞宅新居民服务”和“社会矛盾大调解”三大行动，完善“领导包案”“五查六访”制度，组织驻村干部矛盾纠纷排查294次，排查矛盾纠纷28起，化解28起；全年初信初访11起全部化解；信访积案8起，化解6起；化解西塘村旧村改造房屋质量问题，全乡信访维稳形势总体平稳可控。

【调研考察】 2月28日，全省村镇建设工作暨农村住房建设试点工作现场会在虞宅乡新光村召开，省住建厅村镇住建处处长谢永明带领省市县各级领导到新光村考察传统村落保护、农房设计落地和农村生活污水处理等相关情况。

【中共虞宅乡第十五届代表大会】 12月26日，中共虞宅乡第十五届代表大会第五次会议召开。会议回顾总结2019年度工作开展情况，梳理2020年工作思路。县委组织部副部长、县招才局局长黄金泉通报虞宅乡党委委员变动情况。

【防汛救灾】 7月12日，全县面雨量42.2毫米，虞宅乡降水量86.4毫米，为各乡镇降水量最大，全乡3座水库、4座山塘均已出洪，受毁农田54.07公顷，全乡防汛形势严峻。虞宅乡立即启动防汛Ⅳ级应急响应，要求全体驻村干部、村主职干部到村内开展危旧房、山塘水库、溪边景点以及民宿、农家乐安全排查，由班子成员带队，逐一对各村汛情以及受灾情况进行巡查，及时处置安全隐患问题。

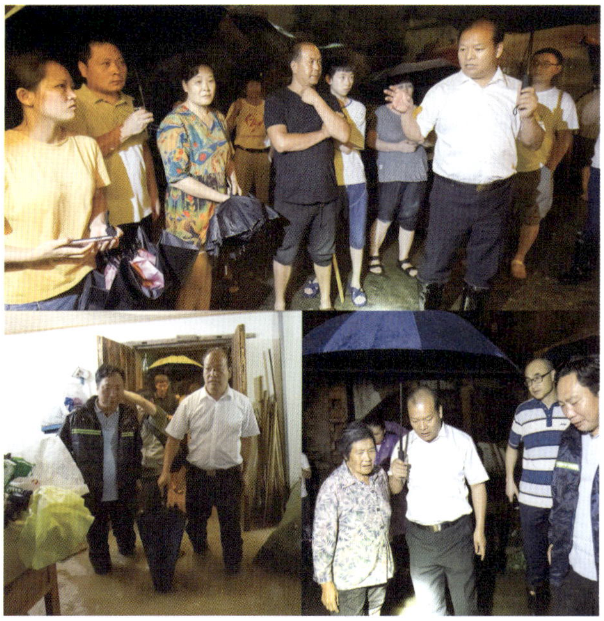

县委书记程天云（上图右一）查看各村汛情以及受灾情况组图

【第二届“诗意茜溪 为爱毅行”暨新中国成立70周年歌颂祖国合唱大赛】 5月19日，第二届“诗意茜溪 为爱毅行”暨新中国成立70周年歌颂祖国合唱大赛在前明西山村举办。合唱大赛有张村队、高坑队、虞宅队、前明队、新光队、智丰队、马岭队7支队伍组成，评出一等奖高坑队，二等奖马岭队、前明队，三等奖新光队、智丰队、虞宅队、张村队；毅行参加人数180余人次，评选出优秀奖7名，一等奖、二等奖、三等奖各1名。

【“中国好声音”】 4月20—21日，由浦江县文化和广电旅游体育局、虞宅乡人民政府承办的“中国好声音”全国海选浦江赛区在虞宅乡新光村举办。海选初赛有200余名选手参加竞演。现场邀请

虞宅乡各行政村基本情况表

表19

村(社)名	户数（户）	人口（人）	耕地面积（公顷）	山林面积（公顷）
马岭村	470	1456	47.73	1925.67
智丰村	402	1181	50.07	474.27
新光村	350	1015	41.20	691.27
前明村	598	1836	76.20	643.13
虞宅村	659	2215	62.80	405.73
高坑村	325	879	47.00	768.60
张村村	310	857	41.00	378.13
合　计	3114	9439	366.00	5286.80

省合唱协会会员、县文创协会副会长许俊，著名音乐评论家、资深声乐导师章辉，省流行音乐协会理事、县文创协会副会长、本届大赛总执行周凯等参加评选。大赛评选出前3名、10强以及最佳人气奖。

【全国大型诗歌公益活动】 4月25日，由中国诗歌学会、北大中国诗歌研究院主办的“我们与你在一起”第三届全国大型诗歌公益活动走进新光村，由中国诗歌协会会长黄怒波带领全国各地的80余位诗人嘉宾们进行诗歌采风活动。

（吴越佳）

大畈乡

【概况】 2019年，大畈乡总户数3052户，总人口8666人。实现工农业总产值0.3亿元，与2018年持

平。全乡财政总收入5338.60万元,其中一般公共预算财政拨款收入1854.22万元,政府性基金预算财政拨款收入73.49万元,其他收入3410.89万元。村集体经济总收入775.12万元,较2018年增长17%。

增加2户3.33公顷以上种粮大户,全乡种粮大户水稻种植面积33.3公顷。开展春、秋两季动物集中免疫行动,免疫生猪5000余头、家禽近5000只,免疫率均100%,开展非洲猪瘟防控工作。建设总投资108万元的长沟坞古道。开展松线虫病病死木清理及防治工作,全年清理病死木3000余吨。开展植树造林工作,在小姑源、清溪、上河等村种植黄连木、银杏等珍贵彩色树种1.2万余棵。

总投资111万元的深清源水厂管网延伸工程建设完工。建设蓄水池、阀门室各1座,铺设引水管道约5.3千米。建设总投资66万元的清溪村农村饮水提升工程,建有泵房、管理房,提升改造清溪村内给水管网。总投资75万元的清溪村村内给水管网改造工程建设完工,铺设管网约8千米。总投资80万元的中塘山塘综合整治工程建设完工,进行坝顶加固、坝坡修整、山塘防渗处理、溢洪道加固等。

对总投资约1800余万元的上河历史文化村落保护利用建设项目进行修复与改造。总投资1140万元的湃桥村美丽乡村财政奖补试点项目,立面改造和生态停车场已完成,古街修复、生态堰坝等工程正在施工中。清溪村红色教育基地烈士纪念广场建成并于11月28日举行揭幕仪式,成为市级首批研学基地,接待中小学生16700余名。建设上河"七彩鱼鳞坝"网红打卡点,暑假期间接待游客100万人次,实现旅游收入1200余万元。增加民宿6家,同比2018年增长40%。

增加最低生活保障8户,实施临时救助112人,发放救助资金11.2万元。受理困难群众危房改造申请4户,受理重度残疾人护理补贴、生活补贴32人。实现7个行政村集体经济总收入20万元以上、经营性收入10万元以上。大畈乡上河村茅坪头玻璃温室大棚项目通过验收并出租,每年可增收租金10万元。

【省村镇建设工作暨农村住房建设试点工作会议组考察上河】 2月27日,全省村镇建设工作暨农村住房建设试点工作会议组一行考察上河村,省住建厅村镇住建处处长谢永明率省、市、县(市、区)相关领导、各相关单位负责人共100余人,指导大畈乡省级美丽宜居乡村建设工作。

省住建厅村镇住建处处长谢永明参观上河村

【考察调研】 1月22日,市委常委、统战部长、秘书长郑余良,市委改革办副主任鲍江鸿一行调研考察大畈乡上河村,慰问上河村困难群众和困难党员。3月14日,水利部农村水利水电司副司长张向群一行考察上河村。4月23日,全国农村水利水电工作会议组成员考察上河美丽乡村建设情况,参观诗人小镇、广安桥、七进大方伯等。8月21日,省人大常委会副主任史济锡调研上河乡村振兴、全域旅游等工作。9月17日,金华市委常委、军分区政委王振勇到大畈调研武装征兵、民兵整组、退役军人事务等工作。

市委常委、统战部长、秘书长郑余良（右三）调研考察大畈乡上河村

水利部农村水利水电司副司长张向群（左一）考察上河村

全国农村水利水电工作会议组成员考察上河美丽乡村建设

省人大常委会副主任史济锡（右一）调研上河村

金华市委常委、军分区政委王振勇（左一）到大畈调研

【第二届"浦江乱弹"戏迷好声音】 2月16日，由县文广旅体局、县文联、大畈乡政府主办，县文化馆、县戏曲家协会、浦江乱弹艺术团、大畈乡文化站承办的第二届"浦江乱弹"戏迷好声音总决赛在大畈乡上河村举办，20位选手参加，最终决出冠军1名、亚军3名、季军6名。

"浦江乱弹"戏迷好声音获奖选手

【浦江县开茶节】 3月29日，由县政府主办，县农业农村局、县大畈乡政府、县茶文化研究会承办，县上河旅游开发有限公司协办的2019浦江县开茶节在大畈乡上河村召开。本届开茶节主题为"踏青品茗，秀美乡村"，有茶艺表演、瑜伽表演、旗袍表演、茶叶采摘等活动。

【全球华语诗歌大赛颁奖仪式】 4月25日，由中国诗歌学会、北京大学中国诗歌研究院、浦江县人民政府主办的第三届"我们与你在一起"全国诗歌公益活动、第二届"万年浦江·千年月泉"全球华语诗歌大赛颁奖仪式、第二届"夏青杯"朗诵文本大赛启动仪式在上河村举办，中国诗歌学会会长黄怒波、中国诗歌学会副秘书长木汀、"夏青杯"全国朗诵大赛组委会秘书长特使杨恕、浙江省作协副主席褚佩荣等参加。活动发布《2018中国诗歌年度报告》；举行《"我们与你在一起"公益好诗歌作品集》《脊梁·全球华语诗歌大赛作品集》首发式；公布"我们与你在一起"第三届全国大型诗歌公益活动13首获奖作品，其中金奖3首，银奖10首；公布第二届"万年浦江·千年月泉"全球华语诗歌大赛39首获奖作品，其中金奖1首，银奖9首，铜奖29首。

【革命烈士纪念碑揭幕】 11月28日，清溪村革命烈士纪念碑揭幕，革命烈士纪念碑高11.28米，正面镌刻"革命烈士永垂不朽"八个大字，为纪念1949年在剿匪反霸斗争中牺牲的浦江县首任公安局局长冯福荣及民政科科长刘元祥而建。

革命烈士纪念碑揭幕仪式

【海母口道路拓宽工程】 4月，总投资300万元的大畈乡小姑源村海母口道路拓宽改造项目启动。工程全长424米，将原3米宽道路拓宽至6米，工程涉及22户农户征地，18户农户房屋拆除。截至12月，完成平基等基础、完成路面铺设等工作。

大畈乡各行政村基本情况表

表20

村(社)名	户数(户)	人口(人)	耕地面积(公顷)	山林面积(公顷)
清溪村	562	1533	129.00	660.00
建明村	411	1170	55.00	440.00
夏明村	425	1191	88.00	653.00
上河村	466	1359	63.00	733.00
湃桥村	435	1298	82.00	1226.00
大姑源村	303	840	37.00	1703.00
小姑源村	450	1275	66.00	1920.00
合计	3052	8666	520.00	7335.00

【示范性居家养老中心项目】 8月,总投资70万元的清溪村示范型居家养老服务中心投入使用。居家养老占地面积700平方米,设有食堂、盥洗室、老年人康复活动中心、休息室等,集助餐、生活、康复、托养、家庭支持、社会工作和社会辅导、康复辅助器具租赁七大功能服务于一体,可满足300~400人的配送餐需求。

清溪村养老服务中心

【第二届中国“双十佳”当代诗人颁奖典礼】 5月23日,由《当代诗人》杂志社与县文学艺术界联合会、大畈乡人民政府主办的当代诗人走进“中国诗人小镇”采风暨第二届中国“双十佳”当代诗人颁奖典礼在上河村举办。全国各地近40名诗人参加,《当代诗人》杂志社主编毕福堂为“十佳当代诗人”和“十佳当代潜力诗人”宣读颁奖词并颁发了奖杯。

“双十佳”当代诗人

(傅　帆)

中余乡

【概况】 中余乡总面积43.66平方千米,下辖8个行政村,4220户,人口12111人。坚持“农业一颗桃、工业一把锁、旅游一条线”的发展思路,提升经济发展。

耕地面积340公顷,山林面积3600公顷。主要经济作物有毛竹、黄桃、油茶、香榧等,其中中余黄桃产业被列入乡重点扶持项目。设有中心小学1所,幼儿园1所,邮政、信用社、卫生院、超市等配套设施齐全。

乡域拥有锁具集聚区1个,容纳企业34家。围绕“发展实体经济”目标，以招商引资、项目建设、经济运行为中心，以产业集聚为导向，以“三服务”活动为载体，引导企业树立信心。2019年，实现工业总产值6.3亿元，出口交货值3.95亿元，固定资产投资2818万元，其中工业投资1558万元，外贸出口72.68万美元，引进内资1.0063亿元，引进外资100万美元，省外产业项目到位资金1410万元。

创建省A级景区村庄——方家村、省AA级景区村庄——蒲阳村；冷坞花谷景区多次举办桃花节与黄桃采摘活动，接待游客19万人次，旅游收入80万元；坪上云居等11家民宿被评为标准民宿，全年接待住宿游客3000余人，收入20万元。全乡实现“全域旅游”，接待游客6万人次。中余黄桃、麻糍、茶叶、番薯粉丝等农产品畅销，带动村级集体经济的发展和村民增收。

全年多次开展组织什锦班、旗袍秀、茶道、舞蹈、歌咏比赛等文体活动和乡村文化艺术节活动。春节期间，开展免费送春联4次，组织文艺演出、舞龙灯等传统民俗表演。

全乡整治抛荒田面积10公顷。7个村通过美丽田园达标村复审，冷坞村通过美丽田园示范村验收。向各村发放紫云英种子1500千克撒播于整治后的抛荒田。建设农产品追溯体系2个，检测样品754份，检测结果均合格。全年申请有机肥456.5吨，其中水果协会22户申请197.5吨，黄桃种植户19户申请259吨。

中余乡全景

中余村西湖里补植造林9.4公顷，高桥村市级森林村庄建设，蒲阳、雅湖畈、冷坞3个村“一村万树”推进村建设工作。张贴森林防火宣传标语200余张，挂横幅20余条，组织森林消防队应急待命，防火巡查，各村设卡设点，全年无森林火灾发生。对全乡2060.4公顷788个小班的松林进行春秋两季松材线虫病和松毛的调查，松材线虫病病木的清理。

【走访调研】 6月1日，县委副书记、县长俞佩芬带领副县长赵仕党、县府办、县经济商务局、县自然资源和规划局、县建设局、县挂锁整治提升指挥部到中余乡开展“三服务”活动，调研西部挂锁集聚园区建设、园区企业发展等工作。7月14日，县委书记程天云到中余乡走访企业开展“零距离、面对面、心连心”三服务活动。

县委书记程天云(右二)在园区了解企业情况

县长俞佩芬(右二)进企业开展“三服务”活动

【服务民生】 29个农村饮用水工程单村供水点、1个联片集中供水点实行专业托管，35个自然村全面推行水资源有偿使用。加强卫生服务工作，县、乡医务人员下乡就诊260余次，为偏远山村群众提供免费送医、送药上门，实现家庭医生签约服务全覆盖，满意度95%。

【环境整治】 清理各类垃圾2.3万立方米，治理小微水体213处，清洁田园55公顷，8个行政村均创建美丽田园达标村。创建美丽庭院120户，美丽菜园30处；拆除违章建筑7处，近1000平方米；开展比学赶超治水督查活动，完成问题整改36处。整治污水直排点10余个，企业雨污分流率100%，实现“晴天无排水、雨天无污水”的创建目标，完成污水零直排区创建工作。

【招商引资】 引进投资3000万美元的中草药生态立体种植与研发项目，到位外资100万美元。投资方为兴悦国际投资有限公司，主要用于租用方家、中余、五星等村近333.33公顷山林土地，建立红豆杉种植基地约53.33公顷，林下套种黄精、金线莲等中草药53.33公顷，利用方家富白坪自然村建设用地面积约0.5公顷，新建红豆杉研发楼与配套专家楼。引进投资2000万元的黄桃、番薯、竹笋等农产品加工企业，投资方为杭州天华食品机械有限公司，项目占地面积约0.47公顷，厂房面积3000平方米，其中大型生产车间2个，办公楼一幢，项目总投资2000万元。引进浦江县洪云农旅生态园开发项目，投资方为海南国升投资有限公司，总投资1亿元，利用闲置荒山地，开发种养结合生态循环农业项目，占地70.33公顷，其中林地面积43.33公顷，水库面积6.67公顷，农牧养殖及果蔬基地20余公顷及配套设施，开发民宿、生态农业观光等，打造金塘隐庐农业生态观光园。

【基层治理】 开展民情民访代办制，深化“最多跑一次”改革向基层延伸，坚持每周二下村办公，健全“4+2”连心服务团机制，推动基层治理。排查、化解矛盾纠纷197件，初信初访件办结19件，其中签订息访承诺书8件，解决历史疑难件2件，历史遗留件1件，国家交办件1件，市级督办件1件，县领导包案2件。全年无进京赴省非访人员，无涉黑涉恶案件，社会秩序稳定，获县2019年度信访工作先进单位称号。

中余乡获2019年度信访工作先进单位

【浦江中余黄桃】 中余乡各村通过整治抛荒田，加快土地流转，以黄桃为代表的农业产业快速发展，组织开展黄桃种植技术培训4批、300余人次，培养农业技术骨干30余人。浦江中余黄桃是中余乡地方特色农产品，从2011年开始种植。因黄桃种植在海拔高的深山，早晚温差大、日照时间长，充分吸收负氧离子，以山区独特的气候、土壤等条件，利用山泉水灌溉、农家肥栽培。每年6—9月，浦江中余黄桃相继成熟，生长的黄桃以其“个大、形正、色艳、肉脆、味甜、香浓、生态”等特点而走俏市场。2015年开始全乡黄桃种植态势高涨。2016年，新增黄桃种植面积26.67公顷，并突破66.67公顷。2018年新增53.33公顷，2019年新增33.33公顷，全乡黄桃产量1500吨，总产值1200余万元。据统计，全乡黄桃种植面积166.67公顷，主要集中在中余、冷坞、三十六岗等处。2018年，在浙江精品果蔬展销会上获“浙江精品果蔬展销会优质奖”；被农业部农产品质量安全中心认定为“无公害农产品”。通过近几年的发展，在浦江县中余乡形成了独具特色的黄桃产业基地。浦江中余黄桃已经成为中余农业的一块“金品牌”、一个带动山区农民增收致富的富民产业。

【社会保障】 解决无房户29户，完成市、县两级危旧房治理36户，对28户51间危旧房原拆原建进行备案管理，推进方家富白坪自然村下山脱贫工作。对29个农村饮用水工程单村供水点、1个联片集中供水点实行专业托管，在35个自然村全面推行水资源有偿使用。实现城乡居民基本医疗保险、大病医疗保险全覆盖，家庭医生签约服务全覆盖，居家养老照料中心一日三餐和送餐上门全覆盖。

【黄桃产业农合联成立】 3月31日，举行浦江县黄桃产业农民合作经济组织联合会成立大会。会议通过黄桃产业农合联《章程》，选举产生第一届理事会、监事会理事长贾银海；中余乡政府与深加工企业签订黄桃购销协议，黄桃产业农合联与浦江浙农农业科技服务有限公司签订服务协议。

【朱有森团队登上“浦江好人”榜】 11月5日，朱有森团队登上“浦江好人”榜。团队由坪上村在外地经商、办企业的乡贤马良海、马良挺、马才荣、马海峰、马良伟、朱有森等人组成。团队对该村进行旧村改造规划，对生活有困难的家庭提供帮助，为村民联系提供成本价的砖块、混凝土等建筑材料。坪上村已建有36幢计84间新房，全村饮用山泉水入户，接通地下污水管网，铺设地下电网。

中余乡各行政村基本情况表

表21

村(社)名	户数(户)	人口(人)	耕地面积(公顷)	山林面积(公顷)
普丰村	437	1166	14.30	316.70
蒲阳村	686	1921	83.60	302.30
方家村	439	1273	32.70	286.70
中余村	824	2650	86.70	706.70
五星村	397	1114	35.67	272.90
高桥村	386	1037	100.00	333.30
雅湖畈村	787	2182	89.20	435.60
冷坞村	264	768	34.90	474.00
合计	4220	12111	477.07	3128.20

（傅靓靓　杨珊珊）

2019年浦江县国民经济和社会发展统计公报

2019年，全县全面落实省委“八八战略再深化、改革开放再出发”决策部署，紧盯打赢“12365”实体经济翻身战，出实招、解难题、补短板、促发展，精准发力、砥砺前行，加快实现浦江经济社会高质量发展。

一、综合

初步核算，2019年全县实现生产总值(GDP)230.16亿元，按可比价计算，比2018年增长6.4%。其中，第一产业增加值10.26亿元，增长0.8%；第二产业增加值97.69亿元，增长7.6%；第三产业增加值122.20亿元，增长5.8%。

按常住人口计算，全县人均地区生产总值达到54605元，比2018年增长6.3%，按当年美元平均汇率折算7916美元。

二、农业和农村建设

全年实现农林牧渔业增加值10.5亿元，同比增长1.0%。其中，农业增加值8.5亿元，增长1.2%；林业增加值0.2亿元，增长2.4%；牧业增加值1.2亿元，下降3.6%；渔业增加值0.2亿元，增长3.9%；农林牧渔服务业增加值0.2亿元，增长12.8%。

全县农作物播种面积14727公顷，同比下降2.5%，其中粮食播种面积4562公顷，总产量2.1万吨；蔬菜(含菜用瓜)播种面积4571公顷，产量9.9万吨；药材播种面积68公顷，产量0.03万吨；果用瓜播种面积1071公顷，产量2.1万吨。

全县肉类总产量0.9万吨，其中猪肉0.8万吨。全年生猪出栏9.71万头；家禽出栏14.55万只；水产品产量0.4万吨。

全年创建省级森林城镇2个、山地蔬菜示范点3个、专业村2个、星级村27个，提升村口景观20个，获评省级农业绿色发展先行县，评选乡风文明示范村189个。全县建设高标准农田1067公顷，增加葡萄出口基地2家，创建山地蔬菜示范点3个、专业村2个，获评省级农业绿色发展先行县，浦江葡萄农产品区域公用品牌获评入选全国百强，黄宅镇被评为全国“一村一品”示范村镇和省级特色农业强镇，横山葡萄园、靓松农场获评“中国最美葡萄园”。

消薄质量不断提升，完成省财政扶持项目14个，所有行政村达到总收入超过20万元且经营性收入超过10万元的标准，低收入农户人均可支配收入为10907元，增长11.9%。农民住房得到改善，白马、檀溪集聚安置启动试点，解决无房户、缺房户490户，改造危房户620户，获评省农村住房建设试点县。

三、工业和建筑业

规模以上工业增加值31.1亿元，增长8.7%。其中，轻工业21.03亿元，下降3.1%；重工业10.12亿元，增长18.2%。

全年战略性新兴产业增加值0.48亿元，增长10.2%，快于规模以上工业增加值增速1.5个百分点，占规模以上工业增加值比重为1.5%；高新技术产业增加值8.55亿元，增长19.1%，快于规模以上工业增加值增速10.4个百分点，占规模以上工业增加值比重为27.4%；装备制造业增加值8.22亿元，增长18.6%，占规模以上工业增加值比重为26.4%。实现规模以上工业数字经济核心产业增加值1.63亿元，同比增长41.1%。

全县40家资质以内建筑业法人单位完成建筑业总产值55.1亿元，同比增长2.3%；建筑房屋施工面积424.0万平方米，房屋竣工面积148.7万平方米。

四、固定资产投资和房地产业

全年固定资产投资比2018年增长9.9%。四大重点领域投资增速三升一降，其中民间投资同比增长117.8%，交通运输投资同比下降64.2%；生态保护和公共设施投资同比增长5.4%，高新技术产业投资同比增长70.3%。

全年房地产开发投资23.9亿元，同比下降36.8%，房地产销售面积24.9万平方米，同比下降10.0%。

五、国内外贸易

全年社会消费品零售总额124.8亿元，同比增长8.9%。其中，乡村市场零售额33.4亿元，同比增长7.0%；城镇市场零售额91.4亿元，同比增长6.7%，乡村市场零售额增速快于城镇市场0.3个百分点。按消费类型分，餐饮收入11.2亿元，增长17.8%；商品零售113.6亿元，增长8.1%。

全年实现国内网络零售额135.5亿元，同比增长16.1%，跨境电子商务跨境小包业务量4045万件，同比增长9.0%。有各类网店15000余家，其中活跃经营主体8000余家。

全年实现进出口总额64.9亿元，同比增长9.3%。其中，进口总额3.7亿元，同比下降20.7%，出口总额61.2亿元，同比增长11.9%。从出口分行业看，绗缝业12.6亿元，下降5.9%；服装业10.2亿元，增长29.6%；锁业3.9亿元，下降2.2%；水晶业3.4亿元，增长49.3%。

六、财政和金融

全年财政总收入29.00亿元，同比下降2.5%。一般公共预算收入19.28亿元，同比增长0.8%，其中税收收入15.66亿元，同比下降5.4%；非税收入3.6亿元，同比增长38.5%。一般公共预算支出39.9亿元，同比增长3.6%，其中“八项支出”30.16亿元，同比增长10.1%。

年末全县金融机构存款余额422.72亿元，同比增长14.7%，其中住户存款295.1亿元，增长13.7%；非金融企业存款60.4亿元，增长27.0%；政府存款66.6亿元，增长9.5%。金融机构贷款余额340.68亿元，同比增长9.4%，其中住户贷款172.5亿元，增长7.2%；非金融企业与机关团体贷款168.1亿元，增长11.9%。

七、交通和旅游

浦江与义乌境内高速实现客车免费通行。全年修复人行道2.7万平方米，完成浦南大道南苑小学段建设、环城东路改造、和平北路改造和锁具大道北延主体工程，增加停车位1549个，完成城乡一体化供水管网延伸21千米、单村提升和村内管网改造20个村，建成“山上浦江·美丽交通环”16.1千米。打造旅游美丽公路环4条、绿色生态公路2条；建设港湾式停靠站35个、新建改造公交候车棚50个，浦义城际快速公交黄宅站点投入使用；启用乡镇交通运输服务站10个，建立村级物流点50个；完成新能源公交车采购，实现全域绿色公交。

2019年，浦江县获评“中国最美乡村旅游目的地”，创建茜溪悠谷AAAA级景区和红色塘波AAA级景区，虞宅——大畈获评省乡村旅游产业集聚区，“诗人小镇”田园获评省“最美田园”，创建A级景区村庄39个、省森林城镇2个、国家森林村庄5个。文旅资源有效融合，打造美丽乡村、诗画浦江、禅修文化、悠然古村、美丽县城5条旅游精品线，涌现上河、薛家等一批网红村。

八、教育和文化

年末全县有各类学校49所(不含技工学校)，在校生7.45万人，教职工0.57万人。其中，小学28所，在校生3.09万人；初中14所，在校生1.65万人；普通高中6所，在校生0.65万人；职业高中1所，在校生0.62万人；特殊教育学校1所，在校生49人；幼儿园73所，在校生1.44万人。

教育基础进一步夯实，2019年出台教育现代化十大行动方案和民营企业相关人员子女招生指引办法，黄宅镇中心幼儿园、翠湖幼儿园、南苑小学、岩头镇中心小学、虞宅中心小学建成投用，浦阳一小分校区、岩头初中、月泉幼儿园等7所学校开工建设，举办浦江中学、中山中学建校80周年庆典活动，高考一段线上线人数再创新高。

县融媒体中心投入使用，完成15个小康体育村提升和体育馆一期工程，公共文化服务标准化建设通过省级验收，举办第12届中国书画节等活动。江南第一家入选首批省级中小学生研学实践教育基地。34幢历史建筑、县非遗馆、月泉书院遗址公园一期完成修缮，杭坪获评省非遗主题小镇和省民间文化艺术之乡。建设潘周家、古塘历史文化村落，获评省传统建筑认定试点县。举办“中国·多彩非遗新浦江”全国摄影采风、“诗画浦江”乡村旅游节以及7场大型体育赛事。组织文化走亲4次、展览24场，上山文化宣传巡展5场，送文化进社区进农村4次，开展拥军活动1场，非遗进景区10场，送戏下乡100场，送电影下乡(学校)3900场，优化整合文化场馆，完成图书馆总馆、各分馆RFID信息项目建设，水晶园区分馆建成投用。

九、环境和卫生

全年建立环境空气监测站16座，增加新能源公交车、出租车60辆，空气优良率94.2%，列全市第三位。兆丰、河山、桐坞岭三处堆场完成水晶固废清运、覆土，全面推行城镇垃圾分类“两定四分”模式，获评全省生活垃圾分类工作优秀县。4座污水处理厂清洁排放技术改造完成，小黄坛垃圾焚烧发电项目主厂房建设完成。浦江——义乌供水工程全线通水，第五次捧得全省治水最高奖“大禹鼎”，荣获第十届中华环境优秀奖，生态环境质量公众满意度位居全省第二位，国家级卫生乡镇实现全覆盖。完成15个农村生活污水提标项目和17个社区雨污分流工程建设，修复污水管网7.7千米，疏通排水管网292千米，浦阳江上仙屋出境断面水质均值稳定达到地表水Ⅲ类，壶源江出境断面水质稳定达到地表水Ⅱ类。浦阳江、茜溪获评省级美丽河湖，浦江县入选省首批河湖标准化管理县。

全县有医疗卫生机构353家，其中医院11家。全县有床位2377张，卫生技术人员3279人，其中执业医师1041人，执业(助理)医师227人，注册护士1304人。2019年，组建以县人民医院和县中医院为牵头医院，16家乡镇(街道)卫生院为成员单位的2

家医共体，县域五大医疗共享中心建设工作全面实施。

通过省"无欠薪"县考核验收，城镇登记失业率1.9%，基本养老保险参保率96.4%，基本医保参保率99.6%，新建示范型居家养老服务中心6家、残疾人之家14所，全省首家关爱退役军人协会成立。

十、人口和收入

年末全县常住人口42.05万人，比2018年减少0.2万人。城镇化率61.9%，比2018年提高0.3个百分点，年末户籍总人口40.18万人。

据城乡住户抽样调查，全年常住居民人均可支配收入38018元，比2018年增长8.4%。分城乡看，城镇常住居民人均可支配收入为48326元，增长8.0%；农村常住居民人均可支配收入为23306元，增长8.5%。全体居民从收入来源看，人均工资性收入22588元，增长9.0%；人均经营性净收入7803元，增长7.3%；人均财产性净收入5263元，增长7.3%；人均转移性净收入2364元，增长9.7%。全体居民人均生活消费支出23359元，增长5.5%，其中城镇常住居民人均生活消费支出29016元，增长5.0%；农村常住居民人均生活消费支出15285元，增长5.9%。

浦江县统计局

注：

1、本公报所列各项数据为年度初步统计数据，部分数据因四舍五入的原因，存在与分项合计不等的情况。

2、本公报所列地区生产总值、各产业增加值按现价计算，增长速度按可比价计算。

3、自2013年开始，国家统计局实施城乡一体化住户调查改革，统一城乡居民收入名称、分类和统计标准。以此为背景，计算新口径浦江县全体居民人均可支配收入以及分城乡常住居民人均可支配收入。

4、人口数为公安部门统计年报数，部分指标数据由相关单位提供。

荣誉浦江

2019年度浦江县荣获上级表彰的重要荣誉

1.浦江县连续13年被评为平安县，荣获“平安金鼎”

2.浦江县捧获2018年度浙江省五水共治“大禹鼎银鼎”

3.浦江县被评为首批浙江省全域旅游示范县

4.浦江县被评为“双拥模范县城”

5.浦江县获评第十届“中华环境优秀奖(城镇环境类)”

6.浦江县被评为“七五”普法中期先进集体

7.浦江县被评为全国县域数字农业农村发展水平评价先进县

8.浦江县被授予“中国绗缝家纺名城”称号

9.县水晶产业园区获评长三角G60科创走廊工业互联网标杆园区

10.浦江县“生态环境质量”公众满意度位居全省第二

11.浦江县成功创建浙江省食品安全县，食品安全群众满意度位列全省第五

12.浦江县被列入第一批部省共建乡村振兴示范省先行创建单位

13.浦江县被评为2019年度“零进京扰序县”“无信访积案县”

14.浦江县被评为全省垃圾分类工作优秀单位

15.浦江县被评为全省四边三化行动优秀县

16.浦江县被评为全省小城镇环境综合整治工作优秀单位

17. 浦江县被评为浙江省农业水价综合改革示范县

18. 浦江县完成浙江省基本公共文化服务标准县创建

19. 浦江县营商环境便利度排名全市第三

20. 县水晶产业园区被评为2019年度国家级小型企业创业创新示范基地

21. 县人民调解委员会被评为坚持发展“枫桥经验”实现矛盾不上交试点工作表现突出集体

22. 县工商联被评为2018—2019年度全国“五好”工商联

23. 民进浦江总支荣获“民进全国组织先进基层组织”称号

24. 民革浦江县支部荣获民革中央表彰“民革全国示范支部”

25. 郑宅镇被评为全国乡村治理示范乡镇

26. 黄宅镇被评为全国第九批“一村一品”示范村镇

27. 县综合行政执法局被评为全省小城镇环境综合整治工作突出贡献集体

2019年度纳税百强企业名单

排名	企业名称	法定代表人
	纳税十强（10家，纳税额23331万～2762万元）	
1	浙江圣奥浦诚房地产有限公司	陈珍玲
2	浙江浦江农村商业银行股份有限公司	李九良
3	金华名宇建设有限公司	叶洪兴
4	金华万洋众创城开发有限公司	王宽全
5	国网浙江浦江县供电有限公司	王光增
6	浙江赞宇新材有限公司	方银军
7	浙江玺欣资产管理有限公司	陈　玺
8	浦江县国有资产经营集团有限公司	朱顺贤
9	浦江绿谷置业有限公司	王进坚
10	恒昌集团有限公司	徐鸣鹤
	纳税三十强（20家，纳税额2734万～962万元）	
11	金华市烟草公司浦江分公司	于银锋
12	浦江碧桂园房地产开发有限公司	欧阳宝坤
13	浦江县交通集团有限公司	潘兴虎
14	浙江万固房地产开发有限公司	钟红灿
15	浦江凯瑞生物科技股份有限公司	黄倩雯
16	金华新城亿佳房地产开发有限公司	唐云龙
17	浦江蓝城置业有限公司	赵　辉
18	浦江新厦锦绣兰庭置业有限公司	蒋靖豪
19	浦江三思光电技术有限公司	陈必寿
20	浙江浦江梅花锁业集团有限公司	郑隆喜
21	浙江百川导体技术股份有限公司	张荣良
22	浦江万固建筑材料有限公司	金建军
23	中国农业银行股份有限公司浦江县支行	楼　丹
24	浙江顺宇混凝土有限公司	于荷钗
25	浙江万赛汽车零部件股份有限公司	傅文锋

续表

排名	企 业 名 称	法定代表人
26	浙江丰安齿轮股份有限公司	黄健民
27	浙江省浦江高峰管道燃气有限公司	龚益平
28	浙江浦江伯虎链条股份有限公司	郑小根
29	浙商银行股份有限公司金华浦江支行	何恃俊
30	浙江亚特新材料股份有限公司	刘劲松
纳税五十强（20家，纳税额912万～537万元）		
31	浙江省一建建设集团有限公司	崔　峻
32	浙江圣格袜业有限公司	王贤民
33	浙江浦江永在商品混凝土有限公司	楼永财
34	中国建设银行股份有限公司浦江支行	李　英
35	浙江元耀建设有限公司	郑添祥
36	浦江县兰塘废纸回收有限公司	严明甫
37	浦江县三阳工贸有限公司	周国昌
38	浦江水务集团有限公司	陈兴光
39	浦江盛宏纸业有限公司	王炉明
40	中国银行股份有限公司浦江县支行	吴淑妹
41	浦江县建设集团有限公司	张银洋
42	中信证券股份有限公司浦江恒昌财富广场证券营业部	李　雯
43	浙江省交通投资集团有限公司杭金衢分公司浦江管理处	金卓华
44	中国工商银行股份有限公司浦江支行	王国阳
45	浦江南园投资发展有限公司	蒋靖豪
46	万洋集团有限公司	苏孝忠
47	浙江宝田环境建设有限公司	吴添财
48	浦江百丽工艺有限公司	张惠珍
49	浙江一步鞋业有限公司	于柳英
50	浙江浦江腾辉建设工程有限公司	楼东辉
纳税百强（50家，纳税额534万～268万元）		
51	浦江欧妮雅化妆品有限公司	黄精钢
52	浦江创嘉工艺有限公司	傅旭龙
53	浙江亚华工贸有限公司	郑风平

续表

排名	企 业 名 称	法定代表人
54	浦江求精五金工具有限公司	何德环
55	浙江省浦江天河工艺有限公司	张正英
56	浦江义门建设有限公司	郑贤庆
57	浙江浦江圣美纺织品有限公司	陈群珍
58	浙江省浦江天顺建筑工程有限公司	郑伟成
59	浦江宏盛工艺有限公司	楼柏城
60	浙江前方复合材料有限公司	朱献明
61	浦江亿通塑胶电子有限公司	毛丛敏
62	浙江饰然工贸有限公司	金乒震
63	金华银行股份有限公司浦江支行	徐西昊
64	浙江省三建建设集团有限公司	曹 伟
65	浙江汉旗建设有限公司	童兴联
66	浙江金垒锁具制造有限公司	周美仁
67	浙江华天机械有限公司	高建成
68	浦江富春紫光水务有限公司	吴黎明
69	浦江万银小额贷款有限公司	张 潇
70	浦江宏城园林建设有限公司	吴旭东
71	浦江浙农农副产品市场开发有限公司	姚卫民
72	浙江浦江信得利有限公司	朱建生
73	浙江浦江三建工具有限公司	傅建卫
74	浦江丰之星汽车销售服务有限公司	叶卫强
75	浙江百马锁业有限公司	黄晓芳
76	浦江康佳工艺品有限公司	童群仙
77	浦江县风顺加油站有限公司	黄定云
78	浙江省浦江永创建设工程有限公司	陈丰伟
79	浙江省浦江宏达有限公司	张必球
80	浙江三和塑料有限公司	吴中心
81	前方集团有限公司	陈小平
82	浙江省浦江县万博有限公司	张 潇
83	浦江美阳家纺有限公司	洪青苗

续表

排名	企 业 名 称	法定代表人
84	浦江德工精密机械有限公司	张秀蓉
85	浦江中宝机械有限公司	张思聪
86	浦江县文化旅游集团有限公司	黄向东
87	浦江卓尔雅化妆用具有限公司	李创奇
88	浙江海创建设有限公司	洪建荣
89	浙江浦江天祥工艺有限公司	余遵木
90	浙江天晨胶业股份有限公司	周红伟
91	浦江奥发水晶饰品有限公司	刘衍明
92	浦江童辉鞋业有限公司	陈玲珑
93	浦江丰收包装有限公司	黄斌斌
94	浙江稠州商业银行股份有限公司浦江支行	吴　建
95	浙江浦江中星有限公司	朱雪彪
96	浙江浦江裕恒五金制品有限公司	朱耀清
97	浙江派对动漫文化有限公司	陈　隆
98	浙江天利建设劳务有限公司	俞国富
99	浙江宏峰建筑安装工程有限公司	金鲜艳
100	浦江县丰源家纺有限公司	宋夏英

2019年度纳税优胜企业名单

排名	企 业 名 称	法定代表人
	（100家，纳税额267万～154万元）	
1	浙江浦江丰途工贸有限公司	张晋军
2	浦江经济开发区恒大染色厂	杨樟海
3	烟台三环锁业集团浦江有限公司	郝大海
4	浦江恒远工贸有限公司	黄伟喜
5	浙江浦江靖恒电机有限公司	洪林峰
6	浙江一正文化用品有限公司	徐亮志
7	浙江竣达环境建设有限公司	吴书川
8	浦江英特药业有限公司	杜初晴
9	浦江海迪家纺有限公司	于红伟
10	浦江特种染整有限公司	刘荣林
11	浙江邦德染整有限公司	黄红灯
12	浦江一百岁置业有限公司	郑 天
13	浙江浦江雷力仕锁业有限公司	郑红坡
14	浦江县金利工艺有限公司	柳遵志
15	浙江晟大建设有限公司	张青松
16	浙江兰塘纸业有限公司	严明甫
17	浙江省浦江吴氏锁业有限公司	吴兴桥
18	浦江贝康纺织工艺品有限公司	虞宣清
19	浦江越成袜业有限公司	张 宏
20	浦江赛尔工艺有限公司	杨海英
21	浦江县金宝服饰有限公司	郑美根
22	中国邮政储蓄银行股份有限公司浦江县支行	方 芳
23	浦江鼎顺袜业有限公司	黄金龙
24	浦江玮玮红制衣有限公司	楼东方
25	浙江浦江晶盛水晶有限公司	张福民
26	浦江绿达置业有限公司	于王帅

续表

排名	企　业　名　称	法定代表人
27	中国二十冶集团有限公司	朱永贵
28	浦江吉达家纺有限公司	倪步伦
29	浙江富利华水晶科技有限公司	张风定
30	浦江欧圣莱家纺工艺有限公司	贾叶根
31	浦江卓禾工贸有限公司	黄向阳
32	浦江县伊恋迪服饰有限公司	严仁伟
33	浙江浦江屹立建设有限公司	陈锡君
34	浦江县和泰制衣有限公司	何国锋
35	浦江县创军水晶有限公司	王创军
36	浦江迪欧家纺有限公司	黄华炜
37	浙江光源玩具有限公司	任青青
38	浦江瑞森服饰有限公司	鲍丽丽
39	浙江浦江盛泰纺织有限公司	盛余仓
40	浙江创业建设工程有限公司	王青松
41	浙江展诚建设集团股份有限公司	俞满江
42	浦江县双锦工艺品有限公司	金东胜
43	浙江浦江百而森工贸有限公司	朱位钦
44	浙江浦江超瀛家纺有限公司	黄桔英
45	平安银行股份有限公司金华浦江支行	陈超芳
46	浙江浦江中堂五金有限公司	郑忠堂
47	浙江杭机股份有限公司	于立鹏
48	浦江县江南服装涂层砂洗厂	黄国周
49	浦江浦纺工贸有限公司	陈龙剑
50	浦江县万欣工艺有限公司	黄文松
51	浙江建泰工贸有限公司	郑剑峰
52	浦江双赢建筑劳务有限公司	陈美霞
53	金华市八达供电服务有限公司浦江分公司	张黎明
54	浦江畅恒家居用品有限公司	胡坚勇
55	浦江思凯置业有限公司	刘　涛
56	一百岁集团有限公司	郑文贵

续表

排名	企 业 名 称	法定代表人
57	沃尔玛华东百货有限公司浦江大桥北路分店	郑 锋
58	浙江精泰环境建设有限公司	黄 刚
59	浦江智利达体育用品有限公司	陈德理
60	浙江奥星工贸有限公司	骆爱连
61	浦江县万宝来水晶工艺品有限公司	黄大庆
62	浙江创鼎建设有限公司	江艳丽
63	浦江豪德置业有限公司	王向阳
64	浦江县爱诺工贸有限公司	洪其炯
65	浙江浦江仙华水库投资有限公司	蒋文龙
66	浦江县水晶小镇时尚产业发展有限公司	骆文通
67	浦江县鲜艳服装厂	孙必辉
68	浦江英卉纺织品有限公司	于新贤
69	浙江红鼎衫工贸有限公司	吴高锋
70	交通银行股份有限公司金华浦江支行	潘小俊
71	中国农业发展银行浦江县支行	王豆仙
72	浦江三菱塑胶有限公司	张永隆
73	浙江浦江华德水晶科技股份有限公司	张必军
74	浙江浦江飞达针织有限公司	柳叶雷
75	浦江华昌台板有限公司	陈华忠
76	浦江天蝎服饰有限公司	张先春
77	浙江省浦江县振洋工贸有限公司	姚荣福
78	浦江金印工贸有限公司	郑毅楠
79	浦江县龙凯晟服装针织有限公司	黄春芳
80	浦江艾瑞雅纺织品有限公司	刘建平
81	浦江英玫丽雅化妆品有限公司	邱 艳
82	浙江浦江戴蒂工艺品有限公司	郑期阳
83	浦江县巨擘工贸有限公司	楼锦谊
84	浦江县德瑞新材料有限公司	吴冬良
85	浦江县心怡工艺有限公司	张致核
86	浙江浦江恩尔康胶囊有限公司	张世平

续表

排名	企 业 名 称	法定代表人
87	浦江馨妍水晶工艺品有限公司	盛海兰
88	浙江风行鞋业有限公司	陈黎明
89	浙江浦江千色坊染整有限公司	黄水清
90	浦江远东新型建材有限公司	王立新
91	浙江三鱼刺服饰有限公司	杨慧迅
92	浙江浦江汇业科技创业园开发有限公司	黄建生
93	浙江浦江郑家坞制衣有限公司	吴光明
94	浙江物产环能浦江热电有限公司	章平衡
95	浦江龙隆纺织品有限公司	傅昌盛
96	浦江万福染整有限公司	黄遵焕
97	浙江浦江巨嘉工艺有限公司	潘雪峰
98	浦江奥吾尔工贸有限公司	张　铭
99	浙江浦江永进工贸有限公司	周勇进
100	浦江金鑫塑业股份有限公司	李明阳

2019年度争先移位奖企业名单

序号	企 业 名 称	法定代表人
	纳税额首次超20000万元以上(1家)	
1	浙江圣奥浦诚房地产有限公司	陈珍玲
	纳税额首次超5000万元以上(1家)	
2	金华万洋众创城开发有限公司	王宽全
	纳税额首次超4000万元以上(1家)	
3	浙江赞宇新材有限公司	方银军
	纳税额首次超3000万元以上(1家)	
4	浦江县国有资产经营集团有限公司	朱顺贤
	纳税额首次超2000万元以上(2家)	
5	浦江碧桂园房地产开发有限公司	欧阳宝坤
6	浦江县交通集团有限公司	潘兴虎
	纳税额首次超1000万元以上(4家)	
7	浙江顺宇混凝土有限公司	于荷钗
8	浙江万赛汽车零部件股份有限公司	傅文锋
9	浙江省浦江高峰管道燃气有限公司	龚益平
10	浙江浦江伯虎链条股份有限公司	郑小根
	纳税额首次超500万元以上(7家)	
11	浦江水务集团有限公司	陈兴光
12	浦江盛宏纸业有限公司	王炉明
13	浦江南园投资发展有限公司	蒋靖豪
14	万洋集团有限公司	苏孝忠
15	浙江宝田环境建设有限公司	吴添财
16	浙江亚华工贸有限公司	郑风平
17	浦江求精五金工具有限公司	何德环

2019年度纳税状元奖企业名单

排名	企 业 名 称	法定代表人
1	浙江圣奥浦诚房地产有限公司	陈珍玲

2019年度亩均税收贡献奖企业名单

排名	企 业 名 称	法定代表人
1	浦江凯瑞生物科技股份有限公司	黄倩雯
2	浙江浦江晶盛水晶有限公司	张福民
3	浦江卓尔雅化妆用具有限公司	李创奇
4	浦江三菱塑胶有限公司	张永隆
5	浦江卓禾工贸有限公司	黄向阳
6	浦江美阳家纺有限公司	洪青苗
7	浦江万固建筑材料有限公司	金建军
8	浦江奥发水晶饰品有限公司	刘衍明
9	浙江浦江三建工具有限公司	傅建卫
10	浦江越成袜业有限公司	张　宏

2019年度地方税费大户奖企业名单

排名	企 业 名 称	法定代表人
1	浙江圣奥浦诚房地产有限公司	陈珍玲
2	金华万洋众创城开发有限公司	王宽全
3	浦江县国有资产经营集团有限公司	朱顺贤
4	金华名宇建设有限公司	叶洪兴
5	国网浙江浦江县供电有限公司	王光增

续表

排名	企 业 名 称	法定代表人
6	浙江浦江农村商业银行股份有限公司	李九良
7	浦江县交通集团有限公司	潘兴虎
8	浙江赞宇新材有限公司	方银军
9	浦江绿谷置业有限公司	王进坚
10	恒昌集团有限公司	徐鸣鹤
11	金华市烟草公司浦江分公司	于银锋
12	浦江碧桂园房地产开发有限公司	欧阳宝坤
13	浙江万固房地产开发有限公司	钟红灿
14	浙江玺欣资产管理有限公司	陈 玺
15	浦江蓝城置业有限公司	赵 辉
16	金华新城亿佳房地产开发有限公司	唐云龙
17	浙江浦江梅花锁业集团有限公司	郑隆喜
18	浦江凯瑞生物科技股份有限公司	黄倩雯
19	浦江三思光电技术有限公司	陈必寿
20	中国农业银行股份有限公司浦江县支行	楼 丹
21	浙江百川导体技术股份有限公司	张荣良
22	浙江亚特新材料股份有限公司	刘劲松
23	浙江丰安齿轮股份有限公司	黄健民
24	浙江浦江伯虎链条股份有限公司	郑小根
25	浦江万固建筑材料有限公司	金建军
26	浦江新厦锦绣兰庭置业有限公司	蒋靖豪
27	浦江县三阳工贸有限公司	周国昌
28	浙江顺宇混凝土有限公司	于荷钗
29	浙商银行股份有限公司金华浦江支行	何恃俊
30	浦江水务集团有限公司	陈兴光

索 引

一、本索引采用主题分析方法编制，分数字索引、主题词索引、表格索引三部分。

二、数字索引按首位数字大小顺序排序。主题词索引以汉语拼音为排序依据，按索引条目首字汉语拼音（同音字按音调）顺序排列；首字相同，按第二字拼音排序，以下以此类推。表格索引按表格顺序排序。

三、索引词后的阿拉伯数字表示内容所在的页码。

四、本年鉴的彩图、特载、专记、大事记、附录等内容不做索引。

数字索引

主题词索引

A

B

C

D

F

G

H

J

K

L

M

N

P

Q

R

S

T

W

X

Y

Z

表格索引

附录表